KB238096

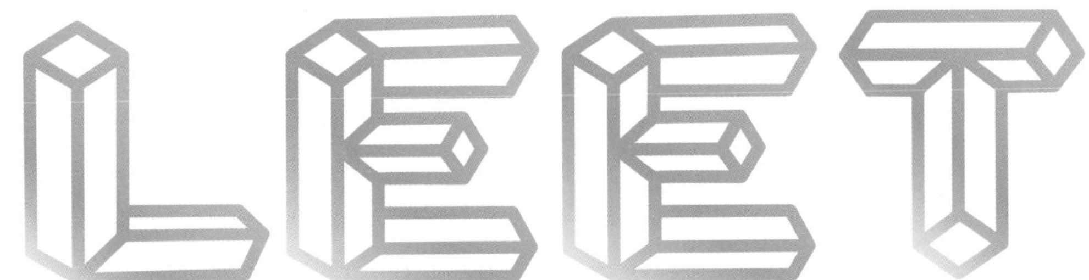

언어이해 Ⅰ | 2026~2022 학년도

법학적성시험 문제 해설

법학전문대학원협의회 엮음

에피스테메
EPISTEME

법학적성시험 문제 해설

LEET 언어이해 I (2026~2022학년도)

©법학전문대학원협의회, 2025

제1판 1쇄 펴낸날   2011년 4월 1일
제16판 1쇄 펴낸날   2025년 12월 1일

엮은이   법학전문대학원협의회
펴낸이   고성환
펴낸곳   (사)한국방송통신대학교출판문화원
         (03088) 서울시 종로구 이화장길 54
         전화 | 1644-1232
         팩스 | 02-742-0956
         홈페이지 | press.knou.ac.kr
         출판등록 | 1982년 6월 7일 제1-491호

출판위원장 박지호
편집   박혜원·김양형
내지디자인 김정열
표지디자인 김민정

ISBN   978-89-20-05476-1 13360
값   22,000원

머리말

　　법학적성시험은 법학전문대학원의 교육과정을 성공적으로 이수하는 데 필요한 수학 능력을 평가하기 위한 시험입니다. 2009학년도부터 2026학년도까지 총 18회의 시험이 치러졌으며, 출제의 전문성과 시행의 안정성이란 측면에서 신뢰를 받고 있습니다.

　　시험은 언어이해, 추리논증, 논술의 세 영역으로 이루어져 있습니다. 언어이해 영역은 비교적 긴 분량의 글을 읽고 분석하여 이해하는 능력을, 추리논증 영역은 주어진 정보를 바탕으로 새로운 정보를 추리해 내는 능력과 제시된 논증을 분석하고 평가하는 능력을 측정합니다. 논술 영역은 논증적인 글쓰기 능력 및 표현력을 평가합니다.

　　법학적성평가연구원은 법학적성시험을 안정적으로 출제하고 시행하는 데 그치지 않고 법조인에게 요구되는 자질 및 적성을 효과적으로 측정하는 시험이 될 수 있도록 꾸준히 노력해 왔습니다. 앞으로도 시험의 타당도와 신뢰도 제고를 위해 지속적으로 문항 연구를 진행하여 이를 시험에 반영할 것입니다.

　　이 책은 최근 5년간(2022~2026학년도까지) 출제된 법학적성시험 문제와 이에 관한 해설을 담고 있습니다. 다양한 학문 분야의 많은 교수님께서 연구와 강의 등으로 바쁜 일정에도 불구하고 출제에 참여하여 해설까지 해 주셨습니다. 이 책에 수록된 기출문제를 혼자 힘으로 풀어 본 후 자신의 풀이와 이 책의 해설을 비교하면서 학습하는 것은 법학적성시험을 효과적으로 준비하는 일인 동시에 그 자체로서 지적 흥미와 만족을 주리라 기대합니다.

　　끝으로 법학적성시험 출제에 참여하셨던 교수님들, 법학적성평가연구원의 연구위원님들께 깊은 감사의 말씀을 드립니다. 시험을 준비하는 여러분들이 미래 법률가를 향한 원대한 목표를 이루어 나가시기를 진심으로 기원합니다.

법학전문대학원협의회 법학적성평가연구원장
양천수

CONTENTS

1. 시험의 성격 및 목적

■ 법학적성시험은 법학전문대학원 교육을 이수하는 데 필요한 수학 능력과 법조인으로서 지녀야 할 기본적 소양 및 잠재적인 적성을 가지고 있는지를 측정하는 시험이다. 법학전문대학원 입학 전형에서 적격자 선발 기능을 제고하고, 법학 교육 발전을 도모하는 데 목적이 있다.

2. 법학전문대학원 입학 자격

■ 법학전문대학원 입학 자격은 「법학전문대학원 설치·운영에 관한 법률」 제22조에 따라 '학사 학위를 가지고 있는 자 또는 법령에 의하여 이와 동등 학력이 있다고 인정된 자'와 '해당 연도 졸업 예정자(학위 취득 예정자 포함)'이다.

3. 시험 영역 및 시험 시간

■ 법학적성시험은 언어이해 영역, 추리논증 영역, 논술 영역으로 구성된다. 언어이해 영역과 추리논증 영역은 5지선다형이고, 논술 영역은 서답형이다.

■ 영역별 문항 수 및 시험 시간

교시	시험 영역	문항 수	시험 시간	문항 형태
1	언어이해	30	09:00～10:10(70분)	5지선다형
2	추리논증	40	10:45～12:50(125분)	5지선다형
	점심시간		12:50～13:50	
3	논술	2	14:00～15:50(110분)	서답형
계	3개 영역	72문항	305분	

4. 출제의 기본 방향 및 범위

가. 공통 사항

■ 특정 전공 영역에 대한 세부 지식이 없더라도 대학 교육과정을 정상적으로 마쳤거나 마칠 예정인 수험생이면 주어진 자료에 제공된 정보와 종합적 사고력을 활용하여 문제를 해결할 수 있도록 문항을 구성한다.

나. 언어이해 영역

■ 법학전문대학원 교육에 필요한 독해 능력, 의사소통 능력 및 종합적인 사고력을 측정한다.

■ 평가 틀

〈언어이해 영역 문항 분류표〉

문항 유형 내용 영역	주제, 구조, 관점 파악	정보의 확인과 재구성	정보의 추론과 해석	정보의 평가와 적용
인문				
사회				
과학기술				
규범				

(1) 내용 영역

인문, 사회, 과학기술, 규범 영역

1) 인문 : 인간의 본질과 문화에 대한 탐구와 설명을 목적으로 하는 텍스트

2) 사회 : 사회 현상에 대한 탐구와 설명을 목적으로 하는 텍스트

3) 과학기술 : 자연 현상, 기술 공학에 대한 탐구와 설명을 목적으로 하는 텍스트

4) 규범 : 법과 윤리에 대한 탐구와 설명을 목적으로 하는 텍스트

(2) 문항 유형

1) 주제, 구조, 관점 파악 : 제시문의 주제나 구조와 전개 방식 또는 제시문에 소개된 인물(글쓴이 포함)이나 이론의 관점을 파악한다.

2) 정보의 확인과 재구성 : 제시문에 나타난 정보 및 정보의 관계를 정확히 파악하여 다른 표현으로 재구성한다.

3) 정보의 추론과 해석 : 제시문에 제시된 정보를 바탕으로 새로운 정보를 추론한
   다. 맥락을 고려한 해석을 통하여 정보가 가지는 적합한 의미를 밝혀낸다.
4) 정보의 평가와 적용 : 제시문에 주어진 논증이나 설명의 타당성을 평가한다. 제
   시문에 소개된 원리를 새로운 사례나 상황에 적용한다.

다. 추리논증 영역

■ 사실, 주장, 이론, 해석 또는 정책이나 실천적 의사결정 등을 다루는 다양한 분야
   의 소재를 활용하여 법학전문대학원 교육에 필요한 추리(reasoning) 능력과 논증
   (argumentation) 능력을 측정한다.
■ 평가 틀

〈추리논증 영역 문항 분류표〉

문항 유형 / 내용 영역	추리		논증		
	언어 추리	모형 추리	논증 분석	논쟁 및 반론	논증 평가 및 문제해결
논리학·수학					
인문					
사회					
과학기술					
규범					

가) 추리

(1) 내용 영역

논리학·수학, 인문, 사회, 과학기술, 규범 영역

(2) 문항 유형

1) 언어 추리 : 일상어를 통하여 이루어지는 추리
2) 모형 추리 : 도형, 표, 그래프, 수, 기호 등과 같은 비언어적 표상(모형)을 이용하
   여 이루어지는 추리(형식적 추리, 논리 게임, 수리 추리로 구성됨)
   ① 형식적 추리 : 형식적으로 타당한 추론 규칙을 이용하여 이루어지는 추리
   ② 논리 게임 : 연역적인 추리 능력을 검사하는 전형적인 논리 퍼즐
   ③ 수리 추리 : 수리적인 자료로부터 수리적으로 이루어지는 계산이나 추리

나) 논증

(1) 내용 영역

인문, 사회, 과학기술, 규범 영역

(2) 문항 유형

1) 논증 분석 : 논증의 주장과 제시된 근거 파악하기, 논증이 기반하고 있는 원리나 가정 등 파악하기, 논증에서 생략된 전제 찾기, 논증의 구조를 분석하거나 논증 유형 비교하기 등

2) 논쟁 및 반론 : 논쟁의 쟁점을 파악하거나 공통의 가정 내지 전제 파악하기, 주어진 논증에 대하여 반론 제기하기, 비판이나 반론에 대하여 논증을 수정·보완하거나 재구성할 방안 찾기 등

3) 논증 평가 및 문제해결 : 논증에서 결론의 정당성을 강화하거나 약화하는 사례 내지 조건 파악하기, 논증에 대하여 종합적으로 평가하기, 논증이 범하고 있는 오류 파악하기, 갈등이나 역설의 논리적 기반을 파악하거나 그 해소 방안 찾기 등

라. 논술 영역

■ 법학전문대학원 교육 및 법조 현장에서 필요한 논증적 글쓰기 능력을 측정한다.

■ 평가 틀

〈논술 영역 평가 목표 분류표〉

인지 활동 유형 내용 영역	분석		구성			
	논제 분석	제시문 분석	논증	비판	전개	표현
인문						
사회						
과학기술						
규범						
복합						

(1) 내용 영역

인문, 사회, 과학기술, 규범 및 이들의 복합 영역

(2) 인지 활동 유형

1) 분석 : 텍스트를 분석하고 이해하는 능력
- 논제 분석 : 주어진 논제의 의도와 그것이 요구하는 과제의 성격을 정확히 파악할 수 있는 능력
- 제시문 분석 : 주어진 제시문을 이해하고 그것이 조직되어 있는 방식을 발견해 내는 능력

2) 구성 : 사고를 구성하여 글로 완성하는 능력
- 논증 : 논리적으로 사고를 구성하는 능력
- 비판 : 타당한 근거를 바탕으로 한 평가 및 판단 능력
- 전개 : 심층적 및 독창적 사고를 구성하는 능력
- 표현 : 적절한 언어를 사용하여 글로 표현하는 능력

(3) 문항 유형

- 사례형 : 주어진 사례의 문제 상황을 해결하는 방안과 그 논거를 논리적으로 구성하고, 이를 설득력 있게 표현할 수 있는지를 평가하는 유형

5. 법학적성시험 언어이해 및 추리논증 영역 점수 체제

■ 채점 및 점수 체제
- 언어이해 영역, 추리논증 영역의 정답 문항은 1점, 오답 문항은 0점으로 채점한다.
- 언어이해 영역은 평균 45, 표준편차 9인 표준점수를 사용한다.
- 추리논증 영역은 평균 60, 표준편차 12인 표준점수를 사용한다.

〈법학적성시험의 영역별 문항 수 및 표준점수〉

영역	문항 수	표준점수		
		평균	표준편차	범위
언어이해	30	45	9	0∼90
추리논증	40	60	12	0∼120

6. 법학적성시험 성적의 활용

■ 법학적성시험 성적은 당해 학년도에 한하여 유효하며, 개별 법학전문대학원의 결정에 따라 학부 성적, (심층)면접, 자기소개서, 어학 성적 등과 함께 법학전문

대학원 입학 전형 요소의 하나로 활용된다.

－「법학전문대학원 설치·운영에 관한 법률」 제23조(학생 선발)

7. 장애인 수험생 편의 지원

■ 원서접수자 중 신체장애로 인해 시험 응시에 현실적인 어려움이 있는 자
• 「장애인복지법 시행령」 제2조에 의한 등록 장애인 : 시각장애인, 뇌병변장애인, 지체장애인 등
• 임신부 등 편의지원 제공이 필요한 자

8. 응시수수료 면제

■ 취지
• 저소득 가구 수험생의 응시수수료 면제를 통해 서민의 법조계 진입장벽 완화에 기여
■ 대상
• 「국민기초생활보장법」 제2조 제1호의 수급권자, 「국민기초생활보장법」 제2조 제10호의 차상위계층 또는 「한부모가족지원법」 제5조 및 제5조의2에 따른 지원대상자로 「법학전문대학원 적성시험의 응시수수료 및 반환금액, 절차·방법 등에 관한 고시」의 증빙서류를 지정된 기간에 제출한 자

9. 기타 사항

■ 자세한 사항은 법학적성시험 홈페이지(http://www.leet.or.kr)를 참조하기 바란다.

2025

법학적성시험
언어이해 영역

2026학년도 언어이해 영역 출제 방향

1. 출제의 기본 방향

언어이해 영역은 예비 법조인이 갖추어야 할 언어 능력과 소양에 대한 정확한 평가를 그 목표로 삼는다. 2026학년도 언어이해 영역은 인문학, 사회과학, 자연과학, 기술학, 법학 등 다양한 분야에서 선정한 제시문을 제시한 후, 그 제시문에 담긴 내용에 대한 이해와 비판, 추론, 적용 능력을 평가하는 것을 출제의 기본 방향으로 삼는다.

- 내용 및 표현에서 교육적 가치가 높은 텍스트, 특히 법조인에게 요구되는 수준 높은 교양과 통찰이 담긴 텍스트를 제시문으로 활용한다.
- 정보의 위계와 조직 방식들을 고려하여 텍스트에 담긴 정보를 이해하고 재조직하는 능력을 갖추었는지 평가한다.
- 텍스트에 담긴 정보에서 새로운 정보를 추론하거나 그러한 정보를 비판하고 나아가 새로운 문제 상황에 적용할 수 있는 능력을 갖추었는지 평가한다.

2. 출제 범위

언어이해 영역에서는 다양한 학문 분야에서 엄선한 텍스트를 바탕으로 제시문을 구성한 후, 그 제시문에 담긴 고차적·입체적 정보들을 이해하는 능력, 그 정보들을 재구성하고 종합하는 능력, 새로운 정보를 추론하거나 그 정보를 새로운 문제 상황에 적용하여 평가·비판하는 능력 등을 측정한다. 이를 위해 이번 시험에서는 인문학, 사회과학, 자연과학, 기술학, 법학 등 여러 학문 분야의 담론이나 연구 내용을 기본으로 삼되, 각 학문에 대한 배경적 지식을 갖추지 않아도 대학의 교양교육을 성실하게 이수한 수험생이라면 문제를 풀 수 있도록 문항을 설계하였다.

이번 시험의 출제는 다음 사항을 고려하여 진행하였다.

- 표준화된 모델들을 기반으로 문항 세트를 설계함으로써 제시문에 사용된 개념이나 범주들을 이해하고 활용할 수 있는지 평가한다.

- 여러 학문 분야의 최신 이론이나 담론을 중심으로 제시문을 작성하되, 제시문의 정보 위계를 정확하게 파악하고 문제 상황에 적용할 만한 독해력을 갖추었는지 측정하는 문항들을 출제한다.
- 특정 전공, 특히 법학 전공의 배경적 지식이 없어도 제시문에 주어진 정보만으로 문제를 풀 수 있게 제시문과 문항을 구성한다.

3. 제시문 및 문항

언어이해 영역의 출제 목표를 달성하려면 완성도 높은 제시문으로 독해력을 측정해야 한다. 논의의 완결성은 물론 표현의 가독성을 함께 갖춘 제시문을 제시하되, 주어진 수험 시간 내에 처리할 만한 정보량을 갖추는 것도 중요하다. 이런 기본 조건들을 고려하면서도 학문적·교양적 가치가 담긴 주제나 논의를 담은 제시문들을 개발하였다.

각 제시문에 따른 문항들은 '주제, 구조, 관점 파악', '정보의 확인과 재구성', '정보의 추론과 해석', '정보의 평가와 적용' 등 여러 독해 능력을 균형 있게 평가하도록 설계하였다. 이와 함께 제시문과 〈보기〉를 연결하는 문항을 다수 출제하여 추론 및 비판, 적용 능력을 종합적으로 평가하고자 하였다.

이번 시험의 내용 영역은 예년과 같이 '인문', '사회', '과학기술', '규범'의 4개 영역이며, 문항은 각 세트당 3문항, 총 10세트 30문항으로 구성하였다. 각 내용 영역별로 제시문에서 다루고 있는 주제는 다음과 같다.

〈인문 분야〉에서는 문학 관련 주제로 '서구적 보편성'과 '인간적 보편성'의 문제를 다룬 최인훈의 소설이 제시문으로 주어졌다. 사학 관련 주제로는 조선 시대의 과거 제도인 '현량과'의 시행을 둘러싼 찬반논쟁이, 철학 관련 주제로는 믿음의 성격을 둘러싼 '인식적 수의주의'와 '인식적 불수의주의'의 정당화 논변이 제시문으로 주어졌다.

〈사회과학 분야〉에서는 정치 관련 주제로, '민주주의의 퇴행'을 설명하는 '스볼릭 모델'과 '루오와 쉐보르스키 모델'에 대해 다룬 제시문이 주어졌다. 경제 관련 주제로는 '제도와 경제성장의 인과적 관계'를 밝히려는 2024년 노벨경제학상 수상자 아제모을루 등의 이론을 설명하는 내용이 제시문으로 주어졌다.

〈과학기술 분야〉에서는 과학 관련 주제로 물질의 특성으로 인한 '혼합물의 부피의 증감 현상'을 다룬 제시문이 주어졌다. 기술 주제와 관련해서는 의사결정과정을 모델링한 'DMN'에 대해 설명하는 내용이 제시문으로 주어졌다.

〈규범 분야〉에서는 환경법 주제와 관련하여 인간 중심의 법학 전통을 비판하고 자연의 권리 주체를 인정하는 '지구법학'의 사상적 흐름을 설명하는 내용이 제시문으로 주어졌다. 법사학 주제와 관련해서는 대한제국 시기부터 점차 나타나기 시작한 '민주공화제' 사상의 형성 과정을 설명하는 내용이 제시문으로 주어졌다. 윤리학 주제와 관련해서는 행위에는 책임을 물을 수 있지만 무위에는 책임을 물을 수 없음을 주장하는 '행위와 무위의 비대칭성 논제'를 둘러싼 논변을 설명하는 내용이 제시문으로 주어졌다.

이번 시험의 제시문들은 다양한 고전과 현대 논의를 바탕으로 인간과 사회에 대한 깊이 있는 성찰을 유도하는 내용으로 구성되어 있다. 이런 제시문들은 법학전문대학원 수학 능력을 평가하는 데 활용이 될 뿐만 아니라 수험생들이 예비 법조인으로서 수준 높은 교양을 쌓는 데 동기를 부여할 것으로 본다.

4. 난이도

2026학년도 언어이해 영역 시험에서는 내용과 표현이 난삽한 제시문을 최대한 줄이고, 측정 목표가 분명하도록 문항을 설계하여 수험생의 독해력과 사고력을 제대로 평가하려고 하였다. 제시문의 정보량을 다소 줄이고 가독성은 최대한 높여 비본질적인 측정 요소가 평가에 개입하는 것을 최대한 차단하였다. 이와 함께 제시문의 정보를 다양한 외부 자료에 적용하여 추론·비판·평가하는 문제해결 능력을 측정하는 다수의 문항도 설계하였다.

5. 출제 시 유의점

이번 시험의 문항 출제 과정에서 유의점은 다음과 같다.

- 사설 학원을 비롯한 다양한 출처의 문제들을 풀어본 경험, 특히 기술적인 방법으로 문제 풀이에 접근하는 태도만으로는 해결하기 힘든 문항을 설계한다.
- 특정 전공에 따른 유·불리 현상을 최소화하기 위해, 법학을 비롯한 여러 학문 분야에 대한 배경 지식의 유무 자체가 문제 풀이에 큰 영향을 미치지 않도록 문

항을 설계한다.

- 지나치게 어려운 제시문과 문항 설계로 수험생의 혼란을 유발하지 않으면서도 적절한 변별력을 갖춘 문항과 답지를 설계한다.

　　법학 전통에서 대체로 자연은 인간에게 유용한 것들의 총체이자 집단 혹은 개인의 자산으로 간주된다. 소유 대상으로서의 자연은 그것을 둘러싼 인간 상호 간의 권리의무관계를 위해 존재한다. 생태사상가 베리는 인간이 세계 전체 혹은 타자와 맺는 관계 양식이 인간중심의 법규범에 반영되어온 동시에 그러한 법규범에 의해 강화되어 왔음을 지적한다. 법적 인격만을 권리와 의무의 주체로 보고 인격 아닌 모든 존재자는 행위의 객체인 물건으로 보는 법은 자연의 가치를 인간의 손익과 관련지어 평가할 뿐 존중하진 않았다. 최장 시간에 걸쳐 최대 다수에게 이익을 가져다주는 방식으로 자연자원을 향유하기 위해 보호해야 한다는 보전주의적 관점 역시 근본적으로 인간을 중심에 둔다. 베리가 주창한 지구법학은 생태계를 구성하는 모든 존재의 권리를 지구권으로 정립하려 한 급진적인 법사상이다.

　　비인간 존재자에게 권리를 인정할 수 있는가에 관해서는 그간 다양한 논의가 진행되어 왔다. 가령 레건은 살아있음을 넘어 스스로가 삶의 주체임을 경험할 수 있는 존재는 상대적으로 더 월등한 존재의 이익을 위해 자신의 이익을 희생당하지 않아야 한다는 논거로써 동물의 권리를 옹호한다. 모든 생명체는 자신의 선을 가지며 그 고유한 가치의 잠재성이 실현되어야 한다고 본 테일러는 식물을 포함한 생명체까지를 권리의 주체로 이해한다. 더 나아가 지구법학은 우주의 질서 안에 무언가가 존재한다는 사실 자체에서 그것이 권리를 가진다는 규범적 결론을 끌어낸다. 이에 따르면 물리적으로 지속되는 실체를 갖거나 일정한 지리적 영역을 점하는 존재자인 무생물의 권리도 인정된다. 지구법학의 지향을 '야생의 법'이라 표현한 컬리넌은 다양한 창조물들의 생존과 안녕은 인간이 아니라 지구 행성으로부터 주어지는 것임을 강조하며 권리 주체에 대한 과감한 인식 전환을 촉구한다. 인류는 그간 법에서 억눌러 왔던 감성과 감각을 되살려 지구공동체의 춤에 참여하고, 그 박자에 스스로 몸짓을 맞추어야 한다는 것이다. 지구권은 존재할 권리, 서식지에 관한 권리, 지구공동체가 부단히 새로워지는 과정에서 자기 역할과 기능을 수행할 권리 등으로 구체화된다. 강은 강의 권리를, 새는 새의 권리를, 인간은 인간의 권리를 가지며, 각 권리의 존재 양태는 저마다 다르다.

　　이러한 권리 개념을 수용하여 구체적인 법의 근거로 채택한 ㉠사례도 없진 않다. 전문에서부터 '우리가 그 일부이자 우리의 생존에 필수적인 어머니 지구'와의 조화를 언급한 에콰도르 헌법이 그 예이다. 헌법에 환경권을 명시한 국가들 대부분이 국민의 더 나은 삶과 인류의 지속가능성만 환경을 보전·관리할 목적이라 본 데 반해, 에콰도르는 '생명의 순환과 진화 과정을 유지하고 재생을 존중받을 권리'와 '자연이 스스로를 원상회복할 권리'를 헌법에 규정한다. 또한, 누구든 청원권을 행사하여 자연의 권리를 집행할 수 있음을 명시한다. 볼리비아는 〈어머니 지구의 권리에 관한 법)에서 자연의 고유한 권리를 인정하고 생태계가 본성 그대로 유지·회복하는 과정을 도울 국민의 의무를 규정한다. 한편 뉴질랜드는 전체로서의 자연의 권리를 보호하는 방식 대신 특정 생태계나 종의 권리를 개별적으로 보호하는 방식을 택한다. '내가 강이고 강이 나다.'라는 마오리 족의 믿음을 존중하여 황거누이강을 법적 인격체로 규정하고, 그 권리는 법이 정한 후견인이 강 의 이름으로 강을 대리하여 집행할 것을 명시한 〈테 아와 투푸아법〉이 그 예이다. 흐르던 물길이 가로막힌 강이나 서식지를 침범당한 새의 권리는 사회적 관심을 환기하려는 환경운동의 기획을 넘어 구체적인 법리 구성 단계에서도 다루어지게 되었다.

01.

윗글의 내용과 일치하는 것은?

① 인간중심적 법규범은 자연의 권리 근거를 '존재함' 자체에서 구한다.
② 지구법학은 모든 개체의 권리가 동일한 존재 양태를 가진다고 이해한다.
③ 보전주의적 관점에는 법적 권리 주체에 대한 근본적인 인식 전환이 전제되어 있다.
④ 지구권을 인정하는 입장에서는 지리적 영역을 점한다는 사실에서 권리 주체성을 도출한다.
⑤ 컬리넌은 인간과 비인간 존재의 감응 능력을 중시하는 기존 법학을 지구법학과 조율하려고 했다.

문항 성격	문항유형 : 정보의 확인과 재구성
	내용영역 : 규범
평가 목표	이 문항에서는 제시문에서 다루고 있는 지구법학의 등장 배경과 특징, 사례들에 대해 정확하게 이해하고 있는지를 평가하고자 한다.
문제 풀이	정답 : ④

제시문 첫 번째 단락에서는 자연을 집단 혹은 개인의 소유 대상으로 보아온 법학 전통의 특징과 한계, 그리고 인간중심적 법규범을 문제화하며 지구법학이 도입된 계기를 설명하고 있다. 두 번째 단락에서는 비인간 존재자에게 어디까지 어떠한 권리를 인정할 수 있는지에 관한 논의들을 소개한 후 지구법학의 주된 특징들을 다루고 있다. 본 문항에서는 이 내용을 정확히 이해하고 각 선택지의 진위 여부를 파악하도록 한다.

 ④ 제시문 두 번째 단락의 "물리적으로 지속되는 실체를 갖거나 일정한 지리적 영역을 점하는 존재자인 무생물의 권리도 인정된다."에서 지구법학이 무생물의 권리 주체성을 인정하며, '물리적으로 지속되는 실체를 갖'는 것과 '지리적 영역을 점하는' 것은 무생물의 특성을 설명하기 위한 나열된 수식어구로 이해할 수 있다. 따라서 "지구권을 인정하는 입장에서는 지리적 영역을 점한다는 사실에서 권리 주체성을 도출한다."는 진술은 제시문과 일치한다.

 ① 제시문 첫 번째 단락의 "법적 인격만을 권리와 의무의 주체로 보고 인격 아닌 모든 존재자는 행위의 객체인 물건으로 보는 법은 자연의 가치를 인간의 손익과 관련지어 평가할 뿐 존중하진 않았다."에서 인간중심적 법규범은 인간의 권리만을 인정하고 자연의 권리는 인정하지 않음을 알 수 있다. 또한, 두 번째 단락의 "지구법학은 우주의 질서 안에 무언가가 존재한다는 사실 자체에서 그것이 권리를 가진다는 규범적 결론을 끌어낸다."에서 자연의 권리 근거를 '존재함' 자체로부터 구하고자 한 것은 인간중심적 법규범이 아니라 지구법학임을 알 수 있다.

② 제시문 두 번째 단락의 "강은 강의 권리를, 새는 새의 권리를, 인간은 인간의 권리를 가지며, 각 권리의 존재 양태는 저마다 다르다."에서 지구법학은 모든 개체가 지닌 권리의 존재 양태가 동일하지 않다고 이해한다는 것을 알 수 있다.

③ 제시문 첫 번째 단락의 "최장 시간에 걸쳐 최대 다수에게 이익을 가져다주는 방식으로 자연자원을 향유하기 위해 보호해야 한다는 보전주의적 관점 역시 근본적으로 인간을 중심에 둔다."에서 법적 권리 주체에 대한 보전주의적 관점에서의 인식은 법학 전통에 따른 것이며 이에 근본적인 인식 전환이 전제되어 있지 않음을 알 수 있다.

⑤ 제시문 두 번째 단락의 "컬리넌은 다양한 창조물들의 생존과 안녕은 인간이 아니라 지구 행성으로부터 주어지는 것임을 강조하며 권리 주체에 대한 과감한 인식 전환을 촉구한다. 인류는 그간 법에서 억눌러 왔던 감성과 감각을 되살려 지구공동체의 춤에 참여하고, 그 박자에 스스로 몸짓을 맞추어야 한다는 것이다."에서 컬리넌은 기존 법학이 인간과 비인간 존재의 감응 능력을 중시하지 않았다고 이해했음을 알 수 있다.

02.

㉠에 대한 설명으로 적절하지 <u>않은</u> 것은?

① 에콰도르는 자연의 권리를 포괄적으로 규정하는 데 비해 뉴질랜드는 사안별로 규정한다.

② 〈어머니 지구의 권리에 관한 법〉과 달리, 〈테 아와 투푸아법〉은 자연의 권리 주체성을 인정한다.

③ 에콰도르와 볼리비아 모두 지구공동체의 유지 및 재생을 도울 인간의 역할에 관해 법에 명시한다.

④ 에콰도르 헌법에서는 누구나 자연을 법적으로 대변할 수 있지만, 〈테 아와 투푸아법〉에서는 특정인만이 특정 생태계를 법적으로 대변할 수 있다.

⑤ 에콰도르 헌법과 〈어머니 지구의 권리에 관한 법〉은 모두 침해된 자연에서 살아가는 인간의 권리와 별도로 자연도 회복할 권리를 갖는다고 본다.

문항 성격	문항유형 : 정보의 추론과 해석
	내용영역 : 규범
평가 목표	이 문항은 지구법학의 권리 개념을 수용하여 구체적인 법의 근거로 채택한 사례들에 관한 정보를 정확히 해석하는지 평가하는 문항이다.
문제 풀이	정답 : ②

지구법학의 권리 개념을 수용하여 구체적인 법의 근거로 채택한 사례들을 정확히 이해한 후 에콰도르의 법제와 뉴질랜드의 법제, 그리고 에콰도르 헌법과 〈어머니 지구의 권리에 관한 법〉과 〈테 아와 투푸아법〉의 특성과 차이를 비교하여 각 선택지의 진위 여부를 확인하도록 한다.

정답 해설	② 제시문 세 번째 단락의 "〈어머니 지구의 권리에 관한 법〉에서 자연의 고유한 권리를 인정하고"와 "황거누이강을 법적 인격체로 규정하고"에서 〈어머니 지구의 권리에 관한 법〉과 〈테 아와 투푸아법〉은 둘 다 자연의 독자적인 권리 주체성을 인정한다는 것을 알 수 있다. 따라서 "〈어머니 지구의 권리에 관한 법〉과 달리, 〈테 아와 투푸아법〉은 자연의 독자적인 권리 주체성을 인정한다."는 진술은 ㉠에 대한 적절한 설명이 아니다.
오답 해설	① 제시문 세 번째 단락의 "'우리가 그 일부이자 우리의 생존에 필수적인 어머니 지구'와의 조화를 언급한 에콰도르 헌법"과 "에콰도르는 '생명의 순환과 진화 과정을 유지하고 재생을 존중받을 권리'와 '자연이 스스로를 원상회복할 권리'를 헌

법에 규정한다.”에서 에콰도르는 자연의 권리를 포괄적으로 규정했음을 알 수 있다. 또한 “한편 뉴질랜드는 전체로서의 자연의 권리를 보호하는 방식 대신 특정 생태계나 종의 권리를 개별적으로 보호하는 방식을 택한다.”에서 뉴질랜드는 앞서 본 에콰도르의 경우와 달리 사안별로 자연의 권리를 규정한다는 것을 알 수 있다.

③ 제시문 세 번째 단락에 의하면 에콰도르 헌법은 “청원권을 행사하여 자연의 권리를 집행”하는 인간의 역할을 규정하고 있고, 볼리비아의 법도 “생태계가 본성 그대로 유지·회복하는 과정을 도울 국민의 의무”를 규정하고 있다. 따라서 에콰도르와 볼리비아 모두 지구공동체의 유지 및 재생을 조력할 인간의 역할에 관해 법에 명시했음을 알 수 있다.

④ 제시문 세 번째 단락의 “누구든 청원권을 행사하여 자연의 권리를 집행할 수 있음을 명시한다.”에서 에콰도르 헌법상 누구나 자연을 법적으로 대변할 수 있음을 알 수 있다. 또한 “특정 생태계나 종의 권리를 개별적으로 보호하는 방식을 택한다.”와 “그 권리는 법이 정한 후견인이 강의 이름으로 강을 대리하여 집행할 것을 명시한 〈테 아와 투푸아법〉이 그 예이다.”에서 〈테 아와 투푸아법〉에 따르면 특정인만이 특정 생태계를 법적으로 대변할 수 있음을 알 수 있다.

⑤ 세 번째 단락의 “‘자연 스스로 원상회복할 권리’를 헌법에 규정한다.”와 “볼리비아는 〈어머니 지구의 권리에 관한 법〉에서 자연의 고유한 권리를 인정하고 생태계가 본성 그대로 유지·회복하는 과정”에서 에콰도르 헌법과 〈어머니 지구의 권리에 관한 법〉은 모두 침해된 자연에서 살아가는 인간의 권리와 별도로 자연도 회복할 권리를 인정한다는 것을 알 수 있다.

03.

윗글을 바탕으로 〈보기〉의 판결을 이해할 때, 적절하지 <u>않은</u> 것은?

보 기

[A] 도로 확장공사 중 다량의 흙과 돌이 강에 매립되어 강폭이 좁아지고 강물이 범람하자, 마을 주민은 훼손된 강을 대리하여 소를 제기했다. 법원은 강의 권리주체성을 부정하여 청구를 각하했다.

[B] 수로 공사 중 지역 원주민들에게 문화적으로 특별한 상징성을 지닌 야생 벼 서식지가 수몰되자, 원주민 대표는 벼를 대리하여 소를 제기했다. 법원은 공사의 중단을

[C] 동물권리보호협회는 동물원 실태 조사 후, 오랑우탄이 자기 본성에 맞는 장소에서 살 권리를 가짐을 주장하며 갇힌 오랑우탄을 대리하여 소를 제기했다. 법원은 적절한 거주 조건을 제공할 것을 명령했다.

① [A]에 대해 레건은 동의하고 컬리넌은 동의하지 않겠군.
② [B]에 대해 베리는 동의하고 레건은 동의하지 않겠군.
③ [C]에 대해 베리는 동의하고 테일러는 동의하지 않겠군.
④ [A]와 [B] 모두에 대해 테일러는 동의하겠군.
⑤ [B]와 [C] 모두에 대해 컬리넌은 동의하겠군.

문항 성격 문항유형 : 정보의 평가와 적용

내용영역 : 규범

평가 목표 이 문항은 제시문에 제시된 학자들의 입장을 자연의 권리주체성이 쟁점화된 법적 사안에 적절히 대응하여 적용할 수 있는지 묻는 문항이다.

문제 풀이 정답 : ③

이 문항은 제시문에 제시된 레건, 테일러, 베리, 컬리넌이 각자 취하는 입장을 자연의 권리주체성을 다룬 세 사안 [A], [B], [C]에 대응하여 각 선택지의 진위 여부를 확인하도록 한다.

두 번째 단락의 "레건은 살아있음을 넘어 스스로가 삶의 주체임을 경험할 수 있는 존재는 상대적으로 더 월등한 존재의 이익을 위해 자신의 이익을 희생당하지 않아야 한다는 논거로써 동물의 권리를 옹호한다."에서 레건의 입장에서는 동물의 권리주체성을 인정할 것임을 알 수 있다. 또한 테일러는 "모든 생명체는 자신의 선을 가지며 그 고유한 가치의 잠재성이 실현되어야" 한다고 보기 때문에 식물을 포함한 생명체까지를 권리주체성을 인정할 것임을 알 수 있다. 한편 지구법학자인 베리와 컬리넌은 "우주의 질서 안에 무언가가 존재한다는 사실 자체에서 그것이 권리를 가진다는 규범적 결론"을 도출하기 때문에, 무생물의 권리주체성까지도 인정할 것임을 알 수 있다. 사례 [A]는 무생물의 권리주체성을 부정하였고, 사례 [B]는 식물의 권리주체성을 인정하였으며, 사례 [C]는 동물의 권리주체성을 인정하였다.

정답 해설 ③ 동물의 권리주체성을 인정한 [C]에 대해 무생물의 권리주체성까지 인정한 베리와 식물을 포함하는 생물의 권리주체성까지 인정한 테일러는 둘 다 동의할 것이다. 따라서 "[C]에 대해 베리는 동의하고 테일러는 동의하지 않겠군."이라는 진술은 〈보기〉의 판결에 대한 이해로 적절하지 않다.

① 무생물의 권리주체성을 부정한 [A]에 대해 동물의 권리주체성까지만 인정한 레건은 동의할 것이고, 무생물의 권리주체성까지 인정한 컬리넌은 동의하지 않을 것이다.

② 식물의 권리주체성을 인정한 [B]에 대해 무생물의 권리주체성까지 인정한 베리는 동의하고, 동물의 권리주체성까지만 인정한 레건은 동의하지 않을 것이다.

④ 식물을 포함한 생물의 권리주체성을 인정한 테일러는 무생물의 권리주체성을 부정한 [A]와 식물의 권리주체성을 인정한 [B] 모두에 대해 동의할 것이다.

⑤ 무생물의 권리주체성까지 인정한 컬리넌은 식물의 권리주체성을 인정한 [B]와 동물의 권리주체성을 인정한 [C] 모두에 대해 동의할 것이다.

[04~06] 다음 글을 읽고 물음에 답하시오.

업무 프로세스를 시각적으로 표현하는 모델링 언어 표준인 BPMN을 제정한 표준화 단체에서, 의사결정을 명시적으로 모델링하는 표준인 DMN을 발표하였다. BPMN으로 전체 업무 처리 과정을 모델링하고, DMN으로는 의사결정과 관련한 사항을 모델링할 수 있다. BPMN으로 복잡한 의사결정을 관리하는 데 한계가 있어, 별도 표준인 DMN을 개발하였다. BPMN 모델의 비즈니스 규칙 태스크에서 DMN 모델의 의사결정 테이블을 호출하는 방식으로 두 표준이 연동되어 활용된다. 그런데 전략적 의사결정은 의사결정 규칙이 불명확하고, 다양한 분석이 요구되므로 모델링하여 자동화하기는 매우 어렵다. 예를 들어 조직의 성패를 결정할 신제품 개발이나 기업의 인수 합병과 같이 불확실성이 크고 위험을 수반하는 의사결정에 DMN을 적용하는 것은 부적절하다. DMN은 은행의 대출 승인 결정이나 보험회사의 보상금 결정과 같이 정해진 절차와 규칙에 따라 수행되는 일상적인 운영 의사결정을 자동화하는 데 효과적이다.

기존에는 개발자가 의사결정과 관련한 로직을 프로그래밍 언어로 코딩하여 애플리케이션으로 구현하였다. 이 방식에서는 애플리케이션 코드에 의사결정 로직을 구성하는 여러 규칙이 혼재해 의사결정 로직의 가시성이 낮으며, 로직이 복잡할수록 구현의 난도가 높아진다. 또한 경영 환경이 변하면 의사결정 로직도 신속하게 변경해야 하지만, 개발자가 코드를 수정해야 하므로 즉각적인 반영이 어렵다. 이 문제는 DMN을 사용하면 그래픽 다이어그램과 테이블 형태로 의사결정을 명시적으로 모델링하여 해결할 수 있다. 이처럼 의사결정 로직을 애플리케이션에서 분리하여 모델링하면, 개발자에게 의존하지 않고 업무 담당자가 자신이 주관하는 업무 규칙을 빠르고 유연하게 변경할 수 있다.

㉠DMN 모델링을 통해서는 의사결정 요구 다이어그램(DRD)과 의사결정 로직을 작성한다. DRD는 의사결정 모델링의 시작점으로 불리는데, 〈그림 1〉과 같이 맨 하위에 [   ]로 표시된 입력 데이터와 그 상위에 [   ]로 표시된 의사결정 노드 간 연결선으로 의사결정의 전체 구조를 표현한다. 입력 데이터는 의사결정 노드의 입력으로 제공되며, 하위 의사결정 노드의 결과로 생성된 데이터는 상위 노드의 입력으로 전달된다. 각 노드의 의사결정 로직은 의사결정 테이블로 세부 규칙을 작성하는데, 이를 위해 간단하고 직관적인 문법을 제공하여 업무 담당자와 개발자가 모두 쉽게 활용할 수 있는 언어인 FEEL을 사용한다. 의사결정 테이블에서는 각 규칙을 행으로 나열하고 규칙의 조건과 결과를 구분하여 열로 정의한다. 규칙의 조건 열에는 의사결정의 입력을 표기하며, 조건 열이 여럿인 경우 각 조건을 AND로 해서 논릿값을 계산한다. 각 규칙은 자신의 조건이 참일 경우 테이블에 규정된 출력을 결과 열에 산출한다.

〈그림 2〉의 의사결정 테이블은 이자율과 신청 금액에 따라 수익성을 결정하는 의사결정 로직을 보여 준다. 입력 셀에는 FEEL로 조건식을 기술하는데, 문자열 값의 단순 비교부터 숫자의 크기 비교, 숫자 구간 등의 다양한 조건식이 사용된다. 이 예에서는 이자율과 신청 금액이라는 숫자형 변수가 조건 열에 사용되는데, '<'와 '>='는 값의 크기를 비교하는 연산자이며, '[p..q]'는 경곗값을 포함하는 숫자 구간을 나타낸다. 예를 들어 [2..5]는 2 이상 5 이하,]2..5[는 2 초과 5 미만의 구간을 의미한다. 입력 셀에 '−'라고 표기된 경우 해당 조건은 항상 참으로 간주한다. 의사결정 테이블의 상단에는 여러 규칙이 동시에 만족될 때 이를 어떻게 처리할지를 설정하기 위한 적중 정책을 표기한다. 오버랩을 허용하지 않고 동시에 하나의 규칙만 만족되도록 규칙을 관리하는 방식인 '유일' 정책이 기본값이다. 한 번에 여러 규칙이 적용 가능한 경우에는 처음으로 만족되는 규칙을 적용하는 '최초' 정책과 규칙의 우선순위 값에 따라 적용 규칙을 선정하는 방식인 '우선순위' 정책 등 상황에 따라 적절한 적중 정책을 지정한다.

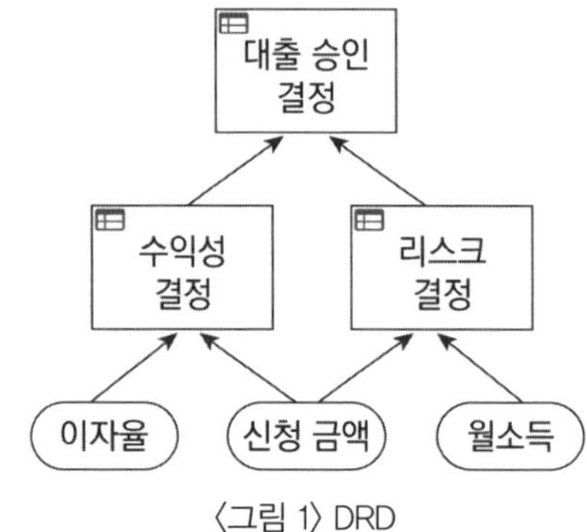

〈그림 1〉 DRD

수익성 결정	적중 정책: 유일		
	이자율(%) 숫자형	신청금액(원) 숫자형	수익성 "상","중","하"
1	< 2	−	"하"
2	>= 5	−	"상"
3	[2..5[	<천만	"하"
4	[2..5[	[천만..일억]	"중"
5	[2..5[	>일억	"상"

〈그림 2〉 의사결정 테이블

04.

윗글의 내용과 일치하는 것은?

① 전략적 의사결정은 경영 성과 창출에 미치는 영향이 크므로 확정된 규칙에 따라 수행해야 한다.

② DMN을 사용하여 의사결정 로직을 애플리케이션과 따로 모델링하면 규칙의 구현, 유지보수가 쉽다.

③ 의사결정 테이블의 조건부에서 경곗값을 포함하지 않는 구간을 조건식으로 나타낼 수 없다.

④ 운영 의사결정을 자동화하려면 의사결정 테이블에 BPMN 비즈니스 규칙 태스크를 포함하여 조건식을 작성해야 한다.

⑤ 의사결정 로직이 단순한 경우 규칙의 변경이 요구될 때 업무 담당자가 FEEL로 애플리케이션 코드를 쉽게 수정할 수 있다.

문항 성격 문항유형 : 정보의 확인과 재구성

내용영역 : 과학기술

평가 목표 이 문항은 오늘날 기업의 운영 의사결정을 모델링하기 위한 도구인 DMN에 대해 제시문에 주어진 정보를 제대로 이해하고 있는지 평가하는 문항이다.

문제 풀이 정답 : ②

경영 의사결정의 유형, DMN과 BPMN의 관계, DMN 적용 시 장점, DRD와 의사결정 테이블의 작성 방법 등 제시문에 주어진 설명을 확인하여 제시문과 부합하는 선택지를 골라야 한다.

정답 해설 ② 제시문 두 번째 단락의 "이 문제는 DMN을 사용하면 그래픽 다이어그램과 테이블 형태로 의사결정을 명시적으로 모델링하여 해결할 수 있다. 이처럼 의사결정 로직을 애플리케이션에서 분리하여 모델링하면, 개발자에게 의존하지 않고 업무 담당자가 자신이 주관하는 업무 규칙을 빠르고 유연하게 변경할 수 있다."에서 DMN 사용의 장점이 의사결정 로직의 구현과 유지보수가 쉽다는 점이라는 것을 알 수 있다. 따라서 "DMN을 사용하여 의사결정 로직을 애플리케이션과 따로 모델링하면 규칙의 구현, 유지보수가 쉽다."는 진술은 제시문과 일치한다.

오답 해설 ① 제시문 첫 번째 단락의 "전략적 의사결정은 의사결정 규칙이 불명확하고, 다양한 분석이 요구되므로 모델링하여 자동화하기는 매우 어렵다."에서 전략적 의사결정은 그 규칙이 명확하지 않으며, 또한 확정되어 있지 않다는 것을 알 수 있다.

③ 제시문 네 번째 단락의 "'<'와 '>='는 값의 크기를 비교하는 연산자이며, '[p..
q]'는 경곗값을 포함하는 숫자 구간을 나타낸다. 예를 들어 [2..5]는 2 이상 5 이
하,]2..5[는 2 초과 5 미만의 구간을 의미한다."에서 의사결정 테이블의 조건부
에서 경곗값을 포함하는 구간뿐만 아니라 경곗값을 포함하지 않는 구간도 조건
식으로 나타낼 수 있다는 것을 알 수 있다.

④ 제시문 첫 번째 단락의 "BPMN 모델의 비즈니스 규칙 태스크에서 DMN 모델의
의사결정 테이블을 호출하는 방식으로 두 표준이 연동되어 활용된다."와 세 번
째 단락의 의사결정 테이블에 대한 설명을 종합해 보면, BPMN은 의사결정 테이
블에 포함되는 것이 아니라 의사결정 로직을 구성하는 세부 규칙이 작성된 의사
결정 테이블을 호출한다는 것을 알 수 있다. 따라서 "운영 의사결정을 자동화하
려면 의사결정 테이블에 BPMN 비즈니스 규칙 태스크를 포함하여 조건식을 작
성해야 한다."는 진술은 제시문과 일치하지 않는다.

⑤ 제시문 세 번째 단락의 "의사결정 로직은 의사결정 테이블로 세부 규칙을 작성
하는데, 이를 위해 간단하고 직관적인 문법을 제공하여 업무 담당자와 개발자가
모두 쉽게 활용할 수 있는 FEEL이라는 언어를 사용한다."에서 업무 담당자는 의
사결정의 세부 로직을 FEEL을 사용하여 의사결정 테이블로 작성한다는 것을 알
수 있다. 업무 담당자는 DMN으로 의사결정 로직을 분리하여 모델링하면 업무
규칙을 스스로 관리할 수 있지만, 여전히 애플리케이션은 업무 담당자가 아닌
개발자가 프로그래밍 언어를 이용하여 개발해야 한다.

05.

㉠에 대해 추론한 것으로 적절한 것은?

① 같은 입력값으로 여러 규칙이 동시에 만족될 수 있는 경우 적중 정책을 기본값으로 설
정할 수 없다.
② 의사결정 테이블의 입력이 여러 개일 경우, 어떤 규칙의 조건식 중 어느 하나가 참이
면 그 규칙은 만족된다.
③ 어떤 의사결정 로직의 입력으로 사용되는 데이터는 다른 의사결정 로직의 입력으로 활
용될 수 없다.
④ 최상위의 의사결정 노드에 직접 연결되지 않은 최하위의 입력 데이터는 최상위의 의사
결정에 영향을 미치지 않는다.

⑤ 의사결정 노드가 여러 계층으로 구성될 경우, 상위 의사결정 노드의 출력을 하위 의사
  결정 노드에서 사용할 수 있다.

문항 성격　문항유형 : 정보의 추론과 해석
　　　　　　내용영역 : 과학기술
평가 목표　이 문항은 DMN 모델링 과정에 대해 주어진 정보를 파악하여 선택지로 제시된 사항
이 적절한지 아닌지를 추론해 내는 능력을 평가하는 문항이다.
문제 풀이　정답 : ①
DMN 모델링 과정에 대한 제시문의 설명을 통해 DRD의 구성 요소와 연결관계, FEEL을 사용한
의사결정 테이블 작성과정을 정확히 이해하고, 이를 바탕으로 거짓으로 추론되는 선택지를 골라
야 한다.

정답 해설　① 제시문 네 번째 단락의 "오버랩을 허용하지 않고 동시에 하나의 규칙만 만족되
도록 규칙을 관리하는 방식인 '유일' 정책이 기본값이다. 한 번에 여러 규칙이 적
용 가능한 경우에는 처음으로 만족되는 규칙을 적용하는 '최초' 정책과 규칙의
우선순위 값에 따라 적용 규칙을 선정하는 방식인 '우선순위' 정책 등 상황에 따
라 적절한 적중 정책을 지정한다."를 통해 적중 정책의 기본값인 '유일' 정책은
동시에 만족되는 규칙이 서로 오버랩되지 않는 경우에 사용한다는 것을 알 수
있다. 또한 같은 입력값으로 여러 규칙이 동시에 만족될 수 있는 경우 적중 정책
을 '최초', '우선순위' 등 다른 정책으로 설정해야 한다는 것을 파악할 수 있다.

오답 해설　② 제시문 세 번째 단락의 "규칙의 조건 열에는 의사결정의 입력을 표기하며, 조건
열이 여럿인 경우 각 조건을 AND로 해서 논릿값을 계산한다."를 통해 어떤 규
칙의 조건식이 모두 참인 경우에 그 규칙이 만족된다는 것을 알 수 있다.

③ 제시문의 〈그림 1〉에서 입력 데이터인 신청 금액은 수익성을 결정하는 데에도
사용되고, 리스크를 결정하는 데에도 사용된다는 것을 알 수 있다. 따라서 어떤
의사결정 로직의 입력으로 사용되는 데이터가 다른 의사결정 로직의 입력으로
활용될 수 없다는 것은 적절하지 않다.

④ 제시문의 〈그림 1〉의 전체적인 구조를 보면, 맨 하위의 입력 데이터는 중간 단계
의 의사결정에 직접 연결되어 이들의 의사결정에 사용되고, 또 그 결과가 최상
위 의사결정 노드에 전달되어 활용된다는 것을 알 수 있다. 따라서 최상위의 의
사결정 노드에 직접 연결되지 않은 최하위의 입력 데이터가 최상위의 의사결정
에 영향을 미치지 않는다는 것은 적절하지 않다.

06.

〈보기〉의 사례에서 DMN을 활용할 때 적절하지 <u>않은</u> 것은?

P사는 자동차 보험료 산정을 위한 위험도 결정 업무를 자동화하기 위해 다음의 세 단계로 의사결정 모델링을 수행한다.

단계 1 : DRD 작성

Ⓐ 입력 데이터로 운전 경력, 자동차 가격, 자동차 출력(HP)을 제공함.

Ⓑ 자동차 가격과 출력을 기준으로 자동차 유형을 결정함.

Ⓒ 운전 경력과 자동차 유형을 기준으로 위험도를 결정함.

단계 2 : 자동차 유형 의사결정 로직 정의

Ⓐ 2억 원 초과의 자동차는 럭셔리카로 분류함.

Ⓑ 5백만 원 미만의 자동차는 스크랩카로 분류함.

Ⓒ 5백만 원 이상 2억 원 이하면 자동차 출력을 기준으로 분류함.

- 120 HP 초과 : 스포츠카

- 120 HP 이하 : 패밀리카

단계 3 : 위험도 의사결정 로직 정의

Ⓐ 3년 이하의 운전 경력이거나 럭셔리카 : 위험도 5

Ⓑ 패밀리카이고, 3년 초과의 운전 경력 : 위험도 2

Ⓒ 스포츠카이면 운전 경력에 따라 다음과 같이 결정함.

- 5년 초과 : 위험도 2

- 3년 초과 5년 이하 : 위험도 3

Ⓓ 스크랩카 : 운전 경력과 무관하게 위험도 1

① 단계 1에서 작성한 DRD에 포함된 2개의 의사결정 노드는 단계 2와 단계 3을 통해 구체화된다.

② 단계 2와 단계 3에서 작성하는 각 의사결정 테이블은 입력으로 2개의 열을, 결과로 1개의 열을 포함한다.

③ 단계 2의 결과가 스포츠카로 결정되는 경우 단계 3의 ⓒ가 요구하는 규칙을 작성하려면, 의사결정 테이블에 2개의 행이 요구된다.

④ 단계 2의 ⓒ가 요구하는 자동차 출력 조건식과 단계 3의 ⓑ가 요구하는 운전 경력 조건식에서 모두 숫자 구간이 사용된다.

⑤ 적중 정책이 '유일'일 때 단계 3에서 ⓓ를 고려하여 ⓐ가 요구하는 규칙을 완성하려면, 운전 경력 조건식과 자동차 유형 조건식이 포함된 규칙을 작성해야 한다.

문항 성격 　 문항유형 : 정보의 평가와 적용
　　　　　　　 내용영역 : 과학기술
평가 목표 　 이 문항은 〈보기〉의 상황에서 DMN 의사결정 모델의 구성요소인 DRD와 의사결정 테이블을 단계적으로 작성할 수 있는 능력을 평가하는 문항이다.
문제 풀이 　 정답 : ④

〈보기〉에 제시된 의사결정 요구사항과 의사결정 논리를 DMN 모델로 작성할 수 있어야 한다. 우선, 의사결정 요구사항을 반영하여 〈그림 1〉과 같은 형태의 DRD를 생성하고, 제시문의 FEEL에 대한 설명을 토대로 '자동차 유형 결정' 의사결정 테이블과 최종 단계인 '위험도 결정' 의사결정 테이블을 각각 〈그림 2〉, 〈그림 3〉과 같은 형태로 작성할 수 있어야 한다.

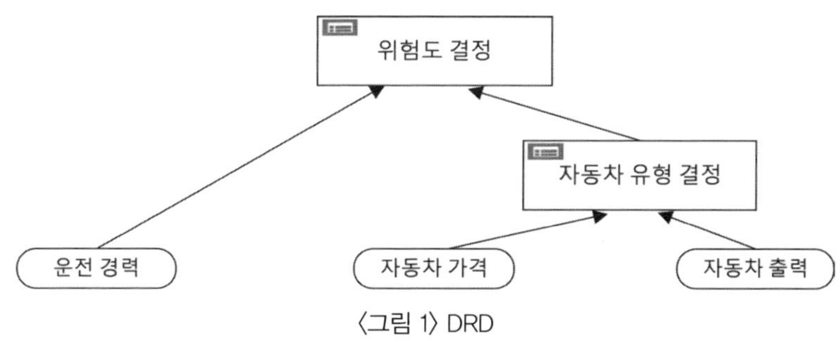

〈그림 1〉 DRD

	자동차 유형 결정	적중 정책: 유일	

	자동차 가격(원) 숫자형	자동차 출력(HP) 숫자형	자동차 유형 "럭셔리카","스포츠카","패밀리카","스크랩카"
1	>2억	–	"럭셔리카"
2	<5백만	–	"스크랩카"
3	[5백만..2억]	>120	"스포츠카"
4	[5백만..2억]	<=120	"패밀리카"

〈그림 2〉 자동차 유형 결정 의사결정 테이블

	위험도 결정	적중 정책: 유일	

	운전 경력(년) 숫자형	자동차 유형 "럭셔리카","스포츠카","패밀리카","스크랩카"	위험도 숫자형
1	<=3	"스포츠카"	5
2	<=3	"패밀리카"	5
3	–	"럭셔리카"	5
4	>3	"패밀리카"	2
5	>5	"스포츠카"	2
6	]3..5]	"스포츠카"	3
7	–	"스크랩카"	1

〈그림 3〉 위험도 결정 의사결정 테이블

정답 해설 ④ 단계 2의 ⓒ가 요구하는 자동차 출력 조건식은 120 HP 초과인 경우 '>120'으로, 120 HP 이하인 경우 '<=120'으로 표현된다. 또한, 단계 3의 ⓑ가 요구하는 운전 경력 조건식은 '>3'으로 표현된다. 모든 조건식에서 숫자의 크기 비교 연산자가 사용되며, 숫자 구간은 사용되지 않는다. 따라서 단계 2의 ⓒ가 요구하는 자동차 출력 조건식과 단계 3의 ⓑ가 요구하는 운전 경력 조건식에서 모두 숫자 구간이 사용된다는 것은 적절하지 않다.

오답 해설 ① 단계 1에서 작성한 〈그림 1〉의 DRD에 포함된 의사결정 노드인 자동차 유형 결정과 위험도 결정은, 각각 단계 2에서 〈그림 2〉와 〈그림 3〉에 제시된 것과 같이 구체적인 규칙으로 구성된 의사결정 테이블로 작성된다. 따라서 단계 1에서 작성한 DRD에 포함된 2개의 의사결정 노드가 단계 2와 단계 3을 통해 구체화된다는 것은 적절하다.

② 〈그림 2〉와 〈그림 3〉에 제시된 것과 같이 각 의사결정 테이블은 입력 열이 2개, 결과 열이 1개이다. 따라서 단계 2와 단계 3에서 작성하는 각 의사결정 테이블은 입력으로 2개의 열을, 결과로 1개의 열을 포함한다는 것은 적절하다.

③ 단계 3의 ⓒ에서 스포츠카의 위험도는 〈그림 3〉에서 보는 것처럼 운전 경력에 따라 두 개의 규칙으로 의사결정 테이블에 작성된다. 따라서 단계 2의 결과가 스포츠카로 결정되는 경우 단계 3의 ⓒ가 요구하는 규칙을 작성하려면, 의사결정 테이블에 2개의 행이 요구된다는 것은 적절하다.

⑤ 단계 3에서 ⑩를 고려하여 Ⓐ가 요구하는 규칙을 작성하려면, 〈그림 3〉의 위험도 결정 의사결정 테이블의 1번이나 2번과 같은 형태의 규칙이 필요하다. 즉, 운전 경력 조건식과 자동차 유형 조건식이 모두 포함된 조건식이 요구된다. ⑩의 내용인 '자동차 유형이 스크랩카인 경우 운전 경력과 무관하게 위험도가 1'이라는 것을 고려하여, '3년 이하의 운전 경력을 위험도 5'로 하려면, 운전 경력이 3년 이하이면서 자동차 유형이 스크랩카가 아닌 경우에 위험도를 5로 정하는 규칙을 작성해야 한다. Ⓐ에서 럭셔리카면 위험도를 5로 한다고 했으므로, 운전 경력이 3년 이하이면서 자동차 유형이 패밀리카인 경우의 위험도를 5로 하는 규칙(1번 규칙)과 운전 경력이 3년 이하이면서 자동차 유형이 스포츠카인 경우의 위험도를 5로 하는 규칙(2번 규칙)을 추가하면 된다.

[07~09] 다음 글을 읽고 물음에 답하시오.

선출된 정치인이 합법적으로 민주적 가치를 잠식하는 민주주의 퇴행도 급격하고 폭력적인 방식의 쿠데타 못지않게 심각한 민주주의의 위기이다. 집권자는 '조작'을 감행할 능력을 갖추고 있다. 여기서 조작이란 명백한 위법행위가 아니라, 선거권이나 피선거권 규정의 개정이나 미디어 규제를 통한 여론 개입, 국가기구에 대한 당파적 영향력 증대 등과 같이 불법성이 명확하지 않지만 정치 과정을 불공정하게 만들어 집권 가능성을 높이려는 행위들을 일컫는다. 집권자의 조작과 유권자의 대응이 결합하여 민주주의가 퇴행하는 것을 설명하는 두 가지 모델을 살펴보자.

우선, ㉠스볼릭 모델에서 유권자는 후보자의 정책이념과 자신의 정책이념 사이의 거리와 반비례하는 효용의 크기에 따라 지지 후보를 선택하는데, 후보자 가운데 집권자를 판단할 때는 그가 행한 조작의 정도에 비례하여 생기는 효용의 감소를 계산에 넣는다. 다시 말해 유권자는 민주주의 가치에 대해서도 내재적으로 선호한다고 가정된다.

예를 들어, 어떤 나라에서 우파 집권자가 조작을 행한 경우, 온건 우파 유권자는 민주주의 훼손에서 생기는 효용의 감소가 좌파 도전자의 집권으로 생기는 이념 관련 효용의 감소보다 커서 집권자를 지지하지 않을 가능성이 크다. 반면 극단적인 우파 유권자는 좌파 도전자의 집권이라는 최악의 상황을 피하려고 민주주의 훼손을 감수하고라도 집권자에게 투표할 가능성이 훨씬 크다. 한편 자신의 재집권을 위해 조작을 행한 집권자는 조작으로 득표가 늘어나는 대신 조작에 따른 민주주의 훼손으로 인해 득표가 감소하는 상황에 직면한다. 이때 득표 감소는 주로 중도 혹은 중도우파 유권자 집단에서 발생한다. 결국 집권자는 득실을 비교하여 선거에서 가장 많이 득표할 수준에서 조작의 정도를 결정하게 된다.

한편, ⓒ루오와 쉐보르스키 모델에서 유권자들은 후보자의 정책이나 능력 등을 보고 주관적으로 평가한 '매력'에 기초해서 투표한다. 이처럼 시민들이 민주주의 자체에 내재적인 가치를 부여하지 않는 경우라도, 더 매력적인 정치인들에게 통치받고 싶어 할 것이므로 시민들은 누구에게 통치받을지를 자신들이 결정할 수 있는 능력을 중시한다. 이는 그 사회의 민주주의 역량에 가치를 부여한다는 것이다. 선거에 당면하여 유권자들은 현재 선택되는 후보자의 매력, 즉 선거로 들어설 정부의 질로부터 얻는 효용과 미래의 민주주의 역량, 즉 시민들이 미래에 더 나은 도전자가 등장할 때 언제든지 선거로 집권당을 교체할 수 있는 능력으로부터 얻는 효용 사이의 트레이드오프에 직면한다.

더욱 매력적인 도전자가 등장하면 시민들은 집권자의 교체를 원할 것이기 때문에 권위주의 성향의 지도자들은 집권기에 조작을 택하고, 그 결과 시민들의 반대에도 불구하고 권력을 유지할 가능성, 즉 집권자 프리미엄이 커지게 된다. 프리미엄이 0인 상태에서 시작하여 지도자와 유권자 사이에 게임이 반복되는 상황을 상정한 이 모델에 따르면, 잠재적 도전자가 가질 매력의 기댓값에 비해 집권자의 매력이 매우 높거나 매우 낮은 경우에 민주주의가 위협받게 된다.

집권자의 매력이 높아서 시민들이 집권자에 매우 만족하고 도전자가 더 매력적일 가능성이 작을 때, 집권자는 조작에 거리낌을 갖지 않는데 이를 '지지 속의 퇴행'이라 한다. 반면 집권자의 매력이 낮은 경우에는 집권자가 운 좋게 몇 차례 선거에 승리해서 집권자 프리미엄이 일정 수준을 넘어서면 집권의 장기화를 우려하는 시민들은 설사 당면 선거에서 도전자의 매력이 더 낮더라도 정권교체를 원하게 된다. 이를 예상하는 집권자가 프리미엄을 더욱 높이고자 가능한 모든 조작을 취하는 것을 '반대 속의 퇴행'이라 한다. 두 가지 퇴행에서 모두 쿠데타나 민중봉기와 같은 수단에 의해 교체될 위험을 감수할 정도까지 권위주의 성향의 집권자는 퇴행으로 치닫는다.

07.

윗글의 내용과 일치하는 것은?

① 민주주의 퇴행을 설명하는 모델들에서는 유권자들이 민주주의 자체에 내재적 가치를 부여한다.
② 유권자와 집권자는 모두 선거에서 전략적 선택이 필요한 상황에 직면할 수 있다.
③ 중도 성향의 유권자는 자신의 정책이념을 투표 선택에 반영하지 않는다.
④ '지지 속의 퇴행'은 집권 정부의 매력이 매우 낮을 때 일어난다.
⑤ '집권자 프리미엄'은 게임이 반복됨에 따라 0에 수렴한다.

문항 성격	문항유형 : 정보의 확인과 재구성
	내용영역 : 사회
평가 목표	이 문항은 제시문의 주제인 민주주의 퇴행의 구조를 정확하게 이해하고 있는지 확인하는 문항이다.
문제 풀이	정답 : ②

민주주의 퇴행을 유권자가 용인하는 이유와 관련한 두 가지 설명을 중심으로 각 선택지의 진위 여부를 확인하도록 한다.

정답 해설 ② 제시문 세 번째 단락은 스볼릭 모델에서 유권자(정책이념 대 민주주의 가치)와 집권자(득표 증가 대 감소)가 직면한 트레이드오프 상황에 관하여 설명한다. 제시문 네 번째 단락과 다섯 번째 단락은 각각 루오와 쉐보르스키 모델에서 유권자의 트레이드오프(후보자의 매력 대 미래 민주주의 능력) 상황과 집권자의 트레이드오프 상황(재집권 가능성 대 잠재적 도전자의 매력)을 설명한다.

오답 해설 ① 제시문 두 번째 단락의 "유권자는 민주주의 가치에 대해서도 내재적으로 선호한다고 가정된다."에서 스볼릭 모델의 유권자들이 민주주의 자체에 대해 내재적 가치를 부여한다는 것을 알 수 있다. 네 번째 단락의 "이처럼 시민들이 민주주의 자체에 내재적인 가치를 부여하지 않는 경우라도, 더 매력적인 정치인들에게 통치받고 싶어 할 것이므로 시민들은 누구에게 통치받을지를 자신들이 결정할 수 있는 능력을 중시한다."에서 루오와 쉐보르스키 모델의 유권자들은 민주주의 자체에 대하여 내재적 가치를 부여하지 않는다는 것을 알 수 있다.

③ 제시문 두 번째 단락의 "유권자는 후보자의 정책이념과 자신의 정책이념 사이의 거리와 반비례하는 효용의 크기에 따라 지지 후보를 선택"한다는 것과 세 번째

단락에서 제시하는 사례를 통해 중도 성향의 유권자도 자신의 정책이념과 민주
주의 가치를 투표선택에 포함시킨다는 것을 알 수 있다.

④ 제시문 여섯 번째 단락의 "집권자의 매력이 높아서 시민들이 집권자에 매우 만
족하고 도전자가 더 매력적일 가능성이 작을 때. 집권자는 조작에 거리낌을 갖
지 않는데 이를 '지지 속의 퇴행'이라 한다."에서 '지지 속의 퇴행'은 집권 정부의
매력이 매우 높을 때 일어난다는 것을 알 수 있다.

⑤ 제시문 다섯 번째 단락의 "프리미엄이 0인 상태에서 시작하여 지도자와 유권자
사이에 게임이 반복되는"을 통해 '집권자 프리미엄'은 게임을 반복하게 되는 결
과 0에 수렴하는 것이 아니라 0에서 시작하는 반복게임이라는 것을 알 수 있다.

08.

윗글에서 추론한 내용으로 가장 적절한 것은?

① ㉠과 ㉡에서 모두 미래에 등장할 잠재적 도전자의 집권 가능성은 유권자가 고려할 대
상에서 제외된다.

② ㉠에서는 집권자와 도전자의 이념성향이 비슷할 때, ㉡에서는 집권자와 도전자의 매력
도가 비슷할 때 민주주의의 퇴행이 심해질 가능성이 높다.

③ ㉠에서 유권자는 정책이념과 민주주의 가치 사이의 트레이드오프에, ㉡에서 유권자는
새 정부의 매력과 미래 민주주의 역량 사이의 트레이드오프에 직면할 수 있다.

④ 집권자가 조작의 정도를 결정할 때, ㉠에서는 조작에 따라 기대되는 득표와 감표의 차
이를. ㉡에서는 기존에 축적된 프리미엄과 앞으로 형성될 프리미엄 간의 차이를 따질
것이다.

⑤ ㉠에서는 후보자와의 이념적 친밀도 때문에, ㉡에서는 도전자의 높은 매력도 때문
에, 시민이 조작을 용인한 결과로 권력 교체가 불가능해져 민주주의 퇴행이 나타날 수
있다.

<table>
<tr><td>문항 성격</td><td>문항유형 : 정보의 추론과 해석</td></tr>
<tr><td></td><td>내용영역 : 사회</td></tr>
<tr><td>평가 목표</td><td>이 문항은 민주주의 퇴행 관련 두 가지 모델의 정보를 추론하고 해석해 내는 능력을
평가하는 문항이다.</td></tr>
</table>

㉠의 스볼릭 모델과 ㉡의 루오와 쉐보르스키 모델에서의 유권자와 집권자의 선택, 트레이드오프, 조작의 정도, 퇴행의 이유 등의 정보를 해석하고 추론하여 각 선택지의 진위 여부를 판단하여야 한다.

정답 해설　③ 제시문 두 번째 단락의 "후보자의 정책이념과 자신의 정책이념 사이의 거리와 반비례하는 효용의 크기에 따라 지지 후보를 선택하는데, 후보자 가운데 집권자를 판단할 때는 그가 행한 조작의 정도에 비례하여 생기는 효용의 감소를 계산에 넣는다."와 세 번째 단락의 사례를 통해 ㉠에서 유권자는 정책이념과 민주주의 가치 사이의 트레이드오프를 하게 된다는 것을 알 수 있다. ㉡의 유권자는 제시문 네 번째 단락의 "선거에 당면하여 유권자들은 현재 선택되는 후보자의 매력, 즉 선거로 들어설 정부의 질로부터 얻는 효용과 미래의 민주주의 역량, 즉 시민들이 미래에 더 나은 도전자가 등장할 때 언제든지 선거로 집권당을 교체할 수 있는 능력으로부터 얻는 효용 사이의 트레이드오프에 직면한다."와 다섯 번째 단락의 사례를 통해 새 정부의 매력과 미래 민주주의 역량 사이의 트레이드오프를 한다는 것을 알 수 있다.

오답 해설　① 제시문 네 번째 단락의 "선거에 당면하여 유권자들은 현재 선택되는 후보자의 매력, 즉 선거로 들어설 정부의 질로부터 얻는 효용과 미래의 민주주의 역량, 즉 시민들이 미래에 더 나은 도전자가 등장할 때 언제든지 선거로 집권당을 교체할 수 있는 능력으로부터 얻는 효용 사이의 트레이드오프에 직면한다."를 통해 ㉡ 모델은 유권자가 잠재적 도전자의 집권 가능성을 고려 대상에 포함한다는 것을 알 수 있다.

② ㉠에서 후보자들의 이념성향이 비슷할 경우 유권자는 민주주의 가치만을 따질 것이기 때문에, 집권자가 조작 수준을 높일 경우 감표요인이 될 것이므로 조작 수준을 높이기 힘들다. 이는 민주주의 퇴행이 아니다. 제시문 다섯 번째 단락의 "잠재적 도전자가 가질 매력의 기댓값에 비해 집권자의 매력이 매우 높거나 매우 낮은 경우에 민주주의가 위협받게 된다."에서 ㉡은 집권자와 도전자의 매력도 차이가 클 때 민주주의 퇴행이 심해질 수 있다고 본다는 것을 알 수 있다.

④ 집권자가 조작의 정도를 결정할 때, ㉠은 제시문 세 번째 단락의 "집권자는 득실을 비교하여 선거에서 가장 많이 득표할 수준에서 조작의 정도를 결정하게 된다."를 통해 조작에 따라 기대되는 득표와 감표의 차이를 따지는 것을 알 수 있다. 반면 ㉡의 경우 제시문에서 집권자가 기존의 프리미엄과 앞으로 형성될 프리미엄의 차이를 고려한다는 언급이 없으며 맥락에도 맞지 않는다.

⑤ ㉠의 경우 제시문 세 번째 단락의 "극단적인 우파 유권자는 좌파 도전자의 집권
이라는 최악의 상황을 피하려고 민주주의 훼손을 감수하고라도 집권자에게 투
표할 가능성이 훨씬 크다."에서 후보자와의 이념적 친밀도 때문에 민주주의 퇴
행이 나올 수 있다는 점을 알 수 있다. ㉡의 경우 시민이 조작을 용인하는 것은
도전자가 아닌 집권자의 매력이 높을 때(지지 속의 퇴행)이다.

09.

㉠의 관점에서 〈보기〉를 평가한 것으로 적절하지 <u>않은</u> 것은?

보 기

　　2026년 선거를 앞둔 X국에서 좌파 성향의 집권당 L 후보는 최근 관권선거를 주도했
다는 비판을 받고 있다. 온건 우파 성향의 도전자 R 후보는 비교적 민주적 절차를 중시
하는 것으로 평가받고 있다. 〈그림 1〉은 유권자 V1~V4 관점에서 인식된 자신들과 후
보자들의 정책이념 및 민주주의 신념도의 위치를 나타낸다. 세로축은 민주주의 가치에
대한 신념의 정도를, 가로축은 이념성향의 정도를 나타낸다. 〈그림 2〉는 X국 유권자들
의 이념성향 분포(%)의 변화를 나타낸다.

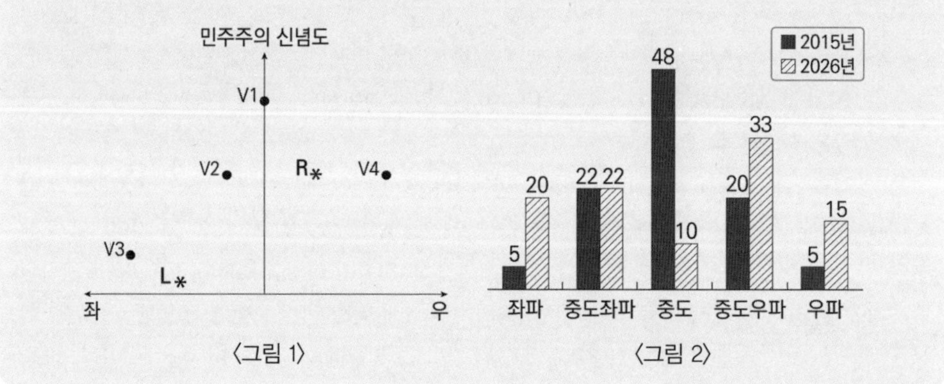

① 〈그림 1〉에서, V2가 R 후보를 지지할 가능성은 V3가 R 후보를 지지할 가능성보다 클
　것이다.
② 〈그림 1〉의 V4는 정책 효용과 민주주의 효용을 동시에 고려하여 L 후보의 재집권을
　허용하려 하지 않을 것이다.
③ 〈그림 2〉에서 동일한 수준의 조작 때문에 생기는 집권자의 손실은 2015년의 경우보다

2026년의 경우가 작을 것이다.

④ 〈그림 1〉의 L 후보가 〈그림 2〉의 2026년 선거에서 승리하면, 이는 민주주의의 훼손 정도를 감내하더라도 정책 관련 효용의 증가가 크다고 여긴 유권자가 감소한 결과일 것이다.

⑤ 〈그림 2〉에서, 〈그림 1〉의 V1에 해당하는 유권자의 비율 변화는 L 후보가 조작하는 정도를 높이려는 요인이 될 것이다.

문항 성격　문항유형 : 정보의 평가와 적용
내용영역 : 사회

평가 목표　이 문항은 제시문에서 스볼릭 모델에 따라 정책이념과 민주주의 가치에 대한 트레이드오프를 정확하게 이해하고 보기의 가상 유권자와 가상 정치인 사례에 적절하게 평가하고 적용할 수 있는지 평가하는 문항이다.

문제 풀이　정답 : ④

〈보기〉는 다가오는 선거에 대하여 후보자들의 정책이념과 민주적 절차에 대한 태도를 설명한다. 〈그림 1〉은 정책이념과 민주주의 가치를 두 축으로 2차원상에 후보자와 유권자를 위치시켜 이들 간의 거리와 지지 여부를 판단한다. 〈그림 2〉는 시기에 따른 이념성향 분포 변화를 통해 양극화된 정치상황을 묘사한다.

정답 해설　④ 제시문 세 번째 단락의 사례 설명과 〈그림 1〉에서 알 수 있듯이, 민주주의 훼손 정도가 높은 L 후보가 2026년 선거에서 승리했다는 것은 '민주주의 훼손 정도를 감내하더라도 정책 관련 효용의 증가가 크다고 여긴 유권자'가 감소한 것이 아니라 증가했기 때문이다.

오답 해설　① 〈그림 1〉에서 극좌 성향의 유권자 V3는 우파 후보인 R과 정책이념의 차이가 크기 때문에 지지할 확률이 낮은 반면, 중도 좌파 성향의 유권자 V2의 입장에서는 집권당의 좌파 성향 L 후보의 민주주의 훼손에 따른 효용 감소가 R 후보와의 이념성향 관련 효용의 감소보다 커지므로 그 차이가 상쇄된다. 따라서 V2가 V3에 비해 R 후보를 지지할 가능성이 더 크다.

② 〈그림 1〉의 우파 성향 유권자 V4는 민주주의 가치 차원뿐만 아니라 정책이념 차원에서도 L 후보를 지지할 확률은 매우 낮다. 오히려 민주주의 신념도와 이념 성향이 상대적으로 가까운 R 후보를 지지할 것이다.

③ 〈그림 2〉에서 2026년은 2015년에 비하여 중도층이 줄고 극단적 이념층이 늘어나 양극화가 심화된 상황이다. 이 경우 제시문 세 번째 단락의 "득표 감소는 주

로 중도 혹은 중도우파 유권자 집단에서 발생한다."에 따라 민주주의 훼손으로 득표가 감소할 집권자의 손실은 2026년이 2015년보다 작을 것이다.

⑤ 〈그림 1〉의 V1에 해당하는 유권자는 중도층이며, 〈그림 2〉에서 중도층 비율이 감소한 것을 알 수 있다. 중도층의 감소, 즉 양극화는 집권자의 민주주의 훼손으로 인한 득표 감소가 줄어드는 상황이므로, 집권당 후보자인 L 후보의 조작을 부추기는 환경이 될 것이다.

[10~12] 다음 글을 읽고 물음에 답하시오.

1518년 6월 중종은 "내가 정사를 돌보면서부터 태평한 통치를 바라여 널리 인재를 구한 지 열해 남짓이나 효과 없이 한탄만 할 뿐이니, 많은 현능한 이들이 추천되어 어진 교화를 도울 수 있도록 할 방법을 의논하라." 하고 명하였다. 조선은 시험으로 재목을 선발하여 관리로 등용하는 과거제도를 고려로부터 이어받아 운영하고 있었다. 유학적 소양을 선발 기준으로 하는 과거는 성리학을 표방한 국가에 매우 적합한 제도였다. 학업을 바탕으로 한 등용 방식은 학문 발전과 사회 교육에도 이바지하였다. 하지만 시험만을 위한 경전 암기와 모범 답안 위주의 학습이 진정한 학문은 아니라는 비판이 일었다. 그런 공부로는 또 다른 소양이라 할 품행과 덕성을 키우지 못한다고도 하였다. 중종의 하교는 이러한 인식과도 맥이 닿아 있다.

조광조가 주도하는 사림 세력은 기존의 과거가 글재주만 시험할 뿐 관료로서의 재능이나 인품, 행실 등은 보지 못한다고 하면서, 진정한 교화를 실현하기 위한 보완으로서 과거제도에 천거제인 현량과를 도입하기를 청하였다. 덧붙여 현행 제도는 권세가의 자녀가 합격하기에 유리하여 초야에 숨은 인재들을 발굴하는 데 한계가 있다는 지적도 하였다. 과거제도는 실력 위주의 인재 등용 방식이었고, 노비가 아니라면 백성은 누구든지 응시할 수 있는, 형식적으로는 평등하고 공정한 시험이었다. 그러나 현실적으로 과거 응시를 위한 학업에 경제적 뒷받침은 필수적이었다. 또한, 과거의 최종 합격은 벼슬할 자격만 주어지는 것이라서, 급제한 뒤에 실직을 받아 관료로 성장하려면 어느 정도의 후원과 인맥이 필요했다. 시간이 지나면서 과거시험은 지배계층의 지위를 유지하는 기능도 갖게 된 것이다.

과거는 매우 힘든 시험이기도 했다. 그 꽃이라 할 수 있는 문과는 경전의 암기와 해석뿐 아니라 작문과 논술의 능력까지 평가한다는 점에서도 어렵지만, 시험 과정도 굽이굽이 고갯길이다. 우선 경전 이해 중심의 생원시와 글 짓는 능력을 보는 진사시도 초시와 복시를 거쳐야 한다. 원칙적으로 생원이나 진사라야 문과에 응시할 수 있다. 문과에서도 경전, 작문, 논술로 초시 3단계, 복시 3

40

단계를 거쳐 최종 33명이 뽑힌다. 이들이 다시 치르는 전시는 품계를 내리기 위해 등수를 정하는 논술 필기고사로서 임금이 주관한다. 성적에 따라 정7품, 정8품, 정9품을 받고, 장원은 종6품이다. 이렇게 열리는 출세의 길 때문에, 소수의 정원만 뽑히는 험난한 시험에 지원자가 구름처럼 몰려 경쟁이 치열했다. 등급 때문에 다시 과거를 보기도 했다. 그런데 현량과는 덕망과 행실로 각처에서 천거된 이들로 한 번의 논술 시험을 치러 합격자를 선발하는 방식인 것이다. 게다가 급제자들에게는 일반 과거보다도 높은 품계를 주려 하였다.

　　이런 천거제에 대하여 훈구 세력의 반발은 컸다. 시험 없이 쉽게 관리가 되는 것은 공정성의 원칙을 무너뜨리는 것이고, 추천으로 선발하는 것이 오히려 부당한 특혜로 작용한다는 비판을 제기하였다. 우여곡절 끝에 1519년 현량과가 시행되었다. 천거된 이들을 선별하여 근정전에서 논술로 시험하였고, 12명의 관직 보유자가 포함된 28명의 문과 합격자가 나왔다. 다수가 서울 지역 거주자였다. 장원은 조광조와 친분이 두터운 김식이었고, 사림파의 후원자로 알려진 안당은 세 아들이 모두 합격하였다. 자파 세력 키우기라는 정적들의 비난은 피할 수 없었다. 그리하여 훈구파를 견제하는 데 사림을 이용하려 했던 중종도 지나친 당파 형성이라는 의심을 하게 되었다. 현량과는 결국 기묘사화의 주요한 계기와 명분으로도 작용하였고, 사화 직후 현량과의 문과 합격은 취소되었다. 이후 현량과는 다시 시행되지 않았으며 과거제도 자체는 조선 말기까지 유지되다가 1894년 갑오개혁으로 폐지되었다.

10.

윗글에 대한 이해로 가장 적절한 것은?

① 현량과는 성리학적 소양을 갖춘 인재를 등용하여 통치를 돕는다는 과거제의 목적을 표방하였다.
② 어렵게 성사된 현량과의 실시로 초야에 묻힌 지방 선비들이 대거 품계를 받아 관직에 진출하게 되었다.
③ 생원과 진사는 관직을 받을 자격만 주어지는 것이어서 실제로 벼슬을 하려면 문과의 초시와 복시를 거쳐야 했다.
④ 과거는 논리적으로 서술하는 시험이 아니라 암기 위주의 평가로 되어 있어 덕성을 평가하지 못하는 한계가 있었다.
⑤ 조선에 사는 이라면 누구든지 과거에 응시할 수 있었지만 실제로 일반인이 합격하여 고위관료로 성장하기는 쉽지 않았다.

문항 성격　문항유형 : 정보의 확인과 재구성
내용영역 : 인문

평가 목표　이 문항에서는 조선의 과거제도와 이를 보완한다며 한때 시행되었던 현량과에 대한 주요 정보를 제시문에서 잘 파악하여 이해하고 있는지를 평가하고자 한다.

문제 풀이　정답 : ①

기존의 과거제도와 천거제로 시행되었던 현량과에 대한 제시문의 설명을 뚜렷하게 이해하고 각 선택지의 진위를 판단해야 한다.

정답 해설　① 제시문 첫 번째 단락에서 "유학적 소양을 선발 기준으로 하는 과거는 성리학을 표방한 국가에 매우 적합한 제도"와 "또 다른 소양이라 할 품행과 덕성을 키우지 못한다고도"를 통해 유학적 소양에는 학문적 능력과 덕성 있는 품행이 들어가는 것을 알 수 있다. 두 번째 단락에서 조광조의 사림파가 "기존의 과거가 글재주만 시험할 뿐 관료로서의 재능이나 인품, 행실 등은 보지 못한다고 하면서, 진정한 교화를 실현하기 위한 보완으로서" 현량과의 도입을 제안하였다는 데서, 과거제의 목적을 제대로 실현하기 위해 천거제가 필요하다고 주장한 것이라 이해할 수 있다.

오답 해설　② 제시문 네 번째 단락에서 현량과 시행의 결과로 "28명의 문과 합격자가 나왔다. 다수가 서울 지역 거주자였다."라고 설명하고 있으므로, 초야에 묻힌 지방 선비들이 대거 관직에 진출하게 되었다는 것을 현량과의 결과로 보는 것은 적절하지 않다.

　③ 제시문 두 번째 단락의 "과거의 최종 합격은 벼슬할 자격만 주어지는 것"이라 하였으며, 이어지는 설명에서 '최종 합격'이란 전시까지 마치는 것이며, '벼슬할 자격'은 품계를 받는 것에 대응되는 것임을 알 수 있다. 반면, 세 번째 단락의 "원칙적으로 생원이나 진사라야 문과에 응시할 수 있다."를 통해 생원·진사시의 합격은 문과 초시에 응시할 자격밖에 주어지지 않는 것임을 대비하여 설명하고 있다. 따라서 관직을 받을 자격이 생원·진사시의 합격의 결과라고 설명하는 것은 적절하지 않다.

　④ 제시문 세 번째 단락의 "경전의 암기와 해석뿐 아니라 작문과 논술의 능력까지 평가한다는 점"과 "전시는 품계를 내리기 위해 등수를 정하는 논술 필기고사로서 임금이 주관한다."를 통해 과거가 논리적으로 서술하는 시험이 아니라고 이해하는 것은 적절하지 않다.

　⑤ 제시문 두 번째 단락의 "노비가 아니라면 백성은 누구든지 응시할 수 있는, 형식적으로는 평등하고 공정한 시험이었다."를 통해 노비는 과거를 볼 수 없었다는

것을 알 수 있다. 따라서 조선에 사는 이라면 누구나 과거에 응시할 수 있었다고 말할 수 없다.

11.

윗글에서 추론한 내용으로 적절하지 <u>않은</u> 것은?

① 과거를 치른 경험이 있는 관료가 다시 과거에 응시하여 더 높은 품계를 받을 수 있었다.

② 양반 지배층은 정보와 인맥, 재력을 활용하여 과거를 통한 출세 기회를 높일 수 있었다.

③ 현량과의 시험은 품계를 받을 총원을 정했다는 점에서 전시를 치른 것과 마찬가지였다.

④ 추천제 관료 선발의 도입은 사림 세력을 일거에 등용하려 한 의도였다고 비판을 받았다.

⑤ 훈구파는 관리 등용이 편파적일 가능성을 우려하면서 실력 위주의 과거제를 옹호하였다.

문항 성격 문항유형 : 정보의 추론과 해석

내용영역 : 인문

평가 목표 이 문항에서는 과거제도에 대한 이해를 바탕으로 제시문에 서술된 정보로써 전체 맥락을 추론할 수 있는지를 평가하고자 한다.

문제 풀이 정답 : ③

제시문에 나온 정보를 이용하여 과거제도의 운영과 현량과의 시행에 관해 폭넓은 파악을 할 수 있는지 확인하는 문항이다.

정답 해설 ③ 제시문 세 번째 단락의 "현량과는 덕망과 행실로 각처에서 천거된 이들로 한 번의 논술 시험을 치러 합격자를 선발하는 방식인 것이다. 게다가 급제자들에게는 일반 과거보다도 높은 품계를 주려 하였다."를 통해 현량과에 대하여 추천된 이들을 대상으로 한 번의 시험으로 선발하여 품계를 정해 주었다는 것을 알 수 있다. 이에 반해, 같은 단락에서 과거의 문과는 초시와 복시를 거쳐 품계를 받을 33인이 뽑히고 그들의 품계를 정하기 위해 전시를 치른다고 한 데서 보면, 품계

를 받을 총원을 정했다는 것은 전시보다는 복시에 상응하는 것이라 추론할 수
있다.

 ① 제시문 세 번째 단락의 "등급 때문에 다시 과거를 보기도 했다."와 네 번째 단락
에서 현량과의 합격자 중에 "12명의 관직 보유자가 포함"되었다는 점을 통해, 관
료가 다시 과거에 응시하여 더 높은 품계를 받을 수 있었다는 추론은 적절하다.

② 제시문 두 번째 단락의 "현실적으로 과거 응시를 위한 학업에 경제적 뒷받침은
필수적이었다."와 "급제한 뒤에 실직을 받아 관료로 성장하려면 어느 정도의 후
원과 인맥이 필요했다."를 통해 양반 지배층이 출세 기회를 높이기 위하여 현실
적으로 필요한 정보, 인맥, 재력을 활용할 수 있다고 본 것은 적절한 추론이다.

④ 제시문 네 번째 단락의 "장원은 조광조와 친분이 두터운 김식이었고, 사림파의
후원자로 알려진 안당은 세 아들이 모두 합격하였다. 자파 세력 키우기라는 정
적들의 비난은 피할 수 없었다."와 "지나친 당파 형성"이라는 중종의 의심이 있
었다는 점에서도, 현량과의 도입은 사림 세력을 일거에 등용하려 한 의도였다는
비판이 있었음을 알 수 있다.

⑤ 제시문 네 번째 단락의 "천거제에 대하여 훈구 세력의 반발은 컸다. 시험 없이
쉽게 관리가 되는 것은 공정성의 원칙을 무너뜨리는 것이고, 추천으로 선발하는
것이 오히려 부당한 특혜로 작용한다는 비판을 제기하였다."에서 훈구 세력은
현량과 도입을 편파성을 이유로 반대하였다는 점을 알 수 있다.

12.

윗글을 바탕으로 〈보기〉의 상황을 이해할 때 가장 적절한 것은?

보 기

중　　종 : 선왕의 등용 제도는 항구적이나 별도로 시험하는 법도 있는 것이니 방안을 제
시할 것이며, 추천에서는 명과 실이 어긋날 염려가 있음을 명심하라.
조광조 : 재주만으로 선발하면 그 행실을 알 수 없는 폐단이 있으므로, 덕행까지 감안하
여 뽑는 천거제가 이상적입니다.
정광필 : 재주와 행실을 모두 갖추지 못하는 문제가 천거에서는 생기지 않겠습니까? 선
왕대부터 내려오는 아름다운 법제를 경솔히 고칠 수는 없습니다.
남　　곤 : 현행 과거는 이미 현량과를 시행한 한나라에서의 실패를 거친 끝에 정착한 제
도입니다. 잘못된 천거라 하여 천거자를 처벌하기도 어렵습니다.

① 중종은 추천제 방식의 도입을 지시하면서도 천거로 말미암을 폐단에 대한 인식과 경계
를 드러낸다.
② 조광조는 정광필, 남곤, 김정의 반대에도 현량과의 도입을 관철하고자 고군분투한다.
③ 정광필은 관리 선발의 시험제도를 천거제로 대체하려는 조광조의 주장에 대해 어느 것
이나 폐단이 있기는 매한가지라는 입장이다.
④ 남곤은 현량과 시행에는 찬성하지만 역사적 경험을 고려한 개선이 필요하다는 의견을
제시한다.
⑤ 김정은 경전의 학습에만 치우치는 폐단에 크게 구애받지 말라고 주문한다.

문항 성격	문항유형 : 정보의 평가와 적용
	내용영역 : 인문

평가 목표 이 문항에서는 실제 역사에서 관련 인물들이 한 주장들을 소개하면서, 그 의미에 관
하여 제시문에서 서술하고 있는 내용을 기반으로 하여 연결된 맥락으로 이해할 수 있
는지 평가하고자 한다.

문제 풀이 정답 : ①

제시문의 이해를 바탕으로 현량과에 관한 정보를 〈보기〉에 제시된 여러 입장들에 대하여 적용하
고 평가하는 문항이다.

정답 해설 ① 제시문 첫 번째 단락의 "많은 현능한 이들이 추천되어 어진 교화를 도울 수 있
도록 할 방법을 의논"하라는 중종의 주문을 통해 〈보기〉의 "명과 실이 어긋날 염
려"의 지적은 "천거로 말미암을 폐단에 대한 인식과 경계"라 평가하는 것은 적
절하다.

오답 해설 ② 〈보기〉의 정광필과 남곤은 천거제의 폐단을 언급하며 현량과의 도입에 반대하고
있으나, 김정은 천거제의 폐단을 "사소한 폐단"이라 하여 현량과 도입에 찬성하
는 입장이라 할 수 있다.

③ 제시문 두 번째 단락의 "조광조가 주도하는 사림 세력은 기존의 과거가 글재주
만 시험할 뿐 관료로서의 재능이나 인품, 행실 등은 보지 못한다고 하면서, 진정
한 교화를 실현하기 위한 보완으로서 과거제도에 천거제인 현량과를 도입하기

를 청하였다.”와 〈보기〉의 “재주 있는 이도 여전히 뽑힐 수 있”다고 말하는 조광조의 태도를 통해, 조광조는 기존 과거제도를 유지하는 전제에서 현량과를 도입하고자 하는 것을 알 수 있으므로, 조광조의 주장에 대해 관리 선발의 시험제도를 천거제로 대체한다고 이해하는 것은 적절하지 않다.

④ 〈보기〉의 남곤이 중국에서 현량과가 실패했다는 역사적 경험을 언급하면서, 중종이 명과 실이 어긋난 천거에 대한 우려를 지적한 데 대하여도 그럴 경우에 천거인을 벌주기는 어려운 일이라고 대답하는 데서 남곤은 현량과 시행에 반대하는 입장이라는 것을 알 수 있다.

⑤ 제시문 두 번째 단락에서 현량과를 도입을 주장하는 사림파가 “진정한 교화”의 실현을 내세우고 있다는 것과 〈보기〉에서 이를 언급하면서 사소한 폐단에 얽매이지 말고 앞으로 나아가자는 데서, 김정은 변화, 곧 현량과의 도입을 주장하는 사림파의 입장에서 주장한다는 것을 추론할 수 있고, 그렇다면 그가 지적하는 폐단은 현량과 도입에 대한 비판으로 드는 폐단이라는 것을 알 수 있으므로, 사림 세력이 기존 과거제에 관하여 지적하는 폐단으로 〈보기〉의 “사소한 폐단”을 이해하는 것은 적절하지 않다.

[13~15] 다음 글을 읽고 물음에 답하시오.

해가 서쪽에서 뜬다고 믿고 싶다고 맘대로 그렇게 믿을 수 있을까? 그렇게 상상하거나 또는 그렇게 믿는 듯이 행동하는 것은 원하기만 하면 할 수 있다. 하지만 무엇을 믿는다는 것은 그것이 참이라고 믿는 것인데, 원한다고 해서 “해는 서쪽에서 뜬다.”라는 명제가 참이라고 실제로 믿을 수 있을까? 최소한 어떤 믿음은 인간이 수의적으로 즉, 자기 뜻대로 즉각적으로 믿을 수 있다는 입장을 ㉠인식적 수의주의라 하고 그런 믿음은 없다는 입장을 ㉡인식적 불수의주의라 한다.

수의주의가 옳으냐는 질문은 우리가 자신의 믿음에 대해 의무나 책임을 질 수 있느냐는 질문과 연관된다. 사람들은 종종 판단이나 믿음을 평가하고 심지어 비난하기도 한다. “너는 그렇게 쉽게 결론을 내리지 말아야 해.”, “그런 인종차별적 믿음은 버려야 해.” 등이 그 예이다. 그런데 “당위는 능력을 함축한다.”라는 칸트의 원칙에 따르면, 우리는 어떤 행위를 할지 안 할지 선택할 능력을 지닌 경우에만 그 행위에 대한 의무나 책임을 질 수 있다. 이 원칙을 믿음에 적용하면, 우리는 오직 자신의 믿음을 뜻대로 선택할 능력이 있는 경우에만 믿음에 대한 의무나 책임을 질 수 있다. 따라서 불수의주의가 옳다면 우리는 각자가 가진 믿음에 대해 의무나 책임을 질 수 없다.

수의주의에 반대하는 다양한 논변이 있다. 올스턴은 인간 심리에 근거해 수의주의에 반대한다. 그는 "해는 서쪽에서 뜬다."처럼 거짓임이 분명한 명제의 경우에는 누구도 수의적으로 믿을 수 없다는 것이 명백한 경험적 사실이라고 주장한다. 그리고 명제 p를 지지하는 증거와 반대하는 증거가 증거력이 비슷해서 참·거짓 여부가 분명하지 않은 경우에도 올스턴은 p를 수의적으로 믿을 수 없다고 주장한다. 그 상황에서 p를 정말로 믿게 되었다면, 이는 그 순간 p가 조금이나마 더 그럴듯해 보였기 때문에 믿음이 생겨난 것이다. 그렇지 않고 양쪽 증거력이 정확히 같은 경우 어떤 사람이 한쪽을 믿기로 결심했다고 주장한다면 그는 그 명제를 진정으로 믿게 된 것이라기보다 그저 그 명제가 참이라고 가정하고 행위의 근거로 사용하기로 한 것이다. 우리가 장기적인 행위나 습관 형성을 통해 자신의 믿음에 간접적 영향을 줄 수는 있지만, 올스턴에 따르면 이는 수의적으로 믿음을 변경한 것이 아니다.

믿음의 개념 분석에 기반한 불수의주의도 있다. 윌리엄스에 따르면, 명제 p를 수의적으로 믿는다는 것은 p가 참인지와 무관하게 p를 믿을 능력을 필요로 한다. 그리고 누가 이 능력을 사용했다면 그는 스스로가 이 능력을 지닌다는 것을 알 수밖에 없다. 그런데 우리는 스스로가 지닌 어떤 믿음에 대해서도 그것이 참·거짓 여부와 무관하게 형성된 것이라고 생각할 수 없다. 믿음의 개념상 p를 믿는다는 것은 곧 p가 참이라고 믿는 것이기 때문이다. 따라서 우리 자신이 명제의 참·거짓 여부와 무관하게 명제를 믿을 능력이 있다고 우리가 알게 되는 경우는 있을 수 없고 결국 어떤 믿음을 수의적으로 가진다는 것은 불가능하다.

히로니미 역시 '수의성'과 '믿음'의 정의에 기반해 수의주의에 반대한다. 그의 정의에 따르면, 어떤 행위가 수의적이라는 것은 그것이 실천적인 이유에 따라 즉각 행해질 수 있다는 것이며, p라고 믿는다는 것은 "p가 참인가?"라는 의문을 해결함으로써 갖게 되는 태도라는 의미에서 참을 목표로 하는 태도이다. 또한 그는 믿음을 지지할 수 있는 이유를 내용 관련 이유와 태도 관련 이유로 구별한다. 전자는 믿음의 내용, 즉 "p가 참인가?"라는 질문에 대답하는 이유이며, 이는 곧 믿음이 참임을 보여주는 증거이다. 반면, 후자는 "p라는 믿음을 갖는 것이 좋은가?"라는 질문에 대답하는 이유이고 내용의 참·거짓을 보이는 것과 무관하다는 의미에서 외부적 이유이다. 가령 내일 비가 온다는 믿음의 경우, 일기예보에서 그렇게 예측했다는 사실은 전자이지만, 비가 온다고 믿으면 내 기분이 좋아질 것이라는 사실은 후자이다. 그런데 명제 p를 수의적으로 믿을 능력은 외부적 이유에 따라 p가 참임을 믿을 능력을 필요로 하고 이것은 "p가 참인가?"라는 질문에, 그 질문과 무관한 이유에 따라 답할 능력을 요구한다. 우리에게 이런 능력은 있을 수 없으므로 수의적 믿음은 불가능하다.

13.

윗글의 내용과 일치하는 것은?

① 오래 걸리더라도 자기 뜻대로 변화시킨 믿음은 수의적이다.
② 원하는 대로 상상하는 것보다 원하는 대로 믿는 것이 어렵다.
③ 믿음이 평가의 대상이 될 수 있다는 데에는 학문적 다툼이 없다.
④ 모든 불수의주의자는 심리적 근거에 기반해 수의주의에 반대한다.
⑤ 칸트에 따르면 날지 못한다는 이유로 어떤 인간을 비난할 수 있다.

문항 성격	문항유형 : 정보의 확인과 재구성 내용영역 : 인문
평가 목표	이 문항은 제시문의 내용을 정확하게 이해하고 있는지 평가하는 문항이다.
문제 풀이	정답 : ②

전체 제시문에 나온 정보들을 정확히 이해하여 각 선택지의 진위 여부를 확인하도록 한다.

정답 해설　② 제시문 첫 번째 단락의 "그렇게 상상하거나 또는 그렇게 믿는 듯이 행동하는 것은 원하기만 하면 할 수 있다. 하지만 무엇을 믿는다는 것은 그것이 참이라고 믿는 것인데, 원한다고 해서 "해는 서쪽에서 뜬다."라는 명제가 참이라고 실제로 믿을 수 있을까?"에서 해가 서쪽에서 뜨는 상황을 상상하는 것은 원한다면 얼마든지 할 수 있지만 실제로 해가 서쪽에서 뜬다고 믿는 것은 원한다고 즉각적으로 하기는 어렵다는 것을 알 수 있다.

오답 해설　① 제시문 첫 번째 단락의 "어떤 믿음은 인간이 수의적으로 즉, 자기 뜻대로 즉각적으로 믿을 수 있다는"과 세 번째 단락의 "우리가 장기적인 행위나 습관 형성을 통해 자신의 믿음에 간접적 영향을 줄 수는 있지만, 올스턴에 따르면 이는 수의적으로 믿음을 변경한 것이 아니다."에서 수의적으로 어떤 믿음을 가진다는 것은 "즉각적"이라는 것을 알 수 있다.

　　③ 제시문 두 번째 단락의 "수의주의가 옳으냐는 질문은 우리가 자신의 믿음에 대해 의무나 책임을 질 수 있느냐는 질문과 연관된다. 사람들은 종종 판단이나 믿음을 평가하고 심지어 비난하기도 한다."와 "불수의주의가 옳다면 우리는 각자가 가진 믿음에 대해 의무나 책임을 질 수 없다."에서 불수의주의는 믿음에 대한 직접적인 의무나 책임을 부인하고 수의주의는 최소한 어떤 믿음에 대해서는 행위의 경우와 비슷한 의무, 책임이 있다고 주장하여 둘 간에 학문적 다툼이 있음을 알 수 있다.

④ 제시문 네 번째 단락의 "믿음의 개념 분석에 기반한 불수의주의도 있다."와 다섯
번째 단락의 "히로니미 역시 '수의성'과 '믿음'의 정의에 기반해 수의주의에 반대
한다."에서, 윌리엄스와 히로니미는 심리적 근거가 아니라 개념 정의에 기반한
선험적인 논변으로 수의주의를 반박한다는 것을 알 수 있다.

⑤ 제시문 두 번째 단락의 "그런데 "당위는 능력을 함축한다."라는 칸트의 원칙에
따르면, 우리는 어떤 행위를 할지 안 할지 선택할 능력을 지닌 경우에만 그 행위
에 대한 의무나 책임을 질 수 있다."에서 칸트의 당위–능력 원칙에 따를 경우 하
늘을 나는 것은 인간이 할 수 있는 것이 아니기 때문에 날지 못한다고 비난할 수
없다는 것을 알 수 있다.

14.

㉠과 ㉡에 대한 이해로 적절하지 <u>않은</u> 것은?

① ㉠은 "당위는 능력을 함축한다."라는 원칙을 믿음에도 적용한다.
② ㉡에 따르면, 해가 서쪽에서 뜬다고 뜻대로 믿을 수 있다고 말하는 사람은 수의적으로
그 믿음을 형성한 것이 아니다.
③ ㉠은 모든 믿음이 수의적이라고, ㉡은 모든 믿음이 불수의적이라고 주장한다.
④ ㉠과 ㉡ 모두, 무엇인가를 믿는다는 것은 믿는 내용이 참이라고 생각함을 전제한다.
⑤ ㉠은 ㉡에 비해, 사람들의 믿음을 비난하는 우리의 언어 관행에 대해 더 직관적인 설
명을 제공한다.

문항 성격	문항유형 : 정보의 추론과 해석
	내용영역 : 인문
평가 목표	이 문항은 제시문에서 설명하는 수의주의와 불수의주의에 대해 정확히 이해하는지를 확인하는 문항이다.
문제 풀이	정답 : ③

㉠ 수의주의와 ㉡ 불수의주의의 주장의 내용과 서로의 관계, 당위–능력 원칙과의 관련성, 공통의
전제 등을 정확히 이해했는지를 확인한다.

정답 해설　③ 제시문 첫 번째 단락의 "최소한 어떤 믿음은 인간이 수의적으로 즉, 자기 뜻대로
즉각적으로 믿을 수 있다는 입장을 인식적 수의주의라 하고 그런 믿음은 없다는

입장을 인식적 불수의주의라 한다.”를 통해 수의주의는 최소한 어떤 믿음은 수의적이라고 주장하는 입장임을 알 수 있으므로, 수의주의가 모든 믿음이 수의적이라고 주장하는 것으로 이해하는 것은 적절하지 않다.

① 제시문 두 번째 단락의 “이 원칙을 믿음에 적용하면, 우리는 오직 자신의 믿음을 뜻대로 선택할 능력이 있는 경우에만 믿음에 대한 의무나 책임을 질 수 있다.”에서 알 수 있듯이, 수의주의는 칸트의 ‘당위–능력 원칙’을 행위에 적용하는 것처럼 최소한 어떤 믿음에는 적용할 수 있다는 입장이다.

② 제시문 세 번째 단락의 “그는 “해가 서쪽에서 뜬다.”처럼 거짓임이 분명한 명제의 경우에는 누구도 수의적으로 믿을 수 없다는 것이 명백한 경험적 사실이라고 주장한다.”와 네 번째 단락과 다섯 번째 단락의 설명을 통해, 불수의주의는 명백하게 거짓인 명제에 대하여 수의적으로 믿음을 형성할 수 없다는 입장임을 알 수 있다.

④ 제시문 첫 번째 단락의 “하지만 무엇을 믿는다는 것은 그것이 참이라고 믿는 것인데”를 통해 인식론 논의 일반에서 믿음이란 그 내용이 참이라고 믿는 것이라는 것이 전제된다는 것을 알 수 있다.

⑤ 제시문 두 번째 단락의 “따라서 불수의주의가 옳다면 우리는 각자가 가진 믿음에 대해 의무나 책임을 질 수 없다.”에서 수의주의는 불수의주의에 비해 믿음에 의무나 책임을 부과하는 우리의 언어 관행을 더 수월하게 설명한다는 것을 알 수 있다.

15.

윗글을 바탕으로 〈보기〉를 설명할 때 적절하지 <u>않은</u> 것은?

갑은 시험을 앞두고 그간의 경험과 노력을 돌아보았다. 자신이 합격할 것이라고 믿을 근거와 불합격할 것이라고 믿을 근거는 대등해 보였다. 갑은 자신의 성격상 합격한다고 믿으면 덜 긴장해 실제로 합격할 것이라 생각했다. 갑은 ⓐ자신이 합격할 것이라는 믿음을 가지기로 했고 그 믿음에 따라 시험을 치렀다.

① 올스턴은, 만약 ⓐ가 진정한 믿음으로서 형성되었다면 근거 간 증거력 차이가 조금이라도 있었기 때문이라고 판단할 것이다.

② 윌리엄스는, 만약 갑이 참·거짓과 무관하게 Ⓐ를 갖는다고 한다면 갑이 있을 수 없는 능력을 갖는 셈이라고 비판할 것이다.

③ 히로니미는, 갑이 Ⓐ를 참으로 만들려고 한다는 점에서 갑의 믿음은 참을 목표로 하고 있다고 주장할 것이다.

④ 히로니미는, Ⓐ를 가지면 실제로 좋은 결과가 있을 것이라는 갑의 생각은 믿음의 태도 관련 이유에 해당한다고 볼 것이다.

⑤ 윌리엄스와 히로니미는, 갑이 설사 초인적인 존재라고 해도 Ⓐ를 수의적으로 형성한 것은 아니라고 생각할 것이다.

문항 성격	문항유형 : 정보의 평가와 적용
	내용영역 : 인문
평가 목표	이 문항에서는 제시문에서 이해한 바를 〈보기〉에 정확히 적용할 수 있는지를 확인하고자 한다.
문제 풀이	정답 : ③

〈보기〉는 갑이 수의적인 믿음을 가진 경우라고 생각할 수 있는 예인데, 이 예를 여러 불수의주의 철학자들의 관점을 사용해 어떻게 판단할 수 있는지를 정확히 서술할 것을 요구하는 문항이다.

정답 해설	③ 제시문 다섯 번째 단락의 "p라고 믿는다는 것은 "p가 참인가?"라는 의문을 해결함으로써 갖게 되는 태도라는 의미에서 참을 목표로 하는 태도이다."를 통해 히로니미의 주장에서 "참을 목표로"한다는 것은 "참으로 만들려고"한다는 의미가 아님을 알 수 있다.
오답 해설	① 제시문 세 번째 단락의 "그 상황에서 p를 정말로 믿게 되었다면, 이는 그 순간 p가 조금이나마 더 그럴듯해 보였기 때문에 믿음이 생겨난 것이다."를 통해, 올스턴은 한 명제를 지지하는 근거와 반대하는 근거가 비등한 경우에 진정한 믿음이 생겼다면 근거 간 증거력의 차이가 있었기 때문이라고 판단할 것이라 볼 수 있다.
	② 제시문 네 번째 단락의 "명제 p를 수의적으로 믿는다는 것은 p가 참인지와 무관하게 p를 믿을 능력을 필요로 한다."와 "우리 자신이 명제의 참·거짓 여부와 무관하게 명제를 믿을 능력이 있다고 우리가 알게 되는 경우는 있을 수 없고 결국 어떤 믿음을 수의적으로 가진다는 것은 불가능하다."를 통해, 윌리엄스는 p의 참·거짓 여부와 무관하게 믿을 능력은 있을 수 없다고 주장한다는 것을 알 수 있다.

④ 제시문 다섯 번째 단락의 "후자는 "p라는 믿음을 갖는 것이 좋은가?"라는 질문에 대답하는 이유이고"와 "비가 온다고 믿으면 내 기분이 좋아질 것이라는 사실은 후자이다."에서 히로니미는 믿음을 지지할 수 있는 이유 중 태도 관련 이유를 설명한다. 〈보기〉에서 갑의 "자신이 합격할 것"이라는 믿음은 그 믿음을 가지면 합격할 것이라는 점에서 '그 믿음을 갖는 것이 좋은가?'라는 질문에 대답하는 이유. 즉 태도 관련 이유이다.

⑤ 윌리엄스와 히로니미는 각각 제시문 네 번째 단락과 다섯 번째 단락에서 "개념 분석"과 "정의"에 기반하여 수의주의에 반대한다. 개념 정의에 기반한 선험적인 논변으로 이 논변이 성공적이라면 수의주의는 개념적으로 불가능하다(둥근 사각형은 개념적으로 불가능하다). 따라서 윌리엄스와 히로니미는 초인적인 존재라도 믿음을 수의적으로 형성하는 것이 불가능하다고 할 것이다. 제시문 다섯 번째 단락의 "우리에게 이런 능력은 있을 수 없으므로"는 이러한 사태가 단지 사실인 우연적 사태가 아니라 불가능성을 뜻함을 명시하고 있다.

[16~18] 다음 글을 읽고 물음에 답하시오.

2024년 노벨경제학상은 경제성장의 원인이 제도임을 밝힌 ⊙아제모을루와 두 동료에게 수여되었다. 성장의 원인을 제도에서 찾는 시도는 오랜 전통을 가진 것이다. 하지만 제도의 발전과 경제의 번영 사이에 높은 상관관계가 있음을 확인하는 것만으로는 제도가 성장의 원인이라는 주장을 지지하기 어렵다. 좋은 제도가 성장을 초래하기도 하지만 경제가 성장하여 제도가 개선되는 거꾸로 된 인과관계도 존재하기 때문이다. 아제모을루 등은 도구변수를 사용하여 제도와 성장 사이의 인과관계를 명확하게 하였다.

x가 y의 원인이라는 증거를 제시하기 위해 흔히 사용하는 통계적 방법은, 둘 사이에 선형관계가 있다고 보고 두 변수의 표본으로부터 추정한 기울기가 0이라는 가설을 기각하는 추론이 신뢰할 만하다는 것을 보이는 것이다. 그런데 x가 y에 영향을 주지만 y도 x에 영향을 미치거나, x와 y 모두와 상관관계가 있는데 미처 고려하지 못한 제3의 요인이 존재하거나, 혹은 x의 관측값이 정확하게 측정되지 않은 값일 경우에는, 추정한 기울기가 x의 변화에 따른 y의 변화를 제대로 반영하지 못한다. 이런 경우에는 x와 상관관계가 크지만 x 외에 y에 영향을 주는 다른 어떤 요인과도 상관관계가 없는 도구변수 z를 찾아서, z와 x의 표본으로부터 추정한 x값, 다시 말해 z로부터 예측한 x값인 $\hat{x}$를 구하고 이를 사용해 인과관계를 살펴보아야 한다. 다시 말해 거꾸로 된 인과관계

나 제3의 요인의 영향, 측정오차 등에 영향을 받는, 표본에서 관측한 x값이 아니라 x와의 관계를 제외하면 y와 연관되지 않는 도구변수로부터 추정한 $\hat{x}$에 따른 y의 기울기를 추정하여 그것이 0이 아니라는 신뢰할 만한 추론을 할 수 있어야 한다.

아제모을루 등은 제도가 성장의 원인이라는 주장의 증거를 찾기 위해 근대 이후에 유럽의 식민지를 경험한 지역들에 주목했다. 식민지가 되기 전에 부유했던 지역은 오늘날 가난하고, 가난했던 지역은 오늘날 부유한 경향이 있음을 확인한 이들은, 이러한 번영의 역전이 제도적 역전의 결과라고 보았다. 유럽인들이 상대적으로 발전된 문명을 만난 지역에서는 광물과 농작물을 빼앗아 가기 위해 착취적 제도를 세웠고, 발전되지 못하고 인구가 희박한 지역에서는 대규모 정착을 선택하여 유럽인 이민을 불러들이기 위해 포용적 제도를 발전시켰던 것이 번영의 역전을 낳았다는 것이다. 여기서 각 지역의 제도 발전 수준과 1인당 소득 수준 사이의 선형관계에서 양의 기울기를 보이는 것만으로는, 어떤 지역은 착취적 제도의 발달로 인해 정체하거나 더디게 성장한 반면 다른 지역은 포용적 제도의 발달로 인해 빠르게 성장했다는 주장을 뒷받침하지 못한다. 아제모을루 등은 식민지 초기 유럽인 정착민들의 사망률을 도구변수로 사용해 추정한 오늘날 제도적 발전 수준의 예측값과 오늘날 소득 수준의 관측값 사이의 높은 상관관계를 인과관계의 증거로 제시했다.

그렇다면 식민지 초기 유럽인들의 사망률은 좋은 도구변수인가? 첫째, 이 사망률이 오늘날의 제도 발달 수준과 상관관계가 높지 않다고 비판할 수 있다. 이에 대해 아제모을루 등은 식민지 초기 유럽인들의 사망률에 영향을 받아 채택된 식민지 전략을 반영하여 과거에 형성된 제도들은 많은 변화에도 불구하고 오늘날의 제도 발달 수준과 높은 상관관계를 가질 정도로 지속성이 있었다고 반박한다. 둘째, 이 사망률이 1인당 소득 수준에 영향을 주는 여러 요인들과 상관관계가 있다고 비판할 수 있다. 이에 대해 아제모을루 등은 과거 유럽인 사망률이 제도를 통한 영향을 제외하면 오늘날의 소득 수준과 상관관계가 없다고 반박한다. 예컨대 이 사망률도 오늘날의 경제 활동에 영향을 주는 기후나 지리적 환경과 상관관계가 있다는 비판에 대해 당시 원주민 사망률이나 오늘날 사망률이 아니므로 문제가 없다고 주장한다.

16.

윗글의 내용과 일치하지 <u>않는</u> 것은?

① 포용적 제도가 착취적 제도보다 발전 수준이 더 높은 제도이다.
② 번영의 역전은 과거와 오늘날의 1인당 소득 수준이 반비례한다는 것을 말한다.

③ 제도적 역전은 부유했던 지역에 비해 가난했던 지역에서 후에 제도가 더 발전했다는
  것을 말한다.

④ 두 변수의 표본으로부터 추정한 기울기가 0이 아니라면 둘 사이에 인과관계가 있다고
  추론하는 것이 타당하다.

⑤ x와 y 모두와 상관관계가 있는 제3의 요인이 존재하는 경우, x와 y 사이의 상관관계가
  인과관계를 의미하지는 않는다.

<table>
<tr><td>문항 성격</td><td>문항유형 : 정보의 확인과 재구성</td></tr>
<tr><td></td><td>내용영역 : 사회</td></tr>
<tr><td>평가 목표</td><td>이 문항은 제시문의 세부 정보를 정확하게 이해하고 있는지 평가하는 문항이다.</td></tr>
<tr><td>문제 풀이</td><td>정답 : ④</td></tr>
</table>

제시문 두 번째 단락에서 설명변수와 종속변수, 도구변수, 인과관계, 상관관계 등의 기초 개념과
이 개념들 사이의 관계를 이해하고, 세 번째 단락의 아제모을루 등의 연구에 사용된 각 변수의 의
미에 대해 잘 이해하여야 한다.

정답 해설　④ '두 변수의 표본으로부터 추정한 기울기가 0이 아니라면 둘 사이에 인과관계가
있다고 추론하는 것이 타당하다.'라는 진술은, 제시문 두 번째 단락의 "흔히 사
용하는 통계적 방법"에 해당한다. 제시문은 이 방법이 타당하지 않은 경우와 그
경우에 어떻게 하는 것이 좋은 방법인지에 대해 설명하고 있다. 따라서 이 진술
은 윗글의 내용과 일치하지 않는다.

오답 해설　① 제시문 세 번째 단락의 "어떤 지역은 착취적 제도의 발달로 인해 정체하거나 더
디게 성장한 반면 다른 지역은 포용적 제도의 발달로 인해 빠르게 성장했다는
주장"에서 포용적 제도가 착취적 제도보다 발전 수준이 더 높은 제도라는 것을
알 수 있다.

② 제시문 세 번째 단락의 "식민지가 되기 전에 부유했던 지역은 오늘날 가난하고,
가난했던 지역은 오늘날 부유한 경향이 있음을 확인한 이들은, 이러한 번영의
역전"에서 번영의 역전은 과거에 1인당 소득 수준이 높았던 지역의 오늘날 1인당
소득 수준이 낮은 반면, 1인당 소득 수준이 낮았던 지역의 오늘날 1인당 소득 수
준이 높은 현상을 가리킨다는 것을 알 수 있다.

③ 제시문 세 번째 단락의 "이러한 번영의 역전이 제도적 역전의 결과라고 보았다.
유럽인들이 상대적으로 발전된 문명을 만난 지역에서는 광물과 농작물을 빼앗
아 가기 위해 착취적 제도를 세웠고, 발전되지 못하고 인구가 희박한 지역에서

는 대규모 정착을 선택하여 유럽인 이민을 불러들이기 위해 포용적 제도를 발전시켰던 것이 번영의 역전을 낳았다는 것이다."에서 부유했던 지역에 비해 가난했던 지역에서 제도가 더 발전한 것이 제도의 역전을 의미한다는 것을 알 수 있다.

⑤ 제시문 첫 번째 단락의 "제도의 발전과 경제의 번영 사이에 높은 상관관계가 있음을 확인하는 것만으로는 제도가 성장의 원인이라는 주장을 지지하기 어렵다."에서 상관관계가 인과관계를 의미하지 않는다는 것을 알 수 있다. 두 번째 단락의 "x가 y에 영향을 주지만 y도 x에 영향을 미치거나, x와 y 모두와 상관관계가 있는데 미처 고려하지 못한 제3의 요인이 존재하거나, 혹은 x의 관측값이 정확하게 측정되지 않은 값일 경우"에서 인과관계로 보기 어려운 경우의 예를 알 수 있다. 따라서 x와 y 모두와 상관관계가 있는 제3의 요인이 존재하는 경우의 x와 y 사이의 상관관계가 인과관계를 의미하지는 않는다.

17.

윗글을 바탕으로 ㉠의 생각을 추론할 때 가장 적절한 것은?

① 오늘날 각 지역의 사망률과 1인당 소득 수준 사이에 상관관계가 없다고 볼 것이다.
② 식민지 초기 원주민 사망률과 정착 유럽인 사망률은 별로 차이가 없다고 볼 것이다.
③ 오늘날 각 지역에서 관측되는 제도 발달 수준은 식민지 정책에 의해 이미 결정되었다고 볼 것이다.
④ 과거 유럽인의 사망률을 이용하여, 현재의 제도 발달 수준을 관측한 값에서 경제성장으로부터 영향받은 부분을 제거할 수 없다고 볼 것이다.
⑤ 초기 정착민의 사망률이 낮은 지역의 경우, 유럽인의 대규모 이주로 발전된 기술이 도입되어 기술이 진보했을 가능성을 중요하게 보지 않을 것이다.

문항 성격 문항유형 : 정보의 추론과 해석

내용영역 : 사회

평가 목표 이 문항에서는 제시문 내용에 대한 올바른 이해를 바탕으로 핵심 정보를 추론할 수 있는지 확인하고자 한다.

제시문 전반에 걸친 정보를 이용하여, 식민지 초기 유럽인 사망률을 도구변수로 사용해 제도와 성장 사이의 인과관계를 밝힌 ㉠ 아제모을루와 두 동료의 연구에서 좋은 도구변수의 조건과 관련한 연구자들의 생각을 추론할 수 있는지 평가하는 문항이다.

정답 해설 ⑤ 제시문에서 ㉠은 초기 정착민의 사망률이 좋은 도구변수라고 주장한다. 제시문 네 번째 단락의 "과거 유럽인 사망률이 제도를 통한 영향을 제외하면 오늘날의 소득 수준과 상관관계가 없다고 반박한다."에 대하여, 두 번째 단락의 "x와 상관관계가 크지만 x 외에 y에 영향을 주는 다른 어떤 요인과도 상관관계가 없는 도구변수 z"를 대입하면, ㉠은 초기 정착민 사망률(z)이 식민지 정책의 결정에 영향을 주어 제도의 발전(x)에 영향을 주는 경로를 통해 오늘날의 소득 수준(y)과 상관관계를 갖고 그 외에 y에 영향을 주는 어떤 요인과도 상관관계가 없다고 생각한다는 것을 알 수 있다. 따라서 ㉠은 발전된 기술의 도입과 그로 인한 기술의 진보라는 요인이 오늘날 소득 수준에 영향을 줄 가능성을 중시하지 않을 것이라고 추론할 수 있다.

오답 해설 ① 제시문 네 번째 단락의 "오늘날의 경제 활동에 영향을 주는 기후나 지리적 환경과 상관관계가 있다는 비판에 대해 당시 원주민 사망률이나 오늘날 사망률이 아니므로 문제가 없다고 주장한다."를 통해 ㉠이 식민지 초기 유럽인 정착민 사망률과 달리 오늘날 각 지역의 사망률은 경제 활동에 영향을 주는 기후 등의 요인과 상관관계를 갖는다는 것이 ㉠의 생각이라고 추론할 수 있다.

② 제시문 네 번째 단락에서 ㉠은 식민지 초기 유럽인 정착민 사망률이 좋은 도구변수가 아니라는 비판에 반박하면서 당시 원주민 사망률과 초기 유럽인 정착민 사망률이 다르다고 주장한다. 따라서 "식민지 초기 원주민 사망률과 정착 유럽인 사망률은 별로 차이가 없다고 볼 것이다."라는 진술은 ㉠의 생각을 추론한 것으로 적절하지 않다.

③ 제시문 네 번째 단락의 "아제모을루 등은 식민지 초기 유럽인들의 사망률에 영향을 받아 채택된 식민지 전략을 반영하여 과거에 형성된 제도들은 많은 변화에도 불구하고 오늘날의 제도 발달 수준과 높은 상관관계를 가질 정도로 지속성이 있었다고 반박한다."에서 ㉠은 식민지 정책을 반영하여 형성된 과거의 제도들이 오늘날의 제도 발달 수준과 높은 상관관계를 가진다고 생각하지만, 많은 변화를 거쳤다는 점을 인정한다는 것을 알 수 있다. 게다가 "식민지 정책에 의해 제도 발달 수준이 이미 결정"되었다면 x와 도구변수로 추정한 제도 발전 수준의 예측값, 즉 $\hat{x}$가 같게 되므로 도구변수를 사용할 이유도 없게 된다.

④ 제시문의 첫 번째 단락의 "좋은 제도가 성장을 초래하기도 하지만 경제가 성장
　하여 제도가 개선되는 거꾸로 된 인과관계도 존재"한다는 부분과 두 번째 단락
　의 "거꾸로 된 인과관계나 제3의 요인의 영향, 측정오차 등에 영향을 받는, 표본
　에서 관측한 값이 아니라 …(중략)… 도구변수로부터 추정한 $\hat{x}$에 따른 y의 기울
　기를 추정하여 그것이 0이 아니라는 신뢰할 만한 추론을 할 수 있어야 한다."를
　통해 거꾸로 된 인과관계의 경우에는 도구변수를 이용하여 인과과계를 확인할
　수 있다는 것을 알 수 있다. 또한 세 번째 단락의 "아제모을루 등은 식민지 초기
　유럽인 정착민들의 사망률을 도구변수로 사용해 추정한 오늘날 제도적 발전 수
　준의 예측값과 오늘날 소득 수준의 관측값 사이의 높은 상관관계를 인과관계의
　증거로 제시했다."에서 ㉠도 관측한 x값에서 도구변수를 이용하여 거꾸로 된 인
　과관계로 인한 영향을 제거한 $\hat{x}$를 구하고자 했음을 알 수 있다.

18.

윗글을 바탕으로 〈보기〉의 '경제학자 A'에 대해 평가한 것으로 적절하지 <u>않은</u>
것은?

보기

　　1968년 4월 4일에 마틴 루터 킹 목사가 암살되자 미국 여러 도시에서 흑인 폭동이 일
어났다. 경제학자 A는, 각 도시의 당시 폭동 수준에 따른 오늘날 흑인들의 소득 수준의
기울기가 음(−)인 선형관계를 관찰하였다. 이에 당시 흑인들의 소득 수준이 낮은 도시
일수록 폭동이 더 심각함에 따라 발생하는 인과관계상의 추론 문제를 검토하기 위해 각
도시의 1968년 4월 강우량을 도구변수로 사용하였다.

① 1968년 4월의 강우량이 당시 폭동 수준과 상관관계가 높다고 보는군.
② 오늘날 흑인들의 소득 수준이 낮은 도시에서 당시 폭동 수준도 높았을 가능성이 크다
　고 보는군.
③ 1968년 4월의 강우량은 당시 폭동 수준을 통해서만 오늘날 흑인들의 소득 수준과 연
　관된다고 보는군.
④ 흑인들의 당시 소득 수준과 오늘날 소득 수준 사이에 음의 상관관계가 높을 가능성이
　크다고 보는군.
⑤ 1968년 4월 강우량으로 추정한 폭동 수준과 오늘날 흑인들의 소득 수준 사이에 상관

관계가 높아야 둘 사이의 인과관계를 인정할 수 있다고 보는군.

 문항유형 : 정보의 평가와 적용

내용영역 : 사회

 이 문항에서는 제시문의 핵심 내용을 이해하여 다른 상황에 적용할 수 있는지 평가하고자 한다.

 정답 : ④

제시문에서 설명한 도구변수를 이용하여 인과관계를 추론하는 방법을 다른 상황에 적용한 연구의 의도를 정확하게 파악하는지 평가하는 문항이다.

 ④ "당시 흑인들의 소득 수준이 낮은 도시일수록 폭동이 더 심각함에 따라 발생하는 인과관계상의 추론 문제를 검토하기 위해" 도구변수를 사용했다는 〈보기〉의 서술로부터 '경제학자 A'가 당시 흑인들의 소득 수준이 원인에 해당하는 당시 폭동 수준과 결과에 해당하는 오늘날 흑인들의 소득 수준 모두와 상관관계가 높은 제3의 요인일 가능성이 크다고 생각한다는 것을 알 수 있다. 〈보기〉에서 당시 흑인들의 소득 수준과 당시 폭동 수준 사이에 음(−)의 상관관계가 있고 당시 폭동 수준과 오늘날 흑인들의 소득 수준 사이에도 음(−)의 상관관계가 있음을 알 수 있으므로, A는 흑인들의 당시 소득 수준과 오늘날 소득 수준 사이에는 양(+)의 상관관계가 높다고 생각할 것이라 추론할 수 있다.

 ① 〈보기〉에서 1968년 4월의 강우량은 도구변수이고 당시 폭동 수준은 원인에 해당하는 설명변수 x이다. 제시문 두 번째 단락에서 도구변수는 x와 상관관계가 크다고 설명하고 있으므로, A가 1968년 4월의 강우량이 당시 폭동 수준과 상관관계가 높다고 생각했다는 것을 추론할 수 있다.

② 〈보기〉에서 A가 "각 도시의 당시 폭동 수준에 따른 오늘날 흑인들의 소득 수준의 기울기가 음(−)인 선형관계"를 관찰했고, 이를 통해 A가 당시 흑인들의 폭동 수준과 오늘날 흑인들의 소득 수준이 반비례하는 상관관계를 관찰한 것임을 알 수 있다. 즉, 오늘날 흑인들의 소득 수준이 낮은 도시에서 당시 폭동 수준도 높았을 가능성이 크다고 생각했다고 추론할 수 있다.

③ 〈보기〉에서 1968년 4월의 강우량은 도구변수이고 당시 폭동 수준은 원인에 해당하는 설명변수 x이며 오늘날 흑인들의 소득 수준은 결과에 해당하는 종속변수 y이다. 제시문 두 번째 단락을 통해 도구변수는 x를 통해서만 y와 연관되어야 한다는 것을 알 수 있다. 따라서 A가 1968년 4월의 강우량은 당시 폭동 수준

을 통해서만 오늘날 흑인들의 소득 수준과 연관된다고 보았다고 추론한 것은 적절하다.

⑤ 제시문의 두 번째 단락을 통해 도구변수로 추정한 x값인 $\hat{x}$에 따른 y의 기울기가 0이 아니라는 추론이 신뢰할 만하여야 인과관계를 인정할 수 있다는 것을 알 수 있다. 따라서 A가 1968년 4월 강우량으로 추정한 폭동 수준($\hat{x}$)과 오늘날 흑인들의 소득 수준(y) 사이에 상관관계가 높아야 둘 사이의 인과관계를 인정할 수 있다고 평가한 것은 적절하다.

[19~21] 다음 글을 읽고 물음에 답하시오.

[앞부분의 내용] 유럽에서 유학 중인 '그'는 한 노파에게 관심을 갖게 된다. 그러던 중 같은 학교의 H가 찾아와 대화를 나눈다.

"성녀?"

"음, 벌써 여기 산 지가 이십 년이 넘는데 젊었을 때는 간호부였다는군. 그밖의 일은 아무도 몰라."

"저 책은?"

"**성경**이야. 그래서 수호성년데, 성녀치곤 좀 달라."

"다르다니?"

"보통 성녀는 선행이 본업 아닌가? 그런데 그녀는 사람 만나기를 싫어해. 늘 저렇게 성경만 부둥켜안고 있지."

"성경책에 선행을 쌓는 모양이군."

"글쎄, 책이면 읽어야 할 텐데 읽는 것보다 그저 부둥켜안고 있는 거지. 밤이나 낮이나. 그녀가 저 책을 손에 들지 않은 것을 본 사람이 없다니깐. 일종의 고행이겠지. 대단한 성녀지 뭔가."

그의 생각은 H의 것과 달랐지만 그 다른 점을 설명하자면 미상불 많은 시간을 들여야 하리라고 생각하고 그는 입을 다물었던 것이다. 성녀(聖女)는 여전히 꼼짝도 않고 햇볕 속에서 고행을 계속하고 있었다.

이렇게 해서 그는 H와 알게 되었다. H는 공과계통의 학생답게, 너무 까다롭게 문화나 전통을 생각하는 이방인 친구를 가끔 놀려댔다. H는 인간은 모두 같으며 동양 사람의 결점은 자기들의 전통 속에서 보편성을 찾으려 하지 않는 '겸손한' 점이라고 말했다.

　　그러면 '**겸손한 이방인**'은 그것은 수학이나 물리학을 하는 사람에게는 그렇게 쉽사리 말할
수 있을지 모르나 자기로서는 여전히 이르는 곳마다 **육중한 벽**을 보며, 성경책을 고양이처럼
애완하는 그 노파가 바로 그 예라고 반박한다.

　　"말하자면 '수호성녀'(그들은 노파를 그렇게 불렀다.)의 저 성경책은 합리적으로 분석하거
나 논증하기 위한 것이 아니고 애완하는 고양이처럼, **살아있는 물건**이 아닌가? 그녀가 결코
읽지는 않는다고 했지? 그럴 거야. 고양이를 읽는 사람은 없을 테니까. 그녀에게 다른 고양
이는 무의미할 거야. 그보다 설사 더 좋은 고양이더라도 발톱에 긁히우면서도 손때를 올린
그 고양이어야 할 거야. 종교란 그런 것이지. 그 철의 유행에 따라 옷을 입듯이 그렇게는 안
된다는 걸세. 자연과학은 예증(例證)을 취급하고 정신과학은 개성을 기록하는 거야. 하물며
그 개성을 사는 인간은 완고한 벽과 같은 거지. 개성이 다른 경우 말이 안 통하는 ……."

　　"이것 보게 그럼 자넨 인종차별론자군 그래."

　　"아니 **문화차별론자**라 부르게."

[생략된 부분의 내용] 몇 달 뒤 그는 아파트 계단에서 노파와 마주친다.

　　그녀의 눈길이 못박혀있는 곳, 그의 발밑에 한 권의 자그마한 책이 떨어져 있다. 그것이
굴러떨어진 소리였다. 흔히 있을 수 있는 일이었으나 그의 눈에 비친 늙은 여자의 표정, 계단
중간에 멈춰선 채 이쪽을 보고 있는 여자의 표정은 흔히 있는 표정이 아니었다. 왜냐하면 그
순간 그는 에누리없이 가슴이 덜컥 내려앉았기 때문이다. … (중략) … 그것은 아주 얇은 누
런 가죽으로 포장한 자그마한 성경책이었다. 그는 집어든 책을 뜻 없이 한 바퀴 손안에서 돌
리며 훑어본 다음, 그것을 여인에게 내밀었다. 그때 또 뜻밖의 일이 일어났다. 장승처럼 서
있던 여자가 그가 책을 내미는 순간 퍼뜩 정신이 든 듯이 젊은 여학생처럼 거칠게 계단을 뛰
어내려오더니 그의 손에서 책을 홱 나꿔챘다. 그는 멍하니 노파와 마주섰다. 성경을 가슴에
안은 노파의 팔은 후들후들 떨고 있었다. **얼굴**. 크게 뜬 회색 눈과 씰룩거리는 입언저리는 **두
려움과 미움**을 한껏 나타내 보이고 있었다. 그러자 세 번째로 그를 놀라게 하는 일이 일어났
다. 노파의 얼굴에서 갑자기 힘이 빠졌다. 그리고 낮은, 힘없는 목소리가 이렇게 말하는 것을
그는 들었다.

　　"미안해요, 외국 학생. 미안해요 ……."

[생략된 부분의 내용] 그는 귀국 이후 H의 편지를 받는다.

　　자네, '수호성녀'를 잊지는 않았겠지. 그녀가 얼마 전에 죽었어. 그런데 임종의 자리에서
놀라운 사실을 털어놨단 말일세. 그녀는 몇 개 단체의 회원이기도 하고 워낙 여러 해를 그

아파트에서 산 탓으로 임종의 자리에 모인 동숙자들도 많아서 목사 말고도 꽤 여러 사람 모인 자리에서 그 사람들을 향해 사죄를 겸한 고백을 했어. 그녀는 말하기를, 나는 여러분을 삼십 년 동안 속여왔다. 나는 성서보급협회의 위원될 자격이 가장 없는 사람이다. 나는 성경에 아무 관심도 없었다. 이 성경(그 순간에도 그녀는 성경을 가슴에 품고 있었다고 하네)—이 성경을 포장한 이 가죽을 지키기 위하여 나는 성경을 이용했을 뿐이다. 이 가죽은 사십 년 전에 사고로 죽은 내 애인의 가죽이다. 애인은 내가 근무하는 병원에서 운명했다. 그가 파묻히

[C] 는 전날 밤 나는 시체실에서 애인의 몸의 일부를 벗겨냈다. … (중략) … 이 방법으로 나는 어디서든지 언제든지 **사랑**하는 사람과 함께 지낼 수 있었다. 삶을 마치는 자리에서 나는 이 큰 죄를 고백하지 않고는 견딜 수 없다. 주여, 이 죄인을 용서하소서—이렇게 말했다는 거야.

어떤가 놀랍지 않은가? 그보다도 자네는 늘 그 노파를 유럽인의, 그러니까 기독교의 상징처럼 말하곤 했는데 그녀의 일생에 걸친 그 집요한 행위는 기독교와는 아무 관계도 없는 것이었단 말일세. 그것은 사랑이라는 가장 인간적인 동기에서 나오고 그것으로 지탱된 것이었어.

– 최인훈, 「크리스마스 캐럴 Ⅳ」 –

19.

윗글의 내용과 일치하는 것은?

① 노파는 고양이와 함께 시간을 보내곤 했다.
② '그'는 H와 같은 전공으로 동문수학하고 있다.
③ H는 노파의 임종에 관해 전해 들은 말을 전하였다.
④ 노파는 애인이 죽은 슬픔을 신앙을 통해 극복하려 하였다.
⑤ '그'와 H의 교류는 노파의 행동에 대한 논쟁을 계기로 시작되었다.

문항 성격	문항유형 : 정보의 확인과 재구성
	내용영역 : 인문
평가 목표	이 문항은 소설의 세부적 내용을 정확히 파악할 수 있는지를 묻는 문항이다.
문제 풀이	정답 : ③

제시문의 정보를 적절히 조합하여 소설의 세부적 내용을 정확히 파악한다.

 ③ 제시문 [C]에서 H가 "이렇게 말했다는 거야."라고 진술하는 부분에서 H가 노파
의 임종에 관해 전해 들은 말을 전하는 것임을 알 수 있다.

 ① 제시문 [A]에서 '고양이'는 비유적인 표현으로써, 실제로 노파가 고양이와 시간
을 보낸 것이 아니라는 것을 확인할 수 있다.

② 제시문 [A]에서 "H는 공과계통의 학생"이라는 표현과 "수학이나 물리학을 하는
사람에게는 그렇게 쉽사리 말할 수 있을지 모르나 자기로서는"이라는 표현을 통
해 H와 나의 전공이 다르다는 점을 확인할 수 있다.

④ 제시문 [C]에서 노파가 "사랑하는 사람과 함께 지낼 수" 있었기 때문에 "성경을
이용했을 뿐"이라고 진술하는 부분에서 노파가 애인이 죽은 슬픔을 신앙을 통해
극복하려 한 것은 아님을 알 수 있다.

⑤ 제시문 [A]의 "그의 생각은 H의 것과 달랐지만 그 다른 점을 설명하자면 미상불
많은 시간을 들여야 하리라고 생각하고 그는 입을 다물었던 것이다."라는 서술
에서 '그'와 H가 논쟁을 한 것은 아님을 확인할 수 있다.

20.

[A]~[C]의 관계에 대한 설명으로 가장 적절한 것은?

① [A]에 제시된 인물들의 성격은 [B]의 경험을 통해 변화한다.
② [A]와 [B]에 제시된 노파의 태도는 [C]의 복선으로 기능한다.
③ [A]의 노파의 행동에 대한 H의 의문은 [C]의 고백을 통해 심화된다.
④ [B]에 제시된 사건은 [C]에서 다른 서술자의 관점을 통해 재 진술된다.
⑤ [B]에서 형성된 인물 사이의 갈등은 [C]에 제시된 사건을 통해 심화된다.

 문항유형 : 주제, 구조, 관점 파악

내용영역 : 인문

 이 문항은 소설의 서술단위 사이의 내용상의 관계 및 각 서술단위의 서사적 기능을
적절히 파악할 수 있는지를 묻는 문항이다.

 정답 : ②

제시문 [A], [B], [C] 사이의 내용상 관계를 파악하는 한편, 각 서술단위의 서사적 기능을 적절히
파악할 수 있는지를 묻는 문제이다. [A]에서는 노파의 기이한 행동이 소개되며, 노파의 행동에 대

한 '그'와 H의 상이한 해석이 대립된다. [B]에서는 노파와 '그' 사이에 벌어진 사건을 통해 '그'가 자신의 생각을 확인한다. [C]에서는 노파가 감추어 온 비밀이 노파의 고백을 통해 드러나는 한편, 이를 통해 [A]와 [B]에 나타난 노파의 행동을 다른 관점에서 설명한다.

정답 해설 ② 제시문 [A]에 제시된 노파의 '사람 만나기를 싫어하는' 태도는 노파가 다른 사람이 알면 안 되는 비밀을 간직하고 있다는 것을 암시할 수 있다는 점에서 [C]의 복선으로 기능한다.

오답 해설 ① 제시문 [A]에서 노파와 '그'의 성격은 [B]를 통해 다시 한 번 강조되고, H는 [B]에 등장하지 않는다는 점에서, 인물들의 성격이 변화한다는 설명은 적절하지 않다.

③ 제시문 [A]에서 제시된 노파의 기이한 행동에 대한 H의 의문은 [C]를 통해 해소된다는 점에서, 의문이 심화된다는 설명은 적절하지 않다.

④ 제시문 [B]와 [C]는 서로 다른 사건을 다루고 있으므로, [C]에서 [B]에 제시된 사건이 다른 서술자의 관점을 통해 재진술된다는 설명은 적절하지 않다.

⑤ 제시문 [B]에서 형성된 노파와 '그'의 갈등은 [C]에서 [B]에서의 노파의 행동의 동기가 새롭게 밝혀지며 완화된다는 점에서, 갈등이 심화된다는 설명은 적절하지 않다.

21.

〈보기〉를 바탕으로 윗글을 이해한 것으로 적절하지 <u>않은</u> 것은?

보 기

이 작품에서 '그'는 보편적이라 여겼던 서구의 관념이 실은 그들의 견고한 전통에 기초함을 발견한다. 이 발견은 서구의 지식과 문화를 그 토대가 결여된 채 받아들였던 한국적 근대의 부박함에 대한 인식과, 우리는 결코 보편적인 것에 닿지 못할 것이라는 주변부 지식인의 절망감으로 이어진다. 이 작품은 그가 유학 중 겪은 소외를 통해 이 절망감을 드러내면서도, 서구적 보편성을 특수한 것으로 상대화하는 한편, 서구적 기원으로 환원되지 않는 인간적 보편성을 탐색하려는 주제 의식을 표출하고 있다.

① 노파가 '성경'을 '살아있는 물건'처럼 여긴다고 보는 '그'의 시선은, 한국에 근대 문화의 뿌리가 없다는 '겸손한 이방인'의 비판적 인식으로 연결되고 있군.

② 마주치는 모든 것에 대해 '육중한 벽'을 느낀다는 '그'의 진술에서, 서구와의 문화적 차이 때문에 보편성에의 접근에 어려움을 겪고 있는 '그'의 좌절감을 떠올릴 수 있군.

③ 자신을 '문화차별론자'라고 자조하는 '그'의 말에서, 서구와 달리 보편적 관념에 대응되는 전통이 부재한다고 느끼는 동양인 유학생의 자괴감을 엿볼 수 있군.

④ 노파의 '얼굴' 표정에서 '그'가 '두려움과 미움'을 떠올리는 것에서, 주변부 지식인으로서 서구 문화로부터 배제되고 있다는 느낌을 받는 '그'의 고뇌를 엿볼 수 있군.

⑤ 성경에 대한 노파의 애착이 실제로는 '사랑' 때문이었다는 전언에서, 인간적 보편성을 서구의 특수한 문화적 전통에 불과한 것으로 상대화하려는 주제 의식을 읽어낼 수 있군.

문항 성격	문항유형 : 정보의 평가와 적용
	내용영역 : 인문
평가 목표	이 문항은 작품에 대한 비평적 견해를 작품에 적용하여 이해할 수 있는지를 묻는 문항이다.
문제 풀이	정답 : ②

〈보기〉에 제시된 작품에 대한 비평적 견해를 작품에 적용하여 이해할 수 있는지를 묻는 문제이다. 〈보기〉는 탈식민주의적 관점에서 주변부 지식인이 근대적 보편성에 접근하려는 노력과 그 어려움이라는 주제를 중심으로 작품의 의미를 해석하고 있는 글이다.

정답 해설　⑤ 제시문 [C]의 "사랑이라는 가장 인간적인 동기"라는 표현 등에서 성경에 대한 노파의 애착이 '사랑' 때문이었다는 전언은 〈보기〉의 "서구적 기원으로 환원되지 않는 인간적 보편성을 탐색"하려는 노력과 관계된 것으로 볼 수 있다.

오답 해설　① 제시문 [A]에서 노파가 성경을 '살아있는 물건'으로 보는 '그'의 시선은. "그 철의 유행에 따라 옷을 입듯이 그렇게는 안 된다는 걸세."라는 표현 등을 통해 서구의 경우 종교적 관념이 확고한 전통과 이어져 있다는 그의 인식을 형성하며, 다시 이는 그가 〈보기〉의 "서구의 관념이 실은 그들의 견고한 전통에 기초함을 발견"하는 것과 관계된다. 이때 이러한 발견은 '겸손한 이방인'이 자신들의 전통을 생각하는 방식과 연결되는데, 이는 〈보기〉의 "서구의 지식과 문화를 그 토대가 결여된 채 받아들였던 한국적 근대의 부박함에 대한 인식"과 이어진다.

　② 제시문 [A]에서 '그'가 "이르는 곳마다" '육중한 벽'을 본다는 것은 그가 서양에서 마주치는 모든 것을 근본적으로 이해하기 어려워하는 상황을 비유적으로 드러낸다. 제시문에서 그 어려움의 이유는 "개성"의 차이라고 표현되는 서구와 비서구의 문화적 차이 때문으로 설명된다. 그가 겪고 있는 어려움은 〈보기〉의 "우리는 결코 보편적인 것에 닿지 못할 것이라는 주변부 지식인의 절망감"과 관계된 것이다.

③ 제시문 [A]에서 '문화차별론자'라는 표현은 그가 자신과 자신의 문화를 스스로 폄하하는 표현이라는 점에서 자조적이다. 이러한 자조적 표현은 그가 노파의 행동을 계기로 〈보기〉의 "서구의 관념이 실은 그들의 견고한 전통에 기초함을 발견"하는 반면, 자신의 문화는 그렇지 않다고 느끼기 때문이다.

④ 제시문 [B]에서 '그'가 노파의 '얼굴'에서 '두려움과 미움'을 발견하는 것은, 노파의 진정한 동기나 사정을 알지 못한 채 '그'의 관점에서 노파의 표정을 보고 추측한 것으로, 작품에서 서구의 문화를 상징하는 성경에 "외국 학생"인 그가 접근하는 것이 허용되지 않는다는 '그'의 생각을 보여준다. 이는 〈보기〉에서 언급하는 "유학 중 겪은 소외"의 사례이며, 〈보기〉는 이러한 소외가 주변부 지식인의 "절망감"을 드러낸다고 언급하고 있다.

[22~24] 다음 글을 읽고 물음에 답하시오.

어떤 상황에서 요구되는 행위를 하지 않는 '무위'는 '행위'보다 도덕적으로 덜 비난받는다. 예컨대 누군가를 죽게 내버려 두는 것은 누군가를 죽이는 것만큼 비난받지 않는다. 한편 행위자가 달리 행동할 수 있었을 경우에만 행위에 책임이 있다는 '대안 가능성의 원칙'도 상식적으로 받아들여진다. 누군가를 죽였다고 하더라도 달리할 수 없는 강요로 했다면 도덕적인 비난을 받지 않거나 덜 받는 것이다.

하지만 다음과 같은 두 사례는 이 원칙이 행위와 무위의 경우에 똑같이 적용되지 않음을 보여준다.

〈사례 1〉 나는 아이를 죽이기로 결심하고 아이를 물속으로 밀어 넣어 죽였다. 사악한 신경과학자는 나도 모르게 뇌에 칩을 삽입하여, 내가 아이를 죽이기로 한 마음이 흔들렸다면 나의 뇌 활동을 조작하는 방식으로 방해했을 것이다.

〈사례 2〉 아이가 연못에 빠졌는데, 나는 아이를 쉽게 구할 수 있음을 알면서도 그렇게 하지 않았고 아이는 결국 죽었다. 그런데 나는 몰랐지만 연못에는 악어가 떼 지어 있어서 내가 아이를 구하려고 했어도 못하게 방해했을 것이다.

'프랭크퍼트 스타일 사례'라고 불리는 〈사례 1〉의 경우, 대안 가능성이 없어도 도덕적 책임을 부여하는 것이 우리의 직관이다. 나는 죽이기로 자유의사로 결심했고 그에 따라 자유롭게 행동했기 때문이다. 반면 〈사례 2〉에서는 대안 가능성이 없기에 나는 아이의 죽음에 책임이 없다. 아이를 구하지 않기로 결심한 것은 나에게 책임이 있고 그래서 나쁜 사람이라고 비난받을 수는 있지만, 나는 아이의 죽음에는 책임이 없다.

이렇게 행위는 그 결과가 실제와 다를 수 없는 경우에도 행위자가 그 행위에 책임이 있을 수 있지만, 무위는 그 결과가 실제와 다를 수 없는 경우 무위자는 무위에 책임이 있을 수 없다. 이런 주장을 '행위와 무위의 비대칭성 논제'라 한다. 이 논제는 행위와 무위가 구분된다는 직관을 더 잘 받아들이게 한다. 그러나 이 논제를 비판하는 사람들은 〈사례 2〉를 다음과 같이 프랭크퍼트 스타일로 바꾸면 비대칭성이 사라진다고 말한다.

〈사례 3〉 연못에 악어는 없지만 사악한 신경과학자는 아이를 구하지 않으려는 내 마음이 흔들리면 내가 구하지 않도록 뇌를 조작했을 것이다.

〈사례 2〉와 〈사례 3〉은 모두 아이를 구할 수 없었다. 그러나 〈사례 2〉에서는 내가 아이를 구하기로 결심했다고 하더라도 악어 때문에 아이를 구할 수 없었지만, 〈사례 3〉에서는 내가 애초에 그렇게 결심했다면 아이를 구하려고 할 수 있었을 것이다. 신경과학자의 방해가 뒤따르겠지만, 그럼에도 결심했다면 아이를 구하려고 할 수 있었다. 나는 내 결심에 책임이 있으므로 나는 아이의 죽음에 책임이 있다는 결론이 나온다.

철학자 사토리오 는 이런 결론에 반대한다. 그는 프랭크퍼트 스타일의 사례를 통해 비대칭성에 반대하는 사람들의 논변을 다음과 같이 정리한다.

(1) 〈사례 3〉에서, 나는 아이를 구하지 않기로 결심한 데 책임이 있다.

(2) 아이를 구하지 않기로 결심한 것은 아이의 죽음의 원인이다.

(3) 내가 X에 책임이 있고 X가 Y의 원인이라면, 나는 Y에 책임이 있다.

(4) 따라서 나는 아이의 죽음에 책임이 있다.

전제 (3)에는 Y가 X로부터 나온다는 것을 예측할 수 있어야 한다는 조건이 숨어 있다. 〈사례 3〉에서 아이를 구하지 않기로 한 나의 결심에서 아이의 죽음이 초래된다는 것은 충분히 예측 가능하다. 사토리오는 전제 (2)가 틀렸다고 주장한다. 〈사례 3〉에서 아이가 죽은 원인은 내가 구하지 '않기로 결심해서'가 아니라 구하겠다고 '결심하지 않아서'인데, 둘은 전혀 다른 심적 상태이기 때문이다. 후자는 구할지 말지 고민만 하면서 아무 결심을 하지 않아도 성립한다. 내가 아이를 구하지 않기로 결심한 것이 아니라, 내가 아이를 구하겠다고 결심하지 않은 것이 아이가 죽은 원인인 것이다. 그러면 프랭크퍼트 스타일의 사례를 통해 비대칭성에 반대하는 사람들은 전제 (2)를 내가 아이를 구하겠다고 결심하지 않은 것이 아이가 죽은 원인이라는 전제로 바꿀 것이다. 이 전제는 참이다. 그러나 이 전제가 참이려면 (1)을 내가 아이를 구하겠다고 결심하지 않은 것에 책임이 있다는 전제로 바꿔야 하는데, 이 전제는 논란거리이다. 내가 아이를 구하지 않기로 결심한 것은 심적 행위이지만 내가 아이를 구하겠다고 결심하지 않은 것은 심적 무위인데, 행위와 달리 무위에 책임이 있느냐는 증명이 필요한 논란거리로서 그것을 증명 없이 가정할 수 없기 때문이다. 그래서 사토리오는 〈사례 3〉은 행위와 무위의 비대칭성 논제에 대한 반례가 될 수 없다고 주장한다.

22.

윗글의 내용과 일치하는 것은?

① 무위는 행위와 달리 도덕적으로 비난받지 않는다.
② 달리 행동할 수 없는 행위인데도 도덕적으로 비난받는 사례가 있다.
③ 행위와 무위의 비대칭성 논제에서 무위와 달리 행위는 대안 가능성이 없다.
④ 프랭크퍼트 스타일 사례는 애초에 행위와 무위가 대칭적임을 보여 주기 위한 것이다.
⑤ 대안 가능성의 원칙과 달리, 행위와 무위의 비대칭성 논제는 상식적으로 받아들여진다.

문항 성격	문항유형 : 정보의 확인과 재구성
	내용영역 : 규범
평가 목표	이 문항은 제시문의 주제인 행위와 무위의 구별, 대안 가능성의 원칙, 행위와 무위의 비대칭성 논제를 정확하게 이해하고 있는지 평가하는 문항이다.
문제 풀이	정답 : ②

제시문 첫 번째 단락에서 행위와 무위의 구별과 대안 가능성의 원칙을, 네 번째 단락에서 행위와 무위의 비대칭성 논제를 설명하고 있다. 이 개념들을 정확히 이해하고 각 선택지의 진위 여부를 확인하도록 한다.

정답 해설	② 제시문의 세 번째 단락의 "'프랭크퍼트 스타일 사례'라고 불리는 〈사례 1〉의 경우, 대안 가능성이 없어도 도덕적 책임을 부여하는 것이 우리의 직관"이라고 말하고 있다. 달리 행동할 수 없는 행위인데도 도덕적으로 비난받는 사례는 바로 이 〈사례 1〉을 말한다.
오답 해설	① 제시문 첫 번째 단락의 "'무위'는 '행위'보다 도덕적으로 덜 비난받는다."에서 무위도 행위와 정도는 다르지만 도덕적으로 비난을 받는다는 것을 알 수 있다.

③ 제시문 네 번째 단락의 "행위는 그 결과가 실제와 다를 수 없는 경우에도 행위자가 그 행위에 책임이 있을 수 있지만, 무위는 그 결과가 실제와 다를 수 없는 경우 무위자는 무위에 책임이 있을 수 없다."에서 '행위와 무위의 비대칭성 논제'에서는 행위와 무위 모두 대안 가능성이 없다는 것을 알 수 있다.

④ 제시문 두 번째 단락에서 "다음과 같은 두 사례는 이 원칙이 행위와 무위의 경우에 똑같이 적용되지 않음을 보여 준다."라고 말하고, 그다음에 '프랭크퍼트 스타일 사례'라고 불리는 〈사례 1〉은 〈사례 2〉와 함께 '행위와 무위의 비대칭성 논제'를 보여 주는 데 이용되고 있다. 따라서 프랭크퍼트 스타일 사례가 애초에 행위와 무위가 대칭적임을 보여 주는 데 이용된다는 진술은 윗글의 내용과 일치하지 않는다.

⑤ 제시문 첫 번째 단락의 "행위자가 달리 행동할 수 있었을 경우에만 행위에 책임이 있다는 '대안 가능성의 원칙'도 상식적으로 받아들여진다."에서 대안 가능성의 원칙은 상식적으로 받아들여진다는 것을 알 수 있다. 이와 달리 '행위와 무위의 비대칭성 논제'는 두 번째 및 세 번째 단락에서 알 수 있듯이 상식적으로 받아들여지는 것은 아니다.

23.

〈사례 1〉~〈사례 3〉에 대한 이해로 적절하지 <u>않은</u> 것은?

① 〈사례 1〉에서는 책임을 묻고 〈사례 2〉에서는 묻지 않는 것은 대안 가능성 여부 때문이다.
② 〈사례 1〉은 행위에, 〈사례 3〉은 무위에 책임을 묻기 위한 것이다.
③ 〈사례 1〉과 〈사례 3〉 모두에서 실제로는 신경과학자가 개입할 필요가 없었다.
④ 〈사례 3〉은 〈사례 2〉와 달리, 아이의 죽음이 나의 결심에 달려 있음을 보이려는 것이다.
⑤ 〈사례 1〉, 〈사례 2〉, 〈사례 3〉 모두 행위나 무위는 나의 자유로운 결심에 의한 것이다.

문항 성격	문항유형 : 정보의 추론과 해석
	내용영역 : 규범
평가 목표	이 문항은 제시문에서 주어진 정보를 정확하게 이해하고 차이점을 추론할 수 있는지 평가하는 문항이다.
문제 풀이	정답 : ①

제시문에서 중요하게 다루고 있는 〈사례 1〉~〈사례 3〉의 내용을 정확하게 이해해야 한다. 〈사례 1〉은 프랭크퍼트 스타일 사례로서 행위에 대하여 대안 가능성이 없음에도 도덕적 책임이 인정되는 경우이다. 〈사례 2〉는 무위에 대하여 대안 가능성이 없기 때문에 도덕적 책임이 인정되지 않는 경우이다. 〈사례 3〉은 〈사례 2〉에 대한 변형으로서 무위에 대하여 대안 가능성이 없지만 도덕적 책임이 인정될 수 있다는 것을 보여 주는 사례이다.

정답 해설 ① 제시문 세 번째 단락의 "〈사례 1〉의 경우, 대안 가능성이 없어도 도덕적 책임을 부여하는 것이 우리의 직관이다."와 "반면 〈사례 2〉에서는 대안 가능성이 없기에 나는 아이의 죽음에 책임이 없다."를 통해, 〈사례 1〉과 〈사례 2〉 모두 대안 가능성이 없다는 것을 알 수 있다. 다만 〈사례 1〉은 행위에 대하여 도덕적 책임을 묻고, 〈사례 2〉는 무위에 대하여 도덕적 책임을 묻지 않는다는 점이 다르다.

오답 해설 ② 제시문 두 번째 단락의 "다음과 같은 두 사례는 이 원칙이 행위와 무위의 경우에 똑같이 적용되지 않음을 보여 준다."와 세 번째 단락의 "〈사례 1〉의 경우, 대안 가능성이 없어도 도덕적 책임을 부여하는 것이 우리의 직관이다."를 통해 〈사례 1〉은 행위에 책임을 묻기 위한 것임을 알 수 있다. 한편, 네 번째 단락의 "무위는 그 결과가 실제와 다를 수 없는 경우 무위자는 무위에 책임이 있을 수 없다. … (중략) … 그러나 이 논제를 비판하는 사람들은 〈사례 2〉를 다음과 같이 프랭크퍼트 스타일로 바꾸면 비대칭성이 사라진다고 말한다."를 통해 '행위와 무위의 비대칭성 논제'를 비판하는 사람은 〈사례 2〉를 〈사례 3〉으로 바꾼다는 것, 즉 〈사례 3〉은 무위에 책임을 묻기 위한 것임을 알 수 있다.

③ 〈사례 1〉은 내가 아이를 죽이기로 결심하고 아이를 물속으로 밀어 넣어 죽였다고 말한다. 사악한 신경과학자가 방해했을 수 있지만 내 마음이 흔들리지 않았으므로 실제로는 개입할 필요가 없었음을 알 수 있다. 한편 〈사례 3〉은 아이가 연못에 빠졌는데, 나는 아이를 쉽게 구할 수 있음을 알면서도 그렇게 하지 않았고, 아이는 결국 죽었다고 말한다. 사악한 신경과학자가 방해했을 수 있지만 내 마음이 흔들리지 않았으므로 실제로는 개입할 필요가 없었음을 알 수 있다.

④ 제시문 세 번째 단락의 "아이를 구하지 않기로 결심한 것은 나에게 책임이 있고 그래서 나쁜 사람이라고 비난받을 수는 있지만, 나는 아이의 죽음에는 책임이 없다."에서 〈사례 2〉는 아이를 구하지 않기로 한 결심에는 책임을 묻지만 아이의 죽음에는 책임을 묻지 않는다는 것을 알 수 있다. 반면, 다섯 번째 단락에서 〈사례 3〉의 경우 "그럼에도 결심했다면 아이를 구하려고 할 수 있었다. 나는 내 결심에 책임이 있으므로 나는 아이의 죽음에 책임이 있다는 결론이 나온다."라고 말한다. 따라서 〈사례 3〉은 〈사례 2〉와 달리 아이의 죽음이 나의 결심에 달려 있음을 보이려는 것이라는 진술은 적절하다.

⑤ 제시문 세 번째 단락의 "나는 죽이기로 자유의사로 결심했고 그에 따라 자유롭게 행동했기 때문이다."를 통해 〈사례 1〉의 경우 나의 행위는 나의 자유로운 의사에 따른 것임을 알 수 있다. 또한 "아이를 구하지 않기로 결심한 것은 나에게 책임이 있고"를 통해 〈사례 2〉의 무위도 나의 의사에 따른 것임을 알 수 있다. 마지막으로 다섯 번째 단락의 "나는 내 결심에 책임이 있으므로"를 통해 〈사례 3〉에서 무위에 대하여 책임이 있다는 것은 자유로운 결심에 의한 것임을 추론할 수 있다.

24.

[사토리오]에 대한 반론으로 옳은 것을 〈보기〉에서 고른 것은?

ㄱ. 무엇인가를 하겠다고 결심하지 않은 것이 어떤 사건의 원인이더라도, 무엇인가를 하겠다고 결심하지 않은 것에 책임이 없다.

ㄴ. 아이의 죽음이 초래되는 것은 아이를 구하지 않기로 한 나의 결심에서는 예측 가능하지만, 내가 아이를 구하겠다고 결심하지 않은 것에서는 예측 불가능하다.

ㄷ. 결과가 달라질 것을 알면서도 무엇인가를 하겠다고 결심하지 않은 것은, 무엇인가를 하지 않겠다고 결심한 것이 단초가 되었기 때문에 일어날 수 있는 일이다.

ㄹ. 아이를 돌볼 의무가 있는 부모가 그러지 않았을 때 책임을 지는 사례처럼, 무엇인가를 하겠다고 결심하지 않은 것이 곧 무엇인가를 하지 않겠다고 결심하는 것과 동일하다고 평가될 때가 있다.

① ㄱ, ㄴ　　　　② ㄱ, ㄹ　　　　③ ㄴ, ㄷ
④ ㄴ, ㄹ　　　　⑤ ㄷ, ㄹ

문항 성격　문항유형 : 정보의 평가와 적용

내용영역 : 규범

평가 목표　이 문항은 프랭크퍼트 스타일의 사례를 통해 비대칭성에 반대하는 사람들의 논변을 비판하는 사토리오의 논변을 비판적으로 평가할 수 있는지 확인하는 문항이다.

문제 풀이　정답 : ⑤

사토리오는 〈사례 3〉을 이용하여 행위와 무위의 비대칭성을 반대하는 주장에 대하여 제시문 여섯 번째 단락에서 그 논변을 정리하고 그 중 (2)가 틀렸다고 주장한다. 그리고 일곱 번째 단락에서 그 논변은 다음과 같이 대체되어야 한다고 주장한다.

(1)′ 〈사례 3〉에서, 나는 아이를 구하겠다고 결심하지 않은 데 책임이 있다.

(2)′ 아이를 구하겠다고 결심하지 않은 것은 아이의 죽음의 원인이다.

(3)′ 내가 X에 책임이 있고 X가 Y의 원인이라면, 나는 Y에 책임이 있다.

(4)′ 따라서 나는 아이의 죽음에 책임이 있다.

사토리오는 위 논변에서 (2)′는 참이지만, (1)′은 증명해야 할 것을 가정하고 있다고 주장한다. "심적 행위"(구하지 '않겠다고 결심한' 것)가 아닌 "심적 무위"(구하겠다고 '결심하지 않은' 것)에 대해서 책임을 물을 수 있는지는 논란이 된다는 것이다. 사토리오에 대한 반론은 이런 논변 과정에 대해서 이루어져야 한다.

ㄱ. 제시문 일곱 번째 단락의 "내가 아이를 구하겠다고 결심하지 않은 것이 아이가 죽은 원인이라는 전제로 바꿀 것이다. 이 전제는 참이다."와 "내가 아이를 구하겠다고 결심하지 않은 것에 책임이 있다는 전제로 바꿔야 하는데, 이 전제는 논란거리이다."를 통해 사토리오가 (2)′는 참으로 보지만 (1)′은 증명이 필요하다고 본다는 것을 알 수 있다. '무엇인가를 하겠다고 결심하지 않은 것이 어떤 사건의 원인'이라는 부분은 사토리오가 대체되어야 한다고 말한 논변에서 (2)′에 해당하고, '무엇인가를 하겠다고 결심하지 않은 것에 책임이 없다.'는 (1)′이 틀렸다고 말하는 것으로서, '무엇인가를 하겠다고 결심하지 않은 것이 어떤 사건의 원인이더라도, 무엇인가를 하겠다고 결심하지 않은 것에 책임이 없다.'라는 진술은 사토리오에 대한 반론이 아니고 동조하는 것이다.

ㄴ. 제시문 일곱 번째 단락의 "전제 (3)에는 Y가 X로부터 나온다는 것을 예측할 수 있어야 한다는 조건이 숨어 있다. 〈사례 3〉에서 아이를 구하지 않기로 한 나의 결심에서 아이의 죽음이 초래된다는 것은 충분히 예측 가능하다."와 사토리오가 전제 (2)는 (2)′로 바뀌어야 한다고 말하는 부분을 통해, 행위와 무위의 비대칭성을 반대하는 논변이 성공하기 위해서는 아이를 구하겠다고 결심하지 않은 것에서 아이의 죽음이 초래된다는 것이 충분히 예측 가능해야 한다고 사토리오가 판단한다는 것을 알 수 있다. 그런데 '아이의 죽음이 초래되는 것은 아이를 구하지 않기로 한 나의 결심에서는 예측 가능하지만, 내가 아이를 구하겠다고 결심하지 않은 것에서는 예측 불가능하다.'라는 진술은 오히려 위 논변이 성공하지 못한다는 것을 보여 주는 것이므로, 위 논변을 반대하는 사토리오를 지지하는 것이지 그에 대한 반론이 아니다.

ㄷ. 제시문 일곱 번째 단락의 "아이가 죽은 원인은 내가 구하지 '않기로 결심해서'
가 아니라 구하겠다고 '결심하지 않아서'인데, 둘은 전혀 다른 심적 상태이기 때
문이다."를 통해 사토리오는 전자와 후자는 전혀 다르고, 전자가 아닌 후자가 아
이가 죽은 것의 원인이라고 주장한 것임을 알 수 있다. 따라서 후자가 전자가
단초가 되어 일어났다고 말한다면 그것은 사토리오에 대한 반론이 될 수 있다.
ㄹ. 제시문 일곱 번째 단락에서 사토리오의 주장은 '무엇인가를 하겠다고 결심하지
않은 것(심적 무위)'과 '무엇인가를 하지 않겠다고 결심하는 것(심적 행위)'은 전
혀 다르다는 것이다. 따라서 후자가 결국 전자와 동일하다고 평가받는 사례는
사토리오에 대한 반론이 될 수 있다.
〈보기〉에서 ㄷ과 ㄹ만이 적절한 반론이므로 ⑤가 정답이다.

[25~27] 다음 글을 읽고 물음에 답하시오.

물과 기름은 혼합되지 않고 두 층으로 상(phase)이 분리되지만 물과 에탄올은 완전히 섞인 혼
합물이 된다. 이러한 현상은 깁스 에너지 변화를 통해 설명할 수 있다. 화학 반응이나 변화는 깁
스 에너지가 작아지는 방향이 자발적이다. 우리가 고찰하거나 실험하는 대상, 즉 계(system)에서
의 혼합 시에 깁스 에너지 변화는 엔트로피 변화에 절대 온도를 곱한 값을 혼합열에서 뺀 값이다.
열이 계에서 주위로 나가는 발열이 일어나면 혼합열은 음(−)의 값이며, 열이 주위로부터 계로 들
어오는 흡열은 양(+)의 값이다. 엔트로피 변화는 계가 무질서한 상태로 변화하면 양의 값이다.

한 순물질이 다른 순물질과 혼합물을 이루면 계의 엔트로피, 즉 무질서도가 증가한다. 위의 예
시인 물과 에탄올이 혼합물을 이루는 과정은 발열 과정이다. 따라서 이 과정의 깁스 에너지 변화
는 온도에 상관없이 항상 음수이므로, 이 과정은 항상 자발적이다. 계의 깁스 에너지 변화는 혼합
뿐 아니라 화학 반응의 자발성도 결정한다. 또한 어떤 반응이 자발적이면 그 역반응은 비자발적
이다.

한편 혼합 후의 전체 부피는 화학식이 서로 다른 물질로 이루어진 어떤 혼합물이든 혼합 전 부
피의 산술적 합이 아니다. 25℃에서 순수한 물에 물 1몰*을 첨가하면 총부피는 18.1cm^{3}만큼 증가
한다. 따라서 순수한 물 1몰의 부피는 18.1cm^3/mol이며 특정 온도에서 어떤 순수한 물질 1몰의 부
피는 물질마다 고유하다. 그런데 큰 부피의 순수한 에탄올에 물 1몰을 넣으면 총부피는 약 14cm^3
만 증가한다. 이러한 차이는 같은 수의 물 분자라 하더라도 그것들의 점유 부피는 그들을 둘러싼
분자들의 종류에 따라 다르기 때문이다. 매우 많은 에탄올에 소량의 물이 섞일 때는 각 물 분자가

에탄올 분자로 둘러싸인다. 순수한 물에서는 물 분자들을 특정 거리로 유지해 주던 수소 결합 네트워크가 여기서는 깨진다. 이는 수소 결합에 기인한 물 분자들 간의 인력보다 물과 에탄올 분자의 인력이 더 크기 때문이며, 깨어진 수소 결합 네트워크로 인해 전체 부피 증가가 덜하다. 그 증가량 $14cm^3/mol$이 이 상황에서 물의 분몰 부피이다. 또한 물이 1몰 첨가될 때 부피 증가는 혼합물을 구성하는 물과 에탄올의 비율에 따라서도 다르게 된다. 물과 에탄올의 혼합물과는 달리 혼합 시에 이종 분자 간에 반발력이 작용한다면, 첨가한 부피보다 혼합물의 부피가 더 증가한다. 이때에도 혼합물 부피의 증가 정도는 혼합물 구성 성분의 비율에 따라 달라진다. 이러한 개념을 일반화하면 어떤 성분 i의 분몰 부피($\overline{V_i}$)는 $\left(\dfrac{\partial V}{\partial n_i}\right)_{T,P,n_{j\neq i}}$ 로 정의된다. 이 식은 성분 i의 분몰 부피가 온도(T), 압력(P), 다른 성분 j의 몰수가 일정할 때, 혼합물의 부피(V)를 성분 i의 몰수 n_i로 미분한 값이라는 뜻이다. 이는 성분 i의 몰수에 따른 혼합물의 부피 그래프에서 접선의 기울기를 의미한다.

2가지 성분의 혼합물 계에서 한 물질의 분몰 부피는 다른 물질의 분몰 부피와 관계를 갖는데, 이를 설명하는 식이 깁스-뒤엠 식으로, $n_i d\overline{V_i} + n_j d\overline{V_j} = 0$이다. 여기서 n_i와 n_j는 혼합물의 성분 i와 j의 몰수이며, $d\overline{V_i}$와 $d\overline{V_j}$는 각각 성분 i와 j 각각의 분몰 부피 변화량이다. 이 관계식에 의하면 두 성분의 분몰 부피는 비율이 변함에 따라 독립적으로 변할 수 없으며 증감의 방향은 서로 반대이다. 한편 한 성분이 희석된 상태에서의 다른 성분의 분몰 부피 변화의 관계도 알 수 있다. 물의 비율이 매우 작은 영역에서는 물 분자를 둘러싼 에탄올이 물 분자의 수소 결합 네트워크를 깨는 양이 많아져 물의 분몰 부피가 급격히 변하지만, 에탄올의 분몰 부피는 물의 상대적인 양이 극도로 작으므로 완만한 변화를 보인다. 반면, 에탄올이 많이 희석된 상태에서는 에탄올의 분몰 부피가 급격히 변하며 물의 분몰 부피는 그렇지 않다.

순수한 물질 1몰의 부피와 달리, 분몰 부피는 음수인 경우도 있다. 가령 순수한 물에 황산마그네슘($MgSO_4$)을 극소량 첨가했을 때 황산마그네슘의 분몰 부피는 $-1.4cm^3/mol$이고, 이는 많은 양의 물에 황산마그네슘 1몰을 넣으면 부피가 $1.4cm^3$ 감소한다는 것을 의미한다. 이것은 물에서 황산마그네슘이 Mg^{2+}와 SO_4^{2-} 이온이 되어 물 분자와 결합하면서 물 분자들이 형성하고 있는 구조를 수축시키기 때문이다.

* 1몰 : 원자나 분자 6.02×10^{23}개

25.

윗글의 내용과 일치하지 <u>않는</u> 것은?

① 물이 순수한 물질일 때 물 분자 간에는 수소 결합이 존재한다.

② 어떤 반응이 자발적이면 그 역반응은 자발적으로 일어나지 않는다.

③ 순수한 물 1몰의 부피는 순수한 에탄올 1몰의 부피와 다른 값을 갖는다.

④ 깁스-뒤엠 식은 서로 다른 성분의 분몰 부피 사이의 관계를 수학식으로 나타낸 것이다.

⑤ 이종 분자 간 반발력이 작용하는 혼합물의 분몰 부피는 구성 성분의 비율에 영향을 받지 않는다.

문항 성격	문항유형 : 정보의 확인과 재구성
	내용영역 : 과학기술
평가 목표	이 문항에서는 분몰 부피, 깁스 에너지 변화의 개념에 관한 정보를 정확하게 이해하였는가를 물어 사실적 독해 능력을 파악하고자 한다.
문제 풀이	정답 : ⑤

이 문항은 제시문의 세부 정보 내용을 파악하였는가를 확인하는 문항이다. 얼마나 제시문을 꼼꼼하게 읽었으며 그 내용을 알고 있는가를 측정한다. 특히 제시문과 관련하여 분몰 부피의 개념, 반응의 자발성, 순물질의 결합, 혼합물의 형성 등을 다루는 내용을 이해해야 한다.

정답 해설　⑤ 제시문 세 번째 문단의 "혼합 시에 이종 분자 간에 반발력이 작용한다면, 첨가한 부피보다 혼합물의 부피가 더 증가한다. 이때에도 혼합물 부피의 증가 정도는 혼합물 구성 성분의 비율에 따라 달라진다."에서 이종 분자 간에 반발력이 작용할 때 혼합물의 분몰 부피(혼합물 부피의 증가 정도)는 혼합물 구성 성분의 비율에 따라서 달라진다는 것을 알 수 있다.

오답 해설　① 제시문 세 번째 단락의 "순수한 물에서는 물 분자들을 특정 거리로 유지해 주던 수소 결합 네트워크"에서 물이 순수한 물질일 때 물 분자 간에는 수소 결합이 존재한다는 것을 알 수 있다.

② 제시문 두 번째 단락의 "또한 어떤 반응이 자발적이면 그 역반응은 비자발적이다."에서 어떤 반응이 자발적이면 그 역반응은 자발적으로 일어나지 않는다는 것을 알 수 있다.

③ 제시문 세 번째 단락의 "특정 온도에서 어떤 순수한 물질 1몰의 부피는 물질마다

고유하다."에서 물질이 다르면 각 순수한 물질 1몰의 부피가 달라진다는 것을 알
수 있다.

④ 제시문 네 번째 단락의 "2가지 성분의 혼합물 계에서 한 물질의 분몰 부피는 다
른 물질의 분몰 부피와 관계를 갖는데, 이를 설명하는 식이 깁스–뒤엠 식"이라
는 설명을 통해, $n_i d\overline{V_i} + n_j d\overline{V_j} = 0$으로 표현되는 깁스–뒤엠 식이 서로 다른 성분
의 분몰 부피 사이의 관계를 나타낸 수학식이라는 것을 알 수 있다.

26.

윗글에서 추론한 내용으로 가장 적절한 것은?

① 질량을 부피로 나눈 값인 밀도가 다른 두 종류의 순물질을 서로 같은 부피로 섞어 균
질한 혼합물을 만들면, 혼합물의 밀도는 두 순물질 밀도의 평균값을 갖는다.

② 동일한 몰수의 황산마그네슘과 에탄올 극소량을 각각 많은 양의 물에 혼합하면, 두 경
우 모두 혼합물의 부피는 혼합 전 이종 물질의 부피 합보다 작다.

③ 분몰 부피가 음수가 되는 혼합의 경우는 분몰 부피가 양수인 경우와 달리, 혼합 후에
엔트로피가 증가한다.

④ 순수한 물에서 분자들 간 거리의 평균보다 물과 에탄올 혼합물에서 분자들 간 거리의
평균이 크다.

⑤ 깁스 에너지의 단위에 절대 온도의 단위를 곱하면 엔트로피의 단위와 동일한 단위가
된다.

문항 성격	문항유형 : 정보의 추론과 해석
	내용영역 : 과학기술
평가 목표	이 문항에서는 분몰 부피, 깁스 에너지 변화의 개념을 기술한 제시문에 숨어 있는 정보를 추론하는 능력을 평가하고자 한다.
문제 풀이	정답 : ②

제시문의 정보를 정확히게 이해히고 깁스 에너지를 결정히는 엔드로피와 혼합열의 단위 관계, 분
몰 부피의 값에 따른 그 의미, 혼합에서의 엔트로피, 혼합에 따른 밀도의 변화, 혼합물을 구성하
는 성분의 상호 작용 등을 추론할 수 있어야 한다.

② 제시문 세 번째 단락의 "물과 에탄올의 혼합물과는 달리 혼합 시에 이종 분자 간에 반발력이 작용한다면, 첨가한 부피보다 혼합물의 부피가 더 증가한다."를 통해 물과 에탄올은 이종 분자 간에 인력이 작용하는 경우이므로 두 성분의 비율에 상관없이 혼합 후에는 혼합 전의 두 물질의 합보다는 전체 부피가 작음을 알 수 있다. 또한 다섯 번째 단락의 "순수한 물에 황산마그네슘($MgSO_4$)을 극소량 첨가했을 때 황산마그네슘의 분몰 부피는 $-1.4cm^3/mol$이고, 이는 많은 양의 물에 황산마그네슘 1몰을 넣으면 부피가 $1.4cm^3$ 감소한다는 것을 의미한다."를 통해 황산마그네슘이 물에 극소량 첨가되면 혼합물의 부피가 감소한다는 것을 알 수 있다. 따라서 황산마그네슘-물, 에탄올-물의 혼합물의 부피는 모두 혼합 전 이종 물질의 부피 합보다 작다는 것을 추론할 수 있다.

① 제시문 세 번째 단락의 "혼합 후의 전체 부피는 화학식이 서로 다른 물질로 이루어진 어떤 혼합물이든 혼합 전 부피의 산술적 합이 아니다."를 통해 혼합물의 부피는 혼합 전 각 물질 부피의 합과 같지 않다는 것을 알 수 있다. 따라서 밀도가 다른 두 물질을 서로 같은 부피로 섞으면 질량은 산술적인 합이 되지만 부피는 산술적인 합이 되지 않는다. 따라서 밀도는 어떠한 경우든 두 순물질 밀도의 평균값을 가질 수 없다.

③ 제시문 두 번째 단락의 "한 순물질이 다른 순물질과 혼합물을 이루면 계의 엔트로피, 즉 무질서도가 증가한다."에서 혼합물을 이루면 계의 엔트로피가 증가한다는 것을 알 수 있다. 제시문에서 분몰 부피가 양수인 경우의 예시로서 물과 에탄올의 혼합물과 분몰 부피가 음수인 경우의 예시인 물과 황산마그네슘의 혼합물에 관하여 설명한다. 이 두 경우 모두 서로 다른 순물질이 혼합물을 이루는 경우로서 엔트로피가 증가하는 경우임을 알 수 있다.

④ 제시문 세 번째 단락의 "수소 결합에 기인한 물 분자들 간의 인력보다 물과 에탄올 분자의 인력이 더 크기 때문이며, 깨어진 수소 결합 네트워크로 인해 전체 부피 증가가 덜하다."에서 물과 에탄올 혼합물에서 분자들 간의 거리 평균이 순수한 물에서 분자들 간 거리의 평균보다 크지 않다는 것을 추론할 수 있다.

⑤ 제시문 첫 번째 단락의 "계(system)에서의 혼합 시에 깁스 에너지 변화는 엔트로피 변화에 절대 온도를 곱한 값을 혼합열에서 뺀 값이다."를 통해 서로 다른 단위를 갖는 물리량, 속도(단위 : 거리/시간)와 거리(단위 : 거리)와 같은 물리량은 뺄 셈이 불가능하므로 깁스 에너지 변화의 단위와 엔트로피 변화에 절대 온도를 곱한 값의 단위가 서로 같아야 한다는 것을 추론할 수 있다.

27.

윗글을 바탕으로 〈보기〉에 대해 탐구한 내용으로 적절하지 <u>않은</u> 것은?

상온과 상압에서 액체로 존재하는 순물질 S와 R은 완전히 혼합된다. 상온과 상압을 유지하며 순물질 S 1.0×10^3몰에 순물질 R을 조금씩 첨가하니 혼합액의 전체 부피가 아래의 그래프처럼 변화했다. (단 a는 1.0×10^{-3}몰이다.)

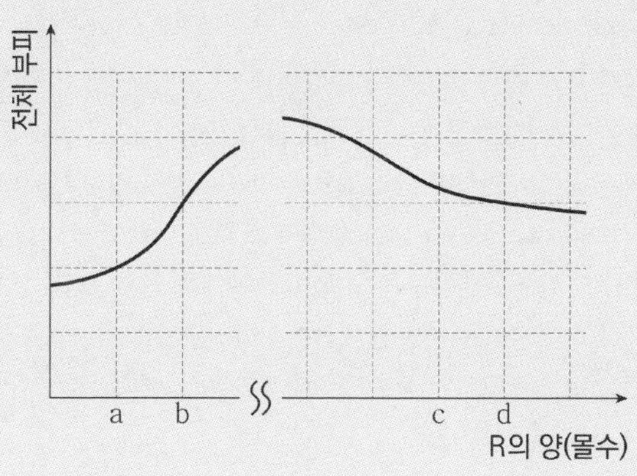

① a에서보다 b에서 R의 분몰 부피는 더 크겠군.

② a와 b 사이의 구간에서 S의 분몰 부피는 감소하겠군.

③ a에서 b로 R의 양이 늘어 가면서 R의 분몰 부피 변화의 급격한 정도는 S의 분몰 부피 변화의 급격한 정도와 같겠군.

④ b와 c 사이의 구간에는 R을 소량 첨가했을 때 혼합물의 전체 부피가 변하지 않는 지점이 있겠군.

⑤ c와 d에서 동일한 극소량의 R이 R과 S의 혼합물에 첨가될 때, 혼합물의 부피가 줄어드는 정도는 c보다 d에서 더 작겠군.

문항 성격　문항유형 : 정보의 평가와 적용

내용영역 : 과학기술

평가 목표　이 문항에서는 제시문에 설명되어 있는 분몰 부피, 깁스–뒤엠 관계식에 대한 개념 이해를 바탕으로 〈보기〉에 제시된 혼합 실험의 결과에 적용할 수 있는지 확인하고자 한다.

제시문에서 이해한 정보를 그래프로 주어진 실험 데이터에 적용하는 문항이다. 〈보기〉의 그래프는 2성분계 혼합물에서 한 성분이 다른 성분에 첨가되면서 혼합물 전체 부피를 보여 주는 것으로, 분몰 부피, 깁스–뒤엠 식 등의 개념을 적용하여 실험 데이터를 이해하고 평가할 수 있어야 한다.

정답 해설　③ 제시문 네 번째 단락의 "한 성분이 희석된 상태에서의 다른 성분의 분몰 부피 변화의 관계도 알 수 있다. 물의 비율이 매우 작은 영역에서는 물 분자를 둘러싼 에탄올이 물 분자의 수소 결합 네트워크를 깨는 양이 많아져 물의 분몰 부피가 급격히 변하지만, 에탄올의 분몰 부피는 물의 상대적인 양이 극도로 작으므로 완만한 변화를 보인다. 반면, 에탄올이 많이 희석된 상태에서는 에탄올의 분몰 부피가 급격히 변하며 물의 분몰 부피는 그렇지 않다."를 통해 한 성분이 희석된 상태에서는 그 성분의 분몰 부피가 급격히 변하지만 다른 성분의 분몰 부피는 완만한 변화를 보인다는 분몰 부피의 관계를 알 수 있다. 〈보기〉 그래프에서 a에서 b로 R의 양이 늘어가는 구간은 R의 비율이 매우 작은 영역이므로 R의 분몰 부피의 변화가 급격한 정도와 달리 S의 분몰 부피는 완만한 변화를 보일 것이라고 추론할 수 있다.

오답 해설　① 제시문 세 번째 단락의 "이 식은 성분 i의 분몰 부피가 온도(T), 압력(P), 다른 성분 j의 몰수가 일정할 때, 혼합물의 부피(V)를 성분 i의 몰수 n로 미분한 값이라는 뜻이다. 이는 성분 i의 몰수에 따른 혼합물의 부피 그래프에서 접선의 기울기를 의미한다."에서 분몰 부피는 성분 i의 몰수에 따른 혼합물의 부피 그래프에서 접선의 기울기라는 것을 알 수 있다. 〈보기〉에 주어진 성분 R에 대한 전체 부피의 그래프에서 a와 b의 분몰 부피는 각 지점에서 접선의 기울기이며, 따라서 a보다 b의 분몰 부피가 크다고 추론한 것은 적절하다.

② 〈보기〉 그래프의 a와 b 사이의 구간에서 R을 조금씩 첨가하면서 접선의 기울기가 증가하므로 R의 분몰 부피는 증가한다는 것을 알 수 있다. R의 분몰 부피와 S의 분몰 부피의 관계는 제시문 네 번째 단락의 "이 관계식에 의하면 두 성분의 분몰 부피는 비율이 변함에 따라 독립적으로 변할 수 없으며 증감의 방향은 서로 반대이다."를 통해 확인할 수 있다. 따라서 R의 분몰 부피가 증가하면 S의 분몰 부피는 감소한다고 추론한 것은 적절하다.

④ 〈보기〉 그래프에서 생략된 부분의 R의 분몰 부피(접선의 기울기)는 R의 양에 따라 증가하다가 감소하고 있다. 따라서 그래프의 생략된 부분에서 이러한 경향이 전환되는 지점이 적어도 하나는 있어야 한다. 기울기의 증감이 전환되는 지점은

기울기가 0이고, 이 지점에서는 R이 소량 첨가되어도 혼합물의 전체 부피가 변하지 않는 지점이다.

⑤ 제시문 다섯 번째 단락에 따르면 분몰 부피가 음의 값이면 한 성분이 극소량 첨가될 때 몰당 혼합물의 부피가 줄어드는 정도를 의미한다. 〈보기〉 그래프에서 c와 d에서의 접선의 기울기는 모두 음수이며 따라서 혼합물의 전체 부피는 줄어든다. 줄어드는 정도는 기울기의 절댓값으로 판단할 수 있으며, c의 기울기 절댓값이 d의 기울기 절댓값보다 크다. 따라서 혼합물의 부피가 줄어드는 정도는 d에서 더 작을 것이라는 추론은 적절하다.

[28~30] 다음 글을 읽고 물음에 답하시오.

대한제국기 지식인은 대체로 군민공치(君民共治) 체제를 주장했다. 이들은 유교를 기반으로 서구 학문을 받아들였기에 급격한 체제 변화를 경계했다. 입헌군주국인 일본을 통해 헌정질서에 대한 서구 지식을 수용한 점, 전제군주국에서 군주제 부정이 정치적 반역이라는 점도 있었으나, 민주공화제를 채택하기에는 일반 국민의 정치적 능력이 불완전하다는 인식도 컸기 때문이다.

황제와 관료들의 무능과 변절로 국권을 잃어가는 상황이 이어지자 일반 국민의 각성과 능력 배양을 통해 국권을 회복해야 한다는 자각이 일면서 국민주권론이 등장했다. 1909년 이상설의 신한민보 논설은 이런 인식 변화를 잘 드러낸다. 유교적 세계관을 지닌 관료 출신 이상설은 유럽을 순방하며 파악한 서구 정치체제를 소개했다. 임금을 위해 나라를 세운 것이 아니라 나라를 위해 임금을 둔 것이며, 임금은 인민의 사무를 위한 공복일 뿐이니 그 직책을 다하지 못하면 상전인 인민의 책망을 면할 수 없다. 또 주권이 있는 나라라야 임금이 있을 수 있는데도 우리 인민은 나라가 망해도 임금에게 복종하는 것만 생각하고 주권이 없어져도 임금이 있다고 믿는다. 인민의 이런 인식 때문에 임금만 굴복시키면 인민은 자연 복종할 것으로 일제가 생각한 것이다. 그럼에도 이상설은 군주제 부정을 주장하지는 않았는데, 그에게는 입헌군주제가 유일한 선택지였다.

대한제국 정부의 기능이 마비되어가자 국권 회복을 위해 망명정부 수립이 유력한 방법으로 대두되었다. 국내외 국민을 결집하기 쉽고 외국의 도움도 받을 수 있기 때문이었다. 13도의군의 도총재 유인석은 이상설과 함께 1910년 7월 고종에게 연해주로 가서 망명정부를 세우고 독립운동을 영도해 줄 것을 청했다. 유인석은 임금의 절대적 권위를 인정하고 서양의 입헌정치에는 반대했다. 평등과 자유에 의한 무질서보다 신분의 차별을 인정하는 질서가 바람직하다고 보았다.

독립운동진영은 제1차 세계대전의 발발로 동양에서 중·일전쟁과 독·일전쟁이 벌어질 것을 예견하고 이를 독립의 기회로 삼으려 했다. 1915년 3월 상하이에서 결성된 ㉠신한혁명당은 국내외를 연결한 독립전쟁을 위해 군비를 정비하면서 중국과 군사원조동맹을 체결하려고 했는데, 이 조약의 국제 보증을 독일에서 구하려 했다. 그런데 독일이 제국이고 중국에서도 위안스카이가 세력을 확장할 것이 예상되므로 독립전쟁에서 두 나라의 지지를 얻으려면 제정(帝政)을 표방하는 것이 유리하다고 보았다. 이런 이유로 신한혁명당은 고종을 당수이자 미래 정부의 원수로 추대했다. 그러나 제1차 세계대전에서 독일이 패배하여 오히려 일본이 승전국이 되었고, 신한혁명당의 노력은 좌절되었다.

신한혁명당이 독립에 유리하다는 이유로 군주제를 지지했다는 것은 독립운동가들에게는 아직 군주제와 공화정이 선택 가능한 제도로 논의되고 있었음을 보여준다. 그런데 이 시기에 일어난 신해혁명은 만주족의 지배에 저항하는 혁명인 동시에 군주정체를 전복하는 혁명이었다. 이는 독립운동가들이 '반일 및 공화 혁명'이라는 이중 혁명을 지향하는 데에 영향을 주었다.

국내 독립운동단체에서는 1915년 여름에 결성된 ㉡대한광복회가 공화제를 지향하였다. 대한광복회는 독립군 양성을 위한 군자금 모집과 무기 구입 및 친일부호 처단 등의 활동을 수행했다. 이들은 국내외 기지를 건설하고 독립군을 양성한 후 일본의 국제적 고립을 기다렸다가 일시에 혁명을 일으켜 독립을 쟁취한다는 계획을 추진했다. 대한광복회가 전제군주제를 폐지하고 민주공화의 독립국 건설을 목표로 한 것은 체포된 회원의 재판기록에 나타나는데, 이들은 광복회의 목적이 국권 회복과 공화정 수립에 있다는 것, 나라에 왕이 없으므로 민국을 세운 것이라 진술했다. 1917년 대동단결선언도 국민주권론을 기초로 헌법을 제정하고 공화제 정부를 건설하자는 주장을 체계적으로 제시했다. 황제가 주권을 포기한 날은 곧 우리가 주권을 계승한 날이라는 것이다. 이러한 흐름 속에서 1919년 대한민국임시정부는 다음과 같이 대한민국임시헌장 제1조에 공화제를 명시했다.

"대한민국은 민주공화제로 함."

28.

윗글의 내용과 일치하지 <u>않는</u> 것은?

① 대동단결선언에서는 국민주권주의와 입헌공화제를 선포하였다.
② 군주제 유지가 필요하다는 데에 이상설과 유인석은 같은 의견이었다.

③ 대한제국 시기에 망명정부 수립을 추진한 세력은 군주제를 선호하였다.

④ 신한혁명당은 신해혁명의 이중 혁명의 내용을 제도적으로 실현하려 했다.

⑤ 대한제국 시기에 유교적 전통의 지식인들은 대체로 공화제에는 부정적인 입장이었다.

문항 성격 문항유형 : 정보의 확인과 재구성

내용영역 : 규범

평가 목표 이 문항은 대한제국기로부터 대한민국임시정부의 대한민국임시헌장 채택까지 국내에 전개되었던 여러 정치 운동이 대한민국 국제를 민주공화로 확정하는 과정에서 보여준 변천과 흐름, 군주제·공화제와 관련한 사상의 개요를 소개하는 제시문을 정확하게 이해하는지를 평가하는 문항이다.

문제 풀이 정답 : ④

제시문은 대한제국기로부터 본격적으로 논의되기 시작된 중요 정치사상의 흐름을 소개한다. 이에 의하면 대한제국기 지식인은 군민공치를, 이상설은 국민주권제 기반의 입헌군주제를, 유인석은 절대군주제를, 신한혁명당은 독립전쟁 준비의 편의상 제정을, 대한광복회는 공화제를, 대동단결선언은 국민주권주의 및 입헌공화제를 지지하였다.

정답 해설 ④ 제시문 다섯 번째 단락의 "그런데 이 시기에 일어난 신해혁명은 만주족의 지배에 저항하는 혁명인 동시에 군주정체를 전복하는 혁명이었다. 이는 독립운동가들이 '반일 및 공화 혁명'이라는 이중 혁명을 지향하는 데에 영향을 주었다."에서 중국의 신해혁명은 한편으로 외세를 배격하는 독립운동이면서 다른 한편으로 정체를 군주정에서 공화정으로 변경하는 이중 혁명이라는 점을 알 수 있다. 네 번째 단락의 "1915년 3월 상하이에서 결성된 신한혁명당은 … (중략) … 독립전쟁에서 두 나라의 지지를 얻으려면 제정(帝政)을 표방하는 것이 유리하다고 보았다."에서 신한혁명당은 일본에 대한 독립전쟁을 준비하였으나 공화정이 아닌 제정을 선택하였다는 것을 알 수 있다. 반일에 관하여 신해혁명의 영향이 다소 있다고 할 수 있으나 공화 혁명의 영향을 받았다고 할 수 없다는 점에서, 신한혁명당이 이중 혁명의 내용을 제도적으로 실현하려 했다는 진술은 제시문의 내용과 일치하지 않는다.

오답 해설 ① 제시문 여섯 번째 단락의 "1917년 대동단결선언도 국민주권론을 기초로 헌법을 제정하고 공화제 정부를 건설하자는 주장을 체계적으로 제시했다."에서 대동단결선언이 국민주권주의와 입헌공화제를 선포했음을 알 수 있다.

② 제시문 두 번째 단락의 "이상설은 군주제 부정을 주장하지는 않았는데, 그에게는 입헌군주제가 유일한 선택지였다."와 세 번째 단락의 "유인석은 임금의 절대적 권위를 인정하고 서양의 입헌정치에는 반대했다."에서 이상설과 유인석은 입헌주의의 채택에 대해서는 입장이 달랐으나 군주제에 대해서는 같은 입장이었음을 알 수 있다.

③ 제시문 세 번째 단락의 "유인석은 이상설과 함께 1910년 7월 고종에게 연해주로 가서 망명정부를 세우고 독립운동을 영도해 줄 것을 청했다."와 네 번째 단락의 "신한혁명당은 고종을 당수이자 미래 정부의 원수로 추대했다."에서 망명정부 수립을 추진한 세력에 이상설과 유인석, 그리고 신한혁명당이 포함된다는 것을 알 수 있다. 대한제국기(1897.10.12.~1910.8.29.)는 1910년 일본에 의해 병합될 때까지이며, 신한혁명당이 결성된 시기는 1915년 3월로 대한제국 이후의 시기이다. 따라서 유인석과 이상설이 군주제를 선호했다는 진술은 일치한다.

⑤ 제시문 첫 번째 단락의 "대한제국기 지식인은 대체로 군민공치(君民共治) 체제를 주장했다. 이들은 유교를 기반으로 서구 학문을 받아들였기에 급격한 체제 변화를 경계했다. … (중략) … 민주공화제를 채택하기에는 일반 국민의 정치적 능력이 불완전하다는 인식도 컸기 때문이다."에서 대한제국 시기에 유교적 전통을 가진 지식인들은 민주공화제 채택에는 부정적이었으며 군민공치를 주장했다는 것을 알 수 있다.

29.

윗글에서 추론한 내용으로 가장 적절한 것은?

① 대동단결선언에는 황실에서 국민으로 주권이 이양된 셈이라는 취지가 나타난다.
② 대한제국 시기의 입헌주의자들은 급격한 변화를 경계하여 국민주권을 부정하였다.
③ 군민공치론에서는 군주제, 입헌주의, 국민주권주의, 공화주의의 사상적 혼용을 보인다.
④ 유인석이 고종의 망명을 청한 것은 국민주권론 세력을 견제할 필요가 있었기 때문이었다.
⑤ 이상설은 인민이 국왕의 사무를 제대로 보좌하지 못한 것을 망국의 주된 원인으로 삼았다.

문항 성격 문항유형 : 정보의 추론과 해석

내용영역 : 규범

평가 목표 제시문의 내용을 토대로 각 정치주체별로 정치사상의 내용과 중요한 특징을 추론해
내는지 평가한다.

문제 풀이 정답 : ①

제시문은 대한제국 시기의 입헌주의자, 이상설과 유인석, 대동단결선언 등 대한제국 이후 정치사
상의 흐름을 소개하고 있다. 이에 의하면 초기 입헌주의자들은 입헌군주제를 지지했고 유인석은
입헌주의에 반대했다. 대동단결선언은 국민주권제 및 입헌공화제를 선포했다.

정답 해설 ① 제시문 여섯 번째 단락의 "황제가 주권을 포기한 날은 곧 우리가 주권을 계승한
날이라는 것이다."를 통해 황실이 국민에게 곧바로 주권을 직접 이양한 것은 아
니지만 황실이 주권을 포기함으로써 황실이 가졌던 주권이 국민으로 이양되었
다고 추론할 수 있다.

오답 해설 ② 제시문 첫 번째 단락에 의하면 대한제국기 지식인이 급격한 체제변화를 경계한
것은 사실이지만, 국민주권을 부정한 것은 "일반 국민의 정치적 능력이 불완전
하다."고 인식하였기 때문이다.

③ 제시문 첫 번째 단락에 의하면 대한제국기 지식인은 "입헌군주국인 일본을 통해
헌정질서에 대한 서구 지식을 수용"하였기 때문에 이들이 주장한 군민공치론에
군주제와 입헌주의 요소가 담겨있다고 볼 수 있다. 그러나 이들은 민주공화제는
받아들이지 않았기 때문에 국민주권주의와 공화주의 요소가 군민공치론에서 사
상적으로 혼용되었다고 볼 수는 없다.

④ 제시문 세 번째 단락에 의하면 유인석이 고종에게 망명정부를 세우고 독립운동
을 이끌어 달라 청한 것은 "국내외 국민을 결집하기 쉽고 외국의 도움도 받을
수 있"는 등 국권 회복에 유리하다는 사정 때문이었다. 유인석은 이를 위해 이상
설과 함께 청하였는데, 두 번째 단락에 의하면 이상설은 서구에 대한 견문을 기
초로 국민주권론을 주장했다. 유인석은 망명정부 추진을 위해 국민주권론자인
이상설과 협력했다는 점에서 국민주권론 세력을 견제하기 위해 고종의 망명을
청한 것이라는 진술은 적절하지 않다.

⑤ 제시문 두 번째 단락의 "임금을 위해 나라를 세운 것이 아니라 나라를 위해 임
금을 둔 것이며, 임금은 인민의 사무를 위한 공복일 뿐이니 그 식책을 다하지 못
하면 상전인 인민의 책망을 면할 수 없다."를 통해 이상설은 인민이 국왕의 사무
를 보좌하는 것이 아니라 국왕이 인민을 위해 일해야 한다고 보았다는 것을 알

수 있다. 또한 같은 단락의 "주권이 있는 나라라야 임금이 있을 수 있는데도 우리 인민은 나라가 망해도 임금에게 복종하는 것만 생각하고 주권이 없어져도 임금이 있다고 믿는다. 인민의 이런 인식 때문에 임금만 굴복시키면 인민은 자연복종할 것으로 일제가 생각한 것이다."를 통해 이상설은 인민의 잘못된 인식을 일제가 이용한 것을 망국의 이유로 보고 있다는 것을 알 수 있다.

30.

㉠과 ㉡에 관한 설명으로 가장 적절한 것은?

① ㉠은 주권이 황제에게 있다고 보아 군주제를 부정하지 않았다는 점에서 이상설과 입장을 같이 한다.
② ㉡은 새로운 정부 체제로서 공화제를 지향함으로써 입헌군주제와는 분명히 선을 그었다.
③ ㉠은 ㉡과 마찬가지로, 제정을 부정하고 망명정부의 수립을 지향하였다.
④ ㉡은 ㉠과 달리, 독립을 위해 무력 투쟁까지 준비하고 있었다.
⑤ ㉡은 ㉠과 달리, 일본의 국제적 고립을 이용하여 독립을 쟁취하고자 하였다.

문항 성격	문항유형 : 정보의 평가와 적용
	내용영역 : 규범
평가 목표	제시문은 신한혁명당과 대한독립당의 설립목적과 활동 내역을 소개하고 있다. 이를 이상설의 입장과 비교하고 또 양자의 공통점과 차이점을 정확하게 이해하였는지 평가한다.
문제 풀이	정답 : ②

㉠ 신한혁명당과 ㉡ 대한광복회는 대일 독립전쟁을 준비한 점에서 공통된다. 다만 전자는 중국과의 군사원조조약 체결 및 독일의 국제적 보증 확보에 유리하다는 이유로 군주정과 공화정을 선택 가능한 것으로 보면서도 독립전쟁에 유리한 사정이 된다는 이유로 제정을 표방했고 후자는 민주공화정을 수립하고자 한 것이 차이이다.

정답 해설	② 제시문 여섯 번째 단락의 "대한광복회가 전제군주제를 폐지하고 민주공화의 독립국 건설을 목표로 한 것은 체포된 회원의 재판기록에 나타나는데, 이들은 광복회의 목적이 국권 회복과 공화정 수립에 있다는 것, 나라에 왕이 없으므로 민

국을 세운 것이라 진술했다.”를 통해 ⓒ이 입헌군주제가 아닌 민주공화제를 지향하였다는 것을 알 수 있다.

① 제시문 네 번째 단락에 의하면 ㉠은 대일 독립전쟁 준비에 유리하다는 이유로 제정을 표방했다. 이상설은 두 번째 단락에서 국민주권론을 주장하면서도 군주제를 부정하지 않아 입헌군주제를 선택했다는 것을 알 수 있다. 따라서 ㉠이 주권이 황제에게 있다고 보고 군주제를 부정하지 않은 것은 옳지만 이상설도 황제에게 주권이 있다고 보았다는 진술은 적절하지 않다.

③ 제시문 네 번째 단락과 다섯 번째 단락에서 ㉠이 망명정부 수립을 꾀하면서 제정을 표방하였다는 것을 알 수 있다. 반면, 여섯 번째 단락에서 ⓒ이 “국민주권론을 기초로 헌법을 제정하고 공화제 정부”를 지향했다는 것을 알 수 있다. 따라서 ㉠이 제정을 부정하고 망명정부의 수립을 지향하였다는 진술은 적절하지 않다.

④ 제시문 네 번째 단락과 여섯 번째 단락에서 ㉠과 ⓒ이 모두 독립을 위해 일본과 독립전쟁을 준비했다는 것을 확인할 수 있다. 전자는 이를 위해 “중국과 군사원조동맹을 체결하려고” 시도했고, 후자는 “군자금 모집과 무기 구입 및 친일부호 처단”과 같은 활동을 벌였다. 따라서 ⓒ은 ㉠과 달리, 독립을 위해 무력 투쟁까지 준비하고 있었다는 진술은 적절하지 않다.

⑤ 제시문 네 번째 단락에서 ㉠이 일본과 독립전쟁을 준비하면서 중국과 동맹을 맺고 독일의 국제적 보증을 받으려 하였으나, “제1차 세계대전에서 독일이 패배하여 오히려 일본이 승전국이 되었”기 때문에 이러한 노력이 좌절되었다고 말한다. 여섯 번째 단락의 “이들은 국내외 기지를 건설하고 독립군을 양성한 후 일본의 국제적 고립을 기다렸다가 일시에 혁명을 일으켜 독립을 쟁취한다는 계획을 추진했다.”에서 ⓒ이 일본의 국제적 고립을 이용하고자 했다는 점을 알 수 있다. 따라서 ㉠과 ⓒ 모두 일본의 국제적 고립을 이용하여 독립을 쟁취하고자 했다고 평가할 수 있다.

법학적성시험
언어이해 영역

2022

1. 출제의 기본 방향

언어이해 영역은 예비 법조인이 갖추어야 할 언어 능력과 소양에 대한 정확한 평가를 그 목표로 삼는다. 2025학년도 언어이해 영역은 인문학과 사회과학, 자연과학 등 다양한 분야에서 정선하고 가공한 텍스트를 제시한 후, 그 텍스트에 담긴 심도 있는 정보들에 대한 수험생의 반응을 정보의 이해와 재구성, 추론과 비판 및 적용 능력의 측면에서 평가하는 데 출제의 기본 방향을 두었다.

- 내용 및 표현에서 교육적 가치가 높은 텍스트, 특히 법조인에게 요구되는 수준 높은 교양과 통찰이 담긴 글을 제시문으로 활용한다.
- 정보의 위계와 조직 방식들을 고려하여 텍스트에 담긴 정보를 이해하고 재조직하는 능력을 갖추었는지 평가한다.
- 텍스트에 담긴 정보를 바탕으로 새로운 정보를 추론하거나 이를 새로운 문제 상황에 적용하여 비판할 수 있는 능력을 갖추었는지 평가한다.

2. 출제 범위

언어이해 영역에서는 다양한 학문 분야에서 엄선한 텍스트를 바탕으로 제시문을 구성한 후, 이 제시문에 담긴 고차적·입체적 정보들을 이해하는 능력, 그 정보들을 재구성하고 종합하는 능력, 새로운 정보를 추론하거나 그 추론을 새로운 문제 상황에 적용하여 평가·비판하는 능력 등을 측정한다. 이를 위해 이번 시험에서는 인문학, 사회과학, 자연과학 등 학문 제 분야의 담론이나 연구 동향을 기본으로 삼되, 각 학문에 대한 배경적 지식을 갖추지 않아도 대학의 교양교육을 성실하게 이수한 수험생이라면 문제를 풀 수 있도록 문항을 설계하였다.

이번 시험의 출제는 다음 사항을 고려하여 진행하였다.

- 표준화된 모델들을 기반으로 문항 세트를 설계함으로써 제시문에 사용된 개념

이나 범주들을 이해하고 활용할 수 있는지 평가한다.
- 여러 학문 분야의 최신 이론이나 담론을 중심으로 제시문을 작성하되, 제시문의 정보 위계를 정확하게 파악하고 문제 상황에 적용할 만한 독해력을 갖추었는지 측정하는 문항들을 출제한다.
- 특정 전공, 특히 법학 전공의 배경적 지식이 없어도 제시문에 주어진 정보만으로 문제를 풀 수 있게 제시문과 문항을 구성한다.

3. 제시문 및 문항

언어이해 영역의 출제 목표를 달성하려면 완성도 높은 제시문으로 독해력을 측정해야 한다. 논의의 완결성은 물론 표현의 가독성을 함께 갖춘 텍스트를 제시하되, 주어진 수험 시간 내에 처리할 만한 정보량을 갖추는 것도 중요하다. 이런 기본 조건들을 고려하면서도 학문적·교양적 가치가 담긴 주제나 논의를 담은 제시문들을 개발하였다.

각 제시문에 따른 문항들은 '주제, 구조, 관점 파악', '정보의 확인과 재구성', '정보의 추론과 해석', '정보의 평가와 적용' 등 여러 독해 능력을 균형 있게 평가하도록 설계하였다. 이와 함께 제시문과 〈보기〉를 연결하는 문항을 다수 출제하여 비판 및 추론, 적용 능력을 종합적으로 평가하고자 하였다.

이번 시험의 내용 영역은 예년과 같이 '인문', '사회', '과학기술', '규범'의 4개 영역이며, 문항은 각 세트당 3문항, 총 10세트 30문항으로 구성하였다. 각 내용 영역별로 제시문에서 다루고 있는 주제는 다음과 같다.

'인문' 분야에서는 문학 관련 주제로 연극성의 개념을 중심으로 희곡의 무대화 과정을 새롭게 이해하는 시각을 담은 제시문을 바탕으로 출제하였다. 사학 관련 주제로는 성의 역사라는 관점에서 고대 그리스와 로마 사회의 이면을 파헤친 제시문을, 철학 관련 주제로는 플라톤의 『소크라테스의 변론』과 『크리톤』에 대한 해석상의 논란을 중심으로 소크라테스의 마지막 선택에 대한 현대 철학의 다양한 해석을 담은 제시문을 바탕으로 출제하였다.

'사회' 분야에서는 정치 관련 주제로 사법심사의 결과가 여론에 미치는 영향에 관해 설명하는 네 가지 모델을 비판적으로 논의하는 내용의 제시문을 활용하였다. 경제 관련 주제로는 경제성장 모델 중 하나인 솔로우 성장모형을 통해 생산 능력의 장기적 변동을 이론적으로 설명하는 내용의 제시문이 주어졌다.

'과학기술' 분야에서는 생물 주제와 관련하여 혈액 속 헴 물질 이상과 관련한 포르피린증 질환에 대해 다루는 제시문을 통해, 기술 주제와 관련하여 데이터베이스의 체계적 관리를 위한 소프트웨어에 활용되는 표준 질의언어를 다루는 제시문을 통해 문항을 구성했다.

'규범' 분야에서는 법문학 주제와 관련하여 19세기 영국에서 유행한 범죄소설의 출현 배경과 독자의 반응을 통해 법의 성격을 비판적으로 성찰하는 제시문이 주어졌다. 생명윤리법 주제와 관련해서는 배아 생성 이후 남겨진 잔여 배아의 처리와 관련한 법률적·윤리적 논란을 독일 법과 한국 법을 통해 파헤치는 제시문이 주어졌다.

이번 시험의 제시문들은 다양한 고전과 현대 논의를 바탕으로 인간과 사회에 대한 깊이 있는 성찰을 유도하는 내용으로 구성되어 있다. 이런 제시문들은 법학전문대학원 수학 능력을 평가하는 데 활용이 될 뿐만 아니라 수험생들이 예비 법조인으로서 수준 높은 교양을 쌓는 데 동기를 부여할 것으로 본다.

4. 난이도

2025학년도 언어이해 영역 시험에서는 내용과 표현이 난삽한 제시문을 최대한 줄이고, 측정 목표가 분명하도록 문항을 설계하여 수험생의 독해력과 사고력을 제대로 평가하려고 하였다. 제시문의 정보량을 다소 줄이고 가독성은 최대한 높여 비본질적인 측정 요소가 평가에 개입하는 것을 최대한 차단하였다. 이와 함께 제시문의 정보를 다양한 외부 자료에 적용하여 추론·비판·평가하는 문제해결 능력을 측정하는 다수의 문항도 설계하였다.

5. 출제 시 유의점

이번 시험에서 문항 출제 시의 유의점은 다음과 같다.

- 사설 학원을 비롯한 다양한 출처의 문제들을 풀어 본 경험, 특히 기술적인 방법으로 문제풀이에 접근하는 태도를 통해서만은 해결하기 힘든 문항을 설계한다.
- 특정 전공에 따른 유·불리 현상을 최소화하기 위해, 법학을 비롯한 제 학문 분야에 대한 배경지식 유무 자체가 문제풀이에 큰 영향을 미치지 않도록 문항을

설계한다.

- 지나치게 어려운 제시문과 문항 설계로 수험생의 혼란을 유발하지 않도록, 적절한 변별력을 갖춘 문항과 답지를 설계한다.

[01~03] 다음 글을 읽고 물음에 답하시오.

　　문학이 사회와 그 구성원의 삶을 반영한다는 명제는 법의 영역에도 적용된다. 문학적 서사는 한 시대의 법인식과 정의관을 비추는 거울이다. 문학 속의 법은 비윤리나 무질서와 대비되는 규범·규율의 상징, 또는 '언제 열릴지 모르지만 열리길 기다릴 수밖에 없는 문' 같은 대상으로 그려진다. 문학의 감성적 호소력은 독자를 일정한 행위 방향으로 이끌어 법의 제·개정을 추동하기도 한다. 1830년대 영국에서 유행한 범죄소설은 이러한 법과 문학의 상호작용을 잘 보여 준다. 범죄자 처형기록부인 『뉴게이트 캘린더』에서 인물과 소재를 차용해 '뉴게이트 소설'이라 불린 이 시기 범죄문학 장르는 재판 관행 및 행형 실태 개선을 촉구하는 캠페인의 산물이었다. 그것은 동시에 당대의 지배적 범죄 담론에 대한 대항 담론을 선전·유포하여 형법 개혁의 원동력이 되기도 했다.

　　불워-리턴의 『폴 클리퍼드』는 뉴게이트 소설 열풍의 서막을 연 작품이다. 그 서두에서 작가는 소설 집필의 동기가 영국 형법의 두 가지 근본적 야만성, 즉 수감자를 교화하기보단 타락하게 만드는 행형, 그리고 단순 절도범마저 공동체로 복귀할 기회를 박탈하는 ㉠피에 굶주린 형법전에 대한 교정임을 밝혔다. 범죄자가 들끓는 술집에서 유년기를 보낸 클리퍼드는 소매치기 누명으로 체포되어 수감 생활을 거듭한다. 법정에 선 그는 죄 없는 소년으로 감옥에 갔던 자신이 법을 깨뜨릴 준비가 된 남자로 그곳을 나왔다며, "당신들의 법이 나를 지금의 나로 만들더니 이젠 죽이려 든다."라는 항변으로 독자의 공감을 유발한다. 법은 범죄자를 만드는 계급과 처벌하는 계급만을 위해 존재할진대, 생존의 막다른 골목에 놓인 빈민을 ㉡자연의 제일법칙에 입각한 선택지만 남은 상황으로 내몬 다음 그 선택지를 집었다는 이유로 교수형에 처하는 것이 과연 정의일 수 있는지 소설은 질문한다.

　　뉴게이트 소설은 범죄자를 신비화하고, '참회하는 자'와 '자비를 베푸는 자' 또는 '추궁당하는 자'와 '추궁하는 자'의 역할을 전도시키는 데까지 나아갔다. 불워-리턴의 후속작 『유진 아람』엔 주인공의 범행 사실을 밝혀낸 자가 도리어 공동체의 지탄을 받고 주인공의 용서를 청하는 장면이 나온다. 대중적 인기를 끌었던 에인즈워스의 『룩우드』 또한 영웅의 일대기처럼 범죄 서사를 구성하고 노상강도의 삶을 낭만적으로 묘사한다. 범죄자에 대한 온정적 묘사나 형법 개혁의 메시지에 대해선 평가를 유보했던 지배계급은 이런 전복적 설정에 대해서는 ㉢교수대에 낭비된 감수성이라 격렬히 비난했다. 소설이 연극으로 만들어져 중산계급에서 노동계급으로 수용층이 넓어지자 불온한 열광에 대한 우려는 증폭되었다.

　　작가는 ㉣문학적 공범자가 되어선 안 되며 무뢰한의 타락상을 정확히 보여 줘야 한다고 주장한 새커리는 『뉴게이트 캘린더』에서 한 여성 범죄자를 발굴하여 『캐서린』을 집필했다. 범죄자를 주인공으로 하여 개인사를 부여한 지점까지 이 소설은 뉴게이트 소설의 통상적인 문법을 따랐다.

하지만 범죄의 사회경제적 요인을 찾고자 인물의 유년기를 조명했던 앞선 작가들과 달리, 새커리는 범죄성이 개인의 병증이나 타고난 악함에 의한 것임을 밝혀 독자의 공감을 차단하려 했다. 주인공의 처형 장면은 기사 인용 형태로 건조하게 기술되었다. 처벌은 악인의 참회와 독자의 눈물을 위한 최소한의 유예를 허락하지 않은 채 가해짐으로써 ⓒ봉쇄된 정의를 실현했다. 하지만 작가의 손을 떠난 작품은 독자에 의해 매 순간 새롭게 읽히기 마련이다. 수전노로 악명 높은 남편과의 결혼생활을 끝내고 사랑하는 사람과 결합하고자 살인을 조력한 주인공의 욕망은 독자에게 뜻밖의 호소력이 있었다. 범죄에 대한 구토를 유발하고 사회의 건강을 회복시킬 약물을 투입하겠다는 작가의 기획은 온전한 성공을 거두진 못했다.

비슷한 시기에 출간된 디킨스의 『올리버 트위스트』 역시 범죄소설의 자장 안에서 읽힌다. 범죄자의 삶을 세밀히 묘사하는 작법은 여기서도 사용되었으며, 익살스럽고 입체적인 악역들은 오락적 요소를 배가했다. 악인 대신 어린 올리버가 주인공으로 설정됐으며, 그 주변 인물인 소매치기들은 자기 삶을 '로맨스와 열정이 가득한 유쾌한 것'이라 말하지만 실상 그 삶이 교수대에 가까이 있음을 감지하고 있다. 반면 올리버는 구빈원에서 단지 죽을 더 달라고 했다는 이유로 예비 범죄자로 낙인찍혔음에도 탁월한 통제력으로 범죄 유혹을 물리쳤고 마침내 사회로부터 보상받는다. 뉴게이트 소설의 시대가 저문 후에도 이 소설이 꾸준히 읽힌 데엔 법의 부정의를 고발하되 해학과 권선징악이라는 안전장치를 두어 법질서 자체를 교란하지는 않았던 작가적 선택이 한몫했을지도 모른다.

01.

윗글의 내용과 일치하지 <u>않는</u> 것은?

① 형법 개혁 운동은 범죄소설 열풍의 계기이자 성과였다.
② 뉴게이트 소설은 범죄를 질병으로, 형벌을 치료로 이해한 당대 범죄 담론을 강화했다.
③ 『캐서린』에 대한 독자들의 반응은 문학작품이 항상 작가의 의도대로 읽히는 것은 아님을 보여 준다.
④ 기득권층은 뉴게이트 소설의 대중적 전파력 확대가 기존 사회 체제의 안정을 저해할 것이라 여겼다.
⑤ 『폴 클리퍼드』의 경우와 달리 『올리버 트위스트』는 범행 착수의 기로에 선 개인의 선택과 의지력을 강조했다.

문항 성격 문항유형 : 정보의 확인과 재구성
내용영역 : 규범
평가 목표 이 문항에서는 제시문에 주어진 정보를 정확하게 이해하고 재구성하는 능력을 평가
하고자 한다.
문제 풀이 정답 : ②

제시문 첫 번째 단락에서 법과 문학의 상호작용을, 첫 번째 단락 및 네 번째 단락에서 뉴게이트 소설과 당대 범죄 담론의 관계를, 세 번째 단락에서 뉴게이트 소설의 전복적 설정에 대한 지배계급의 반응을, 네 번째 단락에서 작가의 집필 의도에 대한 독자의 반응을, 두 번째 단락 및 다섯 번째 단락에서 제시문에 인용된 소설들의 차이점을 각각 확인할 수 있도록 하였다.

정답 해설 ② 제시문 첫 번째 단락의 "그것은 동시에 당대의 지배적 범죄 담론에 대한 대항 담론을 선전·유포하는 형법 개혁의 원동력이 되기도 했다."에서 뉴게이트 소설이 당대 범죄 담론을 강화한 것이 아니라 도리어 이에 저항한 것임을 확인할 수 있다. 또한 네 번째 단락의 "하지만 범죄의 사회경제적 요인을 찾고자 인물의 유년기를 조명했던 앞선 작가들과 달리"에서 '앞선 작가들', 즉 뉴게이트 소설의 작가들은 범죄의 원인을 개인의 질병이 아닌 사회경제적 요인에서 찾고자 하였음을 확인할 수 있다.

오답 해설 ① 제시문 첫 번째 단락의 "1830년대 영국에서 유행한 범죄소설은 이러한 법과 문학의 상호작용을 잘 보여 준다."에서 범죄소설과 형법 개혁 운동의 상호작용이 파악된다. 구체적으로는 "이 시기 범죄문학 장르는 재판 관행 및 행형 실태 개선을 촉구하는 캠페인의 산물이었다."에서 형법 개혁 운동이 범죄소설 열풍의 계기가 되었음을 확인할 수 있으며, "그것은 동시에 … 형법 개혁의 원동력이 되기도 했다."에서 뉴게이트 소설을 통해 형법 개혁 운동이 성과를 거둘 수 있었음을 확인할 수 있다.

③ 제시문 네 번째 단락의 "하지만 작가의 손을 떠난 작품은 독자에 의해 매 순간 새롭게 읽히기 마련이다. 수전노로 악명 높은 남편과의 결혼생활을 끝내고 사랑하는 사람과 결합하고자 살인을 조력한 주인공의 욕망은 독자에게 뜻밖의 호소력이 있었다."에서 문학작품이 항상 작가의 의도대로 독자에게 읽히는 것은 아님을 확인할 수 있다.

④ 제시문 세 번째 단락의 "소설이 연극으로 만들어져 중산계급에서 노동계급으로 수용층이 넓어지자 불온한 열광에 대한 우려는 증폭되었다."에서 기득권층은 뉴게이트 소설의 대중적 전파력 확산이 기존 사회 체제의 안정을 저해하는 '불온한 열광'이라 보았음을 확인할 수 있다.

⑤ 제시문 다섯 번째 단락의 "반면 올리버는 구빈원에서 단지 죽을 더 달라고 했다
는 이유로 예비 범죄자로 낙인찍혔음에도 탁월한 통제력으로 범죄 유혹을 물리
쳤고 마침내 사회로부터 보상받는다."에서 『올리버 트위스트』는 범죄자로 낙인
찍힌 상황에서도 선택과 의지력을 통해 범죄 유혹을 물리친 올리버의 결단을 부
각하였음을 확인할 수 있다. 또한 두 번째 단락을 통해 『폴 클리퍼드』는 이와 달
리 "소매치기 누명을 쓰고 체포되어 수감생활을 거듭"하던 주인공이 자신의 선
택이나 의지력과 무관하게 "소년인 채 감옥에 갔"다가 "법을 깨뜨릴 준비가 된
남자로서 그곳을 나"온 사실을 부각하였음을 확인할 수 있다.

02.

㉠~㉺에 대한 이해로 적절하지 <u>않은</u> 것은?

① ㉠은 죄에 비해 과한 형을 구형하거나 사형 선고를 남발하는 현상을 가리킨다.
② ㉡은 살아남기 위해 주어진 계급적 위치와 역할에 순응해야 하는 운명을 가리킨다.
③ ㉢은 범죄자와 유대감을 형성하여 범법과 준법의 경계를 허물려는 감수성을 가리킨다.
④ ㉣은 대중의 기대에 따라 범죄자를 이상화하는 방식으로 그려내는 작가를 가리킨다.
⑤ ㉤은 범죄자에 대한 독자의 감정이입을 차단한 상태에서 구현되는 정의를 가리킨다.

문항 성격	문항유형 : 주제, 구조, 관점 파악
	내용영역 : 규범
평가 목표	이 문항에서는 제시문에 등장하는 어구들의 의미를 맥락에서 파악하는 능력을 평가하고자 한다.
문제 풀이	정답 : ②

제시문의 주제, 구성 및 관점에 대한 이해를 바탕으로 두 번째 단락의 '피에 굶주린 형법전'과 '자
연의 제일법칙에 입각한 선택지', 세 번째 단락의 '교수대에 낭비된 감수성', 네 번째 단락의 '문학
적 공범자'와 '봉쇄된 정의'의 의미를 각각 파악한다.

정답 해설	② ㉡자연의 제일법칙에 입각한 선택지는, 두 번째 단락에서 보듯 "그것을 집었다는 이유로 교수형에 처"해지는, 형법 적용의 대상이 되는 선택지이다. "생존의 막다른 골목에 놓인 빈민"이 범죄자가 되길 감수하고서라도 생존을 위해 택한 선택지가 '계급적 위치와 역할에 대한 순응'일 수는 없다. 따라서 ㉡이 '살아남기

위해 주어진 계급적 위치와 역할에 순응해야 하는 운명'을 의미한다고 이해한 것은 제시문에 대한 부적절한 이해이다.

 ① "㉠피에 굶주린 형법전"은, 두 번째 단락에서 보듯 "단순 절도범마저 공동체로 복귀할 기회를 박탈하는", 다시 말해 '죄에 비해 과한 형을 구형'하거나 '사형 선고를 남발'하여 범죄자가 공동체로 복귀할 기회를 박탈하는 현상을 가리킨다고 볼 수 있다.

③ "㉢교수대에 낭비된 감수성"은, 세 번째 단락에서 보듯 "범죄자를 신비화하고, '참회하는 자'와 '자비를 베푸는 자' 또는 '추궁당하는 자'와 '추궁하는 자'의 역할을 전도시키는" 설정을 통해 범죄자와 독자 사이에 유대감을 형성하여 범법과 준법의 경계를 허물려는 감수성을 가리킨다고 볼 수 있다.

④ "㉣문학적 공범자"는, 세 번째 단락에서 보듯 "주인공의 범행 사실을 밝혀낸 자가 도리어 공동체의 지탄을 받고 주인공의 용서를 청하"는 『유진 아람』이나 "영웅의 일대기처럼 범죄 서사를 구성하고 노상강도의 삶을 낭만적으로 묘사"한 『룩우드』류의 범죄 서사가 대중적 인기를 끄는 세태에 일조하는 작가를 의미한다고 볼 수 있다.

⑤ "㉤봉쇄된 정의"는, 네 번째 단락에서 보듯 "악인의 참회와 독자의 눈물을 위한 최소한의 유예를 허락하지 않은 채" 감동의 여지를 봉쇄한 상태에서 구현되는 정의를 의미한다고 볼 수 있다.

03.

윗글에서 추론한 것으로 가장 적절한 것은?

① 디킨스는 법의 부조리에 대한 비판과 범죄의 해악에 대한 훈계를 한 작품에서 동시에 수행할 수 없다고 보았을 것이다.
② 불워-리턴과 디킨스 모두 뉴게이트 소설의 작법에 따라 범죄자에게 자기 정당화의 기회를 많이 주었을 것이다.
③ 에인즈워스와 새커리 모두 범죄소설의 목적은 범죄자의 교화나 참회를 통해 독자에게 교훈을 주는 것이라고 보았을 것이다.
④ 불워-리턴은 개인의 잠재된 범죄 성향을 찾기 위해, 그리고 에인즈워스는 영웅적 면모를 강조하기 위해 범죄자의 유년기를 다루었을 것이다.
⑤ 불워-리턴은 새커리와 달리 범죄자와 독자 대중의 심정적 거리를 좁히고자 했을 것이다.

| 문항 성격 | 문항유형 : 정보의 추론과 해석 |
| 내용영역 : 규범 |

| 평가 목표 | 이 문항은 제시문에 주어진 정보를 이용하여 제시문에 명시적으로 드러나지 않은 내용을 추론할 수 있는지 평가하기 위한 문항이다. |

| 문제 풀이 | 정답 : ⑤ |

제시문 두 번째 단락부터 다섯 번째 단락까지 불워–리턴, 에인즈워스, 새커리, 디킨스에 대한 설명이 제시되어 있는데, 이 정보로부터의 추론을 통해 각 선택지의 진위를 판단한다.

정답 해설 ⑤ 제시문 두 번째 단락에서 확인할 수 있듯, 불워–리턴은 "영국 형법의 두 가지 근본적 야만성"에 의해 '지금의 나'로 만들어진 클리퍼드의 항변을 통해 "독자의 공감을 유발"한다. 따라서 불워–리턴은 범죄자와 독자 대중의 심정적 거리를 좁히고자 했으리라는 추정이 가능하다. 한편 네 번째 단락에서 확인할 수 있듯, "독자의 공감을 차단하려 했"던 새커리의 경우에는 범죄자와 독자 대중의 심정적 거리가 좁혀지는 것에 반대했으리라 추론할 수 있다.

오답 해설 ① 제시문 다섯 번째 단락에서 확인할 수 있듯, 디킨스는 『올리버 트위스트』에서 "법의 부정의를 고발하되 해학과 권선징악이라는 안전장치를 두어 법질서 자체를 교란하지는 않"는 작가적 선택을 하였다. 따라서 디킨스가 '법의 부조리에 대한 비판'과 '범죄의 해악에 대한 훈계'를 한 작품에서 동시에 수행할 수 없으리라고 추론하는 것은 타당하지 않다.

② 제시문 두 번째 단락에서 확인할 수 있듯, 불워–리턴은 『폴 클리퍼드』에서 법정에 선 클리퍼드가 항변하는 장면을 통해 그에게 자기 정당화의 기회를 많이 주고 있다. 하지만 다섯 번째 단락에서 확인할 수 있듯, 디킨스의 경우 뉴게이트 소설의 작법에 따라 "범죄자의 삶을 세밀히 묘사"한 것까진 사실이나, 범죄자 대신 어린 올리버를 주인공으로 삼아 그가 범죄 유혹을 물리치는 과정을 그려내었다. 따라서 디킨스가 범죄자에게 자기 정당화의 기회를 많이 줄 것이라고 추론하기 어렵다.

③ 제시문 세 번째 단락에서 확인할 수 있듯, 『룩우드』에서 "노상강도의 삶을 낭만적으로 그려"내어 범죄자를 신비화 내지 영웅화했던 에인즈워스가 범죄자의 교화나 참회를 통해 독자에게 교훈을 주고자 했을 것이라고 추론하기 어렵다. 범죄자의 처형 장면을 "기사 인용 형태로 건조하게 기술"하여 "악인의 참회와 독자의 눈물"을 봉쇄하려 했던 새커리 또한 범죄자의 교화나 참회를 그려내고자 했을 것이라 추론하기 어렵다. 새커리는 "무뢰한의 타락상을 정확히 보여" 주는 방식으로 교훈을 주려 했다고 봄이 타당하다.

④ 제시문 네 번째 단락에서 확인할 수 있듯, 불워−리턴은 "범죄성이 개인의 타고
난 악한 성향 또는 병증에 의한 것"이라 보았던 새커리와 달리 "범죄의 사회경
제적 요인을 찾고자 인물의 유년기를 조명"했다. 따라서 불워−리턴이 개인의 잠
재된 범죄 성향을 찾고자 했으리라 추론하기 어렵다. 한편 에인즈워스의 경우
"영웅의 일대기처럼 범죄 서사를 구성"했다는 사실에서 그가 범죄자의 영웅적
면모를 강조하려 했으리라는 추론은 가능하다.

[04~06] 다음 글을 읽고 물음에 답하시오.

동서양의 전설에 나오는 귀신 중 흡혈귀는 문학의 소재로 오래 활용되었다. 특히 흡혈귀는 슬
라브 또는 헝가리의 전설에 자주 등장하는데, 이런 전설이 생겨난 원인 중 하나로 포르피린증이
라는 질환이 종종 언급된다. 혈액 안의 적혈구가 가지고 있는 단백질인 헤모글로빈은 산소와 결
합할 수 있는 분자인 헴(heme)을 가지고 있는데, 헴은 여러 단계의 복잡한 생합성 경로에 의해
만들어진다. 이 헴 합성 경로에 관여하는 효소의 이상으로 포르피린으로 통칭되는 헴 합성 중간
물질 및 부산물들이 적혈구, 체액, 간에 축적되는 질환이 포르피린증이다.

헤모글로빈 같은 단백질은 아미노산이 연결되어 만들어지는데, 아미노산만으로는 주어진 단백
질의 기능을 완성하기 어려울 때 보철그룹이라 부르는 아미노산 이외의 다른 분자를 단백질에 추
가로 결합시킨다. 헴은 단백질의 대표적인 보철그룹으로, 적혈구 안에서 산소를 운반하는 데 참
여하는 헤모글로빈뿐 아니라 근육에 존재하는 미오글로빈, 미토콘드리아에 많이 존재하는 시토
크롬 등의 단백질에서도 산소와 결합하는 능력을 부여하는 보철그룹으로 작용한다. 운동을 통해
근육이 수축될 때 산소가 많이 필요하므로 미오글로빈은 헤모글로빈과 마찬가지로 산소를 결합
하고 있다가 필요할 때 방출한다.

포르피린증은 돌연변이로 이상이 나타난 헴 합성 경로의 효소가 무엇이냐에 따라 여러 종류로
나뉜다. 그중 하나인 '선천성 조혈기성 포르피린증'은, 헴 합성 경로 효소 중 하나의 결함으로 생
겨난 유로포르피리노젠Ⅰ이 다음 단계 효소의 작용을 통해 전환되어 생성된 코프로포르피리노젠Ⅰ
에 의해 발생한다. 코프로포르피리노젠Ⅰ은 환자의 몸에 축적되는데, 치아에 자외선을 비추면 붉
은색 형광이 나타나게 하고 피부를 자외선에 민감하게 만들어 햇빛에 노출될 경우 발진을 발생시
킨다. 또한 소변으로 배출되어 소변을 붉은색으로 변하게 한다.

선천성 조혈기성 포르피린증 환자는 불면증이 있으며 햇빛을 피하려 주로 밤에 활동하고 피를
마신 것처럼 붉은색 소변을 본다. 그래서 선천성 조혈기성 포르피린증 환자는 공통된 증세를 보

이는 흡혈귀 전설의 모델이 되었다는 것이다. 하지만 흡혈귀 전설이 유행하였던 18세기 유럽에서 선천성 조혈기성 포르피린증은 아주 희귀한 질병이었으므로 포르피린증과 흡혈귀의 연관성을 논하는 것은 무리라는 의견도 있다.

포르피린증과 관련된 또 하나의 논란은 영국 왕 조지 3세와 관련한 것이다. 매캘파인과 헌터는 문헌 사례 조사를 통해 발표한 연구에서 조지 3세의 성격이상, 불면증, 정신이상이 포르피린증의 하나인 '혼합 포르피린증'과 관련이 있을 것이라고 주장하였다. 하지만 이러한 보고는 동시대 의사들에게 널리 받아들여지지 않았고 양극성 장애가 좀 더 가능성 있는 설명이라는 의견도 많았다.

조지 3세의 질환과 관련된 논란이 계속되자 콕스는 조지 3세의 모발을 분석하여 헴 합성과 연관된 유전자의 결함을 찾으려고 하였으나 유전자 분석에 성공하지는 못했다. 하지만 그는 모발에서 고농도의 비소를 발견하였고, 비소가 헴 대사를 저해한다는 사실에 착안하여 다시 조지 3세의 포르피린증 관련 논란을 촉발시켰다. 그럼에도 조지 3세가 정말 포르피린증 환자였다는 증거는 충분하지 않다는 의견도 많다.

04.

윗글의 내용과 일치하지 <u>않는</u> 것은?

① 코프로포르피리노젠I은 포르피린의 한 종류이다.
② 미오글로빈과 시토크롬은 헴을 보철그룹으로 가지고 있는 단백질이다.
③ 근육의 미오글로빈도 혈액의 헤모글로빈과 마찬가지로 산소와 결합한다.
④ 전설 속 흡혈귀의 특징과 공통점이 있는 포르피린증은 혼합 포르피린증이다.
⑤ 유로포르피리노젠I에서 코프로포르피리노젠I을 만드는 효소에 일어난 결함은 선천성 조혈기성 포르피린증의 원인이 아니다.

문항 성격	문항유형 : 정보의 확인과 재구성
	내용영역 : 과학기술
평가 목표	이 문항은 제시문의 소재인 포르피린증에 관한 기술을 올바로 이해하고 있는지 평가하는 문항이다.
문제 풀이	정답 : ④

흡혈귀의 원인 중 하나로 알려진 포르피린증이라는 질환을 제시문의 도입부에서 소개하고 그 원

인이 되는 헴 합성 과정과 기능, 포르피린증의 증상 등에 대하여 이후 제시문에서 설명하고 있다. 이 내용을 정확히 이해하도록 한다.

④ 제시문 네 번째 단락에 설명된 선천성 조혈기성 포르피린증 환자의 증상과 흡혈귀의 특징, 다섯 번째 단락에 나열된 조지 3세가 앓았을 것으로 예측되었던 혼합 포르피린증 환자의 증상을 비교하면 흡혈귀의 증상과 공통점이 있는 포르피린증은 선천성 조혈기성 포르피린증이라는 것을 알 수 있다.

① 제시문 첫 번째 단락 마지막 문장에 설명되어 있는 포르피린의 정의와 세 번째 단락의 두 번째 문장에서 알 수 있는 코프로포르피리노젠I의 생성 과정을 통하여 코프로포르피리노젠I은 포르피린의 한 종류라는 것을 알 수 있다.

② 제시문 두 번째 단락 "헴은 단백질의 대표적인 보철그룹으로, 적혈구 안에서 산소를 운반하는 데 참여하는 헤모글로빈뿐 아니라 근육에 존재하는 미오글로빈, 미토콘드리아에 많이 존재하는 시토크롬 등의 단백질에서도 산소와 결합하는 능력을 부여하는 보철그룹으로 작용한다."로부터 미오글로빈, 시토크롬 모두 헴을 보철그룹으로 가지고 있음을 알 수 있다.

③ 제시문 두 번째 단락 마지막 문장인 "운동을 통해 근육이 수축될 때 산소가 많이 필요하므로 미오글로빈은 헤모글로빈과 마찬가지로 산소를 결합하고 있다가 필요할 때 방출한다."로부터 윗글의 내용과 일치하는 선택지임을 알 수 있다.

⑤ 제시문 세 번째 단락 "헴 합성 경로 효소 중 하나의 결함으로 생겨난 유로포르피리노젠I이 다음 단계 효소의 작용을 통해 전환되어 생성된 코프로포르피리노젠I에 의해 발생한다."로부터 선천성 조혈기성 포르피린증의 원인인 코프로포르피리노젠I은 유로포르피리노젠I을 코프로포르피리노젠I로 전환하는 효소의 결함에 의해 발생한 것이 아님을 알 수 있다.

05.

윗글에서 추론한 내용으로 가장 적절한 것은?

① 미오글로빈은 적혈구 안에서 산소를 운반하는 데 참여할 것이다.
② 미토콘드리아의 시토크롬에 존재하는 헴은 산소와 결합할 수 없을 것이다.
③ 매캘파인과 헌터의 연구 결과에 의하면 비소는 헴의 대사를 저해할 것이다.
④ 조지 3세는 불면증과 정신이상을 보였지만 붉은색 소변은 보지 않았을 것이다.
⑤ 콕스는 조지 3세의 모발에서 비소 대사와 관련된 효소 유전자의 결함을 찾고자 하였을 것이다.

문항 성격   문항유형 : 정보의 추론과 해석

내용영역 : 과학기술

평가 목표   이 문항은 제시문에 주어진 정보를 이용하여 제시문에 명시적으로 드러나지 않은 내용을 추론할 수 있는지 평가하기 위한 문항이다.

문제 풀이   정답 : ④

헴을 가지고 있는 단백질들의 기능과 조지 3세가 앓았을 것으로 추정되는 포르피린증 관련 연구 과정에 대해 제시문을 통해 추론할 수 있도록 한다.

정답 해설   ④ 제시문 네 번째 단락에 설명된 선천성 조혈기성 포르피린증 환자의 증상과 다섯 번째 단락에 나열된, 조지 3세가 앓았을 것으로 예측되었던 혼합 포르피린증 환자의 증상을 비교하면 조지 3세는 선천성 조혈기성 포르피린증 환자의 증상 중 하나인 붉은 소변 배뇨 증상은 보이지 않았을 것으로 추론할 수 있다.

오답 해설   ① 제시문 두 번째 단락 "헴은 단백질의 대표적인 보철그룹으로, 적혈구 안에서 산소를 운반하는 데 참여하는 헤모글로빈뿐 아니라 근육에 존재하는 미오글로빈, 미토콘드리아에 많이 존재하는 시토크롬 등의 단백질에서도 산소와 결합하는 능력을 부여하는 보철그룹으로 작용한다. 운동을 통해 근육이 수축될 때 산소가 많이 필요하므로 미오글로빈은 헤모글로빈과 마찬가지로 산소를 결합하고 있다가 필요할 때 방출한다."로부터 미오글로빈은 적혈구 안에서 기능하지 않는다는 것을 추론할 수 있다.

② 제시문 첫 번째 단락 "… 헤모글로빈은 산소와 결합할 수 있는 분자인 헴(heme)을 가지고 있는데"와 두 번째 단락 "헴은 단백질의 대표적인 보철그룹으로, 적혈구 안에서 산소를 운반하는 데 참여하는 헤모글로빈뿐 아니라 근육에 존재하는 미오글로빈, 미토콘드리아에 많이 존재하는 시토크롬 등의 단백질에서도 산소와 결합하는 능력을 부여하는 보철그룹으로 작용한다."로부터 시토크롬의 헴도 산소와 결합할 수 있다는 것을 추론할 수 있다.

③ 제시문 마지막 단락 "콕스는 조지 3세의 모발을 분석하여 헴 합성과 연관된 유전자의 결함을 찾으려고 하였으나 유전자 분석에 성공하지는 못했다. 하지만 그는 모발에서 고농도의 비소를 발견하였고, 비소가 헴 대사를 저해한다는 사실에 착안하여 …"로부터 비소가 헴의 대사를 저해한다는 사실은 매캘파인과 헌터의 연구 결과가 아니라 콕스의 연구 결과가 배경이라는 것을 추론할 수 있다.

⑤ 제시문 마지막 단락 "콕스는 조지 3세의 모발을 분석하여 헴 합성과 연관된 유전자의 결함을 찾으려고 하였으나 유전자 분석에 성공하지는 못했다. 하지만 그는 모발에서 고농도의 비소를 발견하였고, 비소가 헴 대사를 저해한다는 사실에

착안하여 …"로부터 콕스가 조지 3세의 모발로부터 찾고자 하였던 것은 비소 대
사와 관련된 효소 유전자의 결함이 아니라 헴 합성과 연관된 유전자의 결함이었
음을 알 수 있다.

06.

〈보기〉를 바탕으로 본문을 이해할 때, 가장 적절한 것은?

보 기

헴 합성은 (가)와 같은 다단계 효소 촉매 과정에 의하여 일어난다. 효소는 '기질'의 화
학적 구조를 변화시키는 반응을 촉매하여 '산물'을 만드는데, 특정 효소가 저해되면 다
단계 효소 촉매 과정에서 특정 효소의 기질이 축적되어 전체 반응이 저해될 수 있다. 헴
합성 다단계 효소 촉매 과정에 관여하는 효소와 그 기질과 산물, 그리고 그 효소에 이상
이 생겼을 경우 발병하는 포르피린증의 종류를 (나)의 표에 표시하였다. 단, 효소 ⓒ에
이상이 생겨 효소 ⓒ의 기질인 포르피린 B가 포르피린 C로 전환되지 못하면, 축적된 포
르피린 B는 자발적인 반응을 통해 유로포르피리노젠I로 바뀐다.

(가) 델타아미노레불린산→포르피린 A→포르피린 B→포르피린 C→포르피린 D→포
르피린 E→포르피린 F→헴

(나)

효소	기질	산물	효소 결핍 시 발병하는 포르피린증
㉠	델타아미노레불린산	포르피린 A	도스포르피린증
㉡	포르피린 A	포르피린 B	급성 간헐성 포르피린증
㉢	포르피린 B	포르피린 C	선천성 조혈기성 포르피린증
㉣	포르피린 C 유로포르피리노젠I	포르피린 D 코프로포르피리노젠I	만발성 피부 포르피린증
㉤	포르피린 D	포르피린 E	유전성 코포르피린증
㉥	포르피린 E	포르피린 F	혼합 포르피린증
㉦	포르피린 F	헴	조혈기성 프로토포르피린증

① 효소 ㉠, ㉡의 산물은 도스포르피린증 환자의 체내에 축적될 것이다.

② 효소 ⓒ의 산물이 코프로포르피리노젠I로 전환되는 반응은 만발성 피부 포르피린증 환자의 체내에서 원활히 이루어질 것이다.

③ 효소 ⓔ과 ⓜ이 결핍되어도 흡혈귀와 공통점이 있는 포르피린증의 원인 물질이 만들어지지 않을 것이다.

④ 효소 ⓗ의 산물은 조혈기성 프로토포르피린증 환자의 체내에 축적되지 않을 것이다.

⑤ 효소 ⓢ의 기질은 매캘파인과 헌터가 조지 3세가 앓았을 것으로 추정한 포르피린증 환자의 몸에 많이 축적될 것이다.

<table>
<tr><td>문항 성격</td><td>문항유형 : 정보의 평가와 적용
내용영역 : 과학기술</td></tr>
<tr><td>평가 목표</td><td>이 문항은 제시문의 내용을 〈보기〉에 적용하여 포르피린증 관련 정보를 평가하는 능력을 확인하기 위한 문항이다.</td></tr>
<tr><td>문제 풀이</td><td>정답 : ③</td></tr>
</table>

〈보기〉에 기술된 헴 합성의 다단계 효소 촉매 과정에 관여하는 각 단계의 효소와 기질, 산물, 그리고 그 효소가 결핍되었을 때 발병하는 포르피린증에 대한 정보와 제시문의 포르피린증 관련 내용을 종합하여 선택지 각각의 포르피린증에 대한 진위를 판단한다.

정답 해설 ③ 제시문 세 번째와 네 번째 단락, 그리고 〈보기〉 본문과 (나)의 표로부터 흡혈귀와 공통점이 있는 포르피린증인 선천성 조혈기성 포르피린증의 원인 물질인 코프로포르피리노젠I은 효소 ⓒ의 결핍으로 포르피린 C가 만들어지지 못해 포르피린 B로부터 자발적으로 전환된 유로포르피리노젠I이 효소 ⓔ의 활성을 통해 만들어지는 것을 알 수 있다. 그러므로 효소 ⓔ의 결핍은 코프로포르피리노젠I을 만들지 못하도록 할 것이다. 효소 ⓜ의 결핍은 코프로포르피리노젠I의 합성과 무관한 다음 단계의 반응을 불가능하게 한다.

오답 해설 ① (나)의 표로부터 도스포르피린증 환자는 효소 ⊙이 결핍되었음을 알 수 있고 효소 ⊙의 기질인 델타아미노레불린산이 축적됨을 알 수 있다. 각각 효소 ⊙, ⓛ의 산물인 포르피린 A와 포르피린 B는 이 경우 축적되지 않는다.

② (나)의 표로부터 만발성 피부 포르피린증 환자는 효소 ⓔ이 결핍되어 있으므로 포르피린 C 또는 유로포르피리노젠I이 축적되어 있을 것으로 추론할 수 있고, 효소 ⓒ의 산물인 포르피린 C는 만발성 피부 포르피린증 환자뿐 아니라 어떤 경우에도 코프로포르피리노젠I로 전환되지 못함을 추론할 수 있다. 코프로포르피리노젠I이 효소 ⓔ의 활성에 의해 만들어지려면 효소 ⓒ의 결핍에 의해 포르피린 C가 만들어지지 못하는 경우에만 가능하다.

④ (나)의 표로부터 조혈기성 프로토포르피린증 환자는 효소 Ⓐ이 결핍되어 있으므로 포르피린 F가 축적되고 그것은 효소 Ⓗ의 산물이라는 것을 알 수 있다.

⑤ 제시문 다섯 번째 단락과 (나)의 표로부터 조지 3세의 혼합 포르피린증은 포르피린 T를 축적시킬 것이라는 것을 추론할 수 있다. 효소 Ⓐ의 기질인 포르피린 F는 축적되지 않는다.

[07~09] 다음 글을 읽고 물음에 답하시오.

기존의 역사가들이 민주주의, 노예제와 같은 정치·사회제도의 모델을 찾기 위해 고대 그리스와 로마에 주목했다면, 최근에는 성(性)의 역사라는 맥락에서 서양 고대사를 다루는 경향도 있다. 그중 일부 학자는 혐오스러운 아동 학대라고 할 수 있는 소년애에 대해 고대 그리스와 로마 사회가 비교적 관용의 태도를 보였다는 점에 주목한다.

그리스어 파이데라스티아는 파이스(pais, 소년)와 에란(eran, 사랑하다)의 합성어로 소년애를 뜻한다. 소년애 관계에서 사랑의 대상인 자유민 소년은 에로메노스로 불리며, 이들의 나이는 17세 이하였다. 소년의 연인은 에라스테스로 불리며, 흔히 18~30세 사이의 남성이 이 역할을 수행했다. 고전기 아테네 사람들은 소년을 육체적 아름다움의 추구 대상이자 동시에 지적 대화의 동반자라고 생각했다. 플라톤도 "소년을 사랑하는 사람들은 아무 소년이나 사랑하는 것이 아니라 이성(理性)을 갖기 시작한 나이의 소년들만을 사랑한다."라고 서술한다. 실제로 그리스인들은 소년을 대상으로 한 교육과 육체적 쾌락이 양립할 수 있다고 믿었다. 그렇기에 파이데라스티아는 육체적 탐미와 사회적 교육, 우정의 조합이라 간주되었다. 아테네의 노예제와 동성애를 연구한 골든이 주장하듯이, 에라스테스와 에로메노스의 육체적 관계도 소년의 명예와 존엄을 배려하는 성격을 띠고 있었다.

스파르타에서는 에로메노스의 역할이 30세까지 지속되었다. 크세노폰은 남성과 소년이 친구가 될 수는 있지만 "남성이 명백히 소년의 육체에 매혹되었다면, 이는 불명예스러운 것"이라고 비판했다. 플루타르코스도 에라스테스와 에로메노스 사이의 관계는 교육적이며, 정신적 사랑의 의미가 더 크다고 보았다. 현대의 역사가 카틀리지는 소년애가 지녔던 정치적 엘리트 충원 역할에 주목했나. 그에 따르면, 세력 있는 십안 출신인 소년의 에라스테스가 된다는 것은 소년의 가장 가깝고 믿을 만한 조언자, 동료가 된다는 것을 뜻하였다. 물론 이런 해석들은 파이데라스티아의 본질인 '육체적 아름다움에 대한 매혹'을 과소평가한 것이다.

로마 공화정 후기인 기원전 3세기에서 기원전 1세기까지 동성애를 원하는 자유민 남성들에게 '준비된 손쉬운 사랑'의 대상은 주로 노예였다. 호라티우스의 시구에 등장하는 "난 준비된 손쉬운 사랑을 좋아하거든"이라는 표현은 상류층의 노예주가 노예 남녀를 성욕 충족의 도구로 삼는 데 아무런 장애가 없었음을 보여 준다. 이 경우 노예주들은 종종 미소년을 찾는 경향을 보였는데, 그러한 소년 노예는 델리카투스라 불렸다. 하지만 기원전 6~5세기의 아테네와 달리 기원전 2세기의 로마는 성인 남성과 자유민 소년과의 관계를 처벌하고 있었다. 이에 대해 로마사가 폴 벤느는 로마인이 시민의 능동성과 남성성에 대해 결벽적이었기 때문에 장차 시민이 될 소년과의 관계를 거부한 것이라고 설명했다. 나아가 미셸 푸코는 소년애를 억제한 결과 신분에 구애받을 필요가 없는 젊은 노예들과의 동성애가 로마에서 널리 행해졌다고 주장하였다.

로마 제정 초기인 기원전 1세기에서 서기 1세기까지 로마에는 그리스의 생활 방식을 숭상하는 헬레니즘이 번져 있었다. 그 일환으로 소년애가 로마에 흘러든 것은 결코 놀라운 일이 아니다. 당대의 지식인 키케로가 "이 우정의 사랑이란 대체 무엇인가? 내가 보기에 이 습속은 그리스인들의 김나시움에서 생겨난 듯하다."라고 논평했듯이, 로마의 지식인들은 젊은 남성들이 연무장에서 벗은 몸으로 운동하는 것을 의심에 찬 눈초리로 바라보았다. 로마사 연구자 윌리엄스는 로마인이 그리스인에게 소년애를 배울 필요가 없었다고 하지만, 여러 정황을 고려하면 로마의 소년애는 그 뿌리가 그리스에 있는 것으로 보인다. 그런데 다른 풍토에 이식된 문화는 원산지에서와는 다르게 생장하는 법이다. 로마의 소년애도 그랬다. 구애의 절차와 관계의 목표 모두 그리스에서와는 달리 명예로운 편이 아니었다. 소년들을 육체적으로 정복하고자 하는 욕망의 충족이 소년애의 궁극적 목표였으며, 이는 잠재적 시민의 명예에 대한 배려와는 거리가 멀었다.

07.

윗글에 대한 이해로 적절하지 <u>않은</u> 것은?

① 플라톤은 파이데라스티아의 대상을 일정한 지적 성장 단계의 소년으로 한정했다.
② 크세노폰은 에라스테스를 소년의 육체를 차지하려는 불명예스러운 자로 한정했다.
③ 플루타르코스는 성년 남자와 자유민 소년 간의 관계에서 정신적인 것을 중시했다.
④ 호라티우스의 시구에는 공화정 후기 로마인들과 델리카투스 사이의 성 풍속이 암시되어 있다.
⑤ 키케로는 헬레니즘을 통해 확산된 소년과의 그리스적 우정에 대해 비판적이었다.

문항 성격 문항유형 : 정보의 확인과 재구성

내용영역 : 인문

평가 목표 이 문항은 제시문에 담긴 내용을 정확하게 이해하고 있는지 평가하는 데 목표가 있다.

문제 풀이 정답 : ②

제시문 두 번째 단락에서 플라톤, 세 번째 단락에서 크세노폰과 플루타르코스, 네 번째 단락에서 호라티우스, 다섯 번째 단락에서 키케로가 등장한다. 이들을 통해 고대 그리스, 로마 사회가 소년애에 대해 지녔던 상이한 견해들을 확인하도록 한다.

정답 해설 ② 제시문 세 번째 단락 "크세노폰은 남성과 소년이 친구가 될 수는 있지만 '남성이 명백히 소년의 육체에 매혹되었다면, 이는 불명예스러운 것'이라고 비판했다." 크세노폰에게 있어 모든 에라스테스가 '소년의 육체에 매혹'된 것은 아니다. 그는 성인 남성과 소년이 친구가 될 수 있음을 인정한 사람이다. 다만 둘 사이에 육체적 관계가 존재한다면, 이를 명예스럽지 않다고 비판했을 뿐이다. 그렇기에 "크세노폰은 에라스테스를 소년의 육체를 차지하려는 불명예스러운 자로 한정했다."라는 진술은 윗글에 대한 이해로 적절하지 않다.

오답 해설 ① 제시문 두 번째 단락에 따르면, "고전기 아테네 사람들은 소년을 육체적 아름다움의 추구 대상이자 동시에 지적 대화의 동반자라고 생각"했으며, 플라톤 역시 소년애의 대상을 "이성(理性)을 갖기 시작한 나이의 소년들"로 파악했다.

③ 제시문 세 번째 단락에 따르면, 플루타르코스는 에라스테스와 에로메노스 간의 관계는 '교육적이며, 정신적 사랑의 의미가 더 크다'고 보았다.

④ 제시문 네 번째 단락에 따르면, 호라티우스의 시구에는 "난 준비된 손쉬운 사랑을 좋아하거든"이라는 표현이 등장한다. 이는 당시 상류층 사이에서 노예를 대상으로 성욕을 충족하는 일이 빈번했음을 뜻한다. 이러한 노예 가운데 소년 노예가 포함되어 있었음은 이어지는 문장 "이 경우 노예주들은 종종 미소년을 찾는 경향을 보였는데, 그러한 소년 노예는 델리카투스라 불렸다."에서 파악할 수 있다. 이상을 근거로 할 때 "호라티우스의 시구에는 공화정 후기 로마인들과 델리카투스 사이의 성 풍속이 암시되어 있다."라는 진술은 윗글에 대한 이해로 적절하다.

⑤ 제시문 다섯 번째 단락에 따르면, 키케로는 "이 우정의 사랑이란 대체 무엇인기? 네기 보기에 이 습속은 그리스인들의 김니시움에서 생겨난 듯하다."라고 논평했다. 이 같은 키케로의 논평은 이어지는 문장 "로마의 지식인들은 젊은 남성들이 연무장에서 벗은 몸으로 운동하는 것을 의심에 찬 눈초리로 바라보았다."

08.

윗글로 보아 다음 설명 중 가장 적절한 것은?

① 아테네와 스파르타에서는 모두 이십 대 청년이 에로메노스에서 배제되었다.
② 아테네에서와 달리 스파르타에서의 에라스테스는 소년과의 육체적 관계를 거부했다.
③ 그리스에서와 달리 공화정 후기의 로마에서는 자유민 소년과의 소년애가 억제되었다.
④ 그리스에서와 달리 제정 초기의 로마에서는 소년애가 수행하는 사회화 기능에 주목했다.
⑤ 공화정 후기의 로마에서와 마찬가지로 제정 초기의 로마에서 소년애는 소년의 명예를 배려하였다.

문항 성격 문항유형 : 정보의 추론과 해석

내용영역 : 인문

평가 목표 이 문항은 제시문에 주어진 정보에 대한 비교·분석을 통해 적절한 추론과 해석을 수행할 수 있는지 확인하고자 하는 문항이다.

문제 풀이 정답 : ③

고대 그리스의 아테네, 스파르타, 공화정 후기의 로마, 제정 초기의 로마가 소년애에 대해 갖고 있었던 생각들에는 차이점도 있고 공통점도 존재한다. 이를 비교·분석하여 각 선택지의 진위를 판단한다.

정답 해설 ③ 제시문 두 번째 단락에 따르면, 고대 그리스 시기 소년애 관계에서 에로메노스는 자유민 소년이며, 아테네인들은 이러한 "소년을 대상으로 한 교육과 육체적 쾌락이 양립할 수 있다고 믿었다." 이는 자유민 소년과의 소년애가 억제되지 않았음을 의미한다. 스파르타와 관련된 세 번째 단락 역시 자유민 소년과의 소년애가 억제되지 않았음을 보여 준다. 그러나 네 번째 단락 "기원전 6~5세기의 아테네와 달리 기원전 2세기의 로마는 성인 남성과 자유민 소년과의 관계를 처벌하고 있었다."에서는 공화정 후기의 로마에서는 자유민 소년과의 소년애가 억제되었음을 알 수 있다.

 ① 제시문 세 번째 단락을 보면, 스파르타에서 에로메노스 역할은 30세까지 지속되었다.

② 제시문 두 번째 단락에서 알 수 있듯이, 아테네 소년애에는 소년과의 육체적 관계도 포함되어 있었다. 한편, 세 번째 단락에서는 스파르타의 소년애를 교육적, 정신적인 것으로 간주하거나 정치적 기능으로 설명하는 시도가 존재하였음을 알 수 있으나 이러한 해석들에 대해 "물론 이런 해석들은 파이데라스티아의 본질인 '육체적 아름다움에 대한 매혹'을 과소평가한 것이다."라는 평가도 존재한다. 이를 근거로 할 때 스파르타의 소년애에도 육체적 관계가 포함되어 있었음을 알 수 있다.

④ 제시문 두 번째와 세 번째 단락을 통해, 아테네의 소년애는 교육적 기능을 갖고 있었으며, 스파르타의 소년애에도 이와 동일한 기능이 존재했음을 알 수 있다. 이로부터 고대 그리스의 소년애는 일종의 사회화 기능을 수행했다고 할 수 있다. 그러나 다섯 번째 단락에서 알 수 있듯이, 제정 초기 로마에서의 소년애는 소년을 욕망 충족의 대상으로 삼았을 뿐, 이러한 사회화 기능에는 무관심했다.

⑤ 로마사가 폴 벤느에 따르면, 공화정 후기의 로마는 "시민의 능동성과 남성성에 대해 결벽적이었기 때문에 장차 시민이 될 자유민 소년과의 관계를 거부"했다. 이는 곧 공화정 후기 로마인들이 자유민 소년의 명예와 존엄을 배려했음을 의미한다. 하지만 로마 제정 초기에 대한 설명인 다섯 번째 단락에 따르면 "소년들을 육체적으로 정복하고자 하는 욕망의 충족이 소년애의 궁극적 목표였으며, 이는 잠재적 시민의 명예에 대한 배려와는 거리가 멀었다."

09.

윗글과 〈보기〉를 연결하여 평가할 때, 가장 적절한 것은?

보 기

고대 그리스 도자기에 묘사된 소년애 장면은 이성애 장면에 비해 훨씬 덜 노골적이다. 이는 자유민 소년이 성적 권력관계에서 욕망의 대상으로만 인식되는 것에 대해 그리스 사회가 지닌 거부감을 보여 준다. 한편, 기원전 2세기 로마의 상류사회에서 노예는 성적 대상이기도 했다. 법적 보호를 받을 수 없었던 노예 소년과의 관계를 즐기는 문화가 확산되자 시민들은 자칫하면 자기 자식도 소년애의 대상이 될 수 있다는 생각에

① 도자기에 그려진 장면은 에로메노스와 에라스테스 관계에 대한 골든의 해석과 상충하는군.

② 그리스 도자기의 소년애 장면은 소년애를 정치 엘리트 충원 기능과 연결하는 카틀리지의 해석과 상충하지 않겠군.

③ 그리스인이 느낀 '거부감'과 로마인이 지닌 결벽적 태도가 상충한다는 점에서 벤느의 해석은 비판받을 수 있겠군.

④ 젊은 노예의 법적 지위는 노예를 상대로 한 동성애 확산으로 인해 소년애가 줄었다는 푸코의 주장을 뒷받침할 만하군.

⑤ 제정 초기 로마의 연가는 소년애가 그리스로부터 유입된 것이 아니라는 윌리엄스의 주장을 뒷받침할 만하군.

문항 성격	문항유형 : 정보의 평가와 적용
	내용영역 : 인문
평가 목표	이 문항은 제시문의 내용을 〈보기〉와 연결하여 올바르게 평가하고 적용할 수 있는지 확인하기 위한 문항이다.
문제 풀이	정답 : ②

〈보기〉의 내용은 고대 그리스, 공화정 후기 로마, 제정 초기 로마의 소년애에 관한 역사적 사실들이다. 이를 제시문의 정보와 연결하여 각 선택지의 진위 여부를 확인하도록 한다.

정답 해설 ② 〈보기〉의 그리스 도자기 장면은 "자유민 소년이 성적 권력관계에서 욕망의 대상으로만 인식되는 것에 대해 그리스 사회가 지닌 거부감을 보여 준다." 이는 곧 소년애 관계에서 소년의 명예와 존엄에 대한 그리스인들의 배려라고 할 수 있다. 제시문 세 번째 단락에 등장하는 카틀리지의 해석은 소년애가 지녔던 정치적 엘리트 충원 역할에 주목한다. 카틀리지에 따르면, 소년애 관계에서 소년은 '세력 있는 집안 출신'으로서 그 소년의 에라스테스가 된다는 것은 정치적 엘리트가 될 수 있는 통로 가운데 하나였다. 따라서 카틀리지의 해석에서도 소년애 관계에서의 소년은 단순한 육체적 쾌락의 대상이 아니라 어느 정도의 명예와 지

오답 해설

① 〈보기〉의 도자기 장면은 소년을 배려하는 것이다. 또한 제시문 두 번째 단락에서 알 수 있듯이, 골든은 에라스테스와 에로메노스의 육체적 관계도 소년의 명예와 존엄을 배려하였다고 주장한다. 그렇기에 〈보기〉의 내용과 골든의 해석은 상충하지 않는다.

③ 〈보기〉는 "자유민 소년이 성적 권력관계에서 욕망의 대상으로만 인식되는 것에 대해 그리스 사회가 지닌 거부감"을 이야기한다. 한편, 제시문 네 번째 단락에서 로마사가 폴 벤느는 "로마인이 시민의 능동성과 남성성에 대해 결벽적이었기 때문에 장차 시민이 될 소년과의 관계를 거부한 것"이라고 주장한다. 결국 〈보기〉에서 언급한 '거부감'과 벤느가 말한 '결벽'은 유사한 내용이라고 할 수 있다.

④ 〈보기〉는 기원전 2세기 무렵 로마에서 노예제의 완숙에 따라 법적 보호를 받을 수 없었던 노예 소년과의 소년애가 확산되면서 자유민 소년과의 소년애가 억제되었다는 내용이다. 〈보기〉에서 원인은 노예 소년과의 소년애 확산이고 결과는 자유민 소년과의 소년애 억제이다. 하지만 제시문 네 번째 단락에서 푸코는 "소년애를 억제한 결과 신분에 구애받을 필요가 없는 젊은 노예들과의 동성애가 로마에서 널리 행해졌다."라고 주장했다. 푸코의 주장에서 원인은 소년애 억제이고 결과는 젊은 노예들과의 동성애 확산이다. 따라서 〈보기〉는 푸코의 주장과 상충한다. 또한 선택지의 표현 "젊은 노예의 법적 지위는 노예를 상대로 한 동성애 확산으로 인해 소년애가 줄었다는 푸코의 주장"은 푸코가 언급한 원인과 결과를 뒤집은 것이다.

⑤ 제시문 다섯 번째 단락에 나오는 윌리엄스의 "로마인이 그리스인에게 소년애를 배울 필요가 없었다."라는 주장은 소년애가 그리스로부터 이식된 것이 아니라 원래부터 로마에 존재하였음을 뜻한다. 하지만 같은 단락의 "로마의 소년애는 그 뿌리가 그리스에 있는 것으로 보인다."라는 진술은 제정 초기 헬레니즘의 영향으로 소년애가 그리스로부터 이식되었음을 의미한다. 연가(戀歌)는 이러한 이식을 보여 주는 하나의 사례이다. 그렇기에 제정 초기 연가는 윌리엄스의 주장을 반박할 수 있는 근거로 활용될 수 있다.

사법심사는 다수주의의 예외로 간주되기도 한다. 민주적 절차로 선출된 의회나 행정부의 결정이 합헌 여부를 기준으로 무효화될 수 있기 때문이다. 게다가 사법심사의 주체가 임명직이라는 점에서 정통성 문제가 대두된다. 반대로 사법심사는 민주주의의 내재적 한계를 극복하려는 고육지책이라는 옹호론도 있다. 사회적 약자에 해당하는 소수자 집단은 다수결 논리에 의해 형성되거나 해체되는 의회나 행정부로부터 보호받기 어렵다는 것이다.

위의 논의들은 사법심사의 정치적 독립성을 전제하지만, 현실 정치에서의 완전한 독립은 늘 의심받는다. 이에 로버트 달은 미국의 연방대법원이 반다수주의를 추구하는 사법심사 기구가 아니라 대통령, 의회와 함께 지배 연합의 필수불가결한 부분으로 작동한다고 분석했다. 의회의 힘 있는 입법 다수가 최근에 제정한 법률을 연방대법원이 뒤집는 경우는 거의 없다는 것이다. 선출직 의원들은 재선 때문에 여론에 민감하게 반응하고 의회 내 입법 다수는 전국 여론의 축소판이어서, 이에 영향을 받는 사법심사는 원래 취지와 달리 소수의 이익을 보호하지 못하는 다수주의적 난제에 직면한다. 사법심사가 반다수주의적 난제를 떠안았다는 기존의 견해를 뒤집은 달의 이런 주장은 여론조사 기법의 발달로 대중의 선호가 사법적 판단에 미치는 영향에 대한 연구가 본격화되면서 설득력이 커졌다. 그중에는 사법심사 결과와 여론조사 결과가 60% 이상 일치한다는 연구 결과도 있었다. 즉 정책 영역에 따라 일치도의 차이는 있지만, 연방대법원 역시 대체로 의회나 대통령처럼 여론에 반응한다는 것이다.

반대로 사법심사의 결과가 여론에 영향을 미치는 방향도 상정할 수 있다. 즉, 사법심사 결정 후 그 결정에 찬성하는 여론이 증가 혹은 감소할 수도 있고, 여론이 양분되거나 사법심사 결정에도 불구하고 여론에 변동이 없는 경우도 예상할 수 있는 것이다. 미국 정치를 배경으로 한 기존 연구는 이 상황을 크게 │ 네 가지 모델 │로 구분해 설명한다.

우선 '긍정적 반응 모델'이다. 이 모델은 어떤 사안에 대해 반대 의견을 가졌던 사람들도 연방대법원의 결정이 나온 후에는 기존 의견을 수정해 그 결정을 수용하는 경우가 많다는 현상에 주목한다. 이때 찬반 의견의 변경은 그 사안에 대해 대중의 관여도가 비교적 낮아 발생한 것으로 설명된다. 대중은 대체로 연방대법원의 전문성과 공정성을 신뢰하고, 그 결과 연방대법원의 결정은 미국 사회에서 안정적으로 수용된다. 자신과 특별한 이해관계가 없는 한, 대중은 연방대법원의 결정을 수용하는 방향으로 여론을 형성하게 되므로 이 모델은 많은 사례를 잘 설명할 수 있다고 평가된다.

'반발 모델'은 사법심사 결과에 불복하는 그룹들이 반대 의사를 적극 표출하고 이것이 전체 여론으로 확산하는 현상에 주목한다. 연방대법원이 동성혼을 합헌으로 결정하자 동성혼에 대한 지지는 물론 성적 소수자를 포용하는 여론이 도리어 감소했음을 밝혀낸 연구가 그 사례이다. 한편, 사법심사 결과에 대한 반발은 시간 경과에 따라 줄어드는 경우가 있어 이 모델은 내구성이 약하다고 평가되기도 한다. 일시적 반발이 잠잠해지면 사법심사의 결과를 수용하는 방향으로 여론 변화가 나타나기 때문이다.

'양극화 모델'은 여론의 주목을 받지 못하던 사안들이 사법심사를 계기로 본격적인 쟁점으로 전환되어 대중의 찬반 여론이 극명하게 갈리는 현상에 주목한다. 낙태 이슈에 대한 사법심사 결정이 오히려 미국 사회의 갈등을 증폭한 것이 그 예이다. 실제로 사법심사 결정은 특정 집단 내에서 여론의 강도를 높이는 경우가 있다. 특정 사안에 관심이 없거나 태도가 모호했던 대중이 사법심사 결정 이후 양극단에 집결하고 응집도도 높아지기 때문이다. 앞에서 말한 낙태 이슈는 사법심사 과정에서 대중에게 전달되는 관련 정보를 증가시켰고 이 정보에 노출된 대중은 기존의 모호한 태도를 버리고 특정 입장에 집결하고 세력화하였다.

마지막으로 '무반응 모델'은 사법심사 결정 후에도 기존의 여론 지형도가 지속되는 무반응 현상에 주목한다. 사법심사가 의회의 결정을 지지하는 경우, 언론의 주목도나 여론의 관심도는 대체로 낮다. 주로 폭넓은 사회적 합의가 있었거나 대중의 관심도가 낮았던 특정 사안이 의회에서 입법화되고 사법심사가 이를 추인한 것이기 때문이다. 이런 점에서 '무반응 모델'은 미국의 정치 현실을 폭넓게 설명할 수 있는 모델로 평가될 만하다.

10.

네 가지 모델 에 대한 설명으로 가장 적절한 것은?

① 긍정적 반응 모델은 연방대법원의 전문성과 공정성에 대한 대중의 불신을 반영한다.
② 연방대법원의 결정을 여론이 즉각 수용할 경우, 반발 모델은 설득력이 커진다.
③ 반발 모델이 예상하는 반응은 시간이 지나면서 긍정적 반응 모델이 예상하는 반응으로 수렴되는 경향이 있다.
④ 낮았던 여론의 관심도가 사법심사 결정 이후 높아졌다면, 양극화 모델은 설득력이 줄어든다.
⑤ 의회의 결정을 수용하는 연방대법원의 결정에 대해 여론의 관심이 높을 경우, 무반응 모델로 이를 설명할 수 있다.

문항 성격 　문항유형 : 정보의 확인과 재구성

　　　　　내용영역 : 사회

평가 목표 　이 문항은 사법심사 결정이 여론에 미치는 영향을 '네 가지 모델'로 설명한 제시문의
정보를 확인하고 재구성하는 능력을 평가하기 위한 항목이다.

문제 풀이 　정답 : ③

'네 가지 모델'의 주요 핵심어에 대한 이해를 바탕으로 재구성된 관련 진술들의 진위 여부를 확인
한다.

정답 해설 　③ 제시문 다섯 번째 단락에서는 " … 이 모델(반발 모델)은 내구성이 약하다고 평
가되기도 한다. 일시적 반발이 잠잠해지면 사법심사의 결과를 수용하는 방향으
로 여론 변화가 나타나기 때문이다."라고 서술되어 있다. 이로부터 반발 모델이
예상하는 반응은 시간이 지나면서 긍정적 반응 모델이 예상하는 반응으로 수렴
되는 경향이 있음을 알 수 있다.

참고로 제시문에서 언급되지 않은 여론의 지속적 반발을 염두에 두고 사법심사
의 결과를 수용하는 방향으로 여론 변화가 나타나는 '경향'을 부정하는 것은 문
맥에 대한 자의적 해석이다.

오답 해설 　① 제시문 네 번째 단락에 따르면, 긍정적 반응 모델은 연방대법원의 전문성과 공
정성에 대한 대중의 불신이 아니라 신뢰를 반영한다.

② 제시문 다섯 번째 단락에 따르면, 연방대법원의 결정을 여론이 즉각 수용할 경
우, 반발 모델은 설득력이 커지는 게 아니라 작아진다.

④ 제시문 여섯 번째 단락에 따르면, 낮았던 여론의 관심도가 사법심사 결정 이후
높아졌다면, 양극화 모델은 설득력이 줄어드는 것이 아니라 커진다.

⑤ 제시문 마지막 단락에 따르면, 의회의 결정을 수용하는 연방대법원의 결정에 대
해 여론의 관심이 높을 경우가 아니라 낮을 경우, 무반응 모델로 이해할 수 있다.

11.

윗글에서 추론한 내용으로 적절하지 <u>않은</u> 것은?

① 반다수주의자들은 사법심사권자를 선거로 뽑는 것에 대해 우려를 제기할 것이다.

② 로버트 달의 견해는 입법 다수가 대중의 선호를 제대로 반영한다는 것을 전제로 도출
되었을 것이다.

③ 소수자 보호에 적극적인 사람이라면, 사법심사와 입법 활동 모두 대중의 여론을 있는 그대로 반영해야 한다는 주장에 찬성할 것이다.

④ 의회 결정 무효화가 부당하다고 보는 사람은, 사법심사로 인해 민주주의가 다수주의적 난제에 직면했다는 의견에 동의하지 않을 것이다.

⑤ 사법심사의 대상이 된 법률을 입법했던 의회 다수당이 선거에서 패배했다면, 달은 그 사안에 대한 연방대법원의 위헌 결정 가능성이 높아진다고 예상할 것이다.

문항 성격　문항유형 : 정보의 추론과 해석
　　　　　　　내용영역 : 사회

평가 목표　이 문항은 제시문의 핵심 소재인 사법심사와 관련된 정보를 이용하여 추론하는 능력을 평가하기 위한 문항이다.

문제 풀이　정답 : ③

사법심사와 민주주의 간의 관계, 그중에서도 다수주의 및 반다수주의 간의 경쟁 개념과 관련된 정보를 조합해 추론한 후 각 선택지의 진위를 판단한다.

정답 해설　③ 제시문 두 번째 단락에 따르면, 소수자 보호에 적극적인 사람은 반다수주의자의 입장을 대변하고, 반다수주의자는 입법 활동과 달리 사법심사는 대중의 여론을 있는 그대로 반영할 경우 다수주의적 난제에 빠져 소수자 보호라는 사법심사 본연의 목적을 달성할 수 없다고 주장한다.

오답 해설　① 제시문 첫 번째 단락에 따르면, 다수주의자들은 사법심사권자가 임명직이기 때문에 정통성에 문제가 있다고 비판하지만, 반다수주의자들은 사법심사권자를 선거로 뽑을 경우 다수주의적 난제에 빠지게 된다고 우려한다.

② 제시문 두 번째 단락에서 달이 사용한 '입법 다수' 개념은 전국 여론의 축소판이기 때문에, 대중의 선호를 제대로 반영한다는 것을 전제한다.

④ 제시문 두 번째 단락에 따르면, 의회 결정 무효화가 부당하다고 보는 사람은 다수주의자이므로 사법심사로 인해 민주주의가 반다수주의적 난제에 직면했다고 진단할 것이다.

⑤ 제시문 두 번째 단락에서 소개된, 의회의 힘 있는 입법 다수가 최근에 제정한 법률을 연방대법원이 뒤집는 경우는 거의 없다는 달의 주장은 의회 다수당이 선거에서 패배해 기존의 권력보다 약해졌을 경우 위헌 결정 가능성을 높이는 것으로 해석할 수 있다.

12.

윗글을 바탕으로 〈보기〉의 X국 상황을 평가할 때, 적절하지 <u>않은</u> 것은?

X국의 사법심사를 담당하는 연방대법원은 최근 두 건의 사법심사 결과를 발표했다.

(가) 의회가 개정한 선거법은 위헌이다.

(나) 의회가 개정한 국기법(國旗法)은 합헌이다.

사법심사 결정의 전 단계에서 언론은 (가)의 법에 대해 집중 보도했고, 상대적으로 (나)의 법에 대해서는 주목하지 않았으나 결정 이후 보도량을 대폭 늘렸다. 아래 그림은 관련된 여론 변화를 나타낸다.

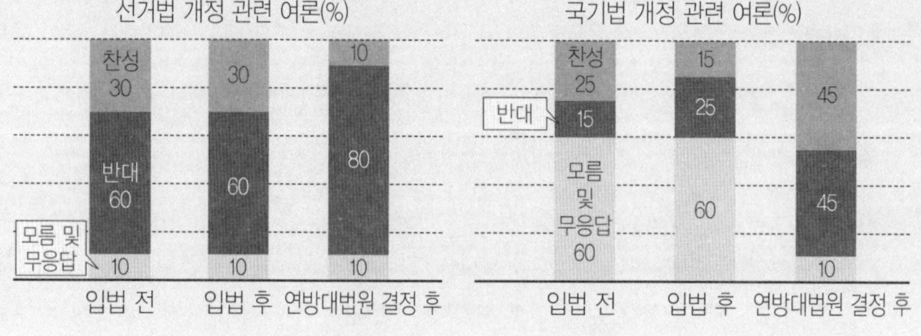

① '선거법 개정'과 관련한 찬반 구성의 변화 추이가 연방대법원에 대한 X국 국민의 신뢰를 반영한다는 점에서, 긍정적 반응 모델로 (가)에 대한 대중의 반응을 설명할 수 있겠군.

② 반발 모델로는 (가)의 결정 직후 대중이 '선거법 개정'에 반발한 점을 설명할 수 있지만, 관여도가 낮았던 대중이 (나)의 결정 직후 입법 찬성으로 선회한 점은 설명할 수 없겠군.

③ '국기법 개정'에 대한 반응이 연방대법원 결정 이후의 시점에 팽팽한 찬반 대립으로 나타났다는 점에서, 양극화 모델로 X국의 사회적 갈등의 증폭을 설명할 수 있겠군.

④ (가)와 (나) 두 사안에 대해 '모름 및 무응답' 비율의 변화 추세가 다르다는 점에서, 양극화 모델로 정보 제공량과 대중의 관심도 간의 양의 상관관계를 설명할 수 있겠군.

⑤ 무반응 모델로는 (가)와 (나)로 인한 여론 추이를 설명하기 힘들지만, 사회적 합의가 부족한 상태에서 의회가 입법 활동을 했음을 지적할 수는 있겠군.

문항 성격　문항유형 : 정보의 평가와 적용
내용영역 : 사회
평가 목표　이 문항은 가상의 A국 상황을 통해 사법심사 결정 이후 나타난 여론의 반응을 제시문의 '네 가지 모델'에 적용해 해석하는 능력을 평가하기 위한 문항이다.

문제 풀이　정답 : ②

A국의 가상 상황에 대해 두 개의 그래프로써 여론 변화를 확인하고, 이 상황에 적용할 수 있는 모델의 설명력과 한계를 해석한다.

정답 해설　② '선거법 개정' 관련 여론은 그래프에서 '반대'가 증가한 것으로 표시되어 있으나, 이는 선거법 개정에 '반대'하는 여론이 증가한 것이고 이를 위헌으로 판결한 연방대법원의 결정(〈보기〉 참조)에 긍정적으로 반응한 여론이 증가한 것이다. 따라서 반발 모델이 아니라 긍정적 반응 모델을 적용하는 것이 적절하다.

오답 해설　① 선거법 개정 관련 여론에서 '반대'가 증가한 것은 이 법의 개정이 위헌이라고 판단한 연방대법원 결정에 대한 긍정적 반응이 증가한 것이고, 이는 연방대법원의 전문성과 공정성에 대한 A국 국민의 신뢰를 반영한 것으로 해석할 수 있다.

③ '국기법 개정' 입법 전후에 '모름 및 무응답'이 많았던(60%) 여론은 연방대법원 결정 이후 10%로 대폭 줄어들었고, 대신 찬반이 양분되어 사회적 갈등이 증폭된 것으로 해석할 수 있다.

④ 선거법 개정 관련 여론에서 '모름 및 무응답'은 입법 전후 시기와 연방대법원 결정 직후까지 10%로 변동이 없다. 반면 국기법 개정 관련 여론에서 '모름 및 무응답'은 60%에서 10%로 급감했는데, 이는 "언론은 … (나)의 법에 대해서는 주목하지 않았으나 결정 이후 보도량을 대폭 늘렸다."라는 〈보기〉의 정보에 기인한 것으로 해석할 수 있다. 이 두 사례의 변화 추세 차이는 제시문에서 확인할 수 있는 언론 보도량과 대중의 관심도 간의 양의 상관관계를 감안할 때 양극화 모델의 설명이 적합한 것으로 해석할 수 있다.

⑤ 연방대법원 결정 이후 (가), (나)와 관련된 여론 변화가 공통적으로 확인되기 때문에 무반응 모델은 이 두 사례의 설명 모델로 적합하지 않지만, 그래프에서 확인된 정보를 통해 이 모델은 입법 전에 사회적 합의가 충분하지 않았다는 점을 지적할 수 있다.

공리주의에서 도덕적으로 옳은 것은 공리를 극대화하는 결과를 산출하는 것이다. 반인권적인 행위나 제도라도 결과적으로 더 많은 공리를 산출한다면, 공리주의는 그것을 지지해야 한다. 가령 병원에 건강 검진을 받으러 온 한 사람을 죽여 다섯 명의 환자에게 장기를 이식하는 경우, 더 많은 공리는 산출되겠지만 한 명의 생명이 갖는 권리를 침해하게 된다.

도덕적 권리들이 존재하는 것이 틀림없다고 전제하는 피시킨은 이 권리들을 인정하지 않는 윤리 이론은 거부되어야 한다고 주장한다. '무엇이 공리를 극대화하는 결과를 낳을 것인가'는 경험적인 문제이므로, 권리에 적대적인 행위가 권리를 존중하는 것보다 더 많은 공리를 산출한다는 이유로 지지되는 공리주의는 권리의 확실한 토대를 제공할 수 없다고 주장한다. 위의 행위가 허용되면 사람들이 공포를 느끼고 의료 시스템에 대한 신뢰가 무너지는 등 나쁜 결과가 초래될 것이므로, 공리주의자도 그 행위를 반대할 것이다. 그러나 피시킨은, 무작위 추첨에 의한 반자의적 장기 기증 시스템에서는 사람들이 강제 기증자가 될 위험에 대한 공포보다 자신들도 수혜자가 될 수 있다는 기대가 더 크다면 공리주의자는 공리 극대화의 한 방법으로 그 시스템을 승인할 것이라고 비판한다.

공리주의는 '권리의 규범적 힘'을 인정할 수 없기에 권리를 수용하기 어렵다고 라이언스는 비판한다. 그에 따르면 내가 어떤 것을 할 권리를 가진다는 사실은 타인의 간섭에 반대하는 근거를 제공할 뿐만 아니라, 권리 침해를 옹호하는 논변이 넘어야 하는 '논증의 문턱'을 제공한다. 그런데 공리주의는 행위의 도덕적 평가에서 일관되게 공리의 극대화를 기준으로 삼기 때문에, 권리의 규범적 힘을 인정할 수 없다.

한편, 반공리주의 논변에 맞서 브란트는 공리주의와 권리 사이의 부정합성은 단지 행위 공리주의에만 있을 뿐, 규칙 공리주의에는 없다고 주장한다. 개별 행위의 공리를 계산하는 행위 공리주의와 달리, 규칙 공리주의는 한 사회의 도덕률은 그것을 채택하지 않았을 때보다 채택했을 때 더 큰 공리를 산출하는 경우에만 옳으며, 어떤 개별 행위는 그 도덕률에 의해 정당화될 때 도덕적으로 옳다고 본다. 이때 도덕률 위반 행위가 공리를 증가시키더라도 그 도덕률은 준수되어야 한다. 이처럼 브란트는 규칙 공리주의가 권리의 규범적 힘을 수용할 수 있다고 주장한다. 하지만 라이언스는 규칙 공리주의도 권리들의 규범적 힘을 수용하지 못한다고 주장한다. 공리주의에서는 공리에 대한 위험 없이 규칙을 위반하는 것이 가능하기에, 공리주의적 정당화는 공리주의자에게 규칙 유지의 이유를 제공할 수는 있어도 그 규칙을 준수해야 할 이유는 제시하지 못한다는 것이다.

헤어는 공리주의와 권리의 도덕적 힘 사이의 부정합성은 '직관적 수준'과 '비판적 수준'으로 이루어진 자신의 두 수준 공리주의 이론을 따를 때 해소된다고 주장한다. 직관적 수준의 사유란 우리가 이미 주어진 것으로 간주하고 의문을 제기하지 않는 마음의 습관이나 원리 등을 개별적 사안에 적용할 때의 사유로서, 규칙 공리주의적으로 사유하는 것을 가리킨다. 이에 견줘 비판적 수준의 사유는 행위 공리주의적으로 사유하는 것이다. 헤어는 직관적 사유를 이끄는 간단하고 일반적인 도덕 원리는 그것을 위반했을 때 죄의식이나 회한 같은 도덕적 감정을 수반한다고 본다. 이는 규칙을 과거의 경험에서 일반화한 일종의 '대략의 규칙'으로 보는 행위 공리주의의 생각과 다르다. 헤어에 의하면 권리는 일반적 도덕 원리의 일종이다. 직관적 사유가 다룰 수 없는 특수한 상황에서는 비판적 사유가 적용될 것이다. 그 결과, 권리 침해가 최적의 행위라고 결론이 난다면, 일관된 공리주의자의 입장에서는 권리의 침해가 도덕적으로 옳다. 그러나 여기서 헤어는 인간의 오류 가능성과 한계를 언급하면서, 신중한 공리주의자는 직관을 저버리기보다는 따르는 것이 최선이 될 가능성이 크다고 여길 것이라고 주장한다.

13.

윗글의 내용과 일치하는 것은?

① '논증의 문턱'을 넘으면 권리 침해가 용인된다.
② 행위 공리주의자는 '대략의 규칙'을 인정하지 않는다.
③ 규칙 공리주의자는 개별적 행위의 옳고 그름을 판단하지 않는다.
④ 공리와 권리 간의 부정합성은 '비판적 수준'에서는 발생하지 않는다.
⑤ 반공리주의자는 반자의적 장기 기증 시스템이 유발하는 공포를 인정하지 않는다.

문항 성격	문항유형 : 정보의 확인과 재구성
	내용영역 : 규범
평가 목표	이 문항은 제시문의 주제인 개념들을 정확하게 이해하고 있는지 평가하는 문항이다.
문제 풀이	정답 : ①

제시문 두 번째와 세 번째 단락에서 공리주의가 권리와 부정합하다는 비판, 네 번째와 다섯 번째 단락에서 행위 공리주의와 규칙 공리주의의 차이점이 설명되고 있다. 이 단락 내용을 통해 각 선택지의 진위 여부를 확인하도록 한다.

 ① 제시문 세 번째 단락 "권리 침해를 옹호하는 논변이 넘어야 하는 '논증의 문턱'" 이라는 표현에서 '논증의 문턱'을 넘으면 권리 침해가 용인된다는 것을 확인할 수 있다.

 ② 제시문 다섯 번째 단락의 '규칙'을 과거의 경험에서 일반화한 일종의 '대략의 규칙'으로 보는 '행위 공리주의'라는 표현에서 행위 공리주의자가 '대략의 규칙'을 인정한다는 것을 확인할 수 있다. 다만 그 '대략의 규칙'은 도덕적 감정을 수반하지 않는 규칙이다.

③ 제시문 네 번째 단락 "규칙 공리주의는 한 사회의 도덕률은 그것을 채택하지 않았을 때보다 채택했을 때 더 큰 공리를 산출하는 경우에만 옳으며, 어떤 개별 행위는 그 도덕률에 의해 정당화될 때 도덕적으로 옳다."에서 규칙 공리주의자도 개별적 행위의 옳고 그름을 판단함을 확인할 수 있다. 다만 공리적으로 정당화된 규칙에 의거할 뿐이다.

④ 제시문 다섯 번째 단락에 따르면, 헤어에서 규칙 공리주의적으로 사유하는 '직관적 수준'의 사유를 이끄는 것은 '간단하고 일반적인 도덕 원리'이고, '권리는 일반적 도덕 원리의 일종'이다. 그리고 '비판적 수준'의 사유의 "결과, 권리 침해가 최적의 행위라고 결론이 난다면, 일관된 공리주의자의 입장에서는 권리의 침해가 도덕적으로 옳다." 따라서 공리와 권리 간의 부정합성은 '직관적 수준'에서는 발생하지 않는다는 것을 확인할 수 있다. 다만 '비판적 수준'에서 발생한다.

⑤ 제시문 두 번째 단락에서 공리주의자가 반공리주의자의 비판에 맞서 반자의적 장기 기증 시스템에서 공포를 느낀다는 것을 인정한다고 답변한다. 이 말은 애초에 비판을 제기한 반공리주의자는 당연히 반자의적 장기 기증 시스템이 유발하는 공포를 인정함을 확인할 수 있다.

14.

윗글에 제시된 입장들을 이해한 내용으로 적절하지 <u>않은</u> 것은?

① 피시킨은 경험이나 결과에 의존하지 않고도 권리가 존재한다고 전제할 수 있느냐고 비판받을 수 있을 것이다.

② 피시킨은 권리를 보호하는 규칙의 효용성이 경험적으로 드러나더라도 그 규칙은 권리의 확실한 토대를 제공할 수 없다고 주장할 것이다.

③ '규칙 준수의 이유를 제시하더라도 규칙 공리주의는 결과를 계산하지 않는 권리론과

다를 바 없다.'라고 주장하는 사람은 라이언스의 브란트 비판에 동조할 것이다.

④ 규칙의 규범적 힘을 공리의 극대화를 통해 수용할 수 있다면 규칙 유지는 결국 규칙 준수와 다르지 않다고 브란트는 주장할 수 있을 것이다.

⑤ 헤어는 권리가 가지는 논증의 문턱이 직관적 수준에서는 규범적 힘을 발휘하기에 너무 높다고 비판받을 것이다.

문항 성격	문항유형 : 주제, 구조, 관점 파악
	내용영역 : 규범
평가 목표	이 문항은 제시문에 등장한 학자들의 관점을 정확히 추론할 수 있는지 확인하기 위한 문항이다.
문제 풀이	정답 : ⑤

제시문 두 번째 단락부터 다섯 번째 단락까지 각 학자의 견해가 제시되어 있는데, 이로부터의 추론을 통해 각 선택지의 진위를 판단한다.

정답 해설　⑤ 제시문 다섯 번째 단락에서 헤어는 직관적 사유를 이끄는 것은 간단하고 일반적인 도덕 원리이고, 권리는 일반적 도덕 원리의 일종이라고 주장한다. 그리고 세 번째 단락의 "권리 침해를 옹호하는 논변이 넘어야 하는 '논증의 문턱'"이라는 표현에서 '논증의 문턱'을 넘으면 권리 침해가 옹호됨을 알 수 있다. 이를 통해 헤어는 논증의 문턱은 직관적 수준에서 규범적 힘을 발휘하기에 충분히 높다고 주장하는 것이다. 따라서 "헤어는 권리가 가지는 논증의 문턱이 직관적 수준에서는 규범적 힘을 발휘하기에 너무 높다."라는 것은 헤어의 주장을 오해한 비판이다.

오답 해설　① 제시문 두 번째 단락에서 피시킨은 권리들이 존재하는 것이 틀림없다고 전제한다. 그리고 '무엇이 공리를 극대화하는 결과를 낳을 것인가'는 경험적인 문제이므로 경험에 의존하는 "공리주의는 권리의 확실한 토대를 제공할 수 없다고 비판한다." 이런 피시킨에 대해 "경험이나 결과에 의존하지 않고도 권리가 존재한다고 전제할 수 있느냐고 비판할 수 있을 것이다."는 적절하다.

② 제시문 두 번째 단락에서 피시킨은 경험에 의존하는 "'무엇이 공리를 극대화하는 결과를 낳을 것인가'는 경험적인 문제이므로 … 공리주의는 권리의 확실한 토대를 제공할 수 없다."고 비판한다. 그런데 네 번째 단락에 나오는 규칙 공리주의도 한 사회의 도덕률은 그것을 채택하지 않았을 때보다 채택했을 때 더 큰 공리를 산출하는 경우에만 옳다는 경험적 방법에 의존한다. 따라서 "피시킨은

권리를 보호하는 규칙의 효용성이 경험적으로 드러나더라도 그 규칙은 권리의 확실한 토대를 제공할 수 없다고 주장할 것이다."라고 추론할 수 있다.

③ 제시문 네 번째 단락에서 라이언스는 "공리주의적 정당화는 공리주의자에게 규칙 유지의 이유를 제공할 수는 있어도 그 규칙을 준수해야 할 이유는 제시하지 못한다."라고 비판한다. 그러면 규칙 공리주의자가 규칙 준수의 이유를 제시하면 라이언스에 대한 답변이 될 것이다. 그러나 라이언스의 입장에서는 다시 그런 규칙 공리주의가 있더라도 결국 결과를 계산하지 않는 권리론과 다를 바 없다고 재반론할 수 있을 것이다. 따라서 "'규칙 준수의 이유를 제시하더라도 규칙 공리주의는 결과를 계산하지 않는 권리론과 다를 바 없다.'라고 주장하는 사람은 라이언스의 브란트 비판에 동조할 것이다."라는 진술은 적절하다.

④ 제시문 네 번째 단락에서 라이언스는 "공리주의적 정당화는 공리주의자에게 규칙 유지의 이유를 제공할 수는 있어도 그 규칙을 준수해야 할 이유는 제시하지 못한다."라고 비판한다. 그러면 규칙 공리주의자가 규칙 준수의 이유를 제시하면 라이언스에 대한 답변이 될 것이다. 따라서 "브란트는 규칙의 규범적 힘을 공리의 극대화를 통해 수용할 수 있다면 규칙 유지는 결국 규칙 준수와 다르지 않다고 주장할 수 있을 것이다."는 적절한 진술이다.

15.

윗글을 바탕으로 다음 〈보기〉를 이해할 때, 적절하지 <u>않은</u> 것은?

인간을 궁극적으로 행복하게 만들어서 최종적으로 인간에게 평화와 안식을 줄 목적으로 네가 인간 운명의 기본 구조를 만들고 있다고 상상해 봐. 그러나 작은 아기를 죽을 때까지 고문하고 그 아기의 한 서린 눈물 위에 그 구조물을 세우는 것이 필수적이고 불가피하다고 상상해 봐. 너는 이런 조건에서 그것의 건설에 동의하겠니?

— 도스토옙스키, 『카라마조프가의 형제들』 —

① 행위 공리주의자는 '상상'을 실현할 수 있다면 '아기'의 권리에 대한 침해에 동의할 것이다.

② '아기'의 권리가 선험적으로 확실하다면, 피시킨은 '아기'의 고통과 인간들의 '평화와 안식'을 저울질하는 것이 무의미하다고 생각할 것이다.

③ '아기'를 고문함으로써 더 많은 이익이 생긴다고 할지라도, 라이언스는 '아기'가 '한 서린 눈물'을 흘리지 않도록 고문이 금지되어야 한다고 생각할 것이다.

④ '아기'의 '행복'을 존중하는 규칙을 채택하는 것보다 채택하지 않는 것이 더 큰 공리를 산출하더라도, 브란트는 '아기'의 권리는 존중되어야 한다고 생각할 것이다.

⑤ '구조물'의 건설이 실제로 공리를 극대화할지 판단할 확실한 정보가 없다면, 헤어는 '아기'의 권리를 보호해야 한다는 직관을 따라야 한다고 생각할 것이다.

문항 성격	문항유형 : 정보의 평가와 적용
	내용영역 : 규범
평가 목표	이 문항은 제시문의 내용을 바탕으로 〈보기〉의 소설 구절의 의미를 이해할 수 있는지 평가하기 위한 문항이다.
문제 풀이	정답 : ④

제시문 두 번째 단락부터 다섯 번째 단락까지 각 학자의 견해가 제시되어 있는데, 이 내용과 〈보기〉로부터의 추론을 통해 각 선택지의 진위를 판단한다.

정답 해설 ④ 제시문 네 번째 단락의 "규칙 공리주의에서는 한 사회의 도덕률은 그것을 채택하지 않았을 때보다 채택했을 때 더 큰 공리를 산출하는 경우에만 옳으며, 어떤 개별 행위는 그 도덕률에 의해 정당화될 때 도덕적으로 옳다."라는 표현에서 '아기'의 '행복'을 존중하는 규칙을 채택하는 것보다 채택하지 않는 것이 더 큰 공리를 산출한다면 브란트는 '아기'의 권리는 존중되어서는 안 된다고 주장할 것이다. 그런데 "브란트는 '아기'의 권리는 존중되어야 한다고 생각할 것이다."라고 했으므로 적절하지 않다.

오답 해설 ① 제시문 네 번째 단락에 따르면, 행위 공리주의는 개별 행위의 공리를 계산한다. 이어 규칙 공리주의에 따르면 "한 사회의 도덕률은 그것을 채택하지 않았을 때보다 채택했을 때 더 큰 공리를 산출하는 경우에만 옳으며, 어떤 개별 행위는 그 도덕률에 의해 정당화될 때 도덕적으로 옳다. 이때 도덕률 위반 행위가 공리를 증가시키더라도 그 도덕률은 준수되어야 한다."로부터 행위 공리주의자는 개별 행위가 극대화된 공리를 산출하면 옳은 행위라고 주장함을 확인할 수 있다. 따라서 행위 공리주의자는 "인간을 궁극적으로 행복하게 만들어서 최종적으로 인간에게 평화와 안식을 줄 목적으로 네가 인간 운명의 기본 구조를 만들고 있다."라는 '상상'을 실현할 수 있다면 '아기'의 권리에 대한 침해에 동의할 것이다.

② 제시문 두 번째 단락에서 피시킨은 도덕적 권리들이 존재하는 것이 틀림없다고 전제하고, 이 권리들을 인정하지 않는 윤리 이론은 거부되어야 한다고 주장한다. 공리주의가 바로 그러한 이론인데 거기서 '무엇이 공리를 극대화하는 결과를 낳을 것인가'는 경험적인 문제이다. 따라서 피시킨에게 '아기'의 권리가 존재하는 것은 선험적으로 확실하고, 그렇다면 그는 '아기'의 고통과 인간들의 '평화와 안식'을 저울질하는 것은 경험적으로 접근하는 것이므로 무의미하다고 생각할 것이다.

③ 제시문 세 번째 단락에서 라이언스는 "내가 어떤 것을 할 권리를 가진다는 사실은 타인의 간섭에 반대하는 근거를 제공할 뿐만 아니라, 권리 침해를 옹호하는 논변이 넘어야 하는 '논증의 문턱'을 제공한다."라고 말한다. 따라서 공리주의자가 주장하듯이 '아기'를 고문함으로써 더 많은 이익이 생긴다고 할지라도 그것은 논증의 문턱을 넘지 못한다. 그러므로 라이언스는 "'아기'가 '한 서린 눈물'을 흘리지 않도록 고문이 금지되어야 한다고 생각할 것이다."

⑤ 제시문 다섯 번째 단락에서 헤어는 인간의 오류 가능성과 한계를 언급하면서 신중한 공리주의자라면 직관을 저버리기보다는 따르는 것이 최선이 될 가능성이 크다고 여길 것이라고 주장한다. 따라서 "'구조물'의 건설이 실제로 공리를 극대화할지 판단할 확실한 정보가 없다면, 헤어는 '아기'의 권리를 보호해야 한다는 직관을 따라야 한다고 생각할 것이다."라는 진술은 적절하다.

[16~18] 다음 글을 읽고 물음에 답하시오.

한 사회의 소비나 인프라 수준은 생산 능력에 달려있기 때문에, 생산 능력의 장기적인 변동으로 정의되는 경제성장은 경제학자와 정책입안자의 중요한 관심 사항이다. 솔로우 성장모형은 저축과 인구의 변동, 기술의 진보가 시간의 흐름에 따라 생산과 소비에 어떤 영향을 주는지를 동태적으로 분석하는 대표적인 성장모형이다. 인구와 기술 수준의 변동을 고려하지 않는 '단순한' 솔로우 성장모형에서 생산량(y)은 자본량(k)의 증가 함수이다. 단, 자본이 한 단위 증가할 때 생산이 늘어나는 정도는 자본 수준이 높아질수록 작아진다고 가정한다. 자본을 이용하여 만들어진 생산은 소비(c)나 자본재 구입을 위한 투자(i)로 사용될 수 있다. 따라서 '생산량＝소비량＋투자량'의 관계가 언제나 성립한다.

생산에서 소비하지 않고 남은 부분, 즉 저축이 투자의 재원이 되므로 투자와 저축은 언제나 일치한다. 저축률(s)은 저축이 생산에서 차지하는 비율로 정의되며 0과 1 사이의 값을 갖는 상수이다. 감가상각은 자본 사용 정도에 비례하여 자본재의 일부가 마모되어 더 이상 사용할 수 없게 되는 것으로, 감가상각량은 자본량과 0과 1 사이의 값을 갖는 상수인 감가상각률(d)의 곱으로 결정된다. 생산량을 비롯하여 저축량, 감가상각량, 투자량 등은 총량을 고정된 인구수로 나눈 1인당 개념이다.

솔로우 성장모형에 따르면 자본량의 변동은 다음과 같은 〈식〉으로 표현된다.

$$\Delta k = i - dk$$

여기서 Δ는 경제 변수가 전기 대비 변동하는 크기를 나타내는 기호이다. 이 식은 자본량의 변동 방향을 결정하는 두 요인을 설명하는데, 신규 투자는 자본량을 늘리는 반면 감가상각은 자본량을 줄이는 방향으로 작용하게 된다. 앞선 논의를 종합하면 솔로우 성장모형에서 생산량, 저축량, 감가상각량은 다음 〈그림〉과 같이 궁극적으로 자본량 수준에 의해 결정된다.

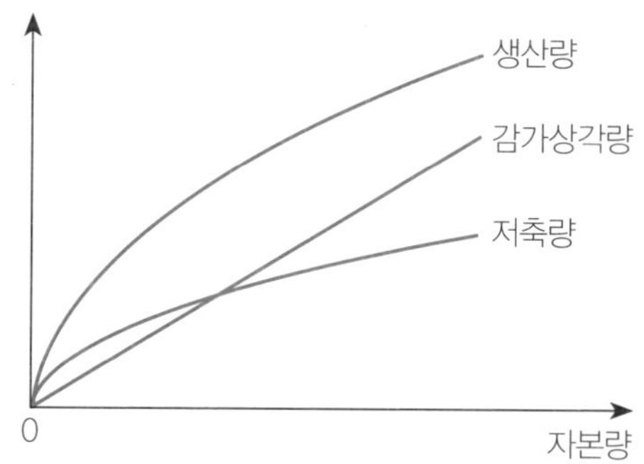

솔로우 성장모형에서 중요한 개념인 '정태상태'는 투자량과 감가상각량이 정확하게 일치하여 자본량의 변화가 없는 상태를 일컫는다. 자본량의 변동이 없으므로 생산량의 변동도 없고 저축과 소비도 일정하게 유지된다. 정태상태에 있지 않은 경제는 시간이 지남에 따라 정태상태로 이동하는 특성을 갖는다. 예를 들어, 만약 투자량이 감가상각량을 상회하고 있다면 〈식〉에 의해 자본량은 시간이 지남에 따라 증가하게 된다. 자본량이 늘어나면 생산량이 늘어나고 생산량의 일정 비율인 투자도 증가한다. 또한 자본량의 일정 비율인 감가상각량도 늘어난다. 다만, 감가상각량의 증가 속도는 자본량의 변화 속도와 언제나 같은 반면 투자량의 증가 속도는 차츰 감소하는데, 이는 자본이 늘어남에 따라 생산이 늘어나는 속도가 줄어들기 때문이다. 이러한 원리로 결국 어느 시점에서는 투자량과 감가상각량이 같아지면서 경제가 정태상태에 도달하게 되며, 이후에 다른 외생적인 변화가 없다면 경제는 이 정태상태를 그대로 유지하게 된다. 경제가 도달하는 정태상태 자본량은 각 경제의 기초여건인 저축률 및 감가상각률 수준과 생산함수에 의해 결정된다.

솔로우 성장모형에서는 소비가 최대가 되는 정태상태 자본량 수준을 최선의 자본량이라는 의미에서 황금률 자본량이라고 부른다. 생산함수와 감가상각률이 고정되어 있다고 하면,

저축률 변동을 통해 경제가 황금률 수준의 자본량을 달성하거나 또는 황금률에 보다 가까운 수준의 자본량을 보유하도록 경제상태를 이동시킬 수 있다. 예를 들어, 정태상태에 있는 어느 경제의 자본량이 황금률 수준을 하회하고 있는 상태에서 저축률을 상승시키는 경제 정책이 시행되었다고 하자. 정책이 시행된 시점에는 저축률 상승으로 인해 소비가 즉각 줄어든다. 그러나 시간이 지나면서 투자와 자본량 증대가 생산 수준을 점차 더 높이게 된다. 따라서

[A] 생산의 일정 비율인 소비도 점차 증가하여 궁극적으로는 정책 변경 이전보다 높은 수준으로 수렴하게 된다. 이러한 정책의 결과로 새로운 정태상태에서 미래 세대는 정책 변경이 없었던 경우와 비교하여 더 높은 수준의 소비를 누릴 수 있으므로 효용이 증가한다. 반면 현재 세대, 특히 기대 잔여 수명이 얼마 남지 않은 고령층의 경우에는 미래 시점에서의 소비 증가 혜택을 얻을 가능성은 낮으나 현재의 소비 감소로 인한 효용 감소는 분명하므로 청년층에 비해 이와 같은 정책에 반대할 가능성이 높다.

16.

윗글에 대한 이해로 적절하지 <u>않은</u> 것은?

① 생산함수는 정태상태에 영향을 주지 않는다.
② 투자와 감가상각이 다르다면 자본량은 변동한다.
③ 자본량이 늘어나면 생산량은 필연적으로 증가한다.
④ 저축이 투자를 상회하는 경우는 결코 발생할 수 없다.
⑤ 자본이 한 단계 증가할 때 생산 증가의 폭은 자본 수준이 높을수록 작아진다.

문항 성격	문항유형 : 정보의 확인과 재구성
	내용영역 : 사회
평가 목표	이 문항은 솔로우 성장모형의 주요 개념과 전제에 대해 정확하게 파악하고 있는지 확인하는 문항이다.
문제 풀이	정답 : ①

제시문의 저축, 투자, 자본량의 관계에 대한 설명을 정확하게 파악하여 각 선택지의 진위 여부를 판단한다.

정답 해설　① 제시문 다섯 번째 단락 "경제가 도달하는 정태상태 자본량은 각 경제의 기초여

오답 해설 ② 제시문 세 번째 단락의 〈식〉 "$\Delta k = i - dk$"에 의하면 투자와 감가상각이 다를 때 자본량은 변동한다는 것을 알 수 있다.

③ 제시문 첫 번째 단락 "생산량(y)은 자본량(k)의 증가 함수이다."로부터 알 수 있다.

④ 제시문 두 번째 단락 "생산에서 소비하지 않고 남은 부분, 즉 저축이 투자의 재원이 되므로 투자와 저축은 언제나 일치한다."를 통해 알 수 있다.

⑤ 제시문 첫 번째 단락 "단, 자본이 한 단위 증가할 때 생산이 늘어나는 정도는 자본 수준이 높아질수록 작아진다고 가정한다."를 통해 알 수 있다.

17.

윗글에서 추론한 것으로 적절하지 <u>않은</u> 것은?

① 저축률을 비롯한 기초여건은 동일하지만 초기 생산량이 다른 두 국가 경제는 소비 격차가 좁혀지지 않는다.

② 저축률을 변경시키는 정책에 대한 찬반 여부는 세대 간 기대 잔여 수명의 차이에 영향을 받는다.

③ 〈그림〉에 의하면 자본 마모 속도가 빨라지는 경우 저축량과 감가상각량이 일치하는 자본량은 작아진다.

④ 〈그림〉에 의하면 저축률의 상승은 투자량과 감가상각량이 일치하는 자본량을 확대시킨다.

⑤ 황금률 자본량을 보유하고 있는 경제의 생산량은 다른 조건의 변화가 없다면 변동하지 않는다.

문항 성격	문항유형 : 정보의 추론과 해석
	내용영역 : 사회
평가 목표	이 문항은 솔로우 성장모형에서의 정태상태 및 황금률 자본량의 개념을 바탕으로 경제 상황 변화에 따른 영향을 추론할 수 있는지 확인하는 문항이다.
문제 풀이	정답 : ①

제시문에서 설명된 정태상태, 황금률 자본량, 저축률 변경 정책 등에 대한 설명을 정확하게 파악하고 이에 바탕하여 각 선택지의 진위 여부를 추론한다.

정답 해설 ① 제시문 다섯 번째 단락에 의하면, 경제는 기초여건에 부합하는 정태상태로 점진적으로 이동한다. 기초여건이 같은 두 경제는 동일한 정태상태로 근접해 가므로 현재의 자본량, 생산량, 소비량 등에 차이가 있더라도 그 격차는 좁혀진다는 것을 알 수 있다.

오답 해설 ② 제시문 여섯 번째 단락 "반면 현재 세대, 특히 기대 잔여 수명이 얼마 남지 않은 고령층의 경우에는 미래 시점에서의 소비 증가 혜택을 얻을 가능성은 낮으나 현재의 소비 감소로 인한 효용 감소는 분명하므로 청년층에 비해 이와 같은 정책에 반대할 가능성이 높다."에 의해 저축률을 변경시키는 정책에 대한 찬반 여부는 세대 간 기대 잔여 수명의 차이에 영향을 받는다는 점을 추론할 수 있다.

③ 〈그림〉에서 투자량(＝저축량)과 감가상각량이 교차하는 점에 해당하는 자본량이 정태상태 자본량이 된다. "자본 마모 속도가 빨라지는 경우"는 감가상각률의 상승으로 이해할 수 있다. 따라서 〈그림〉에서 우상향하는 감가상각량 그래프의 기울기가 가팔라지면 정태상태 자본량이 작아진다는 것을 알 수 있다.

④ 〈그림〉에서 저축률이 상승하면 저축률 그래프가 생산함수에 보다 가깝게 상향 이동하게 된다. 따라서 투자량(＝저축량)과 감가상각량이 교차하는 점에 해당하는 정태상태 자본량이 커진다는 것을 알 수 있다.

⑤ 제시문 여섯 번째 단락의 "소비가 최대가 되는 정태상태 자본량 수준을 최선의 자본량이라는 의미에서 황금률 자본량이라고 부른다."에 의하면 황금률은 일종의 정태상태이므로 외생적 변동이 없다면 자본량과 생산량 등에 변동이 없다는 것을 추론할 수 있다.

18.

[A]를 바탕으로 〈보기〉의 X국 경제 정책을 평가할 때, 적절하지 <u>않은</u> 것은?

보 기

현재 X국에서는 투자량과 감가상각량이 일치하며, 자본량이 황금률 수준을 상회하고 있다. 이에 주목한 정부는 황금률 자본량을 달성하기 위해 국민의 소비를 장려하는 정책을 시행하였다. (단, 다른 조건의 변동은 없다.)

① 정책 시행 이후 현재 세대 중 고령층과 청년층 모두의 효용 수준은 높아진다.

② 정책 시행 이후 새로운 정태상태에 도달할 때까지 소비는 점차 증가한다.

③ 미래 세대의 효용 수준은 정책이 시행되지 않는 경우보다 높아진다.

④ 감가상각량은 정책 시행 이전보다 낮은 수준으로 수렴한다.

⑤ 자본량은 정책 시행 이전보다 낮은 수준으로 수렴한다.

문항 성격	문항유형 : 정보의 평가와 적용
	내용영역 : 사회
평가 목표	이 문항은 제시문에서 설명된 경제 정책의 효과를 제시문과 반대되는 상황에 적용하는 능력을 평가한다.
문제 풀이	정답 : ②

〈보기〉는 현재 정태상태에 있으나 황금률 자본량을 상회하는 자본량을 갖는 경제에서 '국민의 소비를 장려하는 정책'(저축률 하락)을 시행한 경우이다. [A]의 내용을 바탕으로 정책 시행이 소비에 미치는 동태적 영향을 아래와 같이 추론할 수 있다.

『예를 들어, 정태상태에 있는 어느 경제의 자본량이 황금률 수준을 상회하고 있는 상태에서 저축률을 하락시키는 경제 정책이 시행되었다고 하자. 정책이 시행된 시점에는 저축률 하락으로 인해 소비가 즉각 늘어난다. 그러나 시간이 지나면서 투자와 자본량 감소가 생산 수준을 점차 더 낮추게 된다. 따라서 생산의 일정 비율인 소비도 점차 감소한다. 다만, 정책 시행으로 인해 경제는 황금률 자본량을 달성하거나 또는 황금률 자본량에 근접하게 되므로 소비가 수렴하는 수준은 정책 변경 이전보다는 높다.』

정답 해설	② 소비는 정책 시행 시점에서는 즉각 늘어난 이후 새로운 정태상태 수준을 향해 점진적으로 감소하는 움직임을 보이게 된다.
오답 해설	① 소비량은 정책 시행 이전 수준보다는 항상 크기 때문에 노령층과 청년층의 효용 수준이 모두 높아진다.
	③ 소비량은 정책 시행 이전 수준보다 큰 수준으로 수렴해 가므로 미래 세대는 정책이 시행되지 않은 경우보다 높은 효용 수준을 가지게 된다.
	④ 저축률 하락으로 저축량(=투자량)이 감소하면서 자본량도 점차 감소하고 자본량의 일정 비율로 결정되는 감가상각량도 감소한다.
	⑤ 저축률 하락으로 저축량(=투자량)이 감소하면서 자본량도 점차 감소한다.

[19~21] 다음 글을 읽고 물음에 답하시오.

　　보조생식술의 발전에 따라 난임 부부도 자기 생식세포를 이용한 체외수정으로 배아를 생성한 뒤 이를 모체에 이식하여 임신할 수 있게 되었다. 이 발전은 시술 뒤에 남은 배아를 어떻게 처리할 것인지에 대한 윤리적 논란도 유발하였다. 잔여 배아를 예외 없이 폐기해야 한다는 견해와, 난치병 연구를 위해 사용할 수 있게 해야 한다는 견해가 맞서고 있는 것이다.

　　이와 관련하여 독일에서는 배아보호법을 제정하였다. 이 법은 대다수 국가의 법령들처럼 임신을 목적으로 하지 않는 배아의 생성을 애초에 불허하고 있지만, 다른 나라의 입법례와는 달리 가급적 잔여 배아 자체가 만들어지지 않게 하는 것이 최선이라는 시각을 반영한 ㉠엄격한 기준을 규정하여 배아 생성자의 자기결정권을 제한한다. 이에 따르면 1회의 시술 주기 내에 난자를 3개까지만 수정시킬 수 있고, 같은 시술 주기 내에 배아를 3개까지만 이식할 수 있다. 게다가 1회의 시술 주기 내에 이식할 배아의 수보다 많이 난자를 수정시켜서는 안 되고, 이식 후 배아의 온전한 착상 전에 그것을 채취해도 안 된다.

　　임신 성공률을 높이려면 가급적 많은 배아를 확보해야 하는 까닭에 잔여 배아가 생긴다. 그런데도 독일 법은 결국 한 번의 시술로 이식할 만큼만 수정하게 하고, 수정 후에는 남김없이 이식하게 하며, 심지어 배아를 회수할 목적으로 착상을 방해할 가능성마저 없애고 있다. 배아 보존 자체는 금지하지 않지만 보존될 배아가 애초에 거의 생기지 않게 하려는 것이다.

　　그러나 이 배아보호법으로 인해 오히려 배아가 죽게 되는 역설적 상황이 초래되었다. 이 상황은 배아를 이용한 체외수정 시술의 특수성에서 비롯된다. 체외수정 시술을 위해서는 가장 건강한 배아 하나만을 골라 이식하는 '선택적 단일 배아 이식', 몇 개의 배아를 동시에 이식한 뒤 살아남은 배아를 성장시키는 '다배아 이식' 등의 방법이 사용된다. 임신 확률을 높이려면 배아의 건강 상태, 산모의 나이, 다태아 출산의 위험성 등에 비추어 가장 적합한 시술 방식을 선택해야 한다. 그런데 이 법을 따르면 선택적 단일 배아 이식의 방식을 취하기가 어렵게 된다. 하나를 제외한 나머지 배아에 모두 결함이 있어 불가피하게 배제될 경우가 아니라면, 충분히 건강한 한두 개의 배아를 다음 시술 시기를 위해 남겨 두지 못하기 때문이다. 그 결과 모든 배아를 일단 착상시킨 후 가장 건강한 하나만을 남기고 나머지 한두 개는 모체에서 제거하는 일이 종종 일어난다. 그래서 법제 개선을 촉구하는 독일학술원의 성명에서는 잔여 배아 보존이 가능하게 하고 배아 생성자가 그 기간을 결정하도록 하자고 제안하였다.

　　한국 법에서도 출산을 목적으로 할 때만 생식세포를 제공하여 배아를 생성할 수 있다. 일단 배아가 생성되면, 이식 횟수의 결정, 배아의 보존 여부, 난치병 연구를 위한 사용 여부 등에 대해 배아 생성자에게 의사 결정을 맡긴다. 다만 배아의 보존 기간은 5년 이내로만 정할 수 있고, 이 기간이 지나면 잔여 배아는 배아 생성자의 의사와 무관하게 원칙적으로 폐기해야 한다. 한편, 배아 생성자의 자기결정권을 제한하는 것에 대한 헌법소원심판도 있었는데, 헌법재판소는 배아가 배아 생성자의 기본권으로부터 도출되는 자기결정권의 대상이라고 판단했다. 배아는 비록 기본권의 주체는 아니지만 특별한 헌법적 지위를 가지는 존재이기에 그 배아의 보호를 위해 배아 생성자의 기본권을 제한할 수 있다는 등의 이유를 들어, 보존 기간의 제한은 합헌이라고 본 것이다.

19.

윗글의 내용과 일치하는 것은?

① 잔여 배아란, 착상된 후 의학적 판단에 따라 제거된 배아를 말한다.
② 독일학술원 성명에는 잔여 배아 발생을 억제하기 위한 제안이 담겨 있다.
③ 다배아 이식 시술은 선택적 단일 배아 이식 시술보다 임신 성공 확률이 높다.
④ 한국 법과 독일 법은 모두 배아를 보존하는 것 자체를 금지하지는 않고 있다.
⑤ 잔여 배아를 무조건 폐기하도록 강제하는 것은 비윤리적이라는 데 견해가 일치되어 있다.

문항 성격	문항유형 : 정보의 확인과 재구성
	내용영역 : 규범
평가 목표	이 문항은 제시문의 주제인 배아보호법에 대한 정보를 제시문에서 확인하고 재구성하는 능력을 평가하기 위한 문항이다.
문제 풀이	정답 : ④

제시문 첫 번째 단락에서 잔여 배아에 관한 정보를, 네 번째 단락에서 독일학술원 성명의 내용과 체외수정 시술 방법들의 관계를, 세 번째 단락과 다섯 번째 단락에서 배아 보존에 대한 한국 법과 독일 법의 태도에 관한 정보를 각각 확인하고 필요 시 이를 재구성하도록 한다.

정답 해설	④ 제시문 다섯 번째 단락에 따르면, 배아 보존 여부는 '배아 생성자에게 의사 결정을 맡긴다.'는 것을 알 수 있다. 또한 세 번째 단락에 따르면, 독일에서도 '배아 보존 자체는 금지하지 않지만'이라고 나온다.
오답 해설	① 제시문 첫 번째 단락에서 '시술 뒤에 남은 배아'가 '잔여 배아'임을 알 수 있다.
	② 제시문 네 번째 단락에서 독일학술원 성명에는 잔여 배아 발생을 전제로 잔여 배아의 보존이 가능하게 하자는 내용이 포함되어 있음을 알 수 있다.

③ 제시문 네 번째 단락에서, 임신 확률을 높이려면 배아의 건강 상태 등 다양한 구체적 사정에 따라 가장 적합한 시술 방식을 선택해야 한다고 했으므로, 다배아 이식 시술과 선택적 단일 배아 이식 시술 간 임신 성공 확률의 차이는 구체적인 상황에 달려 있고 이러한 차이를 일반적으로 판단할 수는 없음을 알 수 있다.

⑤ 제시문 첫 번째 단락에서 '시술 뒤에 남은 배아를 어떻게 처리할 것인가에 대한 윤리적 논란'이 유발되었다고 했고, 같은 단락에서 '시술 뒤에 남은 배아'가 '잔여 배아'라고 했으므로, 잔여 배아의 처리 방식 중 폐기 방식에 대한 윤리적 견해는 일치하지 않음을 알 수 있다.

20.

㉠에 대한 해석으로 가장 적절한 것은?

① 1회의 시술 주기 내에는 3개의 한도 내에서 이식할 배아의 수만큼만 난자를 수정시킬 수 있다.
② 배아 생성자의 요청이 있어도 이미 착상된 배아를 모체에서 분리하는 것이 엄격히 금지된다.
③ 생성한 배아를 동일 시술 주기 내에 이식할 수 없는 경우에는 반드시 폐기해야 한다.
④ 생성할 배아의 수보다 더 많은 난자를 채취하여 보관하는 것을 금지하고 있다.
⑤ 생성한 배아의 수보다 적게 이식하는 것은 어떤 경우에도 허용될 수 없다.

문항 성격	문항유형 : 정보의 추론과 해석
	내용영역 : 규범
평가 목표	이 문항은 제시문의 맥락에서 특정 어구를 적절하게 이해할 수 있는지 평가하기 위한 문항이다.
문제 풀이	정답 : ①

제시문 두 번째 단락에서 제시된 독일 배아보호법상의 '엄격한 기준'의 내용을 해석하고 이에 관한 정보를 조합하여 이로부터의 추론을 통해 각 선택지의 진위를 판단하도록 한다.

정답 해설 ① 제시문 두 번째 단락에서 1회의 시술 주기 내에 배아를 3개까지만 이식할 수 있고, 1회의 시술 주기 내에 이식할 배아의 수보다 많이 난자를 수정시켜서는 안 된다고 했으므로, 결국 1회의 시술 주기 내에는 3개 한도 내에서 정해지는 이식할 배아의 수만큼만 난자를 수정시킬 수 있음을 알 수 있다.

 ② 제시문 두 번째 단락에 따르면, 이식 후 배아의 온전한 착상 전의 채취는 금지되어 있으나, 착상 후 처리에 대한 규정은 없다는 것을 알 수 있다. 네 번째 단락에서 '일단 착상시킨 후 가장 건강한 하나만을 남기고 나머지 한두 개는 모체에서 제거하는 일이 종종 일어난다'고 했고 이런 사태를 방지하기 위한 법제 개선을 촉구했다고 했으므로, 독일의 현행 법제 하에서는 착상 후 분리가 금지되어 있지 않음을 알 수 있다.

③ 제시문 세 번째 단락에서 '배아 보존 자체는 금지하지 않지만'이라고 했으므로 반드시 폐기하라는 내용이 규정되어 있지 않음을 알 수 있다.

④ 제시문 세 번째 단락에서 '엄격한 기준'을 규정하여 배아 생성자의 자기결정권을 제한한다고 했으므로, 기준으로 규정된 내용이 아니면 배아 생성자의 자기결정권은 제한되지 않음을 알 수 있다. 그런데 '엄격한 기준'의 내용에 난자 채취 개수 제한은 규정되어 있지 않다.

⑤ 제시문 네 번째 단락에서 '하나를 제외한 나머지 배아에 모두 결함이 있어 불가피하게 배제'가 가능하다고 했으므로, 생성한 배아 중 결함 있는 배아가 있으면 생성한 배아의 수보다 적게 이식하는 경우가 있을 수 있음을 알 수 있다.

21.

윗글을 바탕으로 〈보기〉를 이해할 때, 적절하지 <u>않은</u> 것은?

보 기

 갑과 을 부부는 자신들의 생식세포를 이용하여 배아를 인공적으로 생성한 후, 이 배아를 아내인 을에게 이식하기 위한 시술을 1회 진행하였으나 착상에는 이르지 못하였다. 모든 시술은 정상적으로 진행되었으며, 배아에는 결함이 없었다.

① 독일 법이 적용되는 경우, 한국 법이 적용되는 경우와 달리 갑과 을이 원하더라도 착상 전에는 배아가 채취되지 못했겠군.

② 독일 법이 적용되는 경우, 한국 법이 적용되는 경우와 달리 갑과 을은 배아의 생성에 관한 문제에 대해 자기결정권을 행사할 수 없겠군.

③ 독일 법이 적용되는 경우, 갑과 을이 다시 배아 이식 시술을 받으려면 한국 법이 적용되는 경우와 달리 난자를 수정시키는 시술을 다시 진행해야 하겠군.

④ 한국 법이 적용되는 경우, 독일 법이 적용되는 경우와 달리 갑과 을 부부의 남은 배아

를 연구 목적을 위해 사용할 수 있겠군.

⑤ 한국 법이 적용되는 경우, 독일 법이 적용되는 경우와 달리 갑과 을의 의사에 따라 남은 배아를 보존하지 않도록 결정할 수 있겠군.

문항 성격 문항유형 : 정보의 평가와 적용
내용영역 : 규범

평가 목표 이 문항은 제시문에 주어진 정보를 평가하고 〈보기〉에서 주어진 사안에 대해 적용하는 능력을 평가하기 위한 문항이다.

문제 풀이 정답 : ②

제시문 두 번째 단락에 소개된 독일 배아보호법의 내용과 다섯 번째 단락에 소개된 한국 법의 내용을 주어진 사안에 대해 적용하여 그 결과를 확인함으로써 각 답지의 진위를 확인한다. 특히 독일 법에서는 정상적으로 시술이 진행되면 잔여 배아가 있을 수 없다는 점과 한국 법에서는 최장 보존 기간 이외의 사항에 대해서는 배아 생성자의 자기결정권에 맡겨져 있다는 점에 주목하여야 한다.

정답 해설 ② 제시문 두 번째 단락은 독일의 배아보호법에 대하여 "가급적 잔여 배아 자체가 만들어지지 않게 하는 것이 최선이라는 시각을 반영한 엄격한 기준을 규정하여 배아 생성자의 자기결정권을 제한한다."고 서술한다. 즉, 독일 법은 배아 생성자의 자기결정권을 전면적으로 부정하거나 박탈하는 것이 아니라, 수정할 수 있는 난자의 수, 이식할 수 있는 배아의 수 등에 한계를 두는 방식으로 그 범위를 제한하고 있을 뿐이다. 따라서 독일 법이 적용되는 경우에도 갑과 을은 여전히 자기 생식세포를 이용하여 배아를 생성하고 이식할 것인지에 관하여 일정한 범위 내에서 자기결정권을 행사할 수 있다. 그럼에도 ②에서는 독일 법이 적용되는 경우 "배아의 생성에 관한 문제에 대해 자기결정권을 행사할 수 없겠군."이라고 단정하고 있으므로 적절하지 않은 진술이다.

오답 해설 ① 독일 법이 적용되는 경우, 제시문 두 번째 단락에 따르면 이식 후 배아의 온전한 착상 전에 그것을 채취하는 것은 금지되어 있음을 알 수 있다. 한국 법이 적용되는 경우, 이러한 제한은 "다른 나라의 입법례와는 달리"라고 했으므로 "다른 나라의 입법례"에 해당하는 한국 법에는 이러한 제한이 없음을 알 수 있다. 또한 다섯 번째 단락에서 일단 배아가 생성되면 배아 생성자에게 의사 결정을 맡긴다고 했으므로 이식 후 착상 전 배아 채취에 대한 제한도 없다고 추론할 수 있다.

134

③ 독일 법이 적용되는 경우 제시문 두 번째 단락에 따르면 1회 시술 주기 내에 이식할 배아의 수만큼만 배아가 생성되었을 것이다. 또한 〈보기〉에서 정상적으로 시술되었고 모든 배아에 결함이 없었으므로 네 번째 단락에서 나오는 '불가피하게 배제'되는 경우도 없었을 것이다. 이렇게 본다면 남은 배아 자체가 존재하지 않을 것이라고 판단할 수 있다. 따라서 다음 시술 주기에 다시 배아 이식 시술을 받으려면 난자를 수정시켜 배아를 생성하는 시술부터 진행해야 한다. 이에 비해 한국 법이 적용되는 경우, 다섯 번째 단락에서 배아와 관련된 모든 사항은 배아 생성자에게 맡겨지고 오직 5년 이상 보관에 대해서만 자기결정권이 제한된다고 했으므로, 생성된 배아 중 일부가 이식되지 않고 남아 있어서 다시 난자를 수정시켜 배아를 생성하는 시술을 진행할 필요가 없는 경우도 있다.

④ 한국 법이 적용되는 경우, 제시문 다섯 번째 단락에서 배아와 관련된 모든 사항은 배아 생성자에게 맡겨지고 오직 5년 이상 보관에 대해서만 자기결정권이 제한됨을 알 수 있다. 따라서 한국 법이 적용되는 경우 남은 배아를 연구 목적으로 사용하는 것에 대해 갑을 부부가 결정할 수 있다. 독일 법이 적용되는 경우 ③번 선택지 해설에서 설명한 것처럼 잔여 배아가 존재하지 않을 것이라고 판단할 수 있으므로, 이를 연구 목적을 위해 사용할 여지는 없다.

⑤ 한국 법이 적용되는 경우, 제시문 다섯 번째 단락에서 남은 배아가 있을 수 있고 이에 대한 보존 여부는 배아 생성자가 결정할 수 있음을 알 수 있다. 독일 법이 적용되는 경우, ③번 선택지 해설에서 설명한 것처럼 남은 배아 자체가 존재하지 않을 것이라고 판단할 수 있으며, 그 배아 보존에 대해 배아 생성자인 갑과 을이 결정권을 행사할 여지는 없다.

[22~24] 다음 글을 읽고 물음에 답하시오.

플라톤의 두 작품 『소크라테스의 변론』(이하 『변론』)과 『크리톤』에 대해서는 해석상의 문제가 있다. 『변론』에서 소크라테스는 국가가 자신에게 철학적 활동을 그만두라고 명령한다면 사형에 처해지더라도, 그 명령에 불복하겠다고 강변한다. 그래서 소크라테스는 국가권력에 대해 개인 양심이 우선함을 주상한 철학석 순교사이자 시빈물복송 성신의 선례로 이해된다.

그런데 『크리톤』에서 소크라테스는 탈옥을 종용하는 친구 크리톤에게 자신이 국가의 명령에 복종하여 사형을 받아들여야 함을 논증한다. 소크라테스는 부정의한 일을 하는 것이 어떤 상황에서도, 심지어 부정의한 일을 당한 경우에도 올바르지 않다는 원칙에 동의하는지 크리톤에게 묻고, 그 원칙에 따라 탈옥은 판결이 부당했더라도 부정의하다고 설파한다. 국민으로서 자신을 태어나고 자랄 수 있게 한 국가의 명령에 불복하는 것은 국가의 존립 근거를 해치는 부정의한 일이며, 따라서 국가의 명령이 비록 부당하더라도 복종하는 것이 옳다는 것이다. 여기서 국가의 명령이 부당하다는 것은 법률의 내용이 아니라 판결이 부당함을 뜻한다. 만약 국가의 명령에는 무조건 복종해야 한다는 권위주의적 주장을 『크리톤』의 소크라테스가 하는 것이라면, 『변론』의 소크라테스와는 상치된 주장을 하는 셈이다.

일관성의 문제는 『크리톤』 내부에 대해서도 제기될 수 있다. 크리톤이 논변의 중요 대목에서 소크라테스의 말을 이해하지 못하겠다며 대답을 회피하자, 돌연 소크라테스는 의인화된 아테네 법률을 등장시켜 그 입을 빌려 탈옥 반대 논증을 이어간다. 후반부의 이런 방식의 대화 진행은 『크리톤』의 독특한 전개 방식이다. 전반부에 제시된 논증의 전제들이 소크라테스가 여러 대화편에서 일관되게 주창해왔던 원칙들인 반면, 후반부에는 권위주의적 주장으로 읽힐 내용이 많다. 그래서 후반부 논증이 과연 소크라테스 자신의 견해를 나타낸다고 이해해야 할지가 문제시된다.

이에 대해 다양한 해석이 존재한다. 먼저 두 작품에 개진된 각각의 입장 사이에 해소될 수 없는 모순이 있다고 주장하며 한 입장을 옹호하고 다른 입장을 비판하는 견해가 있다. 베트남 전쟁에 반대해 징집에 불복한 청년들을 옹호했던 하워드 진은 『변론』의 소크라테스가 영웅적으로 보여주었던 비판과 저항의 정신을 『크리톤』의 소크라테스는 포기했다고 주장하면서 우리는 전자를 본받아야 한다고 역설했다.

그로트는 텍스트상의 모순을 플라톤의 저술 동기를 통해 설명한다. 『변론』의 소크라테스는 자신을 아테네 법 위에 놓는 오만한 자라는 인상을 주는데, 이는 그가 국법을 무시하도록 조장했다는 고발의 내용을 확증해 주는 것이었다. 따라서 플라톤은 『크리톤』에서 소크라테스를 애국심에 대한 호소로 충만한 법의 수호자로 묘사하여 부정적 인상을 불식시키고자 했고, 바로 여기서 모순이 생겼다는 것이다.

한편 개리 영은 소크라테스의 철학 방법론에 주목하여 모순을 설명한다. 소크라테스의 대화법에서 논의 수준은 대화 상대자에 따라 조절되는데, 철학적 영민함을 갖추지 못한 크리톤을 엄밀한 이성적 방식으로 설득하는 데 실패하자 소크라테스가 후반부에는 '법률'을 내세워 그를 단지 감동시키고 있다는 것이다. 이 해석에 따르면 『크리톤』 후반부의 논증은 소크라테스 자신이 받아들이지 않는, 단지 크리톤 같은 사람들을 설득하기 위한 맞춤 논증일 뿐이다.

반면 앨런은 『크리톤』에서의 소크라테스의 논증을 자세히 분석하면 『변론』과의 모순은 실제로는 존재하지 않는다고 주장한다. '부정의를 저지르는 것', 즉 윤리적 원칙에 의거해 절대적으로 하지 말아야 하는 것과, '부정의를 감수하는 것', 예컨대 소크라테스의 경우 잘못된 판결의 해악을 감수하는 것을 개념적으로 구별하면서 텍스트를 읽으면, 『크리톤』 후반부도 권위주의적 주장과는 거리가 먼 것으로 해석될 수 있다는 것이다.

유벤도 『크리톤』이 『변론』과는 상충되는 권위주의적 주장을 대변하지 않고 오히려 철학과 정치 간의 갈등을 극적으로 드러낸다고 본다. 소크라테스가 "부정의를 저지르기보다는 당하는 편이 낫고 어떤 경우라도 타인에게 의도적으로 해를 가해서는 안 된다."라는 자신의 가르침이 진리임을 입증하고자 적극적으로 죽음을 받아들였다는 것이다. 탈옥하지 않고 국가의 명령에 복종하여 사형을 감내하는 것이 불완전한 현실 국가에서 살아가는 철학자가 오히려 도덕적 우위에 서서 부당한 권력에 저항하는 방식이라는 것이다.

22.

윗글의 내용과 일치하는 것은?

① 소크라테스의 작품 내 일관성에 대한 논란은 『변론』에 한정된다.
② 『크리톤』의 후반부는 소크라테스가 의인화된 존재에게 말을 건네는 형식으로 진행된다.
③ 『크리톤』의 소크라테스는 법에 대한 복종의 근거를 법률의 구체적 내용에서 찾고 있다.
④ 시민불복종을 지지하는 사람들은 일반적으로 『변론』과 『크리톤』의 소크라테스를 모범으로 삼는다.
⑤ 『변론』과 『크리톤』에 대한 논란은 국가의 권위에 대한 소크라테스의 태도가 비일관적으로 보인다는 것에서 기인한다.

문항 성격	문항유형 : 정보의 확인과 재구성
	내용영역 : 인문
평가 목표	이 문항은 주어진 제시문에 제시된 정보를 정확하게 파악하고 있는지 확인하는 문항이다.
문제 풀이	정답 : ⑤

『변론』과 『크리톤』의 내용 및 두 작품 해석의 문제와 관련해 제시문에 제시된 정보를 정확하게 파악하고 그에 따라 답지를 고르도록 한다.

정답 해설 ⑤ 제시문 첫 번째와 두 번째 단락, 특히나 두 번째 단락 마지막 문장 "만약 국가의 명령에는 무조건 복종해야 한다는 권위주의적 주장을 『크리톤』의 소크라테스가

하는 것이라면, 『변론』의 소크라테스와는 상치된 주장을 하는 셈이다."에서 확인할 수 있다.

오답 해설 ① 제시문 세 번째 단락에 따르면, 소크라테스의 작품 내 일관성에 대한 논란은 『크리톤』에 한정된다.

② 제시문 세 번째 단락 "돌연 소크라테스는 의인화된 아테네 법률을 등장시켜 그 입을 빌려 탈옥 반대 논증을 이어간다."에서 『크리톤』의 후반부는 소크라테스가 의인화된 존재의 입을 빌려 크리톤에게 말을 건네는 형식으로 진행됨을 알 수 있다.

③ 제시문 두 번째 단락 "국민으로서 자신을 태어나고 자랄 수 있게 한 국가의 명령에 불복하는 것은 국가의 존립 근거를 해치는 부정의한 일이며, 따라서 국가의 명령이 비록 부당하더라도 복종하는 것이 옳다는 것이다."에서 『크리톤』의 소크라테스는 국가와 개인 간에 성립하는 시혜적 관계에서 법에 대한 복종의 근거를 찾고 있음을 확인할 수 있다. 법률의 구체적 내용과는 관계없다.

④ 유벤과 같은 노선의 사람들이 『크리톤』의 소크라테스도 『변론』의 소크라테스와 함께 시민불복종의 모범으로 삼는 것도 가능은 하지만 '일반적으로' 그런 것은 아니다. 예컨대 하워드 진의 경우, 『변론』의 소크라테스가 영웅적으로 보여주었던 비판과 저항의 정신을 『크리톤』의 소크라테스는 포기했다고 주장하고 있다.

23.

윗글에 제시된 해석들에 대한 평가로 적절하지 <u>않은</u> 것은?

① 『크리톤』의 소크라테스도 부당한 권력에 저항한 것으로 판명된다면, 하워드 진의 『크리톤』 해석은 출발점에서부터 철회되어야 하겠군.
② 다른 작품에 나오는 소크라테스의 대화 상대자들과 크리톤 사이에 철학적 능력 면에서 명확한 차이가 없다면 개리 영의 해석은 설득력을 잃겠군.
③ '부정의를 감수하는 것'이 결국 '부정의를 저지르는 것'이라고 여기는 사람에게는 앨런의 해석은 설득력이 없겠군.
④ 그로트의 해석과 달리 유벤의 해석은 새로운 근거가 추가 제시되지 않으면 단지 추측에 바탕을 둔 것이라고 비판될 수 있겠군.
⑤ 그로트는 텍스트 외부 인물의 동기에, 개리 영은 텍스트 내부 인물의 동기에 천착하여 각각 텍스트상의 모순을 설명할 방법을 제시하고 있군.

138

문항 성격　문항유형 : 정보의 평가와 적용

　　　　　내용영역 : 인문

평가 목표　이 문항은 제시문에 주어진 여러 해석을 정확하게 이해하고 평가할 수 있는지를 확인

하는 문항이다.

문제 풀이　정답 : ④

제시문에 주어진 각각의 해석의 논리적인 구조와 여러 해석들 간의 관계에 대해 이해하고 평가하도록 한다.

정답 해설　④ 제시문 다섯 번째와 마지막 단락에 따르면, 그로트와 유벤의 해석 모두 사람의 심리적 동기에 대한 추측에 바탕을 두고 있다. 즉, 그로트는 플라톤의 저술 동기, 유벤은 소크라테스의 사형 선택 결정 이면에 숨은 동기에 대한 추측에 의거하고 있는데, 이에 대한 텍스트상이나 역사적인 근거가 제시되고 있지는 않다.

오답 해설　① 『크리톤』의 소크라테스도 부당한 권력에 저항한 것으로 판명된다면, 『크리톤』의 소크라테스가 권위주의적 주장을 한 것으로 이해한 하워드 진의 『크리톤』 해석은 근본적으로 철회될 것이다.

② 개리 영의 해석의 출발점은 크리톤이 "논변의 중요 대목에서 소크라테스의 말을 이해하지 못하겠다며 대답을 회피"하는 등 크리톤이 '철학적 영민함을 갖추지 못한' 사람으로 설정된 것이라는 것이다. 그런데 만약 다른 작품에 나오는 소크라테스의 대화 상대자들도 크리톤과 철학적 능력 면에서 명확한 차이가 없는 것으로 판명된다면 영의 해석의 출발점이 흔들릴 것이다.

③ 앨런의 해석의 출발점은 '부정의를 저지르는 것'과, '부정의를 감수하는 것'의 구분이 중요한 개념적 구별이라는 것이다. 그런데 양자 사이의 차이가 유의미하지 않다고 하게 되면 결국 앨런 해석의 대전제를 부정하게 된다.

⑤ 그로트와 영은 둘 다 『변론』의 소크라테스와 『크리톤』의 소크라테스 사이에 모순이 존재한다고 인정하는 입장이다. 다만 그로트는 텍스트 외부 인물인 플라톤이 왜 『크리톤』을 저술했는지에 천착해 그 모순을 설명하고, 개리 영은 텍스트 내부 인물인 소크라테스가 왜 사형을 선택했는지에 천착해 모순을 설명하고 있다.

24.

윗글을 바탕으로 〈보기〉를 설명할 때, 가장 적절한 것은?

보기

> X국은 전쟁에 필요한 재원 마련을 위해 특별세를 부과했다. 갑은 이 전쟁이 정의롭지 않고 특별세 납부는 간접적 참전이라고 여겨 특별세를 내지 않았다. X국은 특별세를 내지 않는 사람을 구류에 처했고, 갑은 구류를 사느라 특별세 금액보다 더 큰 경제적 손해를 보게 되었다. 갑의 친구 을은 갑을 반(反)애국적이라고 비난하는 우중(愚衆)에게 갑의 결정은 국가가 잘못된 방향으로 가는 것을 막으려는 애국적 결정이었다고 두둔했다.

① 하워드 진은, 특별세 납부 대신 구류를 선택한 갑의 결정을 국가에 대한 저항 정신을 포기한 것이라고 비판할 것이다.

② 타인들에게 갑을 변호하기 위해 갑의 동기를 언급한 을은, 소크라테스를 변호하기 위해 소크라테스의 동기를 언급하는 그로트에 비견된다.

③ 개리 영은, 경제적 손해를 감수하는 것이 애국심을 보여 주는 증거라는 을의 논증을 어리석은 사람을 설득하고자 노력하는 소크라테스의 논증과 대비된다고 볼 것이다.

④ 앨런은, 갑의 결정이 『변론』에서의 소크라테스뿐만 아니라 『크리톤』에서의 소크라테스의 태도와도 상치된다고 볼 것이다.

⑤ 유벤은, 특별세 납부는 거부했지만 순순히 구류를 산 갑의 결정이 불복종 행위의 도덕적 순수함을 보여 주었다고 평가할 것이다.

문항 성격	문항유형 : 정보의 추론과 해석
	내용영역 : 인문
평가 목표	이 문항은 제시문에 주어진 정보를 이용하여 추론하고 〈보기〉의 상황에 적용하는 능력을 평가하기 위한 문항이다.
문제 풀이	정답 : ⑤

제시문의 내용을 정확히 이해하고 그 내용을 〈보기〉의 사례에 적용하여 각 선택지의 진위를 판단한다.

정답 해설 ⑤ 갑은 순순히 구류를 삶으로써 특별세 금액보다 더 큰 경제적 손해를 감수함으로써 자신의 결정이 경제적인 손해를 회피하기 위한 것이 아니고 순수한 동기를 가진다는 것을 보여 주었고 이것은 유벤이 높이 평가하는 소크라테스의 태도와 유사하다.

 ① 갑은 '이 전쟁'이 정의롭지 않고 특별세 납부는 간접적 참전이라고 여겨 특별세를 내지 않아 구류에 처해졌다. 제시문 네 번째 단락에 따르면, 하워드 진은 베트남 전쟁에 반대해 징집에 불복한 청년들을 옹호하면서 비판과 저항의 정신을 본받아야 한다고 역설했다.

② 타인들에게 갑을 변호하기 위해 갑의 동기를 언급한 을은, 소크라테스를 변호하기 위해 플라톤의 동기를 언급하는 그로트에 비견된다.

③ "경제적 손해를 감수하는 것이 애국심을 보여 주는 증거"라는 을의 논증이 이성적인 사람을 설득하기 위한 것이건 어리석은 사람을 설득하기 위한 것이건 간에, 적어도 이 논증이 어리석은 사람을 설득하고자 노력하는 소크라테스의 맞춤 논증과 '대비'된다고 할 수는 없다.

④ 『크리톤』의 소크라테스가 일견 보이듯 권위주의적인 주장을 하는 것이 아니고 그래서 『크리톤』의 소크라테스와 『변론』의 소크라테스 사이에 모순이 없다는 것이 앨런의 해석이다. 갑의 결정은 『변론』에서의 소크라테스의 태도와도 상치되지 않고 『크리톤』에서의 소크라테스의 태도와도 상치되지 않을 것이다.

[25~27] 다음 글을 읽고 물음에 답하시오.

최근 빅데이터, 소셜 네트워크 서비스 등 대용량 웹서비스를 제공하기 위해 비관계형 데이터베이스가 도입되고 있지만, 정형 데이터를 안정적으로 처리하기 위해서 가장 많이 활용되고 있는 것은 관계형 데이터베이스이다. 관계형 데이터베이스 및 정보시스템 개발 과정에서 데이터베이스의 체계적 관리를 위한 소프트웨어인 DBMS가 어느 것인지에 상관없이, 데이터를 관리할 수 있도록 표준 질의언어인 SQL이 활용되고 있다.

데이터베이스 트랜잭션은 계좌이체, 주문 처리 등과 같이 한꺼번에 처리해야 하는 논리적 업무 단위를 말한다. 트랜잭션에는 SQL의 조회·삽입·삭제·갱신 등의 작업이 포함된다. 조회작업으로만 구성된 트랜잭션은 데이터베이스 내용을 변화시키지 않는다. 트랜잭션의 개념은 데이터베이스의 안전성을 유지하는 데 필수적이다. 예를 들어 계좌이체의 경우, 도중에 오류가 발생하여 출금 계좌에서 돈이 빠져나갔지만 입금 계좌에는 돈이 안 들어온 상황이 발생해서는 안 된다. 입출금 작업이 모두 성공적으로 종료되어야 이를 완전한 거래로 승인하여 '완료'하고, 일부라도 오류가 발생했을 때는 거래를 아예 진행하지 않은 상태로 '롤백'하여 거래의 안전을 확보해야 하는 것이다.

트랜잭션이 반드시 충족해야 하는 특성으로 원자성·일관성·격리성 등이 있다. 원자성은 계좌이체의 예에서 설명한 바와 같이 트랜잭션의 모든 작업이 성공적으로 완료되거나 아예 아무것도 실행되지 않아야 한다는 특성을 말한다. 일관성은 트랜잭션의 실행 전과 후 모두 데이터베이스에 정의된 무결성 제약조건을 충족하여 논리적으로 일관된 상태를 유지해야 함을 의미한다. 격리성은 둘 이상의 트랜잭션을 동시에 실행할 때 상호 간섭에 의한 문제를 일으키지 않는 성질로, 이를 만족한다면 트랜잭션의 동시 실행의 결과는 트랜잭션을 순차적으로 실행하였을 때의 결과와 같다.

ⓐ 트랜잭션의 동시성 제어는 다중 사용자 환경에서 트랜잭션의 일관성과 격리성을 보장하기 위해 DBMS가 제공하는 기능이다. 동시성 제어를 하지 않으면 트랜잭션이 서로 충돌하여 갱신 분실 문제와 모순된 읽기 문제가 발생할 수 있다. 두 트랜잭션이 동일 데이터를 동시에 갱신할 때 한 트랜잭션의 갱신이 다른 트랜잭션이 갱신한 내용을 덮어 쓸 수 있는데, 이를 갱신 분실이라 한다. 모순된 읽기에는 오염된 읽기·반복 불가능한 읽기·팬텀 읽기가 있다. 오염된 읽기는 두 트랜잭션이 동시에 같은 데이터에 접근할 때 한 트랜잭션이 데이터를 갱신한 후 이를 완료하기 전에 다른 트랜잭션이 이 데이터를 읽었으나 이후 데이터 갱신작업을 롤백할 경우 발생하는 문제이다. 반복 불가능한 읽기는 한 트랜잭션 내에서 같은 데이터를 여러 번 조회하는 도중에 다른 트랜잭션이 해당 데이터값을 갱신한 후 완료하면 같은 질의의 결과가 서로 달라지는 문제를 말한다. 팬텀 읽기는 한 트랜잭션에서 질의를 통해 레코드 세트를 읽었지만 다른 트랜잭션이 레코드를 삽입한 후 같은 질의를 반복할 때, 이전과 다른 레코드 세트를 조회하는 현상을 말한다.

한편 SQL에서는 트랜잭션의 동시성 제어를 위한 네 단계의 격리성 수준을 정의한다. 가장 낮은 단계인 미완료 읽기는 완료되지 않은 데이터도 읽을 수 있어 모든 유형의 모순된 읽기가 발생할 수 있다. 다음으로 완료 읽기는 미완료 데이터를 읽지 못하도록 하여 오염된 읽기를 막을 수 있다. 세 번째 단계인 반복 가능 조회는 한 트랜잭션에서 하나의 스냅숏만 사용하도록 하여 오염된 읽기와 반복 불가능한 읽기는 발생하지 않으나, 팬텀 읽기를 막을 수는 없다. 마지막 단계인 직렬화 가능 실행은 2단계 잠금과 같은 기법을 사용하여 트랜잭션의 순차적 실행을 보장함으로써 최고 수준의 격리성을 제공한다. 잠금의 기본 원리는 한 트랜잭션이 자신이 먼저 접근한 데이터를 잠가 다른 트랜잭션의 접근을 막고, 작업을 마치면 이를 풀어 다른 트랜잭션이 사용할 수 있도록 하는 것이다. 이러한 기본 방식의 잠금은 데이터의 독점적 사용으로 인해 동시성을 현저히 저해하며, 또한 트랜잭션의 직렬화 가능 실행을 보장하지 못한다. 이 두 문제를 해결하기 위해 등장한 2단계 잠금은 항상 직렬화 가능 트랜잭션 실행을 보장한다. 일반적으로 격리성 수준이 높을수록 트랜잭션의 독립성이 강해지지만, 성능 및 동시성은 저하된다.

25.

윗글의 내용과 일치하는 것은?

① 조회작업으로 구성된 두 트랜잭션이 동시에 진행되면 모순된 읽기는 발생하지 않는다.
② 트랜잭션의 격리성 수준을 완료 읽기로 설정하면 트랜잭션의 원자성을 충족할 수 있다.
③ SQL 표준을 사용하여 형태가 정해지지 않은 대용량 데이터를 체계적으로 관리할 수 있다.
④ DBMS는 트랜잭션의 원자성을 보장하기 위해 제약조건을 위배하는 트랜잭션을 거부해야 한다.
⑤ 두 트랜잭션이 동일 데이터 영역을 넘나들며 진행되어도 모순된 읽기 문제는 발생하지 않는다.

문항 성격	문항유형 : 정보의 확인과 재구성
	내용영역 : 과학기술
평가 목표	이 문항은 제시문의 주제인 데이터베이스 트랜잭션의 개념과 이의 동시성 제어에 대한 정보를 제시문에서 확인하고 재구성하는 능력을 평가하기 위한 문항이다.
문제 풀이	정답 : ①

제시문 첫 번째 단락에서 관계형 데이터베이스와 SQL을 소개한 후, 이후 단락들에서 트랜잭션의 개념과 동시성 제어 기법에 대해 소개하고 있다. 제시문의 이러한 내용을 토대로 각 선택지의 진위 여부를 확인하도록 한다.

정답 해설 ① 제시문 두 번째 단락 "조회작업으로만 구성된 트랜잭션은 데이터베이스 내용을 변화시키지 않는다."에서 확인할 수 있다. 데이터베이스 내용을 변화시키지 않는 조회작업들을 동시에 실행할 때는 갱신 분실이나 모순된 읽기와 같은 문제가 발생하지 않는다.

오답 해설 ② 제시문 네 번째 단락 "트랜잭션의 동시성 제어는 다중 사용자 환경에서 트랜잭션의 일관성과 격리성을 보장하기 위해 DBMS가 제공하는 기능이다."로부터 트랜잭션의 동시성 제어를 위한 기법인 트랜잭션의 격리성 수준들은 원자성과 관련되는 것이 아니라는 것을 알 수 있다.

③ 제시문 첫 번째 단락 "정형 데이터를 안정적으로 처리하기 위해서 가장 많이 활용되고 있는 것은 관계형 데이터베이스이다."라고 하였으므로 관계형 DBMS에

서 활용되는 SQL 표준은 형태가 정해져 있는 정형 데이터를 관리하는 데 사용된다는 것을 알 수 있다.

④ 제시문 세 번째 단락 "일관성은 트랜잭션의 실행 전과 후 모두 데이터베이스에 정의된 무결성 제약조건을 충족하여 논리적으로 일관된 상태를 유지해야 함을 의미한다."로부터 DBMS는 트랜잭션의 '원자성'이 아니라 '일관성'을 보장하기 위해 제약조건을 위배하는 트랜잭션이 수행되지 않도록 한다는 것을 알 수 있다.

⑤ 제시문 네 번째 단락에서 설명하고 있는 트랜잭션의 동시성 제어를 하지 않았을 때 발생하는 문제점에 대한 이해를 통해 두 트랜잭션이 동일한 데이터 영역을 넘나들며 진행될 경우 모순된 읽기가 발생할 수 있음을 알 수 있다.

26.

㉠에 대한 추론으로 적절하지 <u>않은</u> 것은?

① 격리성 수준을 가장 높게 설정하면 갱신 분실 문제가 발생하지 않는다.
② 격리성 수준 중 동시성이 가장 높은 단계는 모순된 읽기를 방지할 수 없다.
③ 격리성 수준을 직렬화 가능 실행에서 미완료 읽기로 변경하면 독립성이 약해진다.
④ 갱신작업으로만 구성된 두 트랜잭션이 동시에 진행할 경우 팬텀 읽기는 발생하지 않는다.
⑤ 데이터를 독점적으로 사용하는 잠금 기법을 적용함으로써 완전한 격리성을 보장할 수 있다.

문항 성격	문항유형 : 정보의 추론과 해석
	내용영역 : 과학기술
평가 목표	이 문항은 트랜잭션 동시성 제어의 필요성과 동시성 제어를 위한 네 가지 격리성 수준에 대한 정보를 이용하여 추론하는 능력을 평가하는 문항이다.
문제 풀이	정답 : ⑤

제시문 네 번째 단락에서 트랜잭션의 동시성 필요성과 각종 문제점 유형을 파악하고, 다섯 번째 단락에서 동시성 제어를 위한 네 단계의 격리성 수준에 관한 내용을 이해한 다음 이를 토대로 각 선택지의 진위 여부를 추론하도록 한다.

 ⑤ 제시문 다섯 번째 단락 "이러한 기본 방식의 잠금은 데이터의 독점적 사용으로 인해 동시성을 현저히 저해하며, 또한 트랜잭션의 직렬화 가능 실행을 보장하지 못한다."로부터 기본 방식의 잠금으로는 SQL에서 정의된 격리성 수준 가운데 가장 높은 단계의 격리성을 보장하지 못함을 추론할 수 있다. 데이터를 독점적으로 사용하는 기본 방식의 잠금 기법으로는 가장 높은 수준의 격리성 또는 완전한 격리성을 보장할 수 없으며, 2단계 잠금과 같은 기법을 적용해야 한다.

 ① 제시문 다섯 번째 단락 "이 두 문제를 해결하기 위해 등장한 2단계 잠금은 항상 직렬화 가능 트랜잭션 실행을 보장한다."와 세 번째 단락 "격리성은 둘 이상의 트랜잭션을 동시에 실행할 때 상호 간섭에 의한 문제를 일으키지 않는 성질로, 이를 만족한다면 트랜잭션의 동시 실행의 결과는 트랜잭션을 순차적으로 실행하였을 때의 결과와 같다."를 통해 격리성 수준을 가장 높게 설정하면 갱신 분실 문제가 발생하지 않는다는 것을 추론해 낼 수 있다.

② 제시문 다섯 번째 단락에서 격리성 수준 중 동시성이 가장 높은 단계는 첫 번째 단계, 즉 가장 낮은 단계라는 것을 알 수 있고, 같은 단락 "가장 낮은 단계인 미완료 읽기는 완료되지 않은 데이터도 읽을 수 있어 모든 유형의 모순된 읽기 문제가 발생할 수 있다."로부터 이 단계로는 모든 유형의 모순된 읽기를 방지할 수 없다는 것을 추론할 수 있다.

③ 제시문 다섯 번째 단락에서 격리성 수준을 직렬화 가능 실행에서 미완료 읽기로 변경한다는 것은 격리성 수준이 낮아진다는 것을 의미함을 알 수 있다. 이와 같이 격리성 수준이 낮아지면, 동시성은 높아지지만 독립성은 약해진다는 것을 추론할 수 있다.

④ 제시문 네 번째 단락의 팬텀 읽기에 대한 설명을 통해 이러한 유형의 모순된 읽기는 SQL 삽입 작업으로 인해 초래됨을 알 수 있다. 따라서 삽입 작업이 포함되지 않고 갱신작업으로만 구성된 두 트랜잭션이 동시에 진행할 경우에는 팬텀 읽기가 발생할 수 없다는 것을 추론할 수 있다.

27.

윗글의 내용을 바탕으로 〈보기〉를 이해할 때, 적절하지 <u>않은</u> 것은?

다음 그림의 각 상황에서 트랜잭션 A는 읽기작업을, 트랜잭션 B와 C는 쓰기작업을 표시된 번호 순서대로 수행한다.

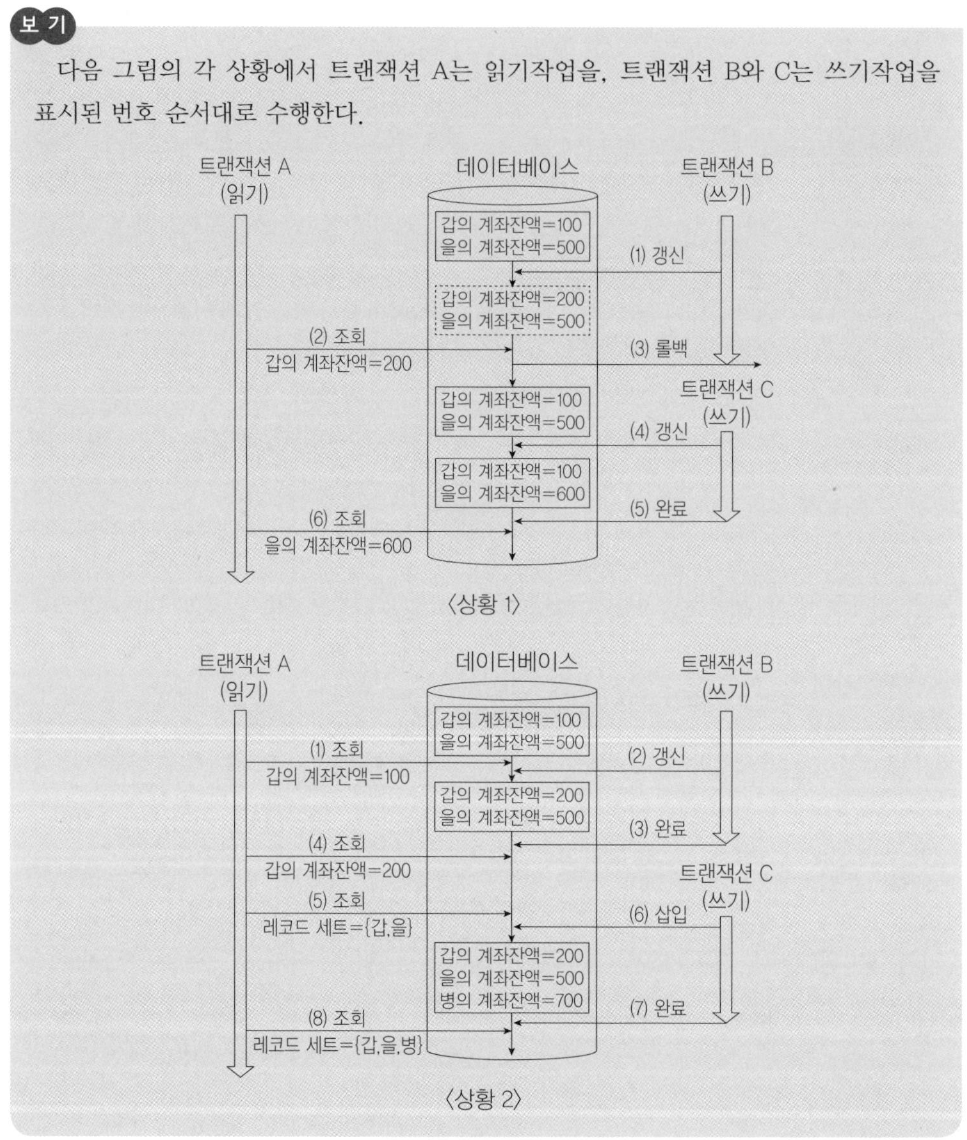

① 〈상황 1〉에서 트랜잭션 A가 조회한 갑의 계좌잔액은 오염된 값이나, 을의 계좌잔액은 오염된 값이 아니다.

② 〈상황 1〉의 모순성을 방지하려면 트랜잭션 A가 미완료 데이터를 조회하는 것을 허용해서는 안 된다.

③ 〈상황 1〉, 〈상황 2〉에서 확인할 수 있는 모순된 읽기의 유형은 모두 3가지이다.

④ 〈상황 2〉는 세 트랜잭션을 순차적으로 실행하여 발생한 모순된 읽기를 보여 준다.

⑤ 〈상황 2〉의 모순성을 방지할 수 있도록 격리성 수준을 설정하면 〈상황 1〉의 모순성도 발생하지 않는다.

문항 성격	문항유형 : 정보의 평가와 적용 내용영역 : 과학기술
평가 목표	이 문항은 〈보기〉의 사례에, 제시문에 주어진 갱신 분실 및 모순된 읽기 문제와 이를 방지하기 위한 트랜잭션 격리성 수준에 대한 정보를 구체적으로 적용하고 판단할 수 있는 능력을 평가하기 위한 문항이다.
문제 풀이	정답 : ④

〈보기〉에 제시된 두 가지 상황에 나타난 각 유형의 모순된 읽기를 파악하고, 트랜잭션의 격리성 수준에 대한 정보를 적용하고 평가하여 각 선택지의 진위 여부를 판단해야 한다.

정답 해설 ④ 제시문의 네 번째 단락에서 〈상황 2〉에 나타난 모순된 읽기는 반복 불가능한 읽기와 팬텀 읽기라는 것을 파악할 수 있다. 그런데 모든 유형의 모순된 읽기는 동시에 실행하는 트랜잭션이 서로 간섭할 때 발생하는 문제이므로, 트랜잭션을 순차적으로 실행했을 때는 상호 간섭에 의한 문제는 안 생긴다는 것을 알 수 있다. 따라서 〈상황 2〉의 모순된 읽기는 트랜잭션의 순차적 실행에 의해 발생한 것이 아니다.

오답 해설 ① 〈상황 1〉의 트랜잭션 A가 조회한 갑의 계좌잔액은 트랜잭션 C의 롤백으로 인해 발생한 오염된 읽기의 결과임을 알 수 있다. 반면에 을의 계좌잔액은 트랜잭션 C가 완료된 다음 트랜잭션 A가 그 내용을 조회하였으므로 오염된 읽기는 발생하지 않았다는 것을 알 수 있다.

② 〈상황 1〉에서 발생한 모순된 읽기는 오염된 읽기이다. 이와 같은 종류의 모순성을 방지하기 위해서는 트랜잭션 A가 완료되지 않은 데이터를 조회하는 것을 허용해서는 안 된다.

③ 〈상황 1〉에서 발생한 모순된 읽기는 오염된 읽기이며, 〈상황 2〉에서 발생한 모순된 읽기는 반복 불가능한 읽기와 팬텀 읽기가 발생하였다. 따라서 〈상황 1〉, 〈상황 2〉에서 확인할 수 있는 모순된 읽기의 유형은 모두 세 가지이다.

⑤ 〈상황 2〉에서 발생한 모순된 읽기는 반복 불가능한 읽기와 팬텀 읽기이므로 〈상황 2〉의 모순성을 모두 방지하려면 가장 높은 단계인 직렬화 가능 실행으로 격리성 수준을 설정해야 한다. 이러한 수준으로 격리성 수준을 설정하면 〈상황 1〉의 모순성인 오염된 읽기 또한 막을 수 있다.

[28~30] 다음 글을 읽고 물음에 답하시오.

역사적으로 희곡과 공연의 관계에 대한 탐색은 연극의 고유한 특성에 대한 물음과 이어져 있다. 아리스토텔레스는 비극은 단지 읽기만 해도 그 성질을 알 수 있다는 전제에서 비극의 창작술을 플롯을 중심으로 논했다. 다만 비극의 또 다른 요소인 '볼거리'는 비록 창작술과 거리가 멀지만 쾌감을 산출한다고 보았다. 고전주의 시대를 경과하면서 희곡의 대사는 작가의 사상과 플롯을 집약하는 공연의 중심 요소로 각인되었다.

이러한 위계는 연극학자 혼비가 희곡과 공연의 첫 번째 관계 유형으로 언급한 심포니 모델 과 유사하다. 지휘자와 연주자의 개성이 존중되며 매번 다른 연주가 펼쳐지지만, 음표·선율 등을 지시한 악보의 존재는 절대적이다. 현대 연극은 다른 관계를 모색하는데, 무대 창작자들의 위상과 제작 과정에 따라 두 유형으로 나뉜다. 시네마 모델 은 희곡과 공연의 관계를 영화 제작에 비유한다. 감독은 시나리오를 골격으로 삼되 이를 촬영 대본으로 고친다. 영화는 리허설 상황, 현장 여건, 스태프의 요구 등을 고려하여 대본을 조금씩 수정하며 제작된다. 조각 모델 에서 연출가는 조각가에 비유된다. 조각가는 작업장에 있는 대리석 덩어리를 염두에 두며 작품을 구상한다. 적당한 아이디어가 떠오르면 작업이 시작되지만, 영감은 과정 중에도 찾아온다. 조각가는 애초의 아이디어와 새로운 영감을 견주어 좋은 점을 선택하면서 작업해 나가며, 조각품이 그의 상상력을 오롯이 반영하였는지는 마지막에서야 파악된다. 온전한 '작품'으로서의 희곡은 대본으로 대체되거나 단지 많은 공연 요소 중 하나로 취급되기도 하는 셈이다.

희곡의 위상이 조정되는 과정은 20세기 연극인들의 논의에 힘입었다. 아르토는 연극에서 발화와 대화 상황을 우선한 나머지 연극적 표현은 그동안 억압되어 왔다고 분석한 후, 이제 연극의 독자적인 표현 수단을 회복하여야 하며 대사 역시 무대효과와 무대적 규칙 등과 유기적으로 연결해야 한다고 주장하였다. 이 주장은, '글로 쓰인 자료'에서 출발하여 무대에 실제 구축되는 '기호들의 두께', 혹은 제스처·어조·공간의 간격·오브제·조명 등에 대한 총괄적 지각을 가리키는 '연극성'에 대한 바르트의 논의와도 상통한다.

일반적으로 대사는 몸짓·어투·말소리의 크기와 같은 다양한 표현 안에 놓여 있고, 무대·조명·음향·소품 등은 희곡 안에 응축되어 있다. 그런 까닭에 독자들은 희곡만 읽어도 연극성을 확인할 수 있다. 하지만 앞의 연극성 논의는 극의 대사나 무대지시문이 불러일으키는 상상이 무대적 전이보다 우선되는 '문학성 풍부한 희곡'이나 사실주의 연극관과 마찰하면서 논의의 지평을 넓혔다.

그렇다면 연극성은 희곡의 무대화 과정에서 어떻게 창조되는가. 현대 연출가들은 현실을 모형화하거나 상황과 감정의 본질적 특성들을 압축시켜 일정한 형식으로 표현하는 '양식화'에 대해 깊이 고민한다. 희곡의 플롯에 대한 분석을 토대로 극작가가 제안한 메시지를 무대에 구현하는 방식을 우선하는 ㉠해석적 연출가와 달리, ㉡창조적 연출가는 자신만의 미적 원칙 또한 중요하게 고려한다. 그래서 해석적 연출가는 희곡의 역사·사회적 맥락과 극작가의 사상 속에서 희곡을 검토하고 무대 기호의 확장을 고민하지만, 창조적 연출가는 플롯 이면의 숨겨진 의미나 이중의 메시지에도 관심을 둔다. 두 부류의 연출가들은 연극적 표현을 구체화하기 위해 여타 무대 창작자들과 함께 희곡을 양식화 안에서 재차 분석한다. 해석적 연출가는 통합적 무대 기호의 사용을 우선하지만, 창조적 연출가는 희곡의 지시 사항에서 다소 자유로운 표현에 대한 의견에 귀를 기울이며 공연 요소의 상호작용도 검토한다. 창조적 연출가의 작업에서 플롯의 전개와 호응하는 연극적 표현은 양식화의 원리와 충돌하지 않으면 일순 변형될 수 있고, 무대와 관객 간의 약속 또한 장면 안에서 재구축할 수 있다. 특정한 무대 기호를 부각하거나 무대 기호들의 의미가 서로 충돌하여 연출가의 관점과 극작가의 관점이 긴장하는 장면 역시 시도될 수 있다.

28.

윗글에 대한 이해로 적절하지 <u>않은</u> 것은?

① 고전주의 연극에서는 극사건의 전개를 효과적으로 재현하는 것이 중요시되었다.
② 대사 전달을 중시한 희곡을 읽을 때에도 무대 구성의 상상은 존중되어야 한다.
③ 아리스토텔레스는 볼거리가 창작술과 거리가 있으나 플롯을 구성하는 일부라 보았다.
④ 바르트는 희곡 안의 언어도 연극성을 구현하는 기호의 두께를 드러내는 요소로 보았다.
⑤ 아르토는 대사 행위와 연결되지 않은 공연 요소를 축소하려는 시도에 대해 부정적이었다.

 문항유형 : 정보의 확인과 재구성

내용영역 : 인문

 이 문항은 제시문의 정보를 확인하고 재구성할 수 있는지를 평가하는 문항이다.

 정답 : ③

제시문 첫 번째 단락에서 아리스토텔레스의 비극론과 고전주의 시대 희곡과 연극에 관한 정보를, 세 번째 단락에서 아르토와 바르트의 연극성에 관한 관점을, 네 번째 단락에서 희곡 읽기와 연극성의 관계를 각각 확인하고 이를 재구성할 수 있는지를 확인하도록 하였다.

 ③ 제시문 첫 번째 단락에서 "아리스토텔레스는 비극은 단지 읽기만 해도 그 성질을 알 수 있다는 전제에서 비극의 창작술을 플롯을 중심으로 논했다. 다만 비극의 또 다른 요소인 '볼거리'는 비록 창작술과 거리가 멀지만 쾌감을 산출한다고 보았다."는 정보를 확인할 수 있다. 위의 두 문장에서 제공한 아리스토텔레스 관련 정보를 재구성해 본다면, '볼거리는 창작술과 거리가 있으나 '비극'을 구성하는 일부라 보았다.'고 서술할 수 있다. 따라서 ③의 선택지는 '적절하지 않은 것'으로 정답이다.

 ① 희곡의 '플롯'은 '극사건의 전개'와 뜻이 통한다. 제시문 첫 번째 단락의 "고전주의 시대를 경과하면서 희곡의 대사는 작가의 사상과 플롯을 집약하는 공연의 중심 요소로 각인되었다."는 정보를 토대로 알 수 있다.

② 제시문 네 번째 단락의 "일반적으로 대사는 몸짓·어투·말소리의 크기와 같은 다양한 표현 안에 놓여 있고, 무대·조명·음향·소품 등은 희곡 안에 응축되어 있다. 그런 까닭에 독자들은 희곡만 읽어도 연극성을 확인할 수 있다."는 정보를 토대로 알 수 있다.

④ 제시문 세 번째 단락의 "이 주장은, '글로 쓰인 자료'에서 출발하여 무대에 실제 구축되는 '기호들의 두께' … 가리키는 '연극성'에 대한 바르트의 논의와도 상통한다."는 정보를 토대로 알 수 있다.

⑤ 제시문 세 번째 단락의 "아르토는 연극에서 발화와 대화 상황을 우선한 나머지 연극적 표현은 그동안 억압되어 왔다고 분석한 후, 이제 연극의 독자적인 표현 수단을 회복하여야" 한다는 정보를 토대로 알 수 있다.

29.

심포니 모델 , 시네마 모델 , 조각 모델 에 대한 추론으로 적절하지 <u>않은</u> 것은?

① 심포니 모델에서 지시문에 기술된 인물의 감정은 연기 창조를 제약하는 요소이다.
② 시네마 모델에서 대사는 조명, 음향, 무대장치의 구성에 참조하는 요소이다.
③ 시네마 모델에서 고전 희곡은 극장 규모를 고려하여 내용을 각색하여 공연될 수 있다.
④ 조각 모델에서 무대지시문에 기술된 '작가의 말'은 연출적 구상에서 확고한 지침이 된다.
⑤ 조각 모델에서 연출가에게 영감을 주는 배우의 즉흥적 몸짓은 공연용 대본의 재구성에 활용될 수 있다.

문항 성격　문항유형 : 정보의 추론과 해석
　　　　　　　내용영역 : 인문

평가 목표　이 문항은 제시문에 주어진 정보를 이용하여 제시문에 명시적으로 드러나지 않은 내용을 추론할 수 있는지 평가하기 위한 문항이다.

문제 풀이　정답 : ④

제시문의 두 번째 단락에 제시된 심포니 모델, 시네마 모델, 조각 모델은 희곡과 공연의 관계와 무대 창작자들의 위상, 제작 과정의 차이를 다른 예술 활동에 비유하여 서술한다. 이를 해석하고, 세 모델에 대한 이해를 바탕으로 제시된 상황을 적용하여 선택지의 진위를 판단한다.

심포니 모델은 "지휘자와 연주자의 개성이 존중되며 매번 다른 연주가 펼쳐지지만, 음표·선율 등을 지시한 악보의 존재는 절대적이다."고 설명한다. '악보'는 '희곡'과 관련된 비유로, 연주자의 연주는 악보의 '음표·선율'을 '절대적으로' 지켜야 한다.

시네마 모델은 "감독은 시나리오를 골격으로 삼되 이를 촬영 대본으로 고"치며, "영화는 리허설 상황, 현장 여건, 스태프의 요구 등을 고려하여 대본을 조금씩 수정하며 제작된다."고 설명한다. 시나리오는 '희곡'의 비유로, 희곡의 일부인 대사는 영화(연극) 제작의 '골격'이 되지만, 절대적인 것은 아니다.

조각 모델에서 "연출가는 조각가에 비유된다. 조각가는 작업장에 있는 대리석 덩어리를 염두에 두며 작품을 구상한다. 적당한 아이디어가 떠오르면 작업이 시작되지만, 영감은 과정 중에도 찾아온다."고 설명한다. '적당한 아이디어'는 희곡, '대리석 덩어리'는 극단, 예산, 극장 등 미리 정해진 물리적 조건의 비유로, 아이디어는 새로운 영감과 견주어 수시로 바뀔 수 있다. 제시문 두 번째 단락의 마지막 문장에서는 세 모델에서 취하는 희곡의 위상을 "온전한 '작품'으로서의 희곡은 대본으로 대체", "많은 공연 요소 중 하나"로 요약한다.

 ④ 제시문 두 번째 단락 "조각가는 애초의 아이디어와 새로운 영감을 견주어 좋은
점을 선택하면서 작업해 나가며, 조각품이 그의 상상력을 오롯이 반영하였는지
는 마지막에서야 파악된다."는 구절에서, 희곡을 토대로 한 '아이디어'가 연출적
구상의 발전 과정에서 '새로운 영감'과 견주어 수시로 바뀔 수 있다는 점을 확인
할 수 있다. 따라서, 시네마 모델에서 희곡의 무대지시문에 기술된 '작가의 말'은
연출적 구상에 '확고한 지침'이 될 수는 없기에, 적절한 추론이 아니다.

 ① 심포니 모델의 경우, 희곡의 지시문에 기술된 인물의 감정은 배우의 연기 창조
를 '제약하는' 요소로 작용함을 추론할 수 있다. '제약하다'는 사전적으로 조건을
붙여 내용을 제한한다는 의미이다.

② 시네마 모델에서 시나리오(희곡)는 촬영 대본의 '골격'이 되며, "… 리허설 상황,
현장 여건, 스태프의 요구 등을 고려하여 대본을 조금씩 수정하며 제작된다."고
제시된다. 따라서 희곡은 촬영 현장(무대)의 여러 조건과 상호 참조 하에서 대본
으로 제작되며, 대사는 조명, 음향, 무대장치의 구성에 참조할 수 있음을 추론할
수 있다.

③ 시네마 모델은 "… 리허설 상황, 현장 여건, 스태프의 요구 등을 고려하여 대본
을 조금씩 수정하며 제작된다."고 설명한다. 따라서 시네마 모델에서는 고전 희
곡 역시 극장 규모를 고려하여 희곡의 내용이 각색될 수 있음을 추론할 수 있다.

⑤ 조각 모델에서 연출가의 무대 구상 작업은 "적당한 아이디어가 떠오르면 작업이
시작되지만, 영감은 과정 중에도 찾아온다. 조각가는 애초의 아이디어와 새로운
영감을 견주어 좋은 점을 선택하면서 작업해 나가며" 진행된다. 따라서 연출가
에게 영감을 주는 배우의 즉흥적 몸짓은 공연용 대본의 재구성에 활용될 수 있
음을 추론할 수 있다.

30.

〈보기〉의 무대화를 구상할 때, 윗글의 내용으로 보아 적절하지 <u>않은</u> 것은?

[앞부분의 줄거리 : 황야의 망루. 위에서 '이리떼다!'라고 외치면 아래의 파수꾼은 양철
북을 쳐야 한다. '나'는 외로움 끝에 새로 충원을 요청했고 '다'가 유일한 지원자였다.]

　　황혼이 점점 짙어진다. 해설자, 슬그머니 등장, 마분지로 만든 초승달을 하늘에 걸어 놓고 퇴장. 두 파수꾼은 어깨를 나란히 하고 앉아 있다.

나 : 야, 하늘 곱다. 그지?

다 : 네.

나 : 어제 저녁 네가 올 때도 이랬다. 난 평생 그 광경을 잊지 못할 거다. (잠시 침묵) 어
　　떠냐, 너 양철북 치는 방법을 배우지 않을래?

다 : 배우겠어요.

나 : 그러면서도 넌 망루 위만 바라보는구나. 그렇게도 올라가고 싶으냐?

　　다, 고개를 떨군다.

나 : 양철북 치는 것두 괜찮은 거란다. 소리가 요란하긴 하지만 귀에 익으면 그 재미를
　　알게 된다. 자아, 우선 여러 가지 박자 만드는 법을 가르쳐 주마. (그는 강약을 두
　　어 양철북을 두드린다) 재미있지? 이 박자치기에 맛 들이면 어느새 이리떼같은 건
　　다 잊어버린다. 자, 너도 쳐보아라.

다 : (나를 따라 양철북을 치다가 갑자기 겁에 질려서 나의 등 뒤에 숨는다) 저기, 저
　　기……．

나 : 왜 그러니?

다 : 이리가 오구 있어요.

　　해설자, 식량 운반인이 되어 등장. 이리 껍질을 썼다. 유모차 비슷한 작은 손수레를 밀며 들어온다.

– 이강백, 『파수꾼』 –

① ㉠과 ㉡은 모두 불그스름한 조명과 '나'의 대사, 황야의 바람 소리를 동시에 연출하여,
　희곡에 등장하는 시공간을 풍요롭게 표현할 수 있겠군.

② ㉠과 ㉡은 모두 '침묵'을 무대화할 때 '망루'를 보는 '다'와 '다'를 보는 '나'의 시선을 어
　긋나게 배치하여, 인물의 지향이 서로 어긋나 있음을 보여줄 수 있겠군.

③ ㉠이라면 '다'의 '양철북' 소리를 기계 음향으로 대체하고, '손수레'가 등장할 때까지 점
　차 빨라지는 북소리를 연출하여 희곡 속의 불안과 긴장감을 고조할 수 있겠군.

④ ㉡이라면 '해설자'가 관객을 인도하여 '초승달'을 걸게 하는 장면을 연출하여, 공연은
　관객과 배우 사이의 약속된 놀이라는 관점을 드러낼 수 있겠군.

⑤ ㉡이라면 '손수레'를 고급 승용차처럼 꾸며 무대 위에 연출하여, 희곡에서 다루지 않았
　던 새로운 의미망을 조직할 수 있겠군.

 이 문항은 제시문과 〈보기〉에 대한 해석을 바탕으로 선택지에 제시된 평가가 적절한가 판별할 수 있는지 묻는 문항이다.

 정답 : ③

이 문항은 〈보기〉의 희곡을 제시문에 등장하는 '해석적 연출가'와 '창조적 연출가'가 연출관에 대한 해석을 토대로, 이 두 부류의 연출가들이 〈보기〉를 무대화한다면 어떠한 표현을 활용하여 어떤 의미를 구현할 수 있는가를 적절히 평가할 수 있는지 묻는 문항이다.

문제 풀이를 위해서는 다섯 번째 단락에서 기술되는 '해석적 연출가'와 '창조적 연출가'의 특성을 비교·대조하며 살펴야 한다. '해석적 연출가'는 "희곡의 플롯에 대한 분석을 토대로 극작가가 제안한 메시지"에 주목한다. 그렇기에 "희곡의 역사·사회적 맥락과 극작가의 사상 속에서 희곡을 검토"한다. 이러한 특성 하에서 해석적 연출가는 희곡 해석에 기반한 "무대 기호의 확장"을 모색하고, 플롯의 전개와 무대 기호의 의미가 일치하는 "통합적 무대 기호의 사용을 우선"하는 방식으로 양식화를 모색한다.

창조적 연출가는 해석적 연출가가 관심에 두는 요소를 모두 관심의 범위에 둔다. 창조적 연출가는 "자신만의 미적 원칙", "플롯 이면의 숨겨진 의미나 이중의 메시지"에도 관심을 두며, "희곡의 지시 사항에서 다소 자유로운 표현에 대한 의견에 귀를 기울이며 공연 요소의 상호작용도 검토"한다. 제시문 다섯 번째 단락부터는 희곡의 지시나 메시지에서 보다 자유롭게 작용하는 창조적 연출가의 무대화 방식이 기술되어 있다.

다음으로, 〈보기〉에 제시된 희곡과 두 부류의 연출가들이 제안한 무대화 방식을 견주어야 한다. 희곡 안에는 무대화 방식에 대한 여러 아이디어와 메시지가 제안되어 있다. 제시문 네 번째 단락에는 희곡 안의 대사와 무대지시문으로부터 파악할 수 있는 이러한 연극성의 요소가 제시되어 있다. 이를 통해 〈보기〉의 대사와 무대지시문에서 파악되는 희곡 본래의 제안 사항을 분별해 낼 수 있다.

이를 바탕으로, 해석적 연출가와 창조적 연출가가 〈보기〉의 무대화를 구상할 때, 어떠한 표현과 의미 구현이 가능한지 파악하고, 선택지에 제시된 무대화 구상이 적절한 방법인지 평가할 수 있다.

 ③ 선택지의 "'손수레'가 등장할 때까지 점차 빨라지는 북소리를 연출"하는 방법은 〈보기〉의 "나를 따라 양철북을 치다가 갑자기 겁에 질려서 나의 등 뒤에 숨는다."는 무대지시문과 배치된다. 선택지의 무대화 구상에 의하면, 이는 희곡에서 제안된 다의 행동과 연출가에 의해 구상된 다의 북소리를 대체하는 '기계 음향'이 서로 의미가 충돌하면서 무대 위에 연출되는 것이다. 이는 다섯 번째 단락에 등장하는 해석적 연출가의 관점 중, "통합적 무대 기호의 사용을 우선"한다는 기

술에 어긋난다. 또한 이러한 방식의 연출을 구상한 연극인이라면 "무대 기호들의 의미가 서로 충돌하여 연출가의 관점과 극작가의 관점이 긴장하는 장면"의 사용을 즐기는 자로 볼 수 있기에, '해석적 연출가'로 평가하는 것이 보다 적절하다. 그렇기에 선택지의 기술은 적절하지 않다.

① 선택지의 "불그스름한 조명", "'나'의 대사", "황야의 바람소리"를 "동시에 연출"하는 방법은 〈보기〉의 "황혼이 점점 짙어진다.", 나의 대사인 "야, 하늘 곱다 그지?", "황야의 망루"에 각각 대응한다. 이는 희곡에 등장하는 시공간을 다양한 무대 표현을 활용하여 제시한 것으로 해석할 수 있다. 해석적 연출가와 창조적 연출가 모두 "희곡의 플롯에 대한 분석을 토대로 극작가가 제안한 메시지"에 관심을 지니기에, 이러한 표현 방법이 시도될 수 있다는 평가는 적절하다.

② 선택지의 "'망루'를 보는 '다'와 '다'를 보는 '나'의 시선을 어긋나게 배치"하는 연출 방법은, 〈보기〉의 '잠시 침묵'의 전에 배치된 '나'의 대사와 '잠시 침묵' 후에 배치된 '나'의 "그러면서도 넌 망루 위만 바라보는구나"라는 대사에서도 동일하게 유추되는 상황이다. 이어진 상황에서 〈보기〉는 망루를 지향하는 '다'와 망루 아래에서 양철북 치기에 만족하는 '나'의 지향이 어긋나 있음을 보여준다. 희곡의 플롯 분석을 토대로 한 이러한 장면을 해석적 연출가와 창조적 연출가 모두 시도할 수 있다는 평가는 적절하다.

④ 선택지의 "'해설자'가 관객을 인도하여 '초승달'을 걸게 하는 장면"은 〈보기〉 중 "해설자, 슬그머니 등장, 마분지로 만든 초승달을 하늘에 걸어놓고 퇴장"하는 장면을 변용한 것이다. 연출가는 이를 통해 "공연은 관객과 배우 사이의 약속된 놀이라는 관점을 드러"낼 수 있다. 제시문 다섯 번째 단락에서 "창조적 연출가의 작업 속에서 플롯의 전개와 호응하는 연극적 표현은 양식화의 원리와 충돌하지 않으면 일순 변형될 수 있"다고 기술되어 있기에, 이는 '자신만의 미적 원칙'을 무대 위에 구현하는 창조적 연출가의 방법과 부합한다. 그렇기에 선택지에서 기술된 평가는 적절하다.

⑤ 선택지에서 "'손수레'를 고급 승용차처럼 꾸며 무대 위에 연출"하는 방법은 〈보기〉 중 "유모차 비슷한 작은 손수레"를 변용한 것이며, 동시에 '손수레'의 의미를 희곡에서의 표현보다 두드러지게 만든 것이다. 이를 통해 연출가는 "희곡에서 다루지 않았던 새로운 의미망을 조직"하기를 의도한다. 이는 제시문 다섯 번째 단락에서 "플롯 이면의 숨겨진 의미나 이중의 메시지에도 관심을 둔" 창조적 연출가의 관심사, 같은 단락에서 "특정한 무대 기호를 부각하"여 "연출가의 관점과 극작가의 관점이 긴장하는 장면"을 시도하는 창조적 연출가의 작업 방식과 부합한다. 그렇기에 선택지에서 기술된 평가는 적절하다.

법학적성시험
언어이해 영역

2024

2024학년도 언어이해 영역 출제 방향

1. 출제의 기본 방향

　언어이해 영역은 법학전문대학원 지원자들의 언어적 소양과 통합적 의사소통 능력을 평가하는 것을 목표로 삼는다. 2024학년도 언어이해 영역은 여러 분야의 고차적이고도 다층적인 텍스트를 제시하고 이에 대한 수험생의 사실 이해와 재구성 능력, 그리고 추론과 비판 및 적용 능력의 정도를 평가하는 데 출제의 기본 방향을 두었다. 이번 시험의 출제 원칙은 다음과 같다.

- 내용 및 표현에서 모범이 되는 다양한 글, 특히 법조인으로서 갖추어야 할 기본 소양과 연관된 글을 제시문으로 활용한다.
- 제시문의 대의를 파악하고 정보들을 이해하며, 정보들 간의 유기적 관련성을 분석·종합할 수 있는 능력을 갖추었는지 평가한다.
- 제시문의 정보를 바탕으로 합리적인 결론을 이끌어 내고, 특정 정보를 다른 문제 상황에 적용하거나 비판할 수 있는 능력을 갖추었는지 평가한다.

2. 출제 범위

　언어이해 영역에서는 여러 분야의 고차적이고도 다층적인 글을 통해, 제시된 정보들을 이해하는 능력, 제시된 정보를 재구성 또는 종합하여 주제를 파악하는 능력, 제시된 정보를 바탕으로 적절한 추론이나 비판을 이끌어 내는 능력, 글의 정보를 관련 상황에 적용하는 능력 등을 평가한다. 이를 위해 이번 시험에서는 다양한 학문 분야의 근본적이면서도 심화된 주제나 최신 연구 동향을 기본으로 삼되, 각 학문의 전문적인 배경적 지식이 없어도 문제를 풀 수 있도록 출제하였다.

　이번 시험의 출제는 다음 사항을 고려하여 진행하였다.

- 여러 학문 분야의 기본 개념이나 범주들을 활용하되, 최신 이론의 동향, 시의성 있는 문제 상황 등을 중심으로 제시문을 작성한다.

- 표준화된 모델들을 기반으로 문항 세트를 설계함으로써 제시문에 사용된 개념이나 범주들을 이해하고 활용할 수 있는지 평가한다.
- 특정 전공, 특히 법학 전공의 배경적 지식이 없어도 제시문에 주어진 정보만으로 문제를 풀 수 있게 제시문과 문항을 구성한다.

3. 문항 구성

언어이해 영역의 목표를 달성하기 위해 제시문은 가독성이 높고 정보 전달이 분명하며 논지를 선명히 하여 완결성을 갖추도록 해야 한다. 이번 출제에서는 이러한 제시문의 조건들을 지키면서도 다양한 주제와 심도 있는 논의를 다룬 제시문들을 개발하였다.

그리고 각 제시문에 따른 문항들은 '주제, 구조, 관점 파악', '정보의 확인과 재구성', '정보의 추론과 해석', '정보의 평가와 적용' 등 여러 독해 능력을 균형 있게 평가하도록 설계하였다. 이와 함께 제시문과 〈보기〉를 연결하는 문항을 다수 출제하여 비판 및 추론, 적용 능력을 종합적으로 평가하고자 하였다.

이번 시험의 내용 영역은 '인문', '사회', '과학기술', '규범'의 4개 영역이며, 문항은 각 세트당 3문항, 총 10세트 30문항이다. 각 내용 영역별로 제시문에서 다루고 있는 주제는 다음과 같다.

'인문' 분야에서는 철학 관련 주제로 플라톤과 토마스 아퀴나스의 '진리론'을 중심으로 이와 연관된 '오르토테스', '알레테이아', '베리타스' 등의 개념이 서로 어떤 관계를 맺고 있는지를 다루고 있는 제시문이 주어졌다. 사학 관련 주제로는 조선 시대에 효종이 사망하자 벌어진 상복을 둘러싼 '예송(禮訟)'에서 제기된 여러 견해를 소개하고 이에 대해 평가하고 있는 박세당의 글이 제시문으로 주어졌다. 문학 관련 주제로는 문학을 역사, 과학 등과 비교하면서 문학적 언어의 대표적 특징이라고 할 수 있는 '역설'이나 '시적 진실'이 어떤 의미를 담고 있는지를 밝히는 평론이 제시문으로 주어졌다.

'사회' 분야에서는 정치학 관련 주제로 '날씨가 투표율에 미치는 영향'을 유권자의 투표 참여 비용의 측면에서 다각적으로 분석하고 있는 제시문이 주어졌다. 경제학 관련 주제로는 시장실패로 인해 발생한 사회적 문제를 해결하기 위해 제안된 '사회적 가치' 개념을 설명하고 나아가 '사회 성과'를 측정하는 방법을 보여 주는 제시문이 주어졌다.

'과학기술' 분야에서는 생물학 주제와 관련하여 '광역학 치료'에서 빛, 감광제, 활성 산소종이 서로 영향을 주면서 어떻게 기능하는지를 설명하고 있는 제시문이 주어졌다. 기술 주제와 관련해서는 데이터를 처리할 때 민감한 정보가 노출되지 않도록 하는 '비식별화 기술'이 무엇인지, 그 기술이 어떻게 적용되는지를 설명하고 있는 제시문이 주어졌다.

'규범' 분야에서는 법철학 주제와 관련하여 '법학의 학문성'에 대한 알베르트의 비판적 합리주의 입장과 이를 비판하는 사비니의 입장을 소개하는 글이 제시문으로 주어졌다. 법제도 주제와 관련해서는 이혼 가정에서 양육권을 갖지 않은 비양육친이 양육친의 동의를 받지 않고 자녀를 데리고 외국으로 나갈 때 발생하는 '자녀에 대한 위법한 국제적 이동'의 문제와 이를 처리하기 위한 '국제 협약'에 대해 다루고 있는 제시문이 주어졌다. 윤리학 주제와 관련해서는 '당위 명제와 존재 명제에 대한 흄의 주장'을 둘러싼 논쟁과 관련하여 몇 가지 견해를 소개하는 글이 제시문으로 주어졌다.

이번 시험의 제시문들은 전반적으로 우리 사회와 세계에 대해 시의성 있으면서도 깊이 있는 이해를 유도하는 내용으로 구성되어 있어서 법학전문대학원 지원자들의 수학 능력을 평가하는 데 기여할 뿐만 아니라 향후 수험생들이 예비 법조인으로서 교양을 쌓는 데도 도움이 될 것으로 본다.

4. 난이도

2024학년도 언어이해 영역 시험에서는 난삽한 제시문이나 모호한 문항을 통해 난이도를 확보하는 것을 지양하고 명료하고 논리적인 제시문을 통해 실질적인 독해 능력을 측정할 수 있도록 문항을 구성함으로써 적정 난이도를 확보하려고 하였다. 이에 따라 제시문의 가독성은 최대한 높이되, 제시문을 깊게 이해하고 이를 새로운 문제 상황에 적용하거나 이에 대해 비판하는 능력을 측정하는 방향으로 문항들을 설계하였다.

5. 출제 시 유의점

- 기출 문제나 사설 학원 문제를 접한 경험만으로는 쉽게 풀 수 없는 문제를 출제

하였으며, 특정 전공에 따른 유·불리 현상도 최소화하도록 하였다.

- 출제의 의도를 감추거나 오해하게 하는 문두를 피하고, 평가하려는 의도나 내용을 분명하고 정확하게 드러내는 문두 형식을 취하였다.
- 다른 문항과의 간섭이나 답지 간의 간섭을 최소화하고 적절한 변별력을 확보하도록 문항과 답지를 설계하였다.

[01~03] 다음 글을 읽고 물음에 답하시오.

규범교의적 학문을 자처하는 법학은 학문성에 관한 논쟁에 시달려 왔다. 입법자의 권력 행사로 법전의 한마디가 바뀌면, 오랫동안 가꾼 해석의 축적이 순식간에 무용지물이 되기 때문이다. 이에 대한 도전으로서 알베르트는 경험적 반증가능성을 강조하는 비판적 합리주의에 입각하여 법학의 학문성을 새롭게 이해하고자 한다.

알베르트는 우선 법학의 은폐된 특징을 신학과의 비교를 통해 문제 삼는다. 법학은 당국의 고시(告示)에서 진리를 얻어내는 점에서 신학과 구조적 유사성을 가지기 때문이다. 신학이 경전의 해석을 통해 권위를 확보하듯, 법학은 법전을 확인하고 문제 해결과 관련하여 이를 해석한다. 이때 경전이나 법전은 학문적 비판이나 성찰의 대상이 아니라 해석적 권위의 원천이자 근거가 될 따름이다. 그가 보기에 법학이 신학과의 구조적 유사성을 탈피하려면, 해석에서 자연법이냐 사회학이냐의 양자택일을 감수해야 한다. 선택의 결과는 자명하다. 절대성을 가진 규범적 현실에 의해 실정법이 구성되고 또 구속된다고 보는 견해는 신적인 힘으로 설립된 세계를 믿는 관점에 의해서만 유지될 수 있기 때문이다. 알베르트는 법을 인간의 문화적 성취로 간주하고, 사회적 삶의 사실 중 사회 구성원의 상호 행위 조종의 영역에 속하는 것으로 본다.

물론 이 경우에도 법을 현실주의적으로 보느냐, 규범주의적으로 보느냐의 문제는 남는다. 알베르트는 법을 사회적 사실로, 법학을 경험과학으로 볼 것을 주장한다. 그에 따르면 규범에 관한 법학적 언명은 규범 자체와 다르게 규범성이 없으며, 이 구별을 무시한다면 규범의 인식적 파악이라는 이념은 사라지게 된다. 그는 법률 문언의 규범성은 인정하지만, 그 문언에 관하여 의미를 밝히는 법학은 다르다고 말한다.

법학에 대한 알베르트의 현실주의적 파악에는 곤란해 보이는 점도 있다. 예컨대, 법률 문언에 흠결이 존재하여 적극적으로 법을 형성하는 것이 불가피할 때가 그렇다. 이처럼 법형성의 과제를 앞에 두고 알베르트는 법형성의 실태에 주의를 기울인다. 법형성에서 규범주의자들이 법해석이 따라야 할 목적을 가리키면서 가치적 관점을 내세울 때, 그는 이를 반대하지 않는다. 하지만 알베르트는 그 목적이나 가치적 관점은 일반적인 평가가 가능하도록 명시되어야 한다고 요구한다. 적용될 규범이나 제안될 해석이 사회생활에 미칠 작용에 관한 고려에 대해서도 마찬가지이다. 법률이나 그 해석은 규범 체계에 작용하기에 법형성 과정에는 규범 체계의 논리적 지식도 동원해야 한다고 알베르트는 본다.

결국 알베르트가 제안하는 법학은 ㉠일정한 가치적 관점에 정향된 사회공학이다. 이는 가설적으로 전제된 관점 밑에서, 현행법에서 승인된 규범 명제에 대한 해석 제안, 규범 충돌의 제거를 위한 현행법 체계의 변형 제안, 입법을 통한 새로운 규범 체계의 형성 제안을 합리적으로 작성하는 것을 목표로 삼는다.

　이상과 같은 알베르트의 도전에 대하여 사비니는 여전히 규범교의적 학문으로서 법학을 정당화하고자 한다. 그에 따르면, 규범적 교의는 법률의 해석을 위해서 결정의 근거지움에 사용하는 법률 바깥의 법명제이며, 법률과 함께 법체계를 형성한다. 이러한 법체계 속에서 법률 문언은 정당한 법명제로 인식되고, 법률 바깥의 법명제 역시 정당한 것으로 추정된다. 요컨대 규범적 교의는 법체계 수립에 필수적이며 이를 다루는 법학도 전통적이고 직관적인 학문 개념을 충족시킨다고 사비니는 주장한다.

　이러한 입장에서 사비니는 알베르트의 주장을 반박한다. 법학의 계시모델성에 관해서는 법학이 규범적 교의를 가지고 어떻게 하면 최선에 이를 수 있을지를 모색하면서 비판적 검토를 법체계 안으로 수용한다고 해명한다. 자연법과 사회학의 해석적 양자택일에 관해서는 법학의 모든 논의가 자연법적인 것도 아니고, 모든 자연법적 논의가 비합리적인 것도 아니라고 응수한다. 법학적 언명의 권위성에 관해서도 법률에 관련된 메타 언명으로부터 규범성을 완전히 박탈하는 것이 가능한지에 의문을 표하는 동시에 도대체 왜 법학으로부터 수락할 만한 해석의 제안권을 박탈해야 하느냐고 반문한다.

　사비니는 경험적 인식만을 과학적 인식으로 보면서 규범적 인식을 학문 세계에서 배척하는 태도를 문제로 지적하고, '규범적/경험적'의 구분을 '비학문적/학문적'의 구분과 동일시해서는 안 된다고 주장한다. 이는 규범교의적 학문으로서 법학의 토대를 확보하는 차원을 넘어 비판적 합리주의에 대하여 성찰을 요구하는 것이기도 하다.

01.

윗글을 바탕으로 ㉠을 이해할 때, 적절하지 <u>않은</u> 것은?

① 법학은 법전의 의심할 수 없는 권위를 인정하는 한 규범교의적 학문에서 벗어나지 못한다고 비판한다.
② 법을 인간의 문화적 성취로 간주하고 사회적 삶의 사실 중 사회 구성원의 상호 행위 조종의 영역에서 바라본다.
③ 법의 해석·변형·형성에 관한 제안을 법체계에 제도화된 가치적 관점에서 합리적으로 작성하는 것을 목표로 삼는다.
④ 법형성 과정에서 목적이나 가치적 관점에 반대하지 않지만, 이를 반드시 명시하여 일반적 판단을 가능하게 한다.

⑤ 현실주의적 관점에서 법을 사회적 사실로 법학을 경험과학으로 보고, 규범 자체와 규
  범에 관한 법학적 언명을 구분한다.

<table>
<tr><td>문항 성격</td><td>문항유형 : 주제, 구조, 관점 파악
내용영역 : 규범</td></tr>
<tr><td>평가 목표</td><td>이 문항에서는 제시문에서 가장 중점적으로 설명되고 있는 한스 알베르트의 사회공학적 법학론을 전통적인 규범교의학적 법학론과의 관계에서 적절하게 이해하고 있는지를 평가하고자 한다.</td></tr>
<tr><td>문제 풀이</td><td>정답 : ③</td></tr>
</table>

규범교의적 학문을 자처하는 전통적인 법학에 대하여 알베르트는 논리적·경험적 반증가능성을 학문의 움직일 수 없는 전제로 내세우는 비판적 합리주의의 관점에서 새로운 법학이론을 제시함으로써 법학의 학문성을 논증하고자 한다. 이 문항의 해결을 위해서는 알베르트의 입론을 축약하고 있는 '일정한 가치적 관점에 정향된 사회공학'의 의미를 제시문에서 적절하게 찾아낼 수 있어야 한다.

정답 해설 ③ 제시문 다섯 번째 단락에서 알베르트의 사회공학으로서의 법학을 설명하면서 "이는 가설적으로 전제된 관점 밑에서, 현행법에서 승인된 규범 명제에 대한 해석 제안, 규범 충돌의 제거를 위한 현행법 체계의 변형 제안, 입법을 통한 새로운 규범 체계의 형성 제안을 합리적으로 작성하는 것을 목표로 삼는다."고 정리한다. 여기서 핵심은 사회공학으로서의 법학이 일정한 관점을 내세우기는 하지만, 이 관점은 언제나 논리적·경험적 반증가능성 앞에 명시적으로 노출되어 있으며, 따라서 언제나 합리적 비판의 대상이 될 수 있다는 점이다. 따라서 사회공학으로서의 법학은 어디까지나 가설적으로 전제된 관점 밑에서 수행되는 것으로서, 이 선택지에서 제시된 '법체계에 제도화된 가치적 관점'과 근본적으로 구분된다.

오답 해설 ① 제시문 두 번째 단락에 따르면, 알베르트는 법학의 은폐된 특징을 신학과의 비교를 통해 문제 삼으면서, 양자가 "당국의 고시(告示)에서 진리를 얻어내는 점에서" 유사하다고 말한다. "신학이 경전의 해석을 통해 권위를 확보하듯, 법학은 법전을 확인하고 문제 해결과 관련하여 이를 해석"하면서, 법전을 "학문적 비판이나 성찰의 대상이 아니라 해석적 권위의 원천이자 근거"로 받아들인다는 것이다. 그가 보기에 법학이 신학과의 구조적 유사성을 탈피하여 학문으로서 바로 서려면, 해석의 전제로서 법전의 의심할 수 없는 권위를 논리적·경험적으로 반증이 가능한 대상으로 내놓아야 한다. 이는 비판적 합리주의의 핵심 주장이다.

② 제시문 두 번째 단락에 따르면, 알베르트는 법해석에서 "자연법이냐 사회학이냐의 양자택일"이 불가피하다고 보면서도 자신의 새로운 법학론이 이 가운데 전자를 선택할 수 없다고 말한다. 그 이유는 "절대성을 가진 규범적 현실에 의해 실정법이 구성되고 또 구속된다고 보는 견해는 신적인 힘으로 설립된 세계를 믿는 관점에 의해서만 유지될 수 있기 때문이다." 이리하여 알베르트는 "법을 인간의 문화적 성취로 간주하고, 사회적 삶의 사실 중 사회 구성원의 상호 행위 조종의 영역에 속하는 것으로 본다."

④ 제시문 네 번째 단락에 따르면, "법률 문언에 흠결이 존재하여 적극적으로 법을 형성하는 것이 불가피할 때" 알베르트는 "법형성에서 규범주의자들이 법해석이 따라야 할 목적을 가리키면서 가치적 관점을 내세"우는 것을 반대하지 않는다. 하지만 그는 "그 목적이나 가치적 관점은 일반적인 평가가 가능하도록 명시되어야 한다고 요구한다." 이는 법형성 과정에서 규범주의가 등장하는 경우에도 비판적 합리주의의 관점에서 다른 사람들의 논리적·경험적 반증이 가능하도록 해야 한다는 의미이다.

⑤ 제시문 세 번째 단락에서 알베르트는 법학이 신학과의 유사성 및 자연법적 패러다임을 탈피하더라도 여전히 "법을 현실주의적으로 보느냐, 규범주의적으로 보느냐의 문제는 남는다."고 보면서, "법을 사회적 사실로, 법학을 경험과학으로 볼 것을 주장한다." 이는 법률 문언의 규범성은 사회적 사실로서 인정하더라도 그에 대한 법학적 언명에는 규범성을 인정하지 않는 태도로서 현실주의와 규범주의 가운데 현실주의의 관점에 선 것으로 볼 수 있다.

02.

'알베르트'와 '사비니'에 대한 설명으로 적절하지 <u>않은</u> 것은?

① 알베르트는 법학과 신학의 구조적 유사성은 법전과 경전이 학문적 비판이나 성찰의 대상이 아니라 해석의 근거와 원천이 된다는 점에서 찾을 수 있다고 본다.

② 알베르트는 법의 해석에서 자연법 대신 사회학을 선택하더라도 법을 현실주의적으로 볼 것인지 규범주의적으로 볼 것인지의 문제는 여전히 남는다고 본다.

③ 알베르트는 법률이나 그 해석은 규범 체계에 작용하여 변화를 가져오기 때문에 법형성 과정에는 규범 체계의 논리적 지식도 동원해야 한다고 본다.

④ 사비니는 법률 문언에 흠결이 존재하여 이를 보완하기 위한 적극적인 법형성이 불가피

할 때, 법학은 부득이 규범주의를 포기할 수밖에 없다고 본다.

⑤ 사비니는 자연법의 이념에 따라 법을 해석하더라도, 이에 관한 법학의 모든 논의가 자연법적인 것은 아니며, 모든 자연법적 논의가 비합리적인 것도 아니라고 본다.

문항 성격　문항유형 : 정보의 확인과 재구성

　　　　　　내용영역 : 규범

평가 목표　이 문항에서는 제시문에서 설명되고 있는 한스 알베르트의 사회공학적 법학론과 아이케 폰 사비니의 규범교의학적 법학 옹호론의 내용을 각기 적절하게 이해하고 있는지를 확인하면서, 양자의 논쟁에서 핵심 논점을 제대로 짚을 수 있는지를 평가하고자 한다.

문제 풀이　정답 : ④

제시문은 규범교의적 학문을 자처하는 전통적인 법학에 대하여 한스 알베르트가 대안으로 제시하는 사회공학적 법학론을 설명하고, 나아가 이에 대하여 다시 규범교의적 법학을 옹호하는 아이케 폰 사비니의 주장을 비판과 반박의 구조 속에서 소개하고 있다. 이 문항의 해결을 위해서는 알베르트와 사비니의 입론 내용을 적절하게 파악하고 이해해야 한다.

정답 해설　④ 제시문 네 번째 단락에 따르면, "법률 문언에 흠결이 존재하여 적극적으로 법을 형성하는 것이 불가피할 때" 알베르트는 "법형성에서 규범주의자들이 법해석이 따라야 할 목적을 가리키면서 가치적 관점을 내세"우는 것을 반대하지 않는다. 하지만 그는 "그 목적이나 가치적 관점은 일반적인 평가가 가능하도록 명시되어야 한다고 요구한다." 이에 비하여 법형성의 경우에 대한 사비니의 입장은 제시문에 직접적으로 나타나 있지 않으나, 알베르트가 비판하는 규범주의자들의 관점으로 상정하는 것이 가능하며, 그 경우에는 법해석이 따라야 할 목적을 가리키면서 법형성에서도 이를 가치적 관점으로 내세우는 것으로 이해할 수 있다. 하지만 이렇게 보더라도 사비니가 법률 문언에 흠결이 존재하여 이를 보완하기 위한 적극적인 법형성이 불가피할 때, 법학은 부득이 규범주의를 포기할 수밖에 없다고 추론하는 것은 불가능하다.

오답 해설　① 제시문 두 번째 단락에 따르면, 알베르트는 법학과 신학의 구조적 유사성을 "당국의 고시(告示)에서 진리를 얻어내는 점", 즉 경전이나 법전을 "학무적 비판이나 성찰의 대상이 아니라 해석적 권위의 원천이자 근거"로 받아들인다는 점에서 찾을 수 있는 것으로 보고 있다.

② 제시문 세 번째 단락에 따르면, 알베르트는 법학이 신학과의 유사성 및 자연법적 패러다임을 탈피하더라도 여전히 "법을 현실주의적으로 보느냐, 규범주의적으로 보느냐의 문제는 남는다."고 보면서, "법을 사회적 사실로, 법학을 경험과학으로 볼 것을 주장한다."

③ 제시문 네 번째 단락에 따르면, 알베르트는 "법률이나 그 해석은 규범 체계에 작용하기에 법형성 과정에는 규범 체계의 논리적 지식도 동원해야 한다"고 본다.

⑤ 제시문 일곱 번째 단락에 따르면, 사비니는 알베르트의 주장을 반박하면서, 자연법과 사회학의 해석적 양자택일에 관하여 "법학의 모든 논의가 자연법적인 것도 아니고, 모든 자연법적 논의가 비합리적인 것도 아니라고 응수한다."

03.

윗글을 바탕으로 '사비니'의 입장에 대해 추론한 것으로 적절한 것만을 〈보기〉에서 있는 대로 고른 것은?

보 기

ㄱ. 전통적이고 직관적인 학문이론의 관점에서 규범교의적 법학의 학문성을 옹호하면서, 경험적 인식만을 과학적 인식으로 보는 비판적 합리주의에 대하여 성찰을 요구한다.

ㄴ. 법률의 해석을 위해서 결정의 근거지움에 사용하는 법률 바깥의 법명제로 규범적 교의를 이해하면서, 이를 통해 법학이 법체계 바깥에서 비판적 검토를 수행한다고 본다.

ㄷ. 법률만이 아니라 규범적 교의도 법체계의 필수적 구성 요소로 인정하면서, 법률에 관한 메타 언명으로서 법학적 언명에는 법률에 관한 수락할 만한 해석의 제안권이 있다고 주장한다.

① ㄱ   ② ㄴ   ③ ㄱ, ㄷ
④ ㄴ, ㄷ   ⑤ ㄱ, ㄴ, ㄷ

문항 성격　문항유형 : 정보의 추론과 해석

내용영역 : 규범

평가 목표　이 문항에서는 한스 알베르트의 사회공학적 법학론에 맞서서 규범교의학적 법학을 옹호하는 아이케 폰 사비니의 입론을 입론의 자세한 주장 내용과 사회공학적 법학론에 대한 반박 내용을 통하여 입체적으로 이해하고 있는지를 평가하고자 한다.

문제 풀이　정답 : ③

제시문의 후반부는 한스 알베르트가 대안으로 제시하는 사회공학적 법학론에 대하여 다시 규범교의적 법학을 옹호하는 아이케 폰 사비니의 반론을 입론과 반박의 구조 속에서 소개하고 있다. 이 문항의 해결을 위해서는 사비니의 주장을 이해한 후 〈보기〉에서 사비니의 입장을 추론한 것으로 적절한 것을 가려내야 한다.

〈보기〉해설　ㄱ. 제시문 여섯 번째 단락에서 사비니는 규범적 교의를 다루는 규범교의적 법학도 "전통적이고 직관적인 학문 개념을 충족시킨다"고 주장하고, 마지막 단락에서는 "경험적 인식만을 과학적 인식으로 보면서 규범적 인식을 학문 세계에서 배척하는 태도를 문제로 지적하고, '규범적/경험적'의 구분을 '비학문적/학문적'의 구분과 동일시해서는 안 된다고 주장"하면서 "비판적 합리주의에 대하여 성찰"을 요구한다. 이 선택지는 사비니의 입장을 적절하게 추론한 것이다.

ㄴ. 제시문 여섯 번째 단락에서 사비니는 규범적 교의를 "법률의 해석을 위해서 결정의 근거지움에 사용하는 법률 바깥의 법명제"로 이해하면서, 이어서 일곱 번째 단락에서 법학의 계시모델성에 관하여 알베르트의 견해를 비판하면서, 법학은 "규범적 교의를 가지고 어떻게 하면 최선에 이를 수 있을지를 모색하면서 비판적 검토를 법체계 안으로 수용한다고 해명한다." 이 선택지는 이 가운데 후자의 입장을 "법학이 법체계 바깥에서 비판적 검토를 수행한다"고 잘못 추론하고 있다. 따라서 사비니의 입장을 추론한 것으로 적절치 않다.

ㄷ. 제시문 여섯 번째 단락에서 사비니는 법률만이 아니라 규범적 교의도 법체계의 필수적 구성 요소라고 인정하면서, 이어서 일곱 번째 단락에서 법학적 언명의 권위성에 관하여 "법률에 관련된 메타 언명으로부터 규범성을 완전히 박탈하는 것이 가능한지에 의문을 표하는 동시에 도대체 왜 법학으로부터 수락할 만한 해석의 제안권을 박탈해야 하느냐고 반문한다." 이 선택지는 사비니의 입장을 적절하게 추론한 것이다

〈보기〉에서 ㄱ과 ㄷ만이 적절한 추론이므로 ③이 정답이다.

금융, 마케팅, 의료 등 다양한 분야에서 생성되는 빅데이터는 많은 경우 개인정보를 포함하고 있어 데이터를 활용하는 과정에서 민감한 개인정보가 유출될 가능성이 있다. 따라서 빅데이터 구축 과정에서 개인정보의 전부 또는 일부를 삭제하거나 대체함으로써 개인의 신원이 드러나지 않도록 하면서도 해당 데이터의 활용성을 최대한 유지할 수 있도록 하는 개인정보 비식별화 기술을 사용한다.

데이터 집합에서 정보를 표현하는 최소 단위를 속성이라고 하고 다양한 속성들의 조합으로 표현된 하나의 정보를 레코드라고 한다. 데이터 집합은 이 레코드들의 집합이다. 비식별화 기술은 속성을 식별자, 준식별자, 일반속성, 민감속성으로 구분한다. 주민번호와 같이 그 자체만으로도 누구인지 식별 가능한 속성이 식별자이다. 반면에 성별, 연령, 주소와 같이 개인에 대한 직접적인 식별은 불가능하지만 이들 속성이 결합하면 개인에 대한 식별이 가능해지는 속성을 준식별자라고 한다. 성별, 이름, 연령으로 구성되어 있는 원본 데이터 집합이 있을 때, 이름에서 성씨만을 남겨 비식별 데이터 집합을 만들었다고 하자. 비록 이름은 성만 남기고 가려져 있지만 '남성'이 유일하거나, 성이 '이씨'이면서 '35세'인 사람이 유일하다면, 원본에 이 두 사람이 포함된 사실을 알면서 이들 각자의 유일한 속성값 조합을 미리 알고 있는 사람은 특정 개인을 재식별할 수 있다. 일반적으로 개인정보는 개인의 여러 속성과 결합하여 사용된다. 익명 데이터라도 여러 속성과 결합하면 유일한 속성값 조합이 새로 생기게 되며 이에 따라 특정 개인이 재식별되는 불완전한 비식별 데이터 집합이 된다.

$\boxed{\text{k-익명성}}$은 특정 개인을 추정할 가능성을 1/k 이하로 낮추는 비식별화 기술로 원본 데이터 집합의 식별자나 준식별자 속성에 대해서만 마스킹, 범주화 등을 수행하여 유사한 준식별자 속성값들을 동일하게 만드는 작업을 수행한다. 마스킹은 '홍길동'을 '홍**'로 바꾸는 것이고 범주화는 '35세'를 '30대'로 바꾸는 식이다. 이렇게 만든 비식별 데이터 집합에서 준식별자 속성값들이 모두 동일한 레코드들의 집합을 동질집합이라고 하며 이때 레코드들의 수를 동질집합의 크기라고 한다. k-익명성은 비식별 처리로 만들어진 동질집합의 크기가 k개 미만인 동질집합을 모두 삭제하여 동질집합의 크기가 k개 이상 될 수 있도록 만든다. k≥2일 때 원본 데이터 집합에 있는 특정 개인의 준식별자를 미리 알고 있어도 비식별 데이터 집합만을 보고 원본의 특정 개인을 재식별하는 것은 불가능하다. 그러나 개인 추정 가능성은 존재한다. 즉 특정하고자 하는 개인이 속한 동질집합의 크기가 k일 때 이 특정 개인이 k명 중의 한 명임을 추정할 수 있으므로 1/k의 확률로 개인 추정이 가능하다.

170

k-익명성은 한 동질집합에 속하는 모든 레코드에서 준식별자 속성이 아닌 민감속성의 값이 모두 동일할 경우 해당 정보가 유출되는 단점이 있다. 민감속성은 병명, 수입 등 개인의 사생활과 관련된 속성을 의미한다. 예를 들어 동질집합이 3명의 레코드를 갖고 있고 이 3명이 모두 위암이라면, 홍길동이 동질집합의 3명 중 한 명이라는 사실을 아는 사람은 그중 누가 홍길동인지는 몰라도 홍길동이 위암이라는 사실을 정확히 알 수 있다. 이러한 k-익명성의 단점을 보완하기 위해 ℓ-다양성을 추가로 적용한다.

ℓ-다양성은 동질집합에서 민감속성이 최소 ℓ개의 서로 다른 속성값들을 갖도록 한다. 이 조건을 만족하지 못하는 동질집합은 비식별 데이터 집합에서 삭제한다. 앞의 예에서 동질집합의 병명 속성은 모두 '위암' 값만을 가지므로 ℓ-다양성을 만족하지 못하기 때문에 이 동질집합은 삭제된다.

비식별화 기술은 개인 식별 가능성은 낮출 수 있지만 정보 손실을 유발하기 때문에 구축된 빅데이터를 활용하는 측에서는 데이터의 가치가 낮아진다. 원본 유사도는 비식별 데이터 집합의 활용성을 나타내는 지표이며 원본 데이터 집합과 이를 비식별 처리한 비식별 데이터 집합이 얼마나 유사한지를 나타낸다. 이 지표는 레코드 잔존율과 레코드 유사도로 측정한다. 레코드 잔존율은 원본 데이터 집합의 총 레코드 수 대비 비식별 데이터 집합의 총 레코드 수를 백분율로 나타낸 지표이다. 한편 레코드 유사도는 원본 데이터 집합의 한 원본 레코드가 비식별 데이터 집합에 남아 있을 경우 원본 레코드와 비식별 레코드 쌍 간의 통계적 유사성을 0과 1 사이의 값으로 표현한 지표이다.

04.

윗글의 내용과 일치하지 <u>않는</u> 것은?

① 휴대전화 번호는 일반적으로 식별자에 해당한다.
② 민감속성은 범주화와 마스킹으로 비식별 처리를 한다.
③ 레코드 유사도가 높을수록 개인정보 식별 가능성은 커진다.
④ 준식별자들의 조합만으로도 특정 개인이 식별되는 경우가 있다.
⑤ 레코드는 식별자와 준식별자 이외에도 다양한 속성으로 구성된다.

제시문 첫 번째 단락에서 개인정보 비식별화 기술의 목적을 정의한 후, 두 번째 단락부터 비식별
화 기술의 개념 및 구체적인 방법에 대해 설명하고 있다. 비식별화 기술에서 사용되는 용어인 식
별자, 준식별자, 민감속성, 레코드 유사도 등을 정확히 이해하고 각 선택지의 진위 여부를 제시문
내용과 대조하여 판단하도록 한다.

정답 해설　② 제시문 두 번째 단락 "비식별화 기술은 속성을 식별자, 준식별자, 일반속성, 민감
속성으로 구분한다."와 세 번째 단락 "원본 데이터 집합의 식별자나 준식별자 속
성에 대해서만 마스킹, 범주화 등을 수행하여 유사한 준식별자 속성값들을 동일
하게 만드는 작업을 수행한다."로부터 민감속성에 대해서는 비식별 처리를 하지
않음을 알 수 있다.

오답 해설　① 제시문 두 번째 단락 "주민번호와 같이 그 자체만으로도 누구인지 식별 가능한
속성이 식별자이다."로부터 휴대전화 번호 역시 식별자에 해당함을 알 수 있다.

③ 제시문 마지막 단락 "비식별화 기술은 개인 식별 가능성은 낮출 수 있지만"과
"원본 유사도는 비식별 데이터 집합의 활용성을 나타내는 지표이며 원본 데이터
집합과 이를 비식별 처리한 비식별 데이터 집합이 얼마나 유사한지를 나타낸다.
이 지표는 레코드 잔존율과 레코드 유사도로 측정한다."로부터 레코드 유사도가
높을수록 원본 유사도가 높아지고 개인 식별 가능성은 커짐을 알 수 있다.

④ 제시문 두 번째 단락 "성별, 연령, 주소와 같이 개인에 대한 직접적인 식별은 불
가능하지만 이들 속성이 결합하면 개인에 대한 식별이 가능해지는 속성을 준식
별자라고 한다."로부터 준식별자들의 조합만으로도 특정 개인이 식별되는 경우
가 있음을 알 수 있다.

⑤ 제시문 두 번째 단락 "다양한 속성들의 조합으로 표현된 하나의 정보를 레코드
라고 한다."와 "비식별화 기술은 속성을 식별자, 준식별자, 일반속성, 민감속성으
로 구분한다."로부터 레코드는 식별자와 준식별자 이외에도 일반속성, 민감속성
등 다양한 속성으로 구성됨을 알 수 있다.

05.

<u>k-익명성</u> 에 대한 추론으로 가장 적절한 것은?

① k를 낮추면 재식별 가능성과 레코드 잔존율 모두 감소한다.
② k를 낮추면 동질집합의 수는 증가하고 동질집합은 서로 크기가 같아진다.
③ k를 높이면 재식별 가능성은 증가하고 동질집합의 레코드 수는 감소한다.
④ k를 높이면 동질집합의 수는 감소하고 동질집합의 민감속성값은 모두 같아진다.
⑤ k를 변경했더니 레코드 잔존율이 증가했다면 동질집합의 크기들 중 최솟값은 작아진다.

문항 성격　문항유형 : 정보의 추론과 해석
　　　　　　　내용영역 : 과학기술

평가 목표　이 문항은 'k-익명성'의 개념과 방식에 관한 정보를 정확히 해석하고 있는지 묻는 문항이다.

문제 풀이　정답 : ⑤

개인정보 비식별화 기술인 k-익명성에서 k 값과 동질집합의 의미를 정확히 이해하고 k 값의 변화에 따른 동질집합의 크기, 동질집합의 수, 레코드 잔존율, 재식별 가능성의 변화를 정확히 추론하여 각 선택지의 진위 여부를 확인하도록 한다.

정답 해설　⑤ 제시문 세 번째 단락 "k-익명성은 비식별 처리로 만들어진 동질집합의 크기가 k개 미만인 동질집합을 모두 삭제하여 동질집합의 크기가 k개 이상 될 수 있도록 만든다."와 마지막 단락 "레코드 잔존율은 원본 데이터 집합의 총 레코드 수 대비 비식별 데이터 집합의 총 레코드 수를 백분율로 나타낸 지표이다."로부터 레코드 잔존율이 증가했다는 것은 k 값이 낮아졌음을 알 수 있다. k-익명성은 동질집합의 크기가 k개 이상 될 수 있도록 만드는 것이므로 k 값이 낮아짐에 따라 동질집합의 크기들 중 최솟값도 작아짐을 알 수 있다.

오답 해설　① 제시문 세 번째 단락 "k-익명성은 비식별 처리로 만들어진 동질집합의 크기가 k개 미만인 동질집합을 모두 삭제하여 동질집합의 크기가 k개 이상 될 수 있도록 만든나."와 마지막 단락 "레코드 잔존율은 원본 데이터 집합의 총 레고드 수 대비 비식별 데이터 집합의 총 레코드 수를 백분율로 나타낸 지표이다."로부터 k를 낮추면 삭제되는 레코드가 줄어들거나 유지되므로 재식별 가능성과 레코드 잔존율이 증가하거나 유지됨을 알 수 있다.

② k를 낮추면 동질집합의 수가 증가하거나 유지되지만 동질집합의 크기가 같아지지는 않는다.

③ k를 높이면 동질집합의 크기가 커지므로 재식별 가능성은 감소하고 동질집합의 레코드 수는 증가한다.

④ k를 높이면 동질집합의 크기가 커지므로 동질집합의 수는 감소하거나 유지된다. 그러나 "비식별 데이터 집합에서 준식별자 속성값들이 모두 동일한 레코드들의 집합을 동질집합"이므로 동질집합은 민감속성과는 관련이 없다.

06.

윗글을 바탕으로 〈보기〉의 사례를 이해할 때, ㄱ~ㄷ 중 맞는 것만을 있는 대로 고른 것은?

보기

다음 표는 한 쇼핑몰의 고객 관리 원본 데이터 집합이다. 여기서 우편번호, 연령, 성별은 준식별자이고, 구매 수준은 민감속성이다. (a)와 (b) 방식으로 각각 비식별화 기술을 적용하고자 한다.

No.	우편번호	연령	성별	구매 수준
1	15093	25	남	상
2	15002	28	남	상
3	15000	21	여	중
4	15090	22	남	중
5	13851	45	여	하
6	13852	42	남	상

(a) 우편번호를 1509*, 1385*, 1500*로 표시하고, 연령은 40세 미만과 40세 이상으로 나누고, 성별은 마스킹한 후 k-익명성과 ℓ-다양성을 적용한다.

(b) 우편번호를 150**, 138**로 표시하고, 연령은 40세 미만과 40세 이상으로 나누고, 성별은 마스킹한 후 k-익명성과 ℓ-다양성을 적용한다.

ㄱ. (a)보다 (b)의 레코드 잔존율이 크고 (a)와 (b)의 k 값이 같고 (a)와 (b)의 ℓ 값도 같다면, (a)의 동질집합의 수는 0이다.

174

ㄴ. (a)와 (b)의 레코드 잔존율이 100%라면, (a)와 (b)는 k 값이 같고 ℓ 값도 같으며 동질집합의 수도 같다.

ㄷ. 레코드 잔존율이 (a)는 100%이고 (b)는 50% 이상 100% 미만이라면, (a)의 k 값이 (b)의 k 값보다 작고, (a)와 (b)의 ℓ 값은 서로 같다.

① ㄱ　　　　　② ㄴ　　　　　③ ㄱ, ㄷ

④ ㄴ, ㄷ　　　　⑤ ㄱ, ㄴ, ㄷ

문항 성격　문항유형 : 정보의 평가와 적용

내용영역 : 과학기술

평가 목표　이 문항은 비식별화 기술 중 k-익명성과 ℓ-다양성의 원리를 구체적인 예에 적절히 적용할 수 있는지를 묻는 문항이다.

문제 풀이　정답 : ③

k-익명성과 ℓ-다양성의 원리를 구체적인 사례에 적용해 보고, 주어진 조건이나 상황에 따라 결과를 정확하게 해석하여 각 선택지의 진위 여부를 확인하도록 한다.

〈보기〉 해설　ㄱ. (a)의 레코드 잔존율은 k=2, ℓ=2일 때만 100%이고, 나머지 모든 경우에 대해 0%이다. 한편 (b)의 레코드 잔존율은 k=2, ℓ=2일 때 100%, k=3 또는 4, ℓ=2일 때 4/6=66.67%, 나머지 모든 경우에 대해 0%이다. 따라서 (a)보다 (b)의 레코드 잔존율이 크려면 (a)의 레코드 잔존율이 0%이고 (b)의 레코드 잔존율은 66.67%인 경우이다. (b)의 레코드 잔존율이 100%인 경우는 (a)의 레코드 잔존율도 100%이므로 제외된다. 조건에 따라 (a)와 (b)의 k 값이 같고 ℓ 값이 같은 경우는 k 값은 3 또는 4이고 ℓ 값은 2인 경우이다. 이때 (a)의 모든 레코드는 삭제되므로 (a)의 동질집합의 수는 0이다.

ㄴ. (a)와 (b)의 레코드 잔존율이 100%라면 k=2, ℓ=2이고, 이때 (a)의 동질집합의 수는 3이고 (b)의 동질집합의 수는 2이므로 동질집합의 수는 서로 다르다.

ㄷ. (a)의 레코드 잔존율이 100%가 되는 경우는 k=2, ℓ=2일 때이다. 한편 (b)의 레코드 잔존율이 50% 이상 100% 미만이 되는 경우는 (b)의 레코드 잔존율이 4/6=66.67%가 되는 k=3 또는 4이고 ℓ=2일 때이다. 따라서 (a)의 k 값은 (b)의 k 값보다 작고, (a)와 (b)의 ℓ 값은 서로 같다.

〈보기〉에서 ㄱ과 ㄷ만이 맞는 것이므로 ③이 정답이다.

　　투표 참여에 대한 설명은 유권자가 투표에 참여하기 위해 치르는 비용에 주목한다. 예를 들어 투표소가 거주지와 가깝거나 이동하기 쉬운 곳에 있을수록 유권자들이 더 쉽게 투표할 수 있다. 또한 투표 참여 비용의 큰 부분을 차지하는 것이 ㉠선거와 후보에 대한 정보를 획득하고 처리하는 비용이다. 일반적으로 사회경제적 지위가 높은 유권자들이 그렇지 않은 유권자들에 비해 더 열심히 투표에 참여하는 이유는 전자가 이러한 비용을 더 낮게 체감하기 때문이다.

　　선거일 날씨도 투표 참여를 결정하는 데 있어 비용의 구성 요소가 될 수 있다. 비가 오는 날에는 투표소에 가거나 줄을 서서 차례를 기다리는 것이 불편한 일이기 때문이다. 따라서 기존 연구들은 궂은 날씨가 유권자가 투표하러 가는 것을 망설이게 한다는 데 동의한다. 다만 지금까지 학문적 관심의 초점은 궂은 날씨로 인한 비용 증가가 실제로 투표율을 낮출 만큼 큰 문제인가에 맞춰져 왔다. 어떤 학자들은 날씨가 유발하는 비용 증가는 미미하다고 주장하지만, 다른 학자들은 작은 불편으로 인한 추가 비용도 상당수 유권자 사이에서 투표와 기권의 선택을 뒤바꿀 수 있다고 본다.

　　미국 대통령선거를 대상으로 한 최근 연구에 따르면 주 단위에서 강수량과 투표율을 비교했을 때, 강수량이 평년보다 1인치 증가할 때 투표율은 약 2.4% 포인트 감소했다. 다만 이 연구는 ㉡주별 강수량을 측정하기 위해 그 주에서 가장 큰 도시의 선거 당일 강수량을 대리지표(proxy)로 활용했다는 점에서 비판의 대상이 되었다. 그러나 이러한 문제를 교정한 다른 연구에서도 강수량의 증가가 투표율 감소를 가져온다는 증거가 제시되었다.

　　그런데 투표와 관련된 비용에는 투표에 참여하는 데 필요한 직접비용뿐 아니라, ㉢투표에 참여하느라 다른 선택을 포기하는 데서 오는 기회비용도 포함된다. 예를 들어 투표 참여를 위해 근무 중 자리를 비워야 한다면, 근무하지 못하는 데서 발생하는 손해가 투표의 기회비용이 된다. 따라서 선거일이 공휴일로 지정된 한국과 비교할 때, 미국 유권자들은 투표 참여를 위해 대체로 더 높은 기회비용을 지불하는 셈이다. 선거일을 공휴일로 지정하거나 사전투표제를 도입하는 것은 이러한 비용을 낮춰 투표율을 진작하려는 대표적인 제도이다.

　　투표 참여에 따르는 기회비용을 고려한다면, 날씨가 투표율에 미치는 영향력은 한국과 미국 사이에서 다르게 나타날 수 있다. 미국처럼 선거일이 공휴일이 아닌 경우 근무 시간 중에 투표해야 하는 직장인들이 치르는 기회비용은 비가 오건 오지 않건 유사하다. 만약 비가 와서 투표에 소요되는 시간이 늘어난다면, 기회비용 역시 증가하기 때문에 직접비용과 기회비용을 구분하는 것이 중요하지 않을 수 있다. 반면에 선거일이 공휴일로 지정된 한국에서는 날씨에 따라 선택 가능한 대안이 달라질 수 있다. 날씨가 맑을 경우 야외 여가 활동을 계획하고 있는 유권자를 생각해 보자. 이들에게는 투표 참여로 인해 여가 활동에 제약을 받을수록 투표의 기회비용이 증가하게 된다. 반면에 투표 당일 비가 와서 여가 활동 대신 집에 머물게 될 경우, 투표의 기회비용은 날씨가 맑을 때보다 작아진다. 결과적으로 이런 유권자들은 맑을 때보다는 흐릴 때 오히려 투표 참여 가능성이 높아지는 것이다.

투표율에 관심을 두는 이유는 누가 투표하는가에 따라 선거 결과가 달라질 수 있기 때문이다. 공화당과 민주당이 경쟁하는 미국 선거에서 "공화당원은 선거일에 비가 내리게 기도해야 한다."는 말이 종종 언급되곤 한다. 선거일에 비가 내리면 전체 투표율이 하락하는데, 이러한 참여 감소가 주로 주변부 유권자들(peripheral voters)의 기권에 기인하기 때문이다. 즉 선거일의 우천은 청년층, 유색 인종, 저소득층 등과 같이 애초에 투표 참여를 위한 비용을 지불할 의지와 능력이 약한 주변부 유권자들의 투표 장벽을 높이는 경향이 있다.

세대에 따라 정치적 지지가 엇갈리는 최근 한국의 선거에서는 연령대에 따라 선거 당일 날씨에 대한 반응이 다를 수 있다. 우선 궂은 날씨로 인한 투표의 직접비용 증가는 나이 든 유권자에게 더 큰 영향을 미칠 가능성이 크다. 나이 든 유권자일수록 젊은 유권자에 비해 이동에 더 큰 제약을 받기 때문이다. 날씨가 기회비용 구조에 미치는 영향력도 연령대에 따라 다를 수 있다. 나이 든 유권자보다는 젊은 유권자가 여가 활동에 대한 선호도가 높다는 점을 고려하면, 궂은 날씨로 인한 투표의 기회비용 감소는 젊은 세대에서 투표율의 증가로 나타날 가능성이 크다.

07.

윗글의 내용에 대한 이해로 적절하지 <u>않은</u> 것은?

① 미국 선거에서 투표율이 상승할수록 민주당의 득표율이 증가할 수 있다.
② 고소득층 유권자일수록 저소득층 유권자에 비해 투표율이 높은 경향이 있다.
③ 한국 선거에서 선거일에 비가 오면 특정 정당에 불리하게 작용할 수 있다.
④ 언론이 주요 후보의 공약을 비교하여 공개하는 것은 투표율 상승에 기여할 수 있다.
⑤ 사전투표제를 도입한 취지는 투표 참여에 소요되는 직접비용을 절감하려는 데에 있다.

문항 성격	문항유형 : 정보의 확인과 재구성
	내용영역 : 사회
평가 목표	이 문항은 제시문에서 설명된, 투표율에 영향을 미치는 다양한 요인들을 이해하고 있는지 평가하기 위한 문항이다.

  정답 : ⑤

제시문은 투표율에 영향을 미치는 다양한 요인들을 설명하고 있다. 그중에서도 특히 선거 당일의 날씨가 투표율에 미치는 영향력에 초점을 맞추어 설명하고 있다. 문제 해결을 위해서는 이러한 내용을 정확하게 이해해야 한다.

정답 해설 ⑤ 제시문 네 번째 단락 "그런데 투표와 관련된 비용에는 투표에 참여하는 데 필요한 직접비용뿐 아니라, 투표에 참여하느라 다른 선택을 포기하는 데서 오는 기회비용도 포함된다. … 선거일을 공휴일로 지정하거나 사전투표제를 도입하는 것은 이러한 비용을 낮춰 투표율을 진작하려는 대표적인 제도이다."로부터 사전투표제 도입의 취지가 투표 참여의 직접비용보다는 기회비용을 절감하려는 데에 있다는 점을 알 수 있다.

오답 해설 ① 제시문 여섯 번째 단락 "선거일에 비가 내리면 전체 투표율이 하락하는데, 이러한 참여 감소가 주로 주변부 유권자들(peripheral voters)의 기권에 기인하기 때문이다. 즉 선거일의 우천은 청년층, 유색 인종, 저소득층 등과 같이 애초에 투표 참여를 위한 비용을 지불할 의지와 능력이 약한 주변부 유권자들의 투표 장벽을 높이는 경향이 있다."로부터 높은 투표율은 주변부 유권자들의 적극적인 참여를 의미하며 이는 민주당에 유리하게 작용할 수 있다는 점을 알 수 있다.

② 제시문 첫 번째 단락 "일반적으로 사회경제적 지위가 높은 유권자들이 그렇지 않은 유권자들에 비해 더 열심히 투표에 참여하는 이유는 전자가 이러한 비용(선거와 후보에 대한 정보를 획득하고 처리하는 비용)을 더 낮게 체감하기 때문이다."로부터 고소득층 유권자일수록 저소득층 유권자에 비해 더 적극적으로 투표에 참여하는 경향이 있다는 점을 알 수 있다.

③ 제시문 마지막 단락 "세대에 따라 정치적 지지가 엇갈리는 최근 한국의 선거에서는 연령대에 따라 선거 당일 날씨에 대한 반응이 다를 수 있다. 우선 궂은 날씨로 인한 투표의 직접비용 증가는 나이 든 유권자에게 더 큰 영향을 미칠 가능성이 크다. … 날씨가 기회비용 구조에 미치는 영향력도 연령대에 따라 다를 수 있다."로부터 선거일에 비가 와서 세대별 투표율이 달라지면 정당별로 유·불리가 생길 수 있다는 점을 알 수 있다.

④ 제시문 첫 번째 단락 "투표 참여 비용의 큰 부분을 차지하는 것이 선거와 후보에 대한 정보를 획득하고 처리하는 비용이다."로부터 투표 참여 비용이 감소하면 투표율이 증가한다는 점을 알 수 있다. 언론이 주요 후보의 공약을 비교하여 공개하는 것은 유권자 입장에서 선거와 후보에 대한 정보를 획득하고 처리하는 것을 쉽게 만들어줌으로써 투표 참여 비용을 낮출 수 있다.

08.

㉠~㉢에 대한 평가로 적절한 것만을 〈보기〉에서 있는 대로 고른 것은?

ㄱ. 다른 조건이 같다면, 현역 의원이 같은 지역구에서 재선에 도전할 때에는 처음 출마했을 때에 비해 ㉠의 감소로 인해 투표율이 높아질 수 있다.

ㄴ. 지리적으로 큰 주일수록 ㉡은 날씨의 영향력에 대한 예측에 더 큰 왜곡을 가져올 수 있다.

ㄷ. 직장인들의 투표율과 시간당 임금 사이에 음의 상관관계가 발견된다면 투표율 예측에서 ㉢을 고려할 필요가 줄어든다.

① ㄴ   ② ㄱ, ㄴ   ③ ㄱ, ㄷ

④ ㄴ, ㄷ   ⑤ ㄱ, ㄴ, ㄷ

문항 성격	문항유형 : 정보의 추론과 해석
	내용영역 : 사회
평가 목표	이 문항은 투표율 증감과 관련한 제시문 내용을 바탕으로 〈보기〉를 통해 구체적으로 주어진 요인이 투표율에 미칠 수 있는 영향을 추론할 수 있는지 평가하기 위한 문항이다.
문제 풀이	정답 : ②

제시문에 따르면 개별 유권자의 투표 참여 여부에는 그가 투표에 참여하기 위해 필요한 비용을 부담할 능력과 의지를 가지느냐가 중요한 영향을 미친다. 따라서 이러한 비용이 늘어나느냐 줄어드느냐에 따라 투표율이 증가할 것인지 감소할 것인지 추론해야 한다.

〈보기〉 해설

ㄱ. 현역 의원에 대해서는 임기 동안의 활동을 통해 지역구 유권자들이 후보에 대한 정보를 자연스럽게 축적하였을 것이라고 추론할 수 있다. 따라서 현역 의원이 재선에 도전한 경우 그렇지 않은 경우에 비해 유권자들에게는 ㉠이 감소할 것이며, 그 결과 투표율이 높아질 것이라고 추론할 수 있다.

ㄴ. "주별 강수량을 측정하기 위해 그 주에서 가장 큰 도시 지역의 선거 당일 강수량을 대리지표로 활용"하는 것은 주의 가장 큰 도시 지역의 날씨가 주 전체의 날씨를 대표하지 못할수록 추정치의 왜곡을 가져오게 된다. 그런데 지리적으로 큰 주일수록 주 내 지역 간 날씨의 편차가 커질 수 있으므로, 가장 큰 도시 지역

의 날씨가 주 전체의 날씨를 대표하지 못할 가능성을 증가시킬 수 있다.

ㄷ. 직장인들의 시간당 임금이 높다는 것은 근무를 포기하고 투표에 참여하기 위해 치러야 하는 기회비용이 그만큼 크다는 것을 의미한다. 그런데 투표율과 시간당 임금 사이에 음의 상관관계가 크다는 것은 시간당 임금이 증가할수록 투표하려는 동기가 약화된다는 것을 의미하며, 이는 투표의 기회비용이 작용하고 있다는 간접적인 증거가 될 수 있다. 따라서 투표율과 시간당 임금 사이의 음의 상관관계는 투표율 예측을 위해 기회비용을 고려할 필요성이 더 크다는 것을 의미한다. 따라서 이 선택지는 ⓒ에 대한 평가로 적절하지 않다.

〈보기〉에서 ㄱ과 ㄴ만이 적절한 평가이므로 ②가 정답이다.

09.

윗글을 바탕으로 〈보기〉를 이해한 내용으로 적절하지 <u>않은</u> 것은?

보기

$R_\text{맑음}$과 $R_\text{비}$는 각각 날씨가 맑을 때와 비가 올 때 개인이 투표 참여로부터 얻을 수 있는 보상, B는 유권자의 지지 후보가 당선되었을 경우 얻을 수 있는 혜택, P는 유권자 자신의 투표로 인해 지지하는 후보가 선거에서 승리할 확률, S는 투표 행위 자체가 가져올 수 있는 만족감(심리적 효용)을 각각 의미한다. 그리고 DC와 OC는 각각 유권자가 투표하기 위해 부담하는 직접비용과 기회비용을 뜻한다. 결과적으로 R이 증가할수록 투표할 확률이 증가한다.

$$R_\text{맑음}=P \times B+S-(DC_\text{맑음}+OC_\text{맑음})$$
$$R_\text{비}=P \times B+S-(DC_\text{비}+OC_\text{비})$$
$$R_\text{맑음}-R_\text{비}=(DC_\text{비}-DC_\text{맑음})+(OC_\text{비}-OC_\text{맑음})$$

① 기존 연구에 따르면 $DC_\text{비}-DC_\text{맑음}$은 양(+)의 값을 갖는다.
② 거주지 근처에 투표소가 추가로 설치된다면 $DC_\text{비}$는 감소한다.
③ $R_\text{맑음}-R_\text{비}>0$이라면 선거일에 비가 올 때에는 투표할 가능성이 낮아진다.
④ 선거일이 공휴일로 지정되면 $OC_\text{비}-OC_\text{맑음}$은 음(−)의 값을 가질 수 있다.
⑤ 일반적으로 미국에서 $DC_\text{비}-DC_\text{맑음}$은 흑인 유권자가 백인 유권자보다 작게 느낀다.

문항 성격　문항유형 : 정보의 평가와 적용

내용영역 : 사회

평가 목표　이 문항은 제시문에 설명된 날씨와 투표율 사이의 관계 정보를 〈보기〉의 수식에 적절하게 적용하여 이해할 수 있는지 평가하기 위한 문항이다.

문제 풀이　정답 : ⑤

R은 투표 참여를 통해 얻을 수 있는 혜택과 참여를 위해 지불해야 하는 비용 사이의 차이로 혜택이 비용에 비해 클수록 유권자가 투표에 참여할 가능성이 높아진다는 사실을 의미한다. 문제 해결을 위해서는 직접비용과 기회비용을 구분할 수 있어야 하고, 날씨에 따라 두 가지 비용 사이의 상대적 크기가 달라질 수 있다는 점을 이해해야 한다.

정답 해설　⑤ 선거일에 비가 내리면 전체 투표율이 하락하는데, 이러한 참여 감소는 유색인종을 비롯한 주로 주변부 유권자들의 기권에 기인한다. 제시문 여섯 번째 단락에 따르면, "애초에 투표 참여를 위한 비용을 지불할 의지와 능력이 약한 주변부 유권자들의 투표 장벽을 높이는 경향이 있다." 따라서 선거일이 공휴일이 아닌 미국에서 선거일에 비가 오면 흑인 유권자는 투표 참여 비용이 백인 유권자에 비해 더 크게 증가하거나, 최소한 동일한 정도의 비용 증가를 경험하게 된다. 따라서 $DC_{비}-DC_{맑음}$은 흑인 유권자가 백인 유권자보다 더 작게 느낀다는 것은 〈보기〉를 이해한 내용으로 적절하지 않다.

오답 해설　① 기존 연구들은 선거일 날씨가 맑은 경우에 비해 비가 오는 경우 투표에 참여하기 위한 직접비용이 증가하여 결과적으로 투표율이 하락한다는 점에 동의한다. 따라서 비가 오는 날의 직접비용을 의미하는 $DC_{비}$는 맑은 날의 직접비용을 의미하는 $DC_{맑음}$보다 크다. 즉 $DC_{비}-DC_{맑음}>0$이다.

② 거주지 근처에 투표소가 추가로 설치된다면, 유권자가 그만큼 쉽게 투표에 참여할 수 있다. 즉 투표소의 추가 설치는 투표에 참여하기 위한 직접비용의 감소를 의미하며 이는 날씨와 무관하다. 따라서 $DC_{비}$가 감소한다.

③ $R_{맑음}$과 $R_{비}$는 각각 날씨가 맑을 때와 비가 올 때 개인이 투표 참여로부터 얻을 수 있는 보상이므로 $R_{맑음}$이 $R_{비}$보다 크다는 것은 맑은 날 유권자가 투표할 가능성이 비가 오는 날 투표할 가능성보다 더 높다는 것을 의미한다. 따라서 $R_{맑음}-R_{비}>0$이라면 선거일에 비가 올 때에는 투표할 가능성이 낮아진다.

④ 날씨가 투표율에 미치는 영향은 선거일의 공휴일 여부에 따라서도 달라질 수 있다. 선거일이 공휴일로 지정되면 비가 올 때 투표에 참여하기 위해 지불하는 기회비용이 야외에서 여가 활동을 계획하는 맑을 때에 비해 오히려 작아질 수 있기 때문이다. 따라서 선거일이 공휴일로 지정되면 $OC_{비}-OC_{맑음}$이 0보다 작을 수 있다.

토마스 아퀴나스를 통해 보편화된 고전적 정식에 따르면 '진리'는 '사물과 지성의 일치'인데, 그 맹아는 이미 플라톤에게서 보인다. 그런데 진리를 가리키는 플라톤의 용어 '오르토테스'와 '알레테이아', 그리고 토마스 아퀴나스의 '베리타스' 사이에는 중요한 유사점과 차이점이 있다. 명제뿐 아니라 하나의 단어도 이미 참 또는 거짓일 수 있다고 한 『크라튈로스』에서와 달리 『소피스테스』에서 플라톤은 말은 그것이 명제일 때, 즉 주어-술어 연결을 통해 사실성을 주장하는 언표일 때 비로소 진릿값을 가질 수 있다고 본다. 먼저 '테아이테토스는 앉는다.'와 같은 참 명제에서는 ('테아이테토스'와 '앉는다'의) 존재하는 연결이 존재하는 것으로, 또는 존재하지 않는 연결이 존재하지 않는 것으로 언표된다. 반면 '테아이테토스는 난다.'와 같은 거짓 명제에서는 ('테아이테토스'와 '난다'의) 존재하지 않는 연결이 존재하는 것으로, 또는 존재하는 연결이 존재하지 않는 것으로 언표된다. 오르토테스란 명제가 참임으로써 성립하는 진리를 가리킨다.

『국가』에서 플라톤은 알레테이아 곧 '비은폐성'을 진리의 또 다른 국면으로 제시한다. 태양 없이는 가시계의 사물들은 비가시적이고 감추어져 있어서 우리는 아무것도 볼 수 없다. 태양 덕분에 비로소 사물들은 보일 수 있다. 이와 유사하게 '좋음의 이데아' 없이는 가지계(可知界)의 이데아들은 인식될 수 없고 감추어져 있어서 우리 이성은 그것들을 인식할 수 없다. 좋음의 이데아 덕분에 비로소 이데아들은 인식될 수 있다. 태양 빛이 사물들의 가시성과 우리의 시각을 연결하듯, 좋음의 이데아는 이데아들의 가지성과 우리의 인식 능력을 연결한다. 즉 좋음의 이데아는 이데아들의 알레테이아와 그것들에 대한 우리 인식의 오르토테스를 가능케 한다.

이후 토마스 아퀴나스가 제시한 '사물과 지성의 일치'로서의 베리타스는 '지성에 사물이 일치함'과 '사물에 지성이 일치함', 즉 서로 대칭적 방향성을 지닌 사태적 진리와 명제적 진리로 나뉘는데, 존재론적 차원의 진리와 인식론적 차원의 진리가 함께 거론된다는 점에서 그의 진리론은 플라톤의 관점을 계승했다고 할 수 있다. 그러나 진리가 '본래적으로'는 인간이 명제 형식으로 수행하는 인식에서 성립한다고 보는 점에서 유의미한 편차를 보이는 것도 사실이다. 이는 사물이 신의 지성의 실천적 현시이기에 원칙적으로 이 세계에서 참되지 못한 것은 없으며, 참과 거짓의 문제가 발생하는 장은 주로 인간 지성의 영역이기에 진리는 결국 인간의 참 인식에서 완전히 성취된다는 세계관에서 기인하는 것이다. 이후의 철학사에서는 베리타스의 두 차원 중 명제적 진리가 담론의 주된 논제가 되는 경향이 종종 보인다. 이에 대해서는, 철학의 과제가 세계에 대한 '참인' 인식뿐 아니라 세계를 '참된' 것으로 이끄는 것에도 있는데 진리의 그러한 의미 한정은 철학 본연의 향도적 기능의 제한으로 이어진다는 비판이 제기될 수 있다.

그런데 진리 담론의 범위를 명제 차원에 한정하더라도 고전적 정식에서는 중대한 구조적 난점이 발견된다. 칸트에 따르면 어떤 명제 즉 인식의 참 또는 거짓을 따지려면 그 명제와 객관적 사실을 비교하여 일치 여부를 판별해야 하는데, 이때 불가피한 무한소급이 발생한다. 진위 판단의 기준인 사실을 '알고' 있어야 어떤 인식과 사실을 비교할 수 있는데, 그렇다면 인식-사실의 비교는 기실 인식-인식의 비교가 되며, 두 번째 인식은 또 다른 사실과 비교되어야 한다. 그러나 또 다른 사실 또한 필연적으로 또 다른 인식이며, 이에 진리의 기준으로서의 '객관적 사실'에는 영원히 다다를 수 없다. 칸트는 이 무한소급의 근원을 우리 인식의 불가피한 순환 구조, 즉 주관성으로부터의 이탈 불가능성에서 찾는다. 우리가 '사물'이라고 부르는 모든 것은 '우리'가 경험하는 바의 사물, 즉 '현상'일 뿐, 결코 존재하는 그대로의 '사물 자체'가 아니며, 따라서 과학이 밝히는 자연법칙도 자연 자체의 법칙이 아니라 경험의 조건으로서의 우리 심성의 내적 구조일 뿐이라는 것이다.

10.

윗글에 대한 이해로 가장 적절한 것은?

① 진리에 관한 고전적 정식은 토마스 아퀴나스에 의해 그 최초의 맹아가 마련되었다.
② 말의 진위 여부는 명제의 차원에 한정된 문제라는 것이 플라톤의 일관된 입장이었다.
③ 플라톤의 진리관에서 좋음의 이데아는 이데아들과 인간의 인식 능력이 일치한 결과로 여겨진다.
④ 고전적 정식에서, 진리의 존재론적 차원에서 판정 기준이 되는 것이 인식론적 차원에서는 판정 대상이 된다.
⑤ 사태적 진리가 진리 담론에서 경시되는 철학사적 과정은 철학의 향도적 기능이 점차 강조되어 왔음을 보여 준다.

문항 성격	문항유형 : 정보의 확인과 재구성
	내용영역 : 인문
평가 목표	이 문항은 제시문에서 설명되고 있는, 진리에 대한 고전적 정식과 관련한 긴 철학사적 흐름을 전체적으로 파악하고 이해하고 있는지 묻는 문항이다.
문제 풀이	정답 : ④

진리에 대한 고전적 정식에서 '진리'가 어떤 구체적 구조 및 방향성에 따라 규정되는지, 이 정식

의 철학사적 맹아라 할 수 있는 플라톤의 진리관에서 어떤 특징들이 발견되는지, 그의 진리관이 이후의 철학사에서 어떤 변화를 거치는지, 그리고 이 정식이 명제론적 진리에 상대적으로 더 경도되는 과정에 대해 어떤 비판적 성찰이 수행될 수 있는지를 제시문을 통해 파악해야 한다.

정답 해설 ④ 제시문 세 번째 단락에 따르면, 고전적 정식에서 사태적 진리, 즉 존재론적 차원의 진리는 "지성에 사물이 일치함"으로, 그리고 명제적 진리, 즉 인식론적 차원의 진리는 "사물에 지성이 일치함"으로 규정되어 있다. 즉 전자의 진리에서 판정의 기준이 되는 '지성'이 후자의 진리에서는 기준인 '사물'에 일치하는지 아닌지를 따지는 대상으로 규정되어 있다. 이 선택지는 이러한 구조를 정확하게 기술하고 있다.

오답 해설 ① 제시문 첫 번째 단락에 따르면, 진리에 대한 고전적 정식을 "보편화"시킨 사람은 토마스 아퀴나스이며, 이 정식의 "맹아"는 플라톤에게서 보인다고 진술되어 있다. 그런데 이 선택지는 최초의 맹아를 마련한 사람이 토마스 아퀴나스라고 말하고 있으므로 제시문의 내용에 맞지 않는 진술이다.

② 제시문 첫 번째 단락에 따르면, 플라톤은 『크라튈로스』에서는 "명제뿐 아니라 하나의 단어도 이미 참 또는 거짓일 수 있다."고 보았지만 『소피스테스』에서는 "말은 그것이 명제일 때, 즉 주어–술어 연결을 통해 사실성을 주장하는 언표일 때 비로소 진릿값을 가질 수 있다."는 입장을 보인다. 즉 말의 진위 여부에 대한 플라톤의 입장에는 변화가 있는데, 이 선택지는 플라톤의 입장이 일관되게 "말의 진위 여부는 명제의 차원에 한정된 문제"라고 진술하고 있다.

③ 제시문 두 번째 단락에 따르면, 플라톤이 말하는 '좋음의 이데아'는 "이데아들의 가지성과 우리의 인식 능력을 연결"하는 것으로서 "이데아들의 알레테이아와 그것들에 대한 우리 인식의 오르토테스를 가능케 한다." 이는 좋음의 이데아가 이데아들과 인간의 인식 능력이 일치를 이룰 수 있게 하는 조건이 된다는 말이다. 그런데 이 선택지는 좋음의 이데아가 그러한 일치를 이룬 "결과로 규정된다."고 함으로써 좋음의 이데아의 위상에 대해 반대의 진술을 하고 있다.

⑤ 제시문 세 번째 단락에는 "이후의 철학사에서 베리타스의 두 차원 중 명제적 진리가 담론의 주된 논제가 되는 경향이" 종종 보인다고 기술되어 있고, 이를 진리에 대한 "의미 한정"이라고 설명되어 있다. 이어서 이러한 의미 한정은 "철학 본연의 향도적 기능의 제한으로 이어진다는 비판"의 대상이 된다는 진술이 뒤따른다. 이는 철학사의 과정에서 진리 담론이 향도적 기능을 점차 경시해 왔음에 대한 비판인데, 이 선택지는 이와는 정반대로 "철학의 향도적 기능이 점차 강조되어 왔음"이 철학사적 과정이라고 진술하고 있다.

11.

'오르토테스', '알레테이아' 및 '베리타스'를 설명한 것으로 가장 적절한 것은?

① '지성에 사물이 일치함'을 성취하지 못하는 사물도 오르토테스를 성취하는 명제의 주어일 수 있다.
② '국가의 이데아'는 우리의 이성 자체의 힘만으로 인식될 수 있으므로 알레테이아를 성취할 수 있다.
③ '삼각형의 꼭짓점은 네 개이다.'라는 말은 존재하는 연결을 존재하지 않는 것으로 언표하므로 오르토테스일 수 없다.
④ '이 몸이 새라면 어떻게 될까.'라는 말은 주어와 술어의 연결을 포함하므로 오르토테스 여부를 판별하는 대상일 수 있다.
⑤ '지고의 신적 지성의 설계에 따라 만들어진 완벽한 이 세계'는 '사물에 지성이 일치함'의 경우가 아니므로 베리타스를 성취할 수 없다.

문항 성격　문항유형 : 정보의 추론과 해석

내용영역 : 인문

평가 목표　이 문항은, 제시문에 소개된 '오르토테스', '알레테이아' 및 '베리타스'와 같은 특화된 개념어가 구체적으로 어떤 특징들을 가지고 있는지를 이해하고, 이를 바탕으로 제시문에 직접 등장하지는 않지만 이 세 개념과 연관된 각각의 진술 또는 예시가 적절한지의 여부를 잘 판별하는지를 평가하는 것을 목표로 한다.

문제 풀이　정답 : ①

플라톤이 말하는 '오르토테스'는 명제적 진리를 가리키는 것, 즉 주어와 술어의 존재하는 연결을 존재하는 것으로 주장하거나 존재하지 않는 연결을 존재하지 않는 것으로서 주장할 때 성립한다. '알레테이아'는 우리 인식에 대해 이데아들이 비은폐적일 때, 즉 드러날 때 성립하는 진리이다. 그리고 토마스 아퀴나스가 말하는 '베리타스'는 두 차원에서 말해질 수 있는 것으로서, 한편으로는 '지성에 사물이 일치함'에서, 다른 한편으로는 '사물에 지성이 일치함'에서 성립한다. 이를 바탕으로 오르토테스, 알레테이아, 베리타스에 대한 각각의 선택지의 진술은 그 개념들의 의미와 구조에 들어맞거나 들어맞지 않도록 구성되어 있다. 이 문항을 해결하기 위해서는 그러한 선택지들의 적절성을 제대로 분별할 수 있어야 한다.

정답 해설　① 제시문 세 번째 단락의 설명을 바탕으로 하면, '지성에 사물이 일치함'을 성취하지 못하는 사물은 지성에 일치하지 못하는 사물, 즉 참되지 못한 사물이다. 한편

'오르토테스'는 어떤 주어에 대해 술어가 올바로 연결됨으로써 성립하는 명제이다. 이 둘을 종합하면 지성에 일치하지 못하는 사물에 대한 명제는 그것에 연결될 수 있는 술어를 연결하거나 그것에 연결될 수 없는 술어를 연결하지 않으면 참값을 지닐 수 있으며, 따라서 '오르토테스'를 성취한다. 이 경우의 주어가 바로 '지성에 사물이 일치함'을 성취하지 못하는 사물인데, 이 선택지는 이를 정확히 기술하고 있다.

② '국가의 이데아'는 제시문 두 번째 단락에서 알레테이아를 성취할 수 있는 '이데아들'에 속한다. 그리고 같은 단락에서 이러한 이데아들은 오로지 '좋음의 이데아'를 통해야 비로소 우리 인식 능력에 그 모습을 드러낼 수 있다고 설명되어 있다. 그런데 이 선택지는 그러한 이데아들 중 하나인 국가의 이데아가 "우리의 이성 자체의 힘만으로 인식될 수" 있다고 함으로써 인식의 필수 매개항이자 조건으로서의 좋음의 이데아의 위상에 대한 플라톤의 생각에 배치되는 진술을 하고 있다. 따라서 이 선택지는 적절하지 않다.

③ '삼각형의 꼭짓점은 네 개이다.'라는 명제의 주어는 '삼각형의 꼭짓점'이고 이것에 연결된 술어는 '네 개이다'이다. 실제의 삼각형의 꼭짓점은 네 개가 아니라 세 개이다. 이 명제는 존재하지 않는 연결을 존재하는 것으로서 언표하므로 오르토테스일 수 없다. 이 선택지에는 이 명제가 오르토테스일 수 없다는 점에 대해서는 옳은 진술을 하고 있으나, 그 이유로서 '존재하는 연결을 존재하지 않는 것으로 언표'한다고 함으로써 옳은 근거와는 반대되는 상황을 근거로 제시하고 있다. 따라서 이 선택지는 적절하지 않다.

④ 제시문 첫 번째 단락에 따르면, 오르토테스는 "명제가 참임으로써 성립하는 진리"이고 명제는 "주어–술어의 연결을 통해 사실성을 주장하는 언표"를 의미한다. 즉 주어와 술어의 단순 연결만으로는 참 또는 거짓을 판별하는 대상이 될 수 없고, 그 연결을 통한 '주장'만이 그 판별의 대상으로서 오르토테스이거나 아닐 수 있다. 그런데 이 선택지에 등장하는 '이 몸이 새라면 어떻게 될까.'라는 말은 문법적으로 주어와 술어의 연결을 부분적으로 포함하고 있음에도 어떤 사실성을 주장하는 명제가 아니라 가정과 질문의 성격을 지니므로 오르토테스 여부를 판별할 수 있는 대상이 아니다. 따라서 이와는 반대의 진술을 하고 있는 이 선택지는 적절하지 않다.

⑤ 토마스 아퀴나스의 고전적 정식을 적용하면 '지고의 신적 지성의 설계에 따라 만들어진 완벽한 이 세계'는 '신적 지성'에 '이 세계'가 일치하는 것을 가리키므로 '지성에 사물이 일치함'의 이라는 조건을 충족시키는 것이 되며, 사태적 진리에 해당하는 베리타스이다. 그런데 이 선택지의 진술은 베리타스를 '사물에 지성

이 일치함', 즉 명제적 진리에만 한정함으로써 이 사태적 진리를 베리타스의 범주에서 배제하고 있다. 따라서 이 선택지는 적절하지 않다.

12.

윗글에 따라 칸트의 입장을 추론한 것으로 가장 적절한 것은?

① 『국가』에서 플라톤이 제시한 '진리의 또 다른 국면'에 대해서는 진위 판별이 가능하다고 생각할 것이다.
② 토마스 아퀴나스의 정식에 대해 '사물에 지성이 일치함'으로서의 진리만이 그 성취 여부를 판별할 수 있다고 여길 것이다.
③ 『소피스테스』에서 개진된 플라톤의 진리관에 대해 인식과 사물의 비교에서 나타나는 필연적 결과가 발견되는 경우라고 판단할 것이다.
④ 고전적 정식의 중대한 구조적 난점은 자연법칙에 대한 부단한 탐구를 통해 더 이상 반박할 수 없는 최종 근거가 제시될 때 해결될 것이라고 기대할 것이다.
⑤ 인간과는 다른 감각 능력을 지닌 생명체에게는 동일한 사물이 전혀 다른 방식으로 지각된다는 사실은 인식의 순환 구조에 대한 주장을 약화시킨다고 평가할 것이다.

문항 성격	문항유형 : 정보의 평가와 적용
	내용영역 : 인문
평가 목표	이 문항은 명제적 진리에 대한 고전적 정식이 절대 불가피한 무한소급 및 순환 구조의 문제를 안고 있다는 칸트의 관점을 이해하고 이를 바탕으로 주어진 사례에 제대로 적용할 수 있는지를 평가하는 것을 목표로 한다.
문제 풀이	정답 : ③

칸트에 따르면 고전적 정식 중 '사물에 지성이 일치함'으로써 성립하는 명제적 진리 내지 참인 인식은 어떤 것이건 필연적인 무한소급과 순환 구조의 문제로 인해 원천적으로 그 진위 여부 판별이 불가능하다. 인간에게 모든 인식은 사실 그 자체에 대한 객관적 인식이 아니라 자신의 주관성에 의거하는 '경험'일 뿐이며, 이러한 판단은 모든 이론과 주장에 대해 타당하다는 것이 그의 생각이다. 이 문항의 해결을 위해서는 이러한 칸트의 생각을 제대로 이해하고 적용할 수 있어야 한다.

③ 『소피스테스』에서 보이는 플라톤의 진리관 역시 사실에 근거하여 주어와 술어를 올바르게 연결한 명제에 대해 오르토테스의 자격을 부여하고 있는데, 사실에 근거한 진위 판단 기준 제시라는 행위 자체가 무한소급 및 순환 구조를 원천적으로 지니므로, 플라톤의 설명도 결코 예외가 될 수 없다. 즉 『소피스테스』에서의 플라톤의 진리관 역시 인식과 사물의 비교에서 나타나는 필연적 결과인 무한소급과 순환 구조를 보여 준다는 것이 칸트의 생각이다. 따라서 이 점을 정확히 추론한 이 선택지는 적절하다.

① 이 선택지에서 언급되는 '진리의 또 다른 국면'은 알레테이아이고, 알레테이아는 '비은폐성, 즉 대상 내지 사물의 참모습이 우리에게 온전히 드러났음을 뜻한다. 그런데 칸트에 의하면 그 어떤 객관적 사실, 즉 '사물 자체'도 인식 가능한 대상이 아니며, 더욱이 명제적 진리와는 다른 범주의 진리이므로, 칸트가 말하는 진위 판별이 가능한 대상이 아니다. 그런데 이 선택지는 이와 반대되는 그릇된 진술을 하고 있다. 따라서 이 선택지는 부적절한 추론이다.

② '사물에 지성이 일치함'은 바로 명제적 진리, 즉 참인 인식을 성립시키는 조건이다. 칸트에 따르면 그러한 일치는 불가피한 무한소급 및 순환 구조로 인해 그 여부를 영원히 확인할 수 없는데, 이 선택지는 그 판별이 가능하다고 진술하고 있다. 따라서 이 선택지는 부적절한 추론이다.

④ 자연법칙에 대한 그 어떤 이론도 결코 자연 자체의 법칙이 아니라 우리 심성의 내적 구조에 바탕을 둔 경험일 뿐이라는 것이 칸트의 생각이다. 따라서 명제의 객관성을 궁극적으로 확인할 수 있는 최종 근거는 원천적으로 제시될 수 없는데, 이 선택지는 그러한 근거의 제시가 가능할 것이라고 칸트가 기대한다고 진술하고 있다. 원천적으로 불가능한 것에 대해서는 어떤 기대도 불가능하다. 따라서 이 선택지는 부적절한 추론이다.

⑤ 인식의 순환 구조에 대한 칸트의 생각은, 우리 인간은 '우리'의 심성의 내적 구조에 따라 대상을 경험한다는 것이다. 이 점으로부터 추론하자면, 우리와 다른 방식으로 지각하는 생명체 역시 '그것'의 내적인 지각 구조에 따라 경험을 할 뿐이기에, 그것 역시 그것 나름의 순환 구조에 빠질 수밖에 없을 것이라는 것이 칸트의 생각과 상통한다. 따라서 이 사실은 인식의 순환 구조에 대한 칸트의 주장을 강화할 수는 있어도 약화할 수는 없다. 그런데 이 선택지는 그 반대의 진술을 하고 있다. 따라서 이 선택지는 부적절한 추론이다.

188

고전학파 경제학자들은 재화 생산에 투입된 노동량에 의해 가격이 결정된다는 '객관적 가치론'을 주창했다. 이러한 가치론은 노동의 존엄과 생산적 활동을 중시하는 당대의 가치 규범 위에 세워졌다. 그러나 오늘날에는 가치의 핵심을 소비자의 욕구 충족에서 찾고, 재화의 유용성에 관한 각자의 판단을 중시하는 '주관적 가치론'이 대세가 되었다. 이는 시장에 의해 수요자의 욕구 및 공급자의 비용에 관한 정보가 가격으로 표출되고, 시장 참여자들이 이를 신호등 삼아 의사결정을 하는 과정에서 각자의 욕구가 충족되고 자원이 효율적으로 배분되는 현상에 주목한다.

그러나 가격기구(price mechanism)에 의한 자원배분에는 한계도 있다. 시장 거래 과정에는 거래 쌍방의 편익과 비용에 더해 제3자의 편익과 비용도 발생하는 '외부성'이 존재한다. 그리고 공급자가 요구하는 가격을 지불할 능력이 없는 사람은 시장에서 배제되는 현상도 발생한다. 이러한 시장실패에 더해 시장의 힘이 커지면서 가격이 가치 규범과 괴리를 보이고 그 규범에 부정적 영향을 미치는 현상까지 빚어진다. 투기적 활동이 높은 가격을 부여받는다면 사람들은 생산적 기여 없이 돈을 버는 행위를 꺼리지 않게 되고 가격이 매겨지지 않는 덕목들을 무가치한 것으로 인식하게 될 것이다. 미국발 금융위기를 전후로 '사회적 가치'에 대한 관심이 전세계적으로 커지고 있는 것도 이러한 맥락에서 이해될 수 있다.

그런데 사회적 가치에 대해서는 서로 다른 관점이 존재한다. '사회학적 관점'에서는 가치를 인간의 삶에서 궁극적으로 바람직한 것으로 이해하며 규범으로서의 가치를 강조한다. 이 관점에서는 공정·평등·삶의 질·지속가능성 등의 가치 규범에 비춰 시정이 필요한 사회 현상을 사회 문제로 규정하고, 이를 해결해 다수가 바람직하다고 판단하는 결과를 낳는 것을 사회적 가치로 이해하는 흐름을 보인다. 반면, '경제학적 관점'에서는 시장실패 현상에 주목해, 외부성으로 인해 누군가의 욕구를 충족시켰으나 그 비용이 회수되지 못한 편익과 지불 능력 부족으로 인해 기존의 시장을 통해서는 채워지지 못했던 편익을 사회적 가치로 이해하는 흐름을 보인다.

최근에는 사회 문제 해결을 촉진하고 시장실패를 교정해 자원배분의 효율성을 높이기 위한 노력이 사회성과(social impact)라는 개념을 중심으로 펼쳐지고 있다. 사회성과 란 기업 활동의 경제적 결과인 '재무성과'에 상응해 기업이 창출한 사회적 가치를 측정하기 위한 개념이다. 이때, 사회성과는 사회 문제를 해결하려 한다는 점에서 '사회학적 관점'을 반영하고, 시장의 가격기구에 반영되지 않거나 비용이 회수되지 못한 편익에 초점을 맞추고 화폐 단위로 측정가능한 결과와 인센티브를 강조한다는 점에서 '경제학적 관점'을 반영한다.

　사회성과의 구체적인 측정 방법에는 기업 활동으로부터 편익을 제공받거나 그 활동 비용을 부담한 이해관계자별로 계정을 만든 후, 각자의 편익과 비용을 기입하고 합산하는 방법이 있다. 이에 따르면 정부·공익재단·시민 등이 사회 문제를 해결하는 다양한 형태의 경제 활동 조직에 제공한 지원금은 이들 조직의 비용을 보전시켜 주므로 해당 이해관계자 계정에서 비용으로 처리해 사회성과 계산에서 차감한다. 사회적 가치 창출에 적극적인 기업 조직 중 하나인 사회적기업을 대상으로 사회성과가 어떻게 측정되는지 살펴보자. 사회적기업이 취약계층을 고용해 근로소득 150만 원을 제공하고 정부로부터 50만 원의 고용지원금을 받는다면, 먼저 취약계층 계정에서 150만 원의 편익이 발생한다. 이는 근로자의 삶의 질이 개선된 효과를 나타낸다. 다음으로 정부는 50만 원의 지원금을 지불하므로 정부 계정에 비용으로 50만 원이 기입된다. 이때 사회성과는 두 이해관계자의 비용과 편익을 합산한 순편익으로 그 측정값은 100만 원이다.

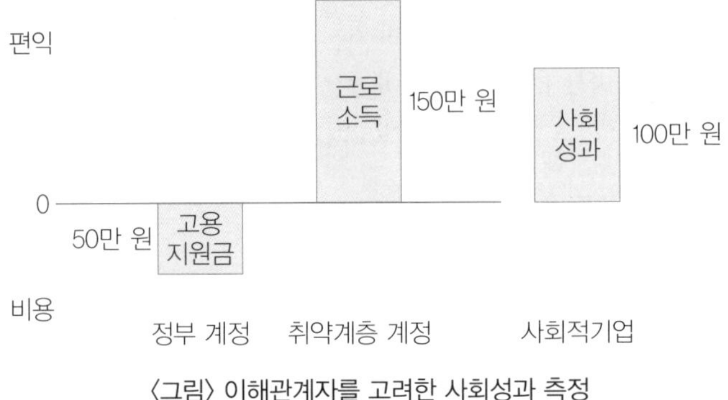

〈그림〉 이해관계자를 고려한 사회성과 측정

　사회 문제 해결 활동과 관련한 편익과 비용을 실제로 측정하는 데는 한계도 적지 않다. 그렇지만 그 편익을 화폐 단위로 환산하고 화폐화된 성과에 대한 평가를 토대로 기존 이해관계자들을 통해 회수되지 못한 부분에 대한 금전적 보상, 곧 '사회성과 보상'이 다양한 수단들로 활성화된다면, 사회적 가치를 달성하는 활동들은 가격을 본격적으로 부여받게 된다. 이 과정에서 기업과 비영리조직으로 더 많은 자금이 유입되고, 이들 조직이 효율적인 경영을 통해 더 높은 성과를 거두도록 동기가 부여되며, 가격과 사회의 가치 규범도 다시 정렬될 것이다. 이러한 흐름은 오늘날 사회공헌채권이나 임팩트투자 등으로 구체화되고 있다.

13.

윗글에 대한 이해로 가장 적절한 것은?

① '객관적 가치론'은 가격에 의한 가치 규범의 변화에 대해 비판적 입장을 취할 것이다.
② '주관적 가치론'은 소비자의 욕구를 중시한 결과 공급자의 비용을 부차적인 문제로 취급할 것이다.
③ '사회학적 관점'은 가치의 문제를 사람들의 욕구 충족이라는 측면에서 판단할 것이다.
④ '경제학적 관점'은 가치와 가격의 괴리 현상이 존재하지 않는다고 볼 것이다.
⑤ 취약계층을 고용하는 기업에 제공되는 고용지원금은 '외부성'을 강화해 '사회적 가치'를 제고할 것이다.

문항 성격	문항유형 : 정보의 확인과 재구성
	내용영역 : 사회
평가 목표	이 문항은 제시문에 등장하는 주요 입장과 관련한 다양한 내용들을 이해하고 있는지 평가하는 문항이다.
문제 풀이	정답 : ①

이 문항의 해결을 위해서는 '객관적 가치론'과 '주관적 가치론', 그리고 '사회적 가치'에 관한 '경제학적 관점'과 '사회학적 관점'에 대한 논의를 제시문을 통해 정확하게 파악해야 한다.

정답 해설 ① 제시문 첫 번째 단락 "고전학파 경제학자들은 재화 생산에 투입된 노동량에 의해 가격이 결정된다는 '객관적 가치론'을 주창했다. 이러한 가치론은 노동의 존엄과 생산적 활동을 중시하는 당대의 가치 규범 위에 세워졌다."와, 두 번째 단락 "… 시장의 힘이 커지면서 가격이 가치 규범과 괴리를 보이고 그 규범에 부정적 영향을 미치는 현상까지 빚어진다. 투기적 활동이 높은 가격을 부여받는다면 사람들은 생산적 기여 없이 돈을 버는 행위를 꺼리지 않게 되고 가격이 매겨지지 않는 덕목들을 무가치한 것으로 인식하게 될 것이다."를 대조하면, '객관적 가치론'은 가격에 의한 가치 규범의 변화에 대해 비판적 입장을 취할 것이라고 이해할 수 있다.

오답 해설 ② 제시문 첫 번째 단락 "그러나 오늘날에는 가치의 핵심을 소비자의 욕구 충속에서 찾고, 재화의 유용성에 관한 각자의 판단을 중시하는 '주관적 가치론'이 대세가 되었다. 이는 시장에 의해 수요자의 욕구 및 공급자의 비용에 관한 정보가 가격으로 표출되고, 시장 참여자들이 이를 신호등 삼아 의사결정을 하는 과정에서 각자의 욕구가 충족되고 자원이 효율적으로 배분되는 현상에 주목한다."로부터 '주관적 가치론'은 소비자의 욕구를 중시하는 만큼이나 공급자의 비용도 중요하게 취급한다는 것을 확인할 수 있으므로, 이 선택지는 윗글에 대한 이해로 적절하지 않다.

③ 제시문 첫 번째 단락 "… 가치의 핵심을 소비자의 욕구 충족에서 찾고, 재화의 유용성에 관한 각자의 판단을 중시하는 '주관적 가치론'이 대세가 되었다."와 세 번째 단락 "'사회학적 관점'에서는 가치를 인간의 삶에서 궁극적으로 바람직한 것으로 이해하며 규범으로서의 가치를 강조한다."로부터 가치의 문제를 사람들의 욕구 충족이라는 측면에서 판단하는 것은 '사회학적 관점'이 아니라 '주관적 가치론'임을 확인할 수 있다.

④ 제시문 세 번째 단락 "'경제학적 관점'에서는 시장실패 현상에 주목해"와 두 번째 단락 "시장 거래 과정에는 거래 쌍방의 편익과 비용에 더해 제3자의 편익과 비용도 발생하는 '외부성'이 존재한다. 그리고 공급자가 요구하는 가격을 지불할 능력이 없는 사람은 시장에서 배제되는 현상도 발생한다. 이러한 시장실패에 더해", 그리고 네 번째 단락 "… 시장의 가격기구에 반영되지 않거나 비용이 회수되지 못한 편익에 초점을 맞추고 화폐 단위로 측정가능한 결과와 인센티브를 강조한다는 점에서 '경제학적 관점'을 반영한다."로부터 '경제학적 관점'이 가치를 의미하는 욕구 충족 또는 편익과 가격의 괴리 현상에 주목하고 있음을 확인할 수 있다.

⑤ 제시문 세 번째 단락 "'경제학적 관점'에서는 시장실패 현상에 주목해, 외부성으로 인해 누군가의 욕구를 충족시켰으나 그 비용이 회수되지 못한 편익과 지불 능력 부족으로 인해 기존의 시장을 통해서는 채워지지 못했던 편익을 사회적 가치로 이해하는 흐름을 보인다."와 다섯 번째 단락 "… 정부로부터 50만 원의 고용지원금을 받는다면, 먼저 취약계층 계정에서 150만 원의 편익이 발생한다."로부터 고용지원금은 외부성의 강화가 아니라 시장을 통해서는 채워지지 못했던 편익의 새로운 창출을 통해 '사회적 가치'를 제고한다는 점을 통해 확인할 수 있다. 한편, 시장을 통해서는 채워지지 못했던 편익의 새로운 창출도 아주 넓게 보아 외부성에 포함된다는 제시문에서 설명된 것과는 다른 이견을 제시하더라도 이때의 외부성은 경제학적 개념상 강화되는 것이 아니라 해소되는 것으로 보아야 한다는 점에서도, "취약계층을 고용하는 기업에 제공되는 고용지원금은 '외부성'을 강화해 '사회적 가치'를 제고할 것"이라는 진술은 적절하지 않다.

14.

보기 사회성과 와 관련한 다음의 추론 중 가장 적절한 것은?

① 정부 지원금은 기업의 사회적 가치 창출에 대한 보상의 성격이 있으므로 사회성과 보상에 포함되어야 할 것이다.
② 영리기업은 기업 활동의 결과로 발생한 이윤을 주주에게 배당하므로 사회성과 보상의 대상이 될 수 없을 것이다.
③ '경제학적 관점'에서는 사회성과 보상이 가격기구에 영향을 주지 않으면서 사회 문제를 해결하려는 시도이므로 사회성과 측정에 찬성할 것이다.
④ 사회성과 보상이 사회적 가치 제고라는 본연의 목적에 충실하기 위해서는 화폐화된 성과로 측정할 수 없는 편익도 평가할 수 있는 보완책이 필요할 것이다.
⑤ '사회학적 관점'에서는 사회성과 측정이 사회구성원들이 중요시하는 가치 규범을 반영할 수 없다고 여겨 사회성과 측정에 기초한 사회적 가치 촉진 정책에 반대할 것이다.

문항 성격　문항유형 : 정보의 추론과 해석

　　　　　　　내용영역 : 사회

평가 목표　이 문항은 사회성과 개념에 관한 정확한 이해를 바탕으로 사회성과와 관련해 적절하게 추론할 수 있는지 평가하기 위한 문항이다.

문제 풀이　정답 : ④

사회 문제 해결을 촉진하고 시장실패를 교정해 자원배분의 효율성을 높이며 사회적 가치를 제고하기 위한 노력인 사회성과에 대한 제시문의 내용에 대한 이해를 바탕으로 선택지들의 적절성을 판단하도록 한다.

정답 해설　④ 제시문 두 번째 단락에서 "'사회적 가치'에 대한 관심이 전세계적으로 커지고 있"다고 서술하고 이어지는 세 번째 단락에서 "공정·평등·삶의 질·지속가능성 등의 가치 규범에 비춰 시정이 필요한 사회 현상을 사회 문제로 규정하고, 이를 해결해 다수가 바람직하다고 판단하는 결과를 낳는 것을 사회적 가치로 이해"한다고 명시하였으며, 마지막 단락에서 "'사회성과 보상'이 다양한 수단들로 활성화된다면, 사회적 가치를 달성하는 활동들"이 활성화된다고 하였으므로, 사회성과 보상 본연의 목적이 사회적 가치 제고임을 판단할 수 있다. 그리고 네 번째 단락에서 사회성과가 "시장의 가격기구에 반영되지 않거나 비용이 회수되지 못한 편익에 초점을 맞추고 화폐 단위로 측정가능한 결과와 인센티브를 강조"하는 특성이 있다는 점을 언급하고 마지막 단락에서 "사회 문제 해결 활동과 관련한 편익과 비용을 실제로 측정하는 데는 한계도 적지 않다."고 하여 "화폐화된 성과에 대한 평가"를 토대로 한 금전적 보상인 사회성과 보상이 화폐화된 편익에 초점을 맞춤으로써 한계가 크다는 점을 확인할 수 있다. 이 둘을 종합하면, "사회성과 보상이 사회적 가치 제고라는 본연의 목적에 충실하기 위해서는 화폐화된 성과로 측정할 수 없는 편익도 평가할 수 있는 보완책이 필요할 것"이라는 추론은 적절하다.

① 제시문 마지막 단락에서 사회성과 보상을 "편익을 화폐 단위로 환산하고 화폐화된 성과에 대한 평가를 토대로 기존 이해관계자들을 통해 회수되지 못한 부분에 대한 금전적 보상"으로 정의하고 있으므로, 이미 제공된 고용지원금은 사회성과 보상에 포함되지 않는다는 점을 확인할 수 있다. 따라서 "정부 지원금은 기업의 사회적 가치 창출에 대한 보상의 성격이 있으므로 사회성과 보상에 포함되어야 할 것"이라는 추론은 적절하지 않다.

② 제시문 다섯 번째 단락과 여섯 번째 단락의 "사회 문제를 해결하는 다양한 형태의 경제 활동 조직"과 "이 과정에서 기업과 비영리조직으로 더 많은 자금이 유입되고" 등의 문장을 통해 사회성과 보상의 핵심이 사회 문제 해결에 있지 특정한 기업 조직 형태가 아님을 확인할 수 있으므로, "영리기업은 기업 활동의 결과로 발생한 이윤을 주주에게 배당하므로 사회성과 보상의 대상이 될 수 없을 것"이라는 추론은 적절하지 않다.

③ 제시문 마지막 단락 "화폐화된 성과에 대한 평가를 토대로 기존 이해관계자들을 통해 회수되지 못한 부분에 대한 금전적 보상, 곧 '사회성과 보상'이 다양한 수단들로 활성화된다면, 사회적 가치를 달성하는 활동들은 가격을 본격적으로 부여받게 된다."로부터 사회성과 보상은 수요자의 편익과 공급자의 비용을 변화시킴으로써 가격기구에 영향을 미치고 가격도 변화시킨다는 점을 확인할 수 있으며, 따라서 "'경제학적 관점'에서는 사회성과 보상이 가격기구에 영향을 주지 않으면서 사회 문제를 해결하려는 시도이므로 사회성과 측정에 찬성할 것"이라는 추론은 적절하지 않다.

⑤ 제시문 세 번째 단락 "공정·평등·삶의 질·지속가능성 등의 가치 규범에 비춰 시정이 필요한 사회 현상을 사회 문제로 규정하고"와 다섯 번째 단락 "이는 근로자의 삶의 질이 개선된 효과를 나타낸다."를 통해 사회성과 측정에 가치 규범이 반영됨을 확인할 수 있고, 다섯 번째 단락 "사회성과의 구체적인 측정 방법에는 기업 활동으로부터 편익을 제공받거나 그 활동 비용을 부담한 이해관계자별로 계정을 만든 후, 각자의 편익과 비용을 기입하고 합산하는 방법이 있다."와

마지막 단락 "그 편익을 화폐 단위로 환산하고 화폐화된 성과에 대한 평가를 토대로 기존 이해관계자들을 통해 회수되지 못한 부분에 대한 금전적 보상, 곧 '사회성과 보상'이 다양한 수단들로 활성화된다면, 사회적 가치를 달성하는 활동들은 가격을 본격적으로 부여받게"되고 "가격과 사회의 가치 규범도 다시 정렬될 것"을 통해 사회성과 측정이 '사회학적 관점'이 기대하는 결과를 낳는다는 점을 확인할 수 있으므로, "'사회학적 관점'에서는 사회성과 측정이 사회구성원들이 중요시하는 가치 규범을 반영할 수 없다고 여겨 사회성과 측정에 기초한 사회적 가치 촉진 정책에 반대할 것"이라는 추론은 적절하지 않다.

15.

윗글을 바탕으로 〈보기〉의 병원 활동을 설명한 것으로 적절하지 <u>않은</u> 것은?

보 기

A병원은 2021년에 취약계층의 삶의 질 개선을 목적으로, 일반 환자에게 10만 원에 제공하는 진료 서비스를 지역 거주 취약계층 노인들에게는 회당 2만 원을 받고 총 100회를 제공하였다. 이때 지방자치단체는 회당 3만 원을 지원하였다. 한편, 2022년에는 이 병원의 사회 공헌 활동이 널리 알려지면서 지역의 뜻있는 주민들과 기업들도 동참해, 각각 회당 1만 원과 3만 원의 후원금을 지원했고, 이 병원의 취약계층 노인 대상 진료 서비스는 총 150회로 늘어났다. (단, 다른 조건에는 변화가 없다.)

① 2022년에 취약계층 노인들이 이 병원을 통해 얻은 편익은 전년도에 비해 500만 원 증가했다.
② 2022년에 이 병원이 취약계층 노인을 위해 창출한 편익 중 가격기구를 통해 그 비용을 회수한 금액은 전년도에 비해 100만 원 증가했다.
③ 2021년부터 2년 동안 이해관계자 계정의 비용 총액은 1350만 원이다.
④ 2022년에 이 병원이 창출한 사회성과는 전년도에 비해 350만 원 감소했다.
⑤ 2021년의 사회성과를 보상하기 위해서는 500만 원이 필요하다.

 문항유형 : 정보의 평가와 적용

내용영역 : 사회

 이 문항은 제시문에서 소개한 사회성과 측정 방법에 대한 정확한 이해 위에 이를 단순화된 구체적인 현실 상황 속에 적용할 수 있는지를 평가하기 위한 문항이다.

 정답 : ③

〈보기〉에는 병원의 사회적 가치 창출 활동 사례가 구체적인 상황으로 제시되어 있다. 사회성과 측정과 관련한 주요 개념 및 절차를 이러한 구체적인 사례 속에서 찾아낼 수 있도록 한다.

 ③ 2021년의 이해관계자는 취약계층 노인, 지방자치단체이다. 이때 취약계층 노인들에게 발생한 편익은 1000만 원(10만 원×100회), 취약계층 노인들이 부담한 비용은 200만 원(2만 원×100회)이다. 지방자치단체가 부담한 비용은 300만 원(3만원×100회)이다. 2022년의 이해관계자는 취약계층 노인, 지방자치단체, 지역 주민, 지역 기업이다. 이때 취약계층 노인들에게 발생한 편익은 1500만 원(10만 원×150회), 취약계층 노인들이 부담한 비용은 300만 원(2만 원×150회)이다. 지방자치단체가 부담한 비용은 450만 원(3만 원×150회), 지역 주민들이 부담한 비용은 150만 원(1만 원×150회), 지역 기업들이 부담한 비용은 450만 원(3만 원×150회)이다. 2021년 이해관계자 계정의 비용 총액은 500만 원(200만 원+300만 원)이고, 2022년 이해관계자 계정의 비용 총액은 1350만 원(300만 원+450만 원+150만 원+450만 원)이다. 따라서 2021년부터 2년 동안 이해관계자 계정의 비용 총액은 1850만 원이다.

 ① 2021년 취약계층 노인들이 이 병원을 통해 얻은 편익은 1000만 원(10만 원×100회)이고, 2022년 취약계층 노인들이 이 병원을 통해 얻은 편익은 1500만 원이므로, 2022년에 취약계층 노인들이 이 병원을 통해 얻은 편익은 전년도에 비해 500만 원 증가했다.

② 2021년 취약계층 노인들은 회당 10만 원의 진료 서비스를 할인된 가격 2만원에 100회 이용했으므로 2021년에 이 병원이 취약계층 노인을 위해 창출한 편익 중 가격기구를 통해 그 비용을 회수한 금액은 200만 원이다. 같은 논리로 2022년에 이 병원이 취약계층 노인을 위해 창출한 편익 중 가격기구를 통해 그 비용을 회수한 금액은 300만 원이다. 따라서 2022년에 이 병원이 취약계층 노인을 위해 창출한 편익 중 가격기구를 통해 그 비용을 회수한 금액은 전년도에 비해 100만 원 증가했다.

④ 사회성과는 창출한 편익 중 회수한 비용을 차감한 금액, 곧 회수하지 못한 편익이므로, 2021년에는 500만 원(1000만 원−500만 원), 2022년에는 150만 원

(1500만 원 − 1350만 원)이다. 따라서 2022년에 이 병원이 창출한 사회성과는 전년도에 비해 350만 원 감소했다.

⑤ 2021년에 창출된 사회성과는 500만 원이므로, 이를 보상하기 위해서는 500만 원이 필요하다.

[16~18] 다음 글을 읽고 물음에 답하시오.

문학은 개연성을 가진 사건, 즉 세상의 이치에 따라 일어날 법한 일을 그리지만, 역사는 우연적이고 일회적으로 일어난 사실을 다룬다. 따라서 문학이 역사보다 더 보편적인 진실을 이야기한다는 것은 문학의 허구성에 대한 비판에 맞서 시적 진실을 옹호하는 고전적 관점이다. 그럼에도 작가들은 오랫동안 역사가들 앞에서 ㉠자격지심을 느끼곤 했었던 것 같다. 실제 일어난 사실과 들어맞지 않는 것은 진실일 수 없다는 통념이 여전했기 때문이다. 유럽의 초기 근대소설 작가들이 자기들의 작품을 실화나 역사라고 주장하곤 했던 사실은 이 통념이 얼마나 뿌리 깊었는지를 잘 보여 준다.

20세기에 들어와 시적 진실의 개념은 실증주의 추종자들에게 다시 의심을 받았다. 이들은 명제의 진위는 논리 법칙에 의한 증명 또는 경험적 검증으로 판단될 수 있으며, 판단 가능성을 가지지 못한 명제는 의미가 없다고 보았다. 이 입장에서 문학적 진술은 대개 거짓이거나 무의미한 진술에 불과하다. 이를테면 이육사의 「절정」에 나오는 "겨울은 강철로 된 무지개"는 같을 수 없는 것을 같다고 우기는 거짓말이거나, 보여 주지도 못하면서 그저 있다고 우겨대는 ㉡헛소리에 가깝다.

리처즈는 이에 맞서 시적 진실을 변호했다. 그는 언어의 '과학적 사용'과 '정서적 사용'을 구분한다. 이때 과학적으로 사용된 언어의 진실성은 증명이나 검증을 통해 판정되지만, 정서적으로 사용된 언어의 진실성은 수용자의 주관적 정서와 태도에 미치는 효과에 의해 결정된다. 리처즈는 시의 언어는 정서적 사용의 언어이며, 시의 진술은 '우리의 충동과 태도를 방출하거나 조직함에 있어 그 효과에 의해 정당화되는 말의 형태'로서의 의사(疑似) 진술이라고 말한다.

리처즈의 견해는 시적 진실을 주관적 효과의 문제로 환원하는 한계가 있지만, 문학 언어의 특수성에 주목하여 시적 진실에 대한 ㉢알리바이를 제공한다. 실제로 서양의 고전 운문에서 통용되었던 시적 허용은 일반적 언어관습이나 사실에서 일탈할 수 있는 창조적 자유를 작가에게 부여했다. 시적 허용은 운율과 같은 특정한 미적 효과를 위해 규범적 어법으로부터의 일탈을 허용하는 것으로 알려졌지만, 실은 보다 넓게 역사적·지리적 사실에도 적용되었다. 작가는 악의 없는 거짓말에 대한 일종의 ㉣면책특권을 누렸던 셈이다.

신비평 이론가들이 시 언어의 근본적 속성으로 강조하는 역설 또한 문학 언어의 진실성이 논리적 언어와는 다른 방식으로 인정될 수 있음을 보여 준다. 역설은 표면적으로 모순적인 것처럼 보이지만 실은 진실을 새롭게 드러내는 진술이다. 이를테면 김소월의 「진달래꽃」의 화자가 떠나는 님에게 자신이 뿌린 꽃을 "사뿐히 즈려밟고" 가라고 말하는 것은 얼핏 모순적으로 보인다. 하지만 이별의 순간에 종종 느끼는 원망과 자책, 미련과 체념의 복합된 감정은 바로 이런 역설을 통해서만 드러나기도 한다. 우리의 복잡다단한 경험과 거기서 말미암은 인식과 감정이 때때로 논리적 규범을 넘어선 역설을 통해서만 드러날 수 있음은 시적 진실의 또 다른 가능성을 잘 보여 준다.

그렇다고 사실과의 불일치나 논리적 모순이 늘 시적 진실로 용인되는 것은 아니다. 중요한 것은 작품 전체의 맥락에서 이런 진술들이 무리 없이 받아들여질 수 있는가의 문제이다. 「절정」에서 "겨울은 강철로 된 무지개"가 진실로 받아들여지는 것은 "매운 계절의 채찍에 갈겨/마침내 북방으로 휩쓸려" 온 뒤, "하늘도 그만 지쳐 끝난 고원" 위에 "한발 재겨 디딜 곳조차" 없이 선 화자의 절박한 상황이 이미 제시되었기 때문이다. 시적 진실은 일종의 맥락적 진실이며, 문학적 진술의 진실성은 작품 전체의 맥락에서 가지는 일관성과 설득력에 의해 판단된다. 이렇게 보면 순전한 상상이나 환상에 대해서도 그 진실성을 이야기할 수 있는 길이 열린다.

이러한 관점은 다시금 시적 진실에 대한 고전적 관점을 떠올리게 한다. 맥락적 진실이 세상의 이치와 곧바로 이어지는지 쉽게 단언할 수 없지만, 두 관점이 각각 추려내는 좋은 작품의 목록은 상당히 큰 ⓜ교집합을 이루기 때문이다. 이 안의 작품들은 최소한 작품이 제시하는 허구적인 세계의 내적 정합성이라는 맥락 아래 승인되는 맥락적 진실을 획득할 것이다.

16.

윗글의 내용과 일치하지 <u>않는</u> 것은?

① 과학적으로 사용된 언어의 진실성은 실증주의와 유사한 방법으로 판단될 수 있다.
② 신비평 이론가들은 문학의 언어를 통해서만 표현할 수 있는 진실이 있다고 생각했다.
③ 근대 초기 유럽소설은 허구에 대한 통념을 비판하기 위해 사실적인 요소를 강조하였다.
④ 허구적인 문학은 오랜 기간 역사와 대비되었지만 근대 이후에는 과학과도 대비되고 있다.
⑤ 문학의 허구성에 대한 고전적 옹호론과 비판적 통념 모두 허구와 사실을 대립시켜 주장을 펼친다.

문항 성격	문항유형 : 정보의 확인과 재구성
	내용영역 : 인문
평가 목표	이 문항은 제시문의 세부 내용을 정확히 이해하고 있는지를 묻고 있는 문항이다.
문제 풀이	정답 : ③

문학이 그 허구성에도 불구하고 진실을 담지할 수 있다는 생각에 대한 찬반 양쪽의 다양한 관점들이 가지는 핵심적 주장과 근거를 정확히 이해하고, 각각의 입장들이 가지는 공통점과 차이점, 이와 관련하여 나타난 문화사적 현상의 의미를 정확히 파악하도록 한다.

정답 해설 ③ 제시문 첫 번째 단락 "실제 일어난 사실과 들어맞지 않는 것은 진실일 수 없다는 통념이 여전했기 때문이다."를 통해 선택지에서 제시하고 있는 "허구에 대한 통념"의 내용을 알 수 있다. 같은 단락 "유럽의 초기 근대소설 작가들이 자기들의 작품을 실화나 역사라고 주장하곤 했던 사실은 이러한 통념이 얼마나 뿌리 깊었는지를 잘 보여 준다."에서 근대 초기 유럽소설의 작가들이 자신들의 작품이 가진 사실적 요소를 강조하거나 과장함으로써 이에 대응했음을 알 수 있다. 하지만 이는 작품 내용과 실제 사실이 동일하다는 것을 강조하는 것이라는 점에서, 허구에 대한 통념을 비판하기 위한 것이라 볼 수 없다. 따라서 이 선택지는 제시문의 내용과 일치하지 않는다.

오답 해설 ① 제시문 세 번째 단락 "과학적으로 사용된 언어의 진실성은 증명이나 검증을 통해 판정되지만"으로부터 이 선택지에서 제시된 "과학적으로 사용된 언어의 진실성"을 판단할 수 있는 방법은 증명이나 검증이라는 것을 알 수 있다. 이때 두 번째 단락 "이들은 명제의 진위는 논리 법칙에 의한 증명 또는 경험적 검증으로 판단될 수 있으며, 판단 가능성을 가지지 못한 명제는 의미가 없다고 보았다."를 통해 실증주의의 경우 명제의 진실성에 대한 판단을 논리 법칙에 의한 증명 또는 경험적 증명이라고 보았다는 점을 알 수 있다.

② 제시문 다섯 번째 단락 "신비평 이론가들이 시 언어의 근본적 속성으로 강조하는 역설 또한 문학 언어의 진실성이 논리적 언어와 다른 방식으로 인정될 수 있음을 보여 준다."로부터 신비평 이론가들이 역설을 시 언어를 다른 종류의 언어와 구별할 수 있는 시 언어의 특성으로 생각했다는 점을 알 수 있다. 이때 같은 단락 "우리의 복잡다단한 경험과 거기서 말미암은 인식과 감정이 때때로 논리적 규범을 넘어선 역설을 통해서만 드러날 수 있음은 시적 진실이 또 다른 가능성을 잘 보여 준다."를 통해 역설은 그 모순성에도 불구하고 우리의 경험과 일치하는 진실을 제시할 수 있음을 알 수 있다. 또한 같은 단락 "하지만 우리가 이별의 순간에 종종 느끼는 원망과 자책, 미련과 체념의 복합된 감정은 바로 이런 역설

을 통해서만 드러나기도 한다."라는 진술을 통해 역설을 통해서만 표현할 수 있는 진실이 있을 수 있다는 점이 암시된다.

④ 제시문 첫 번째 단락 "문학은 개연성을 가진 사건, 즉 세상의 이치에 따라 일어날 법한 일을 그리지만, 역사는 우연적이고 일회적으로 일어난 사실을 다룬다. 따라서 문학이 역사보다 더 보편적인 진실을 이야기한다는 것은 문학의 허구성에 대한 비판에 맞서 시적 진실을 옹호하는 고전적 관점이다."로부터 문학의 허구성이 오랜 기간 역사의 사실성과 대비되었음을 알 수 있다. 또한 세 번째 단락의 내용을 통해 리처즈는 20세기 이후의 실증주의적 경향에 맞서 과학과 문학을 대비함으로써 문학적 진술의 진실성을 옹호했음을 알 수 있다.

⑤ 제시문 첫 번째 단락 "문학은 개연성을 가진 사건, 즉 세상의 이치에 따라 일어날 법한 일을 그리지만, 역사는 우연적이고 일회적으로 일어난 사실을 다룬다." 로부터 시적 진실에 대한 고전적 옹호론은 허구와 사실을 대립시켜 자신의 주장을 펼치고 있다는 점을 알 수 있다. 같은 단락 "실제 일어난 사실과 들어맞지 않는 것은 진실일 수 없다는 통념이 여전했기 때문이다."를 통해 문학의 허구성에 대한 비판적 통념 또한 사실과 사실이 아닌 것으로서의 허구를 대립시켜 자신의 주장을 펼치고 있다는 점을 알 수 있다.

17.

㉠~㉤에 대한 이해로 적절하지 <u>않은</u> 것은?

① ㉠은 허구를 역사보다 열등한 것으로 여기는 풍조 속에서 시적 진실에 대한 자기 확신을 가지지 못했던 작가들의 태도를 나타낸다.

② ㉡은 경험적으로 반증할 수 있는 사례를 찾을 수 있기 때문에 무의미한 것으로 여겨지는 진술을 의미한다.

③ ㉢은 문학적 진술이 과학적 진술과는 다른 방법으로 진실성을 인정받을 근거가 있음을 비유하는 말이다.

④ ㉣은 분명한 예술적 효과를 가진 경우, 문학작품과 역사적 사실의 불일치가 용인될 수 있음을 말한다.

⑤ ㉤은 진술이나 사건들이 작품의 전체적인 구조 속에서 충분한 개연성을 가지고 제시되는 작품들로 구성된다.

문항 성격   문항유형 : 정보의 추론과 해석
             내용영역 : 인문

평가 목표   이 문항은 제시문에서 사용된 비유적 표현의 의미를 정확히 해석하고 있는지를 묻는
           문항이다.

문제 풀이   정답 : ②

제시문은 내용을 강조하거나 압축적으로 표현하기 위해 글의 곳곳에서 비유적 표현을 활용하고
있다. 문제 해결을 위해서는 이러한 비유적 표현의 의미를 글의 맥락을 통해 정확하게 해석할 수
있어야 한다.

정답 해설   ② 제시문 두 번째 단락 "이들은 명제의 진위는 논리 법칙에 의한 증명 또는 경험
            적 검증으로 판단될 수 있으며, 판단 가능성을 가지지 못한 명제는 의미가 없다
            고 보았다. 이러한 입장에서 문학적 진술은 대개 거짓이거나 무의미한 진술에
            불과하다."로부터 실증주의의 입장에서 문학적 진술은 대부분 논리적 증명이나
            경험적 검증의 결과 거짓으로 판명되는 진술이거나 증명이나 검증의 가능성을
            가지지 못한 무의미한 진술로 간주된다는 것을 알 수 있다. 이때 같은 단락 "보
            여 주지도 못하면서 그저 있다고 우겨대는"이라는 기술을 통해 ⓒ은 검증의 가
            능성을 갖추지 못한 진술을 의미한다는 점을 알 수 있다. 따라서 이 선택지에서
            ⓒ이 "경험적으로 반증할 수 있는 사례를 찾을 수 있기 때문에 무의미한 것으로
            여겨지는 진술"이라는 해석은 잘못된 진술이다. 경험적으로 반증할 수 있다면
            경험적 검증 결과 거짓으로 판명되는 것이기 때문이다.

오답 해설   ① 제시문 첫 번째 단락의 ㉠ 바로 앞에 놓인 "역사가들 앞에서"라는 표현을 통해
            ㉠이 역사가들과 관계된 것이라는 점을 알 수 있다. 이때 "실제 일어난 사실과
            들어맞지 않는 것은 진실일 수 없다는 통념이 여전했기 때문이다."라는 기술을
            같이 고려할 때 ㉠은 허구적 문학이 역사보다 열등한 것으로 여기는 통념 때문
            에 작가들 스스로가 허구의 시적 진실을 확신하지 못했던 태도를 의미한다.

          ③ 제시문 세 번째 단락 "과학적으로 사용된 언어의 진실성은 증명이나 검증을 통
            해 판정되지만, 정서적으로 사용된 언어의 진실성은 수용자의 주관적 정서와 태
            도에 미치는 효과에 의해 결정된다. 리처즈는 시의 언어는 정서적 사용의 언어
            이며, 시의 진술은 '우리의 충동과 태도를 방출하거나 조직함에 있어 그 효과에
            의해 정당화되는 말의 형태'로서 시의 의사(疑似) 진술이라고 말한다."로부터 리처
            즈는 문학적 진술이 과학적 진술과 다른 방법으로 진실성을 인정받을 근거가 있
            음을 이야기하고 있다. 이때 네 번째 단락은 문학적 진술이 사실과 부합하지 않
            더라도 승인받을 수 있는 사례로서 '시적 허용'을 제시하고 있다. 이 점에서 ⓒ은

문학적 진술이 과학적 진술과는 다른 방법이나 원리를 통해 인정받을 수 있다는 것을 비유하는 표현이다.

④ 제시문 네 번째 단락 "실제로 서양의 고전 운문에서 통용되었던 시적 허용은 일반적 언어관습이나 사실에서 일탈할 수 있는 창조적 자유를 작가에게 부여했다. 시적 허용은 운율과 같은 특정한 미적 효과를 위해 규범적 어법으로부터의 일탈을 허용하는 것으로 알려졌지만, 실은 보다 넓게 역사적·지리적 사실에도 적용되었다."로부터 시적 허용의 관습 아래에서 특정한 예술적 효과가 있을 경우 작가가 사실과 어긋나는 문학적 진술을 하더라도 용인하는 관습이 있었다는 것을 알 수 있다. 이 점에서 ② 앞에 있는 "악의 없는 거짓말"은 예술적 효과를 가진 진술을 의미한다고 추측 가능하다.

⑤ 제시문 일곱 번째 단락 "이러한 관점은 다시금 시적 진실에 대한 고전적 관점을 떠올리게 한다. 맥락적 진실이 세상의 이치와 곧바로 이어지는지 쉽게 단언할 수 없지만, 두 관점이 각각 추려내는 좋은 작품의 목록은 상당히 큰 ⑩교집합을 이루기 때문이다."와 첫 번째 단락 "문학은 개연성을 가진 사건, 즉 세상의 이치에 따라 일어날 법한 일을 그리는 반면, 역사는 우연적이고 일회적으로 일어난 사실을 다룬다.", 그리고 여섯 번째 단락 "시적 진실은 일종의 맥락적 진실이며, 문학적 진술의 진실성은 작품 전체의 맥락에서 가지는 일관성과 설득력에 의해 판단된다."로부터 두 관점, 즉 '맥락적 진실'을 강조하는 입장과 '시적 진실을 옹호하는 고전적 관점'이 가지고 있는 공통적인 작품 비평의 원리가 작품의 전체적인 구조 속에서 작품의 구성 요소들이 개연성을 가지고 제시되어야 한다는 것이라는 점을 추론할 수 있다.

18.

윗글을 바탕으로 〈보기〉를 평가한 것으로 적절하지 <u>않은</u> 것은?

보 기

「메밀꽃 필 무렵」은 장돌뱅이 허 생원과 그가 우연히 마주친 동이가 사실 부자 관계라는 점을 서사 진행을 통해 조금씩 암시한다. 두 사람이 서로의 처지를 이해하며 동질감을 느끼는 과정은 작품 전체의 치밀한 구성을 통해 드러난다. 특히 작품 후반부에서 섬세한 문체로 묘사되는 메밀꽃 핀 달밤의 서정적 풍경은 허 생원의 스산한 삶을 아름다운 것으로 재발견하는 동시에 두 인물의 관계를 밝히기 위한 적절한 배경으로서 기능한다. 작품의 결말은 동이가 허 생원과 마찬가지로 왼손잡이임을 드러내어 둘의 관계를 분명히 한다. 이러한 결말은 왼손잡이의 유전 여부와 관련하여 약간의 논란이 있지만, 헤어진 아들과의 상봉을 감동적으로 그려내는 한편 벗어나기 어려운 혈연적 숙명이라는 인간적 진실을 형상화한다.

① 두 인물이 '부자 관계'라는 예상할 수 없는 결말로 독자의 놀라움을 유발하도록 했다는 점에서 작품의 결말을 일종의 의사 진술로 파악할 수 있겠군.

② '왼손잡이의 유전'은 과학적 사실과 맞지 않더라도 '헤어진 아들과의 상봉'으로 독자에게 감동을 불러일으킨다면 시적 허용의 대상이 될 수 있겠군.

③ '달밤의 서정적 풍경'은 '허 생원의 스산한 삶'을 역설적인 아름다움으로 드러낸다는 점에서 시적 진실의 가능성을 보여주는 사례라고 할 수 있겠군.

④ '치밀한 구성'과 '섬세한 묘사'가 작품 전체의 맥락에서 효과적으로 결합되었다는 점에서 작가가 창조한 세계의 내적 정합성이 확인된다고 할 수 있겠군.

⑤ 장돌뱅이 허 생원의 삶에 대한 허구적 이야기를 통해 '혈연적 숙명'이라는 보편적 주제를 제시했다는 점에서 작가가 추구한 시적 진실을 짐작할 수 있겠군.

문항 성격 문항유형 : 정보의 평가와 적용

내용영역 : 인문

평가 목표 이 문항은 제시문의 내용을 실제 사례에 적절하게 적용할 수 있는지를 묻는 문항이다.

문제 풀이 정답 : ①

제시문에 나타난 문학 비평의 다양한 관점 및 문학 비평을 위한 개념들을 〈보기〉에 소개된 작품의 주요 내용 및 특징에 적용하여 적절한 평가를 할 수 있어야 한다.

정답 해설 ① 제시문 세 번째 단락 "이때 과학적으로 사용된 언어의 진실성은 증명이나 검증을 통해 판정되지만, 정서적으로 사용된 언어의 진실성은 수용자의 주관적 정서와 태도에 미치는 효과에 의해 결정된다. 리처즈는 시의 언어는 정서적 사용의 언어이며, 시의 진술은 '우리의 충동과 태도를 방출하거나 조직함에 있어 그 효과에 의해 정당화되는 말의 형태'로서의 의사(疑似) 진술이라고 말한다."로부터 작품의 결말이 독자에게 특정한 정서나 태도를 유발한다면 일종의 의사 진술로 바라볼 수 있다고 할 수 있다. 하지만 〈보기〉의 「메밀꽃 필 무렵」은 장돌뱅이 허 생원과 그가 우연히 마주친 동이가 사실 부자 관계라는 점을 서사 진행을 통해 조금씩 암시한다."를 통해 작품을 읽어나가는 독자의 입장에서 이 작품의 결말에 암시된 허 생원과 동이의 '부자 관계'는 예상할 수 없는 결말이라고 하기는 어렵다. 따라서 이 선택지에서 작품이 '독자의 놀라움을 유발'한다는 표현은 적절하지 않다.

 ② 제시문 네 번째 단락 "시적 허용은 운율과 같은 특정한 미적 효과를 위해 규범적 어법으로부터의 일탈을 허용하는 것으로 알려졌지만, 실은 보다 넓게 역사적·지리적 사실에도 적용되었다."로부터 시적 허용의 관습은 분명한 예술적 효과가 있을 때 작품의 내용이 사실과 일치하지 않는 것을 용인한다. 또한 〈보기〉의 "이러한 결말은 왼손잡이의 유전 여부와 관련하여 약간의 논란이 있지만, 헤어진 아들과의 상봉을 감동적으로 그려내는 한편 벗어나기 어려운 혈연적 숙명이라는 인간적 진실을 형상화한다."를 통해 작품의 결말이 독자의 감동을 유발하는 미적 효과를 가질 수 있음을 알 수 있다.

③ 제시문 다섯 번째 단락 "우리의 복잡다단한 경험과 거기서 말미암은 인식과 감정이 때때로 논리적 규범을 넘어선 역설을 통해 드러날 수 있다는 점은 시적 진실의 또 다른 가능성을 잘 보여 준다."로부터 복잡한 진실을 역설적으로 드러내는 것이 시적 진실이 가진 중요한 특성이라는 점을 알 수 있다. 또한 〈보기〉의 "작품 후반부에서 섬세한 문체로 묘사되는 메밀꽃 핀 달밤의 서정적 풍경은 허 생원의 스산한 삶을 아름다운 것으로 재발견하는 동시에 두 인물의 관계를 밝히기 위한 적절한 배경으로서 기능한다."를 통해 작품 후반부에 나오는 '달밤의 서정적 풍경'은 '허 생원의 스산한 삶'에서 '아름다움'을 발견하는 역설을 가능하게 하는 문학적 장치라는 점을 알 수 있다.

④ 제시문 여섯 번째 단락 "시적 진실은 일종의 맥락적 진실이며, 문학적 진술의 진실성은 작품 전체의 맥락에서 가지는 일관성과 설득력에 의해 판단된다."로부터 맥락적 진실로서의 시적 진실은 작품 전체의 맥락에서 각각의 진술 및 요소들이 긴밀하게 결합하여 한다는 점을 알 수 있고, 일곱 번째 단락 "이 안의 작품들은 최소한 허구적 세계의 내적 정합성이라는 맥락 아래 승인되는 맥락적 진실을 획득할 것이다."에서 이러한 긴밀한 결합이 '내적 정합성'이라는 용어를 사용하여 평가될 수 있음을 알 수 있다. 이때 〈보기〉의 내용에 의하면 이 작품은 작품 전체의 맥락에서 "치밀한 구성"을 가지고 있는데, 특히 후반부의 "섬세한 문체"로 기술되는 풍경은 "두 인물의 관계를 밝히기 위한 적절한 배경으로서 기능"한다는 점에서 이러한 치밀한 구성과 긴밀하게 결합되어 있다는 점을 확인할 수 있다.

⑤ 제시문 첫 번째 단락 "문학은 개연성을 가진 사건, 즉 세상의 이치에 따라 일어
날 법한 일을 그리는 반면, 역사는 우연적이고 일회적으로 일어난 사실을 다룬
다. 따라서 문학이 역사보다 더 보편적인 진실을 이야기한다는 것은 문학의 허
구성에 대한 비판에 맞서 시적 진실을 옹호하는 고전적 관점이다."로부터 시적
진술을 옹호하는 고전적 관점에서는 허구적 문학이 일회적이고 개별적인 것이
아니라 보편적인 성격을 가지는 진실을 제시할 수 있다고 본다는 것을 알 수 있
다. 이때 〈보기〉의 "이러한 결말은 왼손잡이의 유전 여부와 관련하여 약간의 논
란이 있지만, 헤어진 아들과의 상봉을 감동적으로 그려내는 한편 벗어나기 어려
운 혈연적 숙명이라는 인간적 진실을 형상화한다."를 통해 이 작품이 장돌뱅이
의 삶에 대한 허구적인 재현을 넘어 "벗어나기 어려운 혈연적 숙명"이라는 보다
보편적인 주제로서의 시적 진실을 제시하고자 했다는 점을 확인할 수 있다.

[19~21] 다음 글을 읽고 물음에 답하시오.

인조의 비(妃) 인열왕후가 낳은 첫째 아들이 소현세자요, 효종이 둘째 아들이다. 적자(嫡子)로
서 종통(宗統)을 잇는 맏아들이 장자(長子)이니 효종은 차자여서 차장자(次長子)라고들 한다. 장
자였던 소현세자가 갑자기 죽자, 인조는 중자(衆子) 가운데 어진 이를 택하고자 효종을 세자로 세
웠으니, 그 신성함과 자식을 알아보는 밝음은 종묘사직이 억만년 무궁하게 이어갈 터를 이룬 것
이다. 그리하지 않았다면 어찌 이 나라가 오늘날 안팎으로 우환이 없고 위아래로 편안할 수 있겠
는가. 더구나 신성한 왕손들이 보위를 계승하여 찬란한 광채가 이처럼 성대할 수 있겠는가.

효종이 세상을 떠나니 당시 대왕대비인 인조의 계비(繼妃) 자의대비는 어머니로서의 상복을 입
어야 했다. 이에 논자들은 저마다 주장을 펼치며 치열하게 다투었다. ⓐ갑설은 "차장자라 함은,
비록 애초에는 장자가 아니었으나 장자의 죽음으로 말미암아 차자가 후사를 이어 장자가 됨으로
써 그 명칭이 붙은 것이니, 삼년복(三年服)을 입어야 한다."라고 하였다. ⓑ을설은 "차장자가 중
자라는 사실은 어쩔 수 없으니, 비록 장자가 죽어 차자가 후사를 이은 것이라 해도 원래 장자가
아니므로, 중자의 기년복(朞年服)을 입어야 한다."라고 하였다. 이처럼 하나의 설을 같이하면서
특별히 복제에서만 두 설로 갈리져 시끄러이 다투며 서로 끊임없이 배척하니 ⓒ내 생각으로는
사뭇 괴이하다.

복(服)을 올리고 내리고가 어찌 종통에 영향이 있겠는가. 효종은 인조의 차자로서 적통을 이어
만백성에 군림하고 온 세대에 종통을 드리웠으니, 효종을 인조의 장자라 한다고 해서 어찌 선왕

의 빛을 더하겠으며, 효종을 인조의 중자라 한다고 해서 또 어찌 선왕의 덕이 바래겠는가. 지금은 그저 효종이 인조의 차자라는 이유로 이렇듯 어지러이 다투는 결론 없는 분쟁이 있는 것이다. 이미 대통(大統)을 이었으면 둘째 아들인지 넷째나 다섯째 아들인지는 전혀 구별할 것 없는 일이다.

옛날 한(漢)의 문제(文帝)는 궁 밖에서 미앙궁으로 들어가 제위(帝位)를 받았다. 이때 스스로가 "짐은 황제의 측실에서 난 아들이다."라고 말하였고, 가의(賈誼)가 문제에게 "참여시킬 만한 측실의 인맥이 있지 않다."라고 말한 적도 있다. 당시에는 위에서도 스스로 서자(庶子)였던 사실을 숨기지 않았고 아래에서도 임금을 위해 숨기려 하지 않았다. 하물며 문제는 그 후사가 수십 대에 이어졌고 당 태종처럼 지금까지도 성군으로 칭송되는데, 누가 그런 것을 문제 삼는가. 더욱이 우리 효종과 인조는 주(周)의 ㉠무왕과 문왕에 비견되는데, 무왕이 문왕의 장자가 아니라는 것은 어린 아이들도 안다. 그리하여 후세 사람들은, 문왕은 자식을 가리는 밝음이 있고 무왕은 뜻을 잇는 효가 있어서 주나라 팔백 년을 여는 대업을 이루고 대통을 전하였다고 여긴다. 이런 일은 무왕과 달리 적자였던 백읍고가 이었으면 못 했을 것이라고 모두가 한결같이 말한다. 광명이 빛나고 만세를 비추는 이 사실은 어인 일이란 말인가.

무왕이 붕어하고 그 어머니인 태사가 아직 살아 있다고 가정할 때 무왕을 위해 상복을 꼭 3년 입었을지 2년도 안 입었을지는 아무도 모른다. 그러나 복을 입지 않았다고 해서 무왕을 깎아 먹겠으며 복을 입었다고 해서 그 빛을 더하겠는가. 당시에 종통이 불명하다는 따위의 이야기가 있었을까. 똑똑한 사람은 판단할 수 있을 것이다. 무릇 인조가 효종에게 물려주고 효종이 인조를 이은 것은 충분히 주나라 무왕과 문왕의 경우와 같으니, 복제가 오르고 내리거나 가볍고 무겁거나 하는 것은 무슨 상관이겠는가. 차장자도 장자라는 이름이 붙으니 올려서 삼년복을 입어야 한다는 것도 하나의 주장이고, 차장자도 중자일 수밖에 없으니 내려서 1년의 기년복을 입어야 한다는 것도 하나의 주장이다. 고례(古禮)에도 그에 관한 정문(正文)이 없어서 주석들도 같고 다름이 있으니, 한때의 예(禮)는 실정을 참작하여 정하면 된다. 갑설을 따라도 을설을 적용해도 되는 것이다.

복을 올리고 내리고가 종통이 밝아지고 않고에 관계된다고는 인정할 수 없다. 왜냐하면 대왕대비가 기년복을 입어도 효종은 결국 인조의 종통을 이은 것이고, 대왕대비가 삼년복을 입어도 효종은 역시 결국 인조의 종통을 이은 것이기 때문이다. 종통이 여기에 있는데 어디로 가겠는가. 위로 삼백 년의 터전을 이어받고 아래로 몇천 년의 토대를 전할 명철한 일대 중흥 군주로 우뚝 섰으며 종묘가 인정하고 자손이 지키는데도, 복을 올리고 내리는 것을 가지고 종통이 밝아지지 않는다고 간주하려는가. 그러니 오늘날 전례(典禮)를 다투면서 종통이 뚜렷하지 못하다는 주장을 고집하는 것은 매우 어질지 못하다. 그것은 또한 흥분하여 일부러 빌려 온 주장이다. 그것은 또한 공격을 위해 꾸어 온 명분이다. 그 마음이야말로 위태롭고 위험하도다.

– 박세당, 「예송변」 –

19.

윗글의 내용과 일치하는 것은?

① 장자가 아니면서 종통을 계승할 수 있는지에 대하여 찬반이 갈린다.
② 전해 오는 예법에 규정된 차장자 관련 복제에 대한 해석에 논란이 있다.
③ 장자가 사망하였을 때 그 어머니의 상복은 삼년복이라는 데 대해 다툼이 있다.
④ 측실 소생이라는 사실은 황제로서의 종통 승계에 흠이 되는 요소라서 가려야 한다.
⑤ 대왕대비는 자신이 낳은 아들이 죽으면 종통에 상관없이 1년 이상 상복을 입어야 한다.

문항 성격	문항유형 : 정보의 확인과 재구성
	내용영역 : 인문
평가 목표	이 문항은 제시문에 등장하는 논변과 그 비판의 기초에 관하여 이해하는지 평가하는 문항이다.
문제 풀이	정답 : ⑤

잘 알려져 있으면서도 그 내용을 이해하기 어려운 면이 있는 이른바 예송 논쟁에 관하여 박세당이 비판적인 시각에서 서술한 논설이다. 효종이 죽었을 때 계모인 자의대비가 어떤 상복을 입어야 할지가 격렬하게 다투어졌는데, 여기에는 차자로서 적통을 이은 효종을 차장자라 부르며 장자로 볼 것인지의 문제가 기초가 된다.

정답 해설　⑤ 제시문 두 번째 단락에서 "효종이 세상을 떠나니 당시 대왕대비인 인조의 계비(繼妃) 자의대비는 어머니로서의 상복을 입어야 했다."로부터 어머니가 죽은 아들을 위해 입어야 하는 상복이 논의되는 것을 알 수 있다. 이에 대하여 3년을 입어야 한다는 주장과 1년이어야 한다는 주장이 대립한다. 어느 쪽이든 1년 이상의 상복이라는 데에는 공통된다. 글쓴이의 입장 또한 갑설이 "삼년복을 입어야 한다는 것도 하나의 주장"이고, 을설이 "1년의 기년복을 입어야 한다는 것도 하나의 주장"이라면서, "실정을 참작하여 정하면 된다. 갑설을 따라도 을설을 적용해도 되는 것이다."라고 하여 어느 쪽도 무방하다는 입장이다.

오답 해설　① 종통의 계승 문제에 대해서는 이견이 없다. 논쟁은 차자로서 계승한 데 대하여 차장자로 부르면서 장자로 볼 것인지 중자로 볼 것인지에 관한 다툼이다.

② 제시문에서는 "차장자도 장자라는 이름이 붙으니 올려서 삼년복을 입어야 한다는 것도 하나의 주장이고, 차장자도 중자일 수밖에 없으니 내려서 1년의 기년복을 입어야 한다는 것도 하나의 주장이다."라고 하여 차장자에 관한 다툼은 주장들에 지나지 않는다고 말한다. 그에 이어 "고례(古禮)에도 그에 관한 정문(正文)이 없어서 주석들도 같고 다름이 있으니, 한때의 예(禮)는 실정을 참작하여 정하면 된다. 갑설을 따라도 을설을 적용해도 되는 것이다."라고 하여 차장자에 관하여는 고례, 곧 예부터 전해 오는 예법에도 관련 규정이 없어서 그 주석들도 일치하지 않는다고 하여, 주장들이 갈리는 까닭을 설명한다.

③ 장자가 사망하였을 때 어머니로서 입는 상복이 삼년복이라는 데 대하여는 이견이 없고, 차장자를 장자로 보아야 할지 말지가 논란이다.

④ 제시문 네 번째 단락에서 "이때 스스로가 "짐은 황제의 측실에서 난 아들이다."라고 말하였고, 가의(賈誼)가 문제에게 "참여시킬 만한 측실의 인맥이 있지 않다."라고 말한 적도 있다. 당시에는 위에서도 스스로 서자(庶子)였던 사실을 숨기지 않았고 아래에서도 임금을 위해 숨기려 하지 않았다."라고 한 문제의 사례를 들어 측실 소생인 사실을 숨기지 않는 모습을 설명한다.

20.

㉠의 사례를 인용한 글쓴이의 의도로 볼 수 있는 것은?

① 국왕이 된 이상 장자의 지위는 자연스럽게 따라붙게 된다는 원리를 예를 들어 설명한다.

② 무왕의 어머니인 태사의 복제를 따짐으로써 효종의 어머니가 입을 상복의 종류를 결정한다.

③ 효종을 주의 문왕에 견줌으로써 효종이 적자가 되어 적법하게 종통을 계승하였다는 것을 밝힌다.

④ 인조가 밝은 덕으로 보위를 튼튼히 하고 후대에 이어가도록 한 것을 강조하여 종통의 본질을 환기한다.

⑤ 차장자로서 종묘사직의 기초를 닦은 중국의 실례를 들어 국가의 종통을 확고히 해야 한다는 지향을 드러낸다.

문항 성격 문항유형 : 주제, 구조, 관점 파악

　　　　　　내용영역 : 인문

평가 목표 이 문항은 글쓴이가 자기 주장을 뒷받침하기 위한 논거로 드는 사례에서 글쓴이의 의
도를 세심하게 읽어내도록 하여 글의 맥락을 잘 파악하는지 평가하는 문항이다.

문제 풀이 정답 : ④

제시문은 인조에서 효종으로 이어지는 종통을 중요하게 보아야 한다는 점을 강조하기 위하여, 서
자로서 문왕을 계승한 무왕이 찬란한 주나라의 기업을 이루었다는 사례를 들어 비유한다. 그리하
여 장자, 차장자 논의는 종통에 영향을 미치지 못하는 무의미한 논쟁이고, 종통을 확고히 하여 나
라를 튼튼히 이어가는 데에 핵심을 두어야 한다는 취지를 더욱 부각한다.

정답 해설 ④ 제시문에서 "인조는 중자(衆子) 가운데 어진 이를 택하고자 효종을 세자로 세웠
으니, 그 신성함과 자식을 알아보는 밝음은 종묘사직이 억만년 무궁하게 이어갈
터를 이룬 것"이라 평가하면서, "후세 사람들은, 문왕은 자식을 가리는 밝음이
있고 무왕은 뜻을 잇는 효가 있어서 주나라 팔백 년을 여는 대업을 이루고 대통
을 전하였다고 여긴다."는 문왕에 대한 세상의 평가에 견준다. 이를 통해 종통을
튼튼히 하여 후세에 전한 뜻을 환기하려는 글쓴이의 의도를 뚜렷이 볼 수 있다.

오답 해설 ① 제시문에서 "복제가 오르고 내리거나 가볍고 무겁거나 하는 것은 무슨 상관이겠
는가."라고 하여, 복제를 장자에 맞출 것인지 중자로 기준을 삼을지는 문제 되지
않는다는 입장을 뚜렷이 한다. 나아가 이를 따지는 갑설, 을설은 하나의 주장에
지나지 않는다고 말한다.

② 제시문 다섯 번째 단락에서 "무왕이 붕어하고 그 어머니인 태사가 아직 살아 있
다고 가정할 때 무왕을 위해 상복을 꼭 3년 입었을지 2년도 안 입었을지는 아무
도 모른다. 그러나 복을 입지 않았다고 해서 무왕을 깎아 먹겠으며 복을 입었다
고 해서 그 빛을 더하겠는가. 당시에 종통이 불명하다는 따위의 이야기가 있었
을까."라고 하여 효종의 어머니가 입을 상복은 아무래도 좋다는 입장을 보인다.
태사의 사례로써 복제의 종류를 정하려는 의도는 나타나지 않는다.

③ 인조를 문왕에, 효종을 무왕에 견주고 있으며, 효종은 애초부터 적자로서 적자의
지위를 얻어야 하는 따위의 문제는 없다.

⑤ 차장자는 적자로서 종통을 이었으나 첫째 아들이 아니라 둘째 아들인 경우인데,
무왕은 "무왕과 달리 적지였던 백읍고"라는 기술에서 서자라는 것을 알 수 있고,
차장자의 개념은 이를 포섭하지 않는다. 따라서 차장자에 관한 중국 사례라 할
수 없다.

21.

윗글과 비교하여 〈보기〉를 이해한 것으로 적절하지 <u>않은</u> 것은?

보 기

　집안의 적자 가운데 첫째 아들로서 종통을 이어받을 사람만을 장자라 하는 것은 변함 없는 원칙입니다. 그가 죽었을 때 부모가 삼년복을 입는 것은 종통을 잇는 뜻을 중히 여기기 때문입니다. 장자가 종통을 계승할 자격을 잃거나 중자 중에서 종통을 잇도록 정한 경우에는, 이들이 죽었을 때 아버지나 어머니는 삼년복을 입지 않습니다. 왕가에서는 서자라도 세자로 책봉되면 임금이 될 때까지는 장자와 같이 대우해야 마땅합니다. 고례에서 말하는 장자란 종통을 계승하지 못한 경우에 따져 보도록 하는 것입니다. 마침내 대통을 계승하는 보위에 올랐다면, 그때에도 여전히 어머니가 있다고 하여 그저 아들일 뿐 임금이 아니라고야 할 수 있겠습니까.

① 효종에 대한 상복은 종통 승계를 우선하는 원칙으로 결정해야 하고 그에 따라 정해지는 기준은 나라 안 모든 질서에서 일관된다고 보는 점에서는 ⓐ와 일치한다.

② 효종은 중자로서 세자가 되었다는 사실이 바뀔 수 없는 것이라서 어찌해도 장자일 수 없다고 보는 점에서는 ⓑ와 일치한다.

③ 임금이 된 효종에 대해서는 장자인지를 문제 삼을 필요가 없다고 보는 점에서는 ⓒ와 일치한다.

④ 세자 시절의 효종이 장자의 대우를 받아야 한다고 보는 점에서는 ⓐ와 일치하고, 장자는 첫째 아들이어야 한다고 보는 점에서는 ⓑ와 일치한다.

⑤ 효종이 적실의 소생이 아니라면 차장자라 할 여지가 없다고 보는 점에서는 ⓐ, ⓑ, ⓒ와 일치한다.

문항 성격	문항유형 : 정보의 평가와 적용
	내용영역 : 인문
평가 목표	이 문항은 제시문에 나오는 견해들의 공통 전제와 차이점을 정확하게 파악하고 있는지 〈보기〉의 견해와의 비교를 통해 확인하고자 하는 문항이다.
문제 풀이	정답 : ①

제시문에서 박세당은 복제에 관한 갑설과 을설을 비교하고 자기의 입장을 밝힌다. 〈보기〉는 이들과 차이가 있는 나름의 주장을 펼친다. 이들을 비교하는 선택지 각각이 적절한지 여부를 꼼꼼하게 검토하도록 한다.

 ① 〈보기〉의 입장은 효종의 경우에 종통을 중시하여 그것을 기준으로 복제를 정해야 한다는 취지를 읽을 수 있어서 ⓐ와 일치하는 점이 있다. 그러면서 〈보기〉는 왕가의 예와 사가의 예를 구별하여, 일반 집안에서 첫째 아들만이 장자가 되어 그 대우를 받을 수 있다는 것은 변함없는 원칙이지만, 왕가에서는 달리 효종처럼 둘째 아들이라도 종통을 잇는 세자로 책봉되었으면 장자로 대우받아야 한다고 주장한다. 따라서 왕가의 기준을 나라 안의 모든 질서에 적용하여야 한다는 진술은 〈보기〉의 입장이라 보기 어렵다.

 ② 〈보기〉에서는 "적자 가운데 첫째 아들로서 종통을 이어받을 사람만을 장자라 하는 것은 변함없는 원칙입니다."라고 하면서, 다만 왕가에서 장자가 될 수 없는 중자가 종통을 이었다면 종통을 중시하는 취지에서 대우는 장자와 똑같이 하여야 한다는 입장을 보인다. 따라서 이 부분만 놓고 볼 때는, 중자는 장자일 수 없기에 임금이 되어도 장자가 될 수 없다는 ⓑ와는 상통한다.

③ 〈보기〉에서는 "고례에서 말하는 장자란 종통을 계승하지 못한 경우에 따져 보도록 하는 것입니다."라고 하여 임금이 되기 전까지만 장자를 따져야 한다는 입장을 보인다. 따라서 장자인지 아닌지가 국왕의 종통에 영향을 끼치는 것이 아니라면서, 효종이 임금이 되어 종통을 계승한 이상 그에 관련된 상복을 장자인지 여부에 따라 정하는 것은 문제 삼을 일이 아니고, 어느 쪽으로 해도 괜찮다는 ⓒ와 상통한다.

④ 〈보기〉는 효종이 장자의 대우를 받아야 한다는 취지여서, 효종은 장자로서 그와 관련된 복제 또한 장자의 대우에 걸맞게 정해야 한다는 ⓐ와 상통한다. 그리고 첫째 아들만이 장자이어야 한다는 〈보기〉의 견해는, 효종이 종통을 이었지만 둘째 아들이라서 장자일 수 없다는 ⓑ의 입장과 상응한다.

⑤ 제시문에서 차장자는 적자로서 종통을 이었으나 첫째 아들이 아니라 둘째 아들이라서 장자라는 이름 대신 붙여진 낱말이다. 논의의 대립은 이 전제를 공통으로 하면서 벌어지고 있다. 이에 대해 글쓴이는 "하나의 설을 같이하면서 특별히 복제에서만 두 설로 갈라져 시끄러이 다투"는 "사뭇 괴이"한 상황이라 평가하면서, 이 공통된 전제에 관하여는 문제 삼지 않고, 갈라진 입장들에 대해서 따져 보고 있다. 〈보기〉 또한 "적자 가운데 첫째 아들로서 종통을 이어받을 사람만을 장자"라 한다고 하여, 적자이어야만 장자라 한다. 차장자는 종통을 이은 적자인 장자의 개념을 전제로 하면서, 다만 첫째 아들이 아니라 둘째라는 차이를 어떻게 이해하고 적용할 것인가 논의하기 위해 차장자라는 개념을 만들어낸 것이다. 따라서 ⓐ, ⓑ, ⓒ, 〈보기〉 모두 장자에 대해 적자로서 종통을 계승한다는 개념을 공통의 전제로 하면서 논쟁을 벌이기 때문에, 이들 입장에서는 측실에서 난 이

[22~24] 다음 글을 읽고 물음에 답하시오.

20세기 초에 약학자 타파이너는 ㉠아크리딘 색소가 침착된 원생동물이 번개에 노출되자 죽는 현상을 우연히 관찰했고, 이어 피부 종양에 형광물질의 하나인 에오신을 바르고 빛을 쪼여 종양에 반응이 있음을 확인했다. 이후 연구자들은 빛과 화학물질 및 산소의 상호작용으로 세포가 죽는다는 것을 보였고, 타파이너는 이 현상을 산소 의존성 광반응 현상이라고 보고하면서 광역학 치료라는 용어를 최초로 사용하였다.

광역학 치료에는 빛 에너지, 감광제, 산소가 필수적이다. 외부에서 특정 파장의 빛을 쪼이면 감광제가 세포 및 조직 주변에 존재하는 산소와 반응하여 활성산소종을 짧은 시간 안에 국소적으로 발생시키고, 이들은 생체분자들을 산화시켜 기능을 파괴함으로써 세포를 사멸시킨다. 여기서 감광제의 종류에 따라 활성산소종을 최대로 발생시키는 빛의 파장, 즉 색깔이 다르다는 것이 주목된다. 특정 감광제는 특정 파장의 빛에 가장 효율적으로 반응하기 때문이다. 감광제가 어떤 파장의 빛에 의해 활성화되면 주변 산소에 전자 혹은 에너지를 전달하여 활성산소종을 생성시킨다. 활성산소종은 세포의 대사 과정에서도 일부 발생하는 것으로, 극소량으로 존재할 때는 생화학 반응에 도움을 주기도 하지만 과량으로 생성된 활성산소종이 오랫동안 지속될 경우 독성이 있어 활성산소종을 제거하는 항산화제의 투여가 필요한 경우도 있다. 감광제에 빛을 쪼여 발생한 활성산소종은 반감기가 약 $0.05\mu s$ 이하이기 때문에 생성 후 빨리 소멸되고, 그 영향이 미치는 유효거리는 발생점에서 약 20nm까지여서 감광제와 매우 가까운 주변부에서만 국소적 반응을 일으킨다.

광역학 치료에 사용하는 감광제는 포르피린계 화합물과 기타 형광 염색 시약으로 나눌 수 있다. 여드름균은 포르피린을 스스로 합성하는데 이 때문에 특정 파장의 빛을 쪼이면 여드름균만 사멸되어 효과적인 치료를 할 수 있다. 많은 형광 염색 시약들도 활성산소종 방출 능력을 가지고 있어 감광제로 사용할 수 있지만, 광 노출 시 활성산소종이 충분히 방출되어야 하고, 빛이 없을 경우에는 독성이 낮아야 하며, 생체 외부로 배출되는 능력도 커야 한다. 광역학 치료는 외부 빛이 체내 깊숙이 투과하지 못 할 경우 치료 효과의 제한이 있으며, 감광제의 농도, 빛의 세기와 노출 시간, 조직 내 산소 농도 등에 의해 치료 효율이 다르다. 또한 세포 안에는 특정 파장의 빛을 받고 그보다 긴 파장의 빛을 내어 놓는 형광물질이 존재할 수 있으므로, 이들에 의한 간섭효과를 감안하여 감광제와 이를 활성화하는 빛의 파장의 선택도 고려해야 한다. 높은 농도의 감광제를 주입할 경우 알레르기를 유발할 수 있고 완전히 분해 혹은 배출되지 않은 감광제가 잔류되었을 경우 햇빛 노출에 의해 피부세포가 손상될 수 있기 때문에, 잔류 감광제가 완전 분해되기까지 빛 차단을 위한 관리가 필요하다.

광역학 치료는 현재 각종 피부질환 치료에 널리 사용되고 있으며, 암 치료에도 효과가 있는 것으로 알려져 있다. 암 치료 시에는 감광제가 암 조직에 선택적으로 축적되는 기전을 이용한다. 정맥주사로 투여되는 감광제는 대부분 물에 녹지 않기 때문에 혈액의 저밀도 지질단백질(LDL)과 강하게 결합한다. 암세포의 세포막에는 LDL과 결합하는 LDL 수용체가 많이 존재하기 때문에 정상 세포에 비해 암세포에 감광제가 다량으로 축적된다. 광역학 치료 과정에서 암 조직에 손상을 주어 염증을 유발하면 암세포에 대한 면역반응을 활성화할 수 있어 치료 효율을 높일 수 있다. 항암제와 방사선 치료는 강한 독성 때문에 심각한 부작용을 초래하지만 감광제는 암 조직에만 선택적으로 축적되고 빛을 쪼여 준 부위에서만 국소적인 독성을 나타내므로 대안적 암 치료법으로 고려되고 있다.

22.

윗글의 내용에 대한 이해로 가장 적절한 것은?

① 포르피린을 합성하는 여드름균 때문에 생긴 여드름을 치료하려면 빛의 차단이 필요하다.
② 빛이 없이 세포독성을 유발하는 형광시약은 면역반응을 활성화하기 때문에 광역학 치료에 사용한다.
③ 감광제가 정상 피부 조직에 잔류하였을 경우 외부 빛이 체내 깊숙이 투과되지 않으면 알레르기가 발생하지 않는다.
④ 광역학 치료 시 발생하는 활성산소종은 반감기와 유효거리가 짧아, 암세포에서 멀리 떨어져 위치한 정상세포에 미치는 영향이 적다.
⑤ 감광제를 이용한 암 치료 시 감광제는 산소가 부족한 암 조직에 선택적으로 축적되므로 LDL과 결합할 수 있는 항산화제의 병행 투여가 필요하다.

빛과 산소가 존재할 때 활성산소종을 배출시켜 세포사멸 및 치료 효과를 나타내는 감광제의 작용 원리에 대해 제시문을 통해 정확히 이해하도록 한다.

정답 해설   ④ 제시문 두 번째 단락 "감광제에 빛을 쪼여 발생한 활성산소종은 반감기가 약 $0.05\mu s$ 이하이기 때문에 생성 후 빨리 소멸되고, 그 영향이 미치는 유효거리는 발생점에서 약 20nm까지여서 감광제와 매우 가까운 주변부에서만 국소적 반응을 일으킨다."와 마지막 단락 "정맥주사로 투여되는 감광제는 대부분 물에 녹지 않기 때문에 혈액의 저밀도 지질단백질(LDL)과 강하게 결합한다. 암세포의 세포막에는 LDL과 결합하는 LDL 수용체가 많이 존재하기 때문에 정상세포에 비해 암세포에 감광제가 다량으로 축적된다.", 그리고 "감광제는 암 조직에만 선택적으로 축적되고 빛을 쪼여 준 부위에서만 국소적인 독성을 나타내므로 대안적 암 치료법으로 고려되고 있다."로부터 암세포에 축적되는 감광제에 의해 발생하는 활성산소종은 암세포에서 멀리 떨어져 있는 정상세포에는 미치는 영향이 상대적으로 적다는 것을 알 수 있다.

오답 해설   ① 제시문 두 번째 단락 "감광제가 어떤 파장의 빛에 의해 활성화되면 주변 산소에 전자 혹은 에너지를 전달하여 활성산소종을 생성시킨다."와 세 번째 단락 "여드름균은 포르피린을 스스로 합성하는데 이 때문에 특정 파장의 빛을 쪼이면 여드름균만 사멸되어 효과적인 치료를 할 수 있다."로부터 포르피린을 합성하는 여드름균 때문에 생긴 여드름을 치료하려면 빛의 차단이 아닌 빛의 조사가 필요하다는 것을 알 수 있다.

② 제시문 세 번째 단락 "많은 형광 염색 시약들도 활성산소종 방출 능력을 가지고 있어 감광제로 사용할 수 있지만, 광 노출 시 활성산소종이 충분히 방출되어야 하고, 빛이 없을 경우에는 독성이 낮아야 하며, 생체 외부로 배출되는 능력도 커야 한다."로부터 형광시약을 광역학 치료에 사용하려면 빛이 없을 경우에 독성이 낮아야 한다는 것을 알 수 있다.

③ 제시문 세 번째 단락 "높은 농도의 감광제를 주입할 경우 알레르기를 유발할 수 있고 완전히 분해 혹은 배출되지 않은 감광제가 잔류되었을 경우 햇빛 노출에 의해 피부세포가 손상될 수 있기 때문에, 잔류 감광제가 완전 분해되기까지 빛

214

차단을 위한 관리가 필요하다."에서 감광제는 빛의 존재 여부와 관계없이 알레
르기를 유발할 수 있다는 것을 알 수 있다.

⑤ 제시문 두 번째 단락 "활성산소종은 세포의 대사 과정에서도 일부 발생하는 것
으로, 극소량으로 존재할 때는 생화학 반응에 도움을 주기도 하지만 과량으로
생성된 활성산소종이 오랫동안 지속될 경우 독성이 있어 활성산소종을 제거하
는 항산화제의 투여가 필요한 경우도 있다."로부터 항산화제의 투여는 활성산소
종을 제거한다는 것을 알 수 있으므로 활성산소종에 의해 암세포를 사멸시키는
감광제를 이용한 암 치료 시에는 항산화제의 투여가 필요하지 않다는 것을 알
수 있다.

23.

㉠을 바탕으로 수행한 〈보기〉의 실험 결과에 대해 평가한 것으로 적절하지 않
은 것은?

보 기

　어떤 원생동물을 빛이 차단된 조건에서 충분한 산소를 공급하면서 배양한 후 다음과
같은 처리를 하고 일정 시간 후 원생동물의 생존율을 조사하였다. (−는 없음, +는 있음
을 뜻한다.)

광원	감광제	항산화제	생존율(%)
−	−	−	100
		+	100
	A	−	80
		+	80
	B	−	100
		+	100
자외선	−	−	0
		+	40
	A	−	0
		+	32
	B	−	0
		+	40

녹색 빛	−	−	100
		+	100
	A	−	0
		+	80
	B	−	70
		+	100
적색 빛	−	−	100
		+	100
	A	−	80
		+	80
	B	−	0
		+	100

① A는 활성산소종의 생성과는 무관한 독성을 가지고 있다.

② A는 적색 빛보다 녹색 빛에 의해 더 적은 양의 활성산소종을 발생시킨다.

③ B는 적색 빛뿐 아니라 녹색 빛에 의해서도 활성산소종을 발생시킨다.

④ A와 B는 빛이 존재하지 않으면 활성산소종을 발생시키지 않는다.

⑤ 자외선에 의하여 유발되는 활성산소종은 A나 B로부터 발생한 것은 아니다.

문항 성격	문항유형 : 정보의 추론과 해석
	내용영역 : 과학기술
평가 목표	이 문항에서는 주어진 자료를 분석하여 자외선 및 감광제 A와 B가 어떠한 기전으로 원생동물의 사멸을 일으켰는지 추론할 수 있는 능력을 평가하고자 한다.
문제 풀이	정답 : ②

〈보기〉에 주어진 표의 데이터를 분석하여 자외선 및 감광제 A와 B가 어떠한 기전으로 원생동물의 사멸을 유발하는지 파악한 후, 각각의 선택지들이 〈보기〉의 실험 결과에 대한 평가로 적절한지 여부를 따져보도록 한다.

정답 해설 ② 〈보기〉 표의 데이터로부터 감광제 A를 원생동물에 가하고 녹색 빛을 쪼여주었을 경우 항산화제가 없을 경우 0%의 생존율을 보이고 항산화제가 있을 경우 80%까지 생존율이 증가하는 것을 알 수 있다. 또한 감광제 A를 원생동물에 가하고 적색 빛을 쪼여주었을 경우 항산화제의 존재 여부와 무관하게 80%의 생존율을

216

보이는 것을 알 수 있다. 이로부터 감광제 A는 빛과 관계없이 20%의 원생동물을 사멸시킨다는 것을 알 수 있고, 녹색 빛에 의해 활성산소종을 발생시켜 추가로 80%의 원생동물을 사멸시켜 생존율을 0%로 만든다는 것을 도출할 수 있다. 적색 빛을 쪼였을 경우 항산화제의 존재 여부에 따라 생존율이 변화하지 않으므로 감광제 A는 적색 빛에 의해 활성산소종을 만들지 않는다는 것도 알 수 있다. 그러므로 이 선택지는 〈보기〉의 실험 결과에 대해 평가한 것으로 적절하지 않다.

오답 해설 ① 〈보기〉 표의 데이터로부터 감광제 A를 원생동물에 가하고 아무 빛도 쪼여주지 않았을 경우 항산화제의 존재 여부와 무관하게 80%의 생존율을 보이는 것을 알 수 있고 이것은 감광제를 처리하지 않은 경우와 감광제 B를 처리한 경우 보여주는 100%의 생존율에 비해 적은 값이므로 감광제 A는 빛에 의한 활성산소종의 생성과 무관한 독성을 일부 가지고 있는 것으로 추론할 수 있다.

③ 〈보기〉 표의 데이터로부터 감광제 B를 원생동물에 가하고 녹색 빛을 쪼여주었을 경우 항산화제가 없을 경우 70%의 생존율을 보이고 항산화제가 있을 경우 100%까지 생존율이 증가하는 것을 알 수 있다. 또한 감광제 B를 원생동물에 가하고 적색 빛을 쪼여주었을 경우 항산화제가 없을 경우 0%의 생존율을 보이고 항산화제가 있을 경우 100%까지 생존율이 증가하는 것을 알 수 있다. 이로부터 적색 빛에 의해서 감광제 B에서 발생한 활성산소종은 원생동물을 모두 사멸시키고 녹색 빛에 의해서 감광제 B에서 발생한 활성산소종은 30%의 원생동물을 사멸시킨다는 것을 추론할 수 있으므로 감광제 B는 적색 빛뿐 아니라 녹색 빛에 의해서도 활성산소종을 만들어낸다는 것을 알 수 있다.

④ 〈보기〉 표의 데이터로부터 A와 B는 빛이 존재하지 않을 경우 항산화제의 존재 여부와 무관하게 각각 80%와 100%의 생존율을 보인다는 것을 알 수 있다. 빛이 없을 경우 항산화제의 첨가가 생존율에 영향을 미치지 않았으므로 감광제 A는 활성산소종과 무관한 독성을 일부 가지고 있고 감광제 A와 B는 빛이 없을 경우 활성산소종을 만들지 않는다는 것을 알 수 있다.

⑤ 〈보기〉 표의 데이터로부터 자외선을 쪼이면 항산화제가 없을 경우 0%의 생존율, 항산화제가 있을 경우 40%의 생존율을 보이는 것을 알 수 있다. 이는 자외선을 쪼인 경우 40%의 원생동물이 자외선을 쪼여서 발생하는 활성산소종에 의해 사멸하고 60%의 원생동물 사멸은 활성산소종과 무관한 자외선의 독성에 의한 것임을 추론할 수 있다. 그런데 같은 조건에서 감광제 A를 추가하였을 경우 항산화제가 있을 경우 32%의 생존율이 나타나는데, 이는 감광제 A가 활성산소종의 생성과는 무관한 독성을 가지고 있어 A의 첨가만으로도 20%의 원생동물이 사멸하기 때문이다. (자외선과 A, 항산화제를 같이 처리한 경우 자외선이 가

24.

윗글을 바탕으로 신물질 X, Y, Z를 이용한 〈보기〉의 실험 결과에 대해 추론
한 것으로 가장 적절한 것은? (단, 실험에 사용된 X, Y, Z의 양은 모든 실험
에서 동일하다.)

보 기

- X가 있는 용액에 녹색 빛을 쪼이면 활성산소종이 발생하지 않았으나 강한 적색 형광
  의 방출이 관찰되었고 적색 빛을 쪼이는 것은 아무 영향이 없었다.
- Y가 있는 용액에 적색 빛을 쪼이면 형광의 방출이 관찰되지 않았으나 활성산소종이
  발생했고 녹색 빛을 쪼이는 것은 아무 영향이 없었다.
- X는 쪼이는 빛의 유무나 빛의 색깔과 무관하게 암세포를 100% 사멸시켰고, Y는 적
  색 빛을 쪼인 경우에만 암세포를 100% 사멸시켰다.
- Z가 감광제에 의해 발생한 활성산소종 용액에 존재하는 경우, Z는 활성산소종을
  50% 제거했다.
- X, Y, Z 사이에 빛, 활성산소종, 항산화제를 매개하지 않는 직접적인 상호작용은 없
  었다.

① X, Z 혼합용액에 녹색 빛을 쪼이면 Y, Z 혼합용액에 적색 빛을 쪼인 경우보다 적색 형
  광이 많이 방출되고 활성산소종도 많이 발생하겠군.
② Y, Z 혼합용액에 녹색 빛을 쪼이면 X, Y, Z 혼합용액에 녹색 빛을 쪼인 경우보다 적
  색 형광이 적게 방출되고 활성산소종도 적게 발생하겠군.
③ X, Z 혼합용액에 녹색 빛을 쪼이면 X, Y, Z 혼합용액에 적색 빛을 쪼인 경우보다 적
  색 형광이 적게 방출되고 활성산소종은 많이 발생하겠군.
④ X, Z를 동시에 암세포에 가하고 녹색 빛을 쪼이면 Y, Z를 동시에 가하고 녹색 빛을 쪼

인 경우보다 적색 형광이 많이 방출되고 암세포가 적게 사멸하겠군.

⑤ Y, Z를 동시에 암세포에 가하고 적색 빛을 쪼이면 X, Z를 동시에 가하고 녹색 빛을 쪼인 경우보다 적색 형광이 적게 방출되고 암세포가 많이 사멸하겠군.

<table>
<tr><td>문항 성격</td><td>문항유형 : 정보의 평가와 적용</td></tr>
<tr><td></td><td>내용영역 : 과학기술</td></tr>
<tr><td>평가 목표</td><td>이 문항은 주어진 데이터를 바탕으로 X, Y, Z가 암세포의 사멸에 미치는 영향을 추론할 수 있는지 묻는 문항이다.</td></tr>
<tr><td>문제 풀이</td><td>정답 : ②</td></tr>
</table>

신물질 X, Y, Z를 이용한 실험 결과를 바탕으로 이들이 발생시키는 형광, 활성산소종, 항산화제로서의 능력 등이 암세포의 생존에 미치는 영향을 분석하고 각 신물질의 작용 메커니즘을 정확히 추론하도록 한다.

정답 해설 ② "Y가 있는 용액에 적색 빛을 쪼이면 형광의 방출이 관찰되지 않았으나 활성산소종이 발생했고 녹색 빛을 쪼이는 것은 아무 영향이 없었다." 와 "X, Y, Z 사이에 빛, 활성산소종, 항산화제를 매개하지 않는 직접적인 상호작용은 없었다."로부터 Y, Z 혼합용액에 녹색 빛을 쪼이면 형광과 활성산소종을 모두 발생시키지 않는다는 것을 알 수 있다. 반면 "X가 있는 용액에 녹색 빛을 쪼이면 활성산소종이 발생하지 않았으나 강한 적색 형광의 방출이 관찰되었고 적색 빛을 쪼이는 것은 아무 영향이 없었다."와 "Y가 있는 용액에 적색 빛을 쪼이면 형광의 방출이 관찰되지 않았으나 활성산소종이 발생했고 녹색 빛을 쪼이는 것은 아무 영향이 없었다.", 그리고 "Z가 감광제에 의해 발생한 활성산소종 용액에 존재하는 경우, Z는 활성산소종을 50% 제거했다."로부터 X, Y, Z 혼합용액에 녹색 빛을 쪼이면 적색 형광이 방출되고 이 적색 형광에 의해 Y로부터 활성산소종이 발생하고 발생한 활성산소종의 50%는 Z에 의해 제거되었지만 50%는 남아있다는 것을 추론할 수 있다.

한편 제시문 세 번째 단락 "또한 세포 안에는 특정 파장의 빛을 받고 그보다 긴 파장의 빛을 내어 놓는 형광물질이 존재할 수 있으므로, 이들에 의한 간섭효과를 감안하여 감광제와 이를 활성화하는 빛의 파장의 선택도 고려해야 한다."로부터 X에서 발생하는 적색 형광이 Y를 활성화시켜 활성산소종을 배출시킬 수 있다는 것을 확인할 수 있다.

① "X가 있는 용액에 녹색 빛을 쪼이면 활성산소종이 발생하지 않았으나 강한 적색 형광의 방출이 관찰되었고 적색 빛을 쪼이는 것은 아무 영향이 없었다."와 "Y가 있는 용액에 적색 빛을 쪼이면 형광의 방출이 관찰되지 않았으나 활성산소종이 발생했고 녹색 빛을 쪼이는 것은 아무 영향이 없었다.", 그리고 "Z가 감광제에 의해 발생한 활성산소종 용액에 존재하는 경우, Z는 활성산소종을 50% 제거했다."로부터 X, Z 혼합용액에 녹색 빛을 쪼이면 Y, Z 혼합용액에 적색 빛을 쪼인 경우보다 적색 형광이 많이 방출되지만 활성산소종은 적게 발생하는 것을 알 수 있다.

③ "X가 있는 용액에 녹색 빛을 쪼이면 활성산소종이 발생하지 않았으나 강한 적색 형광의 방출이 관찰되었고 적색 빛을 쪼이는 것은 아무 영향이 없었다."와 "Y가 있는 용액에 적색 빛을 쪼이면 형광의 방출이 관찰되지 않았으나 활성산소종이 발생했고 녹색 빛을 쪼이는 것은 아무 영향이 없었다."로부터 X, Z 혼합용액에 녹색 빛을 쪼이면 X, Y, Z 혼합용액에 적색 빛을 쪼인 경우보다 적색 형광이 많이 방출되고 활성산소종은 적게 발생하는 것을 알 수 있다.

④ "X가 있는 용액에 녹색 빛을 쪼이면 활성산소종이 발생하지 않았으나 강한 적색 형광의 방출이 관찰되었고 적색 빛을 쪼이는 것은 아무 영향이 없었다."와 "Y가 있는 용액에 적색 빛을 쪼이면 형광의 방출이 관찰되지 않았으나 활성산소종이 발생했고 녹색 빛을 쪼이는 것은 아무 영향이 없었다.", 그리고 "X는 쪼이는 빛의 유무나 빛의 색깔과 무관하게 암세포를 100% 사멸시켰고, Y는 적색 빛을 쪼인 경우에만 암세포를 100% 사멸시켰다."로부터 X, Z를 동시에 암세포에 가하고 녹색 빛을 쪼이면 적색 형광이 방출되고 암세포가 100% 사멸하는 것을 알 수 있고 Y, Z를 동시에 가하고 녹색 빛을 쪼이면 암세포가 사멸하지 않는 것을 추론 할 수 있다. 그러므로 X, Z를 동시에 암세포에 가하고 녹색 빛을 쪼이면 Y, Z를 동시에 가하고 녹색 빛을 쪼인 경우보다 적색 형광이 많이 방출되지만 암세포도 많이 사멸한다.

⑤ "Y가 있는 용액에 적색 빛을 쪼이면 형광의 방출이 관찰되지 않았으나 활성산소종이 발생했고 녹색 빛을 쪼이는 것은 아무 영향이 없었다."와 "Z가 감광제에 의해 발생한 활성산소종 용액에 존재하는 경우, Z는 활성산소종을 50% 제거했다.", 그리고 "X는 쪼이는 빛의 유무나 빛의 색깔과 무관하게 암세포를 100% 사멸시켰고, Y는 적색 빛을 쪼인 경우에만 암세포를 100% 사멸시켰다."로부터 Y, Z를 동시에 암세포에 가하고 적색 빛을 쪼이면 적색 형광이 방출하지 않으나 암세포가 50% 사멸한다는 것을 추론할 수 있다. "X가 있는 용액에 녹색 빛을 쪼이면 활성산소종이 발생하지 않았으나 강한 적색 형광의 방출이 관찰되었고 적

색 빛을 쪼이는 것은 아무 영향이 없었다."와 "X는 쪼이는 빛의 유무나 빛의 색깔과 무관하게 암세포를 100% 사멸시켰고, Y는 적색 빛을 쪼인 경우에만 암세포를 100% 사멸시켰다."로부터 X, Z를 동시에 가하고 녹색 빛을 쪼이면 적색 형광이 방출되고 100%의 암세포가 사멸한다는 것을 추론할 수 있다. 그러므로 Y, Z를 동시에 암세포에 가하고 적색 빛을 쪼이면 X, Z를 동시에 가하고 녹색 빛을 쪼인 경우보다 적색 형광이 적게 방출되고 암세포가 적게 사멸한다.

[25~27] 다음 글을 읽고 물음에 답하시오.

당위 명제는 존재 명제에서 도출될 수 없다는 흄의 주장은 현대 도덕철학에 큰 영향을 미쳤다. 도덕 판단이 사실에 관한 참/거짓인 명제임을 부정하며 도덕적 지식은 존재할 수 없다고 주장하는 도덕철학자들에게 흄의 주장은 성서처럼 여겨진다. 하지만 흄의 주장이 진정으로 의미하는 바가 무엇인지에 대해서는 논쟁이 이어지고 있다.

매킨타이어는 흄의 주장이 모든 존재 명제가 아니라 일부의 존재 명제만을 겨냥하고 있다고 본다. 흄은 도덕 판단이 영원한 합목적성이나 신의 의지에 대한 신학적 명제에서 도출되는 것에 대해서만 그 불가능성을 인정한다는 것이다. 신학적 명제는 인간의 필요나 이익과 무관해서 신학적 명제와 도덕적 명제 간에는 간격이 있을 수밖에 없기 때문이다. 결국 매킨타이어는 인간의 필요나 이익과 진정으로 관련되는 존재 명제에서만 당위 명제를 도출할 수 있다고 보는 것이 흄의 진의라고 생각했다. 이런 생각은 흄이 도덕성을 인간에게 정념이나 정서를 불러일으키는 필요나 이익과 관련된 자연적 현상이라고 확신했다는 점에서 도출된다. 매킨타이어는 그 근거로, 흄이 정서에 관해 논의할 때 사회적 규칙이 어떻게 공공의 이익을 증진하는가의 문제와 관련해서 수많은 인류학적, 사회학적 사실을 인용했던 점을 제시한다.

이런 맥락에서 매킨타이어는 '연결 개념'을 제안한다. 이 개념에는 욕구와 필요, 쾌락 등이 포함되는데, 이것들은 사실적인 것인 동시에 도덕적 개념과 밀접하게 연결된 인간 본성의 여러 측면과도 관련된다. 매킨타이어는 연결 개념이 사실들을 그것들과 관련된 도덕적 요구에 연결한다고 보고, 이것이 곧 흄이 실제로 행한 바라고 주장한다.

헌터도 흄이 존재 명제에서의 당위 명제 도출을 전적으로 부정하지는 않았다고 해석한다. 흄은 도덕 판단을 존재 명제처럼 사실적 주장으로 인식했고 따라서 사실적 주장으로서의 도덕 판단은 다른 사실적 주장에서 도출될 수 있다고 생각했다는 것이다. 헌터는 "당신이 어떤 행위나 특성을 사악하다고 말할 때, 이는 당신이 당신의 본성에 의해 그것에 대한 비난 또는 경멸의 느낌이나 정서를 가지게 된다는 사실을 의미할 뿐이다."라는 흄의 언급에 주목한다. 흄의 이 언급은 인간 정서의 사실적 진술에 관한 것이며, 이 사실적 진술은 어떤 행위나 특성에 대한 관찰과 그것에 대한 느낌 간의 인과적 연결을 기술하는 것이다.

결국 헌터의 해석에 따르면, 흄의 당위 명제는 특정한 존재 명제, 즉 이성의 관계들이나 독립적인 외부의 대상들에 관한 명제에서는 도출될 수 없지만, 인간 정서와 관련된 사실적 진술로서의 존재 명제에서는 도출될 수 있다. 이 입장에서는 만일 도덕 판단이 정서의 기술이라면, 그것은 참이거나 거짓이 되며 도덕적 지식을 산출할 수 있을 것이라고 볼 수 있다. 이러한 지식의 내용이 주관적인 것이라 해도 그렇다.

플류와 허드슨은 매킨타이어와 헌터의 흄 해석을 비판하면서, 흄은 도덕 판단을 인간 정서에 관한 사실적 진술이 아니라 정서의 표현으로 보았다고 주장한다. 만일 플류와 허드슨의 주장이 옳다면, 흄은 정서주의의 직접적인 선구자가 될 것이다. 정서주의에서는 흄처럼 사실의 기술과 정서의 표현을 구별하며, 도덕 판단을 시인과 부인의 표현으로 간주하기 때문이다. 이 입장에서 도덕 판단은 정서적 의미를 지닐 뿐이고 단지 발화자의 태도를 표현하는 것에 불과하며, 사실의 기술에서 도출될 수 없다. 따라서 정서주의는 도덕적 논증의 타당성이나 도덕적 지식이 존재할 수 없다고 주장한다. 도덕 판단이 정서의 표현이라면, 그 판단은 참이거나 거짓일 수는 없고 기껏해야 솔직하거나 솔직하지 않은 것일 뿐이기 때문이다. 결국 플류와 허드슨에 따르면, 흄은 존재 명제에서의 당위 명제 도출을 부정하고 도덕적 지식의 불가능성을 주장하는 정서주의자로 해석될 수 있다.

25.

윗글의 내용과 일치하지 <u>않는</u> 것은?

① 도덕철학에서 흄의 주장은 도덕적 지식의 불가능성을 주장하는 철학자들에게 주된 근거로 활용되고 있다.
② 매킨타이어는 흄이 영원한 합목적성이나 신의 의지에 대한 신학적 명제를 존재 명제로 보았다고 해석한다.
③ 헌터는 흄이 존재 명제와 당위 명제를 모두 사실적 주장으로 보았다고 이해한다.
④ 플류와 허드슨은 흄이 인간 정서를 사실적 진술의 대상이 아니라고 보았다고 해석한다.

⑤ 정서주의는 인간 정서가 솔직하게 표현된다면 이를 근거로 존재 명제에서 당위 명제를 이끌어낼 수 있다고 본다.

문항 성격	문항유형 : 주제, 구조, 관점 파악
	내용영역 : 규범
평가 목표	이 문항은 흄의 논쟁적 주장에 대한 현대 도덕철학의 다양한 해석을 제대로 이해하고 있는지 묻는 문항이다.
문제 풀이	정답 : ⑤

이 문항의 해결을 위해서는 존재 명제에서 당위 명제를 도출해 낼 수 없다는 흄의 논쟁적 주장에 대한 현대 도덕철학의 다양한 관점을 제시문을 통해 정확히 파악해야 한다.

정답 해설 ⑤ 제시문 마지막 단락 "따라서 정서주의는 도덕적 논증의 타당성이나 도덕적 지식이 존재할 수 없다고 주장한다. 도덕 판단이 정서의 표현이라면, 그 판단은 참이거나 거짓일 수는 없고 기껏해야 솔직하거나 솔직하지 않은 것일 뿐이기 때문이다. 결국 플류와 허드슨에 따르면, 흄은 존재 명제에서의 당위 명제 도출을 부정하고 도덕적 지식의 불가능성을 주장하는 정서주의자로 해석될 수 있다."로부터 정서주의는 인간 정서가 솔직하게 표현되든 그렇지 않든 간에 존재 명제에서 당위 명제를 이끌어낼 수 있음을 부정한다는 것을 알 수 있다.

오답 해설 ① 제시문 첫 번째 단락 "당위 명제는 존재 명제에서 도출될 수 없다는 흄의 주장은 현대 도덕철학에 큰 영향을 미쳤다. 도덕 판단이 사실에 대한 참/거짓인 명제임을 부정하며 도덕적 지식은 존재할 수 없다고 주장하는 도덕철학자들에게 흄의 주장은 성서처럼 여겨진다."로부터 도덕철학에서 흄의 주장은 도덕적 지식의 불가능성을 주장하는 철학자들에게 주된 근거로 활용되고 있음을 알 수 있다.

② 제시문 두 번째 단락 "매킨타이어는 흄의 주장이 모든 존재 명제가 아니라 일부의 존재 명제만을 겨냥하고 있다고 본다. 흄은 도덕 판단이 영원한 합목적성이나 신의 의지에 대한 신학적 명제에서 도출되는 것에 대해서만 그 불가능성을 인정한다는 것이다."로부터 매킨타이어는 흄이 영원한 합목적성이나 신의 의지에 대한 신학적 명제를 존재 명제로 보았다고 해석하고 있음을 알 수 있다.

③ 제시문 첫 번째 단락에 따르면, '당위 명제'는 '도덕 판단'에, '존재 명제'는 '사실에 관한 참/거짓인 명제'에 대응한다. 네 번째 단락에서 헌터는 흄이 "도덕 판단을 존재 명제처럼 사실적 주장으로 인식했"다고 해석하고 있음을 알 수 있다. 따라서 헌터는 흄이 존재 명제와 당위 명제 모두 사실적 주장으로 보았다고 이해한다는 것을 알 수 있다.

④ 제시문 마지막 단락에서 플류와 허드슨은 흄이 인간 정서를 사실적 진술의 대상
이 아니라 정서의 표현으로 보았다고 해석하고 있음을 알 수 있다.

26.

윗글을 바탕으로 철학자들의 판단을 이해한 것으로 적절한 것만을 있는 대로
고른 것은?

ㄱ. 매킨타이어에 따르면, 공익을 증진하는 사회적 규칙은 우리에게 쾌락을 유발한다면
　　도덕성을 지닌다는 것이 흄의 생각이다.
ㄴ. 헌터에 따르면, 인간 정서는 주관적이기 때문에 인간 정서에 대한 사실적 진술에서
　　도출된 도덕 판단은 도덕적 지식이 될 수 없다는 것이 흄의 생각이다.
ㄷ. 플류와 허드슨에 따르면, 도덕 판단은 정서의 표현이기 때문에 도덕적 지식이 될 수
　　없다는 것이 흄의 생각이다.

① ㄴ　　　　　　　　　　② ㄷ　　　　　　　　　　③ ㄱ, ㄴ
④ ㄱ, ㄷ　　　　　　　　⑤ ㄱ, ㄴ, ㄷ

문항 성격　문항유형 : 정보의 확인과 재구성

내용영역 : 규범

평가 목표　이 문항은 존재 명제에서 당위 명제를 도출해 낼 수 없다는 흄의 논쟁적 주장을 제
시문에 등장한 철학자들의 관점에서 올바르게 이해하고 있는지 평가하기 위한 문항
이다.

문제 풀이　정답 : ④

이 문항의 해결을 위해서는 철학자들에 대한 정보를 제시문에서 찾아서 재구성해야 한다. 〈보기〉
선택지에서 주어진 철학자들의 순서가 제시문 전개 순서와 일치하기 때문에 제시문 내용을 이해
할 수만 있다면 해결이 어렵지 않다.

〈보기〉 해설　ㄱ. 제시문 두 번째 단락 마지막 문장 "… 흄이 정서에 관해 논의할 때 사회적 규칙
이 어떻게 공공의 이익을 증진하는가의 문제와 관련해서 수많은 인류학적, 사회

224

학적 사실을 인용했던 점을 제시한다."와 세 번째 단락에서 소개된 '연결 개념'
(욕구와 필요, 쾌락 등)으로부터 이 선택지는 매킨타이어의 판단을 이해한 것으
로 적절한 것임을 알 수 있다.

ㄴ. 제시문 다섯 번째 단락으로부터 헌터에 따르면 인간 정서에 대한 사실적 진술
에서 도출된 도덕 판단이 도덕적 지식이 될 수 있다는 것이 흄의 생각이라는 것
을 확인할 수 있다. 따라서 이 선택지는 헌터의 판단을 이해한 것으로 적절하지
않다.

ㄷ. 제시문 마지막 단락에서 플류와 허드슨은 흄의 주장을, 도덕 판단을 인간 정서
의 표현으로 보고 이를 근거로 도덕 판단이 도덕적 지식이 될 수 없다고 보는
정서주의로 해석하고 있음을 알 수 있다. 따라서 이 선택지는 플류와 허드슨의
판단을 이해한 것으로 적절하다.

〈보기〉에서 ㄱ과 ㄷ만이 적절한 것이므로 ④가 정답이다.

27.

윗글을 바탕으로 〈보기〉를 해석할 때, 가장 적절한 것은?

보 기

    사악한 것으로 인정된 행위, 예를 들면 고의적 살인을 생각해 보자. 이 행위를 모든
측면에서 검토해 보라. 그리고 여기서 당신이 악덕이라고 부를 수 있는 어떤 사실 또는
진정한 존재를 발견할 수 있는지를 살펴보라. 당신이 그 행위를 어떤 방식으로 검토하
든 간에 당신은 오직 어떤 정념과 동기, 의욕과 사고를 발견할 뿐이다. 당신이 그 행위
를 대상으로 생각하는 한 그러한 행위에서는 악덕을 전혀 포착할 수 없을 것이다. 당신
이 그 행위를 당신의 가슴으로 느껴서 그 행위에 대해 당신 안에 생겨나는 거부의 감정
을 발견하기 이전에는 당신은 악덕을 발견할 수 없다. 이때 하나의 사실이 생기는데, 이
것은 이성의 대상이 아니라 느낌의 대상이다. 그리고 이것은 당신 자신 안에 있는 것이
지 대상에 있는 것이 아니다.

– 흄, 『인간 본성에 관한 논고』 –

① 헌터는 '고의적 살인'에 대한 도덕 판단이 사람들에게 불러일으킨 부정적 정서의 진술
에서 도출된 것이라고 생각하겠군.

② '악덕'이라는 도덕 판단의 근거를 매킨타이어는 인간의 타고난 성질에서 찾겠지만, 헌터는 시인과 부인의 표현에서 찾겠군.

③ 플류와 허드슨은 '악덕'에 대해 '고의적 살인'이 어떤 사람에게 유발한 불쾌감을 기술한 것으로 간주하겠군.

④ 매킨타이어와 달리 헌터는 '거부의 감정'이 사실적 측면과 도덕적 요구를 연결하는 개념이라고 생각하겠군.

⑤ 매킨타이어는 '당신 자신 안에 있는 것'을, 플류와 허드슨은 '대상에 있는 것'을 도덕 판단으로 간주하겠군.

문항 성격　문항유형 : 정보의 추론과 해석

　　　　　　내용영역 : 규범

평가 목표　이 문항은 흄의 논쟁적 주장에 대한 현대 도덕철학의 다양한 입장을 흄의 원 글에 다시 적용하여 적절하게 해석할 수 있는지 확인하기 위한 문항이다.

문제 풀이　정답 : ①

〈보기〉를 꼼꼼히 읽고 선택지에 등장한 주요 어구들의 의미를 매킨타이어, 헌터, 플류와 허드슨의 입장에서 해석하여 선택지들의 적절성 여부를 판단하도록 한다.

정답 해설　① 〈보기〉에서 '고의적 살인'은 '사악한 것으로 인정된 행위'의 예로 들고 있기 때문에, '고의적 살인'은 도덕 판단의 대상임을 알 수 있다. 제시문 다섯 번째 단락 "결국 헌터의 해석에 따르면, 흄의 당위 명제는 특정한 존재 명제, 즉 이성의 관계들이나 독립적인 외부의 대상들에 관한 명제에서는 도출될 수 없지만, 인간 정서와 관련된 사실적 진술로서의 존재 명제에서는 도출될 수 있다."와 네 번째 단락 "흄의 이 언급은 인간 정서의 사실적 진술에 관한 것이며, 이 사실적 진술은 어떤 행위나 특성에 대한 관찰과 그것에 대한 느낌 간의 인과적 연결을 기술하는 것이다."로부터 헌터는 '고의적 살인'에 대한 도덕 판단이 사람들에게 불러일으킨 부정적 정서의 진술에서 도출된 것이라고 생각했음을 알 수 있다.

오답 해설　② 제시문 두 번째와 세 번째 단락을 통해 볼 때, 매킨타이어가 '악덕'이라는 도덕 판단의 근거를 인간의 타고난 성질인 인간 본성에서 찾는다는 해석은 적절하다. 그러나 도덕 판단을 시인과 부인의 표현으로 간주한 철학자는 헌터가 아니라 플류와 허드슨이다. 따라서 헌터가 '악덕'이라는 도덕 판단의 근거를 시인과 부인의 표현에서 찾을 것이라는 해석은 적절하지 않다.

③ 제시문 마지막 단락에서 플류와 허드슨은 어떤 행위에 대한 도덕 판단을 그 행위가 불러일으킨 정서의 기술이 아니라 표현으로 간주한다는 것을 알 수 있다. 따라서 플류와 허드슨에 따를 때, '고의적 살인'이 '악덕'이라는 도덕 판단을 이 행위가 어떤 사람에게 유발한 불쾌감을 표현한 것이 아니라 불쾌감을 기술한 것으로 간주할 것이라는 해석은 적절하지 않다.

④ 제시문 세 번째 단락에서 "이런 맥락에서 매킨타이어는 '연결 개념'을 제안한다. 이 개념에는 욕구와 필요, 쾌락 등이 포함되는데, 이것들은 사실적인 것인 동시에 도덕적 개념과 밀접하게 연결된 인간 본성의 여러 측면과도 관련된다. 매킨타이어는 연결 개념이 사실들을 그것들과 관련된 도덕적 요구에 연결한다고 보고, 이것이 곧 흄이 실제로 행한 바라고 주장한다."로부터 매킨타이어가 '거부의 감정'을 연결 개념으로 생각하고 있음을 보여 준다. 한편 헌터도 "흄의 이 언급은 인간 정서의 사실적 진술에 관한 것이며, 이 사실적 진술은 어떤 행위나 특성에 대한 관찰과 그것에 대한 느낌 간의 인과적 연결을 기술하는 것이다."(네 번째 단락)라고 보고, "흄의 당위 명제는 … 인간 정서와 관련된 사실적 진술로서의 존재 명제에서는 도출될 수 있다."(다섯 번째 단락)라고 해석한다. 따라서 매킨타이어와 헌터는 모두 동일하게 '거부의 감정'과 같은 인간 정서를 연결 개념으로 보고 있음을 알 수 있다.

⑤ 〈보기〉의 가장 마지막 문장에서 '당신 자신 안에 있는 것'은 어떤 행위에서 유발된 "인간 정서"를, '대상에 있는 것'은 "독립적인 외부의 대상"을 가리킨다. 제시문 두 번째 단락에서 매킨타이어가 '당신 자신 안에 있는 것'으로서의 "인간 정서"를 도덕 판단으로 해석했다고 볼 여지는 있다. 그러나 플류와 허드슨의 경우 어떤 행위에 대한 도덕 판단을 그 행위가 불러일으킨 정서의 표현으로 간주하기 때문에 도덕 판단은 '대상에 있는 것', 즉 "독립적인 외부의 대상"과는 무관하다.

[28~30] 다음 글을 읽고 물음에 답하시오.

부부가 이혼할 때 한쪽이 양육친으로서 미성년 자녀에 대한 양육권을 행사하면 다른 쪽은 비양육친으로서 면접교섭권을 가진다. 양육권자는 합의로 정하며 합의가 되지 않은 때에는 법원의 재판으로 정한다. 부부의 국적이 다른 경우, 이 재판은 자녀가 생활하던 나라의 법원에서 진행되고, 대개 그 나라 국민인 사람이 양육친으로 지정된다. 자녀가 원래 살던 나라에서 그대로 살 수 있게 해 주는 것이 '자녀의 복리 원칙'에 부합하기 때문이다.

　비양육친은 양육권을 가져오기 위해 자녀를 데리고 다른 나라에 가서 다시 재판을 받으려 할 수 있다. 이런 상황에 대처하기 위해 국제 협약이 마련되었다. 이 협약은 양육친과 비양육친의 국적이 같은 경우나 비양육친이 자신의 본국 아닌 제3국으로 자녀를 데려간 경우에도 적용되는데, 자녀의 생활환경 급변을 방지하는 한편 비양육친이 유리한 재판을 받을 때까지 자녀를 데리고 국제적 이동을 반복하는 것을 억제하기 위해서이다.

　협약은 16세 미만인 자녀에 대한 위법한 국제적 이동이 발생한 경우에 자녀를 신속하게 반환시키는 것을 목적으로 한다. 양육친의 의사에 반해 자녀를 다른 나라로 이동시키면 양육권을 침해하여 위법한 행위가 된다. 비양육친이 양육친의 동의하에 귀국을 전제로 자녀를 국제적으로 이동시킨 후 자녀를 반환하기를 거부하는 경우 위법성이 인정된다. 이 협약에 특유한 전담기관 제도와 반환재판 제도가 모두 효과적으로 작동하므로 이 협약은 성공적으로 운영되고 있다고 평가된다. 다만 양육친과 비양육친의 본국이 모두 협약 가입국이어야만 적용되며, 면접교섭권이 침해되는 경우에는 전담기관의 지원을 받을 수 있을 뿐 그 구제를 위한 재판제도를 두지 않았다는 한계가 있다.

　위법한 국제적 이동이 발생한 경우, 자녀를 반환시키려면 양육친은 재판에서 승소하여 강제집행 절차까지 마쳐야 한다. 양육친이 외국에서 이 절차를 진행하는 데 곤란을 겪을 경우, 전담기관의 지원을 받을 수 있다. 협약 가입국은 하나 이상의 전담기관을 지정해야 한다. 전담기관은 자녀의 소재 탐지, 반환재판 진행, 승소 후의 강제집행 절차에 이르는 전반적인 과정에서 양육친을 지원한다. 또한 양육친과 비양육친이 합의로 자녀의 반환 방법을 결정하도록 주선하고, 합의가 성립하면 그 실행을 지원한다. 협약에는 가입국들의 전담기관들 간 공조 체계도 마련되어 있어서 양육친은 자국 전담기관을 매개로 비양육친과 자녀가 머무는 외국의 전담기관의 지원을 받거나 외국 전담기관에 직접 지원을 신청할 수 있다. 물론 직접 외국의 법원에 반환재판을 청구할 수도 있다.

　협약에 따르면, 자녀에 대한 위법한 국제적 이동 사실이 인정되면 법원은 자녀를 돌려보내도록 결정한다. 이때 부모 중 누가 양육권자로서 더 적합한지는 판단하지 못하도록 하고 있다. 이는 반환재판의 지연을 방지하고 자녀가 원래 살던 나라에서 양육권자를 정하는 재판을 하도록 하기 위해서이다. 다만 반환 예외 사유가 인정되면 법원은 반환청구를 받아들이지 않을 수 있다. 자녀가 1년 이상 체류 중인 나라에서의 생활에 적응한 경우나 자녀에게 위해가 발생할 중대한 위험이 있는 경우가 그 예이다. 위해에는 신체적 위해뿐 아니라 정신적 위해도 포함되므로 양육친이 비양육친에게만 폭력을 행사해도 자녀에게 정신적 위해가 발생한다고 볼 수 있다.

　반환재판 사례가 축적되면서 협약 제정 당시 예상하지 못했던 현상이 나타났다. 비양육친이 양

228

육친의 가정폭력으로 인해 양육친 몰래 자녀를 데리고 외국으로 도피하는 사례가 많아졌다. 이 경우 법원은 중대한 위험이 인정됨을 이유로 반환청구를 받아들이지 않을 수 있지만, 협약의 입법 취지가 무의미해지는 것을 방지하기 위해 자녀 보호에 필요한 조치를 명하면서 반환청구를 인용할 수도 있다.

28.

윗글에 대한 이해로 가장 적절한 것은?

① 전담기관 제도는 반환재판 제도와는 달리 효과적으로 작동하고 있다.
② 양육친이 반환재판에서 승소하더라도 그것만으로는 자녀의 반환이 실현되지 않는다.
③ 법원의 재판으로 양육권자가 정해지면 그 나라의 재판으로는 이를 번복할 수 없다.
④ 양육친과 비양육친의 합의로 반환 방법이 정해지면 전담기관은 더 이상 상황에 개입할 수 없다.
⑤ 양육친과 비양육친의 국적이 서로 다르면 전담기관은 타국 국민에 대해서는 지원을 제공하지 않아도 된다.

문항 성격	문항유형 : 정보의 확인과 재구성
	내용영역 : 규범
평가 목표	이 문항은 제시문에 등장하는 법해석과 관련한 다양한 입장들을 이해하고 있는지 묻는 문항이다.
문제 풀이	정답 : ②

제시문의 제재인 협약의 주요 제도와 내용을 정확하게 파악하도록 한다.

정답 해설 ② 제시문 네 번째 단락 "… 자녀를 반환시키려면 양육친은 재판에서 승소하여 강제집행 절차까지 마쳐야 한다."로부터 반환재판 승소 후 강제집행 절차라는 별도의 절차를 마쳐야 자녀의 반환이 실현됨을 알 수 있다.

오답 해설 ① 제시문 세 번째 단락 "이 협약에 특유한 전담기관 제도와 반환재판 제도가 모두 효과적으로 작동"이라는 기술에서, 전담기관 제도뿐 아니라 반환재판 제도도 효과적으로 작동하고 있음을 알 수 있다.

③ 제시문 첫 번째 단락에서 "양육권자는 합의로 정하며 합의가 되지 않은 때에는

법원의 재판으로 정한다. 부부의 국적이 다른 경우, 이 재판은 자녀가 생활하던 나라의 법원에서 진행"된다고 했으므로 이 선택지의 '그 나라'는 양육권자를 정하는 재판을 한 나라인 자녀가 원래 살던 나라임을 알 수 있다. 제시문 다섯 번째 단락 "… 자녀가 원래 살던 나라에서 양육권자를 정하는 재판을 하도록 하기 위해서이다."로부터, 협약의 목적은 양육권자를 다시 정할 필요가 있어도 일단 반환재판으로 자녀를 원래 살던 나라로 돌려보낸 후 그 나라의 재판으로 양육권자를 다시 정하게 하는 것임을 알 수 있다. 따라서 '그 나라'인 원래 살던 나라의 재판으로 양육권자를 다시 정할 수 있음을 알 수 있다.

④ 제시문 네 번째 단락에서 "… 양육친과 비양육친이 합의로 자녀의 반환 방법을 결정하도록 주선하고, 합의가 성립하면 그 실행을 지원한다."라고 했으므로 전담기관은 양육친과 비양육친이 반환 방법에 관한 합의 후에도 계속 상황에 개입할 수 있음을 알 수 있다.

⑤ 제시문 네 번째 단락에서 "양육친은 … 외국 전담기관에 직접 지원을 신청할 수 있다."라고 했으므로 이 선택지는 윗글에 대한 이해로 적절하지 않다.

29.

윗글에서 추론한 내용으로 가장 적절한 것은?

① 협약의 목적은 양육권자 결정에 관한 재판이 자녀가 현재 머무는 나라에서 진행되게 하는 것이다.

② 협약 제정 당시의 예상과 달리, 신속한 반환이 자녀의 복리에 부합한다고 보기 어려운 사례가 늘고 있다.

③ 양육친과 비양육친의 국적이 같으면 비양육친이 위법하게 자녀를 국제적으로 이동시켜도 협약이 적용되지 않는다.

④ 비양육친의 본국만 협약에 가입한 경우에도 양육친은 비양육친의 본국에서 협약상의 지원 신청과 반환재판 청구를 할 수 있다.

⑤ 비양육친이 양육친의 동의하에 자녀를 외국으로 데려간 경우라면 이후의 상황 변화와 상관없이 적법한 국제적 이동으로 인정된다.

| 문항 성격 | 문항유형 : 정보의 추론과 해석 |
| | 내용영역 : 규범 |

평가 목표　이 문항은 자녀에 대한 위법한 국제적 이동의 문제 및 이를 처리하기 위한 협약과 관련하여 제시문에 명시적으로 드러나지 않은 정보를 추론할 수 있는지 확인하기 위한 문항이다.

문제 풀이　정답 : ②

국제 협약의 제정 배경과 적용 메커니즘에 대하여 제시문의 정보로부터 추론하여 각 선택지의 진위 여부를 확인하도록 한다.

정답 해설　② 제시문 첫 번째 단락에서 "자녀가 원래 살던 나라에서 그대로 살 수 있게 해 주는 것이 '자녀의 복리 원칙'에 부합"함이 협약 제정 당시에 예상했던 상황임을 알 수 있다. 마지막 단락에서 "협약 제정 당시 예상하지 못했던 현상"은 "비양육친이 양육친의 가정폭력으로 인해 양육친 몰래 자녀를 데리고 외국으로 도피하는 사례"임을 알 수 있고, 다섯 번째 단락에서는 "양육친이 비양육친에게만 폭력을 행사해도 자녀에게 정신적 위해가 발생"함을 알 수 있다. 따라서 협약 제정 당시 예상과는 달리 신속한 반환으로 자녀에게 위해가 발생하는 사례가 늘고 있음을 추론할 수 있다.

오답 해설　① 제시문 다섯 번째 단락 "… 자녀가 원래 살던 나라에서 양육권자를 정하는 재판을 하도록 하기 위해서이다."로부터 협약의 목적은 자녀가 머무는 나라에서 양육권자를 정하는 재판을 하게 하는 것이 아님을 추론할 수 있다.

③ 제시문 두 번째 단락에서 "양육친과 비양육친의 국적이 같은 경우"에도 협약이 적용된다고 했고 세 번째 단락에서 "협약은 16세 미만인 자녀에 대한 위법한 국제적 이동이 발생한 경우"에 적용된다고 했으므로, 양육친과 비양육친의 국적이 같아도 위법한 국제적 이동이 발생하면 협약이 적용됨을 추론할 수 있다.

④ 제시문 세 번째 단락에서 "양육친과 비양육친의 본국이 모두 협약 가입국이어야만 적용"된다는 것과 전담기관 제도와 반환재판 제도는 "협약에 특유한" 것임을 알 수 있다. 따라서 비양육친의 본국만 협약에 가입한 경우 협약상의 지원 신청과 반환재판 청구를 할 수 있다는 것은 적절하지 않은 추론임을 알 수 있다.

⑤ 제시문 세 번째 단락 "비양육친이 양육친의 동의하에 귀국을 전제로 자녀를 국제적으로 이동시킨 후 자녀를 반환하기를 거부하는 경우 위법성이 인정된다."라고 했으므로 이 선택지는 제시문에서 추론한 내용으로 적절하지 않음을 알 수 있다.

30.

윗글을 바탕으로 〈보기〉를 평가한 것으로 적절하지 <u>않은</u> 것은?

　X국 국적자인 갑과 Y국 국적자인 을이 X국에서 함께 살던 중 이들 사이에서 자녀 병이 태어났다. 갑과 을은 병이 8세 되던 해 이혼하였다. 그때 갑과 을이 병의 양육권에 관하여 합의에 이르지 못하여 X국 법원은 갑을 양육권자로 지정하고 을이 면접교섭권을 행사하여 병을 방학 기간 동안 Y국으로 데려갈 수 있도록 하였다. 현재 병의 나이는 10세이고 을은 병을 데리고 출국하려고 한다. X국과 Y국은 모두 협약 가입국이다.

① 을이 갑의 동의 없이 병을 협약 가입국인 Z국으로 데려간 직후 갑이 Z국에서 반환재판을 청구하는 경우, Z국 법원은 병을 X국으로 돌려보낼 수 있다.

② 을이 갑의 동의 없이 병을 Y국으로 데려간 직후 갑이 Y국에서 반환재판을 청구하는 경우, 을이 양육권자 변경을 주장하더라도 Y국 법원은 을의 주장을 판단할 권한이 없다.

③ 을이 갑의 동의 없이 병을 Y국으로 데려간 후 3년이 지나도 병이 생활 적응에 실패한 상황에서 갑이 곧바로 Y국 법원에 반환청구를 하는 경우, Y국 법원은 갑의 반환청구를 받아들일 수 있다.

④ 을이 방학을 맞은 병을 Y국으로 데려가려 했으나 갑이 병의 소재를 알려주지 않는 경우, 을은 면접교섭권 행사에 대해 Y국에서 전담기관의 지원을 받을 수 없다.

⑤ 갑의 폭력 성향 때문에 을이 병을 Y국으로 데려간 직후 갑이 Y국에서 반환재판을 청구하는 경우, 병에 대한 위해가 발생할 중대한 위험이 인정되어도 Y국 법원은 갑의 반환청구를 받아들일 수 있다.

문항 성격	문항유형 : 정보의 평가와 적용
	내용영역 : 규범
평가 목표	이 문항은 협약에 고유한 전담기관에 의한 면접교섭 지원 제도, 반환재판 제도를 실제 사안에 적용할 수 있는지를 묻는 문항이다.
문제 풀이	정답 : ④

X국과 Y국이 모두 협약 가입국이고, 병은 10세로서 16세 미만이기 때문에, 면접교섭권 침해나 위법한 국제적 이동이 인정되면 〈보기〉의 사안에는 협약이 적용된다.

 ④ 〈보기〉에서 을이 병을 병의 방학 기간 동안 Y국으로 데려가는 것은 을의 면접교섭권의 내용임을 알 수 있다. 제시문 세 번째 단락에서 "면접교섭권이 침해되는 경우에는 전담기관의 지원을 받을 수 있을 뿐"이라고 했으므로, "을은 면접교섭권 행사에 대해 Y국에서 전담기관의 지원을 받을 수 없다."는 적절하지 않은 평가이다.

 ① 을이 갑의 동의 없이 병을 출국시키면 위법한 국제적 이동으로 인정된다. 제시문 두 번째 단락에서 협약은 "비양육친이 자신의 본국 아닌 제3국으로 자녀를 데려간 경우에도 적용"된다고 했고 Z국도 협약 가입국이므로, 결국 이 경우 협약이 적용된다. 다섯 번째 단락에서 "… 자녀에 대한 위법한 국제적 이동 사실이 인정되면 법원은 자녀를 돌려보내도록 결정한다."고 했으므로 "Z국 법원은 병을 X국으로 돌려보낼 수 있다."는 적절한 평가이다.

② 을이 갑의 동의 없이 병을 출국시키면 위법한 국제적 이동으로 인정되는데, 제시문 다섯 번째 단락에서, 반환재판을 하는 법원은 "부모 중 누가 양육권자로서 더 적합한지는 판단하지 못하도록 하고 있다."는 것을 알 수 있다.

③ 을이 갑의 동의 없이 병을 출국시키면 위법한 국제적 이동으로 인정된다. 제시문 다섯 번째 단락에서 자녀가 "체류 중인 나라에서의 생활에 적응한 경우"가 반환 예외 사유라고 했는데, 병이 생활 적응에 실패했다고 했으므로 반환 예외 사유는 인정되지 않는다. 같은 단락에서, 반환 예외 사유가 없으면 반환재판을 담당한 법원은 "자녀에 대한 위법한 국제적 이동 사실이 인정되면 법원은 자녀를 돌려보내도록 결정"할 권한이 있음을 알 수 있다. 따라서 "Y국 법원은 갑의 반환청구를 받아들일 수 있다."는 적절한 평가이다.

⑤ 제시문 다섯 번째 단락에서 "자녀에게 위해가 발생할 중대한 위험이 있는 경우"가 반환 예외 사유임을 알 수 있고, "다만 반환 예외 사유가 인정되면 법원은 반환청구를 받아들이지 않을 수 있다."로부터 반환 예외 사유가 인정되더라도 반환청구가 받아들여질 수 있음을 알 수 있다. 따라서 '갑의 폭력 성향'은 반환 예외 사유로 인정될 수 있으나, 이 경우에도 Y국 법원은 갑의 반환청구를 받아들일 수 있다.

2022

법학적성시험
언어이해 영역

1. 출제의 기본 방향

언어이해 영역은 법학전문대학원 지원자들의 언어적 소양과 통합적 의사소통 능력을 평가하는 것을 목표로 삼는다. 2023학년도 언어이해 영역은 여러 분야의 고차적이고도 다층적인 텍스트를 제시하고 이에 대한 수험생의 사실 이해와 재구성 능력, 그리고 추론과 비판 및 적용 능력의 정도를 평가하는 데 출제의 기본 방향을 두었다. 이번 시험의 출제 원칙은 다음과 같다.

- 내용 및 표현에서 모범이 되는 다양한 글, 특히 법조인으로서 갖추어야 할 기본 소양과 연관된 글을 제시문으로 활용한다.
- 제시문의 대의를 파악하고 정보들을 이해하며, 정보들 간의 유기적 관련성을 분석·종합할 수 있는 능력을 갖추었는지 평가한다.
- 제시문의 정보를 바탕으로 합리적인 결론을 이끌어 내고, 특정 정보를 다른 문제 상황에 적용하거나 비판할 수 있는 능력을 갖추었는지 평가한다.

2. 출제 범위

언어이해 영역에서는 여러 분야의 고차적이고도 다층적인 글을 통해, 제시된 정보들을 이해하는 능력, 제시된 정보를 재구성 또는 종합하여 주제를 파악하는 능력, 제시된 정보를 바탕으로 적절한 추론이나 비판을 이끌어 내는 능력, 글의 정보를 관련 상황에 적용하는 능력 등을 평가한다. 이를 위해 이번 시험에서는 다양한 학문 분야의 근본적이면서도 심화된 주제나 최신 연구 동향을 기본으로 삼되, 각 학문의 전문적인 배경적 지식이 없어도 문제를 풀 수 있도록 출제하였다.

이번 시험의 출제는 다음 사항을 고려하여 진행하였다.

- 여러 학문 분야의 기본 개념이나 범주들을 활용하되, 최신 이론의 동향, 시의성 있는 문제 상황 등을 중심으로 제시문을 작성한다.

• 표준화된 모델들을 기반으로 문항 세트를 설계함으로써 제시문에 사용된 개념
이나 범주들을 이해하고 활용할 수 있는지 평가한다.
• 특정 전공, 특히 법학 전공의 배경적 지식이 없어도 제시문에 주어진 정보만으
로 문제를 풀 수 있게 제시문과 문항을 구성한다.

3. 문항 구성

언어이해 영역의 목표를 달성하기 위해 제시문은 가독성이 높고 정보 전달이 분명
하며 논지를 선명히 하여 완결성을 갖추도록 해야 한다. 이번 출제에서는 이러한 제
시문의 조건들을 지키면서도 다양한 주제와 심도 있는 논의를 다룬 제시문들을 개발
하였다.

그리고 각 제시문에 따른 문항들은 '주제, 구조, 관점 파악', '정보의 확인과 재구성',
'정보의 추론과 해석', '정보의 평가와 적용' 등 여러 독해 능력을 균형 있게 평가하도
록 설계하였다. 이와 함께 제시문과 〈보기〉를 연결하는 문항을 다수 출제하여 비판
및 추론, 적용 능력을 종합적으로 평가하고자 하였다.

이번 시험의 내용 영역은 '인문', '사회', '과학기술', '규범'의 4개 영역이며, 문항은
각 세트당 3문항, 총 10세트 30문항이다. 각 내용 영역별로 제시문에서 다루고 있는
주제는 다음과 같다.

'인문' 분야에서는 철학 관련 주제로 헤겔의 '낭만' 개념을 중심으로 이와 연관된
'낭만주의', '낭만적인 것', '예술', '철학' 등의 개념이 서로 어떤 관계를 맺고 있는지를
다루고 있는 제시문이 주어졌다. 사학 관련 주제로는 미국 역사학의 전개 과정과 관
련하여 혁신주의 역사학, 합의사학, 신좌파 역사학의 기본 입장과 그 특징을 다루고
있는 제시문이 주어졌다. 문학 관련 주제로는 김자림의 희곡 「이민선」(1964)과 더불
어 여기에 나오는 등장인물들의 성격과 행동, 극작가의 관점 등을 해석하는 평론이
제시문으로 주어졌다.

'사회' 분야에서는 정치학 관련 주제로 세대 간의 의식, 특히 정치의식의 차이를 생
애주기 효과, 기간 효과, 코호트 효과 개념을 통해 분석하고 측정하는 내용의 제시문
이 주어졌다. 경제학 관련 주제로는 각 사회에서 효율적인 제도가 어떻게 선택되는
지를 설명하는 '제도가능곡선 모델'과 관련된 내용의 제시문으로 주어졌다.

'과학기술' 분야에서는 물리학 주제와 관련하여 우주에서 발생한 중력파를 간섭계

를 활용하여 어떻게 측정하는지를 다루는 제시문이 주어졌다. 생물학 주제와 관련해서는 세포에 있는 단백질이 특정한 장소로 이동하는 데 신호서열이 어떻게 기능하는지를 다루는 제시문이 주어졌다.

'규범' 분야에서는 법철학 주제와 관련하여 판사의 판결에 진솔함이 요구되는 이유와 관련된 논의를 다루는 제시문이 주어졌다. 법사회학 주제와 관련해서는 법과 폭력의 관계에 대해 근본적인 물음을 던지고 있는 벤야민, 데리다의 입장을 소개하는 제시문이 주어졌다. 윤리학 주제와 관련해서는 식물인간이 도덕적 지위를 갖는지의 문제에 대해 감응력, 현상적 의식 등의 개념을 바탕으로 접근하는 제시문이 주어졌다.

이번 시험의 제시문들은 전반적으로 우리 사회와 세계에 대해 시의성 있으면서도 깊이 있는 이해를 유도하는 내용으로 구성되어 있어서 법학전문대학원 지원자들의 수학 능력을 평가하는 데 기여할 뿐만 아니라 향후 수험생들이 예비 법조인으로서 교양을 쌓는 데도 도움이 될 것으로 본다.

4. 난이도

2023학년도 언어이해 영역 시험에서는 난삽한 제시문이나 모호한 문항을 통해 난이도를 확보하는 것을 지양하고, 명료하고 논리적인 제시문을 통해 실질적인 독해 능력을 측정할 수 있도록 문항을 구성함으로써 적정 난이도를 확보하려고 하였다. 이에 따라 제시문의 가독성은 최대한 높이되, 제시문을 깊게 이해하고 이를 새로운 문제 상황에 적용하거나 이에 대해 비판하는 능력을 측정하는 방향으로 문항들을 설계하였다.

5. 출제 시 유의점

- 기출 문제나 사설 학원 문제를 접한 경험만으로는 쉽게 풀 수 없는 문제를 출제하였으며, 특정 전공에 따른 유·불리 현상도 최소화하도록 하였다.
- 출제의 의도를 감추거나 오해하게 하는 문두를 피하고, 평가하려는 의도나 내용을 분명하고 정확하게 드러내는 문두 형식을 취하였다.
- 다른 문항과의 간섭이나 답지 간의 간섭을 최소화하고 적절한 변별력을 확보하도록 문항과 답지를 설계하였다.

[01~03] 다음 글을 읽고 물음에 답하시오.

　　판사에게 진솔함이 요구되는가 하는 문제가 논의되고 있다. 현대의 민주국가는 판사가 내리는 판결에 강제력을 부여하지만, 사법권의 행사에 민주적 통제가 미치도록 판결에 이유를 밝힐 것을 요구한다. 이때 판사는 판결의 핵심적인 근거에 관해 허위나 감춤 없이 자신이 믿는 바와 판단 과정을 분명히 드러내야 한다. 이에 대해서는 '반대론'이 있다. 법원은 사회적 갈등과 긴장의 해소를 임무로 하므로 사형이나 낙태 문제와 같이 논란이 큰 사안을 다룰 때는 판사들의 의견이 일치된 것처럼 보이는 편이 바람직하며, 필요하면 내심의 근거와 다른 것을 판결 이유로 들거나 모호하게 핵심을 회피하는 편이 낫다는 견해가 대표적이다. 이런 반대론은 시민들이 진실을 다룰 능력이 부족하다고 전제하고 있어 민주주의 원리에 반하므로 동의하기 어렵다. 다만 판사도 거짓말을 선택해야 할 예외 상황이 존재한다는 주장은 검토해 볼 만하다.

　　법과 양심에 따라 재판해야 하는 판사에게 양심은 곧 법적 양심을 의미하므로 법과 양심이 충돌할 일은 거의 없다. 하지만 노예제도가 인정되던 시절에 노예제를 허용하지 않는 주(州)로 탈출한 노예에 대해 소유주가 소유권을 주장하는 것처럼 법적 권리와 도덕적 권리가 충돌할 뿐 아니라 법적 결론이 지극히 부정의한 결과를 초래하는 상황에서는 사정이 다르다. 이런 사안에서는 법적 권리를 무효로 할 근거는 찾기 어렵고, 그렇다고 법을 그대로 적용하는 것은 도덕적으로 옳지 않다. 판사는 도덕적 양심에 반해 법률을 적용하거나 도덕적 양심을 우선해 법률을 적용하지 않을 수 있을 것이다. 그러나 전자는 판사의 양심을 부정하고, 후자는 판사의 직업상 의무를 위반한다. 사임하는 것은 누구에게도 도움이 되지 않으므로 도덕적 권리를 지지하는 판사에게 남은 선택은 그 법적 권리를 자신이 믿는 바와 다르게 당사자에게 표명하는 것밖에 없다. 즉, 판사는 법적으로 인정되는 권리임을 부인할 수 없음에도 다른 합법적인 법해석을 만들어내고는 그런 법해석의 결과로 법적 권리가 부정되는 것처럼 판결함으로써 은밀하게 곤경에서 벗어나는 것이다.

　　하지만 이런 논의가 판사의 진솔 의무를 부정하지는 못한다. 오늘날 법과 도덕의 극단적인 괴리 현상은 드물며, 진실을 분별하고 지지하는 민주사회라면 판사가 묘책을 찾아야 하는 상황을 만들어내지 않을 것이다. 하지만 법―도덕의 딜레마와 진솔 의무는 노예제와 함께 완전히 사라지지 않았다. 판사가 특정 법률에 도덕적 저항감을 느끼는 일은 현대에도 계속되고 있다. 여기서 판사의 선택은 정의와 민주주의, 사법의 정당성에 지속적으로 영향을 미친다.

　　진솔함의 중요성은 최근에는 다른 차원에서 제기되고 있다. 먼저 판사의 진솔함은 사법의 정당성을 수호하는 중요한 방책이 된다. ㉠어떤 판사는 법이 모호하고 선례도 없어 판단이 매우 어려운 사안에서 창의적인 법해석을 한 경우에도 그런 사정을 감춘다. 이때 판사는 자신이 진정으로 믿는 법해석을 근거로 판결한 것이지만, 패소한 당사자를 설득하기 위해 판사들 사이의 상투적 표현법을 써서 이렇게 말하는 편이 더 좋다고 생각한다. "판사는 법을 만들지 않으며, 법을 발견하고, 법률을 기계적으로 적용할 뿐이다." 더 심각한 것은 판사가 법 외적인 사정에 무관심하고 오직 법의 문언에 충실한 결과인 듯 판결 이유를 제시하지만, 실제로는 어떤 결과를 도출할 것인지 먼저 선택한 다음에 자신이 선호하는 결과를 보장하는 해석론을 개발해 제시하는 경우이다. 이때도 판사는 으레 동일한 표현법을 활용한다.

하지만 이런 방편에는 큰 위험이 도사리고 있다. 판사의 거짓말은 국민을 자율적 판단 능력을 갖춘 시민으로 존중하지 않음을 의미하며, 사법적 판단 과정의 실상이 드러나는 순간 사법의 권위와 정당성은 실추될 것이다. 법원이 이런 위험에서 벗어나는 길은 진솔함으로 국민을 대하는 것이다. 이런 인식을 바탕으로 법-도덕 딜레마 상황에서 거짓이 정당화된다는 견해도 재검토되고 있다. 거짓으로 이룰 수 있는 것은 진솔함으로도 이룰 수 있다.

01.

윗글의 내용과 일치하지 <u>않는</u> 것은?

① 판사의 진솔함은 법-도덕 딜레마와 민주주의를 서로 연결 짓는다.
② 판사의 진술 의무를 지지하는 견해는 판사가 판결에 이르는 과정에서 법 외적인 요소들을 고려하는 것을 허용한다.
③ 법-도덕 딜레마 상황에서 거짓말하기를 선택한 판사는 정의를 위해 행동하는 듯하지만, 사실은 법을 위해 법에 더 충실한 선택을 한다.
④ 판사의 진솔함이 사법의 정당성을 뒷받침한다는 견해에 의하면 법-도덕 딜레마 사안에서 판사는 더 이상 거짓말하기를 선택해서는 안 된다.
⑤ 판사가 판결 이유를 밝혀야 한다는 것과 판결 이유를 진솔하게 작성해야 한다는 것은 별개이지만 모두 민주주의 원리에서 공통의 근거를 찾을 수 있다.

문항 성격	문항유형 : 주제, 구조, 관점 파악
	내용영역 : 규범
평가 목표	이 문항은 제시문에서 법관의 진술 의무의 의미, 법-도덕 딜레마 상황에서 거짓말하기를 선택하는 판사의 논리, 진술 의무와 정의 및 민주주의, 진술 의무의 현대적 문제로 사법의 정당성과 관계된 두 사례의 검토 등 관련 내용을 종합하여 전체 글을 정확하게 파악하고 있는지 평가하는 문항이다.

제시문은 크게 다섯 단락으로 구성되어 있다. 첫 번째 단락은 현대 민주사회의 사법 영역에서 판사에게 진솔 의무를 인정할 수 있는지를 논점으로 제시하고 찬성론의 기본적인 근거와 내용, 반대론의 한 예를 소개한 다음 반대론을 민주주의 원리로써 반박한다. 두 번째 단락은 노예제가 인정되던 시절에 노예제가 허용되지 않는 자유로운 주로 도주한 노예에 대해 소유자가 소유권을 주장하는 경우를 예를 들어 법–도덕 딜레마 상황에서 판사가 불가피하게 거짓을 선택해야 한다는 내용의 논의를 소개한다. 이어서 세 번째 단락에서는 현대 사회에 법–도덕 딜레마 상황이 드문 점, 진리를 추구하는 사회에서라면 판사가 불가피하게 거짓을 선택해야 할 일은 생겨나지 않을 것임에도 불구하고 판사의 진솔함이 개별 법률에 대한 도덕적 저항감과 이에 대한 판사의 선택 문제로 남아 있어 정의와 민주주의, 사법의 정당성에 지속적인 영향을 미친다고 논의했다. 네 번째 단락에서는 최근에 판사의 진솔함이 사법의 민주적 정당성 문제와 연결되어 제기되는 문제 상황, 즉 창의적 법해석을 한 판사와 결과를 우선시는 해석법을 채택한 판사가 자신의 사법적 판단 과정에 관해 사실대로 말하지 않고 판사들 사이의 상투적인 표현법을 사용하는 문제점을 제기했다. 마지막 단락에서는 판사가 자신의 사법적 판단 과정에 관해 진솔하게 밝히지 않으면 사법의 신뢰 위기와 정당성 위기를 부를 위험이 있음을 지적하고 이런 위험에서 벗어나는 방안이 국민을 진솔함으로 대하는 것에 있다고 했다. 아울러 진솔함의 중요성에 대한 재인식에서 국민을 자율적 판단 능력을 갖춘 주체로 재발견하면서 법관이 법–도덕 딜레마에 처한 상황에서 종래의 대처방식에 대한 재검토로 이어지는 점을 지적하고, 특히 거짓으로 이룰 수 있는 것은 진실로도 이룰 수 있다고 함으로써 종전처럼 법–도덕 딜레마 상황에서 거짓을 선택하는 일은 없어야 한다는 취지로 끝맺고 있다. 제시문의 전체 취지를 파악한 다음 내용과 일치하지 않는 것을 골라야 한다.

정답 해설   ③ 제시문 두 번째 단락은 법–도덕 딜레마 상황에 관해 노예제가 인정되던 시절에 노예가 허용되지 않는 주로 도망한 노예에 대해 소유자가 소유권을 주장하는 경우 판결을 내려야 하는 판사를 예를 들어 설명했다. 이러한 경우에 판사는 법적 권리의 정당함을 완전히 인식하고 있음에도 불구하고 이를 그대로 관철하는 것이 지극히 부정의한 결과를 초래한다는 이유로 법적 권리를 그대로 인정하지 않으려 한다. 여기서 도덕적 권리를 지지하는 판사는 법적 권리가 법적으로는 완전한 권리로서 관철될 자격이 있다는 것을 알고 있지만, 법적 권리를 인정할 경우 초래될 부정의를 회피하기 위해 그 법적 권리에 관해 마치 다른 합법적인 해석법을 믿고 있는 것처럼 사람들에게 표명하기로 선택한다. 달리 말해 판사는 법적 권리가 정당하다는 점을 부인할 수 없지만, 지극한 부정의를 회피하기 위해 법적 권리에 관해 다른 해석법을 믿고 있는 것처럼 외관을 취하고 그런 해석의 결과 법적 권리가 부정되는 것처럼 판결한다는 것이다. 이는 사안의 지극히 부정의함을 회피하기 위한 수단이므로 판사는 외관은 법을 위해 법에 대해 충실한 듯하지만 실질은 정의에 더 충실함을 알 수 있다. 버틀러(Paul Butler)는 이런 판사는 '이중간첩(double agent)'과 같다고 했다. 만약 법을 위해 법에 더 충실한 판사라면 이런 식으로 거짓을 선택한 다음 위장하는 방식이 아니라 자신의 도덕적 양심을 누르고 정의가 희생되더라도 법적 권리를 그대로 인정할 것이다. 따라서 ③은 제시문의 내용과 일치하지 않는다.

 ① 판사의 진솔함이라는 문제는 과거에는 도망 노예에 대한 소유권 주장과 같이 이전에는 법-도덕 딜레마 상황과 관련되어 논의되었다. 제시문 네 번째 단락에서는 판사의 진술 의무가 최근에는 사법의 정당성을 수호하는 중요한 방책이라는 점을 두 판사를 예로 들어 논증하고 있다. 세 번째 단락 끝부분에서는 현대에도 특정 법률에 대한 도덕적 저항감이 법-도덕 딜레마 문제로 제기되고 있다고 하고, 이러한 문제 상황에서 판사의 선택이 정의와 민주주의, 사법의 정당성에 영향을 미치고 있다고 한다. 따라서 판사의 진솔함이 법-도덕 딜레마 문제와 민주주의를 연결 짓는다는 것은 제시문의 내용과 일치한다.

② 법-도덕 딜레마 상황에서 판사가 거짓을 선택한 이유는 법적 권리를 인정할 경우 초래될 지극한 부정의를 피하고 도덕과 정의를 실현하기 위한 것이었다. 제시문의 끝 문장에서 판사의 진술 의무를 지지하는 견해는 거짓으로 이룰 수 있는 것은 진솔함으로도 이룰 수 있다고 한다. 거짓으로 얻는 것은 도덕과 도덕적 양심, 지극한 부정의의 회피 등, 즉 법 외적인 고려들이므로 진솔함을 지지하는 견해는 판사가 판결에 이르는 과정에서 도덕과 도덕적 양심 등 법 외적인 요소들을 고려하는 것을 인정하고, 대신 이를 대중에게 진솔하게 공개해야 한다고 주장하는 것이다. 따라서 ②는 제시문의 내용과 일치한다.

④ 제시문 네 번째와 다섯 번째 단락은 판사의 진솔함이 사법의 정당성을 수호하는 방책이 된다는 입장에서 왜 그렇다고 볼 수 있는지를 설명한다. 판사들이 사법적 판단 과정에 관해 묘사할 때 흔히 사용하는 화법, 즉 판사는 법을 만들지 않고 있는 법을 찾아 기계적으로 적용한다는 표현이 방편상 사용하는 것일 뿐 실제 판사가 판결에 이르게 된 사법적 판단 과정을 사실대로 표현하지 않은 점에서 진술하지 않은 것이고, 그런 실상이 드러날 때 국민에게 정당한 이유 없이 사법적 판단 과정에 관해 거짓을 말했다는 점에서 사법의 권위가 실추되는 정당성 위기가 발생한다고 하고, 그 극복 방안으로 판사가 국민을 진솔함으로 대할 것을 강조한다. 그리고 이러한 인식에 기초해 거짓으로 이룰 수 있는 것은 진실로도 이룰 수 있다는 전제에서 법-도덕 딜레마 상황에서 판사가 거짓을 선택한 방책은 재검토되어야 한다고 했다. 따라서 판사의 진솔함이 사법의 정당성을 수호

하는 방책이 된다는 입장에서는 법–도덕 딜레마 상황에서 판사는 더 이상 거짓
을 선택해서는 안 된다고 볼 것이다. ④는 제시문의 내용과 일치한다.

⑤ 판사가 판결 이유를 작성해야 할 의무와 판결 이유를 진솔하게 작성해야 할 의
무는 개념상 별개이다. 그러나 판사가 판결 이유를 작성해야 한다는 것이나 판
결 이유를 진솔하게 작성해야 한다는 것은 모두 민주주의 원리에서 공통의 근거
를 찾을 수 있다. 먼저 제시문 첫 번째 단락에서 판사가 판결 이유를 밝혀야 하
는 이유가 사법권 행사에 민주적 통제가 미치게 하기 위함이라 지적하고 있다.
사법권 행사에 대한 민주적 통제란 곧 민주주의 원리의 한 내용이므로 판사의
판결 이유를 밝혀야 한다는 의무가 민주주의 원리에서 생겨난 것임을 알 수 있
다. 다음으로 진솔 의무는 판사는 단지 판결 이유를 밝히는 것에 그칠 것이 아니
라 판결의 핵심적 근거에 대해 허위나 감춤 없이 자신이 믿는 바와 판단 과정을
분명히 드러내야 한다는 것을 말한다. 마지막 단락에서 사법적 판단 과정에 관
해 사실과 다르게 표명하는 판사들이 편의상 사용하는 표현법이 사법의 정당성
을 위협한다는 점에서 진솔 의무의 근거를 찾을 수 있다고 하고, 국민을 자율적
판단 능력을 가진 주체로 인정하고 진솔함으로 대하는 것을 극복 방안으로 제시
하고 있다. 판사가 국민을 자율적 판단 능력을 가진 주체로 인정하고 진솔함으
로 대해야 한다는 것도 민주주의 원리에 해당한다. 그러므로 판사가 판결 이유
를 밝혀야 한다는 것이나 판결 이유를 진솔하게 작성해야 한다는 것은 모두 민
주주의 원리에서 공통의 근거를 찾을 수 있다. 따라서 ⑤는 제시문의 내용과 일
치한다.

02.

㉠에 대한 설명으로 가장 적절한 것은?

① 판사의 법해석은 법적 판단이 어렵다는 사정 때문에 상당한 재량이 행사된 결과이지
만, 판사는 공식적으로는 그렇게 말하지 않을 것이다.

② 판사의 법해석은 기존 판례의 답습이 아니라 새로운 해석을 통한 것이며, 또한 판사도
공식적으로 그렇게 말할 것이다.

③ 판사의 법해석은 합법적인 해석 권한을 벗어난 것이지만, 판사는 공식적으로는 벗어나
지 않았다고 말할 것이다.

④ 판사의 법해석은 선례의 도움 없이도 충분히 가능한 법 발견이었으며, 또한 판사도 그

렇게 말할 것이다.

⑤ 판사의 법해석은 법률을 기계적으로 적용한 결과이며, 또한 판사도 공식적으로 그렇게 말할 것이다.

문항 성격　문항유형 : 정보의 확인과 재구성
　　　　　　내용영역 : 규범

평가 목표　이 문항은 법이 모호하고 선례도 없어 판단이 매우 어려운 사안에서 창의적 법해석을 한 판사가 패소한 당사자 설득을 위한 방편으로 대외적으로는 "판사는 법을 만들지 않으며, 법을 발견하고, 법률을 기계적으로 적용할 뿐이다."라는, 판사들 사이의 흔한 표현법을 사용한 상황에 대해 정확하게 파악하고 있는지 평가하려는 의도에서 설계된 것이다.

문제 풀이　정답 : ①

이 문항에 등장하는 판사는 법이 모호하고 선례도 없어 판단이 매우 어려운 사안에서 창의적인 법해석을 했다. 하지만 판사는 패소한 당사자를 설득하기 위한 방편으로 당사자들에게는 자신은 법을 만들지 않았고, 기존에 이미 존재하고 있던 법을 발견해 기계적으로 적용했다는 관례적인 표현을 사용해 자신의 사법적 판단 과정을 표현했다. 여기서 판사가 올바른 법해석을 했고 또 판사 본인이 이를 진정으로 믿는 법해석을 근거로 판결했다 할지라도 당사자에게 사법적 판단 과정의 실제를 감춘 것이므로 판사는 사법적 판단 과정에 관해 거짓말한 것이다. 여기서 구체적으로 판사가 무엇에 관해 거짓말한다는 것인지를 확인하는 것이 이 문항의 의도이다. 판사의 사법적 판단 과정에서 판사가 상당한 재량을 행사했는지 아닌지, 기존 선례를 답습한 해석인지 아니면 창조적 재해석인지, 법해석 권한을 벗어난 것인지 아닌지, 선례 도움 없이 충분히 가능한 법 '발견'인지 아니면 법 '창조'인지, 법률의 기계적 적용인지 아닌지 등에 관해 정확하게 이해해야 하고, 또 그와 관련해 대외적으로 당사자에 대한 공식적인 언명에서 어떻게 진술한다는 것인지를 판단해야 한다.

정답 해설　① ㉠에서 법이 모호하고 선례도 없어 법적 판단이 매우 어려웠다는 사정은 판사에게 법해석에 상당한 재량을 부여한다. 이는 그와 반대되는 사안, 즉 법이 명확하고 선례가 분명한 경우에는 판사가 있는 법을 발견해 법률을 기계적으로 적용해야 할 것이라는 점에서 쉽게 알 수 있다. 법을 기계적으로 적용한다는 것은 판사에게 법해석상 재량이 없다는 의미이므로 이에 반대되는 창의적 해석은 판사가 법해석에서 상당한 재량을 행사했다는 것을 의미한다. 다만 판사는 패소한 당사자를 설득하기에 용이하다는 이유로 당사자에게는 자신이 재량 없이 단순히 있는 법을 발견하여 법률을 기계적으로 적용한 것이라고 말했다. 즉 판사는 공식적으로는 자신의 법해석이 상당한 재량을 행사한 결과라고 말하지 않는다. 따라서 ①은 전반부 판사의 사법적 판단 과정의 실제와 후반부 그에 대한 판사의 공식적 언명이 모두 옳으므로 ㉠에 대한 적절한 설명이다.

② 제시문 내용에 의하면 ㉠에서 판사는 창의적인 법해석을 통해 사안을 해결했다. 이런 경우에 판사는 기존 판례의 답습이 아니라 새로운 재해석을 통해 도움을 받았을 것이므로 ②의 전반부에서 사법적 판단 과정의 실제에 대한 진술 부분은 타당하다. 그러나 판사는 당사자에 대한 공식적 언명에서는 있는 법을 발견해 그대로 적용한 것이라고 말했으므로 공식적으로는 새로운 재해석이 있었음을 부정해야 한다. ②의 후반부는 판사가 공식적으로도 새로운 재해석을 통해 도움을 받았다고 진술할 것이라 서술했는데 이 부분은 적절하지 않다. 따라서 ②는 ㉠에 대한 적절한 설명이 될 수 없다.

③ ㉠에서 법이 모호하고 선례도 없어 법적 판단이 매우 어려운 사안에서 판사가 창의적인 법해석을 한 것은 판사가 합법적인 법해석 권한 내에서 한 것이다. 제시문 첫 번째 단락에서 현대 민주국가에서 판사의 판결에 강제력을 부여하되 민주적 통제를 위해 판결 이유를 밝힐 것을 요구한다고 했다. 판사의 진솔 의무를 주장하는 견해는 여기서 더 나아가 판사가 판결 이유를 밝힌 경우에도 그 이유가 진솔하지 않은 경우에 제기되는 문제를 지적하면서 이제는 사법의 권위와 정당성을 수호하기 위해서라도 판사가 판결 이유를 진솔하게 작성해야 한다는 점을 주장한다. 따라서 판사가 창의적인 법해석을 했으나 그 사실을 감춘 경우에는 비록 진솔 의무 위반은 있어도 판사의 법해석 자체는 판결 이유를 밝힌 한 합법적 권한 내의 것임을 추론할 수 있다. ③의 전반부는 판사의 창의적 법해석이 합법적 해석 권한을 벗어났다고 하였으므로 사법적 판단 과정에 대한 진술 부분이 부적절하다. 따라서 ③은 ㉠에 대한 적절한 설명이 될 수 없다.

④ ㉠에서 판사는 선례의 도움을 받을 수 없었다. 선례가 존재하지 않았기 때문이다. 그 결과 판단이 매우 어려웠는데, 판사는 창의적인 법해석으로 사안을 해결했다. 하지만 ④의 전반부는 판사의 사법적 판단 과정에 관해 선례의 도움 없이도 충분히 법을 발견할 수 있었다고 했는데, 이 부분의 진술은 적절하지 않다. 선례의 도움 없이 충분히 가능한 법 발견이란 있는 법을 찾아 기계적으로 적용하는 것(법 '발견')에 그치는 것이며, 이를 창의적인 법해석이라 할 수 없기 때문이다. 한편 ④의 후반부는 판사가 당사자에 대한 공식적인 언명에서 선례의 도움 없이도 충분히 가능한 법 발견이었다고 말한다고 했는데, 판사는 패소한 당사자 설득을 위해 자신의 법해석이 창의적인 것임을 감추기 위해 그렇게 말한 것이다. ④는 전반부 사법적 판단 과정의 실제에 관한 설명 부분이 적절하지 않다. 따라서 ④는 ㉠에 대한 적절한 설명이 될 수 없다.

⑤ ㉠에서 판사는 법률을 기계적으로 적용할 수 없었다. 법률이 모호하고 선례도 없어 판단이 매우 어려운 사안이었으며, 창의적인 법해석으로, 즉 새로운 법을 만들어내 적용함으로써 대처했기 때문이다. 그러나 판사는 사법적 판단 과정을 사실대로 말하는 것보다 패소한 당사자를 설득하기 더 용이하다는 이유로 있는 법을 발견해서, 즉 자신이 만든 법이 아니라 이미 있는 법을 단순히 찾아내서 기계적으로 법률을 적용했다고 말했다. 판사가 공식적으로 자신의 법해석은 법률을 기계적으로 적용한 결과라고 말해도 이는 판사의 사법적 판단 과정의 실제와 일치하지 않는 언명이다. ⑤의 후반부 공식적 언명 부분에 대한 진술은 적절하나 전반부 판사의 사법적 판단 과정의 실제에 대한 진술이 적절하지 않다. 따라서 ⑤는 ㉠에 대한 적절한 설명이 될 수 없다.

03.

〈보기〉의 입장에서 윗글에 대해 추론한 것으로 적절하지 <u>않은</u> 것은?

> **보기**
>
> 미국의 사법적 판단 과정을 설명하는 대표적인 이론으로 '법형식주의'와 '법현실주의'가 거론된다. 전자에 의하면 판사는 중립적 심판자로서 사안에 법을 그대로 적용할 뿐이다. 여기에는 어떤 정치적 고려의 여지가 없으며, 판사에게는 엄격하게 법을 적용할 의무만 있다. 후자에 의하면 법은 곧 정치이고 판사는 법복 입은 정치인이다. 판사는 재판 중에 법 외적 고려에 따라 자신이 만든 법을 적용한다. 하지만 이런 표현은 판사가 판결에 이르기까지 실제 사법적 판단 과정의 양면을 극단적으로 단순화한 것이며, 실제의 과정을 제대로 설명할 수 없다. 문제는 판사들이 사법의 권위와 정당성을 중립적 재판기구라는 점에서 찾으면서 단순화된 이론이 표방하는 문구를 그대로 사용한다는 점이다. 판사의 진솔함이 판사의 권력 남용을 저지하는 필수불가결한 요소라고 보는 '비판론자'는 판사들이 실제 사법적 판단 과정을 사실대로 말한 것이 아니라는 점을 지적하기 위해 그런 문구를 '고상한 거짓말'이라고 비판한다.

① 사법적 판단 과정도 민주적 통제의 대상이 된다고 보는 입장에서는 대중이 사법적 판단 과정의 실제를 정확하게 알아야 한다고 볼 것이다.

② 법현실주의자는 특정한 정치적 성향이 밝혀진 판사가 특정한 사건에서 어떤 판결을 내릴지 예상되는 것을 자연스럽게 여길 것이다.

③ 법형식주의자는 판사의 기본적 역할이자 임무는 도덕의 지배가 아닌 법의 지배를 관철
　하는 것이라고 보는 견해를 지지할 것이다.
④ 비판론자는 결과를 먼저 선택한 다음 이를 지지하는 법해석을 찾아내는 판사가 사용한
　표현 문구에 대해 '고상한 거짓말'이라고 비판할 것이다.
⑤ 비판론자는 타당한 결과를 도출했더라도 이를 감추기 위해 거짓을 선택하는 것을 법의
　왜곡과 법 발전의 정체가 초래되지는 않는다는 이유로 수긍할 것이다.

문항 성격 　문항유형 : 정보의 추론과 해석
　　　　　　　　내용영역 : 규범

평가 목표 　이 문항은 〈보기〉를 통해 미국의 사법적 판단 과정에 민주적 통제가 미쳐야 한다고
보는 주장과 법형식주의 및 법현실주의의 입장, 비판론의 논지를 이해하고 이를 바탕
으로 제시문 내용에 대해 추론하고 해석할 수 있는지 평가하기 위해 설계된 것이다.

문제 풀이 　정답 : ⑤

이 문항에서 〈보기〉 부분은 미국에서 사법적 판단 과정을 설명하는 대표적인 두 이론의 개요를
소개하면서, 다만 그 내용이 극단적으로 단순화된 점에서 실제 사법적 판단 과정을 올바로 설명
할 수 없다는 문제점이 있다고 지적한다. 이어 판사의 진솔함이라는 문제가 제기되는 맥락을 소
개하는데, 판사들이 자신의 사법적 판단 과정의 실제와 일치하지 않음에도 사법의 권위나 정당성
을 확보하기 위한 방편으로 대외적으로는 극단적으로 단순화된 이론이 표명하는 표현들을 사용
하는 문제를 지적한다. 이어 판사의 진솔 의무가 판사의 권력 남용을 저지하는 불가결한 요소라
믿는 비판론자가 이러한 언명을 '고상한 거짓말'이라 비난한다는 내용을 담고 있다. 이러한 이해
를 윗글 제시문에 적용해서 추론을 통해 옳은 선택지를 선택해야 한다.

정답 해설 　⑤ 〈보기〉에서 비판론자는 판사가 사법적 판단 과정의 실제에 관해 진솔하게 말하
지 않는 것을 비판하므로, 판사가 타당한 결과를 도출했더라도 이를 감추기 위
해 거짓을 선택하는 것을 기본적으로 진솔 의무 위반에 해당한다고 볼 것이다.
또한 비판론자가 판사에게 단순히 판결 이유를 공개해야 할 의무 외에도 진솔
의무가 있다고 주장하는 이유는 진솔 의무가 판사의 권력에 대한 남용 방지, 즉
민주적 통제에 불가결하다고 보기 때문이다. 법–도덕의 딜레마 상황에서 판사
기 기짓말을 통해 '은밀하게' 곤경에서 벗어나는 것에서 볼 수 있듯이, 판사가 판
결 이유를 진솔하게 밝히지 않으면 사람들은 판사가 진정하다고 믿는 법해석과
그가 표면적으로 내놓은 합법적인 법해석을 구분할 수 없고, 사실은 판사가 진
정한 법해석이라고 여기지도 않는 법해석을 그대로 받아들일 수밖에 없다. 이로

인해 판사의 법해석에 대한 민주적 통제가 불가능하게 된다. 또한 판사의 진솔 의무를 지지하는 견해는 판사가 이런 식으로 사람들을 속이는 것을 가리켜 판사가 자율적 판단 능력을 갖춘 시민을 존중하지 않는다고 말한다. 일상생활에서 거짓 이유를 제시하면 그 이유를 진정한 것으로 믿는 바람에 잘못된 오해가 발생하게 되듯이 판사가 진솔 의무를 위반하면 자율적인 판단 능력을 가진 시민이라도 판사가 겪은 법해석상의 난점이라든지, 그런 난점이 제기하는 법적·도덕적 문제에 관해 제대로 접근할 수 없다. 법–도덕 딜레마에서 노예 소유주는 정당한 법적 권리가 부정되는 이유를 판사가 제시한, 그 판사도 믿지 않는 판결 이유에서 찾아야 하고, 창의적 법해석이 법의 발견으로 포장된 사례에서 패소한 당사자는 패소한 이유를 제대로 알기 어려워진다. 또한 시민들은 판사가 허위로 표명한 판결 이유를 진정한 것으로 놓고 토론을 벌이거나 학문적 연구를 할 수밖에 없을 것이다. 그 결과 진솔 의무 위반은 판사가 아는 진정한 법과 시민들이 아는 가장된 법 사이의 괴리는 물론, 가장된 법이 진정한 법으로 통용되는 법의 왜곡을 부를 것이다. 이는 또한 법의 발전에도 정체를 초래할 것이다. 결국 판사의 진솔 의무 위반은 사법권 남용은 물론 법의 왜곡과 그로 인한 법 발전의 정체를 초래할 것임을 추론할 수 있다. ⑤에서는 이와 반대로 비판론자는 판사가 진솔 의무를 위반하더라도 법의 왜곡과 법 발전의 정체를 초래하지 않는다는 이유로 수긍한다고 했는데 타당하지 않다. 따라서 ⑤는 〈보기〉의 입장에서 윗글에 대해 추론한 것으로 적절하지 않다.

① 〈보기〉에서 판사의 진솔함이 판사의 권력 남용을 저지하는 필수불가결한 요소라고 믿는 입장은 제시문 첫 부분에서 사법권 행사가 민주적 통제의 대상이 된다고 보아 판사가 판결 이유를 허위나 감춤 없이 자신이 믿는 바와 판단 과정을 모두 분명히 드러내야 한다는 입장과 동일하다. 판사의 진솔 의무를 주장하면서 판사의 사법권 행사가 민주적 통제의 대상이 된다고 보는 견해가 사법적 판단 과정의 실제를 대중이 정확하게 알아야 한다고 볼 것은 당연하다. 따라서 ①은 〈보기〉의 입장에서 윗글에 대해 추론한 것으로 적절하다.

② 〈보기〉의 법현실주의 입장에 따르면 법은 정치이고 판사는 법복 입은 정치가이다. 법현실주의자는 판사가 법을 다루는 것을 정치와 구분하지 않으므로 특정한 정치적 성향이 밝혀진 판사가 특정한 사건에서 어떤 판결을 내릴 것인지 예상되는 것을 자연스럽게 여길 것이다. 따라서 ②는 〈보기〉의 입장에서 윗글에 대해 추론한 것으로 적절하다.

③ 〈보기〉에 의하면 법형식주의는 사법적 판단 과정이 어떤 법 외적인 고려 없이 법의 기계적 적용에 있다고 이해한다. 이는 판사의 기본적 임무가 판사마다 상

이할 수 있는 도덕을 강제하는 것이 아니라 법의 지배를 관철하는 것에 있다고 보는 견해를 지지할 것이다. 먼저 법형식주의자는 법관의 법해석을 법의 기계적 적용으로 보는데, 이는 법해석에서 법 외적인 도덕적 고려를 배제하고 엄격하게 법을 적용한다는 것이므로 곧 법의 지배를 관철하는 것을 판사의 기본적 역할이자 임무로 본다는 것을 말한다. 또한 제시문에서 사회적 논란이 있는 대표적인 사례로 사형이나 낙태 문제를 들었는데, 이는 사형이나 낙태 문제와 같이 사회의 의견이 일치하지 않고 크게 나누어진다는 것, 즉 도덕 문제는 속성상 사람마다 각기 상이할 수밖에 없는 것임을 보여준다. 따라서 판사가 도덕의 지배를 자신의 임무로 본다는 것은 판사가 이와 같이 사회적으로 의견이 크게 나누어지는 도덕 문제에 관해 판결을 통해 자신의 입장을 강제한다는 것, 자신의 법해석에 정치적 당파성을 회피하지 않고 정면으로 수용한다는 것을 의미한다. 〈보기〉에 의하면 이는 법형식주의가 아니라 법현실주의에 해당한다. 따라서 ③은 〈보기〉의 입장에서 윗글에 대해 추론한 것으로 적절하다.

④ 비판론자는 판사가 자신의 사법적 판단 과정에 관해 실제와 상이하게 판사들 사이의 흔한 표현을 사용해 말하는 것을 '고상한 거짓말'이라고 비판하고 있다. 제시문에서 결과를 먼저 선택한 다음에 이를 지지하는 법해석을 찾아낸 판사도 "판사는 법을 만들지 않으며, 법을 발견하고, 법률을 기계적으로 적용할 뿐이다."라고 말한다고 했는데, 그 판사도 자신의 사법적 판단 과정의 실제를 사실대로 말하지 않은 것이다. 따라서 비판론자는 이 판사가 사용한 표현 문구에 대해서도 '고상한 거짓말'이라 비판할 것이다. 따라서 ④는 〈보기〉의 입장에서 윗글에 대해 추론한 것으로 적절하다.

[04~06] 다음 글을 읽고 물음에 답하시오.

도덕 공동체의 구성원은 도덕적 고려의 대상이 되는 존재로서 도덕 행위자와 도덕 피동자로 구분된다. 도덕 행위자는 도덕 행위의 주체로서 자신의 행위에 따른 결과에 대해 책임질 수 있는 존재이다. 반면에 도덕 피동자는 영유아처럼 이성이나 자의식 등이 없기에 도덕적 행동을 할 수 없는 존재이다. 그럼에도 영유아는 도덕적 고려의 대상이라는 것이 우리의 상식인데, 영유아라고 해도 쾌락이나 고통을 느끼는 감응력이 있기 때문이다. 쾌락이나 고통을 느끼기에 그것을 좇거나 피하려고 한다는 도덕적 이익을 가지고 있으므로 도덕적 고려의 대상이 되어야 한다는 것이다.
　　싱어와 커루더스를 비롯한 많은 철학자들은 이러한 이유로 감응력을 도덕적 고려의 기준으로 삼는다. 싱어는 영유아뿐만 아니라 동물도 감응력이 있으므로 동물도 도덕 공동체에 포함해야 한다고 주장한다. 반면에 커루더스는 고차원적 의식을 감응력의 기준으로 보아 동물을 도덕 공동체에서 제외하는데, 이 주장을 따르게 되면 영유아도 도덕적 고려의 대상에서 제외되고 만다. 영유아는 언젠가 그런 의식이 나타날 것이므로 잠재적 구성원이라고 주장할 수도 있다. 그러나 문제는 그런 잠재성도 없는 지속적이고 비가역적인 식물인간의 경우이다. 식물인간은 고차원적 의식은 물론이고 감응력도 없다고 생각되는데 그렇다면 도덕적 공동체에서 제외되어야 하는가?

식물인간을 흔히 의식이 없는 상태라고 판단하는 것은 식물인간이 어떤 자극에도 반응하지 못한다는 행동주의적 관찰 때문이다. 이런 관찰은 식물인간이 그 자극에 대한 질적 느낌, 곧 현상적 의식을 가지지 않는다고 결론 내린다. 어떤 사람이 현상적 의식이 없는 경우 그는 감응력이 없을 것이다. 그런데 거꾸로 감응력이 없다고 해서 꼭 현상적 의식을 가지지 못하는 것은 아니다. 즉, 현상적 의식과 감응력의 개념은 일치하지 않는다. 외부 자극에 좋고 싫은 적극적인 의미가 없어도 어떠한 감각 정보가 접수된다는 수동적인 질적 느낌을 가질 수 있기 때문이다. 반면 감응력은 수동적인 측면을 넘어서 그런 정보를 바라거나 피하고 싶다는 능동적인 측면을 포함한다. 이것은 자신이 어떻게 취급받는지에 신경 쓸 수 있다는 뜻이므로, 감응력을 도덕적 고려의 기준으로 삼는 철학자들은 여기에 도덕적 고려를 해야 한다고 생각하는 것이다. 행동주의적 기준으로 포착되지 않는 심적 상태는 도덕적 고려의 대상으로 여기지 않는 것이다.

그렇다면 감응력이 없고 현상적 의식만 있는 식물인간은 도덕적 고려의 대상이 아닐까? 도덕적 고려는 어떤 존재가 가지고 있는 도덕적 속성으로 결정되는 것이 아니라, 도덕적 행위자가 그 존재와 맺는 구체적 관계에 의해 결정된다는 주장도 있다. 다양한 존재들은 일상에서 상호작용하는데, 도덕 공동체의 가입 여부는 그러한 관계에 따라 정해진다는 것이다. 그러나 이런 관계론적 접근은 우리와 더 밀접한 관계를 갖는 인종이나 성별을 우선해서 대우하는 차별주의를 옹호할 수 있다. 그리고 똑같은 식물인간이 구체적 관계의 여부에 따라 도덕 공동체에 속하기도 하고 속하지 않기도 하는 문제도 생긴다. 결국 식물인간을 도덕적으로 고려하려면 식물인간에게서 도덕적으로 의미 있는 속성을 찾아야 한다.

감응력이 전혀 없이 오직 현상적 의식의 수동적 측면만을 가진 사람, 즉 '감응력 마비자'를 상상해 보자. 그는 현상적 의식을 가지고 있기는 하지만 못에 발을 찔렸을 때 괴로워하거나 비명을 지르지는 않는다. 그러나 안전한 상황에서 걸을 때와는 달리 발에 무언가가 발생했다는 정보는 접수할 것이다. 이런 상태는 얼핏 도덕적 고려의 대상이 되기에 무언가 부족해 보인다. 하지만 감응력 마비자는 사실상 감응력이 있는 인간의 일상생활의 모습을 보여 준다. 예컨대 컴퓨터 자판을 오래 사용한 사람은 어느 자판에 어느 글자가 있는지를 보지 않고도 문서를 작성할 수 있다. 이 사람은 특별한 능동적인 주의력이 필요한 의식적 상태는 아니지만, 외부의 자극에 대한 정보가 최소한 접수되는 정도의 수동적인 의식적 상태에 있다고 해야 할 것이다. 정도가 미약하다는 이유만으로는 그 상태를 도덕적으로 고려할 수 없다는 주장은 설득력이 부족하다. ㉠이와 마찬가지로 식물인간이 고통은 느끼지 못하지만 여전히 주관적 의식 상태를 가질 수 있다면, 이는 도덕 공동체에 받아들일 수 있는 여지가 있다는 것을 보여 준다.

04.

윗글에 대한 이해로 적절하지 <u>않은</u> 것은?

① 도덕적 행위를 할 수 없는 존재도 도덕 공동체에 들어올 수 있다.
② 도덕 피동자는 능동적인 주의력은 없지만 수동적인 의식적 상태는 있다.
③ 관계론적 접근에서는 동물이 도덕적 고려의 대상이 아닐 수도 있다.
④ 식물인간이 고통을 느끼지 못한다고 판단하는 것은 자극에 반응이 없기 때문이다.
⑤ 식물인간은 도덕 공동체의 구성원이 되어도 스스로 책임질 수 있는 존재는 아니다.

문항 성격	문항유형 : 정보의 확인과 재구성
	내용영역 : 규범
평가 목표	이 문항은 제시문에 등장하는 도덕 공동체 개념을 이해하고 있는지 묻는 문항이다.
문제 풀이	정답 : ②

도덕 행위자와 도덕 피동자로 구성되는 도덕 공동체에 어떤 존재가 속하는지는 윤리학에서 중요한 주제이다. 제시문은 감응력이 없고 현상적 의식만 있는 식물인간도 도덕적 고려의 대상이라고 주장하고 있다. 이 문항은 이런 주장을 펼치기 위한 기본적 전제들을 이해하고 있는지 묻고 있다.

정답 해설　② 제시문 첫 번째 단락에서 도덕 피동자는 "도덕적 행동을 할 수 없는 존재"이지만 "도덕적 고려의 대상"으로 정의하고 있다. 그런데 세 번째 단락에서 식물인간은 "수동적인 질적 느낌"은 가질 수 있지만 "능동적인 측면"은 없다고 말하고, 네 번째 단락에서 그런 "식물인간은 도덕적 고려의 대상이 아닐까?"라고 묻고 있다. 즉 "능동적인 주의력은 없지만 수동적인 의식적 상태는 있"는 존재는 도덕 피동자의 정의는 아니며, 이러한 존재인 식물인간이 도덕 피동자인가는 이 제시문에서 다루어지는 주제이다.

 ① 제시문 첫 번째 단락에서 "도덕 공동체의 구성원은 … 도덕 행위자와 도덕 피동자로 구분된다."고 말하고 있으며, 도덕 피동자는 "도덕적 행동을 할 수 없는 존재"이지만, "도덕적 고려의 대상"으로 정의하고 있다. 따라서 도덕적 행위를 할 수 없는 존재도 도덕 공동체에 들어올 수 있다는 진술은 적절하다.

③ 제시문 네 번째 단락에 따르면 관계론적 접근은 "도덕적 고려는 … 도덕적 행위자가 그 존재와 맺는 구체적 관계에 의해 결정된다."는 입장이다. 그리고 이 접근에서는 "똑같은 식물인간이 구체적 관계의 여부에 따라 도덕 공동체에 속하기도 하고 속하지 않기도" 한다고 말한다. 따라서 동물이 도덕적 고려의 대상일 수도 있고 아닐 수도 있다는 진술은 적절하다.

④ 제시문 세 번째 단락에서 "식물인간을 흔히 의식이 없는 상태라고 판단하는 것은 식물인간이 어떤 자극에도 반응하지 못한다는 행동주의적 관찰 때문이다."라고 말하고 있다. 따라서 식물인간이 고통을 느끼지 못한다고 판단하는 것은 자극에 반응이 없기 때문이라는 진술은 적절하다.

⑤ 제시문 첫 번째 단락에서 "도덕 공동체의 구성원은 … 도덕 행위자와 도덕 피동자로 구분된다."고 말하고 있으며, "도덕 행위자는 도덕 행위의 주체로서 자신의 행위에 따른 결과에 대해 책임질 수 있는 존재"이지만 도덕 피동자는 "도덕적 행동을 할 수 없는 존재"라고 말하고 있다. 따라서 식물인간이 도덕 공동체의 구성원, 곧 도덕 피동자가 되어도 스스로 책임질 수 있는 존재는 아니라는 진술은 적절하다.

05.

현상적 의식 과 감응력 에 대해 추론한 것으로 가장 적절한 것은?

① '감응력 마비자'는 현상적 의식을 가지고 있지 못하다.
② 감응력은 정보 접수적 측면은 없지만 능동적 측면은 있다.
③ 현상적 의식과 달리 감응력은 행동주의적 기준으로 포착되지 않는다.
④ 커루더스는 현상적 의식이 있지만 감응력이 없는 존재를 고차원적 의식이 없다고 생각한다.
⑤ 싱어는 감응력 없이 현상적 의식의 상태에 있는 대상에게 위해를 가하는 것을 비윤리적이라고 주장할 것이다.

문항 성격　문항유형 : 정보의 추론과 해석

내용영역 : 규범

평가 목표　이 문항은 제시문에 등장하는 '현상적 의식'과 '감응력'의 개념과 그 관계를 정확히 이해하고 있는지를 묻는 문항이다.

문제 풀이　정답 : ④

제시문 세 번째 단락에서 "어떤 사람이 현상적 의식이 없는 경우 그는 감응력이 없을 것이다. 그런데 거꾸로 감응력이 없다고 해서 꼭 현상적 의식을 가지지 못하는 것은 아니다."라고 말하고 있고, "감응력은 수동적인 측면을 넘어서 그런 정보를 바라거나 피하고 싶다는 능동적인 측면을 포함한다."라고 말하고 있다. 이로 보아 감응력은 현상적 의식의 일부 개념이고, 현상적 의식은 감응력이 있는 현상적 의식과 감응력이 없는 현상적 의식으로 나뉘는 것을 알 수 있다.

정답 해설　④ 제시문 두 번째 단락에서 "커루더스는 고차원적 의식을 감응력의 기준으로" 본다고 말하고 있다. 따라서 커루더스가 현상적 의식이 있지만 감응력이 없는 존재를 고차원적 의식이 없다고 생각한다는 진술은 적절하다.

오답 해설　① 제시문 다섯 번째 단락에서 '감응력 마비자'는 오직 현상적 의식의 수동적 측면만을 가진 사람으로 정의하고 있다. 다시 말해서 감응력은 없지만 현상적 의식은 가지고 있다. 따라서 '감응력 마비자'는 현상적 의식을 가지고 있지 못하다는 진술은 적절하지 않다.

② 제시문 세 번째 단락에서 "감응력은 수동적인 측면을 넘어서 그런 정보를 바라거나 피하고 싶은 능동적인 측면을 포함한다."라고 말하고 있다. 따라서 감응력은 정보 접수적 측면은 없지만 능동적 측면은 있다는 진술은 적절하지 않다.

③ 제시문 세 번째 단락에서 감응력이 없이 현상적 의식만 있는 식물인간을 "의식이 없는 상태라고 판단하는 것은 어떤 자극에도 반응하지 못한다는 행동주의적 관찰 때문이다."라고 말하고 있다. 반면에 "감응력은 수동적인 측면을 넘어서 그런 정보를 바라거나 피하고 싶다는 능동적인 측면을 포함한다."라고 말한다. 그리고 "행동주의적 기준으로 포착되지 않는 심적 상태는 도덕적 고려의 대상으로 여기지 않는 것이다."라고 말한다. 이로 보아 감응력이 없는 현상적 의식과 달리 감응력은 행동주의적 기준으로 포착된다. 따라서 "현상적 의식과 달리 감응력은 행동주의적 기준으로 포착되지 않는다."라는 진술은 적절하지 않다.

⑤ 제시문 두 번째 단락에서 싱어는 "감응력을 도덕적 고려의 기준으로 삼는다."라고 말하고 있다. 따라서 싱어는 감응력 없이 현상적 의식의 상태에 있는 대상은 도덕적 고려의 대상이 아니라고 본다. 그러므로 그 대상에게 위해를 가하는 것을 비윤리적이라고 주장할 것이라는 진술은 적절하지 않다.

06.

㉠에 대한 비판으로 가장 적절한 것은?

① 감응력이 있는 현상적 의식을 가진 존재만을 도덕적으로 고려하면 고통과 쾌락을 덜 느끼는 사람을 차별하게 되지 않을까?

② 도덕 피동자가 책임질 수 있는 도덕적 행동을 할 수 없더라도 도덕 행위자는 도덕 피동자에게 도덕적 의무를 져야 하는 것 아닐까?

③ 외부의 자극에 대한 수동적인 의식적 상태는 자신이 어떻게 취급받는지에 신경 쓰지 않는다는 뜻인데 여기에 도덕적 고려를 할 필요가 있을까?

④ 식물인간의 도덕적 고려 여부는 식물인간이 누구와 어떤 관계를 맺느냐가 아니라 어떤 도덕적 속성을 가지고 있느냐를 보고 판단해야 하지 않을까?

⑤ 일상에서 특별한 능동적인 주의력이 필요한 의식 상태라고 하는 것도 알고 보면 외부 자극에 대한 정보가 최소한 접수되는 정도의 의식적 상태가 아닐까?

문항 성격 문항유형 : 정보의 평가와 적용

내용영역 : 규범

평가 목표 이 문항은 식물인간을 도덕적 고려의 대상으로 삼아야 한다는 제시문의 주장을 적절하게 비판할 수 있는지 묻는 문항이다.

문제 풀이 정답 : ③

제시문의 필자는 현상적 의식은 있지만 감응력은 없는 식물인간은 도덕적 고려의 대상이 아니라는 주장에 대해, 식물인간이 능동적인 의식은 없어도 수동적인 의식은 있으므로 이를 존중해 주어야 하고, 그러므로 도덕적 고려의 대상이라고 주장한다. 이 주장에 대한 비판으로는 왜 수동적인 의식만 있으면 도덕적 고려의 대상이 되지 않는지 주장하는 방법이 있을 것이다.

정답 해설 ③ 제시문 첫 번째 단락에서 감응력이 있는 영유아는 "쾌락이나 고통을 느끼기에 그것을 좇거나 피하려고 한다는 도덕적 이익을 가지고 있으므로 도덕적 고려의 대상이 되어야 한다는 것이다."라고 말하고, 세 번째 단락에서 감응력이 수동적 측면을 넘어서 능동적 측면을 포함한다는 것은 "자신이 어떻게 취급받는지에 신경 쓸 수 있다는 뜻이므로, 감응력을 도덕적 고려의 기준으로 삼는 철학자들은 여기에 도덕적 고려를 해야 한다고 생각하는 것이다."라고 말한다. 이로 보아 누군가를 도덕적으로 고려하는 이유는 자신이 취급받는 것에 대해 신경 쓸 수 있기 때문이다. 따라서 이것을 근거로 자신이 어떻게 취급받는지에 신경 쓰지 않

254

는 수동적인 의식적 상태에 있는 대상에 대해 도덕적 고려를 할 필요가 없다고 비판할 수 있다.

오답 해설 ① 제시문 두 번째 단락에서 "싱어와 커루더스를 비롯한 많은 철학자들은 이러한 이유로 감응력을 도덕적 고려의 기준으로 삼는다."라고 말하고, 네 번째 단락에서 "결국 식물인간을 도덕적으로 고려하려면 식물인간에게서 도덕적으로 의미 있는 속성을 찾아야 한다."라고 말한다. 이로 보아 제시문의 필자는 감응력 없는 현상적 의식을 도덕적으로 의미 있는 속성으로 판단함을 알 수 있다. 그런데 감응력이 있는 현상적 의식을 가진 존재만을 도덕적으로 고려를 하면 고통과 쾌락을 덜 느끼는 사람을 차별하게 된다는 비판은 감응력을 도덕적 고려의 기준으로 삼는 철학자들에 대한 비판은 되지만, 식물인간을 도덕적 고려의 대상으로 삼아야 한다는 주장에 대한 비판은 아니다.

② 제시문 첫 번째 단락을 통해 볼 때, 필자는 도덕 행위자와 도덕 피동자의 구분과 정의를 받아들이고 있다. 다만 필자의 주된 관심은 식물인간이 도덕 공동체에서 받아들일 수 있는 도덕 피동자인지에 있는 것이다. 그러므로 도덕 피동자가 책임질 수 있는 도덕적 행동을 할 수 없더라도 도덕 행위자는 도덕 피동자에게 도덕적 의무를 져야 한다는 것은 필자도 받아들이는 전제이므로, 적절한 비판이 아니다.

④ 제시문 네 번째 단락에서 관계적 접근을 소개하고 그것의 문제점을 지적하고 있다. 그래서 "결국 식물인간을 도덕적으로 고려하려면 식물인간에게서 도덕적으로 의미 있는 속성을 찾아야 한다."라고 말하고 나서 필자는 수동적 의식이 그 속성이라고 주장한다. 따라서 식물인간의 도덕적 고려 여부는 식물인간이 누구와 어떤 관계를 맺느냐가 아니라 어떤 도덕적 속성을 가지고 있느냐를 보고 판단해야 한다는 것은 필자도 받아들이는 전제이므로, 적절한 비판이 아니다.

⑤ 제시문 다섯 번째 단락에서 "감응력 마비자는 사실상 감응력이 있는 인간의 일상생활의 모습을 보여 준다."라고 말하고 있다. 따라서 일상에서 특별한 능동적인 주의력이 필요한 의식 상태라고 하는 것도 알고 보면 외부 자극에 대한 정보가 최소한 접수되는 정도의 의식적 상태라고 한다면, 제시문의 필자의 입장은 더 강화될 것이다. 따라서 이 진술은 적절한 비판이 아니다.

세포는 현미경으로 관찰하면 작은 물방울처럼 보이지만 세포 내부는 기름 성분으로 이루어진 칸막이에 의해 여러 구획으로 나누어져 있다. 서랍 속의 칸막이가 없으면 물건이 뒤섞여 원하는 것을 찾기 힘들어지듯이 세포 안의 구획이 없으면 세포 안의 구성물, 특히 단백질이 마구 섞이게 되어 세포의 기능에 이상이 생길 수 있다. 그러므로 각각의 단백질은 저마다의 기능에 따라 세포 내 소기관들, 세포질, 세포 외부나 세포막 중 필요한 장소로 수송되어야 한다.

세포 외부로 분비된 단백질은 호르몬처럼 다른 세포에 신호를 전달하는 역할을 하고, 세포막에 고정되어 위치하는 단백질은 외부의 신호를 안테나처럼 받아들이는 수용체 역할을 하거나 물질을 세포 내부로 받아들이는 통로 역할을 수행한다. 반면 세포 내 소기관으로 수송되는 단백질이나 세포질에 존재하는 단백질은 각각 세포 내 소기관 또는 세포질에서 수행되는 생화학 반응을 빠르게 진행하도록 하는 촉매 역할을 주로 수행한다.

단백질은 mRNA의 정보에 의해 리보솜에서 합성된다. 리보솜은 세포 내부를 채우고 있는 세포질에 독립적으로 존재하다가 mRNA와 결합하여 단백질 합성이 개시되면 세포질에 머물면서 계속 단백질 합성을 진행하거나 세포 내부의 소기관인 소포체로 이동하여 소포체 위에 부착하여 단백질 합성을 계속한다. 리보솜이 이렇게 서로 다른 세포 내 두 장소에서 단백질 합성을 수행하는 이유는 합성이 끝난 단백질을 그 기능에 따라 서로 다른 곳으로 보내야 하기 때문이다. 세포질에서 독립적으로 존재하는 리보솜에서 완성된 단백질은 주로 세포질, 세포핵·미토콘드리아와 같은 세포 내 소기관으로 이동하여 기능을 수행한다. 반면 소포체 위의 리보솜에서 합성이 끝난 단백질은 세포 밖으로 분비되든지, 세포막에 위치하든지, 또는 세포 내 소기관들인 소포체나 골지체나 리소솜으로 이동하기도 한다. 소포체·골지체·리소솜은 모두 물리적으로 연결되어 있으므로 소포체 위의 리보솜에서 만들어진 단백질의 이동이 용이하다. 또한 세포막에 고정되어 위치하거나 세포막을 뚫고 분비되는 단백질은 소포체와 골지체를 거쳐 소낭에 싸여 세포막 쪽으로 이동한다.

소포체 위의 리보솜에서 완성된 단백질은 소포체와 근접한 거리에 있는 또 다른 세포 내 소기관인 골지체로 이동하여 골지체에서 추가로 변형된 후 최종 목적지로 향하기도 한다. 이 단백질 합성 후 추가 변형 과정은 아미노산이 연결되어서 만들어진 단백질에 탄수화물이나 지질 분자를 붙이는 과정으로서 아미노산만으로는 이루기 힘든 단백질의 독특한 기능을 부여해준다. 일부 소포체에서 기능하는 효소는 소포체 위의 리보솜에서 단백질 합성을 완료한 후 골지체로 이동하여 변형된 다음 소포체로 되돌아온 단백질이다.

과연 단백질은 어떻게 자기가 있어야 할 세포 내 위치를 찾아갈 수 있을까? 그것을 설명하는 것이 '신호서열 이론'이다. 어떤 단백질은 자기가 배송되어야 할 세포 내 위치를 나타내는 짧은 아

256

미노산 서열로 이루어진 신호서열을 가지고 있다. 예를 들어 KDEL 신호서열은 소포체 위의 리보솜에서 합성된 후 골지체를 거쳐 추가 변형 과정을 거친 다음 소포체로 되돌아오는 단백질이 가지고 있는 신호서열이다. 또한 NLS는 세포질에 독립적으로 존재하는 리보솜에서 합성되어 세포핵으로 들어가는 단백질이 가지고 있는 신호서열이고 NES는 반대로 세포핵 안에 존재하다가 세포질로 나오는 단백질이 가지고 있는 신호서열이다. 그리고 세포질에 독립적으로 존재하는 리보솜에서 만들어진 단백질을 미토콘드리아로 수송하기 위한 신호서열인 MTS도 있다.

이러한 신호서열 이론을 증명하는 여러 실험이 수행되었다. ㉠KDEL 신호서열을 인위적으로 붙여준 단백질은 원래 있어야 할 곳 대신 소포체에 위치하는 것으로 관찰되어 KDEL이 소포체로의 단백질 수송을 결정하는 신호서열이라는 결론이 내려졌다. ㉡소포체에 부착한 리보솜에서 만들어진 어떤 단백질이 특정한 신호서열이 있어서 세포 밖으로 분비되는 것인지, 아니면 그 단백질이 신호서열을 전혀 가지고 있지 않아서 세포 밖으로 분비되는 것인지 확인하는 실험도 수행되었는데 세포의 종류에 따라 각기 다르다는 결론이 내려졌다. ㉢세포 내 특정 장소로 가기 위한 신호서열을 가지고 있지 않은 단백질이 어떻게 특정 장소로 이동하는지를 확인하는 실험을 한 결과 특정 장소로 수송하기 위한 신호서열을 가지고 있는 단백질과의 결합을 통해 신호서열이 지정하는 특정 장소로 이동할 수 있다는 결론을 얻었다.

07.

윗글의 내용과 일치하지 <u>않는</u> 것은?

① 세포막에서 수용체 역할을 하는 단백질은 소포체 위의 리보솜에서 합성된 것이다.
② 세포질 안에서 사용되는 단백질은 세포질에 독립적으로 존재하는 리보솜에서 합성된 것이다.
③ 골지체에서 변형된 후 소포체로 돌아온 단백질은 소포체 위의 리보솜에서 합성된 것이다.
④ 세포핵으로 수송되는 단백질은 세포 밖으로 분비되는 단백질과 다른 곳에 위치한 리보솜에서 합성된 것이다.
⑤ 미토콘드리아로 수송되는 단백질과 세포막에 위치하는 단백질은 같은 곳에 위치한 리보솜에서 합성된 것이다.

 문항유형 : 정보의 확인과 재구성

내용영역 : 과학기술

 이 문항은 세포 내에서 다양한 역할을 하는 단백질이 올바르게 기능하려면 세포 내 적절한 장소로 수송되어야 한다는 사실을 이해하고 있는지 확인하기 위한 문항이다.

 정답 : ⑤

제시문에 주어진 정보를 바탕으로 세포 내 단백질 합성 장소에 따라 정해지는 최종 단백질 수송 장소를 정확히 파악해야 한다. 특히 정보 조회 지점이 두 군데일 경우 독해에 더욱 신중을 기해야 한다.

 ⑤ 제시문 세 번째 단락 "세포질에서 독립적으로 존재하는 리보솜에서 완성된 단백질은 주로 세포질, 세포핵·미토콘드리아와 같은 세포 내 소기관으로 이동하여 기능을 수행한다. 반면 소포체 위의 리보솜에서 합성이 끝난 단백질은 세포 밖으로 분비되든지, 세포막에 위치하든지, 또는 세포 내 소기관들인 소포체나 골지체나 리소솜으로 이동하기도 한다."로부터 미토콘드리아로 수송되는 단백질은 세포질에서 독립적으로 존재하는 리보솜에서, 세포막에 위치하는 단백질은 소포체 위의 리보솜에서 합성된다는 사실을 확인할 수 있다. 즉 이 두 단백질은 서로 다른 곳에서 합성된 것이다.

 ① 제시문 세 번째 단락 "반면 소포체 위의 리보솜에서 합성이 끝난 단백질은 세포 밖으로 분비되든지, 세포막에 위치하든지, 또는 세포 내 소기관들인 소포체나 골지체나 리소솜으로 이동하기도 한다."와 두 번째 단락 "… 세포막에 고정되어 위치하는 단백질은 외부의 신호를 안테나처럼 받아들이는 수용체 역할을 하거나 … "로부터 세포막에서 수용체 역할을 하는 단백질은 소포체 위의 리보솜에서 합성된 것임을 알 수 있다.

② 제시문 세 번째 단락 "세포질에서 독립적으로 존재하는 리보솜에서 완성된 단백질은 주로 세포질, 세포핵·미토콘드리아와 같은 세포 내 소기관으로 이동하여 기능을 수행한다."로부터 알 수 있다.

③ 제시문 세 번째 단락 "반면 소포체 위의 리보솜에서 합성이 끝난 단백질은 세포 밖으로 분비되든지, 세포막에 위치하든지, 또는 세포 내 소기관들인 소포체나 골지체나 리소솜으로 이동하기도 한다."와 네 번째 단락 "일부 소포체에서 기능하는 효소는 소포체 위의 리보솜에서 단백질 합성을 완료한 후 골지체로 이동하여 변형된 다음 소포체로 되돌아온 단백질이다."로부터 골지체에서 변형된 후 소포체로 돌아온 단백질은 소포체 위의 리보솜에서 합성된 것임을 알 수 있다.

④ 제시문 세 번째 단락 "세포질에서 독립적으로 존재하는 리보솜에서 완성된 단백질은 주로 세포질, 세포핵·미토콘드리아와 같은 세포 내 소기관으로 이동하여 기능을 수행한다. 반면 소포체 위의 리보솜에서 합성이 끝난 단백질은 세포 밖으로 분비되든지, 세포막에 위치하든지, 또는 세포 내 소기관들인 소포체나 골지체나 리소솜으로 이동하기도 한다."로부터 세포핵으로 수송되는 단백질은 세포 밖으로 분비되는 단백질과 다른 곳에 위치한 리보솜에서 합성된 것임을 확인할 수 있다.

08.

윗글을 바탕으로 추론한 것으로 적절하지 <u>않은</u> 것은?

① KDEL 신호서열을 가지고 있는 단백질은 NLS가 없을 것이다.
② KDEL 신호서열을 가지고 있는 소포체로 최종 수송된 단백질은 골지체에서 변형을 거쳤을 것이다.
③ NLS가 없는 세포핵 안에 존재하는 단백질은 NLS가 있는 다른 단백질과 결합하여 세포핵 안으로 수송되었을 것이다.
④ NLS가 있으나 NES가 없는 단백질은 합성 후 세포핵에 위치한 다음 NES가 있는 단백질과 결합하면 다시 세포핵 밖으로 나갈 수 있을 것이다.
⑤ NLS와 NES를 모두 가졌으나 세포 외부에서 발견되는 단백질은 세포질에 독립적으로 존재하는 리보솜에서 합성된 단백질과 결합하여 세포 외부로 이동하였을 것이다.

문항 성격	문항유형 : 정보의 추론과 해석
	내용영역 : 과학기술
평가 목표	이 문항은 제시문에 주어진 정보를 바탕으로 단백질이 합성되는 장소와 최종 수송 장소, 그리고 단백질에 존재하는 신호서열 사이의 관계를 정확히 추론할 수 있는지 확인하기 위한 문항이다.
문제 풀이	정답 : ⑤

KDEL 신호서열은 소포체 위의 리보솜에서 합성되는 단백질 중 골지체로 갔다가 다시 소포체로 돌아오는 단백질이 가지고 있는 신호서열이고, NLS나 NES는 세포질에 독립적으로 존재하는 리보솜에서 합성되는 단백질의 세포핵 출입에 관여하는 신호서열이라는 것을 추론할 수 있어야 한다.

⑤ 제시문 다섯 번째 단락 "또한 NLS는 세포질에 독립적으로 존재하는 리보솜에서 합성되어 세포핵으로 들어가는 단백질이 가지고 있는 신호서열이고 NES는 반대로 세포핵 안에 존재하다가 세포질로 나오는 단백질이 가지고 있는 신호서열이다."와 여섯 번째 단락 "세포 내 특정 장소로 가기 위한 신호서열을 가지고 있지 않은 단백질이 어떻게 특정 장소로 이동하는지를 확인하는 실험을 한 결과 특정 장소로 수송하기 위한 신호서열을 가지고 있는 단백질과의 결합을 통해 신호서열이 지정하는 특정 장소로 이동할 수 있다는 결론을 얻었다."로부터 NLS와 NES를 모두 가진 단백질도 세포 밖으로 이동하기 위한 신호서열을 가진 단백질과 결합하면 세포 외부로 이동할 수 있다는 것을 알 수 있다. 또한 여섯 번째 단락 "소포체에 부착한 리보솜에서 만들어진 어떤 단백질이 특정한 신호서열이 있어서 세포 밖으로 분비되는 것인지, 아니면 그 단백질이 신호서열을 전혀 가지고 있지 않아서 세포 밖으로 분비되는 것인지 확인하는 실험도 수행되었는데 세포의 종류에 따라 각기 다르다는 결론이 내려졌다."로부터 세포 밖으로 이동하기 위한 신호서열이 존재할 수 있다는 사실 또한 확인할 수 있으므로 NLS와 NES를 모두 가진 단백질도 세포 밖으로 이동하기 위한 신호서열을 가진 단백질과 결합하면 세포 밖으로 이동할 수 있다고 생각할 수 있다. 그러나 세 번째 단락 "세포질에서 독립적으로 존재하는 리보솜에서 완성된 단백질은 … 세포 내 소기관으로 이동하여 기능을 수행한다. 반면 소포체 위의 리보솜에서 합성이 끝난 단백질은 세포 밖으로 분비되든지 …"로부터 세포질에 독립적으로 존재하는 리보솜에서 합성된 단백질은 세포 외부로 이동할 수 없다는 것을 확인할 수 있으므로, 이 선택지의 추론은 적절하지 않다.

① 제시문 다섯 번째 단락으로부터 KDEL 신호서열은 소포체 위의 리보솜에서 합성된 단백질이 가지고 있는 신호서열이고 NLS는 세포질에 독립적으로 존재하는 리보솜에서 합성된 단백질이 가지고 있는 신호서열이라는 사실을 알 수 있다. 서로 다른 곳에서 합성된 단백질이 가지고 있는 신호서열을 어떤 단백질이 동시에 가질 수 없으므로 KDEL 신호서열을 가지고 있는 단백질은 NLS가 없을 것이라고 추론할 수 있다.

② 제시문 다섯 번째 단락 "KDEL 신호서열은 소포체 위의 리보솜에서 합성된 후 골지체를 거쳐 추가 변형 과정을 거친 다음 소포체로 되돌아오는 단백질이 가지고 있는 신호서열이다."로부터 소포체의 단백질 중 KDEL 신호서열을 가진 단백질은 모두 골지체에서 변형을 거치고 다시 소포체로 돌아온 단백질이라는 사실을 추론할 수 있다.

260

③ 제시문 다섯 번째 단락 "NLS는 세포질에 독립적으로 존재하는 리보솜에서 합성
되어 세포핵으로 들어가는 단백질이 가지고 있는 신호서열 …"과 여섯 번째 단
락 "세포 내 특정 장소로 가기 위한 신호서열을 가지고 있지 않은 단백질이 어
떻게 특정 장소로 이동하는지를 확인하는 실험을 한 결과 특정 장소로 수송하기
위한 신호서열을 가지고 있는 단백질과의 결합을 통해 신호서열이 지정하는 특
정 장소로 이동할 수 있다는 결론을 얻었다."로부터 NLS가 없는 세포핵 안에 존
재하는 단백질은 NLS가 있는 다른 단백질과 결합하여 세포핵 안으로 수송되었
을 것이라고 추론할 수 있다.

④ 제시문 다섯 번째 단락 "NLS는 세포질에 독립적으로 존재하는 리보솜에서 합
성되어 세포핵으로 들어가는 단백질이 가지고 있는 신호서열이고 NES는 반대
로 세포핵 안에 존재하다가 세포질로 나오는 단백질이 가지고 있는 신호서열이
다."와 여섯 번째 단락 "세포 내 특정 장소로 가기 위한 신호서열을 가지고 있지
않은 단백질이 어떻게 특정 장소로 이동하는지를 확인하는 실험을 한 결과 특
정 장소로 수송하기 위한 신호서열을 가지고 있는 단백질과의 결합을 통해 신호
서열이 지정하는 특정 장소로 이동할 수 있다는 결론을 얻었다."로부터 NLS가
있으나 NES가 없는 단백질은 합성 후 NLS를 이용하여 세포핵에 위치한 다음
NES가 있는 단백질과 결합하면 다시 세포핵 밖으로 나갈 수 있을 것이라고 추
론할 수 있다.

09.

㉠~㉢에 대한 평가로 적절한 것만을 〈보기〉에서 있는 대로 고른 것은?

보 기

a. KDEL 신호서열이 있는 어떤 단백질의 KDEL 신호서열을 인위적으로 제거하면 소
포체로 이동하지 않는다는 실험 결과는 ㉠의 결론을 강화한다.

b. NLS를 가진 어떤 단백질의 NLS를 인위적으로 제거하면 세포 밖으로 분비된다는 실
험 결과는 ㉡의 결론을 강화한다.

c. MTS가 없는 어떤 단백질이 MTS가 있는 단백질과 결합하여 미토콘드리아에서 발견
된다는 실험 결과는 ㉢의 결론을 강화한다.

① a   ② b   ③ a, c
④ b, c   ⑤ a, b, c

 문항유형 : 정보의 평가와 적용

내용영역 : 과학기술

 이 문항은 신호서열 이론을 증명하기 위한 실험 세 가지의 결론을 이해하고 〈보기〉로 주어진 추가 실험 결과가 제시문에 나온 실험 결론을 강화하는지 여부를 판단할 수 있는지 알아보기 위한 문항이다.

 정답 : ③

제시문에 소개된 실험과 결론, 그리고 〈보기〉로 주어진 실험 결과를 주의 깊게 독해하고 이를 통합적으로 이해하여 해석하고 판단해야 한다.

 a. ㉠에서는 KDEL 서열을 인위적으로 붙여준 단백질은 원래 있어야 할 곳 대신 소포체에 위치하는 것으로 관찰되어 KDEL이 소포체로의 단백질 수송을 결정하는 신호서열이라는 결론을 얻었다. a에서는 KDEL 신호서열을 인위적으로 제거하여 소포체로 이동하지 않는다는 결과를 얻었으므로 ㉠의 결론을 반대 방향으로 다시 한 번 검증한 것이다.

b. ㉡은 소포체에 부착한 리보솜에서 만들어진 어떤 단백질이 특정한 신호서열이 있어서 세포 밖으로 분비되는 것인지, 아니면 그 단백질이 신호서열을 전혀 가지고 있지 않아서 세포 밖으로 분비되는 것인지 확인하는 실험이다. 그러나 b는 NLS를 가진 단백질을 대상으로 하는 실험인데, NLS는 세포질에 독립적으로 존재하는 리보솜에서 합성되어 세포핵으로 들어가는 단백질이 가지고 있는 신호서열이므로 소포체에 부착한 리보솜에서 만들어진 단백질의 세포 외부로의 수송 기전을 알아보려는 실험과는 무관하다.

c. ㉢을 통해 특정 장소로 가기 위한 신호서열을 가지고 있지 않은 단백질이 특정 장소로 수송하기 위한 신호서열을 가지고 있는 단백질과의 결합을 통해 신호서열이 지정하는 특정 장소로 이동할 수 있다는 결론을 얻었으므로, MTS가 없는 어떤 단백질이 MTS가 있는 단백질과 결합하여 미토콘드리아에서 발견된다는 실험 결과는 ㉢의 결론을 강화한다.

〈보기〉에서 a와 c만이 적절한 평가이므로 ③이 정답이다.

[10~12] 다음 글을 읽고 물음에 답하시오.

농업 중심의 사회를 벗어나면서 급속한 산업화와 도시화에 따른 갈등이 나타나고 있던 19세기 말 미국에서는 터너가 이끌었던 혁신주의 역사학 이 대두했다. 혁신주의 역사학의 특징은 역사의 핵심을 갈등이라고 본 점에 있다. 예컨대, 야만과 문명이 공존하는 프런티어야말로 미국 발전의 근원이라고 주장한 터너는 산업이 발달한 북부와 농업이 지배적인 남부 사이의 갈등을 강조했다. 혁신주의 역사가 베커는 미국혁명이 과세를 둘러싼 아메리카 식민지와 모국 간의 투쟁임과 동시에 상층 상인과 지주를 비롯한 보수적이고 봉건적인 식민지 유력자와 하층 수공업자 및 노동자 사이에서 벌어진 권력 다툼이었다는 사실을 밝혀냄으로써 이중혁명론을 제시했다. 혁신주의 역사학은 헌법을 금융업자, 상인 등으로 구성된 동산소유집단과 채무에 시달리던 소농 출신의 부동산소유집단 사이의 싸움에서 전자가 승리하면서 만들어진 비민주적 문서로 파악하였다. 혁신주의 역사학은 1940년대까지 미국 역사학의 주류를 이루었다.

제2차 세계대전 이후에 나치 독일의 인권 탄압과 공산주의의 팽창에 놀란 보수적 미국인들은 혁신주의 역사학이 비판했던 미국적 가치, 즉 사유재산의 신성시, 개인주의, 경제적 자유주의에 대해 재평가하기 시작했다. 게다가 냉전질서에서 미국의 정체성을 보존하기 위해서는 국민적 단결이 필요했다. 이러한 배경에서 합의사학 이 등장했는데, 그것의 특징은 미국사를 합의와 연속성의 시각에서 이해했다는 점이다. 혁신주의 역사가는 보수적인 유산자들과 하층민 간의 극적인 투쟁으로 미국혁명을 파악했으나, 합의사학을 대변하는 호프스태터는 미국적 가치를 공동이념으로 삼은 미국인들은 사회적 동질성을 유지하면서 갈등을 극소화했다고 주장했다. 이처럼 미국사는 기본적으로 혁명으로 인한 단절이나 중단 없이 연속성을 보여주었다는 데 합의사학은 주목하였다. 그러므로 미국혁명은 상당히 제한적인 것이라고 평가되었다. 하츠가 미국에는 봉건적 과거가 없다는 토크빌의 지적에 공감하면서 주장하듯이, 구세계의 봉건적 압제로부터 도피한 사람들은 자유롭게 태어난 사람들이기에 자유로운 세계를 만들기 위해 굳이 혁명을 일으킬 필요는 없었기 때문이다. 비어드와 같은 혁신주의 역사가가 헌법의 제정을 계급적인 갈등으로 파악했다면, 합의사학은 헌법 제정이 중산층의 합의를 통해 이루어졌다는 데 보다 많은 주의를 기울였다. 합의사학은 제헌의회에 참가한 대표들의 경제적 이해관계보다는 그들의 합의를 강조한 셈이다. 부어스틴은 미국인의 관대함과 타협의 정신을 프런티어에서 찾기도 했다. 개혁 사상에 대해 비판적인 태도를 유지하면서 미국의 자유주의적 전통과 국민적 합의를 강조한 합의사학은 50~60년대 미국 사학계를 주도했다.

1960년대 중반 이후 미국은 베트남전쟁과 민권운동으로 대변되는 이념적 격동기를 맞이했다. 이 같은 현실은 합의사학이 제시했던 미국의 밝은 과거상과 현재상에 대해 회의심을 갖게 했다.

합의사학과는 달리, 하지만 혁신주의 역사학과 마찬가지로 갈등과 빈곤에 주목한 경향이 등장했는데, 이를 신좌파 역사학 이라고 한다. 이러한 움직임을 선도한 역사가로는 외교사가 윌리엄스를 꼽을 수 있다. 합의사학은 정책 결정자들이 19세기 말엽 이후에는 제국주의적 팽창정책으로부터 거리를 두었다고 보면서 1898년 식민지를 둘러싼 미국–스페인 전쟁을 "거대한 일탈"이라고 규정했다. 윌리엄스는 이런 해석을 비판하며 정치인들이 국내의 분열을 호도하기 위해 혹은 자본의 이익을 위해 문호개방이라는 이름으로 해외 팽창정책을 주도했다고 주장했다. 하워드 진과 같은 신좌파 역사가는 혁신주의 역사학에 동조하면서 역사학을 이데올로기적 요구에도 부응해야 하는 학문으로 보았다. 하지만 혁신주의 역사학과 달리 신좌파 역사학은 역사를 물질적인 조건이나 계급 갈등으로 환원시키지는 않았다. 미국혁명과 헌법에 대한 연구에서 다수의 신좌파 역사가들은 유산계급과 무산계급 사이의 갈등 이외에도 민중의 역사와 권력관계에 주목했다. 흑인들의 민권운동과 소수민족인 아메리카 원주민, 여성, 빈민들의 운동을 배경으로 태동했던 신좌파 역사학은 이러한 피지배집단이 혁명전쟁과 헌법 제정 과정에서 행한 능동적인 행위를 복원하는 데 주의를 기울였다.

10.

윗글의 내용과 일치하지 <u>않는</u> 것은?

① 19세기 후반 미국은 농업 중심의 사회에서 산업화 사회로의 이행이 진행되고 있었다.
② 19세기 말 국외로 세력을 확장하려는 미국의 정책은 스페인과 무력 충돌을 일으켰다.
③ 제2차 세계대전 직후에 보수 성향의 미국인들은 미국의 전통적 가치를 부활시키고자 했다.
④ 베트남전쟁은 미국인들이 경제적 자유주의에 대한 보편적 합의를 이루는 역사적 계기가 되었다.
⑤ 1960년대 이후 미국에서는 다양한 소수집단과 관련된 연구가 대두하였다.

문항 성격	문항유형 : 정보의 확인과 재구성
	내용영역 : 인문
평가 목표	이 문항은 제시문에서 소개된 역사적 사실과 해석을 정확히 이해하고 있는지 확인하기 위한 문항이다.

 정답 : ④

19세기 말부터 1960년대 후반까지 미국사 연구의 주요 경향은 혁신주의 역사학, 합의사학, 신좌파 역사학이다. 이 문항의 해결을 위해서는 세 가지 사학사적 움직임이 등장한 시기와 등장하게 되었던 역사적 배경을 파악하고 이해해야 한다.

정답 해설 ④ 제시문 세 번째 단락 "1960년대 중반 이후 미국은 베트남전쟁과 민권운동으로 대변되는 이념적 격동기를 맞이했다."에서 알 수 있듯이 베트남전쟁 이후 미국에서는 다양한 이데올로기적 갈등이 대두하였다. 여기서 '이념적 격동기'라는 표현은 선택지의 '보편적 합의'와 양립할 수 없다. 그뿐만 아니라 두 번째 단락에 나오듯 보수적 미국인들과 합의사학이 '경제적 자유주의'를 재평가하고 옹호했지만, 그것은 제2차 세계대전과 냉전 이후의 현상으로 봐야 한다. 따라서 베트남전쟁을 계기로 미국인들이 경제적 자유주의에 대해 보편적 합의를 했다는 이 선택지는 제시문의 내용과 일치하지 않는다.

오답 해설 ① 제시문 첫 번째 단락에 따르면 미국은 19세기 말 "농업 중심의 사회를 벗어나면서 급속한 산업화와 도시화에 따른 갈등"을 경험하였다.

② 제시문 세 번째 단락에서는 미국의 제국주의적 팽창정책과 더불어 "1898년 식민지를 둘러싼 미국–스페인 전쟁"이 언급되고 있다.

③ 제시문 두 번째 단락에 따르면 "사유재산의 신성시, 개인주의, 경제적 자유주의"는 혁신주의 역사학이 비판했던 미국의 전통적 가치였다. 보수적 미국인들과 합의사학은 이러한 미국적 가치를 재평가하면서 '미국의 자유주의적 전통'을 강조한 것이다.

⑤ 제시문 세 번째 단락에서는 "흑인들의 민권운동과 소수민족인 아메리카 원주민, 여성, 빈민"에 대해 언급하면서 역사에서 비가시적이었던 이들 피지배집단에 주목한 것이 신좌파 역사학이라고 밝히고 있다.

11.

윗글을 바탕으로 추론한 것으로 가장 적절한 것은?

① 터너는 부어스틴과 마찬가지로 프런티어가 미국 역사 발전에서 긍정적인 역할을 하였다고 볼 것이다.

② 베커는 하츠와 달리, 혁신주의적 개혁을 위한 국민적 합의가 미국사의 원동력이라고

볼 것이다.

③ 호프스태터는 유력 세력이 혁명에서 승리함으로써 갈등이 극소화되었다고 볼 것이다.

④ 윌리엄스는 19세기 말 미국의 국제적 영향력 행사를 예외적 현상으로 파악할 것이다.

⑤ 하워드 진은 윌리엄스와 마찬가지로 역사적 분석범위를 넓히면서 역사학의 정치화를 경계했을 것이다.

문항 성격	문항유형 : 정보의 추론과 해석
	내용영역 : 인문
평가 목표	이 문항은 제시문에서 소개된 역사학자들의 주장 사이에 존재하는 공통점과 차이점을 추론할 수 있는지 측정하기 위한 문항이다.
문제 풀이	정답 : ①

제시문은 혁신주의 역사학, 합의사학, 신좌파 역사학을 대변하는 역사가들의 주장을 담고 있다. 역사학은 해석의 학문이라고 하는 만큼, 각각의 사학사적 흐름은 동일한 역사적 사실에 대해 서로 구별되는 해석을 주장해 왔다. 제시문에는 다수의 역사학자들이 소개되고 있으므로 각각의 학자가 혁신주의 역사가, 합의사학자, 신좌파 역사가 중 어디에 해당하는지 파악해 놓는다면, 문제 풀이 시 혼란을 최소화할 수 있다.

정답 해설 ① 터너는 혁신주의 역사가, 부어스틴은 합의사학자이다. 따라서 겉보기엔 양자가 다른 주장을 했으리라고 생각할 수 있다. 그러나 제시문 첫 번째 단락에 터너는 "프런티어야말로 미국 발전의 근원이라고 주장"했다고 나와 있고, 두 번째 단락에 부어스틴은 "미국인의 관대함과 타협의 정신을 프런티어에서 찾기도 했다."고 나와 있다. 따라서 이 선택지는 윗글을 바탕으로 추론한 것으로 적절하다.

오답 해설 ② 베커는 혁신주의 역사가, 하츠는 합의사학자이다. 문제는 '혁신주의적 개혁을 위한 국민적 합의'이다. 베커는 '혁신주의적 개혁'을 주장했으리라 충분히 추론할 수 있으나, '국민적 합의'가 미국사의 원동력이라고 볼 것이라는 추론은 적절하지 않다. 혁신주의 역사가인 베커는 갈등을 미국사의 핵심 동력으로 인식했기 때문이다.

③ 제시문 두 번째 단락에 따르면 호프스태터는 유력 세력이 혁명에서 승리했기 때문이 아니라 "미국적 가치를 공동이념으로 삼은 미국인들은 사회적 동질성을 유지하면서 갈등을 극소화했다고 주장했다."

④ 제시문 세 번째 단락에서 알 수 있듯이 미국—스페인 전쟁과 같은 19세기 말 미국의 국제적 영향력 행사를 예외적 현상으로 파악한 것은 합의사학이다. 신좌파

역사가인 윌리엄스는 이러한 해석을 비판하며 "정치인들이 … 문호개방이라는
이름으로 해외 팽창정책을 주도했다고 주장했다."

⑤ 하워드 진과 윌리엄스는 모두 신좌파 역사가이다. 따라서 여기서 쟁점은 두 역
사가 사이의 공통점 혹은 차이점이 아니라 '역사학의 정치화'이다. 제시문 세 번
째 단락에 따르면 "하워드 진과 같은 신좌파 역사가는 혁신주의 역사학에 동조
하면서 역사학을 이데올로기적 요구에도 부응해야 하는 학문으로 보았다." 이는
역사학을 정치적인 목적으로 연구하는 데 적극적이었음을 의미한다.

12.

윗글을 바탕으로 〈보기〉를 평가한 것으로 적절하지 <u>않은</u> 것은?

보 기

영국이 시행한 인지세법 등에 맞서 1774년 식민지 대표들이 필라델피아에 모여 제1
차 대륙회의를 개최하면서 영국에 대한 조직적인 저항이 시작되었다. 당시 식민지 뉴욕
의 정치는 상층 상인과 지주들과 같은 유력자들이 장악하고 있었는데, 독립전쟁은 하층
수공업자와 노동자 출신의 급진주의자들이 정치의 장으로 들어가도록 문을 열어 주었
다. 독립전쟁은 1781년 뉴욕 요크타운 전투에서 영국군이 패배하면서 막을 내리게 되었
다. 전쟁 이후 미국은 1787년 필라델피아에 모여 헌법의 제정을 논의하기에 이르렀다.
당시 가장 중요한 전제는, 강력하지만 동시에 주정부의 권리를 침해하지 않는 연방정부
를 수립하는 것이었다. 필라델피아 제헌의회에는 해밀턴, 매디슨 등 소위 연방주의자와
제퍼슨 등의 반연방주의자 간의 대립이 있었고, 현상적으로는 연방주의자들의 승리로
볼 만했다.

① 혁신주의 역사학자라면, 필라델피아 제헌의회는 새로운 헌법에 의해 경제적 이익을 받
을 수 있는 집단이 지배하고 있었다는 사실을 덧붙이려 하겠군.
② 합의사학자라면, 제1차 대륙회의와 요크타운 전투에 대해 봉건적 체제를 타파하는 시
민혁명에서 미국의 가치와 동질성이 실현되는 과정이었다고 파악하겠군.
③ 합의사학자라면, 제퍼슨, 매디슨, 해밀턴 사이의 차이를 과장하지 않고, 헌법 제정에
대하여 연방주의자들의 승리라기보다는 정치적 합의를 도출한 사건으로 보겠군.
④ 신좌파 역사학자라면, 독립전쟁 당시 하층민들의 급진주의적 정치에서 여성이 차지한
역할을 새롭게 규명할 필요성을 제기하겠군.

⑤ 혁신주의 역사학자나 신좌파 역사학자라면, 독립혁명에서 식민지 뉴욕의 상층 부르주아지와 하층 수공업자들의 대립을 주요하게 취급하는 데 대하여 반대하지 않겠군.

<table>
<tr><td>문항 성격</td><td>문항유형 : 정보의 평가와 적용
내용영역 : 인문</td></tr>
<tr><td>평가 목표</td><td>이 문항은 제시문의 내용을 〈보기〉에 적용하여 그 내용을 적절히 평가할 수 있는지 알아보기 위한 문항이다.</td></tr>
<tr><td>문제 풀이</td><td>정답 : ②</td></tr>
</table>

〈보기〉는 미국혁명에 관한 서술이다. 혁신주의 역사학, 합의사학, 신좌파 역사학 사이의 공통점과 차이점을 기반으로 주어진 각각의 선택지의 평가가 적절한지 확인하도록 한다.

정답 해설 ② 합의사학은 '미국의 가치와 동질성'에 주목하는 것은 옳지만, 또한 합의사학에 따르면 미국에는 봉건적인 과거가 존재하지 않았다. 따라서 합의사학은 제1차 대륙회의와 뉴욕 요크타운 전투를 '봉건적 체제를 타파하려는 시민혁명'이라고 볼 리가 없다.

오답 해설 ① 제시문 첫 번째 단락과 두 번째 단락에 따르면 혁신주의 역사학은 제헌의회를 계급적인 갈등으로 파악했다. 따라서 혁신주의 역사학자라면 헌법 제정을 위한 필라델피아 제헌의회를 분석할 때 어떤 사람들이 의회에서 지배적인 집단인지, 의회의 구성원 가운데 어떤 집단이 헌법 제정으로 가장 커다란 이득을 얻는지 등에 주목할 것이다.

③ 제시문 두 번째 단락에 따르면 합의사학자는 헌법 제정을 계급 갈등이 아니라 합의의 측면에서 고찰했다. 따라서 연방주의자와 반연방주의자 사이의 대립과 연방주의자의 승리를 언급하는 〈보기〉에 대해 합의사학자는 차이와 대립이 과장되었다고 판단할 것이다. 또한 합의사학자라면 어느 한 정파의 승리를 강조하지 않고 제헌의회를 합의가 이루어지는 과정이었다고 평가할 것이다.

④ 제시문 세 번째 단락에 따르면 신좌파 역사가들은 여성과 같은 피지배 소수집단이 행했던 적극적 행위에 주목한다. 따라서 신좌파 역사가라면 〈보기〉에서 언급하고 있는 뉴욕의 급진주의자들 가운데 여성이 포함되어 있는지, 그들의 역할은 무엇이었는지를 분석하고자 할 것이다.

⑤ 제시문 첫 번째 단락에 따르면 혁신주의 역사학은 계급 갈등에 주목하고 있기에 '뉴욕의 상층 부르주아지와 하층 수공업자들' 사이의 대립을 중요한 사건으로 다룰 것이다. 제시문 세 번째 단락에 따르면 신좌파 역사학은 "역사를 물질적인 조

건이나 계급 갈등으로 환원"하지는 않았지만, 그렇다고 해서 "유산계급과 무산계급 사이의 갈등"을 간과하지도 않았다. 따라서 뉴욕의 계급적 대립과 갈등을 주요하게 취급하는 데 대하여 신좌파 역사학 역시 반대하지 않았을 것이라 판단할 수 있다.

[13~15] 다음 글을 읽고 물음에 답하시오.

나이의 정치적 효과를 분석하는 데 있어 가장 중요한 쟁점은 생애주기 효과(A), 기간 효과(P), 코호트 효과(C)를 구분하는 것이다. APC 효과의 관점에서 보면, 개인이 특정 시점에 갖는 정치 성향은 그가 속한 코호트, 조사 시점의 정치 사회 환경, 그리고 나이가 들며 변화해 가는 생애주기 효과에 의해 종합적으로 구성된다.

우선 생애주기 효과는 "나이가 들수록 보수화된다."는 가설에 기반한다. 생애주기 효과가 말하는 보수화에는 비단 정치적 보수화뿐만 아니라 인지적 경직성과 권위주의적 성향의 증가도 포함된다. 트루엣은 약 30,000명의 버지니아 주민들을 대상으로 생애주기별 보수주의 점수를 측정하면서 50세 이후에는 보수화 성향이 지속되는 것을 확인하였다. 그에 따르면 성별, 거주지별, 교육 수준별로 약간의 차이는 있지만 20~30대에는 낮은 보수주의 점수가 안정적으로 이어지는 반면, 30~40대를 거치면서 이 점수가 급격히 높아지며, 50세 이후부터 생애주기의 끝까지 높은 보수주의 점수가 유지된다.

다음으로 기간 효과는 특정 조사 시점의 영향을 받아 나타나는 차이를 의미한다. 즉, 특정 시점에 발생한 역사적 사건이나 급격한 사회변동이 전 연령 집단의 사고방식이나 인식에 포괄적, 보편적 영향을 미치는 효과이다. 특정 시기의 사회화 과정이나 일부 세대에서 나타나는 효과가 아니라, 1987년 민주화나 1997년 IMF 구제금융 사례처럼 전 세대가 공유하는 경험에 따른 태도 변화를 지칭한다.

그리고 코호트 효과는 정치사회화가 주로 이루어지는 청년기에 유권자들이 특정한 역사적 경험을 공유하면서 유사한 정치적 성향을 형성하고 그 독특성이 해당 연령 집단을 중심으로 이후에도 유지되는 현상을 의미한다. 이렇게 형성된 정치 세대, 즉 코호트란 유사한 정치적 태도를 보이고 이념 성향을 공유하는 연령 집단을 의미한다. 정치사회화 과정에서 형성된 정치직 세대 의식은 나이가 들면서 완고성이 증가하여 큰 변화 없이 지속되게 된다. 이는 중장년기보다 성년 초기 시점이 사회 변화나 역사적 사건들로부터 영향을 받기 더 쉽다는 사실을 전제로 한다. 예컨대, 영국에서 2차 세계대전 이후 노동당 지지 성향이 강한 진보적 코호트가 등장하였다면 1980년대에는 대처 총리 집권기의 영향을 받아 보수적 코호트가 형성되었다는 연구들이 존재한다. 한편 국내 선행 연구에 따르면, 한국전쟁 직후 등장한 소위 전후세대는 여타 코호트 집단에 비해 권위주의적 성향과 보수적 정치 성향이 더 강하다고 알려져 있으며, 한국 민주화 운동의 대명사라 할 수 있는 86세대나 탈권위를 유행시켰던 X세대의 경우 나이가 들어서도 보수화되는 경향이 상대적으로 완만한 것으로 나타났다.

이 세 효과는 개념적으로는 쉽게 구분되지만, 경험적으로는 이들을 구별하기 어렵다. 세 개념 자체가 밀접하게 연관되어 있고, 독립적으로 개별 효과를 측정할 지표 역시 충분히 갖고 있지 않기 때문이다. 이러한 근본적 제약 속에서 나이 관련 변수들이 만들어내는 합성 효과를 구별하는 것이 지금까지 사회과학적 세대 연구의 핵심 과제였고 이를 해결하기 위한 다양한 연구 방법들이 고안되었다. APC의 합성 효과를 구분해 개별 효과를 비교하기 위해서는 동일 코호트의 시간 흐름에 따른 태도 차이를 측정하는 종단면 디자인, 동일 시점에서 정치 세대 간의 태도 차이를 측정하는 횡단면 디자인, 다른 시점의 동일 연령대 집단의 태도 차이를 측정하는 시차 연구 디자인의 조합이 필요하다.

일반적으로 연령 집단은 조사 당시 나이, 기간 효과는 조사 연도, 코호트는 출생 연도와 같은 변수들로 측정된다. 그러나 연구의 난관은 우리가 혼재된 나이 효과를 구별하는 데 있어 식별 문제에 직면하게 된다는 것이다. 즉, 셋 중 두 정보로부터 다른 항의 값이 자동 도출되므로, 3개의 미지수(효괏값)와 3개의 정보(변수)가 있는 듯 보이지만, 실제로는 정보 하나가 부족한 셈이 된다. 위의 연구 디자인을 적용하여 APC 효과를 통제된 하나의 개별 효과와 나머지 두 개가 이루는 합성 효과로 나누어 파악할 수는 있지만, 3개의 개별 효괏값으로 명확하게 구분해 내기 어렵다. 이러한 한계가 나이와 정치 성향의 관계에 대한 경험적 연구를 오랜 기간 가로막아 왔다. 기술적으로 완전한 극복 방안은 없으며, 불완전하나마 여러 가지 수단을 통해 이 관계를 엿볼 수 있었을 뿐이다. 대부분 추정 모형에 일정한 제약을 가해서 문제를 피해 갔다. 부가정보를 이용해 세 효과 중 하나를 제외하거나, 아니면 한 효과가 고정되도록 설정하여 개입을 통제하는 방식으로 이 문제에서 벗어날 수 있다. 그 밖에도 세 변수 중 하나를 다른 대리변수로 대체하는 방법도 있다. 하지만 이러한 방법 모두 임기응변일 뿐이고, 매우 특수한 조건에서만 활용 가능해 주의가 필요하다.

13.

윗글의 내용과 일치하지 <u>않는</u> 것은?

① 조사 시기와 조사 당시 연령을 알면 코호트 집단을 특정할 수 있다.

② 트루엣의 연구에 따르면 생애주기 효과는 개인의 사회경제적 배경과는 무관하다.

③ 식별 문제의 해결을 위한 방편으로 추정 모형에 제약 조건을 적용하기도 한다.

④ 문제 해결을 위해 세 변수 중 하나를 다른 대리변수로 대체하는 방법을 사용하기도 한다.

⑤ 나이와 정치 성향과의 관계 연구에서 APC의 개별 효과를 각각 구분해 내는 방법은 아직 없다.

문항 성격 문항유형 : 정보의 확인과 재구성

내용영역 : 사회

평가 목표 이 문항은 제시문에서 설명하고 있는 APC 효과의 개념과 정의, 그리고 APC 효과의 측정과 분석을 위한 연구 방법론을 이해하고 있는지 묻는 문항이다.

문제 풀이 정답 : ②

코호트 효과(C), 생애주기 효과(A), 기간 효과(P)의 주요 내용과 개념을 이해하고, APC 효과가 실제 연구에서 어떻게 측정되는지 설명하는 제시문의 내용에 부합하는 선택지를 골라야 한다. 특히 이 문항은 3개의 효과가 경험적으로 어떠한 변수들로 측정되는지, 그렇게 사용되는 세 변수(조사 당시 나이, 조사 연도, 출생 연도)가 서로 어떤 연관성을 갖고 있는지, APC 효과를 3개의 효괏값으로 구분해 내는 데 있어 어떤 방법론적 한계가 존재하는지 이해해야 한다.

정답 해설 ② 제시문 두 번째 단락 "트루엣은 약 30,000명의 버지니아 주민들을 대상으로 생애주기별 보수주의 점수를 측정하면서 50세 이후에는 보수화 성향이 지속되는 것을 확인하였다. 그에 따르면 성별, 거주지별, 교육수준별로 약간의 차이는 있지만 20~30대에는 낮은 보수주의 점수가 안정적으로 이어지는 반면, 30~40대를 거치면서 이 점수가 급격히 높아지며, 50세 이후부터 생애주기의 끝까지 높은 보수주의 점수가 유지된다."로부터 생애주기 효과는 개인의 성별, 거주지별, 교육수준별에 따라 차이가 있다는 것을 알 수 있다. 따라서 트루엣의 연구에 따르면 생애주기 효과는 개인의 사회경제적 배경과 유관히디.

오답 해설 ① 제시문 마지막 단락 "일반적으로 연령 집단은 조사 당시 나이, 기간 효과는 조사 연도, 코호트는 출생 연도와 같은 변수들로 측정된다. … 셋 중 두 정보로부터 다른 항의 값이 자동 도출되므로…"로부터 주어진 두 정보로부터 다른 하나의 정보가 도출된다는 것을 알 수 있다. 따라서 코호트 측정을 위해 사용하는 변수인 출생 연도는 나머지 두 변수, 즉 조사 당시 나이와 조사 연도로부터 도출된다는 것은 윗글의 내용과 일치한다.

③ 제시문 마지막 단락 "기술적으로 완전한 극복 방안은 없으며, 불완전하나마 여러 가지 수단을 통해 이 관계를 엿볼 수 있었을 뿐이다. 대부분 추정 모형에 일정한 제약을 가해서 문제를 피해 갔다. 부가정보를 이용해 세 효과 중 하나를 제외하거나, 아니면 한 효과가 고정되도록 설정하여 개입을 통제하는 방식으로 이 문제에서 벗어날 수 있다. 그 밖에도 세 변수 중 하나를 다른 대리변수로 대체하는 방법도 있다. 하지만 이러한 방법 모두 임기응변일 뿐이고, 매우 특수한 조건에서만 활용 가능해 주의가 필요하다."로부터 식별 문제 해결을 위해 추정 모형에 제약을 가하는 방식이 사용되고 있음을 알 수 있다.

④ 제시문 마지막 단락 "기술적으로 완전한 극복 방안은 없으며, 불완전하나마 여러 가지 수단을 통해 이 관계를 엿볼 수 있었을 뿐이다. 대부분 추정 모형에 일정한 제약을 가해서 문제를 피해 갔다. 부가정보를 이용해 세 효과 중 하나를 제외하거나, 아니면 한 효과가 고정되도록 설정하여 개입을 통제하는 방식으로 이 문제에서 벗어날 수 있다. 그 밖에도 세 변수 중 하나를 다른 대리변수로 대체하는 방법도 있다. 하지만 이러한 방법 모두 임기응변일 뿐이고, 매우 특수한 조건에서만 활용 가능해 주의가 필요하다."로부터 식별 문제 해결을 위해 세 변수 중 하나를 다른 대리변수로 대체하는 방법이 사용된다는 것을 알 수 있다.

⑤ 제시문 마지막 단락 "기술적으로 완전한 극복 방안은 없으며, 불완전하나마 여러 가지 수단을 통해 이 관계를 엿볼 수 있었을 뿐이다. 대부분 추정 모형에 일정한 제약을 가해서 문제를 피해 갔다. 부가정보를 이용해 세 효과 중 하나를 제외하거나, 아니면 한 효과가 고정되도록 설정하여 개입을 통제하는 방식으로 이 문제에서 벗어날 수 있다. 그 밖에도 세 변수 중 하나를 다른 대리변수로 대체하는 방법도 있다. 하지만 이러한 방법 모두 임기응변일 뿐이고, 매우 특수한 조건에서만 활용 가능해 주의가 필요하다."라는 부분을 맥락을 고려하여 엄밀하게 읽으면 다음과 같다. "기술적으로 완전한 극복 방안은 (현재까지) 없으며, 불완전하나마 여러 가지 (보완적) 수단들이 사용되고" 있고, 또한 "이러한 방법 모두 임기응변일 뿐이고, 매우 특수한 조건에서만 (제한적으로) 활용 가능"할 뿐이다. 따라서 이 선택지는 윗글의 내용과 일치한다.

14.

윗글을 바탕으로 추론한 것으로 적절한 것만을 〈보기〉에서 있는 대로 고른 것은?

보 기

ㄱ. 한국 유권자들을 대상으로 2022년 7월 24일에 정치의식 조사를 실시한다면, X세대의 권위주의 성향 점수가 한국 전후 세대보다 평균적으로 낮게 나올 것이다.

ㄴ. 1980년대에 50대였던 영국 전후 세대와 비교해 2010년대에 같은 50대가 된 대처 세대가 평균적으로 더 진보적 정치 성향을 드러내는 조사 결과가 존재한다면, 기간 효과가 주요하게 작용했다고 판단해 볼 수 있다.

ㄷ. 영국의 대처 세대가 30대 때였던 1990년도 조사에서보다 50대가 되어서인 2010년 조사에서 이념적으로 덜 보수적이라는 결과가 나왔다면, 2010년 조사 당시 영국의 다른 정치 코호트들 또한 진보적 분위기의 시대적 영향을 받았을 수 있다.

① ㄱ   ② ㄷ   ③ ㄱ, ㄴ
④ ㄴ, ㄷ   ⑤ ㄱ, ㄴ, ㄷ

문항 성격 문항유형 : 정보의 추론과 해석

내용영역 : 사회

평가 목표 이 문항은 APC 효과 모델을 현실 혹은 가상의 사례에 적용하여 생애주기 효과, 기간 효과, 그리고 코호트 효과의 작용 결과를 추론할 수 있는지 묻는 문항이다.

문제 풀이 정답 : ⑤

제시문을 통해 APC 효과, 즉 생애주기 효과, 기간 효과, 코호트 효과의 개념을 이해하고, 나아가 코호트 효과를 설명하기 위해 언급된 진보적 코호트(영국 전후 세대, 한국 X세대)와 보수적 코호트(한국 전후 세대, 영국 대처 세대)의 이념 성향 및 정치 성향의 특징을 파악해야 한다. 그리고 주어진 정보를 바탕으로 한 국가 내에서 시기적으로 어느 코호트가 선행하는지 파악한 후, 생애주기 효과와 기간 효과의 작용 가운데서 코호트 간 비교를 통해 코호트들의 상대적 정치 성향을 추론할 수 있어야 한다.

〈보기〉 해설 ㄱ. 이 조사는 횡단면 연구 디자인에 해당하는 사례다. 조사 시점은 2022년 7월 24일로 모든 연령 코호트에 동일하게 적용된다. 제시문 세 번째 단락 내용으로부터 조사 시점이 동일할 때 기간 효과는 코호트별로 차별적으로 작용하지 않고

"전 연령 집단의 사고방식이나 인식에 포괄적, 보편적 영향"을 미친다. 한편 제시문 네 번째 단락으로부터 한국 전후 세대 코호트는 "권위주의적 성향과 보수적 정치 성향"이 상대적으로 강하다고 알려져 있다는 것과 "탈권위를 유행시켰던 X세대의 경우 나이가 들어서도 보수화되는 경향이 상대적으로 완만한 것으로 나타났다."는 것을 알 수 있다. 따라서 "나이가 들수록 보수화된다."는 생애주기 효과를 고려할 때, 탈권위적 성향을 특징으로 하는 X세대가 본래 보수적이고 권위주의적 성향을 특징으로 하는 한국 전후 세대보다 2022년 조사 시점에서 권위주의 성향 점수가 평균적으로 더 낮게 나올 것이라는 것을 추론할 수 있다.

ㄴ. 이 조사는 시차 연구 디자인에 해당하는 사례다. 비교 대상이 되는 코호트 그룹의 경우 서로 다른 코호트지만 동일하게 50대로 연령대를 고정하여 나이가 들며 보수화되어 간다는 생애주기 효과의 개입을 통제하려는 연구 디자인을 적용한 것이다. 여기서 비교 대상이 되는 두 코호트는 각각 진보적 성격의 코호트(영국 전후 세대)와 보수적 성격의 코호트(영국 대처 세대)이다. "나이가 들면서 완고성이 증가하여 큰 변화 없이 지속"되는 코호트 효과의 관점에서 볼 때, 본래 보수적 성격이 강한 대처 세대는 같은 연령대(50대 기준) 기준으로 본래 진보적 성격이 강한 영국 전후 세대보다 더 보수적인 정치 성향을 가져야 한다. 그런데 대처 세대가 영국 전후 세대보다 더 진보적인 성향을 갖게 되는 조사 결과가 나왔다면, 이러한 조사 결과에 영향을 준 주요 원인은 기간 효과라고 추론할 수 있다. 기간 효과란 "특정 조사 시점의 영향을 받아 나타나는" 효과로 "전 연령 집단의 사고방식이나 인식에 포괄적, 보편적 영향을" 미친다. 따라서 영국 전후 세대가 50대가 된 1980년대의 조사 시점에 사회적 분위기가 보수적이었거나 또는 대처 세대가 50대가 된 2010년 조사 시점에 사회적 분위기가 진보적이었기 때문에 그러한 조사 결과가 나왔다고 볼 수 있다. 기간 효과가 주요하게 작용했다는 추론은 적절하다.

ㄷ. 이 조사는 종단면 연구 디자인에 해당하는 사례다. 영국의 대표적인 보수적 정치 코호트인 대처 세대를 동일 코호트로 고정(코호트 효과 통제)하여 시간의 흐름에 따라 정치 성향의 변화를 측정하고 있다. 보수적 정치 성향을 특징으로 형성된 대처 세대가 1990년도 조사에서보다 2010년 조사에서, 생애주기 효과에 따른 보수화 성향 기대에도 불구하고 과거 30대 때보다 이념적으로 덜 보수적이라는 결과가 나왔다면, 이는 2010년 조사 시점의 진보적인 시대적 트렌드의 영향이 기간 효과로서 작용했을 수 있다는 합리적 추론을 가능하게 한다. 나아가 대처 세대뿐만 아니라 영국의 다른 정치 코호트들 또한 2010년 같은 조사에서 진보적 분위기의 시대적 영향을 받았을 수 있다고 추론할 수 있다.

〈보기〉에서 적절한 추론 ㄱ, ㄴ, ㄷ을 모두 포함한 ⑤가 정답이다.

274

15.

윗글을 바탕으로 〈보기〉의 내용을 이해한 것으로 가장 적절한 것은?

아래 그림은 나이의 정치적 효과를 측정하기 위한 연구 디자인을 도식화한 것이다. 조사는 t1, t2의 시점에 이루어졌다. A(t1)와 B(t1)는 각각 t1 기준 청년 코호트와 중년 코호트를 나타내며, 시간이 경과한 t2에는 각각 중년기와 노년기에 이르게 된다.

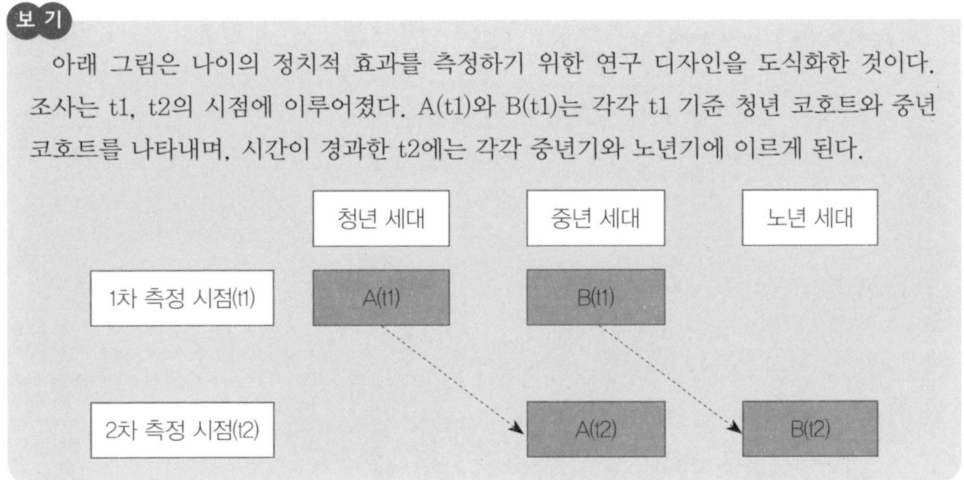

① A(t1)와 A(t2)의 차이는 코호트를 고정한 채 도출해 낸, 기간 효과와 코호트 효과의 합성 효과이다.

② A(t1)와 B(t1)의 차이는 동일 시간대의 다른 코호트 간 차이를 측정하는 종단면적 연구 디자인을 적용하여 알 수 있다.

③ A(t2)와 B(t2)의 차이는 조사 시점을 고정하여 얻은 코호트 간 차이로서 생애주기 효과의 개입이 통제되고 있다.

④ B(t1)와 A(t2)의 차이는 다른 시점의 동일 연령대 집단의 태도 차이를 비교하는 시차 연구 디자인을 적용하여 알 수 있지만, 기간 효과와 코호트 효과를 구분하기 어렵다.

⑤ B(t1)와 B(t2)의 차이는 동일 연령대 집단의 태도 차이를 측정하는 시차 연구 디자인을 적용하여 알 수 있다.

문항 성격	문항유형 : 정보의 평가와 적용
	내용영역 : 사회
평가 목표	이 문항은 제시문에서 설명된 종단면 디자인, 횡단면 디자인, 시차 연구 디자인을 생애주기 효과, 기간 효과, 코호트 효과와 연결하여 이해할 수 있는지 평가하기 위해 설계되었다.

종단면 디자인, 횡단면 디자인, 시차 연구 디자인을 이해하고, 이를 〈보기〉의 도식에 적용하여 각각의 선택지를 평가할 수 있어야 한다.

정답 해설 ④ B(t1)와 A(t2)의 차이는 다른 시점의 동일 연령대(중년 세대) 집단의 태도 차이를 비교하는 연구를 통해 알 수 있다. 그런데 이렇게 시차 연구 디자인을 적용하게 되면, 연령대가 동일하게 고정되어 생애주기 효과가 통제되지만, 그 차이 효과는 나머지 두 개의 효과, 즉 코호트 효과(A와 B 차이)와 기간 효과(t1과 t2의 차이)의 합성 효과이다. 따라서 B(t1)와 A(t2)의 비교를 통해 기간 효과와 코호트 효과를 구분하기 어렵다.

오답 해설 ① A(t1)와 A(t2)의 차이는 코호트를 고정한 채 도출해 낸 생애주기 효과와 기간 효과의 합성 효과의 결과이다.

② A(t1)와 B(t1)의 차이는 t1이라는 동일 시간대의 다른 코호트 간 차이를 측정하는 횡단면적 연구 디자인을 적용하여 알 수 있다.

③ A(t2)와 B(t2)의 차이는 조사 시점을 t2로 고정하여 얻은 코호트 간 차이로, 이 차이는 기간 효과의 개입이 통제된 상태에서 코호트 효과와 생애주기 효과의 합성 효과의 결과이다. 따라서 생애주기 효과의 개입이 통제되고 있다는 것은 적절하지 않다.

⑤ B(t1)와 B(t2)의 차이는 동일 코호트의 시간 흐름에 따른 태도 차이를 측정하는 종단면 디자인을 적용하여 알 수 있다.

[16~18] 다음 글을 읽고 물음에 답하시오.

(가)

1960년대 근대화 담론은 해방과 분단으로 공고화된 민족주의를 경제성장의 동력으로 동원한다. 민족주의에 기반한 근대화를 비판하는 것이 용인되지 않았던 분위기에서, 김자림의 희곡 「이민선」(1964)은 이민과 여성을 매개로 시대의 단층을 드러낸다.

당시 브라질 영농 이민은 경제성장뿐 아니라 인구 억제를 위해 산업화 과정에서 도태된 국민들을 겨냥하고 있었다. 「이민선」의 중심 서사를 이루는 창수네 일가를 살펴보자. 창수에게 브라질은 사탕무를 심어 부를 일구는 미래다. 해방을 맞아 귀국하던 감격을 잊지 못하는 창수댁은 이민으로 고향을 떠나야 하는 회한에서 쉽게 벗어나지 못한다. 아들 만세는 농업에는 관심이 없고 이민

을 통해 예술로 "세계 속에 한국을 이해시키는 정신적 지주"가 되기를 바란다. 딸 소라는 성인임에도 원숭이 인형을 들고 다니며 유년기의 감상에서 벗어나지 못한 인물로, 이민을 '속일 줄도 속을 줄도 모르는 그대로의' 존재인 인형의 고향에 가는 여정으로 생각한다. 창수의 처남 덕보는 제대 후 실업자로 있다가 속이고 미워하는 아수라장 같은 이 땅에 지쳐 이민을 결심한다. 이민단의 다른 가족도 사정이 있다. 득찬은 실업 상태를 견디다 못해 아내와 자식, 아버지와 동생까지 데리고 왔다. 월남민 피양댁은 이민을 위해 깡패 물개와 복덕방 영감을 끌어들여 가족을 급조하고 돈으로 좌지우지한다. 피양댁의 친딸 보비도 이민단에 동참하나 조국에서 추방되는 듯하여 소극적이다.

세 일가가 부산에 도착해 이민을 축하하는 파티까지 열었지만, 창수네 일가는 빚보증 때문에, 피양댁 일가는 물개에 얽힌 투서 때문에 이민선을 타지 못하고 보름 가량을 보낸다. 그동안 보비는 만세의 포부에 감동하고 그의 연인이자 이민의 지지자가 된다. 창수는 피양댁의 요구대로 헐값에 땅을 팔려 하나 무산되었다. 이민선이 출항하기 전날, 창수는 다른 해결의 실마리를 찾았고, 소라는 그녀를 백치로 여기던 물개에게 겁탈당한 뒤 바다에 투신한다. 이에 이민을 포기하려 했던 만세는 이상을 포기하지 말라는 보비의 독려로 의지를 회복하지만, 창수댁은 이민선 탑승 직전 소라의 버려진 인형을 발견하고 착란을 일으켜 지금을 해방 후 귀국하던 날로 안다. 애국가의 주악 소리를 배경으로 창수 일가는 착란 상태의 창수댁을 부축하여 승선한다.

「이민선」은 근대화를 이민으로 은유하면서도 여성에 대한 억압과 배제의 모습을 출항하는 이민선의 얼룩처럼 남겨둔다. 개인들의 합의를 유보한 채 미래의 환상을 내세워 이민을 이끌어가는 남성들의 강박이 암시되는 것이다. 여성인물들은 전쟁을 거치며 요구되었던 가정과 국가에 헌신하는 '좋은' 여성의 상과, 비난의 대상이던 성적 만족과 이익을 좇다 파멸하는 '나쁜' 여성의 상 사이의 다양한 빛깔로 남아 있다. 그럼에도 작품에서 여성인물들은 자기 안에 잠재된 사회·역사적 비판의 가능성을 충분히 펼치지는 못했다. 창수댁의 정신 착란이나 소라의 인형 등이 얼룩처럼 남지만 이민선은 가족을 태우고 출항한다. 바로 여기에서 여성인물을 통해 당대를 문제시하면서도, 한편으로 그에 대한 회의를 접어두고 근대화 논리에 수긍하는 여성 극작가의 모순된 정체성을 읽을 수 있다.

(나)
[부산에 도착한 첫날 밤 세 가족은 파티를 연다.]
창수댁 : (한쪽이 터진 트렁크를 들고) 여보, 이것 좀 보세요. 뚜껑을 덮으니까 또 터지겠쇼. (돌아
　　　　보지 않는 창수를 보고) 아니 여보, 당신은 남의 것을 보듯 거들떠보지도 않는구려. (창
　　　　수, 외면하고 서 있다.)

창　수 : 인젠 제에발 그 구질구질한 짐짝을 끌구 다니지 말자구 했잖소. [……] 바다 깊이 때 묻은 과거를 수장해 버리란 말요. 새로운 옷을 입으려거든 낡은 것을 미련 없이 벗어 버려야 하는 거야.

창수댁 : (트렁크를 뺏으며) 안 돼요. 하나두 버릴 수 없어요. 이것들은 지난 세월을 말해 주는 웃음과 울음과 한숨이 섞여 부서진 감정의 파편들이에요.

창　수 : (끌어 올리며) 지지리 못난 여편네야. (점점 흥분된 어조로) 우리는 내일 새벽 떠나는 거야. 우리의 이민선 쨍카호를 타고 신천지를 향해 저 푸른 바다를 뚫구 나가는 거야. 예수가 죽음에서 부활하듯이 우리도 다시 사는 거야. (돌아보며) 그러니 그 구질구질한 과거는 저 바다에 처넣으란 말이야. (광적인 몸부림으로) 자 여러분 술, (컵을 들고) 이 번쩍이는 소망에 행운이 있으라.

모　두 : (술잔을 쳐들고) 브라보!

창수댁 : 만세야, 이 노끈으로 같이 얽어매 보자. 손을 빌어라.

득　찬 : 자 누구든지 나와 춤을 춰요, 소리두 하구.

영　찬 : 내 소리 한 마디 하겠어요.

모　두 : 여—(좋아라 박수를 친다.)

　영찬, 장타령*을 하며 신나게 엉덩이춤을 춘다. 모두들 손뼉으로 박자를 맞춘다.

창　수 : 여보게들, 우리 이다음엔 상파울루 제일가는 호텔에서 만나세. 거기서 우린 샴페인을 펑펑 터뜨리구 갓 구운 칠면조 고기를 뜯으면서 우리들의 성공담을 신나게 지껄여 보세나, 하하…….

　일동, 왁자지껄 웃어 댄다.

덕　보 : (불쑥 튀어나오더니 목멘 소리로) 그, 그만들 하슈, 그만. (괴로운 듯 머리를 움켜쥐며) 제에발 부탁이오. [……] 그렇지 않아도 우린 거, 거지 떼……. (영찬, 천천히 일어선다.)

모　두 : 뭐?

덕　보 : (고개를 쳐들며) 유쾌한 거지 떼지 뭡니까?

– 김자림, 「이민선」 –

*장타령 : 동냥하는 사람이 돌아다니며 구걸을 할 때 부르는 노래

16.

윗글의 내용에 대한 이해로 적절하지 <u>않은</u> 것은?

① 만세는 이민선에 오를 때까지 적극적인 이민 의지로 일관한 반면, 보비는 이민에 소극적인 태도를 지녔다가 변화한다.

② 창수는 브라질에 대한 환상을 바탕으로 이민의 현실을 낙관하는 반면, 덕보는 이민의 현실을 비판적으로 본다.

③ 덕보는 사회의 비정함을 비관하며 이민에 접근하는 반면, 소라는 순수함을 동경하며 이민에 접근한다.

④ 창수는 경제적인 성공이 이민의 목표인 반면, 만세는 예술을 통한 국위 선양이 이민의 목표이다.

⑤ 피양댁은 이민을 위해 가족을 새로 구성하는 반면, 득찬은 기존의 가족 관계를 유지한다.

문항 성격	문항유형 : 정보의 확인과 재구성
	내용영역 : 인문
평가 목표	이 문항은 제시문에 등장하는 작품 속 인물들의 성격을 이해하고 있는지 묻는 문항이다.
문제 풀이	정답 : ①

제시문 (가)를 통해 설명된 김자림의 희곡 「이민선」의 줄거리를 이해하고 인물들 간 성격의 차이를 두 대상의 비교를 중심으로 파악해야 한다.

정답 해설 ① 만세는 이민을 통해 예술로 "세계 속에 한국을 이해시키는 정신적 지주"가 되기를 바랐으나, 소라가 투신함에 따라 이민을 포기하려 했다. 이상을 포기하지 말라는 보비의 독려로 만세는 의지를 회복하지만, 만세가 적극적인 이민 의지를 일관적으로 유지하고 있었다고는 할 수 없다. 보비의 경우 제시문 (가)의 두 번째 단락 "피양댁의 친딸 보비도 이민단에 동참하나 조국에서 추방되는 듯하여 소극적이다."와 세 번째 단락 "그동안 보비는 만세의 포부에 감동하고 그의 연인이자 이민의 지지자가 된다."로부터 소극적인 상태에서 변화함을 알 수 있다.

오답 해설 ② 제시문 (가)의 두 번째 단락 "창수에게 브라질은 사탕무를 심어 부를 일구는 미래다."와 제시문 (나)의 창수의 대사인 "우리의 이민선 쨍카호를 타고 신천지를 향해 저 푸른 바다를 뚫구 나가는 거야. 예수가 죽음에서 부활하듯이 우리도 다시 사는 거야.", "우리 이다음엔 상파울루 제일가는 호텔에서 만나세. 거기서 우린 샴페인을 펑펑 터뜨리구 갓 구운 칠면조 고기를 뜯으면서 우리들의 성공담을 신나게 지껄여 보세나."에서 창수가 '브라질에 대한 환상을 바탕으로 이민의 현실을 낙관'함을 알 수 있다. 또한 (가)의 두 번째 단락 "창수의 처남 덕보는 제대후 실업자로 있다가 … 이민을 결심한다."와 (나)에서 동냥하는 사람들이 부르는 노래인 장타령과 등장인물들의 반응을 보고 난 후 덕보의 대사인 "(불쑥 튀어나오더니 목멘 소리로) 그, 그만들 하슈. 그만. (괴로운 듯 머리를 움켜쥐며) 제에발 부탁이오. [……] 그렇지 않아도 우린 거, 거지 떼…….", "(고개를 쳐들며) 유쾌한 거지 떼지 뭡니까?"에서 덕보가 이민단에 참여하고 있으나 '이민의 현실을 비판적으로' 보고 있음을 알 수 있다.

③ 제시문 (가)의 두 번째 단락 "창수의 처남 덕보는 … 속이고 미워하는 아수라장 같은 이 땅에 지쳐 이민을 결심한다."와 "딸 소라는 성인임에도 원숭이 인형을 들고 다니며 유년기의 감상에서 벗어나지 못한 인물로, 이민을 '속일 줄도 속을 줄도 모르는 그대로의' 존재인 인형의 고향에 가는 여정으로 생각한다."에서 덕보는 '사회의 비정함을 비관'하고 소라는 '순수함을 동경'하며 이민에 접근하고 있음을 알 수 있다.

④ 제시문 (가)의 두 번째 단락 "창수에게 브라질은 사탕무를 심어 부를 일구는 미래다."와 "아들 만세는 농업에는 관심이 없고 이민을 통해 예술로 "세계 속에 한국을 이해시키는 정신적 지주"가 되기를 바란다."에서 창수는 '경제적인 성공'이. 만세는 '예술을 통한 국위 선양'이 이민의 목표임을 알 수 있다.

⑤ 제시문 (가)의 두 번째 단락 "득찬은 실업 상태를 견디다 못해 아내와 자식, 아버지와 동생까지 데리고 왔다. 월남민 피양댁은 이민을 위해 깡패 물개와 복덕방 영감을 끌어들여 가족을 급조하고 돈으로 좌지우지한다."에서 이 선택지가 윗글의 내용에 대한 이해로 적절함을 알 수 있다.

17.

여성인물을 형상화하는 극작가의 관점을 추론한 것으로 적절하지 <u>않은</u> 것은?

① 경제적 이해타산을 중시했던 피양댁을 통해 남성중심적 근대화가 요구하는 '좋은' 여성상을 형상화한다.

② 물개에게 폭력을 당한 소라를 통해 남성중심적 근대화에서 희생되는 전후 여성의 현실을 형상화한다.

③ 이민을 함께 하지 못하게 된 소라를 통해 성장 지향의 근대화에서 낙오된 전후 여성의

일면을 형상화한다.

④ 민족적 열정을 지닌 남성 주체와 관계를 맺고 있는 보비를 통해 근대화의 논리에 젖어 드는 전후 여성의 양상을 형상화한다.

⑤ 정신 착란에 빠진 채 이민선에 타게 되는 창수댁을 통해 근대화 과정에 강제로 참여할 수밖에 없었던 전후 여성의 모습을 형상화한다.

문항 성격	문항유형 : 정보의 추론과 해석
	내용영역 : 인문
평가 목표	이 문항은 제시문에 등장하는 정보를 바탕으로 여성인물을 형상화하는 극작가의 관점을 추론할 수 있는지 묻는 문항이다.
문제 풀이	정답 : ①

여성 극작가 김자림의 「이민선」은 1960년대 민족주의를 기반한 근대화를 비판하는 것이 용인되지 않았던 분위기와는 다소 방향을 달리하고 있다. 제시문 (가)의 두 번째와 세 번째 단락은 인물과 줄거리 정보를 제시한다. '여성인물'의 경우, 소라와 창수댁의 형상화에서는 이민의 과정에서 발생한 폭력이나, 소라의 겁탈 및 투신 과정과 이 때문에 일어난 창수댁의 착란 과정이 드러나 있으며, 다른 여성인물들은 남성인물의 민족 이념에 '감동'하여 위기의 상황에서 의지를 북돋우거나, 이민 과정에서 경제적 이익을 추구하는 양상을 보인다. 결말에서 이민선은 착란 상태의 창수댁을 태운 채 출항한다. 이에 대하여 (가)의 네 번째 단락에서는 작품에서 이민은 근대화의 은유이며, '여성인물'을 통해 개인의 합의를 유보한 채 미래의 환상을 내세운 "남성들의 강박"을 드러내고 있음을 서술한다. 그리하여 '여성인물'을 통해 당대 근대화를 문제시하면서도, 전쟁을 거치며 요구되거나 비판된 여성의 상 사이의 다양한 면모를 보여주고 있으며 또 한편으로는 근대화에 대한 온전한 저항이나 회의만으로 볼 수 없는 면이 있어, 근대화의 논리에 수긍하는 작가의 "모순된 정체성"의 면모가 드러남을 서술한다. 이와 같은 내용을 바탕으로 여성인물을 형상화하는 극작가의 관점을 추론해야 한다.

정답 해설 ① 피양댁은 "이민을 위해 깡패 물개와 복덕방 영감을 끌어들여 가족을 급조하고 돈으로 좌지우지한다." 그리고 "창수는 피양댁의 요구대로 헐값에 땅을 팔려 하나 무산되었다." 이를 바탕으로 피양댁이 '경제적 이해타산'을 중시했음을 알 수 있나. 한편 제시문 (가)의 네 번째 단락에서 전쟁을 거치며 요구되었던 "가정과 국가에 헌신하는 '좋은' 여성의 상"이 제시된다.

피양댁이 경제적 이해타산에 관심을 기울인 점은 '남성중심적 근대화'와 유사한 점이 있다. 이민이 근대화의 은유라는 관점에서 "미래의 환상을 내세워 이민을 이끌어가는 남성들의 강박"을 '남성중심적 근대화'로 이해할 수 있기 때문이다. 그러나 '가족을 돈으로 급조하고 돈으로 좌지우지한 것'을 가족에 대한 헌신을 형상화한 것으로 해석할 수 없고, 이민단의 일원이었던 창수의 곤란을 이용하여 헐값에 땅을 팔려 하는 것을 집단에 대한 헌신의 면모로 해석할 수 없다. 그러므로 극작가가 피양댁을 통해 남성중심적 근대화가 요구하는 '좋은' 여성상을 형상화한다고 추론할 수는 없다.

 ② 소라는 피양댁의 급조된 가족이 되어 이민단에 참여한 깡패 물개에게 "백치"로 여겨지고 겁탈을 당한다. 이는 제시문 (가)의 네 번째 단락에서 "개인들의 합의를 유보한 채 … 이민을 이끌어가는 남성들의 강박"으로 표현되는 '남성중심적 근대화'의 과정에서 발생한 전후 여성의 희생을 극작가가 형상화하는 것으로 추론할 수 있다.

③ 소라는 겁탈당한 뒤 "바다에 투신한다. 이에 이민을 포기하려 했던 만세는 이상을 포기하지 말라는 보비의 독려로 의지를 회복하지만, 창수댁은 이민선 탑승 직전 소라의 버려진 인형을 발견하고 착란을 일으켜 지금을 해방 후 귀국하던 날로 안다." 이로부터 소라가 '이민을 함께 하지 못하게 된' 것을 알 수 있다. 제시문 (가)의 두 번째 단락에서 영농 이민은 "경제성장뿐 아니라 인구 억제를 위해 산업화 과정에서 도태된 국민들을 겨냥하고 있었"으며 소라는 "유년기의 감상에서 벗어나지 못한 인물로, 이민을 '속일 줄도 속을 줄도 모르는 그대로의' 존재인 인형의 고향에 가는 여정으로 생각"하고 있었음을 알 수 있다. 따라서 소라의 이민은 '성장' 지향과 부합하지 않는다. 이상의 내용을 종합하면 '성장 지향의 근대화 과정'에 부합하지 않는 전후 여성들이 낙오되는 일면을 극작가가 형상화하는 것으로 추론할 수 있다.

④ 만세는 "예술로 "세계 속에 한국을 이해시키는 정신적 지주"가 되기를" 바라는 인물인데, 보비는 이러한 "만세의 포부에 감동하고 그의 연인이자 이민의 지지자가 된다." 나아가 만세가 이민을 포기하려 하자 이상을 포기하지 말라 독려하기까지 한다. 이는 보비를 통해 민족주의를 동력으로 삼은 전후의 근대화 논리에 전후 여성들이 이끌리는 양상을 극작가가 형상화한 것으로 추론할 수 있다.

⑤ 창수댁은 "소라의 버려진 인형을 발견하고 착란을 일으켜 지금을 해방 후 귀국하던 날로 안다. 애국가의 주악 소리를 배경으로 창수 일가는 착란 상태의 창수댁을 부축하여 승선한다." 따라서 창수댁의 승선은 자발적인 것으로 볼 수 없으며, 이는 "개인들의 합의를 유보한 채 미래의 환상을 내세워 이민을 이끌어가는 남성들의 강박"과 이어진다. 이는 전후 여성들이 '근대화 과정에 강제로 참여할 수밖에 없었던' 모습을 극작가가 형상화하는 것으로 추론할 수 있다.

18.

(가)를 바탕으로 (나)를 감상할 때 가장 적절한 것은?

① '한쪽이 터진 트렁크'는 과거의 경험에 대한 등장인물들의 유사한 태도를 보여주는군.
② '바다'는 등장인물이 육체적 죽음을 극복하고 정신의 재생을 꿈꾸는 공간이군.
③ '이민선'은 격정적인 기억 속의 '신천지'로 등장인물을 인도하는 상징이군.
④ '노끈'은 등장인물의 파편화된 기억을 원래대로 복원하려는 의지를 보여주는군.
⑤ '장타령'은 낙관적인 기대에 부푼 등장인물들이 현재의 처지를 환기하도록 하는 계기이군.

문항 성격	문항유형 : 정보의 평가와 적용 내용영역 : 인문
평가 목표	이 문항은 「이민선」에 대한 (가)의 정보와 입장을 (나)의 해석과 감상에 적절히 활용할 수 있는지를 묻는 문항이다.
문제 풀이	정답 : ⑤

제시문 (가)의 세 번째 단락에서 "세 일가가 부산에 도착해 이민을 축하하는 파티까지 열었지만, 창수네 일가는 빚보증 때문에, 피양댁 일가는 물개에 얽힌 투서 때문에 이민선을 타지 못하고 보름 가량을 보낸다."와 (나)의 "부산에 도착한 첫날 밤 세 가족은 파티를 연다."를 통해 (나)의 장면이 창수네 가족의 위기가 닥치기 전의 사건임을 알 수 있다. (나)에서 '한쪽이 터진 트렁크', '이민선', '바다', '노끈', '장타령'을 (가)에서 제시되는 줄거리와 시대적 배경, 인물 정보, 이민의 비판적 형상화의 함의를 토대로 적절하게 감상할 수 있어야 한다.

정답 해설   ⑤ 제시문 (나)에서 영찬이 벌이는 '장타령'은 파티에 참석한 등장인물들의 호응을 얻는다. 이는 등장인물들이 품은 브라질 이민에 대한 낙관적인 기대와 이어져 있으며, '장타령'을 들으며 이어지는 창수의 대사에서도 확인된다. 그러나 덕보는 '거지'를 연상시키는 '장타령'을 계기로 변화를 일으키는데, '장타령'이 이어지는 가운데 덕보는 "불쑥 튀어나오더니 목멘 소리로" "그, 그만들 하슈 … 우린 거, 거지 떼"라 한다. 이 장면에서 앞에서 이어진 '장타령'을 부르는 장면이 전환됨을 알 수 있다. '영찬, 천천히 일어신다'는 행동지시문 역시 이러한 사태를 보여준다. 이어지는 덕보의 "유쾌한 거지 떼"라는 대사는 세 일가가 이민을 결정할 수밖에 없었던 상황과 영농 이민이 "산업화 과정에서 도태된 국민들을 겨냥"하고 있었다는 정보를 토대로 그 의미가 파악된다. 이러한 관점에서 '장타령'은 낙관적인 기대에 부푼 등장인물들이 현재의 처지를 환기하도록 하는 계기로 작용하는 것으로 감상할 수 있다.

 ① 창수는 '한쪽이 터진 트렁크'를 "구질구질한 짐짝"이며, 이를 "끌구 다니지 말" 것을 지시한다. 반면 창수댁은 "트렁크를 뺏으며" "나두 버릴 수 없어요. 이것들은 지난 세월을 말해 주는 웃음과 울음과 한숨이 섞여 부서진 감정의 파편들이에요."라며 이에 항변한다. (가)의 두 번째 단락에서 창수는 "브라질은 … 부를 일구는 미래"로 보는 인물로, 창수댁은 '해방을 맞아 귀국하는 감격을 잊고 고향을 떠나는 회한'에 젖어 있는 인물로 설명된 점에서 볼 때, 위의 장면은 창수와 창수댁의 과거에 대한 유사한 태도를 보여주는 것으로 볼 수 없다.

② 제시문 (나)의 창수의 대사에서 등장하는 '바다'는 "때 묻은 과거를 수장"하는 공간이며, "신천지를 향해 … 뚫구 나가는" 공간으로, 그 과정에서 그는 "구질구질한 과거는 저 바다에 처넣"을 것을 명령한다. 그러므로 '바다'는 창수가 과거를 잊고 미래를 향해 나아가고자 하는 공간을 상징하는 것으로 볼 수 있다. 그런데 (나)는 소라의 투신이 일어나기 전의 장면이므로 바다에 처넣을 과거에 소라의 투신은 포함되어 있지 않다. 그러므로 '바다'에서 '육체적 죽음의 극복'과 같은 의미를 읽어내는 것은 적절하지 않은 감상이다.

③ 제시문 (나)의 창수의 대사 속 '이민선'은 창수를 비롯한 등장인물들을 '신천지'로 나아가도록 인도하는 상징이다. (가)에서 창수가 브라질을 "미래"로 보는 것 역시 이에 부합한다. 이를 상상하면서 창수는 격정적인 감정에 휩싸이지만, 신천지는 '기억 속'의 대상은 아니다. 이민선을 타고 도달하는 '신천지'는 '미래'를 향하는 환상을 상징하며, '과거'와는 대척점에 있다.

④ 제시문 (나)의 '노끈'은 창수댁이 '한쪽이 터진 트렁크'에 담겨 있는 "웃음과 울음과 한숨이 섞여 부서진 감정의 파편들"을 엮어 흩어지지 않고자 임시로 수리하는 도구다. (가)의 두 번째 단락 "해방을 맞아 귀국하던 감격을 잊지 못하는 창수댁은 이민으로 고향을 떠나야 하는 회한에서 쉽게 벗어나지 못한다."로부터 '노끈'을 창수댁의 기억의 보존 의지를 보여주는 것으로 감상할 수 있다. 그러나 이것이 창수댁의 파편화된 기억을 '원래대로 복원'하려는 의지를 보여준다는 것은 감상으로 적절하지 않다.

[19~21] 다음 글을 읽고 물음에 답하시오.

제도의 선택에 대한 설명에는, 합리적인 주체인 사회 구성원들이 사회 전체적으로 가장 이익이 되는 제도를 채택한다고 보는 효율성 시각과 이데올로기·경로의존성·정치적 과정 등으로 인해 효율적 제도의 선택이 일반적이지 않다고 보는 시각이 있다. 효율성 시각은 어떤 제도가 채택되고 지속될 때는 그만한 이유가 있을 것이라는 직관적 호소력을 갖지만, 전통적으로는 특정한 제도가 한 사회에 가장 이익이 되는 이유를 제시하는 설명에 그치고 체계적인 모델을 제시하지는 못했다고 할 수 있다. 이런 난점들을 극복하려는 제도가능곡선 모델 은, 해결하려는 문제에 따라 동일한 사회에서 다른 제도가 채택되거나 또는 동일한 문제를 해결하기 위해 사회에 따라 다른 제도가 선택되는 이유를 효율성 시각에서도 설명할 수 있게 해준다.

바람직한 제도에 대한 전통적인 생각은 시장과 정부 가운데 어느 것을 선택해야 할 것인가를 중심으로 이루어졌다. 그러나 제도가능곡선 모델은 자유방임에 따른 무질서의 비용과 국가 개입에 따른 독재의 비용을 통제하는 데에는 기본적으로 상충관계가 존재한다는 점에 착안한다. 힘세고 교활한 이웃이 개인의 안전과 재산권을 침해할 가능성을 줄이려면 국가 개입에 의한 개인의 자유 침해 가능성이 증가하는 것이 일반적이라는 것이다. 이런 상충관계에 주목하여 이 모델은 무질서로 인한 사회적 비용(무질서 비용)과 독재로 인한 사회적 비용(독재 비용)을 합한 총비용을 최소화하는 제도를 효율적 제도라고 본다.

가로축과 세로축이 각각 독재 비용과 무질서 비용을 나타내는 평면에서 특정한 하나의 문제를 해결하기 위한 여러 제도들을 국가 개입 정도 순으로 배열한 곡선을 생각해 보자. 이 곡선의 한 점은 어떤 제도를 국가 개입의 증가 없이 도달할 수 있는 최소한의 무질서 비용으로 나타낸 것이다. 이 곡선은 한 사회의 제도적 가능성, 즉 국가 개입을 점진적으로 증가시키는 제도의 변화를 통해 얼마나 많은 무질서를 감소시킬 수 있는지를 나타내므로 ㉠제도가능곡선이라 부를 수 있다. 이때 무질서 비용과 독재 비용을 합한 총비용의 일정한 수준을 나타내는 기울기 −1의 직선과 제도가능곡선의 접점에 해당하는 제도가 선택되는 것이 효율적 제도의 선택이다. 이 모델은 기본적으로 이 곡선이 원점 방향으로 볼록한 모양이라고 가정한다.

제도가능곡선 위의 점들 가운데 대표적인 제도들을 공적인 통제의 정도에 따라 순서대로 나열하자면 1) 각자의 이익을 추구하는 경제주체들의 동기, 즉 시장의 규율에 맡기는 사적 질서, 2) 피해자가 가해자에게 소(訴)를 세기하여 일반적인 민법 원칙에 따라 법원에서 문제를 해결하는 민사소송, 3) 경제주체들이 해서는 안 될 것과 해야 할 것, 위반 시 처벌을 구체적으로 명기한 규제법을 규제당국이 집행하는 정부 규제, 4) 민간 경제주체의 특정 행위를 금지하고 국가가 그 행위를 담당하는 국유화 등을 들 수 있다. 이 네 가지는 대표적인 제도들이고 현실적으로는 이들이 혼합된 제도도 가능하다.

무질서와 독재로 인한 사회적 총비용의 수준은 곡선의 모양보다 위치에 의해 더 크게 영향을 받는데, 그 위치를 결정하는 것은 구성원들 사이에 갈등을 해결하고 협력을 달성할 수 있는 한 사회의 능력, 즉 시민적 자본이다. 따라서 불평등이 강화되거나 갈등 해결 능력이 약화되는 역사적 변화를 경험하면 이 곡선이 원점에서 멀어지는 방향으로 이동한다. 이러한 능력이 일종의 제약 조건이라면, 어떤 제도가 효율적일 것인지는 제도가능곡선의 모양에 의해 결정된다. 그런데 동일한 문제를 해결하기 위한 제도가능곡선이라 하더라도 그 모양은 국가나 산업마다 다르기 때문에 같은 문제를 해결하기 위한 제도가 국가와 산업에 따라 다를 수 있다. 예컨대 국가 개입이 동일한 정도로 증가했을 때, 개입의 효과가 큰 정부를 가진 국가(A)는 그렇지 않은 국가(B)에 비해 무질서 비용이 더 많이 감소한다. 그러므로 전자가 후자에 비해 곡선의 모양이 더 가파르고 곡선상의 더 오른쪽에서 접점이 형성된다.

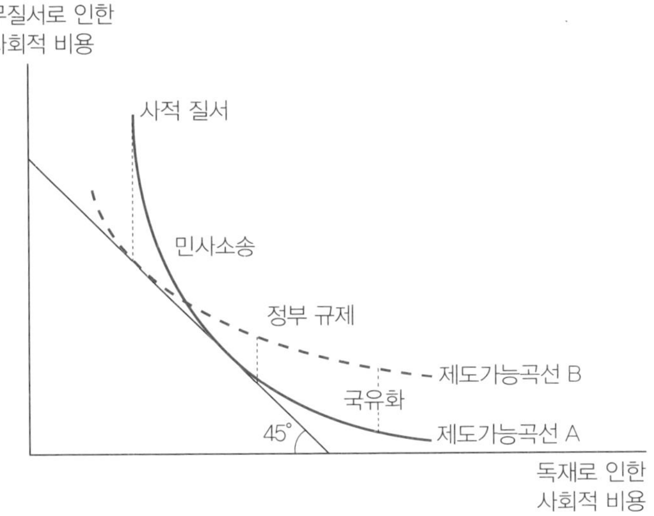

제도가능곡선 모델의 제안자들은 효율적 제도가 선택되지 않는 경우도 많다는 것을 인정한다. 그러나 자생적인 제도 변화의 이해를 위해서는 효율성의 개념을 재정립한 제도가능곡선 모델을 통해 효율성 시각에서 제도의 선택에 대해 체계적인 설명을 제시하는 것이 중요하다고 본다.

19.

윗글의 내용과 일치하는 것은?

① 제도가능곡선 모델은 시장과 정부를 이분법적으로 파악하는 전통에서 탈피하여 제도의 선택을 이해한다.

② 제도가능곡선 모델에 따르면 어떤 제도가 효율적인지는 문제의 특성이 아니라 사회의 특성에 의해 결정된다.

③ 제도가능곡선 모델 제안자들은 항상 효율적 제도가 선택된다고 보아 효율적 제도의 선택에 대한 설명에 집중한다.

④ 제도가능곡선 모델은 특정한 제도가 선택되는 이유를 설명하지만, 제도가 채택되는 일반적인 체계에 대한 설명을 제시하지는 않는다.

⑤ 제도가능곡선 모델은 효율성 시각에 속하지만, 사회 전체적으로 가장 이익이 되는 제도가 선택된다고 설명하지는 않는다는 점에서 효율성 개념을 재정립한다.

문항 성격 문항유형 : 정보의 확인과 재구성

내용영역 : 사회

평가 목표 이 문항은 제시문에 등장하는 제도가능곡선 모델의 다양한 측면을 이해하고 있는지 묻는 문항이다.

문제 풀이 정답 : ①

제시문을 통해 제도가능곡선 모델의 문제의식과 착안점, 견해, 설명력 등을 정확히 파악해야 한다.

정답 해설 ① 제시문 두 번째 단락의 "바람직한 제도에 대한 전통적인 생각은 시장과 정부 가운데 어느 것을 선택해야 할 것인가를 중심으로 이루어졌다. 그러나 제도가능곡선 모델은 자유방임에 따른 무질서의 비용과 국가 개입에 따른 독재의 비용을 통제하는 데에는 기본적으로 상충관계가 존재한다는 점에 착안한다."라는 기술과 세 번째 단락에서 제도가능곡선을 "특정한 하나의 문제를 해결하기 위한 여러 제도들을 국가 개입 정도 순으로 배열한 곡선"이라고 정의하고 "이 곡선은 한 사회의 제도적 가능성, 즉 국가 개입을 점진적으로 증가시키는 제도의 변화를 통해 얼마나 많은 무질서를 감소시킬 수 있는지를" 나타낸 곡선으로 설명한 부분, 그리고 네 번째 단락의 "제도가능곡선 위의 점들 가운데 대표적인 제도들을 공적인 통제의 정도에 따라 순서대로 나열"한 부분을 통해 제도가능곡선 모델은 시장과 정부를 이분법적으로 파악하는 전통에서 탈피하여 제도의 선택을 이해한다는 사실을 알 수 있다.

② 제시문 첫 번째 단락 "제도가능곡선 모델은, 해결하려는 문제에 따라 동일한 사회에서 다른 제도가 채택되거나 또는 동일한 문제를 해결하기 위해 사회에 따라 다른 제도가 선택되는 이유를 효율성 시각에서도 설명할 수 있게 해준다."를 통해 제도가능곡선 모델에 의하면 어떤 제도가 효율적인지는 문제의 특성과 사회의 특성에 따라 결정된다는 것을 알 수 있다.

③ 제시문 마지막 단락 "제도가능곡선 모델의 제안자들은 효율적 제도가 선택되지 않는 경우도 많다는 것을 인정한다. 그러나 자생적인 제도 변화의 이해를 위해서는 효율성의 개념을 재정립한 제도가능곡선 모델을 통해 효율성 시각에서 제도의 선택에 대해 체계적인 설명을 제시하는 것이 중요하다고 본다."를 통해 제도가능곡선 모델 제안자들이 항상 효율적 제도가 선택된다고 보지 않는다는 점을 알 수 있고 효율적 제도의 선택에 대한 설명에 집중하는 이유가 자생적인 제도 변화의 이해를 중시하기 때문임을 알 수 있다.

④ 제시문 마지막 단락 "제도가능곡선 모델의 제안자들은 … 효율성의 개념을 재정립한 제도가능곡선 모델을 통해 효율성 시각에서 제도의 선택에 대해 체계적인 설명을 제시하는 것이 중요하다고 본다."라는 기술, 그리고 제도가능곡선 모델에 대한 제시문의 전반적인 설명을 통해 이 모델이 제도의 선택을 무질서와 독재로 인한 사회적 총비용의 최소화라는 일반적인 원칙으로 이해하는 체계를 설명하고 있음을 알 수 있다. 그리고 첫 번째 단락 "효율성 시각은 … 전통적으로는 특정한 제도가 한 사회에 가장 이익이 되는 이유를 제시하는 설명에 그치고 체계적인 모델을 제시하지는 못했다고 할 수 있다."를 통해 이 선택지는 제도가능곡선 모델이 아니라 전통적인 효율성 시각에 대한 서술임을 알 수 있다.

⑤ 제시문 첫 번째 단락의 "합리적인 주체인 사회 구성원들이 사회 전체적으로 가장 이익이 되는 제도를 채택한다고 보는 효율성 시각"이라는 기술을 통해 효율성 시각은 사회 전체적으로 가장 이익이 되는 제도를 채택한다고 본다는 것을 알 수 있다. 그리고 "이런 난점들을 극복하려는 제도가능곡선 모델은, 해결하려는 문제에 따라 동일한 사회에서 다른 제도가 채택되거나 또는 동일한 문제를 해결하기 위해 사회에 따라 다른 제도가 선택되는 이유를 효율성 시각에서도 설명할 수 있게 해준다."라는 기술을 통해 제도가능곡선 모델이 효율성 시각에 속한다는 사실을 분명하게 알 수 있다. 그리고 두 번째 단락의 "이 모델은 무질서로 인한 사회적 비용(무질서 비용)과 독재로 인한 사회적 비용(독재 비용)을 합한 총비용을 최소화하는 제도를 효율적 제도라고 본다."라는 기술을 통해 이 모델은 사회 전체적으로 가장 이익이 되는 제도가 선택되는 것을 무질서와 독재로 인한 사회적 비용을 최소화하는 제도가 선택되는 것으로 설명한다는 것을 알

수 있다. 따라서 마지막 단락의 "효율성의 개념을 재정립한 제도가능곡선 모델을 통해 효율성 시각에서 제도의 선택에 대해 체계적인 설명을 제시"한다는 것은 무질서와 독재로 인한 사회적 비용을 최소화하는 것으로 효율성을 이해하는 제도가능곡선 모델이 효율성 시각에서 제도의 선택에 대한 체계적인 설명을 제시한 것임을 진술하고 있음을 알 수 있다.

20.

㉠에 대한 설명을 바탕으로 추론한 것으로 적절하지 <u>않은</u> 것은?

① 민사소송과 정부 규제가 혼합된 제도가 효율적 제도라면, 민사소송이나 정부 규제는 이 제도보다 무질서 비용과 독재 비용을 합한 값이 더 클 수밖에 없다.
② 시민적 자본이 풍부한 사회에서 비효율적인 제도보다 시민적 자본의 수준이 낮은 사회에서 효율적인 제도가 무질서와 독재로 인한 사회적 총비용이 더 클 수 있다.
③ 정부에 대한 언론의 감시 및 비판 기능이 잘 작동하여 개인의 자유에 대한 침해 가능성이 낮은 사회는 그렇지 않은 사회보다 곡선상의 더 왼쪽에 위치한 제도가 효율적이다.
④ 교도소 운영을 국가가 아니라 민간이 맡았을 때 재소자의 권리가 유린되거나 처우가 불공평해질 위험이 너무 커진다면 곡선이 가팔라서 접점이 곡선의 오른쪽에서 형성되기 쉽다.
⑤ 경제주체들이 교활하게 사적 이익을 추구함으로써 평판이 나빠져 장기적인 이익이 줄어들 것을 염려해 스스로 바람직한 행위를 선택할 가능성이 큰 산업의 경우에는 접점이 곡선의 왼쪽에서 형성되기 쉽다.

<table>
<tr><td>문항 성격</td><td>문항유형 : 정보의 추론과 해석
내용영역 : 사회</td></tr>
<tr><td>평가 목표</td><td>이 문항은 제도가능곡선의 기울기나 위치와 관련한 상황을 추론할 수 있는지를 묻고 있다.</td></tr>
<tr><td>문제 풀이</td><td>정답 : ③</td></tr>
</table>

이 문항은 제도가능곡선에 대한 제시문의 설명을 바탕으로 이 곡선의 기울기나 위치에 관한 내용을 정확하게 이해한 후 각 선택지의 내용이 과연 적절한 추론인지 따져봐야 한다.

③ 제시문 다섯 번째 단락 "예컨대 국가 개입이 동일한 정도로 증가했을 때, 개입의 효과가 큰 정부를 가진 국가(A)는 그렇지 않은 국가(B)에 비해 무질서 비용이 더 많이 감소한다. 그러므로 전자가 후자에 비해 곡선의 모양이 더 가파르고 곡선상의 더 오른쪽에서 접점이 형성된다."로부터 정부에 대한 언론의 감시 및 비판 기능이 잘 작동하여 개인의 자유에 대한 침해 가능성이 낮은 사회는 그렇지 않은 사회에 비해 동일한 정도의 무질서 비용 감소를 위해 더 적은 독재 비용의 증가를 필요로 하므로 곡선이 더 가파르다는 사실을 추론할 수 있다. 따라서 후자에 비해 전자의 경우에 곡선상의 더 오른쪽에서 접점이 형성된다는 사실, 즉 더 오른쪽에 위치한 제도가 효율적임을 알 수 있다.

① 제시문 세 번째 단락 "이때 무질서 비용과 독재 비용을 합한 총비용의 일정한 수준을 나타내는 기울기 −1의 직선과 제도가능곡선의 접점에 해당하는 제도가 선택되는 것이 효율적 제도의 선택이다."로부터 접점 이외의 곡선상의 어떤 점도 무질서 비용과 독재 비용을 합한 총비용이 접점보다 크다는 것을 알 수 있다. 이는 접점 이외의 곡선상의 어떤 점을 통과하는 기울기 −1의 직선은 반드시 접선보다 원점에서 더 멀리 위치한다는 사실을 통해서도 확인할 수 있다. 따라서 민사소송과 정부 규제가 혼합된 제도가 효율적 제도라면, 이 제도가 아닌 민사소송이나 정부 규제는 이 제도보다 무질서 비용과 독재 비용을 합한 값이 더 클 수밖에 없다.

② 제시문 다섯 번째 단락 "무질서와 독재로 인한 사회적 총비용의 수준은 곡선의 모양보다 위치에 의해 더 크게 영향을 받는데, 그 위치를 결정하는 것은 구성원들 사이에 갈등을 해결하고 협력을 달성할 수 있는 한 사회의 능력, 즉 시민적 자본이다. 따라서 불평등이 강화되거나 갈등 해결 능력이 약화되는 역사적 변화를 경험하면 이 곡선이 원점에서 멀어지는 방향으로 이동한다."로부터 시민적 자본이 풍부한 사회의 제도가능곡선이 시민적 자본의 수준이 낮은 사회의 제도가능곡선보다 원점에 더 가까이 위치함을 알 수 있다. 따라서 전자의 제도가능곡선에서 접점이 아닌 점보다 후자의 제도가능곡선에서 접점이 무질서와 독재로 인한 사회적 총비용이 더 클 수 있다.

④ 제시문 다섯 번째 단락 "예컨대 국가 개입이 동일한 정도로 증가했을 때, 개입의 효과가 큰 정부를 가진 국가(A)는 그렇지 않은 국가(B)에 비해 무질서 비용이 더 많이 감소한다. 그러므로 전자가 후자에 비해 곡선의 모양이 더 가파르고 곡선상의 더 오른쪽에서 접점이 형성된다."로부터 "교도소 운영을 국가가 아니라 민간이 맡았을 때 재소자의 권리가 유린되거나 처우가 불공평해질 위험이 너무 커진다면" 독재 비용의 감소가 매우 큰 무질서 비용의 증가를 수반하여 곡선이 매

290

우 가파르기 때문에 접점이 곡선의 오른쪽에서 형성되기 쉽다는 사실을 추론할 수 있다.

⑤ 제시문 다섯 번째 단락 "예컨대 국가 개입이 동일한 정도로 증가했을 때, 개입의 효과가 큰 정부를 가진 국가(A)는 그렇지 않은 국가(B)에 비해 무질서 비용이 더 많이 감소한다. 그러므로 전자가 후자에 비해 곡선의 모양이 더 가파르고 곡선 상의 더 오른쪽에서 접점이 형성된다."로부터 "경제주체들이 교활하게 사적 이익을 추구함으로써 평판이 나빠져 장기적인 이익이 줄어들 것을 염려해 스스로 바람직한 행위를 선택할 가능성이 큰 산업의 경우"에는 독재 비용의 증가가 매우 적은 무질서 비용 감소를 수반하여 곡선이 매우 완만하기 때문에 접점이 곡선의 왼쪽에서 형성되기 쉽다는 사실을 추론할 수 있다.

21.

제도가능곡선 모델 을 바탕으로 〈보기〉에 대해 반응한 것으로 적절하지 않은 것은?

보 기

　19세기 후반에 미국에서는 새롭게 발달한 철도회사와 대기업들이 고객과 노동자들에게 피해를 주고 경쟁자들의 진입을 막으며 소송이 일어나면 값비싼 변호사를 고용하거나 판사를 매수하는 일이 다반사로 일어났다. 이에 대한 대응으로 19세기 말~20세기 초에 진행된 진보주의 운동으로 인해 규제국가가 탄생하였다. 소송 당사자들 사이에 불평등이 심하지 않았던 때에는 민사소송이 담당했던 독과점, 철도 요금 책정, 작업장 안전, 식품 및 의약품의 안전성 등과 같은 많은 문제들에 대한 사회적 통제를, 연방정부와 주정부의 규제당국들이 담당하게 된 것이다.

① 철도회사와 대기업이 발달하면서 제도가능곡선이 원점에 더 가까워지는 방향으로 이동했군.

② 철도회사와 대기업이 발달하기 전에는 많은 문제의 해결을 민사소송에 의존하는 것이 효율적이었군.

③ 규제국가의 탄생으로 인해 무질서 비용과 독재 비용을 합한 사회적 총비용이 19세기 후반보다 줄었군.

④ 규제국가는 많은 문제에서 제도가능곡선의 모양과 위치가 변화한 것에 대응하여 효율

적 제도를 선택한 결과였군.

⑤ 철도회사와 대기업이 발달한 이후에 소송 당사자들 사이의 불평등과 사법부의 부패가 심해짐에 따라 제도가능곡선의 모양이 더욱 가팔라졌군.

 문항유형 : 정보의 평가와 적용

내용영역 : 사회

 이 문항은 제도가능곡선 모델을 제도가능곡선이 이동한 상황인 〈보기〉에 적용할 수 있는지 확인하는 문항이다.

 정답 : ①

19세기 말~20세기 초 미국에서 규제국가가 탄생한 역사적 변화에 제시문에서 설명된 제도가능곡선 모델을 적용한 후 각 선택지의 반응이 적절한 것인지 평가해 보도록 한다.

 ① 〈보기〉에서 철도회사와 대기업이 발달하면서 소송에서 불평등이 심해지고 사회의 갈등 해결 능력이 약화되었음을 알 수 있다. 따라서 제시문 다섯 번째 단락의 "불평등이 강화되거나 갈등 해결 능력이 약화되는 역사적 변화를 경험하면 이 곡선이 원점에서 멀어지는 방향으로 이동한다."라는 기술을 바탕으로, 제도가능곡선이 원점에 더 가까워지는 방향으로 이동했다는 반응이 적절하지 않음을 알 수 있다.

 ② 제시문 마지막 단락의 "제도가능곡선 모델을 통해 효율성 시각에서 제도의 선택에 대해 체계적인 설명을 제시"라는 기술을 통해 제도가능곡선 모델에 따르면 효율적인 제도가 선택된다는 것을 알 수 있다. 따라서 〈보기〉의 "소송 당사자들 사이에 불평등이 심하지 않았던 때에는 민사소송이 담당했던 독과점, 철도 요금 책정, 작업장 안전, 식품 및 의약품의 안전성 등과 같은 많은 문제들"이라는 기술에서 철도회사와 대기업이 발달하기 전에는 많은 문제의 해결을 민사소송에 의존하는 것이 효율적이었음을 알 수 있다.

③ 제도가능곡선 모델에 따르면 효율적인 제도가 선택된다는 것을 알 수 있다. 그리고 〈보기〉에서 "19세기 후반에 미국에서는 새롭게 발달한 철도회사와 대기업들이 고객과 노동자들에게 피해를 주고 경쟁자들의 진입을 막으며 소송이 일어나면 값비싼 변호사를 고용하거나 판사를 매수하는 일이 다반사로 일어났다. 이에 대한 대응으로 19세기 말~20세기 초에 진행된 진보주의 운동으로 인해 규제국가가 탄생"한 것이 "민사소송이 담당했던 독과점, 철도 요금 책정, 작업장 안전, 식품 및 의약품의 안전성 등과 같은 많은 문제들에 대한 사회적 통제를, 연

방정부와 주정부의 규제당국들이 담당하게 된 것"임을 알 수 있다. 따라서 19세기 후반에 일어난 변화로 인해 제도가능곡선이 이동한 상황에서는 규제국가의 탄생으로 인해 무질서 비용과 독재 비용을 합한 사회적 총비용이 최소화되었음을 알 수 있다. 그러므로 규제국가의 탄생으로 인해 사회적 총비용은 19세기 후반보다 줄었음을 알 수 있다.

④ 위의 선택지 ③에 대한 설명과 같은 이유에서 규제국가가 19세기 후반에 일어난 변화로 인해 많은 문제에서 제도가능곡선의 모양과 위치가 변화한 것에 대응하여 효율적 제도 선택이 일어난 결과였음을 알 수 있다.

⑤ 철도회사와 대기업이 발달한 이후에 제도가능곡선의 위치가 이동함과 동시에, 소송 당사자들 사이의 불평등과 사법부의 부패가 심해짐에 따라 무질서 비용이 크게 늘어나 동일한 정도의 국가 개입 증가가 더 많은 무질서 비용의 감소를 수반하는 방향으로 곡선의 모양이 더욱 가팔라졌음을 알 수 있다. 그 결과로 접점이 민사소송에서 정부 규제로 변화한 것이다.

[22~24] 다음 글을 읽고 물음에 답하시오.

헤겔에게서 '낭만'은 일차적으로는 예술의 형식과 역사 및 장르를 유형학적으로 단계화하는 미학적 맥락에서 등장하지만, 그 실질적 내용 면에서는 ㉠그의 정신철학 전체의 핵심을 적확하게 드러내는 개념이라 할 수 있다. 이 개념은 그 명칭이 주는 익숙함으로 인해 종종 오해를 불러일으킨다. 따라서 정확한 이해를 위해서는 이 개념을 '낭만적인 것'이라는 범주로 좀 더 엄밀하게 규정하고, 이것이 특히 예술적 내지 사상적 노선으로 공인된 '낭만주의'와 어떤 관계를 지니는지를 밝혀야 한다. 주목할 것은, '낭만적인 것'이 일차적으로 그 단어적 인접성에서 보이듯이 낭만주의를 하나의 하위범주로 포괄하지만, 궁극적으로는 낭만주의와 대립 관계를 보이기까지 한다는 점이다.

이성주의의 가장 강한 형태의 판본을 구축하려는 헤겔의 관점에서 볼 때 무한한 상상력과 감수성이 핵심인 낭만주의는 응당 극복되어야 할 전형적인 지적 미성숙의 상태이다. 그런데 흥미롭게도 그는 인간 지성이 정점에 이른 단계에 대해서도, 즉 엄밀한 개념에 의거하여 최고도의 사유를 수행하는 사변적 이성 및 그러한 이성의 활동장인 철학까지도 종종 '낭만적'이라고 부를 뿐 아니라, 사변적 이성과 철학을 가장 완전한 의미에서 '낭만적인 것'이라고 평가한다. '낭만적인 것'의 정점은 낭만주의의 대척인 이성적 사변인 반면, 낭만주의는 그 명칭이 무색하게 오히려 '낭만적인 것'의 저급한 미완 단계로 평가되는 것이다.

　이러한 착종된 용어법을 이해하기 위해서는 그가 몇몇 지점에서 '낭만적인 것'을 '기독교적인 것'과 같은 의미로 사용하고 있다는 점에 유의해야 한다. '낭만적인 것'과 낭만주의의 관계에서와 유사하게, '기독교적인 것'은 비록 언어적으로 종교적 색채를 풍기기는 하지만, 제도화된 신앙 및 교리 체계로서의 기독교를 넘어서는 정신철학적 범주이다. 그에 따르면 정신의 가장 저급한 단계는 객체에 대한 주체의 의존성이 가장 지배적인 감각적 지각의 단계이며, 가장 고급한 단계는 그러한 대상 의존성을 완전히 극복한 정신적 주체의 순수하고 내면적인 재귀적 작동인 '반성', 즉 이성적 사유이다. 이는 절대자, 곧 '신'이 어떤 인격체가 아니라 세계의 근본적 존재 구조 내지 원리로서의 '이성'이라고 보는 그의 절대적 관념론에 의거한다. 절대자 그 자체가 완전한 이성적 구조, 즉 개념의 엄밀하고도 완전한 자기 운동 체계이므로, 그것에 호응하는 인간 지성의 형식 역시 개념적 사유 능력인 이성이어야 한다는 것이다. 여기서 '기독교적인 것'이란, 어떤 물리적 대상을 매개로 절대자와 만나려는 원시적 지성성을 극복하여 순수한 내면적 정신성을 성취하는 지성의 단계를 통칭한다. 따라서 가장 완전한 의미에서 '기독교적인 것'은 순수한 개념적 반성을 통해 진리를 인식하는 철학에서 달성된다. 반면 기독교는 자연적 대상의 숭배 또는 매개를 넘어섰다는 점에서 '기독교적인 것'이기는 하지만, 개념적 반성을 필요조건으로 하는 지성의 완전한 순수 내면성에는 미치지 못하기에, '기독교적인 것'의 불완전한 단계로 평가된다. 이상을 근거로 할 때 '기독교적인 것'은 '내면적 지성성'으로 바꾸어 부를 때 그 본질적 의미가 제대로 드러난다. 내면적 지성성에는 여러 단계가 있고 그 완전한 단계는 개념적 사유를 통한 철학인 한에서, '기독교적인 것'은 '기독교'와 단순 등치될 수 없는 것이다.

　'기독교적인 것'을 이렇게 이해할 때 '낭만적인 것'과 낭만주의의 관계가 밝혀진다. 감성과 상상력의 무제한적 발산, 즉 '가슴속의 모든 것을 표출할 수 있는 자유'를 지향하는 낭만주의가 주어진 경험 세계를 넘어서는 지적 주체의 내면적 작동을 중심 원리로 하는 것은 분명하기에 낭만주의는 의심할 바 없이 '낭만적인 것'의 하나이다. 그러나 낭만주의가 달성하는 정신의 내면성은 개념적 반성성에 의거한 철학적 사유의 내면성에는 아직 이르지 못한 열등한 것이며, 이에 낭만주의는 '낭만적인 것'의 완전한 전형이 될 수 없다. 진정으로 '낭만적인 것'은 철학적 사유에서 비로소 성취된다.

22.

헤겔의 관점을 이해한 것으로 가장 적절한 것은?

① '낭만주의'와 '기독교'는 서로 바꾸어 쓸 수 있는 동의어이다.
② '기독교'는 정신적 작동 방식의 측면에서 '낭만적인 것'에 속한다.
③ '낭만주의'와 '기독교'는 모두 완전한 형태의 내면적 지성성을 획득한다.
④ 최고도의 '기독교적인 것'은 예술사조로서의 '낭만주의'를 통해 성취된다.
⑤ '낭만적인 것'과 '기독교적인 것'은 모든 단계에서 순수한 개념적 반성을 통해 수행된다.

문항 성격　문항유형 : 주제, 구조, 관점 파악
　　　　　　　내용영역 : 인문

평가 목표　이 문항은 제시문에 따라 '낭만적인 것', '낭만주의', '기독교적인 것', '기독교'에 대한 헤겔의 관점을 잘 이해했는지를 평가하기 위한 것이다.

문제 풀이　정답 : ②

헤겔에게서 '낭만적인 것'이라는 범주는 '기독교적인 것'이라는 범주와 동의적 개념으로 사용되고, 그 본질적 규정은 '내면적 지성성'으로 기술될 수 있다. 이에 근거하여 제시문은 이 두 범주 간의 관계 및 각각의 하위범주인 '낭만주의'와 '기독교'의 정신철학적 위상을 설명하고 있다. 이를 제대로 파악해야만 이 문항을 해결할 수 있다.

정답 해설　② 제시문 세 번째 단락 "그(헤겔)가 … '낭만적인 것'을 '기독교적인 것'과 같은 의미로 사용하고 있다."와 "'기독교적인 것'이란, 어떤 물리적 대상을 매개로 절대자와 만나려는 원시적 지성성을 극복하여 순수한 내면적 정신성을 성취하는 지성의 단계를 통칭한다."로부터 '낭만적인 것' 역시 순수한 내면적 정신성을 성취하는 지성의 단계를 통칭한다고 할 수 있다. 이에 따라 '기독교적인 것'으로 규정되는 '기독교'는 정신적 작동 방식의 측면에서 '기독교적인 것'과 같은 의미인 '낭만적인 것'에 속한다.

오답 해설　① 제시문 첫 번째 단락에서 '낭만주의'는 '낭만적인 것'의 "하나의 하위범주로 포괄"되고, 세 번째 단락에서 '기독교'는 '기독교적인 것'이라고 말하고 있지만, 서로 바꾸어 쓸 수 있는 동의어적 관계는 세 번째 단락에 나와 있듯이 상위범주인 '낭만적인 것'과 '기독교적인 것' 사이에서 성립하지, "예술적 내지 사상적 노선으로 공인된" '낭만주의'와 "제도화된 신앙 및 교리 체계로서의" '기독교'라는 하위범주 사이에서 성립하는 것은 아니다.

③ 제시문 세 번째 단락에 "'기독교적인 것'이란, 어떤 물리적 대상을 매개로 절대
자와 만나려는 원시적 지성성을 극복하여 순수한 내면적 정신성을 성취하는 지
성의 단계를 통칭한다. 따라서 가장 완전한 의미에서 '기독교적인 것'은 순수한
개념적 반성을 통해 진리를 인식하는 철학에서 달성된다."고 나와 있고, 네 번째
단락에는 "진정으로 '낭만적인 것'은 철학적 사유에서 비로소 성취된다."고 진술
되어 있다. 즉 '낭만적인 것'과 '기독교적인 것'의 핵심인 '내면적 지성성'의 완전
한 형태는 "개념적 반성성에 의거한 철학적 사유"에서 이루어지므로, '낭만주의'
와 '기독교'는 "저급한 미완 단계"이자 "불완전한 단계"이다.

④ 제시문 세 번째 단락에 따르면, 최고도의 '기독교적인 것'은 "순수한 개념적 반
성을 통해 진리를 인식하는 철학에서 달성된다." 반면 예술사조로서의 '낭만주
의'는 '기독교적인 것'의 동의어인 '낭만적인 것'에 속하기는 하나 "저급한 미완
단계"로 평가된다. 따라서 낭만주의가 최고도의 '기독교적인 것'을 성취한다고
말하는 것은 헤겔의 관점에 대한 이해로 적절하지 않다.

⑤ 제시문 세 번째 단락과 네 번째 단락에 따르면, 순수한 개념적 반성을 통해 수행
되는 철학이 가장 완전한 의미에서 '기독교적인 것'이자 '낭만적인 것'이다. 그리
고 '기독교적인 것'과 '낭만적인 것'은 각각 절대자, 곧 '신'을 "어떤 인격체"로 인
식하는 종교로서의 '기독교'와 "'가슴속의 모든 것을 표출할 수 있는 자유'를 지
향하는 낭만주의"를 불완전한 하위 단계로 포함한다. 즉, '낭만적인 것'과 '기독
교적인 것'은 불완전한 미완 단계가 아닌, 오로지 최고의 완성 단계에서만 순수
한 개념적 반성을 통해 수행된다. 모든 단계에서 순수한 개념적 반성을 통해 수
행되는 것은 아니다.

23.

㉠에 대해 추론한 것으로 가장 적절한 것은?

① 정신의 재귀적 작동은 신앙과 예술의 영역에서 최고도로 이루어진다고 생각할 것이다.
② 참된 인식의 수행 방식은 인식의 궁극적 대상의 존재 구조에 대응해야 한다고 생각할
  것이다.
③ 개념의 연쇄를 통한 논리적 추론보다는 구체적 현실에 대한 체험을 인식의 출처로 평
  가할 것이다.
④ 절대적 진리에 대한 최고의 인식은 인격화된 절대자의 존재를 증명하는 데서 이루어진

다고 여길 것이다.

⑤ 구체적 경험보다는 정신 내면의 자유로운 상상력의 작동에서 최고의 지적 탁월성이 달성된다고 여길 것이다.

<table>
<tr><td>문항 성격</td><td>문항유형 : 정보의 추론과 해석</td></tr>
<tr><td></td><td>내용영역 : 인문</td></tr>
<tr><td>평가 목표</td><td>이 문항은 '낭만적인 것'이라는 범주에 대한 규정을 통해 나타나는 헤겔의 '정신철학 전체의 핵심'을 제시문 전체의 문맥을 통해 적절하게 추론할 수 있는지 평가하고자 한다.</td></tr>
<tr><td>문제 풀이</td><td>정답 : ②</td></tr>
</table>

헤겔이 '낭만적인 것'을 '기독교적인 것'과 같은 의미로 쓰고, 또한 이 두 범주의 좀 더 정확한 규정으로 '내면적 지성성'을 언급하는 것은 그의 절대적 관념론의 기본 입장을 토대로 한다. 헤겔에 따르면, 세계의 근본 존재 구조 자체가 '이성'이라 불리는 개념의 정합적 체계이므로, 그것을 인식하는 인간 지성의 형식 역시 이성일 때 참된 인식이 이루어질 수 있다는 것이다. 존재와 인식의 이러한 동구조적 대응 관계를 제시문을 바탕으로 제대로 추론할 수 있어야 한다.

정답 해설 ② 제시문 세 번째 단락에는 낭만주의 및 기독교가 각각 '낭만적인 것' 및 '기독교적인 것'의 완전한 단계로 볼 수 없는 이유가 명시되어 있다. 즉 "이는 절대자, 곧 '신'이 어떤 인격체가 아니라 세계의 근본적 존재 구조 내지 원리로서의 '이성'이라고 보는 그의 절대적 관념론에 의거한다. 절대자 그 자체가 완전한 이성적 구조, 즉 개념의 엄밀하고도 완전한 자기 운동 체계이므로, 그것에 호응하는 인간 지성의 형식 역시 개념적 사유 능력인 이성이어야 한다는 것이다." 이 선택지는 이 부분을 압축적으로 진술한 것이다.

오답 해설 ① 제시문 세 번째 단락에 "정신적 주체의 순수하고 내면적인 재귀적 작동인 '반성', 즉 이성적 사유"는 대상 의존성으로부터 완전히 벗어난 지성의 단계라고 설명되어 있다. 종교라는 '신앙'의 영역과 '예술'이라는 감성 영역은 이성적 사유가 아니므로 그러한 작동이 최고도로 이루어지는 것이라 볼 수 없다.

③ 헤겔이 지향하는 참된 인식은 이성을 통해 이루어지는데, '이성'은 단어의 의미상 이 선택지에서 언급된 "개념이 연쇄를 통한 논리적 추론"을 포함한다. 반면 "구체적 현실에 대한 체험"은 의미상 제시문 세 번째 단락에서 언급되는 "객체에 대한 주체의 의존성이 가장 지배적인 감각적 지각의 단계"에 해당한다. 따라서 이러한 우열 관계를 반대로 진술한 이 선택지는 적절한 추론이라 할 수 없다.

④ "인격화된 절대자의 존재"는 '기독교적인 것'의 불완전한 단계인 기독교를 포함한 종교의 대상인 반면, "절대적 진리에 대한 최고의 인식"은 이성적으로 수행되는 철학적 사변의 몫이다. 따라서 종교에서 최고의 인식이 이루어진다고 진술한 이 선택지는 헤겔의 정신철학적 핵심과는 반대의 주장이다.

⑤ "구체적 경험"이 기본적으로 물리적 대상에 대한 감각적 지각을 통해 이루어지고 "정신 내면의 자유로운 상상력"이 물리적 대상에 대한 주체의 의존성에서 벗어났다는 점에서 후자가 전자보다 고급한 것은 사실이지만, 그렇다고 해서 후자가 "최고의 지적 탁월성"을 달성하는 것은 아니다. 왜냐하면 헤겔에게서 최고의 지성은 언제나 개념을 통한 이성적 사유이기 때문이다. 따라서 자유로운 상상력을 최고의 지성에 해당하는 것으로 설정하는 이 선택지는 적절한 추론이라 할 수 없다.

24.

윗글을 바탕으로 〈보기〉를 해석한 것으로 가장 적절한 것은?

보기

헤겔은 회화를 '낭만적' 예술 장르로 분류한다. 이는 일반적 장르 구분 관행과 큰 차이를 보이는 것으로서, 통상 건축·조각과 함께 조형예술 영역에 편성되던 회화를 음악·시문학과 동일한 장르군으로 위치 이동시킨 것이다. 그는 특히 17세기의 네덜란드 장르화를 높이 평가한다. 장르화에는 위대한 정신성, 즉 자연의 위협을 극복하고 외세의 침공을 격퇴하고 종교와 사상의 자유를 위해 투쟁하는 등의 역사적 과정을 통해 형성되고 강화된 네덜란드인들 고유의 자기 확신과 자유 지향성이 평범한 일상의 사실적 묘사 속에 깊이 스며듦으로써 '인간적인 것 그 자체'가 형상화되고 있다고 보기 때문이다. 이에 따라 양식적으로 사실주의 미술의 하나로 분류되는 네덜란드 장르화가 그에게서는 '낭만적인 것'으로 기술된다.

① 어떤 예술 장르를 '낭만적'이라고 부르는 것은 예술이 철학적 사변의 한계를 넘어섬으로써 '낭만적인 것'을 더욱 높이 추동시킨다는 생각에서 비롯된다.

② 네덜란드 장르화에서 '인간적인 것 그 자체'가 형상화된다는 진술은 인간의 본질을 세속의 미시적 현실에서 찾아야 한다는 인식의 전환을 사상적 모태로 한다.

③ 양식상 사실주의로 분류되는 장르화를 '낭만적인 것'으로 부르는 것은 일상의 사실적

묘사 속에 기독교의 교리가 확고부동한 삶의 규범으로 함축되어 있다는 판단에서 비롯된다.

④ 회화를 '낭만적' 장르로 분류하는 방식은 회화적 표현이 근본적으로 주체의 정신적 내면성에 의거한다는 점에서 건축·조각보다는 음악·시문학과 더 동질적이라는 생각을 근거로 한다.

⑤ 네덜란드 장르화를 '낭만적인 것'으로 설명하는 것은 상상력의 무제한적 발산을 추구하는 낭만주의의 미적 전략이 이 부류의 회화 작품에 가장 모범적으로 작용하고 있다는 평가에 바탕을 둔다.

문항 성격	문항유형 : 정보의 평가와 적용
	내용영역 : 인문
평가 목표	이 문항은 제시문에서 설명된 범주인 '낭만적인 것'을 예술 장르에 대한 헤겔의 미학적 견해 및 장르화라는 구체적인 사례에 올바르게 적용할 수 있는지를 평가하고자 하는 취지에서 설계된 것이다.
문제 풀이	정답 : ④

헤겔의 '낭만적인 것'이라는 범주 내지 개념은 장르 이론에서는 회화·음악·시문학에 대응하며, 구체적인 작품에 대해서는 특히 17세기 네덜란드 장르화에 적용되는데, 이는 정신의 내면성을 중요시하는 그의 근본 입장의 연속이다. 이러한 내용이 반영된 〈보기〉를 제시문에 설명된 정신철학적 주요 범주를 적용하여 올바르게 해석할 수 있어야 한다.

정답 해설	④ 헤겔에게서 '낭만적인 것'은 주체의 내면성이 정신의 정체성을 형성하는 것을 통칭하므로 그의 정신철학적 담론 전체를 지배하는 방향성을 나타낸다는 것이 제시문의 주요 내용이다. 예술 장르가 '낭만적'인 장르로 불린다는 것은 그 장르의 정체성이 겉으로 보이는 감각적 지각 방식과는 달리 본질적으로 정신적 내면성을 토대로 한다는 것을 뜻한다. 그러므로 일반적으로 건축·조각과 동일 장르에 속하는 것으로 거론되던 회화가 헤겔에게서 음악·시문학과 함께 '낭만적' 장르라 불린다는 것은 이 세 장르의 핵심이 정신의 내면성에 있음을 뜻한다.
오답 해설	① 예술 장르가 '낭만적'이라고 불리는 것이 '낭만적인 것'을 추동하기 때문인 것은 맞지만, 그렇다고 해서 예술에 이한 '낭만적인 것'의 수행이 철학적 사변을 뛰어넘는 수준인 것은 아니다. 오히려 철학적 사변은 '낭만적인 것'의 궁극적 정점이다.

② 〈보기〉에서 '인간적인 것 그 자체'는 좀 더 앞에 언급된 "위대한 정신성", "자기 확신과 자유 지향성"과 대응한다. 따라서 네덜란드 장르화의 핵심인 '인간적인 것 그 자체'는 이 부류의 회화에서 겉으로 보이는 "세속의 미시적 현실"이 아니라, 그 속에 스며든 정신적인 내용을 의미한다. 이 선택지는 이 점을 제대로 진술하지 않고 있다.

③ '낭만적인 것'이 곧 '기독교적인 것'이므로 '낭만적인 것'의 하나인 장르화가 기독교 교리와 연관되어 있을 수 있다는 오해가 발생할 수 있다. 그러나 제시문에서 '낭만적인 것'의 본질은 내면적 정신성이라 규정되어 있고, 〈보기〉에서 장르화의 정체성을 이에 대응하는 '자유', '자기 확신' 등의 '인간적인 것 그 자체'라 진술된 것을 근거로 판단하면, 인격화된 신에 대한 신앙을 바탕으로 제도화된 종교인 기독교의 교리가 장르화에 규범으로 함축되어 있다고 판단할 수는 없다.

⑤ 제시문에는 '낭만적인 것'이 '낭만주의'와 단순 등치될 수 없는 훨씬 포괄적인 상위범주라는 취지의 진술이 일관되어 있다. 또한 〈보기〉에서는 장르화가 '낭만적'인 근거가 '자기 확신'과 '자유 지향성'과 같은 '위대한 정신성'에 있다고 설명되어 있다. 즉 장르화에서 나타나는 '낭만적인 것'은 낭만주의의 핵심인 무제한적 상상력과는 다른 것이다. 더욱이 장르화의 구체적인 묘사 대상은 상상의 대상이 아니라 구체적 현실이다. 이런 점을 종합해 볼 때, 이 선택지는 장르화에 대한 규정과 그 근거를 잘못 진술하고 있다.

블랙홀 쌍성계와 같은 천체에서 발생한 중력파가 지구를 지나가는 동안, 지구 위에서는 중력파의 진행 방향과 수직인 방향으로 공간이 수축 팽창하는 변형이 시간에 따라 반복적으로 일어난다.

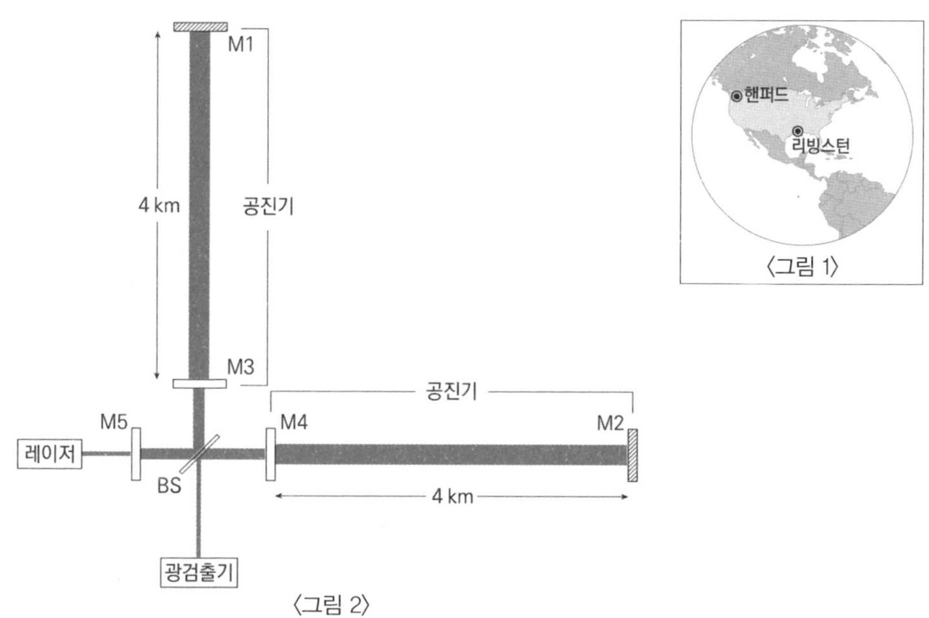

최초로 중력파를 검출한 '라이고(LIGO)'는 〈그림 1〉과 같이 미국 핸퍼드와 리빙스턴에 위치하며, 〈그림 2〉와 같은 레이저 간섭계를 사용한다. 레이저에서 나온 빛은 빔가르개(BS)에 의해 두 개의 경로로 나뉘고 각 경로의 끝에 있는 거울(M1, M2)에 의해 반사되어 되돌아와 다시 BS에 의해 각각 두 갈래로 나뉘며 광검출기에서 서로 중첩된다. 두 경로 사이에 미세한 길이 차이가 발생하면 중첩된 빛의 세기에 차이가 발생하는데, 간섭계가 놓인 면을 중력파가 통과하며 공간의 수축과 팽창이 반복되면 빛이 지나는 두 경로의 길이 차가 시간에 따라 변화하고 광검출기에서 측정되는 빛의 세기가 그에 따라 변화한다. 이를 측정하면 중력파의 세기와 진동수를 알아낼 수 있다.

중력파는 공간을 일정한 비율로 변형시키므로 간섭계의 경로 길이를 되도록 크게 하는 것이 길이의 변화량을 크게 할 수 있어 유리하지만 약 4km가 건설할 수 있는 한계이다. 이를 극복하기 위해 라이고에서는 기본석인 간십게에 두 개의 기울(M3, M4)을 추가하여 '공진기'를 구성하고 각 공진기의 두 거울 사이를 빛이 여러 번 왕복하도록 함으로써 유효 경로 길이를 늘리는 방법을 사용하였다. 〈그림 2〉에서 M1과 M3, M2와 M4 사이에 공진기가 형성되고, M1과 M2의 반사율은 100%인 반면 M3, M4는 약 1%의 투과율을 갖도록 하여 빛이 출입할 수 있도록 하였다. 이 경우 공진기 밖으로 나온 빛은 두 거울 사이를 수백 번 왕복한 셈이고 따라서 유효 길이가 1,000km 이상에 이른다. 하지만 유효 길이의 변화량은 여전히 원자 크기의 십만분의 일 정도에 불과한데, 어떻게 중력파의 검출이 가능하였던 것일까?

원자의 크기보다도 한참 작은 미세한 길이 변화의 측정이 가능한 이유는 여러 번 측정하여 평균을 취하면 측정값의 정확도를 향상할 수 있다는 사실에 있다. 간섭계는 결국 광검출기에서 빛의 세기를 측정하는 것인데 양자 물리에서 빛은 '광자'라고 부르는 입자로 여겨지며 이때 빛의 세기는 광자의 개수에 비례한다. 즉, 광검출기는 광자의 개수를 측정하는 것이며 측정할 때마다 무작위로 달라지는 광자 개수의 요동이 간섭신호의 잡음으로 나타나게 되는데 이를 '산탄 잡음'이라고 한다. 빛의 세기 측정에서 신호의 크기는 광자의 개수 N에 비례하고, 광자 개수의 요동에 의한 잡음은 N의 제곱근($\sqrt{N}$)에 비례한다. 따라서 '신호대잡음비(신호크기/잡음크기)'는 $\sqrt{N}$에 비례하여 증가한다. 예를 들어 광자의 개수가 1개일 때에 비해 100개일 때, 신호는 100배 증가하지만 잡음은 10배만 증가하므로 신호대잡음비는 10배 증가하게 된다. 따라서 광자의 개수를 늘리면 산탄 잡음에 의한 신호대잡음비를 증가시킬 수 있는데 공진기는 그 안에 레이저 빛을 가둠으로써 간섭계 내부의 광자 개수를 증가시키는 역할도 한다. 하지만 이 정도로는 원하는 신호대잡음비를 얻기에 부족하고 레이저의 출력을 높이는 데에 한계가 있다. 이를 해결하기 위해 〈그림 2〉에서와 같이 BS에서 레이저 쪽으로 되돌아가는 빛을 반사하여 다시 간섭계로 보내는 출력 재활용 거울(M5)을 설치하여 간섭계에 사용되는 유효 레이저 출력을 원하는 수준으로 높인다.

빛의 입자적 성질은 간섭신호에 '복사압 잡음'이라고 불리는 또 다른 잡음을 일으키는데, 광자가 거울에 충돌하며 '복사압'이라는 힘을 작용하여 거울이 미세하게 움직이기 때문이다. 광자 개수의 요동이 거울의 요동과 그에 따른 간섭계 경로 길이의 요동을 유발하여 간섭신호의 잡음으로 나타나는데, 거울의 질량이 클수록 거울의 요동이 작아진다. 그러므로 복사압 잡음에 의한 신호대잡음비는 광자 개수의 요동이 작을수록, 거울의 질량이 클수록 커진다. 또한 거울의 요동은 힘이 작용하는 시간이 길수록 더 커지므로 복사압 잡음에 의한 신호대잡음비는 진동수가 작을수록 급격히 감소하며, 산탄 잡음에 의한 신호대잡음비는 진동수가 클수록 완만히 감소한다. 따라서 두 잡음의 합으로 결정되는 신호대잡음비가 가장 크게 되는 진동수 대역이 존재하며, 중력파의 진동수가 이 영역에 들어올 때 중력파가 검출될 확률이 가장 높다.

25.

윗글의 내용과 일치하지 <u>않는</u> 것은?

① 중력파는 레이저 간섭계의 경로 길이 변화로 감지한다.
② 공진기는 간섭계 내부에서 빛의 세기를 증가시키는 역할을 한다.
③ 산탄 잡음에 의한 신호대잡음비는 레이저 출력이 클수록 작아진다.
④ 복사압 잡음은 광자 개수의 요동 때문에 발생한다.
⑤ 복사압 잡음에 의한 신호대잡음비는 진동수가 클수록 커진다.

문항 성격	문항유형 : 정보의 확인과 재구성
	내용영역 : 과학기술
평가 목표	이 문항은 제시문에 등장하는 중력파 검출 과정과 측정 잡음에 관한 내용을 이해하고 있는지 묻는 문항이다.
문제 풀이	정답 : ③

중력파가 일으킨 공간의 수축과 팽창을 측정해 내는 방법으로 레이저 간섭계를 이용하며 빛의 경로 길이 변화를 측정해 내는 과정과 측정에서의 산탄 잡음과 복사압 잡음에 대해 정확하게 이해해야 한다.

정답 해설 ③ 제시문 네 번째 단락 "광검출기는 광자의 개수를 측정하는 것이며 측정할 때마다 무작위로 달라지는 광자 개수의 요동이 간섭신호의 잡음으로 나타나게 되는데 이를 '산탄 잡음'이라고 한다. 빛의 세기 측정에서 신호의 크기는 광자의 개수 N에 비례하고, 광자 개수의 요동에 의한 잡음은 N의 제곱근($\sqrt{N}$)에 비례한다. 따라서 '신호대잡음비(신호크기/잡음크기)'는 $\sqrt{N}$에 비례하여 증가한다."를 통해 이 선택지는 제시문의 내용과 일치하지 않는다는 것을 알 수 있다.

오답 해설 ① 제시문 두 번째 단락 "중력파가 통과하며 공간의 수축과 팽창이 반복되면 빛이 지나는 두 경로의 길이 차가 시간에 따라 변화하고 광검출기에서 측정되는 빛의 세기가 그에 따라 변화한다. 이를 측정하면 중력파의 세기와 진동수를 알아낼 수 있다."로부터 중력파는 레이저 간섭계의 경로 길이 변화로 감지함을 알 수 있다.

② 제시문 네 번째 단락 "간섭계는 결국 광검출기에서 빛의 세기를 측정하는 것인데 양자 물리에서 빛은 '광자'라고 부르는 입자로 여겨지며 이때 빛의 세기는 광자의 개수에 비례한다."와 "광자의 개수를 늘리면 산탄 잡음에 의한 신호대잡음비를 증가시킬 수 있는데 공진기는 그 안에 레이저 빛을 가둠으로써 간섭계 내

부의 광자 개수를 증가시키는 역할도 한다.”로부터 공진기가 간섭계 내부에서 빛의 세기를 증가시키는 역할을 한다는 것을 알 수 있다.

④ 제시문 다섯 번째 단락 “빛의 입자적 성질은 간섭신호에 ‘복사압 잡음’이라고 불리는 또 다른 잡음을 일으키는데”와 “광자 개수의 요동이 거울의 요동과 그에 따른 간섭계 경로 길이의 요동을 유발하여 간섭신호의 잡음으로 나타나는데”로부터 복사압 잡음이 광자 개수의 요동 때문에 발생한다는 것을 알 수 있다.

⑤ 제시문 다섯 번째 단락 “또한 거울의 요동은 힘이 작용하는 시간이 길수록 더 커지므로 복사압 잡음에 의한 신호대잡음비는 진동수가 작을수록 급격히 감소하며”로부터 복사압 잡음에 의한 신호대잡음비는 진동수가 클수록 커진다는 것을 알 수 있다.

26.

윗글을 바탕으로 추론한 것으로 적절한 것만을 〈보기〉에서 있는 대로 고른 것은?

ㄱ. 중력파가 검출될 때, 광검출기에서 측정되는 빛의 세기는 일정하다.

ㄴ. 출력 재활용 거울의 반사율을 감소시키면 간섭신호에서 복사압 잡음이 감소한다.

ㄷ. 각 공진기를 구성하는 두 거울 사이의 거리를 늘리면 중력파에 의한 경로 길이 변화량이 늘어난다.

① ㄱ   ② ㄴ   ③ ㄷ
④ ㄱ, ㄴ   ⑤ ㄴ, ㄷ

문항 성격 문항유형 : 정보의 추론과 해석
내용영역 : 과학기술

평가 목표 이 문항은 제시문에 등장하는 중력파 검출 과정과 측정 잡음에 관한 내용을 이해하고 광검출기 신호의 변화 및 거울 반사율과 경로 길이 변화의 영향을 추론할 수 있는지 평가하기 위한 문항이다.

중력파가 지나가며 공간의 변형이 빛의 경로 길이 변화를 일으킬 때 광검출기에 빛의 세기가 변화하며 이를 통해 중력파를 검출한다. 공진기 거울 사이의 거리가 유효 경로 길이와 관련되며, 거울의 반사율이 간섭계 내부의 빛의 세기와 연관되는데, 이들 사이의 관계를 제시문으로부터 판단하여 광검출기 신호의 변화 및 거울 반사율과 경로 길이 변화의 영향을 추론할 수 있어야 한다.

〈보기〉 해설

ㄱ. 제시문 두 번째 단락 "각각 두 갈래로 나뉘며 광검출기에서 서로 중첩된다. 두 경로 사이에 미세한 길이 차이가 발생하면 중첩된 빛의 세기에 차이가 발생하는데"와 "간섭계가 놓인 면을 중력파가 통과하며 공간의 수축과 팽창이 반복되면 빛이 지나는 두 경로의 길이 차가 시간에 따라 변화하고 광검출기에서 측정되는 빛의 세기가 그에 따라 변화한다."로부터 중력파가 지나가면 광검출기에 측정되는 빛의 세기가 변한다는 것을 추론할 수 있다.

ㄴ. 제시문 네 번째 단락 "광자 개수의 요동에 의한 잡음은 N의 제곱근($\sqrt{N}$)에 비례한다."와 "출력 재활용 거울(M5)을 설치하여 간섭계에 사용되는 유효 레이저 출력을 원하는 수준으로 높인다.", 그리고 다섯 번째 단락 "광자 개수의 요동이 거울의 요동과 그에 따른 간섭계 경로 길이의 요동을 유발하여 간섭신호의 잡음으로 나타나는데"로부터 출력 재활용 거울의 반사율이 감소하면 간섭게 내부 빛의 세기가 감소하고 광자의 요동이 줄어든다는 것을 알 수 있고 복사압 잡음이 감소함을 추론할 수 있다.

ㄷ. 제시문 세 번째 단락 "중력파는 공간을 일정한 비율로 변형시키므로 간섭계의 경로 길이를 되도록 크게 하는 것이 길이의 변화량을 크게 할 수 있어 유리하지만"과 "기본적인 간섭계에 두 개의 거울(M3, M4)을 추가하여 '공진기'를 구성하고 각 공진기의 두 거울 사이를 빛이 여러 번 왕복하도록 함으로써 유효 경로 길이를 늘리는 방법을 사용하였다."로부터 공진기의 두 거울 사이의 거리를 늘리면 빛이 왕복하는 거리가 늘어나고 따라서 중력파에 의해 공간이 일정 비율 변화할 때 길이 변화량이 늘어난다는 것을 추론할 수 있다.

〈보기〉에서 적절한 진술 ㄴ과 ㄷ을 모두 포함한 ⑤가 정답이다.

27.

〈보기〉에서 특정한 물리량 에 해당하는 것만을 있는 대로 고른 것은?

보 기

　다음 그래프는 어떤 중력파검출기의 민감도(1/신호대잡음비)를 진동수에 따라 나타낸 것이다. 여기서 신호대잡음비는 산탄 잡음과 복사압 잡음 모두에 의한 것이다. 특정한 물리량을 증가시킴으로써 현재 실선으로 나타난 민감도를 점선과 같은 민감도로 개선하고자 한다.

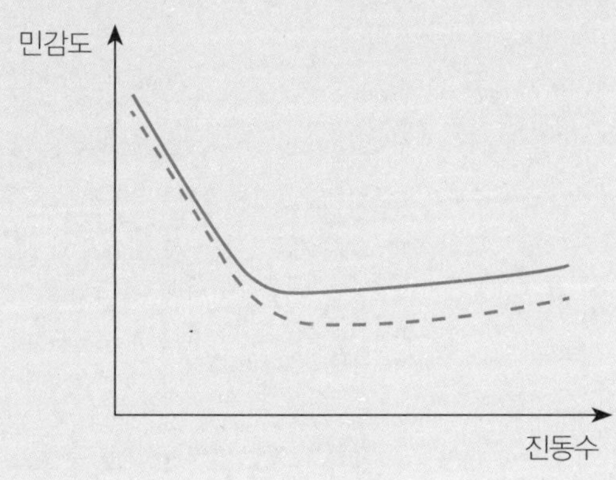

　ㄱ. 거울의 질량
　ㄴ. 레이저의 출력
　ㄷ. 출력 재활용 거울의 투과율

① ㄱ　　　　　　　② ㄷ　　　　　　　③ ㄱ, ㄴ
④ ㄴ, ㄷ　　　　　　⑤ ㄱ, ㄴ, ㄷ

문항 성격　문항유형 : 정보의 평가와 적용

　　　　　　내용영역 : 과학기술

평가 목표　이 문항은 제시문에 등장하는 중력파 검출 과정과 측정 잡음에 관한 내용을 이해하고 실제 중력파 검출을 위한 간섭계에 적용하여 여러 물리량이 신호대잡음비에 미치는 영향을 평가할 수 있는지 확인하기 위한 문항이다.

"

〈보기〉의 그래프에서 신호대잡음비에 반비례하는 민감도가 진동수가 큰 영역에서는 진동수에 따라 완만히 증가하고 작은 영역에서는 급격히 감소한다는 사실로부터 진동수가 큰 영역은 '산탄 잡음'이, 작은 영역은 '복사압 잡음'이 지배적이라는 것을 알 수 있다. 민감도가 실선에서 점선으로 이동하기 위해서는 신호대잡음비가 진동수가 큰 영역에서와 작은 영역에서 모두 증가하여야 한다. 산탄 잡음에 의한 신호대잡음비를 키우기 위해서는 간섭계 내부의 빛의 세기를 키워야 하는데, 이는 복사압 잡음에 의한 신호대잡음비의 감소를 가져오므로 거울의 질량도 동시에 증가시켜야 점선과 같은 민감도를 갖게 된다는 것을 알 수 있다. 레이저의 출력이 증가하거나 출력 재생 거울의 반사율이 증가하면 간섭계 내부 빛의 세기가 증가하여 산탄 잡음에 의한 신호대잡음비가 증가하고, 거울의 질량이 증가하면 복사압 잡음에 의한 신호대잡음비가 증가한다. 따라서 거울의 질량과 레이저의 출력은 증가시켜야 하고 출력 재생 거울의 투과율은 감소시켜야 한다.

〈보기〉 해설   ㄱ. 거울의 질량을 키우면 복사압 잡음에 의한 신호대잡음비가 증가하므로 증가시켜야 할 물리량에 해당한다.

ㄴ. 레이저의 출력을 키우면 간섭계 내부 빛의 세기가 증가하여 산탄 잡음에 의한 신호대잡음비가 증가하므로 증가시켜야 할 물리량에 해당한다.

ㄷ. 출력 재활용 거울의 투과율을 키우면 공진기로 되돌아가는 빛의 양이 줄어 간섭계 내부 빛의 세기가 감소하고 산탄 잡음에 의한 신호대잡음비가 감소하므로 증가시켜야 할 물리량에 해당하지 않는다.

〈보기〉에서 해당하는 물리량 ㄱ과 ㄴ을 모두 포함한 ③이 정답이다.

[28~30] 다음 글을 읽고 물음에 답하시오.

벤야민은 폭력이 모든 합법적 권력의 탄생과 구성 과정에 개입함을, 그리고 그것이 금지하고 처벌하는 방식뿐만 아니라 법 자체를 제정하고 부과하며 유지하는 방식으로도 작동함을 밝히고자 했다. 「폭력 비판을 위하여」에서 그는 목적의 정의로움과 수단의 정당성에 대한 ㉠자연법론과 ㉡법실증주의의 입장 차이를 논의의 출발점으로 삼았다.

벤야민에 따르면, 고전적인 자연법론은 법 창출과 존속의 근거를 신이나 자연, 혹은 이성과 같은 형이상학적이고 외부적인 실체의 권위로부터 구한다. 또한 합당한 자격을 부여받은 외적 실체의 정당한 목적을 위해 사용되는 폭력은 문제가 되지 않는다고 본다. 반면 법실증주의는 폭력을 수단으로 사용하기 위한 절차적 정당성이 확보되었는지 여부에 주목한다. 벤야민은 자연법론보다는 법실증주의가 폭력 비판의 가설적 토대로 더 적합하다고 판단했다. 근본규범으로 전제된 헌법으로부터 법 효력의 근거를 도출하는 법실증주의는 법체계의 자기정초적 성격을 강조함으로써 법 제정 과정의 폭력을 읽어낼 단서를 제공해 주어, 폭력 보존의 계보에 대한 비판적 탐색을 가능케 하기 때문이다.

그렇지만 벤야민은 법실증주의가 목적과 수단의 관계에 대한 잘못된 전제를 자연법론과 공유한다고 보았다. 정당화된 수단이 목적의 정당성을 보증한다고 보는 경우든 정당한 목적을 통해 수단이 정당화될 수 있다고 보는 경우든, 목적과 수단의 상호지지적 관계를 전제로 폭력의 정당성을 판단한다. 그러나 법의 관심은 이러저러한 목적 혹은 수단을 평가하는 데 있는 것이 아니라 법의 폭력 자체를 수호하는 데 있다고 파악했다. 또한 법이 스스로 저지르는 폭력만을 정당한 '강제력'으로 상정하고 다른 모든 형태의 폭력적인 것들은 '폭력'으로 치부하는 문제에 관해 양편 모두 충분한 관심을 두지 않아 왔음을 지적했다.

벤야민은 자연법과 법실증주의가 감추어 온 법의 내재적 폭력성을 설명하기 위해 법정립적 폭력과 법보존적 폭력을 새롭게 개념화했다. 전자의 사례로 무정부적 위력이나 전쟁 등을, 후자의 사례로 행형제도와 경찰제도 등을 제시한 점에서 이들이 각각 근대국가의 입법 권력과 행정 권력에 대응하는 한정된 개념으로 사용되었다고 보기 어렵다. 법정립적 폭력은 법 목적을 위한 강제력이 정당화된 폭력의 위치를 독점하는 과정을 보여준다. 여기서 폭력은 법 제정의 수단으로 복무하지만, 목적한 바가 법으로 정립되는 순간 퇴각하는 것이 아니라 자신의 도구적 성격을 넘어서 힘 자체가 된다. 그렇기에 법과 폭력의 관계는 목적과 수단의 관계 또는 선후관계로 편입될 수 없다. 한편 법보존적 폭력은 이미 만들어진 법을 확인하고 적용하고자 하는, 그리고 이로써 법의 규율 대상에 대한 구속력을 유지하고자 하는 반복적이고 제도화된 노력들이다. 법은 구속적인 것으로 확언됨으로써 보존되며, 그 보존을 통한 재확언이 다시금 법을 구속하는 것이다. 더 나아가 그는 법 정립과 법 보존의 이러한 순환 회로를 신화적 폭력이라 명명하면서 그것을 신적 폭력과 구별 짓는다. 신적 폭력은 법을 허물어뜨리는 순수하고 직접적인 폭력이다. 벤야민은 이것이 신화적 폭력의 순환 회로를 폭파하고 새로운 질서로 나아가게끔 하는 적극적 동력임을 주장한다.

출간 당시엔 크게 주목받지 못한 「폭력 비판을 위하여」가 반세기 넘게 지나 법과 폭력의 관계를 규명하려는 연구자들의 관심을 끌게 된 데에는 데리다의 비판적 독해가 주요한 계기를 제공했다. 데리다는 「법의 힘」에서 합법화된 폭력을 소급적으로 정립하는 법의 발화수반적 힘을 분석했다. 그는 법 언어 행위를 통해 적법한 권력과 부정의한 폭력 사이의 경계가 비로소 그어진다고 설명했다. 또한 법보존적 폭력은 법정립적 폭력에 이미 내재되어 있다고 보았다. 정립은 자기보존적인 반복에 대한 요구를 내포하며, 자신이 정립했다고 주장하는 것을 보존하기 위해 재정립되어

28.

윗글의 내용과 일치하는 것은?

① 벤야민은 법정립적 폭력을 신화적 폭력에, 법보존적 폭력을 신적 폭력에 각각 속하는 것으로 규정한다.
② 벤야민은 신적 폭력이 도래함으로써 법 정립과 법 보존의 순환 회로가 더 강고해질 수 있음을 우려한다.
③ 벤야민은 법의 수단으로 사용되는 폭력은 자신의 목적을 달성하는 순간 힘을 상실하여 소거된다고 주장한다.
④ 데리다는 폭력의 적법성이 법 언어 행위를 통해 사후적으로 정립되지 않는다고 본다.
⑤ 데리다는 법을 보존하기 위한 반복적이고 제도화된 폭력들이 법정립적 폭력에 포함되어 있다고 이해한다.

문항 성격	문항유형 : 정보의 확인과 재구성
	내용영역 : 규범
평가 목표	이 문항은 제시문에 등장하는 벤야민의 폭력 비판 논의와 이에 대한 데리다의 비판적 독해를 정확하게 이해하고 있는지 확인하는 것을 목표로 한다.
문제 풀이	정답 : ⑤

제시문은 벤야민의 폭력 비판 논의와 이에 대한 데리다의 비판적 독해를 다루고 있다. 이 문항은 적법한 강제력과 적법하지 않은 폭력의 관계, 법정립적 폭력과 법보존적 폭력의 관계, 신화적 폭력과 신적 폭력의 관계 등에 관한 제시문의 정보들을 정확하게 이해하고 있는지 묻는 문항이다.

정답 해설　⑤ 제시문 다섯 번째 단락 "법보존적 폭력은 법정립적 폭력에 이미 내재되어 있다고 보았다. 정립은 자기보존적인 반복에 대한 요구를 내포하며, 자신이 정립했다고 주장하는 것을 보존하기 위해 재정립되어야 하기 때문이다."는 해당 단락의 문맥상 데리다의 견해를 설명한 것임이 분명하게 확인된다. 따라서 데리다는 법을 보존하기 위한 반복적이고 제도화된 폭력들이 법정립적 폭력에 포함된다고 이해하고 있음을 알 수 있다.

 ① 제시문 네 번째 단락 "법정립적 폭력은 법 목적을 위한 강제력이 정당화된 폭력의 위치를 독점하는 과정을 보여준다."와 "법보존적 폭력은 이미 만들어진 법을 확인하고 적용하고자 하는, 그리고 이로써 법의 규율 대상에 대한 구속력을 유지하고자 하는 반복적이고 제도화된 노력들이다."로부터 법정립적 폭력과 법보존적 폭력의 개념을 확인할 수 있다. 또한 "법 정립과 법 보존의 이러한 순환 회로를 신화적 폭력이라 명명하면서"로부터 벤야민은 법정립적 폭력과 법보존적 폭력 모두 신화적 폭력에 속한다고 이해하고 있음을 알 수 있다.

② 제시문 네 번째 단락 "신적 폭력은 법을 허물어뜨리는 순수하고 직접적인 폭력이다."와 "벤야민은 이것이 신화적 폭력의 순환 회로를 폭파하고"로부터 벤야민은 신적 폭력이 법 정립과 법 보존의 순환 회로를 강고히 하는 것이 아니라 파괴하는 것으로 이해하고 있음을 알 수 있다.

③ 제시문 네 번째 단락 "폭력은 법 제정의 수단으로 복무하지만, 목적한 바가 법으로 정립되는 순간 퇴각하는 것이 아니라 자신의 도구적 성격을 넘어서 힘 자체가 된다. 그렇기에 법과 폭력의 관계는 목적과 수단의 관계 또는 선후관계로 편입될 수 없다."로부터 벤야민은 수단으로 사용되는 폭력은 그 도구적 기능이 달성되는 순간 힘을 상실하여 소거되는 것이 아니라 오히려 합법화된 힘 자체로 정립된다고 이해하고 있음을 알 수 있다.

④ 제시문 다섯 번째 단락 "합법화된 폭력을 소급적으로 정립하는 법의 발화수반적 힘을 분석했다."로부터 데리다는 폭력의 적법성이 법 언어의 수행성, 곧 법의 발화수반적 힘을 통해 사후적으로 정립된다고 이해하고 있음을 알 수 있다.

29.

윗글을 바탕으로 ㉠과 ㉡을 이해한 것으로 적절하지 <u>않은</u> 것은?

① ㉠은 정당성 판단의 준거가 될 법적 권위를 법 바깥에서 구한다.
② ㉡은 수단의 절차적 정당화 여부에 따라 법의 폭력성을 판단해야 한다고 주장한다.
③ ㉠과 ㉡은 목적이나 수단 중 어느 한쪽이 정당화되면 다른 쪽의 정당성도 보증된다고 전제한다.
④ ㉠보다 ㉡이 법의 정립과 보존 과정에 내재된 폭력을 발견하는 데 더 유용하다.

⑤ ㉠과 달리 ㉡은 법적으로 승인된 폭력이 자신을 법 바깥의 폭력들과 차등화하는 문제
에 주목한다.

문항 성격 문항유형 : 정보의 추론과 해석
내용영역 : 규범
평가 목표 이 문항은 자연법론 및 법실증주의와 관련하여 제시문에 주어진 정보를 옳게 해석하
고 있는지 확인하는 문항이다.
문제 풀이 정답 : ⑤

제시문 두 번째 단락과 세 번째 단락은 벤야민이 자연법론과 법실증주의의 차이를 어떻게 이해하
고 있는지, 이 둘 중 어느 쪽이 폭력 비판의 가설적 토대로서 더 적합하다고 판단하며 그 근거는
무엇인지, 자연법론과 법실증주의가 공유하는 전제 및 문제점이 무엇인지에 대해 서술하고 있다.
이 문항은 벤야민이 이해한 자연법론과 법실증주의의 특성과 한계를 주어진 정보에 따라 옳게 해
석하고 있는지 묻는 문항이다.

정답 해설 ⑤ 제시문 세 번째 단락 "법이 스스로 저지르는 폭력만을 정당한 '강제력'으로 상정
하고 다른 모든 형태의 폭력적인 것들은 '폭력'으로 치부하는 문제에 관해 양편
모두 충분한 관심을 두지 않아 왔음을 지적했다."로부터 법적으로 승인된 폭력
으로서의 강제력이 스스로를 법 바깥의 폭력들과 차등화하는 문제에 자연법론
과 법실증주의 모두 주목하고 있지 않음을 알 수 있다.

오답 해설 ① 제시문 두 번째 단락 "고전적인 자연법론은 법 창출과 존속의 근거를 신이나 자
연, 혹은 이성과 같은 형이상학적이고 외부적인 실체의 권위로부터 구한다."로
부터 자연법론은 정당성 판단의 준거가 될 법적 권위를 법 바깥으로부터 구할
것임을 알 수 있다.

② 제시문 두 번째 단락 "법실증주의는 폭력을 수단으로 사용하기 위한 절차적 정
당성이 확보되었는지 여부에 주목한다."로부터 법실증주의는 수단의 절차적 정
당성 여부에 따라 법의 폭력성을 판단해야 한다고 주장할 것임을 알 수 있다.

③ 제시문 세 번째 단락 "정당화된 수단이 목적의 정당성을 보증한다고 보는 경우
든 정당한 목적을 통해 수단이 정당화될 수 있다고 보는 경우든, 목적과 수단의
상호지지적 관계를 전제로 폭력의 정당성을 판단한다."로부터 자연법론과 법실
증주의는 목적과 수단 중 어느 한쪽이 정당화되면 다른 쪽의 정당성도 보증된다
고 전제할 것임을 알 수 있다.

④ 제시문 두 번째 단락 "벤야민은 자연법론보다는 법실증주의가 폭력 비판의 가설
적 토대로 더 적합하다고 판단했다."와 "근본규범으로 전제된 헌법으로부터 법
효력의 근거를 도출하는 법실증주의는 법체계의 자기정초적 성격을 강조함으로
써 법 제정 과정의 폭력을 읽어낼 단서를 제공해 주어, 폭력 보존의 계보에 대한
비판적 탐색을 가능케 하기 때문이다."로부터 자연법론보다 법실증주의가 법의
정립과 보존 과정에 내재된 폭력을 발견하는 데에 더 유용할 것임을 알 수 있다.

30.

윗글을 바탕으로 〈보기〉를 평가한 것으로 가장 적절한 것은?

A : 민주적 정치체제에서 법 제정 권력을 다룰 때, 논의 대상은 의회의 입법권으로 좁혀
져야 한다. 정치적 자유의 행사를 통해 구성된 권력이 아닌 강제적 힘에 의해 정초
된 법은 처음부터 불법이다. 따라서 국가법이 제정되고 유지되는 과정에 폭력이 난
입할 여지는 없다.

B : 국가법은 불법체류자 등을 법적 보호로부터 배제하는 동시에 바로 그 배제를 통해
규율 대상으로 포획한다. 이때 법과 폭력은 안과 바깥이 구분되지 않는 '뫼비우스의
띠' 안에서 무한히 순환한다. 우리는 더 나은, 혹은 덜 나쁜 법의 정립을 입법권의
자장 안에서 고민하기보다는 신화적 폭력을 넘어서 국가법 자체를 탈정립할 신적
폭력을 지지할 필요가 있다.

① A는 법 정립 과정에 폭력이 개입하지 않는다고 본 데서, 벤야민과 관점을 같이한다.

② A는 적법한 강제력과 적법하지 않은 폭력이 처음부터 다른 기원을 가진다고 주장한 데
서, 벤야민과는 견해를 달리하고 데리다와는 견해를 같이한다.

③ B는 법과 폭력의 순환 고리를 끊어낼 순수하고 직접적인 폭력을 지지한 데서, 벤야민
과 입장을 같이한다.

④ B는 신적 폭력과 신화적 폭력의 구분을 전제한 데서, 벤야민과는 견해를 달리하고 데
리다와는 견해를 같이한다.

⑤ A와 B는 모두 법 정립 권력을 입법 권력에만 한정 지은 데서, 벤야민과 입장을 같이
한다.

문항 성격　문항유형 : 정보의 평가와 적용

내용영역 : 규범

평가 목표　이 문항은 제시문에 나타난 벤야민과 데리다의 견해를 파악하여 〈보기〉의 두 입장을 평가하는 데에 적절하게 활용할 수 있는지 확인하는 것을 목표로 한다.

문제 풀이　정답 : ③

〈보기〉에서 A는 법 제정 및 보존 과정에 폭력이 난입할 여지가 없다고 주장하며, 법 제정 권력이 제한적으로만 이해되어야 한다는 점, 그리고 적법한 권력과 비적법한 강제력은 처음부터 구분된다는 점을 그 근거로 제시하고 있다. 한편 B는 법이 누군가를 법의 보호로부터 배제하는 동시에 그 배제를 통해 규율 대상으로 포획하는 순환 구조를 취하고 있으며, 그 순환을 넘어서 국가법 자체를 탈정립할 필요가 있다고 주장한다. 이 문항은 제시문으로부터 벤야민의 견해와 데리다의 견해 사이의 공통점 및 차이점을 파악한 후 이를 〈보기〉의 두 입장을 평가하는 데에 적절하게 적용하고 있는지 묻는 문항이다.

정답 해설　③ 제시문 네 번째 단락 "신적 폭력은 법을 허물어뜨리는 순수하고 직접적인 폭력이다. 벤야민은 이것이 신화적 폭력의 순환 회로를 폭파하고 새로운 질서로 나아가게끔 하는 적극적 동력임을 주장한다."로부터 벤야민은 법과 폭력의 순환 고리를 끊어낼 순수하고 직접적인 폭력으로서의 신적 폭력을 지지한 데서 B와 입장을 같이한다는 것을 알 수 있다.

오답 해설　① 제시문 첫 번째 단락 "벤야민은 폭력이 모든 합법적 권력의 탄생과 구성 과정에 개입함을, 그리고 그것이 금지하고 처벌하는 방식뿐만 아니라 법 자체를 제정하고 부과하며 유지하는 방식으로도 작동함을 밝히고자 했다."로부터 벤야민은 법 정립 과정에 폭력이 개입하지 않는다고 본 A와 관점을 달리한다는 것을 알 수 있다.

② 제시문 네 번째 단락 "법정립적 폭력은 법 목적을 위한 강제력이 정당화된 폭력의 위치를 독점하는 과정을 보여준다."로부터 벤야민은 적법한 강제력과 적법하지 않은 폭력이 처음부터 구분되는 것이 아니라고 봄을 알 수 있다. 한편 다섯 번째 단락 "법 언어 행위를 통해 적법한 권력과 부정의한 폭력 사이의 경계가 비로소 그어진다."를 통해 데리다도 적법한 강제력과 적법하지 않은 폭력이 처음부터 다른 기원을 가진 것은 아니라고 판단함을 확인할 수 있다. 따라서 벤야민과 데리다는 둘 다 법과 폭력의 기원에 대해 A와 견해를 달리한다는 것을 알 수 있다.

④ 제시문 네 번째 단락 "그는 법 정립과 법 보존의 이러한 순환 회로를 신화적 폭력이라 명명하면서 그것을 신적 폭력과 구별 짓는다."로부터 벤야민은 신적 폭력과 신화적 폭력을 구분하여 개념화하고 있음을 알 수 있다. 한편 다섯 번째 단락 "법을 정립하고 보존하는 신화적 폭력과 법을 허물어뜨리는 신적 폭력이 뚜렷이 구분될 수 없으며"를 통해 데리다는 신적 폭력과 신화적 폭력의 구분에 비판적임을 알 수 있다. 따라서 신적 폭력과 신화적 폭력의 구분을 전제한 B는 벤야민과 견해를 같이하지만 데리다와는 견해를 달리함을 알 수 있다.

⑤ 제시문 네 번째 단락 "전자(법정립적 폭력)의 사례로 무정부적 위력이나 전쟁 등을, 후자(법보존적 폭력)의 사례로 행형제도와 경찰제도 등을 제시한 점에서 이들이 각각 근대국가의 입법 권력과 행정 권력에 대응하는 한정된 개념으로 사용되었다고 보기 어렵다."로부터 벤야민은 법 제정 권력의 논의 대상을 의회의 입법권으로 좁혀서 보아야 한다고 이해한 A와 입장을 달리함을 알 수 있다.

법학적성시험 언어이해 영역

2022

2022학년도 언어이해 영역 출제 방향

1. 출제의 기본 방향

언어이해 영역은 법학전문대학원 지원자들의 언어 소양과 통합적 언어 능력을 평가하는 것을 목표로 삼는다. 2022학년도 언어이해 영역은 여러 분야의 고차적이고도 다층적인 텍스트를 대상으로 수험생의 사실 이해와 재구성 능력, 그리고 추론과 적용 능력의 정도를 시험하는 데 출제의 기본 방향을 두었다. 이번 시험의 출제 원칙은 다음과 같다.

- 내용 및 표현에서 모범이 되는 제시문을 다양한 분야에 걸쳐 개발한다. 특히 법조인으로서 갖추어야 할 기본 소양과 연관된 제시문을 개발한다.
- 제시문의 대의를 파악하고 정보들을 이해하며, 정보들 간의 유기적 관련성을 분석·종합할 수 있는 능력을 갖추었는지 평가한다.
- 제시문의 정보를 바탕으로 합리적인 결론을 이끌어 내고, 특정 정보를 다른 문제 상황에 적용하는 능력을 갖추었는지 평가한다.

2. 출제 범위

언어이해 영역에서는 여러 분야의 고차적이고도 다층적인 글을 통해, 제시된 정보를 이해하는 능력, 제시된 정보를 재구성 또는 종합하여 주제를 파악하는 능력, 제시된 정보를 바탕으로 적절한 추론이나 비판을 이끌어 내는 능력, 글의 정보를 관련 상황에 적용하는 능력 등을 평가한다. 이를 위해 이번 시험에서는 다양한 학문 분야의 근본적이면서도 심화된 주제나 최신 연구 동향을 기본으로 삼되, 각 학문의 전문적인 지식 배경 없이도 풀 수 있는 범위에서 출제하였다.

이번 시험의 출제는 다음 사항을 고려하여 진행하였다.

- 여러 학문 분야의 기본 개념이나 범주들을 활용하되, 최신 이론의 동향, 시의성 있는 문제 상황 등을 중심으로 제시문을 작성한다.

- 표준화된 모델들을 기반으로 문항 세트를 설계함으로써 제시문에 사용된 개념이나 범주들을 이해하고 활용할 수 있는지 평가한다.
- 특정 전공, 특히 법학 전공의 배경지식 없이 제시문을 통한 정보만으로 풀 수 있게 제시문과 문항을 구성한다.

3. 문항 구성

언어이해 영역의 목표를 달성하기 위해 제시문은 가독성이 높고 정보 전달이 분명하며 논지를 선명히 하여 완결성을 갖추는 것이어야 한다. 이번 출제에서는 이러한 제시문의 조건을 지키면서도 다양한 주제와 심도 있는 논의를 다룬 제시문들을 개발하였다.

그리고 각 제시문에 따른 문항들은 '주제, 구조, 관점 파악', '정보의 확인과 재구성', '정보의 추론과 해석', '정보의 평가와 적용' 등 독해 능력을 균형 있게 평가하게 설계하였다. 이와 함께 제시문과 〈보기〉를 연결하는 문항을 다수 출제하여 비판 및 추론, 적용 능력을 종합적으로 평가하고자 하였다.

이번 시험의 내용 영역은 '인문', '사회', '과학기술', '규범'의 4개 영역이며, 문항은 각 세트당 3문항, 총 10세트 30문항이다. 각 내용 영역별로 제시문의 주안점을 제시하면 다음과 같다.

'인문' 분야에서는 먼저 '철학적 근대'의 전개 과정에서 객관적 관념론이 지니는 의미를 환경 위기와 연관 지어 논해 보았으며, 다음으로 소설의 화자에 대한 다양한 이론들을 소개하고 화자와 관련된 심화된 문제를 다루어 보았다. 그리고 인공 감정의 실현 가능성을 중심으로 윤리와 인공 감정의 대응 문제에 대해 파악해 보았다.

'사회' 분야에서는 먼저 파시즘에 대한 연구의 다양한 흐름을 소개하면서 파시즘 이해의 주요 논점을 다루어 보았으며, 다음으로 현대 기업 체제의 주요한 특징인 '소유와 지배의 분리'에 대한 이론적 원천과 개념의 주안점을 파악해 보았다.

'과학기술' 분야에서는 먼저 시각 정보 처리에 있어서 망막 자체의 정보 처리 과정과 그 기제에 대해 이해해 보았으며, 다음으로 기계학습의 기법인 클러스터링에 대해 분할법과 계층법을 중심으로 파악해 보았다.

'규범' 분야에서는 먼저 1960년대 이후 국가의 부랑인 정책 관련 법령과 그 시행 과정을 다루면서 비판적 논점을 제기해 보았으며, 다음으로 미국의 역사에서 민주주의 규범이 기여한 역할과 그 의의에 대해 살펴보았다. 그리고 법 규범에 대한 칸트의 설명을 소개하면서 '외면성 명제'와 관련된 딜레마를 논해 보았다.

이번 시험의 제시문들은 전반적으로 우리 사회와 세계에 대해 시의성 있으면서도 깊이 있는 이해를 유도하는 내용으로 구성되었으므로 이번 시험의 수험생들에게 시험이라는 목적 외에도 법조인으로서의 교양을 쌓는 좋은 경험이 되기를 기대한다.

4. 난이도 및 출제 시 유의점

2022학년도 언어이해 영역 시험에서는 난삽한 제시문이나 모호한 문항을 통한 난이도 확보를 지양하고 실질적인 독해 능력을 측정하는 제시문과 문항을 출제함으로써 적정 난이도를 확보하고자 하였다. 이에 따라 제시문의 가독성은 최대한 높이되, 제시문을 깊게 이해하고 새로운 상황에 적용하는 능력을 측정하는 방향으로 문항들을 설계하였다.

이번 시험에서 문항 출제 시 유의점은 다음과 같다.

- 기출 문제나 사설 문제를 푼 경험으로는 풀리지 않게 하였으며, 특정 전공에 따른 유·불리 현상도 나타나지 않게 하였다.
- 출제의 의도를 감추거나 오해하게 하는 질문의 선택을 피하고, 평가하고자 하는 능력을 정확히 평가하게끔 간명한 문두 형식을 취하였다.
- 다른 문항 및 답지 간의 간섭을 최소화하고, 답지 선택에서 능력에 따른 변별이 이루어지게 하였다.

　　5·16 군사쿠데타 이후 집권세력은 '부랑인'을 일소하여 사회의 명랑화를 도모한다는 명분 아래 사회정화사업을 벌였다. 무직자와 무연고자를 '개조'하여 국토 건설에 동원하려는 목적으로 〈근로보도법〉과 〈재건국민운동에 관한 법률〉을 제정·공포했다. 부랑인에 대한 사회복지 법령들도 이 무렵 마련되기 시작했는데, 〈아동복리법〉에 '부랑아보호시설' 관련 규정이 포함되었고 〈생활보호법〉에도 '요보호자'를 국영 또는 사설 보호시설에 위탁할 수 있음이 명시되었다.

　　실질적인 부랑인 정책은 명령과 규칙, 조례 형태의 각종 하위 법령에 의거하여 수행되었다. 특히 ㉠〈내무부훈령 제410호〉는 여러 법령에 흩어져있던 관련 규정들을 포괄하여 부랑인을 단속 및 수용하는 근거 조항으로 기능했다. 이는 걸인, 껌팔이, 앵벌이를 비롯하여 '기타 건전한 사회 및 도시 질서를 저해하는 자'를 모두 '부랑인'으로 규정했다. 헌법, 법률, 명령, 행정규칙으로 내려오는 위계에서 행정규칙에 속하는 훈령은 상급 행정기관이 하급 기관의 조직과 활동을 규율할 목적으로 발하는 것으로서, 원칙적으로는 대외적 구속력이 없으며 예외적인 경우에만 법률의 위임을 받아 상위법을 보충한다. 위 훈령은 복지 제공을 목적으로 한 〈사회복지사업법〉을 근거 법률로 하면서도 거기서 위임하고 있지 않은 치안 유지를 내용으로 한 단속 규범이다. 이를 통한 인신 구속은 국민의 자유와 권리를 필요한 경우 국회에서 제정한 법률로써 제한하도록 규정한 헌법에 위배되는 것이기도 하다.

　　1961년 8월 200여 명의 '부랑아'가 황무지 개간 사업에 투입되었고, 곧이어 전국 곳곳에서 간척지를 일굴 개척단이 꾸려졌다. 1950년대 부랑인 정책이 일제 단속과 시설 수용에 그쳤던 것과 달리, 이 시기부터 국가는 부랑인을 과포화 상태의 보호시설에 단순히 수용하기보다는 저렴한 노동력으로 개조하여 국토 개발에 활용하고자 했다. 1955년부터 통계 연표에 수록되었던 '부랑아 수용보호 수치 상황표'가 1962년에 '부랑아 단속 및 조치 상황표'로 대체된 사실은 이러한 변화를 시사한다.

　　이 같은 정책 시행의 결과로 부랑인은 과연 '개조'되었는가? 개척의 터전으로 총진군했던 부랑인 가운데 상당수는 가혹한 노동조건이나 열악한 식량 배급, 고립된 생활 등을 이유로 중도에 탈출했다. 토지 개간과 간척으로 조성된 농지를 분배 받기를 희망하며 남아 있던 이들은 많은 경우 약속된 땅을 얻지 못했으며, 토지를 분배 받은 경우라도 부랑인 출신이라는 딱지 때문에 헐값에 땅을 팔고 해당 지역을 떠났다. 사회복지를 위한 제도적 기반이 충분히 갖추어져 있지 않은 상황에서 사회법적 '보호' 또한 구현되기 어려웠다. 〈아동복리법 시행령〉은 부랑아 보호시설의 목적을 '부랑아를 일정 기간 보호하면서 개인의 상황을 조사·감별하여 적절한 조치를 취함'이라 규정했으나, 전문적인 감별 작업이나 개별적 특성과 필요를 고려한 조치는 드물었고 규정된 보호 기간이 임의로 연장되기도 했다. 신원이 확실하지 않은 자들을 마구잡이로 잡아들임에 따라 수용자 수가 급증한 국영 또는 사설 복지기관들은 국가보조금과 민간 영역의 후원금으로 운영됨으로써 결국 유사 행정기구로 자리매김했다. 그중 일부는 국가보조금을 착복하는 일도 있었다.

　국가는 〈근로보도법〉과 〈재건국민운동에 관한 법률〉 등을 제정하여 부랑인을 근대화 프로젝트에 활용할 생산적 주체로 개조하고자 하는 한편, 그러한 생산적 주체에 부합하지 못하는 이들은 〈아동복리법〉이나 〈생활보호법〉의 보호 대상으로 삼았다. 또한 각종 하위 법령을 통해 부랑인을 '예비 범죄자'나 '우범 소질자'로 규정지으며 인신 구속을 감행했다. 갱생과 보호를 지향하는 법체계 내부에 그 갱생과 보호의 대상을 배제하는 기제가 포함되어 있었던 것이다.

　국가는 부랑인으로 규정된 개개의 국민을 경찰력을 동원해 단속·수용하고 복지기관을 통해 규율했을 뿐만 아니라, 국민의 인권과 복리를 보장할 국가적 책무를 상당 부분 민간 영역에 전가시킴으로써 비용 절감을 추구했다. 당시 행정당국의 관심은 부랑인 각각의 궁극적인 자활과 갱생보다는 그가 도시로부터 격리된 채 자활·갱생하고 있으리라고 여타 사회구성원이 믿게끔 하는 데에 집중되었던 것으로 보인다. 부랑인은 사회에 위협을 가하지 않을 주체로 길들여지는 한편, 국가가 일반 시민으로부터 치안 관리의 정당성을 획득하기 위한 명분을 제공했다.

01.

윗글의 내용과 일치하는 것은?

① 부랑인 정책은 갱생 중심에서 격리 중심으로 초점이 옮겨갔다.
② 부랑아의 시설 수용 기간에 한도를 두는 규정이 법령에 결여되어 있었다.
③ 부랑인의 수용에서 행정기관과 민간 복지기관은 상호 협력적인 관계였다.
④ 개척단원이 되어 도시를 떠난 부랑인은 대체로 개척지에 안착하여 살아갔다.
⑤ 부랑인 정책은 치안 유지를 목적으로 하여 사회복지 제공의 성격을 갖지 않았다.

문항 성격	문항유형 : 정보의 확인과 재구성
	내용영역 : 규범
평가 목표	이 문항은 제시문의 주요 키워드인 '부랑인'과 관련된 다양한 정보들을 이해하고 있는지 묻는 문항이다.

부랑인 관련 정책이 '갱생' 및 '보호'를 지향하고 있었음에도 불구하고 하위 법령을 통해서는 여전히 인신 구속과 격리를 감행했던 점, 사회복지 법령들을 마련하였지만 제도적 기반이 충분치 않아 제대로 구현되지 못한 점 등을 정확하게 이해하도록 한다.

정답 해설　③ 제시문 네 번째 단락 "신원이 확실하지 않은 자들을 마구잡이로 잡아들임에 따라 수용자 수가 급증한 국영 또는 사설 복지기관들은 국가보조금과 민간 영역의 후원금으로 운영됨으로써 결국 유사 행정기구로 자리매김했다. 그중 일부는 국가보조금을 착복하는 일도 있었다."와 여섯 번째 단락 "국민의 인권과 복리를 보장할 국가적 책무를 상당 부분 민간 영역에 전가시킴으로써 비용 절감을 추구했다."로부터 부랑인의 수용에서 행정기관과 민간 복지단체가 상호 협력적인 관계에 있었음을 알 수 있다. 즉 행정기관은 국가적 책무를 민간 복지기관에 전가시킬 수 있었고, 민간 복지기관은 국가보조금으로 운영되었다.

오답 해설　① 제시문 세 번째 단락에서 부랑인 정책은 격리 중심에서 갱생 중심으로 초점이 옮겨갔음을 알 수 있다.

② 제시문 네 번째 단락 "〈아동복리법 시행령〉은 부랑아 보호시설의 목적을 '부랑아를 일정 기간 보호하면서 개인의 상황을 조사·감별하여 적절한 조치를 취함'이라 규정했으나, …"로부터 부랑아의 시설 수용 기간에 한도를 두는 규정이 법령에 존재했음을 알 수 있다.

④ 제시문 네 번째 단락 "개척의 터전으로 종진군했던 부랑인 가운데 상당수는 가혹한 노동조건이나 열악한 식량 배급, 고립된 생활 등을 이유로 중도에 탈출했다. 토지 개간과 간척으로 조성된 농지를 분배 받기를 희망하며 남아 있던 이들은 많은 경우 약속된 땅을 얻지 못했으며, 토지를 분배 받은 경우라도 부랑인 출신이라는 딱지 때문에 헐값에 땅을 팔고 해당 지역을 떠났다."로부터 개척단원이 되어 도시를 떠난 부랑인은 대부분 개척지에 안착하지 못했음을 알 수 있다.

⑤ 제시문 첫 번째 단락 "부랑인에 대한 사회복지 법령들도 이 무렵 마련되기 시작했는데, 〈아동복리법〉에 '부랑아보호시설' 관련 규정이 포함되었고 〈생활보호법〉에도 '요보호자'를 국영 또는 사설 보호시설에 위탁할 수 있음이 명시되었다."로부터 부랑인 정책은 사회복지 제공의 성격도 갖고 있었음을 알 수 있다. 물론 네 번째 단락 "사회복지를 위한 제도적 기반이 충분히 갖추어져 있지 않은 상황에서 사회법적 '보호' 또한 구현되기 어려웠다."에서 알 수 있듯 실질적으로 온전히 구현되지는 않았으나, 그렇다고 사회복지 제공의 성격 자체가 부재했다고 볼 수는 없다.

02.

㉠에 대한 비판으로 적절하지 <u>않은</u> 것은?

① 상위 규범과 하위 규범 사이의 위계를 교란시켰다.
② 근거 법령의 목적 범위를 벗어나는 사항을 규율했다.
③ 법률을 제정하는 국회의 입법권을 행정부에서 침해하는 결과를 초래했다.
④ 부랑인을 포괄적으로 정의함으로써 과잉 단속의 근거로 사용될 여지가 있었다.
⑤ 부랑인 단속을 담당하는 하급 행정기관이 훈령을 발한 상급 행정기관의 지침을 위반하도록 만들었다.

문항 성격	문항유형 : 정보의 추론과 해석
	내용영역 : 규범
평가 목표	이 문항은 제시문에 등장한 정보들을 해석하여, 특정 하위 법령의 문제점을 파악할 수 있는지 묻는 문항이다.
문제 풀이	정답 : ⑤

부랑인 단속의 법적 근거로 사용된 〈내무부훈령 제410호〉가 법의 위계 안에서 근거 법령의 목적 범위를 넘어서는 사항을 규율함으로써 상위법과 하위 법령 사이의 위계 교란을 발생시킨 점, 그로 인해 의회의 입법권이 침해된 점, 문언의 포괄적 정의로 인해 적용 범위가 임의로 확장될 수 있는 점 등과 관련한 제시문의 정보들을 적절하게 해석할 수 있어야 한다.

정답 해설 ⑤ 제시문 두 번째 단락 "… 훈령은 상급 행정기관이 하급 기관의 조직과 활동을 규율할 목적으로 발하는 것으로서 …"로부터 〈내무부훈령 제410호〉는 상급 행정기관의 지침에 따라 만들어진 것임을 확인할 수 있다. 따라서 〈내무부훈령 제410호〉가 상급 행정기관인 내무부의 지침을 하급 행정기관이 위반하도록 만들었다고는 볼 수 없다. 〈내무부훈령 제410호〉의 문제는 상급 행정기관과 하급 행정기관 사이의 문제가 아니라, 상위법과 하위 법령 사이의 문제이다.

오답 해설 ① 제시문 두 번째 단락 "헌법, 법률, 명령, 행정규칙으로 내려오는 위계에서 행정규칙에 속하는 훈령은 상급 행정기관이 하급 기관의 조직과 활동을 규율할 목적으로 발하는 것으로서, 원칙적으로는 대외적 구속력이 없으며 예외적인 경우에만 법률의 위임을 받아 상위법을 보충한다."로부터 〈내무부훈령 제410호〉가 상위법을 보충하는 하위 규범(법령)임을 알 수 있다. 아울러 "위 훈령은 복지 제공을 목적으로 한 〈사회복지사업법〉을 근거 법률로 하면서도 거기서 규정하고 있지 않은 치안 유지를 내용으로 한 단속 규범이다."로부터 하위 규범이 상위 규범에 규정하지 않은 내용까지 규정함으로써 상위 규범과 하위 규범 사이의 위계를 교란시켰음을 알 수 있다.

② 제시문 두 번째 단락 "위 훈령은 복지 제공을 목적으로 한 〈사회복지사업법〉을 근거 법률로 하면서도 거기서 위임하지 않은 치안 유지를 내용으로 한 단속 규범이다."로부터 〈내무부훈령 제410호〉가 근거 법령의 목적 범위를 벗어나는 사항을 규율했음을 확인할 수 있다.

③ 제시문 두 번째 단락의 "이를 통한 인신 구속은 국민의 자유와 권리를 필요한 경우 국회에서 제정한 법률로써 제한하도록 규정한 헌법에 위배되는 것이기도 하다."로부터 법률을 제정하는 국회의 입법권을 행정부에서 침해했음을 확인할 수 있다.

④ 제시문 두 번째 단락 "이는 걸인, 껌팔이, 앵벌이를 비롯하여 '기타 건전한 사회 및 도시 질서를 저해하는 자'를 모두 '부랑인'으로 규정했다."로부터 부랑인의 정의를 '기타 …하는 자'라고 포괄적으로 규정했음을 확인할 수 있다. 또한 네 번째 단락 "신원이 확실하지 않은 자들을 마구잡이로 잡아들임에 따라 수용자 수가 급증한 … "으로부터 〈내무부훈령 제410호〉에 부랑인이 포괄적으로 정의된 것이 과잉 단속의 근거로 사용되었을 수 있음을 알 수 있다.

03.

〈보기〉의 내용을 윗글에 적용한 것으로 적절하지 <u>않은</u> 것은?

　국가는 방역과 예방 접종, 보험, 사회부조, 인구조사 등 각종 '안전장치'를 통해 인구의 위험을 계산하고 조절한다. 그 과정에서 삶을 길들이고 훈련시켜 효용성을 최적화함으로써 '순종적인 몸'을 만들어내는 기술이 동원된다. 이를 통해 정상과 비정상, 건전 시민과 비건전 시민의 구분과 위계화가 이루어지고 '건전 사회의 적'으로 상정된 존재는 사회로부터 배제된다. 이는 변형된 국가인종주의의 발현으로 이해할 수도 있다. 고전적인 국가인종주의가 선천적이거나 역사석으로 구별되는 인종을 기준으로 이원 사회로 분할하는 특징이 있다면, 변형된 국가인종주의는 단일 사회가 스스로의 산물과 대립하며 끊임없이 '자기정화'를 추구한다는 점에서 차이가 있다.

① 부랑인을 '우범 소질'을 지닌 잠재적 범죄자로 규정한 것은 한 사회의 '자기 정화'를 보여준다고 할 수 있다.

② 부랑인을 '개조'하여 국토 개발에 동원하고자 한 것은 삶을 길들이고 훈련시키는 기획을 보여준다고 할 수 있다.

③ 부랑인을 생산적 주체와 거기에 이르지 못한 주체로 구분 지은 것은 변형된 국가인종주의의 특징을 보여준다고 할 수 있다.

④ 치안관리라는 명분을 위해 부랑인의 존재를 이용한 것은 건전 시민과 비건전 시민의 구분과 위계화를 보여준다고 할 수 있다.

⑤ 부랑인의 갱생을 지향하는 법체계에 배제의 기제가 내재된 것은 '순종적인 몸'을 만들어내는 기술과 '안전장치'가 배척 관계임을 보여준다고 할 수 있다.

문항 성격	문항유형 : 정보의 평가와 적용
	내용영역 : 규범
평가 목표	이 문항은 〈보기〉를 통해 추가적으로 제공된 정보를 이해하여 이를 제시문 해석에 적절하게 적용할 수 있는지 묻는 문항이다.
문제 풀이	정답 : ⑤

〈보기〉는 국가가 '안전장치'를 통해 인구의 위험을 조절하고 계산하는 과정에 '순종적인 몸'을 만들어내는 기술이 어떻게 동원되는지, 이를 통해 어떻게 건전 시민과 비건전 시민의 구분과 위계화가 이루어지는지 보여주고, 또한 이 과정을 '국가인종주의' 개념을 통해 설명하고 있다.

정답 해설 ⑤ 제시문 다섯 번째 단락 "갱생과 보호를 지향하는 법체계 내부에 그 갱생과 보호의 대상을 배제하는 기제가 포함되어 있었던 것이다."로부터 부랑인의 갱생을 지향하는 법체계에 배제 기제가 들어있음을 확인할 수 있다. 부랑인은 '건전 사회의 적'이기에 사회로부터 배제되어야 마땅하기 때문이다. 〈보기〉에 따르면, 이는 '순종적인 몸'을 만들어내는 기술이 '안전장치'에 동원되는 양상이다. '순종적인 몸'을 만들어내는 기술과 '안전장치'는 배척 관계에 놓여 있지 않다.

오답 해설 ① 제시문 다섯 번째 단락 "각종 하위 법령을 통해 부랑인을 '예비 범죄자'나 '우범 소질자'로 규정지으며 인신 구속을 감행했다."로부터 부랑인을 '우범 소질'을 지닌 잠재적 범죄자로 이해한 것을 확인할 수 있으며, 이는 단일 사회가 스스로의 산물과 대립하며 끊임없이 '자기 정화'를 추구하는 모습에 해당한다고 볼 수 있다.

② 제시문 첫 번째 단락 "무직자와 무연고자를 '개조'하여 국토 건설에 동원하려는 목적으로 …"와 다섯 번째 단락 "… 부랑인을 근대화 프로젝트에 활용할 생산적 주체로 개조하고자 하는 한편, …"으로부터 부랑인을 '개조'하여 국토 개발에 동원하고자 한 것을 확인할 수 있으며, 이는 부랑인의 삶을 길들이고 훈련시키는 기획에 해당한다고 볼 수 있다.

③ 제시문 다섯 번째 단락 "국가는 〈근로보도법〉과 〈재건국민운동에 관한 법률〉 등을 제정하여 부랑인을 근대화 프로젝트에 활용할 생산적 주체로 개조하고자 하는 한편, 그러한 생산적 주체에 부합하지 못하는 이들은 〈아동복리법〉이나 〈생활보호법〉의 보호 대상으로 삼았다"로부터 부랑인을 생산적 주체와 거기에 이르지 못한 주체로 구분 지은 것을 확인할 수 있으며, 이는 변형된 국가인종주의의 특징, 즉 단일 사회가 스스로의 산물과 대립하며 '자기 정화'를 추구하는 특징을 보여준다고 할 수 있다.

④ 제시문 여섯 번째 단락 "당시 행정당국의 관심은 부랑인 각각의 궁극적인 자활과 갱생보다는 그가 도시로부터 격리된 채 자활·갱생하고 있으리라고 여타 사회구성원이 믿게끔 하는 데에 집중되었던 것으로 보인다. 부랑인은 사회에 위협을 가하지 않을 주체로 길들여지는 한편, 국가가 일반 시민으로부터 치안 관리의 정당성을 획득하기 위한 명분을 제공했다."로부터 여타 사회구성원, 즉 일반 시민으로부터 치안 관리의 명분을 얻기 위해 부랑인의 존재를 이용한 것을 확인할 수 있으며, 이는 건전 시민과 비건전 시민의 구분과 위계화를 보여준다고 할 수 있다.

[04~06] 다음 글을 읽고 물음에 답하시오.

현대의 환경 위기는 인류의 생존 문제일 뿐 아니라 근대 이후 구현되어 온 인본주의적 가치들을 위협할 수 있는 요인이기도 하다. 즉 그것은 '생존'을 빌미로 하는 신유형의 독재나 제국주의를 유발함으로써 자유, 인권, 평등의 가치에 근거한 민주주의나 세계시민주의 등의 이념들을 위기에 처하게 할 수 있다는 점에서도 문제인 것이다. 환경 위기는 특히 '철학적 근대'에 관한 담론에서 중요 주제로 부각된다. 이 위기는 자연과 인간을 근본적으로 차별하는 세계관을 사상적 토대로 하고, 또한 그러한 세계관은 인간의 이성적 주체성을 전면에 등장시킨 근대의 철학적 혁명에서 비롯되었기에, 사상사적 맥락에서 가장 큰 책임을 져야 하는 것이 바로 철학적 근대라고 지적되기 때문이다. 그러나 철학적 근대는 경시할 수 없는 미덕을 동시에 지니기 때문에, 그대로의 수용도 원천적 거부도 선택할 수 없는 딜레마적 문제이다. 저 숭고한 인본주의적 가치들은 무엇보다도 인간의 지성적·실천적 자율성을 주장한 철학적 근대를 통해 정초되었기 때문이다.

철학적 근대는 ㉠<u>데카르트주의</u>의 발흥 및 완성의 과정으로 이루어진다는 것이 일반적 통념이다. 이성적 사유 주체의 절대적 확실성을 철학의 제1 원리로 논증하는 이 사상 체계에서 자연은 주체에 대해 근본적 타자로서, 그 어떤 자기 목적이나 내면도 없는 단적인 물질적 실체, 즉 '길이, 넓이, 깊이로 연장된 것'이라는 열등한 존재로 인식된다. 인간과 자연의 이러한 위계적 이원화는 인간의 자연 지배를 정당화하는 토대가 되거니와, 기계론적으로 양화되는 연장의 영역으로 정위된 자연은 인간 마음대로 사용할 수 있는 유용한 자재 창고로 여겨지게 된 것이다.

자연과학적 실험의 보편화는 더욱 과격화된 철학적 자연관의 출현을 촉발한다. 자연은 '인식'과 '사용'의 대상이던 것에서 나아가 '제작'의 대상으로까지 여겨지게 된다. 진리를 발견되는 것이 아니라 만들어지는 것으로 보는 이러한 노선은 ㉡<u>칸트주의</u>에서 특히 전형적으로 대두한다. 즉 의지의 규범인 도덕 준칙과 마찬가지로 지성의 대상인 자연 법칙 또한 그 입법권이 자율적 주체인 인간에게 부여되는 것이다. 자연은 한낱 조야한 질료로서 주어질 뿐, 그 구체적 존재 형식은 인식 주체로서의 인간의 지적 틀에 의해 결정된다는 것이다. 물론 이 사상에서 자연의 자기 목적이 중요한 화두로 제기되기도 하지만, 이 역시 세계를 대하는 인간의 심적 태도의 차원에서 상정될 뿐이다.

이러한 추이로부터 짐작하면, 철학적 근대의 완성판이라 불리는 객관적 관념론 은 어떤 노선보다도 강한 이성주의적 면모를 지니는 까닭에, 자연에 대한 억압적 지배를 정당화하는 궁극의 사조라는 죄명을 뒤집어쓸 개연성이 클 것이다. 하지만 이 철학 사조는 그러한 혐의가 근본적 몰이해에서 비롯된 것이라고 항변할 수 있는 상당한 근거를 지니는데, 흥미롭게도 그 근거는 이 사조가 철학적 근대의 핵심 원리인 '이성'의 위상을 극한으로 강화한다는 점에 있다. 객관적 관념론은 문자 그대로 관념의, 구체적으로는 이성의 객관적 진리치를 정당화하고자 한다. 중요한 것은 여기서 '이성'이 이전의 근대 철학에서와는 사뭇 다른 층위의 의미를 지닌다는 점이다. 즉 '이성'은 단지 지적 능력의 특정한 형식이나 단계를 지칭하는 것에서 나아가 근본적으로는 존재론적·형이상학적 위상까지 지니는 최상위의 범주 또는 섭리를 가리킨다. '모든 것은 개념, 판단, 추론이다'라는 헤겔의 말처럼, 이성은 '세계의 모든 것에 선행하면서 동시에 그 모든 것을 가능케 하는 조건', 즉 '삼라만상의 선험적인 논리적 구조 내지 원리'라는 절대적 위상을 지니며, 이에 모든 자연사와 인간사는 이러한 절대적 이성이 시공간의 차원으로 외화한 현상적 실재로 설명된다. 즉 자연은 절대적 이성에 따라 존재하고 변화하는 사물 양태의 이성이고, 지성적 주체인 인간은 절대적 이성에 따라 사유하고 성숙하여 절대적 이성의 인식에 도달해 가는 의식 양태의 이성이기에, 양자는 본질적으로 동근원적이라는 것이다.

> 객관적 관념론은 오히려 최고도로 강화된 이성주의를 통해 철학적 근대의 딜레마에 대한 해결
> 을 모색할 수 있음을 보여준다. 그것은 이성적 주체의 위상을 정당화하면서도 동시에 무분별한
> 자연 지배를 경계할 수 있는 논거를 제시한다. 그 때문에 현대의 환경 철학 담론에서 근대를 원천
> 적으로 거부하는 포스트모더니즘이 상당한 공감을 얻고 있는 와중에도 객관적 관념론에 기반을
> 둔 자연철학의 계발이 주목을 받는 것이다.

04.

윗글에 대한 이해로 가장 적절한 것은?

① 가장 강화된 이성주의는 인간에 대한 자연의 형이상학적 우위를 정초한다.
② 현대의 환경 위기는 새로운 억압적 정치 체제의 대두와 함께 도래한 것이다.
③ 포스트모더니즘은 철학적 근대의 딜레마를 이성에 근거하여 해소하고자 한다.
④ 인본주의적 이념들의 사상적 토대를 제공한 것은 철학적 근대의 주목할 만한 성과이다.
⑤ 인간의 이성적 주체성을 옹호하는 철학사적 흐름은 억압적 자연관으로 귀결될 수밖에
  없다.

문항 성격	문항유형 : 주제, 구조, 관점 파악
	내용영역 : 인문
평가 목표	이 문항은 환경 위기 문제를 철학적 근대 및 객관적 관념론과 관련하여 설명하는 제시문의 주제와 관점을 올바르게 이해하고 있는지 묻는 문항이다.
문제 풀이	정답 : ④

현대의 환경 위기는 앞으로의 새로운 정치적 패러다임이 될 만큼 중요한 문제로서, 지난 수백 년간 인류 보편의 가치로서 추구되어 왔던 인본주의의 강령들을 무색케 할 정도이다. 즉 환경 위기는 모든 가치에 앞서는 것이 '생명'이므로 공동체 구성원의 생명을 보호하기 위해서는 구성원의 자유와 인권 등이 제한 또는 보류될 수 있다는 입장에서 저질러질 '생태 독재'를 유발할 위험이 있으며, 또한 강한 국가들이 약한 국가들에게 환경학적인 위험 요소들을 떠넘기는 형태의 '생태 제국주의'를 유발할 위험이 있다. 이렇게 보면 환경 보호는 필연적으로 인본주의적 가치의 훼손을 수반할 위험이 있는 것으로 보인다.

철학사적 맥락에서 우리는 인본주의적 가치의 추구와 더불어 자연에 대한 인간의 우월성을 주장한 철학적 근대에 특히 주목해야 한다. 중요한 것은, 철학적 근대에 속하는 사상들은 전반적으로 이성 지향적이지만, '이성'에 대한 입장은 판본별로 다르다는 점이다. 즉 철학적 근대에도 자연 친화적 세계관을 정초하는 입장이 가능한 것이다. 오늘날 이성에 대한 근본적 혐오 감정에 기초한 대표적인 사조가 포스트모더니즘인데, 앞의 진술에서 보이듯 이성주의도 버전에 따라서는 자연 친화적인 세계관을 충분히 내포할 수 있음을 염두에 두어야 한다.

정답 해설　④ 제시문 첫 번째 단락에 따르면 "철학적 근대는 경시할 수 없는 미덕을 동시에 지니"는 것으로 평가되는데, 그 이유는 바로 "저 숭고한 인본주의적 가치들은 무엇보다도 인간의 지성적·실천적 자율성을 주창한 철학적 근대를 통해 정초되었기 때문"이다.

오답 해설　① '가장 강화된 이성주의'란 '객관적 관념론'을 가리킨다. 이 사조는 절대적 이성이라는 하나의 동일한 근원에서 나온 것이 자연과 인간이라고 본다. 따라서 가장 강화된 이성주의는 자연에 대한 인간의 우위를 점차 강하게 주장해 온 이전까지의 흐름과 다른 점이 있지만, 그렇다고 인간 이성의 자율성의 위상을 부정하지도 않는다는 특징이 있다. 즉 인간과 자연의 동근원성을 말하는 것과 자연의 우위를 말하는 것은 전혀 다른 문제이다. 따라서 이 선택지는 제시문의 내용과 일치하지 않는다.

② 제시문 첫 번째 단락에서 환경 위기는 앞으로 "신유형의 독재나 제국주의를 유발"할 위험이 있다고 설명되어 있다. 즉 새로운 억압적 정치 체제는 앞으로 등장할지도 모를 체제이다. 그런데 이 선택지는 새로운 억압적 체제가 이미 형성되어 있고 그로 인해 환경 위기가 온 것이라고 말함으로써, 시제와 인과 관계 모두에서 제시문과 일치하지 않는다.

③ 제시문에 따르면 철학적 근대는 기본적으로 이성주의를 통해 진행되었다. 그런데 마지막 단락에는 "근대를 원천적으로 거부하는" 것이 포스트모더니즘이라고 나와 있다. 따라서 포스트모더니즘이 이성에 근거하는 태도를 취한다는 것은 적절하지 않다.

⑤ '인간의 주체성을 옹호하는 철학사적 흐름'이 바로 '철학적 근대'이다. 문제는 그러한 흐름의 끝자락에 위치하는 객관적 관념론은 자연에 대한 인간의 억압적 지배를 경계할 수 있는 논리를 마련하고 있다는 점이다. 이 선택지는 그 흐름이 필연적으로 억압적인 자연관으로 귀결된다는 취지의 주장을 하고 있으므로, 그 흐름의 중요한 지점을 제대로 보지 못한 그릇된 진술이다.

05.

㉠과 ㉡을 비교한 것으로 적절하지 <u>않은</u> 것은?

① ㉠은 ㉡과 달리 자연의 자기 목적을 이성적 인식의 기준으로 설정한다.
② ㉡은 ㉠과 달리 인간을 자연 법칙을 수립하는 주체로 승인한다.
③ ㉠과 ㉡은 모두 자연을 인식과 사용의 대상으로 생각한다.
④ ㉠과 ㉡은 모두 자연에 대한 인간 이성의 우위를 주장한다.
⑤ ㉠과 ㉡은 모두 환경 위기에 대한 철학적 책임이 있는 것으로 평가된다.

문항 성격	문항유형 : 정보의 확인과 재구성
	내용영역 : 인문
평가 목표	이 문항은 철학사에 등장하는 두 가지 주요 사상, 즉 데카르트주의와 칸트주의의 공통점과 차이점을 잘 식별하고 있는지를 평가하는 문항이다.
문제 풀이	정답 : ①

㉠에서 출발하는 근대 이성주의는 ㉡에 가서 더욱 강화된다. 자연을 내면이 결여된 단순한 물질적 존재로 인식하고 이에 따라 마음대로 사용 가능한 것으로 보는 것이 ㉠이라면, ㉡은 더 나아가 자연 법칙까지 인간에 의해 만들어진다고 본다. 따라서 이 두 사상은 환경 위기의 사상적 요인인 이성주의를 지향하여 인간을 자연보다 우위에 둔다는 점에서 공통점을 지니며, 자연에 대한 인간의 간섭 범위를 인식, 사용, 제작 중 어디까지로 규정하는가에 있어서는 차이점을 지닌다.

정답 해설　① 제시문 두 번째 단락에서 ㉠은 자연의 자기 목적을 원천적으로 부정하고 있다고 진술되어 있고, 세 번째 단락에서 ㉡은 자연의 자기 목적을 화두로 제기한다고 진술되어 있다. 그런데 이 선택지는 ㉠에 대한 완전히 틀린 진술과 ㉡에 대한 부정확한 진술을 연결하고 있으므로 적절하지 않다.

오답 해설　② 제시문 두 번째 단락에서 ㉠은 자연을 연장으로 '인식'하고 '사용'의 대상으로 여긴다고 했고, 세 번째 문단에서는 이전까지 자연이 '인식'과 '사용'의 대상으로 여겨지다가 ㉡에 이르면 인간을 자연 법칙의 수립 주체라 여기는 입장에 이른다고 했다. 따라서 '인간을 자연 법칙을 수립하는 주체'를 ㉠이 아닌 ㉡에 한정하는 이 선택지는 적절하다.

③ 자연을 '법칙의 수립'을 비롯한 '제작'의 대상으로 여기는지 여부에 따라 ㉠과 ㉡의 차이점이 드러나는 반면, '인식'과 '사용'의 대상으로 여긴다는 점에서는 양자는 공통점을 지닌다. 따라서 양자의 공통점을 진술한 이 선택지는 적절하다.

④ 인식과 사용의 단순한 대상이 자연이고, 그것을 행하는 주체는 인간이라고 보는 것이 ㉠과 ㉡이다. 따라서 두 사상 모두 인간의 이성을 자연보다 우월한 것으로 본다는 이 선택지는 적절하다.

⑤ 환경 위기의 철학적 책임은 자연과 인간의 근본적 차별성, 나아가 자연에 대한 인간의 우월성을 주장하는 철학 사상에 있다. 따라서 자연에 대한 인간의 존재론적 우월성을 지지하는 ㉠과 ㉡에 환경 위기의 철학적 책임이 있다는 이 선택지는 적절하다.

06.

[객관적 관념론]에 대해 추론한 것으로 적절하지 <u>않은</u> 것은?

① 자연 법칙을 탐구하는 자연과학은 의식 양태의 이성이 사물 양태의 이성을 인식하는 것이라고 여길 수 있을 것이다.

② 이성의 위상을 지고의 형이상학적 차원까지 높임으로써 자연 법칙도 인간 의식의 투영을 통해 만들어지는 것으로 여길 것이다.

③ 삼라만상이 절대적 이성의 발현이므로 반이성으로 보이는 어떤 것도 궁극적으로는 이성 영역에 포섭된다고 설명할 수 있을 것이다.

④ 이성이 절대적 진리치를 지닌다는 관점에 의거하여 모든 역사적 사건도 이성의 법칙에 따라 진행되는 것으로 이해할 수 있을 것이다.

⑤ 억압적 자연 지배의 책임을 져야 한다는 비판이 제기된다면 자연과 인간의 동근원성을 강조하는 일원론적 관점을 근거로 반박할 수 있을 것이다.

문항 성격	문항유형 : 정보의 추론과 해석
	내용영역 : 인문
평가 목표	이 문항은 제시문에 소개되는 주요 사상인 객관적 관념론을 이해한 후, 그것이 취할 수 있는 입장을 적절하게 추론할 수 있는지 평가하는 문항이다.
문제 풀이	정답 : ②

객관적 관념론은 자연과 인간 모두를 조건 짓는 최고의 형이상학적 차원의 원리를 '이성'이라 부른다. 따라서 자연과 인간은 각각 사물 양태 및 의식 양태의 이성에 해당하고, 인간이 수행하는 자연과학은 인간이 자연을 인식하려는 활동이다. 그리고 자연 법칙은 이미 존재하고 작동하는 조

건으로서의 절대적 이성에 의거하므로, 칸트주의에서처럼 인간의 의식 작용을 통해 결정되는 것이 아니다. 또한 절대적 이성은 모든 것의 근원이므로 일견 그 대립물, 즉 이성에 대립하는 것으로 보이는 모든 것도 궁극적으로는 절대적 이성 아래에 포섭된다. 나아가 자연사와 인간사 모두가 이성의 발현이라면, 인간의 삶의 영역에서 벌어지는 모든 역사적 사건도 이성의 법칙에 따라 진행되는 것으로 보아야 한다. 이러한 관점에 의거할 때 자연에 대한 인간의 억압적 지배 태도로 인해 환경 파괴를 유발한 책임을 객관적 관념론에 지우는 입장이 대두할 때, 이 사조는 양자의 근원적 동일성을 설명하는 자신의 논리를 근거로 하여 그러한 비난에 대해 항변할 수 있다.

정답 해설   ② 인간의 의식을 투영하여 자연에게 그 법칙을 부과하는 것은 객관적 관념론이 아니라 칸트주의의 주된 요소에 해당한다. 따라서 이성의 위상을 지고의 형이상학적 차원으로 높이는 것을 인간 의식의 투영을 통한 자연 법칙의 수립 행위와 연결하는 이 선택지의 추론은 적절하지 않다.

오답 해설   ① 자연과학은 의식적 존재로서의 인간이 사물 영역인 자연의 법칙을 탐구하는 지식 활동이다. 이에 객관적 관념론이 자연과학을 의식 양태의 이성이 사물 양태의 이성을 인식하는 것으로 여길 것이라는 이 선택지는 적절한 추론이다.

③ '반이성'은 '이성에 맞서는 대립물'을 의미한다. 그런데 객관적 관념론이 제시하는 이성은 절대적인 것이므로 이러한 이성의 영역 안에 포함되지 않는 것은 없으며, 따라서 반이성으로 여겨지는 일체의 것도 궁극적으로는 이성 영역 안에 포섭된다고 설명할 것이라고 객관적 관념론의 입장을 추론한 이 선택지는 적절하다.

④ '모든 역사적 사건'은 범주적으로 '모든 인간사'에 포함된다. 모든 인간사가 절대적 진리치를 지니는 이성에 따라 이루어진다면, 모든 역사적 사건은 당연히 이성의 법칙에 따라 진행되는 것으로 보아야 한다. 따라서 이 선택지는 적절한 추론이다.

⑤ 억압적 자연 지배의 철학적 책임이 부과되는 대상은 인간과 자연이 근본적으로 구별된다는 입장에 의거하여 인간의 존재론적 우위를 지지하는 철학적 노선들이다. 그러나 객관적 관념론은 자연과 인간의 근본적 동근원성을 강조한다는 점에서 이전의 근대 철학과 달리 일원론적 입장을 취하기 때문에, 이를 근거로 환경 위기와 연관한 책임을 자신에게 부과하는 주장들에 대해 반박할 수 있다. 따라서 이 내용을 정확히 추론한 이 선택지는 적절하다.

[07~09] 다음 글을 읽고 물음에 답하시오.

　　소설을 읽는다는 것은 이야기를 하는 누군가의 목소리를 듣는다는 것을 뜻한다. 독자에게 특정한 배경 속에서 여러 인물들이 펼치는 사건에 대해 '말하는 주체'를 우리는 화자라고 부른다. 그래서 독자는 항상 화자의 목소리를 통해서 허구 세계에 대한 정보를 얻는다. 가령 등장인물의 대화가 직접화법으로 표현된 장면을 떠올려보자. 드라마가 화자 없이 등장인물의 대사로 진행된다는 점에서 이 장면도 드라마와 유사하게 느낄 수 있겠지만, 사실은 화자가 의도적으로 간접화법 대신 직접화법을 채택한 것이어서 독자에게 대화를 직접 듣는다는 착각을 이끌어내려는 책략이라고 보아야 한다. 독자는 화자가 자신의 말로 바꾸었는가 혹은 그렇지 않았는가 상관없이 언제나 그의 목소리를 들을 뿐이다.

　　화자가 사건에 대해 말하기 위해서는 먼저 사건을 보는 것이 필요하다. ㉠브룩스와 워렌은 순전히 화자가 보는 위치를 기준으로 일인칭과 삼인칭을 구분한 뒤, 목격자로서 사건을 관찰하는지 그렇지 않으면 탐구자로서 사건을 분석하는지에 따라 일인칭 주인공 시점과 일인칭 관찰자 시점, 작가 관찰자 시점과 전지적 작가 시점으로 구분한다. 그렇지만 이들의 논의는 삼인칭 시점에서 '화자'의 시점을 '작가'의 시점으로 치환하였고, 특정 인물의 내면을 그려내는 것과 모든 인물의 내면을 그려내는 것을 전지적 작가 시점으로 뭉뚱그렸다는 비판을 받았다.

　　'보는 주체'로서의 화자의 역할에 대한 또 다른 접근은 ㉡랜서에 의해 이루어졌다. 그는 화자의 역할을 이야기의 내용이나 주제와 결합시켰다. 기존 논의가 '시점'이라는 말에서 짐작할 수 있듯이 사건을 보는 위치에 치중했던 것을 반성하고, 사건을 보는 입장도 고려하고자 했다. 화자가 다른 공간적 위치에 서거나 다른 이념적 입장을 가질 때, 같은 사건도 다르게 인식되어 다르게 재현된다는 것이다. 그래서 랜서는 화자를 작가가 창조한 세계를 보여주는 인식틀이라고 언급했다. 독자가 화자를 통해서 이야기를 접한다는 점을 고려할 때, 독자가 바라볼 수 있는 시선과 들을 수 있는 목소리는 항상 화자에 의존한다는 것을 알려준 셈이다.

　　이와 관련하여 화자가 작품에 개입하는 것과 독자에게 진실을 전달하는 방식을 둘러싼 ㉢플라톤의 고전적인 문제제기는 흥미롭다. 그는 모방을 논하면서 영혼의 진정성 문제를 연결시킨다. 화자의 개입을 최소화하여 독자들이 실재와 가상을 착각하게 만들수록 진정성을 의심한 반면, 주관적인 논평을 섞는 방식으로 화자를 떠올리게 할수록 좀 더 진정성을 지닌 것으로 평가했던 것이다. 이러한 관점을 소설에 비추어 보면 화자를 이야기에 개입하여 객관성을 훼손하는 존재로 바라보던 태도에서 벗어나야 한다는 것을 시사한다. 즉 소설은 화자 때문에 객관성에 도달할 수 없는 것이 아니라 화자 덕분에 다른 양식과 구별되는 독자성을 획득할 수 있었던 것이다.

이렇듯 소설의 화자에 대해 지금까지 다양한 논의가 진행되었지만, 수많은 소설작품을 포괄할 만큼 충분히 정교하지 못한 것은 사실이다. 그리고 개별 작품의 경우에도 하나의 시점을 처음부터 끝까지 유지한 작품을 찾는 것이 쉽지 않다. 우리가 훌륭하다고 손꼽는 작품들 또한 그러하다. 따라서 화자의 위치나 입장, 역할 등을 이론적으로 따지기보다 구체적인 작품 감상과 결부시키는 편이 훨씬 현명하다. 작가 또한 메시지를 전달하는 데 가장 효과적인 방법이 무엇인지를 고민하는 것이다. 소설을 읽는 것을 등장인물, 화자, 독자가 정보량을 둘러싸고 벌이는 일종의 게임으로 바라보자는 견해가 바로 그것이다. 이 견해에 따르면 동일한 사건이라도 누가 정보를 더 많이 갖느냐에 따라 다른 이야기로 변주될 수 있다. 가령 화자가 등장인물이 모르는 정보를 독자에게 제공하는 경우, 자신이 처한 위기를 모르는 등장인물을 지켜보며 독자는 마음을 졸일 수밖에 없다. 하지만 등장인물과 독자가 동일한 정보를 공유하는 경우, 독자는 인물과 같은 수준으로 작중의 상황을 이해하고 함께 퍼즐을 풀어가는 기분으로 사건을 경험할 것이다. 그리고 등장인물이 독자에게 공개하지 않은 비밀을 숨기고 있는 경우, 독자는 결말에 이르러서야 사건의 전모를 파악하면서 반전의 효과를 체험할 수도 있다. 이처럼 어떤 메시지를 전달하는 데 어울리는 화자를 창조하는 일은 작품의 성공과 실패를 가르는 첫걸음이다.

07.

윗글의 내용과 일치하는 것은?

① 독자가 소설을 감상하고자 할 때, 독자와 접촉하며 정보를 제공하는 존재는 화자이다.
② 소설이 진행되는 동안 하나의 시점을 유지하는 것이 예술적으로 성공하는 지름길이다.
③ 소설에서 등장인물의 대화를 직접화법으로 묘사할 때에는 화자의 목소리가 개입하지 않는다.
④ 드라마에서는 통상 등장인물의 목소리뿐만 아니라 '말하는 주체'의 목소리도 관객에게 직접 들린다.
⑤ 이야기되는 사건이 같다면 작가가 화자의 위치나 입장, 독자와의 관계를 변화시켜도 다른 소설로 만들기 어렵다.

내용영역 : 인문

평가 목표 　이 문항은 제시문에 등장하는, 소설의 화자에 관한 다양한 입장들을 정확하게 이해하고 있는지 묻는 문항이다.

문제 풀이 　정답 : ①

소설은 '화자'의 존재가 있다는 점에서 드라마(연극)와는 구별되는 독특한 예술 양식으로 자리 잡을 수 있었다. 그래서 화자에 대한 연구는 소설론의 가장 핵심적인 부분을 차지한다. 전통적으로 화자에 대한 연구는 화자의 위치, 달리 말해 사건을 바라보는 시점(視點)에 관심을 집중해 왔다. 제시문에서는 그러한 공간적 위치에 대한 관심에서 한 걸음 더 나아가 시점을 이념적인 측면에서 연구한 랜서의 입장을 소개하고, 이를 플라톤이 제기한 '진정성'의 문제, 그리고 정보 제공 방식과 정보량을 연동시키는 최근의 이론까지 확장시켜 설명하고 있다. 이러한 제시문의 내용을 통해 소설의 화자의 의미를 정확히 파악해야 한다.

정답 해설 　① 제시문 첫 번째 단락 "소설을 읽는다는 것은 이야기를 하는 누군가의 목소리를 듣는다는 것을 뜻한다."와 "독자는 화자가 자신의 말로 바꾸었는가 혹은 그렇지 않았는가 상관없이 언제나 그의 목소리를 들을 뿐이다."를 통해 독자와 접촉하며 독자에게 정보를 제공하는 존재가 허구 세계의 화자라는 사실을 알 수 있다.

오답 해설 　② 제시문 다섯 번째 단락 "개별 작품의 경우에도 하나의 시점을 처음부터 끝까지 유지한 작품을 찾는 것이 쉽지 않다. 우리가 훌륭하다고 손꼽는 작품들 또한 그러하다."를 통해 소설이 예술적으로 성공하는 것이 시점의 일관성을 유지하는 것과 반드시 일치하지 않는다는 사실을 알 수 있다.

③ 제시문 첫 번째 단락을 통해 등장인물의 대화를 직접화법으로 묘사한 것은 화자가 "독자에게 대화를 직접 듣는다는 착각을 이끌어내려는 책략"을 써서 자신의 모습을 의도적으로 숨긴 것이며, 그러하더라도 등장인물의 대화를 말하는 것은 결국 (모습을 의도적으로 숨긴) 소설의 화자라는 점에서 그의 목소리가 개입하고 있음을 알 수 있다.

④ 드라마는 실제로 무대에서 공연되는 경우에는 배우의 연기와 결합된, 혹은 공연되기 이전에 읽히는 경우라면 지시문과 결합된 등장인물의 대사를 중심으로 펼쳐지는 예술 형태이다. 그래서 전자나 후자나 상관없이 화자가 존재하지 않고 등장인물들이 직접 관객/독자 앞에 등장한다. 설령 사건에 관한 정보를 제공하는 나레이터가 등장하더라도 그는 소설의 화자와는 달리 이야기 전달에 전반적으로 관여하지 않는 '등장인물'로서의 성격을 지닌다. 따라서 소설에서의 화자의 역할을 지시하는 '말하는 주체'로서의 성격을 지니지 않는다. 드라마에서는 소설

의 화자의 역할을 담당하는 존재가 없다. 제시문 첫 번째 단락 "드라마가 화자 없이 등장인물의 대사로 진행된다"는 구절에서도 이를 확인할 수 있다.

⑤ 제시문 세 번째 단락을 통해 랜서는 "화자가 다른 공간적 위치에 서거나 다른 이념적 입장을 가질 때, 같은 사건도 다르게 인식되어 다르게 재현된다"고 보고 있음을 알 수 있다. 제시문의 필자 역시 이러한 입장에서 "소설을 읽는 것을 등장인물, 작가, 독자 사이의 정보량을 둘러싸고 벌이는 일종의 게임으로 바라보자는 견해"를 제시하고 있다. 그러므로 동일한 사건을 공간적 위치나 이념적 입장, 혹은 정보량의 측면에서 다른 방식으로 본다면 소설 또한 달라질 수 있다.

08.

㉠~㉢에 대한 이해로 적절하지 <u>않은</u> 것은?

① ㉠은 현실에 존재하는 작가와 작가가 창조한 화자를 개념적으로 구분하지 않고 있다.
② ㉡은 화자에 대해 이야기를 수용하는 독자의 입장에 영향을 미치는 인식틀로 작용한다고 보고 있다.
③ ㉢은 독자들이 실재와 가상을 혼동하지 않도록 하는 것이 진정성 있는 태도라고 판단하고 있다.
④ ㉠과 ㉡은 '말하는 주체'에 선행하는 '보는 주체'로서의 화자의 역할을 소설의 내용적 측면에서 분석하고 있다.
⑤ ㉡과 ㉢은 화자를 통해서 작가의 입장이나 태도를 파악할 수 있다고 믿고 있다.

문항 성격	문항유형 : 정보의 추론과 해석
	내용영역 : 인문
평가 목표	이 문항은 화자의 특성을 논했던 '브룩스와 워렌', '랜서', '플라톤'의 견해를 정확하게 이해하여 그들의 공통점과 차이점을 파악하고 있는지 묻는 문항이다.
문제 풀이	정답 : ④

소설의 화자에 대한 연구는 오랜 역사를 가지고 있나. 아직 소실이 등징하지 않았던 시절에도 서사 문학이 존재하고 있었기 때문에 플라톤이나 아리스토텔레스와 같은 고전적인 논의도 여전히 현대적인 의의를 지니고 있다. 대표적인 이론가들의 논의를 파악한다면, 화자에 대한 연구가 어떻게 발전해 왔는가를 알 수 있게 된다. 이를 위해 제시된 세 가지 논의의 가장 핵심적인 차이를 파악하고, 그 밑바탕에 놓여 있는 공통적인 차원을 파악해야 한다.

 ④ 제시문 두 번째 단락을 통해 ㉠은 "순전히 화자가 보는 위치"를 기준으로 시점 분류 기준을 삼고 있다는 점을 알 수 있고 세 번째 단락을 통해 ㉡은 ㉠의 접근에 대해 반성하고, 화자가 "사건을 보는 위치"뿐만 아니라 "사건을 보는 입장"도 함께 고려하고 있다는 것을 알 수 있다. 그렇지만 ㉠과 달리 ㉡은 "화자의 역할을 이야기의 내용이나 주제와 결합"시켰고 또한 여기에 '이념적 입장'도 포함시켰다. 따라서 ㉠과 ㉡이 "화자의 역할을 소설의 내용적 측면에서 분석하고 있다."는 공통점을 지니고 있다는 것은 적절하지 않다.

 ① 제시문 두 번째 단락 "이들의 논의는 삼인칭 시점에서 '화자'의 시점을 '작가'의 시점으로 치환하였고"를 통해 현실에 존재하는 작가와 작가가 창조한 화자를 개념적으로 구분하지 않고 있다는 것을 알 수 있다.

② 제시문 세 번째 단락에서 ㉡은 "화자를 작가가 창조한 세계를 보여주는 인식틀"이라고 언급하고 있다. 소설의 양식적 특성으로 인해 독자들은 화자의 말을 통해서만 허구 세계에 대한 정보를 받을 수 있기 때문에 화자는 이야기의 수용자인 독자에게 영향을 미친다는 것을 알 수 있다.

③ 제시문 네 번째 단락에서 플라톤은 이야기하는 사람의 '진정성'을 언급하면서, 주관적인 논평을 덧붙여 이야기에 이야기하는 사람의 흔적이 느껴지도록 하여 이야기되는 것이 실재가 아니라 가상이라는 사실을 잊지 않도록 하는 것이 진정성 있는 태도라고 판단하고 있다는 점을 알 수 있다.

⑤ 제시문 세 번째 단락을 통해 ㉡은 화자가 "사건을 보는 위치"뿐만 아니라 "사건을 보는 입장"도 함께 고려하고 있다고 했는데, 여기에는 '이념적 입장'도 포함되어 있다. 따라서 ㉡은 독자들이 화자의 이념적 입장을 통해 작가의 (이념적) 입장을 파악할 수 있다고 믿고 있음을 추론할 수 있다. 그리고 네 번째 단락을 통해 ㉢은 이야기하는 사람이 이야기되는 내용을 실재인 것처럼 말하는가 그렇지 않은가를 두고 '진정성'을 언급했다는 점에서 화자를 통해서 작가의 태도를 파악할 수 있다고 믿고 있음을 알 수 있다.

336

09.

윗글을 바탕으로 〈보기〉를 평가한 것으로 적절하지 <u>않은</u> 것은?

시내에 나갔다 왔다. 그사이 누군가가 집에 다녀간 흔적이 있다. 조심스러운 손길이었지만 분명히 집을 뒤졌다. 몇몇 물건들은 도저히 찾을 수가 없다. 가져간 것이 분명하다. 도둑일까? 집에 도둑이 든 일은 지금껏 없었다.

저녁에 퇴근한 은희에게 집에 도둑이 들었다고 말했다. 은희는 딱한 얼굴로 나를 바라보며 그런 일은 없었다고 한다. 뭐가 없어졌느냐고 묻는데 생각이 나지 않았다. 그러나 분명히 뭐가 없어졌다. 느낄 수 있다. 그런데 입 밖으로 꺼내 말할 수가 없다.

"치매에 걸리면 다들 그런대요. 며느리도 도둑이라고 하고 간호사도 도둑이라고 하고."

그래, 그걸 도둑망상이라고들 하지. 나도 그건 알아. 그런데 이건 망상이 아니야. 분명히 뭔가 없어졌다고. 일지와 녹음기는 몸에 지니고 있으니 무사했지만 다른 무언가가 사라졌다.

"그래, 개가 없어졌다. 개가 없어졌어."

"아빠, 우리 집에 개가 어디 있어요?"

이상하다. 분명히 개가 있었던 것 같은데.

— 김영하, 『살인자의 기억법』 —

① 화자가 주인공과 동일한 인물이기 때문에, 독자들은 주인공의 내면 변화를 파악할 수 있겠군.

② 화자가 다른 등장인물과 함께 허구 세계에 있기 때문에, 독자들은 사건의 전모를 모른 채 상황이 발생할 때마다 긴장감을 경험할 수 있겠군.

③ 주인공과 화자와 독자의 정보가 일치하기 때문에, 독자들은 주인공과 등장인물들에 대한 화자의 정보를 객관적 사실로 받아들일 수 있겠군.

④ 주인공인 화자가 다른 등장인물의 내면을 파악할 수 없기 때문에, 독자들은 자신의 상황을 정확히 알지 못하는 주인공을 안타깝게 느낄 수 있겠군.

⑤ 모든 등장인물에 대한 정보가 화자의 시선과 목소리로 전달되기 때문에, 독자들은 다른 등장인물의 진실이 뒤늦게 알려지면 이야기의 흐름이 달라지리라 기대할 수 있겠군.

문항 성격 　문항유형 : 정보의 평가와 적용

내용영역 : 인문

평가 목표 　이 문항은 소설을 읽는 것을 정보량을 둘러싼 등장인물, 화자, 독자 사이의 게임으로 재해석한 견해를 이해하고 이를 〈보기〉의 작품에 적용하여 평가할 수 있는지 확인하기 위한 문항이다.

문제 풀이 　정답 : ③

제시문 마지막 단락에서 "이 견해에 따르면 동일한 사건이라도 누가 정보를 더 많이 갖느냐에 따라 다른 이야기로 변주될 수 있다."고 언급한 뒤 그 예를 들어 설명하고 있다. '가령' 이후 설명된 부분의 내용을 충분히 숙지한 후 이를 〈보기〉의 작품에 적절히 적용하고 평가하도록 한다.

정답 해설 　③ 〈보기〉는 '나'가 주인공이자 화자로 등장하는 일인칭 소설이다. 따라서 주인공과 화자의 정보는 일치하며, 독자는 화자를 통해서만 정보를 제공받기 때문에 독자 역시 화자와 동일한 정보를 갖고 있다고 할 수 있다. 그렇지만 일인칭 화자가 정보를 제공하는 주체이기 때문에 독자들은 주인공을 비롯한 등장인물에 대한 정보가 모두 일인칭 화자의 시선에서 파악된 것임을 알 수 있다. 그러므로 '주인공=화자'가 제공하는 정보는 항상 주관적일 수밖에 없다.

오답 해설 　① 〈보기〉는 '나'가 주인공이자 화자로 등장하는 일인칭 소설이다. 따라서 주인공과 화자의 정보는 일치한다. 그래서 독자는 '주인공=화자'를 통해서 주인공의 내면에 쉽게 접근할 수 있다. 대신 다른 등장인물에 대한 접근은 불가능하다.

② 〈보기〉는 '나'가 주인공이자 화자로 등장하는 일인칭 소설이다. 따라서 주인공과 화자는 다른 등장인물과 함께 허구 세계에 존재하고 있다. 이렇듯 일인칭 서술의 경우 화자가 등장인물과 동일한 세계에 속하기 때문에 삼인칭 서술과는 달리 허구 세계를 전체적으로 조망할 수 있는 능력을 갖지 못하고 있다. 따라서 '주인공=화자'의 제한된 시선으로 제공되는 제한된 정보만을 수용하는 독자는 '주인공'에게 사건이 발생할 때마다 '주인공'과 마찬가지로 아무런 예고 없이 사건을 마주치게 되어 긴장감을 경험할 수 있게 된다.

④ 〈보기〉는 '나'가 주인공이자 화자로 등장하는 일인칭 소설이다. 따라서 화자는 주인공의 내면에 쉽게 들어갈 수 있는 반면, 다른 등장인물에 대한 접근은 원천적으로 불가능하다. 그런데 〈보기〉를 읽는 독자들은 주인공이 어떤 상황에 놓여 있는지 스스로 정확하게 판단할 수 없다고 의심하게 된다. 예컨대 등장인물인 은희가 '딱한 얼굴'로 본다거나 "개가 없어졌어."라는 '주인공=화자'의 생각이 틀렸다고 말하는 것, 그리고 '치매'라는 단어를 사용하는 것 등을 통해 '주인공=화자'가 치매에 걸려 잘못된 판단을 하고 있는지도 모른다는 의심을 갖게 되는

것이다. 다시 말해, 독자들은 화자로부터 정보를 제공받지만, 바로 그 정보로부터 '주인공＝화자'를 '신빙성 없는 화자'로 간주할 수 있게 된다. 이런 점에서 독자들은 자신의 생각이 옳다는 확신을 가진 '주인공＝화자'를 보면서 치매 때문에 자신에 대한 상황을 정확히 알지 못하고 있다는 안타까움을 느낄 수 있다.
⑤ 〈보기〉는 '나'가 주인공이자 화자로 등장하는 일인칭 소설이다. 따라서 주인공뿐만 아니라 주변에 존재하는 모든 등장인물에 대한 정보 역시 '주인공＝화자'의 시선과 목소리로 전달된다. 따라서 '주인공＝화자'가 파악할 수 없는 다른 등장인물(〈보기〉의 경우 은희)의 진실이 뒤늦게 드러나면 이야기의 내용에 커다란 반전이 나타날 수 있다.

[10~12] 다음 글을 읽고 물음에 답하시오.

개체의 생존을 위해서는 움직이는 물체의 시각 정보를 효율적으로 처리하는 것이 중요하다. 예를 들어 숲 속을 걸을 때 특별한 주의를 기울이지 않았음에도 복잡한 형태의 나무들 사이에서 작은 동물의 움직임을 재빨리 알아챌 수 있다. 나무는 움직이지 않으므로 시간차를 두고 획득한 두 이미지의 차이를 통해 그 움직임을 간단히 알아챌 수 있을 것 같지만, 실제로는 가만히 한곳을 응시하더라도 안구가 끊임없이 움직이고 있어 망막에 맺히는 이미지 전체가 시간에 따라 변하므로 더 정교한 정보 처리가 필요하다. 최근 미세전극이 일정한 간격으로 촘촘히 배열된 마이크로칩을 이용하여 망막에서 발생하는 전기적 신호를 실시간으로 관찰할 수 있게 되면서 이러한 고차원 시각 정보 처리가 뇌에서 전적으로 이루어지는 것이 아니라 망막에서 시작된다는 증거들이 발견되었다.

망막은 어떻게 전체 이미지가 흔들리는 속에서 작은 동물의 움직임에 대한 정보를 골라내는 것일까? 망막에는 빛에 반응하는 광수용체세포와 일정한 영역에 분포한 여러 광수용체세포에 연결되어 최종 신호를 출력하는 신경절세포가 존재한다. 신경절세포 가운데 특정 종류는 각 세포가 감지하는 부분이 이미지 전체의 이동 경로와 같은 경로를 따라 움직일 때는 전기적 신호를 발생하지 않고 다른 경로를 따라 움직일 때만 신호를 발생한다. 안구의 움직임에 의한 상의 떨림은 망막 위에서 전체 이미지가 같은 방향으로 움직이는 변화를 만드는데, 작은 동물의 상은 이와는 이동 경로가 다르므로 그 부분에 분포한 특정 종류의 신경절세포만이 신호를 발생하게 되어 작은 움직임도 잘 볼 수 있게 된다.

　망막의 또 다른 신호 처리의 예로 움직이는 테니스공을 치는 경우를 생각해 보자. 충분한 밝기의 빛이 도달하더라도 망막에서 시각 정보가 처리되는 데 수십 분의 1초가 걸린다. 강하게 친 테니스공은 이 시간 동안 약 2m를 이동할 수 있어서 라켓을 벗어나기에 충분한데도 어떻게 그 공을 정확히 쳐 낼 수 있을까?

　이를 알아보기 위해 연구자들은 ㉠마이크로칩 위에 올려진 도롱뇽의 망막에 막대 모양의 상을 맺히게 하고 상의 밝기와 이동 속도 등을 변화시켜가며 망막에서 발생하는 신호를 측정하였다. 폭이 0.13mm인 막대 모양의 상을 1/60초 동안만 맺히게 한 후에 상 아래에 위치한 하나의 신경절세포에서 출력되는 신호를 측정한 실험의 경우, 광수용체에서 전기 신호가 발생하고 여러 신경세포를 거치는 과정에서 시간 지연이 일어나므로, 상이 맺힌 순간부터 약 1/20초 후에 신경절세포에서 신호가 발생하기 시작하여 약 1/20초 동안 지속되었다. 상을 일정한 속도로 움직이며 상의 이동 경로에 위치한 여러 신경절세포에서 발생하는 신호를 측정한 실험의 경우, 실제 상이 도달한 위치보다 더 앞에 위치한 신경절세포에서 신호가 발생하기 시작하여 상의 앞쪽 경계와 같은 위치 혹은 이보다 앞선 위치에서 신호가 최대가 되었다.

　개별 신경절세포의 시간 지연에도 불구하고 상의 앞쪽 경계에서 최대가 되는 모양의 신호를 만들기 위해서는 특별한 기제가 필요하다. 첫째는 신경절세포 반응의 시간 의존성이다. 즉, 밝기가 변화한 직후 신경절세포의 출력 신호가 최대가 되고 이후 점차 작아진다. 둘째, 신경절세포 신호 증폭률의 동적 조절이다. 즉, 물체가 이동할 때 신경절세포는 물체의 이동 방향으로 가장 먼저 자극되는 광수용체의 신호를 크게 증폭하여 받아들이고 곧바로 증폭률을 떨어뜨려 신호의 세기를 줄여버린다. 상의 이동 경로에 위치한 신경절세포들에서 각각 이러한 기제에 따라 발생한 신호들이 합쳐져서 만들어지는 출력 신호는, 그 형태가 상의 앞쪽 경계면 혹은 그보다 앞선 지점에 대응하는 위치에서 그 세기가 최대가 되는 비대칭적인 모양이 된다.

　물체와 주변의 밝기 차이가 작거나 속력이 너무 커서 증폭률의 변화가 물체의 이동 속력에 맞추어 재빨리 이루어지지 못하면, 이러한 기제가 잘 작동하지 못하여 시간 지연에 대한 보상이 잘 이루어지지 않는다. 어두울수록, 그리고 테니스공이 빠르게 움직일수록 정확하게 맞히기 어려운 이유도 이와 관련이 있다.

10.

윗글의 내용과 일치하는 것은?

① 신경절세포는 광수용체에서 발생한 전기적 신호를 원래 세기대로 출력한다.
② 한곳을 가만히 응시할 때는 망막에 형성된 이미지의 떨림이 발생하지 않는다.
③ 정지한 물체의 상에 대해 전기적 신호를 출력하지 않는 신경절세포가 존재한다.
④ 마이크로칩은 망막에 도달한 빛을 전기적 신호로 변환시켜 관찰 가능하게 만든다.
⑤ 빛의 밝기가 일정할 때 하나의 신경절세포에서 발생하는 신호의 세기는 일정하다.

문항 성격	문항유형 : 정보의 확인과 재구성 내용영역 : 과학기술
평가 목표	이 문항은 망막에서 일어나는 시각 정보 처리에 대한 내용을 이해하고 있는지 확인하는 문항이다.
문제 풀이	정답 : ③

제시문을 통해 망막에서 신호가 발생하는 과정, 마이크로칩을 이용한 신호 측정 방법, 안구 운동 및 시간 지연 보상 기제에 대한 내용을 정확히 파악하도록 한다.

정답 해설 ③ 제시문 두 번째 단락 "신경절세포 가운데 특정 종류는 각 세포가 감지하는 부분이 이미지 전체의 이동 경로와 같은 경로를 따라 움직일 때는 전기적 신호를 발생하지 않고 다른 경로를 따라 움직일 때만 신호를 발생한다. 안구의 움직임에 의한 상의 떨림은 망막 위에서 전체 이미지가 같은 방향으로 움직이는 변화를 만드는데, …"로부터 정지한 물체는 안구의 움직임으로 인해 전체 이미지와 같이 움직이는 상을 맺는다는 것과 이 상에 대해 전기적 신호를 출력하지 않는 신경절세포가 존재한다는 것을 알 수 있다.

오답 해설 ① 제시문 다섯 번째 단락 "개별 신경절세포의 시간 지연에도 불구하고 상의 앞쪽 경계에서 최대가 되는 모양의 신호를 만들기 위해서는 특별한 기제가 필요하다. 첫째는 신경절세포 반응의 시간 의존성이다. 즉, 밝기가 변화한 직후 신경절세포의 출력 신호가 최대가 되고 이후 점차 작아진다. 둘째, 신경절세포 신호증폭률이 동적 조절이다. 즉, 물체가 이동할 때 신경절세포는 물체의 이동 방향으로 가장 먼저 자극되는 광수용체의 신호를 크게 증폭하여 받아들이고 곧바로 증폭률을 떨어뜨려 신호의 세기를 줄여버린다."로부터 광수용체에서 발생한 전기적 신호가 신경절세포를 거쳐 출력될 때 그 세기가 변조됨을 알 수 있다.

② 제시문 첫 번째 단락 "실제로는 가만히 한곳을 응시하더라도 안구가 끊임없이 움직이고 있어 망막에 맺히는 이미지 전체가 시간에 따라 변하므로 더 정교한 정보 처리가 필요하다."로부터 한곳을 가만히 응시할 때에도 안구의 움직임 때문에 망막에 형성된 이미지의 떨림이 발생한다는 것을 알 수 있다.

④ 빛을 전기적 신호로 변환하는 것은 마이크로칩이 아니라 광수용체세포이다. 마이크로칩이 망막의 출력 신호, 즉 신경절세포에서 출력되는 최종적인 전기적 신호를 측정하는 기능만을 한다.

⑤ 제시문 다섯 번째 단락 "개별 신경절세포의 시간 지연에도 불구하고 상의 앞쪽 경계에서 최대가 되는 모양의 신호를 만들기 위해서는 특별한 기제가 필요하다. 첫째는 신경절세포 반응의 시간 의존성이다. 즉, 밝기가 변화한 직후 신경절세포의 출력 신호가 최대가 되고 이후 점차 작아진다. 둘째, 신경절세포 신호증폭률의 동적 조절이다. 즉, 물체가 이동할 때 신경절세포는 물체의 이동 방향으로 가장 먼저 자극되는 광수용체의 신호를 크게 증폭하여 받아들이고 곧바로 증폭률을 떨어뜨려 신호의 세기를 줄여버린다."로부터 빛의 밝기가 일정하더라도 신경절세포에서 출력되는 신호의 세기가 변화함을 알 수 있다.

11.

〈보기〉의 실험에 대한 설명으로 적절한 것만을 있는 대로 고른 것은?

보 기

다음 그림은 ㉠의 실험에서 어느 순간 망막에 형성된 빛의 밝기 분포와 신경절세포의 출력 신호를 위치에 따라 나타낸 것이다. 그래프 a, b, c는 각각 서로 다른 조건에서 측정한 결과로서, b와 c는 속력이 같고 상과 주변의 밝기 차가 다르고, a는 속력이 다르다. a, b, c 모두 상의 이동 방향은 같다.

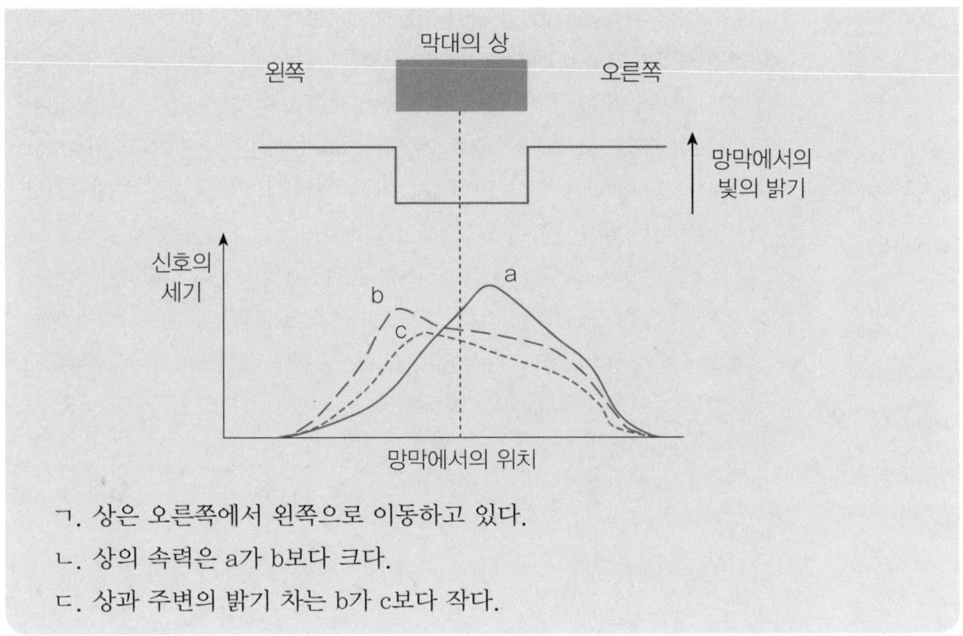

ㄱ. 상은 오른쪽에서 왼쪽으로 이동하고 있다.

ㄴ. 상의 속력은 a가 b보다 크다.

ㄷ. 상과 주변의 밝기 차는 b가 c보다 작다.

① ㄱ   ② ㄴ   ③ ㄷ

④ ㄱ, ㄴ   ⑤ ㄴ, ㄷ

문항 성격	문항유형 : 정보의 추론과 해석
	내용영역 : 과학기술
평가 목표	이 문항은 망막의 시간 지연 보상 기제에 대한 내용을 이해하고 망막 신호의 세기 자료를 해석할 수 있는지를 묻는 문항이다.
문제 풀이	정답 : ④

이동하는 물체에 대해 개별 신경절세포의 시간 지연에도 불구하고 망막에서는 시간 지연이 보상된 신호를 출력한다. 이것이 가능하도록 해 주는 핵심 기제는 신호의 증폭률을 물체의 이동과 그 속력에 맞추어 동적으로 조절하는 것이다. 이렇게 함으로써 원래 상의 위치보다 지연된 위치에서 발생하는 신호의 최댓값을 상의 앞쪽 경계 혹은 보다 앞선 위치에서 발생하도록 신호의 형태를 바꿀 수 있다. 이러한 기제가 완벽한 것은 아니며 상의 대비가 낮거나 이동 속력이 큰 경우는 신호증폭률의 동적 조절이 잘 작동하지 않는다.

 ㄱ. b와 c의 경우 신호의 세기가 상의 왼쪽 경계면에서 최대가 된다. 네 번째 단락 마지막 부분과 다섯 번째 단락 마지막 부분에서 이동하는 물체의 경우 상의 앞쪽 경계면에서 최대가 되는 비대칭적인 신호가 출력된다고 하였으므로, 이 문항에서는 상의 왼쪽 경계면이 앞쪽 경계면이다. 따라서 상은 오른쪽에서 왼쪽으로 이동하고 있음을 알 수 있다. 문제에서 a, b, c 모두 상의 이동 방향이 같다고 하였으므로 a의 경우도 상이 오른쪽에서 왼쪽으로 이동하고 있음을 알 수 있다.

ㄴ. a는 b, c와는 이동 속력이 다르다고 하였고 신호의 최댓값이 나타나는 위치가 상의 가운데보다 오른쪽으로 치우쳐져 있다. 상이 오른쪽에서 왼쪽으로 이동하고 있으므로 b, c의 경우보다 a의 경우가 시간 지연 보상이 잘 이루어지지 않고 있음을 알 수 있고, 제시문 마지막 단락에서 속력이 너무 크면 동적 증폭률 기제가 잘 작동하지 못하여 시간 지연에 대한 보상이 잘 이루어지지 않는다는 것을 알 수 있다. 이로부터 상의 속력이 b의 경우보다 a의 경우가 더 큼을 알 수 있다.

ㄷ. 그래프가 최대가 되는 위치가 c보다 b에서 더 왼쪽에 있으며 상의 경계면에 더 가깝다. 상이 오른쪽에서 왼쪽으로 이동하고 있으므로 b가 c보다 시간 지연 보상이 잘 이루어진 경우라는 것을 알 수 있으며, 제시문 마지막 단락에서 물체와 주변의 밝기 차가 작으면 시간 지연에 대한 보상이 잘 이루어지지 않는다고 하였으므로 상과 주변의 밝기 차는 b가 c보다 더 큼을 알 수 있다.

〈보기〉의 ㄱ과 ㄴ만이 적절한 설명이므로 ④가 정답이다.

12.

윗글을 바탕으로 '도롱뇽이 파리를 응시하는 상황'을 이해한 것으로 가장 적절한 것은?

① 날아가는 파리가 속력을 줄이면 상이 맺힌 위치의 개별 신경절세포에서의 시간 지연이 감소한다.
② 아래위로 천천히 움직이는 물체 위에 앉아 있는 도롱뇽은 수평으로 날아가는 파리의 움직임을 알아채지 못한다.
③ 배경이 밝고 파리의 색이 어두울수록 상의 위치와 신경절세포의 출력 신호가 최대가 되는 위치 사이의 오차가 크다.

④ 망막에 맺힌 날아가는 파리의 상에서 머리 부분에서 발생하는 신호의 증폭률은 몸통 부분에서 발생하는 신호의 증폭률보다 작다.

⑤ 도롱뇽이 눈을 깜박일 때, 정지한 파리의 상이 1/60초 동안 사라지면 파리의 상이 있던 위치의 신경절세포에서는 1/60초보다 오래 신호가 지속된다.

<table>
<tr><td>문항 성격</td><td>문항유형 : 정보의 평가와 적용
내용영역 : 과학기술</td></tr>
<tr><td>평가 목표</td><td>이 문항은 망막의 신호 처리에 관련된 내용을 이해하고 구체적인 사례인 '도롱뇽이 파리를 응시하는 상황'에 올바르게 적용할 수 있는지 묻는 문항이다.</td></tr>
<tr><td>문제 풀이</td><td>정답 : ⑤</td></tr>
</table>

망막의 신호 처리에 관련된 내용과 '도롱뇽이 파리를 응시하는 상황'을 연결하여 도롱뇽 안구의 움직임, 정지한 파리의 상이 사라질 때 개별 신경절세포 신호의 시간 지연, 파리의 상이 이동할 때 시간 지연 보상과 신호증폭률의 변화 등에 관한 진술의 진위를 추론하도록 한다.

정답 해설 ⑤ 제시문 네 번째 단락 "상 아래에 위치한 하나의 신경절세포에서 출력되는 신호를 측정한 실험의 경우, 광수용체에서 전기 신호가 발생하고 여러 신경세포를 거치는 과정에서 시간 지연이 일어나므로, 상이 맺힌 순간부터 약 1/20초 후에 신경절세포에서 신호가 발생하기 시작하여 약 1/20초 동안 지속되었다."로부터 정지한 파리의 상이 1/60초 동안 사라지더라도 파리의 상이 있던 위치의 신경절세포에서는 약 1/20초 동안 신호가 지속됨을 추론할 수 있다.

오답 해설 ① 제시문 네 번째 단락 "상 아래에 위치한 하나의 신경절세포에서 출력되는 신호를 측정한 실험의 경우, 광수용체에서 전기 신호가 발생하고 여러 신경세포를 거치는 과정에서 시간 지연이 일어나므로, 상이 맺힌 순간부터 약 1/20초 후에 신경절세포에서 신호가 발생하기 시작하여 약 1/20초 동안 지속되었다."와 다섯 번째 단락 "개별 신경절세포의 시간 지연에도 불구하고 상의 앞쪽 경계에서 최대가 되는 모양의 신호를 만들기 위해서는 특별한 기제가 필요하다."로부터 개별 신경절세포에서의 시간 지연은 상의 이동 속력과 무관하다는 것을 알 수 있다.

② 제시문 두 번째 단락 "망막은 어떻게 전체 이미지가 흔들리는 속에서 작은 동물의 움직임에 대한 정보를 골라내는 것일까? … 신경절세포 가운데 특정 종류는 각 세포가 감지하는 부분이 이미지 전체의 이동 경로와 같은 경로를 따라 움직일 때는 전기적 신호를 발생하지 않고 다른 경로를 따라 움직일 때만 신호를 발생한다."로부터 도롱뇽의 움직임에 따른 전체 이미지의 이동 방향과 파리의 상

의 이동 방향이 같지 않으므로 파리의 움직임에 따라 신호를 출력하는 신경절세
포가 존재하고 도롱뇽이 그 움직임을 알아챌 수 있음을 추론할 수 있다.

③ 제시문 여섯 번째 단락 내용으로부터 배경이 밝고 파리의 색이 어두울수록 시간
지연 보상이 잘 이루어지므로 상의 위치와 신경절세포의 출력 신호가 최대가 되
는 위치 사이의 오차가 줄어든다는 것을 추론할 수 있다.

④ 제시문 다섯 번째 단락 "둘째, 신경절세포 신호증폭률의 동적 조절이다. 즉, 물체
가 이동할 때 신경절세포는 물체의 이동 방향으로 가장 먼저 자극되는 광수용체
의 신호를 크게 증폭하여 받아들이고 곧바로 증폭률을 떨어뜨려 신호의 세기를
줄여버린다."로부터 날아가는 파리의 상의 앞쪽 경계면에 해당하는 머리 부분에
서 발생하는 신호의 증폭률이 몸통 부분에서 발생하는 신호의 증폭률보다 크다
는 것을 추론할 수 있다.

[13~15] 다음 글을 읽고 물음에 답하시오.

파시즘을 규정하기란 쉽지 않다. 본디 파시즘은 1919년에서 1945년까지 무솔리니가 이끈 정치
운동, 체제, 이념만을 지칭하는 용어였다. 그러나 얼마 후 히틀러의 나치즘 역시 파시즘의 하나로
취급되었고, 점차 그 용어가 가리키는 대상도 다양해져 갔다. 이에 따라 파시즘에 대한 해석 및
정의는 용어의 대상만큼이나 넓은 스펙트럼을 가지게 되었다.

비교적 일찍 나타난 것은 기본적으로 계급투쟁 개념에 바탕을 둔 마르크스주의적 해석인데, 대
표적인 것은 '코민테른 테제'이다. 이에 따르면, 파시즘이란 "금융 자본의 가장 반동적이고 국수주
의적이며 제국주의적인 분파의 공공연한 테러 독재"이다. 즉, 파시즘이 자본주의의 도구이며, 대
자본의 대리인이라고 파악한 것이다. 하지만 모든 마르크스주의자들이 이 해석을 받아들인 것은
아니다. 톨리아티는 파시즘이 소부르주아적 성격의 대중적 기반 위에 있었다고 파악했으며, 나아
가 탈하이머와 바이다는 파시즘이 계급으로부터 상대적으로 자유로운 현상이라고 보았다. 그들
에 따르면, 자본과 노동이 대립하면서 어느 한쪽이 절대 우위를 갖추지 못하면 제3의 세력이 등
장하는데, 파시즘이 그 예라는 것이다. 이러한 마르크스주의적 해석에 대해 오늘날의 연구는 대
체로 파시즘과 거대 자본 사이의 조화와 협력보다는 긴장과 갈등 국면을 강조한다. 또한 코민테
른 테제는 지나친 단순화의 산물이라는 비판도 제기되었다.

한편 2차 대전 이후에는 냉전의 분위기 속에서 이탈리아의 파시즘, 독일의 나치즘, 소련의 스
탈린주의를 뭉뚱그려 전체주의로 범주화하는 경향이 나타났다. 이 경향을 '전체주의 이론'으로 칭

346

할 수 있는데, 이 이론은 전체주의의 특징을 메시아 이데올로기, 유일 정당, 비밀경찰의 테러, 대중 매체의 독점, 무력 장악, 경제의 통제로 꼽았다. 이는 전체주의를 '문제화'하고 그 위험성을 경고했다는 점에서는 의미가 있었으나, 파시즘과 스탈린주의는 전혀 다른 계급적 토대 위에서 서로 다른 목표를 추구하므로 동일한 범주로 묶일 수 없다는 비판이 제기되었다.

이와 같은 연구사적 전통 속에서 1970년대 이후에는 파시즘을 아예 개별적 사례로만 미시적으로 연구하는 경향이 나타났다. 그러다가 1990년대 말, ㉠그리핀이 새로운 시각에서 일반화된 개념을 제시하여 각국의 유사한 사례들에 적용할 수 있게 했다. 그에 따르면, 파시즘은 근대적 대중 정치의 한 부류로서, 특정한 민족 혹은 종족공동체의 정치 문화와 사회 문화에 대한 혁명적인 변화를 목적으로 삼는다. 그리고 '신화'를 수단으로 삼아 내적 응집력과 대중의 지지라는 추동력을 얻어낸다. 그 '신화'란 자유주의 몰락 이후의 질서라는 고난 속에서 쇠퇴의 위기에 처한 민족공동체가 새로운 엘리트의 지도 아래 부활한다는 것이다. 파시스트는 이 신화의 틀 내에서 민족공동체의 구성원을 적대적인 세력과 구분하고, 후자에 대해 폭력을 행사하는 것을 의무로 믿었다. 그들에게 폭력은 곧 죽어가는 민족의 '치유'였기 때문이다. 그러나 '치유'만으로는 부족했고, 신화가 실현되기 위해서는 구성원이 오직 역동성과 민족에 대한 헌신으로만 무장한 '파시즘적 인간'으로 거듭 나는 것이 필요했다. 그는 또 신화의 궁극적인 실현, 즉 '민족의 유토피아'를 건설하기 위해 자본주의 경제 질서를 수용하고 과학 문명의 성과를 환영하는 근대적 성격을 보여준 것에 주목하여 파시즘을 일종의 '근대적 혁명'이라고 보았다.

물론 그리핀의 주장에 동의하지 않는 연구자들도 있다. 예를 들어 ㉡팩스턴은 파시즘이 근대적 혁명이라는 주장을 거부하면서, 파시즘을 전통적인 권위주의적 독재의 변종으로 규정한다. 그는 혁명으로 보이는 파시즘이 실은 기성 제도 및 전통적 엘리트 계층과 연합했다는 점을 중시하기 때문이다. 그는 '이중 국가' 개념을 파시즘 체제 분석에 적용시켰다. '이중 국가'는 합법성에 따라 관료적으로 움직이는 '표준 국가'가 당의 '동형 기구'로 만들어진 독단적 '특권 국가'와 갈등을 빚으면서도 협력 속에 공존한다는 개념이다. 이탈리아의 경우, 당 지부장은 임명직 시장에, 당 서기는 지사에, 파시스트 민병대는 군대에 해당했다. 팩스턴에 따르면, 파시즘 정권은 형식적 관료주의와 독단적 폭력이 혼합된 기묘한 형태였다. 세부적 차이가 있다면, 특권 국가가 결국 우위를 점한 나치와 달리 무솔리니는 표준 국가의 영역에 더 큰 권력을 허용하였다는 점이다. 최종적으로 1943년 7월 연합국의 진격으로 파시즘이 국가 이익에 더는 부합하지 않는다고 판단한 표준 국가는 '지도자' 무솔리니를 권좌에서 끌어내렸다.

13.

윗글의 내용과 일치하지 <u>않는</u> 것은?

① 마르크스주의자들의 해석 중에는 계급 간 대립을 부인하면서 파시즘을 해석하는 경우도 있다.

② 이탈리아와 독일, 소련의 억압적 체제들을 하나의 범주로 파악한 것은 냉전 상황을 배경으로 하고 있다.

③ 파시즘이라는 용어는 이탈리아에서 특정 시기에 있었던 정치 현상을 가리켰지만, 지시 대상이 점차 확장되었다.

④ 전체주의 이론은 파시즘과 스탈린주의의 서로 다른 기반과 목적을 간과하고 표면적 특징만을 추출했다는 비판을 받았다.

⑤ 파시즘을 국수주의적이며 제국주의적인 성향의 대자본이 폭력을 수단으로 정권을 유지하려 한 정치 체제로 보는 것이 마르크스주의의 대표적 해석이다.

문항 성격	문항유형 : 정보의 확인과 재구성
	내용영역 : 사회
평가 목표	이 문항은 제시문에 등장하는 파시즘에 관한 다양한 주장들을 이해하고 있는지 확인하는 문항이다.
문제 풀이	정답 : ①

제시문에 소개된 파시즘에 관한 여러 정의와 해석을 이해해야 한다. 특히 마르크스주의의 해석 및 전체주의 이론에서 바라보는 파시즘의 정의와 특징을 올바르게 파악하도록 한다.

정답 해설　① 제시문 두 번째 단락 "비교적 일찍 나타난 것은 기본적으로 계급투쟁 개념에 바탕을 둔 마르크스주의적 해석"이라는 기술로부터 마르크스주의자들의 해석은 기본적으로 '계급 간 대립', 즉 '계급투쟁'에 기반하고 있음을 알 수 있다.

오답 해설　② 제시문 세 번째 단락 "한편 2차 대전 이후에는 냉전의 분위기 속에서 이탈리아의 파시즘, 독일의 나치즘, 소련의 스탈린주의를 뭉뚱그려 전체주의로 범주화하는 경향이 나타났다."로부터 전체주의 이론에서는 냉전 상황 속에서 이탈리아와 독일, 소련의 억압적 체제들을 하나의 범주로 파악하고 있음을 확인할 수 있다.

③ 제시문 첫 번째 단락을 통해 파시즘이라는 용어가 원래 이탈리아의 특정 시기 동안의 정치 현상을 가리켰지만, 점차 가리키는 대상이 다양해졌음을 알 수 있다.

④ 제시문 세 번째 단락으로부터 전체주의 이론에 대해 파시즘과 스탈린주의가 서
　로 다른 기반과 목적을 가졌음을 간과하고 표면적 특징만을 추출하여 하나의 범
　주로 묶었다는 비판이 제기되었음을 알 수 있다.
⑤ 제시문 두 번째 단락 "… 마르크스주의적 해석인데, 대표적인 것은 '코민테른 테
　제'이다. 이에 따르면, 파시즘이란 "금융 자본의 가장 반동적이고 국수주의적이
　며 제국주의적인 분파의 공공연한 테러 독재"이다. 즉, 파시즘이 자본주의의 도
　구이며, 대자본의 대리인이라고 파악한 것이다."로부터 마르크스주의의 대표적
　해석이 '코민테른 테제'이고, 여기서는 파시즘을 국수주의적이며 제국주의적 성
　향의 대자본이 폭력을 수단으로 정권을 유지하려 한 정치 체제로 보고 있다는
　것을 알 수 있다.

14.

㉠과 ㉡에 대한 설명으로 적절하지 <u>않은</u> 것은?

① ㉠은 파시즘의 최종 목표가 '파시즘적 인간'을 완성해 내는 것이고, 폭력의 사용 및 자
　본과의 협력은 이를 위한 도구였다고 보았다.
② ㉠은 파시즘이 역사적 상황의 변화로 인해 맞이한 민족적 고난을 지도적 엘리트에 의
　해 극복한다는 '신화'를 세력의 단결과 체제 유지의 수단으로 삼았다고 보았다.
③ ㉡은 독일 나치즘에서는 독단적 폭력이, 이탈리아 파시즘에서는 형식적 관료주의가 두
　드러졌다고 보았다.
④ ㉡은 파시즘 치하에서 이중적 권력 기구가 갈등 속에서도 병존하는 현상을 권위주의적
　독재에서 파생한 것이라고 파악하였다.
⑤ ㉠은 파시즘에서 나타난 근대적 성격에 주목하여 혁명적 성격을 가졌다고 파악했고,
　㉡은 기득권층과의 연합에 주목하여 혁명적 성격을 가지지 않았다고 파악했다.

문항 성격	문항유형 : 주제, 구조, 관점 파악
	내용영역 : 사회
평가 목표	이 문항은 글의 주요 주제인 그리핀과 팩스턴의 파시즘 해석을 정확히 파악하고 있는지를 묻는 문항이다.

파시즘에 대한 근래 대표적인 연구자는 그리핀과 팩스턴이다. 그리핀은 역사적 상황의 변화 속에 맞이한 민족적 고난 속에서 나타난 파시즘이 '신화'를 바탕으로 삼아 대중을 응집하고 추동력을 얻어내는 역사적 현상이며, 이는 근대적 성격의 것이라고 보았다. 팩스턴은 '이중 국가'라는 개념으로 파시즘을 해석하면서 기성 제도 및 전통적 엘리트 계층과 연합한 것이 파시즘이며, 따라서 근대적 성격의 혁명이 아니라고 보았다.

정답 해설　① 제시문 네 번째 단락 "그는 또 신화의 궁극적인 실현, 즉 '민족의 유토피아'를 건설"이라는 표현으로부터 그리핀은 파시즘의 최종 목표는 '민족의 유토피아를 건설'하는 것이며, '파시즘적 인간'의 완성은 최종 목표가 아닌 과정 혹은 수단이라고 보고 있음을 알 수 있다.

오답 해설　② 제시문 네 번째 단락 "그에 따르면, 파시즘은 근대적 대중 정치의 한 부류로서, 특정한 민족 혹은 종족 공동체의 정치 문화와 사회 문화에 대한 혁명적인 변화를 목적으로 삼는다. 그리고 '신화'를 수단으로 삼아 내적 응집력과 대중의 지지라는 추동력을 얻어낸다."로부터 그리핀은 파시즘이 '신화'를 지지 세력의 단결과 체제 유지의 수단으로 삼았다고 보았음을 알 수 있다.

③ 제시문 다섯 번째 단락 "특권 국가가 결국 우위를 점한 나치와 달리 무솔리니는 표준 국가의 영역에 더 큰 권력을 허용하였다는 점이다."와 "'이중 국가'는 합법성에 따라 관료적으로 움직이는 '표준 국가'가 당의 '동형 기구'로 만들어진 독단적 '특권 국가'와 갈등을 빚으면서도 협력 속에 공존한다는 개념이다.", 그리고 "팩스턴에 따르면, 파시즘 정권은 형식적 관료주의와 독단적 폭력이 혼합된 기묘한 형태였다."를 종합해 보면, 팩스턴은 나치즘에서는 독단적 폭력, 즉 특권 국가가, 파시즘에서는 형식적 관료주의, 즉 표준 국가가 두드러졌다고 보았음을 알 수 있다.

④ 제시문 다섯 번째 단락 "그는 '이중 국가' 개념을 파시즘 체제 분석에 적용시켰다. '이중 국가'는 합법성에 따라 관료적으로 움직이는 '표준 국가'가 당의 '동형 기구'로 만들어진 독단적 '특권 국가'와 갈등을 빚으면서도 협력 속에 공존한다는 개념이다."와 "팩스턴은 파시즘이 근대적 혁명이라는 주장을 거부하면서, 파시즘을 전통적인 권위주의적 독재의 변종으로 규정한다."를 종합해 보면 팩스턴은 이중 국가가 권위주의적 독재에서 파생한 변종이라고 파악하고 있음을 알 수 있다. 따라서 오답이다.

⑤ 제시문 네 번째 단락 "그(그리핀)는 … 근대적 성격을 보여준 것에 주목하여 파
시즘을 일종의 '근대적 혁명'이라고 보았다."와 다섯 번째 단락 "팩스턴은 파시
즘이 근대적 혁명이라는 주장을 거부하면서, 파시즘을 전통적인 권위주의적 독
재의 변종으로 규정한다. 그는 혁명으로 보이는 파시즘이 실은 기성 제도 및 전
통적 엘리트 계층과 연합했다는 점을 중시하기 때문이다."로부터 파시즘 성격에
대한 두 사람의 입장 차이를 알 수 있다.

15.

윗글을 바탕으로 〈보기〉의 (가)~(다)의 입장을 추론한 것으로 가장 적절한 것
은?

> **보 기**
>
> (가) 이탈리아 파시즘 치하에서 소유 관계와 계급 구조는 바뀌지 않았다. 그렇기에 파
> 시스트 '혁명'을 굳이 혁명이라고 한다면 아마 문화 혁명 정도가 될 것이다. 동시에
> 파시즘이 전통문화와 타협하며 대중의 수동적 동의를 확보하려고 한 점을 보면, 그
> 문화 혁명이라는 것의 한계도 분명했다.
>
> (나) 무솔리니 내각을 통상의 다른 행정부처럼 분석하는 사람도 있다. 그러나 파시즘은
> 사회 개혁의 실패, 즉 이탈리아 고유의 민족적 모순의 발현이며, 따라서 '민족의 자
> 서전'이다. 투쟁과 경쟁을 통한 진보가 아니라, 나태하게 계급 협력이 가능하다고
> 믿는 민족은 존중받을 수 없기 때문이다.
>
> (다) 파시즘은 소부르주아의 '정치적 육화'이다. 소부르주아는 의회를 파괴한 후에 부르
> 주아 국가도 파괴하고 있다. 그것은 항상 더 큰 규모로 법의 권위를 사적 폭력으로
> 대체하고, 이 폭력을 혼란스럽게, 더 난폭하게 행사한다.

① (가)는 '소유 관계'와 '계급 구조'에 주목하는 것으로 보아 탈하이머와 바이다의 주장에
동의하는 입장을 보일 것이다.

② (가)는 '전통문화와 타협'하는 대중의 '수동적 동의'를 강조하는 것으로 보아 그리핀의
주장을 비판하는 입장을 보일 것이다.

③ (나)는 '사회 개혁'을 중시하고 '민족적 모순'을 언급하는 것으로 보아 그리핀의 주장에
동의하는 입장을 보일 것이다.

④ (다)는 '의회'와 '부르주아 국가'를 파괴한다는 점에 주목하는 것으로 보아 팩스턴의 주

장에 동조하는 입장을 보일 것이다.

⑤ (다)는 '정치적 육화'라는 말로 '소부르주아'가 파시즘의 수단이라고 강조하는 것으로 보아 톨리아티의 주장을 비판하는 입장을 보일 것이다.

문항 성격 문항유형 : 정보의 평가와 적용
내용영역 : 사회

평가 목표 이 문항은 파시즘에 대해 추가로 제공되는 세 가지 해석을 제시문에서 소개된 해석들과 비교하여 적절하게 평가할 수 있는지 묻는 문항이다.

문제 풀이 정답 : ②

(가)는 로버트 수시의 해석으로 이탈리아 파시즘을 혁명적인 것이 아니라, 한계가 명확하다고 파악하고 있어서 그리핀의 입장과 상충된다. 또한 소유 관계와 계급 구조가 바뀌지 않았다고 보아 제3세력이 등장한다는 탈하이머와 바이다의 주장에 동의하지 않는 점을 밝히고 있다. (나)는 알베로 고베티의 해석이다. 그는 파시즘이 이탈리아 고유의 상황에서 나온 현상임을 주장하여 그리핀의 일반화와 다른 입장을 취한다. (다)는 안토니오 그람시의 해석으로 파시즘의 주축 세력이 소부르주아라고 파악하는 톨리아티와 같은 입장이다.

정답 해설 ② 그리핀은 파시즘을 '근대적 혁명'이라고 보았지만, (가)는 "문화 혁명 정도가 될 것"이며 "그 문화 혁명이라는 것의 한계도 분명"했다고 하여 비판적 자세를 취한다. 또한 그리핀은 '대중의 지지'를 언급하는 반면 (가)는 '대중의 수동적 동의'를 말하고 있다. 따라서 (가)는 그리핀의 주장을 비판하는 입장을 보일 것이다.

오답 해설 ① 탈하이머와 바이다는 "파시즘이 계급으로부터 상대적으로 자유로운 현상"이며 "자본과 노동이 대립하면서 어느 한쪽이 절대 우위를 갖추지 못하면 제3의 세력이 등장"한다고 보고 있지만, (가)는 "계급 구조는 바뀌지 않았다."고 보고 있다. 따라서 (가)는 탈하이머와 바이다의 주장에 동의하지 않을 것이다.

③ (나)는 파시즘을 "이탈리아 고유의 민족적 모순의 발현"으로 보고 있다. 반면 그리핀은 파시즘에 대한 "일반화된 개념을 제시하여 각국의 유사한 사례들에 적용할 수 있게 했다." 따라서 (나)는 그리핀의 주장에 동의하지 않을 것이다.

④ 팩스턴은 "파시즘이 실은 기성 제도 및 전통적 엘리트 계층과 연합했다는 점을 중시"했다고 보고 있고, (다)는 파시즘이 의회와 부르주아 국가를 파괴하고 있다고 보고 있다. 따라서 (다)는 팩스턴의 주장에 동조하지 않을 것이다.

⑤ 톨리아티는 "파시즘이 소부르주아적 성격의 대중적 기반 위에 있었다고 파악"하고 있고, (다)는 파시즘을 소부르주아의 '정치적 육화'로 보고 있다. 따라서 (다)는 톨리아티의 주장을 비판하는 입장이라고 할 수 없다.

대규모 데이터를 분석하여 데이터 속에 숨어 있는 유용한 패턴을 찾아내기 위해 다양한 기계학습 기법이 활용되고 있다. 기계학습을 위한 입력 자료를 데이터 세트라고 하며, 이를 분석하여 유용하고 가치 있는 정보를 추출할 수 있다. 데이터 세트의 각 행에는 개체에 대한 구체적인 정보가 저장되며, 각 열에는 개체의 특성이 기록된다. 개체의 특성은 범주형과 수치형으로 구분되는데, 예를 들어 '성별'은 범주형이며, '체중'은 수치형이다.

기계학습 기법의 하나인 클러스터링은 데이터의 특성에 따라 유사한 개체들을 묶는 기법이다. 클러스터링은 분할법과 계층법으로 나뉘는데, 이 둘은 모두 거리 개념에 기초하고 있다. 가장 많이 사용되는 거리 개념은 기하학적 거리이며, 두 개체 사이의 거리는 n차원으로 표현된 공간에서 두 개체를 점으로 표시할 때 두 점 사이의 직선거리이다. 거리를 계산할 때 특성들의 단위가 서로 다른 경우가 많은데, 이런 경우 특성 값을 정규화할 필요가 있다. 예를 들어 특정 과목의 학점과 출석 횟수를 기준으로 학생들을 묶을 경우 두 특성의 단위가 다르므로 두 특성 값을 모두 0과 1 사이의 값으로 정규화하여 클러스터링을 수행한다. 또한 범주형 특성에 거리 개념을 적용하려면 이를 수치형 특성으로 변환해야 한다.

분할법은 전체 데이터 개체를 사전에 정한 개수의 클러스터로 구분하는 기법으로, 모든 개체는 생성된 클러스터 가운데 어느 하나에 속한다. 〈그림 1〉에서 (b)는 (a)에 제시된 개체들을 분할법을 통해 세 개의 클러스터로 묶은 예이다. 분할법에서는 클러스터에 속한 개체들의 좌표 평균을 계산하여 클러스터 중심점을 구한다. 고전적인 분할법인 K-민즈 클러스터링(K-means clustering)에서는 거리 개념과 중심점에 기반하여 다음과 같은 과정으로 알고리즘이 진행된다.

1) 사전에 K개로 정한 클러스터 중심점을 임의의 위치에 배치하여 초기화한다.

2) 각 개체에 대해 K개의 중심점과의 거리를 계산한 후 가장 가까운 중심점에 해당 개체를 배정하여 클러스터를 구성한다.

3) 클러스터 별로 그에 속한 개체들의 좌표 평균을 계산하여 클러스터의 중심점을 다시 구한다.

4) 2)와 3)의 과정을 반복해서 수행하여 더 이상 변화가 없는 상태에 도달하면 알고리즘이 종료된다.

분할법에서는 이와 같이 개체와 중심점과의 거리를 계산하여 클러스터에 개체를 배정하므로 두 개체가 인접해 있더라도 가장 가까운 중심점이 서로 다르면 두 개체는 상이한 클러스터에 배정된다.

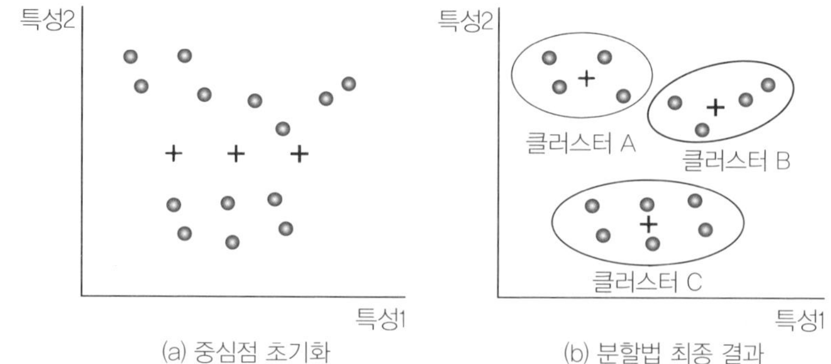

〈그림 1〉 분할법의 예

클러스터링이 잘 수행되었는지 확인하려면 클러스터링 결과를 평가하는 품질 지표가 필요하다. K-민즈 클러스터링의 경우 품질 지표는 개체와 그 개체가 해당하는 클러스터의 중심점 간 거리의 평균이다. K-민즈 클러스터링에서 K가 정해졌을 때 개체와 해당 중심점 간 거리의 평균을 최소화하는 '전체 최적해'는 확정적으로 보장되지 않는다. 알고리즘의 첫 번째 단계인 초기화를 어떻게 하느냐에 따라 클러스터링 결과가 달라질 수 있으며, 경우에 따라 좋은 결과를 찾는 데 실패할 수도 있다. 따라서 전체 최적해를 얻을 확률을 높이기 위해, 서로 다른 초기화를 시작으로 클러스터링 알고리즘을 여러 번 수행하여 나온 결과 중에 좋은 해를 찾는 방법이 흔히 사용된다. 그런데 K-민즈 클러스터링 알고리즘의 한 가지 문제는 클러스터의 개수인 K를 미리 정해야 한다는 것이다. K가 커질수록 각 개체와 해당 중심점 간 거리의 평균은 감소한다. 극단적으로 모든 개체를 클러스터로 구분할 경우 개체가 곧 중심점이므로 이들 사이의 거리의 평균값은 0으로 최소화되지만, 클러스터링의 목적에 부합하는 유용한 결과라고 보기 어렵다. 따라서 작은 수의 K로 알고리즘을 시작하여 클러스터링 결과를 구한 다음 K를 점차 증가시키면서 유의미한 품질 향상이 있는지 확인하는 방법이 자주 사용된다.

한편, 계층법은 클러스터 개수를 사전에 정하지 않아도 되는 장점이 있다. 〈그림 2〉와 같이 개체들을 거리가 가까운 것들부터 차근차근 집단으로 묶어서 모든 개체가 하나로 묶일 때까지 추상화 수준을 높여가는 상향식으로 알고리즘이 진행되어 계통도를 산출한다. 따라서 계층법은 개체들 간에 위계 관계가 있는 경우에 효과적으로 적용될 수 있다. 계통도에서 점선으로 표시된 수평선을 아래위로 이동해 가면서 클러스터링의 추상화 수준을 변경할 수 있다.

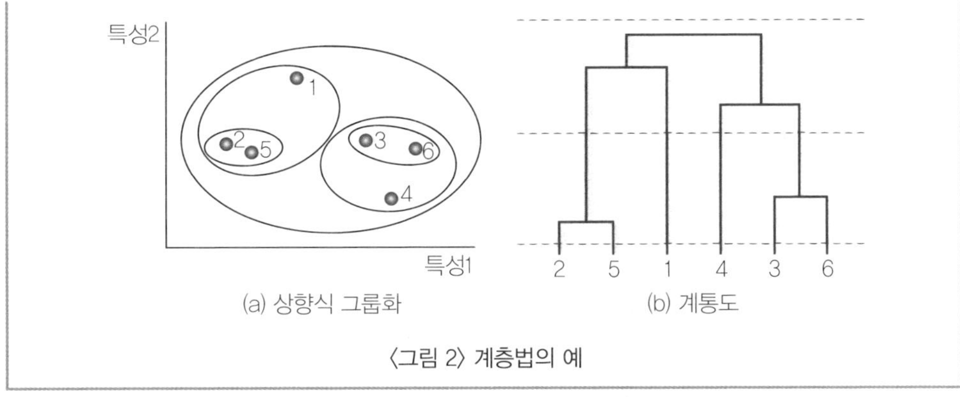

〈그림 2〉 계층법의 예

16.

윗글의 내용과 일치하는 것은?

① 클러스터링은 개체들을 묶어서 한 개의 클러스터로 생성하는 기법이다.
② 분할법에서는 클러스터링 수행자가 정확한 계산을 통해 초기 중심점을 찾아낸다.
③ 분할법은 하향식 클러스터링 기법이므로 한 개체가 여러 클러스터에 속할 수 있다.
④ 계층법으로 계통도를 산출할 때 클러스터 개수는 미리 정하지 않는다.
⑤ 계층법의 계통도에서 수평선을 아래로 내릴 경우 추상화 수준이 높아진다.

문항 성격	문항유형 : 정보의 확인과 재구성
	내용영역 : 과학기술
평가 목표	이 문항은 제시문의 주제인 클러스터링의 두 가지 기법인 분할법과 계층법을 정확하게 이해하고 있는지 묻는 문항이다.
문제 풀이	정답 : ④

기계학습의 기법의 하나인 클러스터링은 다시 분할법과 계층법으로 나뉜다. 분할법은 전체 개체를 사전에 정한 개수의 클러스터로 구분하는 기법이고, 계층법은 거리가 가까운 것들부터 개체들을 상향식으로 묶어 가는 기법이다. 특히 K-민즈 클러스터링의 초기화 방식과 계통노의 추상화 수준에 대해 정확히 이해해야 한다.

④ 제시문 여섯 번째 단락 "한편, 계층법은 클러스터 개수를 사전에 정하지 않아도 되는 장점이 있다."로부터 계층법으로 계통도를 산출할 때 클러스터 개수는 미리 정하지 않는다는 것을 알 수 있다.

① 제시문 두 번째 단락 "기계학습 기법의 하나인 클러스터링은 데이터의 특성에 따라 유사한 개체를 묶는 기법이다. 클러스터링은 분할법과 계층법으로 나뉘는데, …"와 세 번째 단락 "분할법은 전체 데이터 개체를 사전에 정한 개수의 클러스터로 구분하는 기법으로, …", 그리고 다섯 번째 단락 "계통도에서 점선으로 표시된 수평선을 아래위로 이동해 가면서 클러스터링의 추상화 수준을 변경할 수 있다."를 종합하면, 분할법에서는 사전에 정한 개수의 클러스터가 생성되며, 계층법에서는 클러스터링을 통해 추상화 수준이 가변적인 계통도가 구해진다는 것을 알 수 있다. 따라서 클러스터링은 개체들을 묶어서 한 개의 클러스터로 생성하는 기법이라는 것은 윗글의 내용과 일치하지 않는다.

② K-민즈 클러스터링 알고리즘의 첫 번째 과정 "1) 사전에 K개로 정한 클러스터 중심점을 임의의 위치에 배치하여 초기화한다."로부터 분할법에서 초기 중심점은 클러스터링 수행자가 정확한 계산을 통해 찾아내는 것이 아니라는 것을 알 수 있다.

③ 제시문 세 번째 단락 "분할법은 전체 데이터 개체를 사전에 정한 개수의 클러스터로 구분하는 기법으로, 모든 개체는 생성된 클러스터 가운데 어느 하나에 속한다."로부터 분할법에서는 한 개체가 중복하여 여러 클러스터에 속할 수 없음을 알 수 있다.

⑤ 제시문 여섯 번째 단락 "… 개체들을 거리가 가까운 것들부터 차근차근 집단으로 묶어서 모든 개체가 하나로 묶일 때까지 추상화 수준을 높여가는 상향식으로 알고리즘이 진행되어 계통도를 산출한다. … 계통도에서 점선으로 표시된 수평선을 아래위로 이동해 가면서 클러스터링의 추상화 수준을 변경할 수 있다."로부터 계층법의 계통도에서 수평선을 아래로 내릴 경우 추상화 수준이 낮아진다는 것을 알 수 있다.

356

17.

<u>K-민즈 클러스터링</u>에 대해 추론한 것으로 적절하지 <u>않은</u> 것은?

① 특성이 유사한 두 개체가 서로 다른 클러스터에 배치될 수 있다.
② 초기 중심점의 배치 위치에 따라 클러스터링의 품질이 달라질 수 있다.
③ 클러스터 개수를 감소시키면 클러스터링 결과의 품질 지표 값은 증가한다.
④ 초기화를 다르게 하면서 알고리즘을 여러 번 수행하면 전체 최적해가 결정된다.
⑤ K를 정하여 알고리즘을 진행하면 각 클러스터의 중심점은 결국 고정된 점에 도달한다.

문항 성격 문항유형 : 정보의 추론과 해석
내용영역 : 과학기술

평가 목표 이 문항은 K-민즈 클러스터링 알고리즘의 구체적 과정과 품질 지표 개념을 이해하고, 이로부터 좋은 클러스터링 결과를 얻기 위한 방법을 적절하게 추론할 수 있는지를 확인하는 문항이다.

문제 풀이 정답 : ④

K-민즈 클러스터링은 K개의 클러스터로 개체들을 구분하는 기법으로, 이때 K는 사전에 정해진다. 이러한 방식의 한계 및 관련된 쟁점을 종합적으로 이해하여 각각의 선택지가 적절한지 여부를 판단할 수 있어야 한다.

정답 해설 ④ 제시문 다섯 번째 단락 "K-민즈 클러스터링에서 K가 정해졌을 때 개체와 해당 중심점 간 거리의 평균을 최소화하는 '전체 최적해'는 확정적으로 보장되지 않는다. … 따라서 전체 최적해를 얻을 확률을 높이기 위해, 서로 다른 초기화를 시작으로 클러스터링 알고리즘을 여러 번 수행하여 나온 결과 중에 좋은 해를 찾는 방법이 흔히 사용된다."로부터 초기화를 다르게 하면서 알고리즘을 여러 번 수행하더라도 전체 최적해의 도출이 확정적으로 보장되지는 않는다는 것을 알 수 있다.

오답 해설 ① 제시문 네 번째 단락으로부터 특성이 유사하여 서로 가까운 위치에 있는 개체들이라 하더라도 자신과 가장 가까운 중심점이 서로 다르면 각기 다른 클러스터에 배치된다는 것을 알 수 있다.

② 제시문 다섯 번째 단락 "클러스터링이 잘 수행되었는지 확인하려면 클러스터링 결과를 평가하는 품질 지표가 필요하다. K-민즈 클러스터링의 경우 품질 지표는 개체와 그 개체가 해당하는 클러스터의 중심점 간 거리의 평균이다. … 알고리즘의 첫 번째 단계인 초기화를 어떻게 하느냐에 따라 클러스터링 결과가 달라질 수 있으며, 경우에 따라 좋은 결과를 찾는 데 실패할 수도 있다."로부터 초기 중심점을 어디로 설정하느냐에 따라 클러스터링의 품질이 달라질 수 있음을 알 수 있다.

③ 제시문 다섯 번째 단락 "K가 커질수록 각 개체와 해당 중심점 간 거리의 평균은 감소한다."로부터 거꾸로 K가 작아질수록 각 개체와 해당 중심점 간 거리의 평균, 즉 품질 지표는 증가한다는 것을 추론할 수 있다. 따라서 클러스터 개수를 감소시키면 클러스터링 결과의 품질 지표 값은 증가한다.

⑤ K-민즈 클러스터링 알고리즘의 네 번째 과정 "4) 2)와 3)의 과정을 반복해서 수행하여 더 이상 변화가 없는 상태에 도달하면 알고리즘이 종료된다."로부터 2)와 3)의 과정이 해가 수렴하여 더 이상 중심점이 이동하지 않을 때까지 반복된다는 것을 알 수 있다. 따라서 K를 정하여 알고리즘을 진행하면 각 클러스터의 중심점은 결국 고정된 점에 도달한다.

18.

〈보기〉의 사례에 클러스터링을 적용할 때 적절하지 <u>않은</u> 것은?

보 기

　　○○기업에서는 표적 시장을 선정하여 마케팅을 실행하기 위해 전체 시장을 세분화하고자 한다. 시장 세분화를 위해 특성이 유사한 고객을 묶는 기계학습 기법 도입을 검토 중이다. 이 기업에서는 고객의 거주지, 성별, 나이, 소득 수준 등 인구통계학적인 정보와 라이프 스타일에 관한 정보 등을 보유하고 있다.

① 고객 정보에는 수치형이 아닌 것도 있어 특성의 유형 변환이 요구된다.
② 고객 특성은 세분화 과정을 통해 계통도로 표현 가능하므로 계층법이 효과적이다.
③ K-민즈 클러스터링 알고리즘을 실행하려면 세분화할 시장의 개수를 먼저 정해야 한다.
④ 나이와 소득 수준과 같이 단위가 다른 특성을 기준으로 시장을 세분화할 경우 정규화가 필요하다.

⑤ 모든 고객을 별도의 세분화된 시장들로 구분하여 1:1 마케팅을 할 경우 K-민즈 클러
스터링의 품질 지표 값은 0이다.

문항 성격 문항유형 : 정보의 평가와 적용
　　　　　내용영역 : 과학기술

평가 목표 이 문항은 〈보기〉로 주어진 사례에 클러스터링 기법을 적용할 때 고려해야 할 사항을
　　　　　정확이 이해하고 있는지 평가하는 문항이다.

문제 풀이 정답 : ②

〈보기〉는 고객 특성의 유사성을 기준으로 고객을 클러스터링하여 전체 시장을 세분화하고자 하
는 상황이다. 따라서 클러스터링 기법의 특징은 물론, 개체의 특성을 이해하여 이를 〈보기〉의 사
례에 적용하되 특히 클러스터링의 목적(여기서는 시장의 세분화)이라는 관점에서 각각의 선택지
가 적절한지 여부를 판단할 수 있어야 한다.

정답 해설 ② 제시문의 여섯 번째 단락 "… 개체들을 거리가 가까운 것들부터 차근차근 집단
으로 묶어서 모든 개체가 하나로 묶일 때까지 추상화 수준을 높여가는 상향식으
로 알고리즘이 진행되어 계통도를 산출한다. 따라서 계층법은 개체들 간에 위계
관계가 있는 경우에 효과적으로 적용될 수 있다."로부터 계층법에서 계통도를
산출하는 과정은 특성을 세분화하는 것이 아니라 특성을 기준으로 개체들을 상
향식으로 묶어가는 과정이고, 계층법이 효과적인 경우는 개체들 간에 계층 관계
가 있는 경우라는 것을 알 수 있다. 따라서 고객 특성은 세분화 과정을 통해 계
통도로 표현 가능하므로 계층법이 효과적이라는 것은 적절한 진술이 아니다.

오답 해설 ① 제시문의 두 번째 단락에 따르면 "범주형 특성에 거리 개념을 적용하려면 이를
수치형 특성으로 변환해야 한다." 〈보기〉에서 제시된 고객 정보에는 거주지, 성
별, 라이프 스타일 등 범주형 특성이 포함되어 있다. 따라서 이들 범주형 특성의
유형 변환이 요구된다.

③ 제시문 세 번째 단락 "분할법은 전체 데이터 개체를 사전에 정한 개수의 클러스
터로 구분하는 기법으로, … 1) 사전에 K개로 정한 클러스터 중심점을 임의의 위
치에 배치하여 초기화한다."로부터 K-민즈 클러스터링 알고리즘을 실행하려면
세분화할 시장의 개수인 K를 먼저 정해야 함을 알 수 있다.

④ 제시문 두 번째 단락에 따르면 "클러스터링은 분할법과 계층법으로 나뉘는데, 이 둘은 모두 거리 개념에 기초하고 있다. … 거리를 계산할 때 특성들의 단위가 서로 다른 경우가 많은데, 이런 경우 특성 값을 정규화할 필요가 있다." 따라서 나이와 소득 수준과 같이 단위가 다른 특성을 기준으로 시장을 세분화할 경우 정규화가 필요하다.

⑤ 제시문 다섯 번째 단락에 따르면 "극단적으로 모든 개체를 클러스터로 구분할 경우 개체가 곧 중심점이므로 이들 사이의 거리의 평균값은 0으로 최소화"된다. 모든 고객을 별도의 세분화된 시장들로 구분하여 1 : 1 마케팅을 하는 경우는 모든 개체를 클러스터로 구분하는 경우이다. 따라서 K-민즈 클러스터링의 품질 지표 값은 0이 된다.

[19~21] 다음 글을 읽고 물음에 답하시오.

오늘날 교과서적 견해에서 '소유와 지배의 분리'라는 개념은 전문 경영인 체제의 확립을 가리키지만 그로 인한 주주와 경영자 사이의 이해 상충을 내포한다. 다시 말해 주식 소유의 분산으로 인해 창업자 가족이나 대주주의 영향력이 약해져 경영자들이 회사 이윤에 대한 유일한 청구권자인 주주의 이익보다 자신들의 이익을 앞세우는 문제의 심각성을 강조하는 개념이다. 그러나 ㉠벌리가 이 개념을 처음 만들었을 때 그 의미는 달랐다. 그는 '회사체제'라는 현대 사회의 재산권적 특징을 포착하고자 이 개념을 고안했다. 그에게 있어서 '소유', '지배', '경영'은 각각 ⑴ 사업체에 대한 이익을 갖는 기능, ⑵ 사업체에 대한 권력을 갖는 기능, ⑶ 사업체에 대한 행위를 하는 기능을 지칭하는 개념이지 각 기능의 담당 주체를 지칭하는 것이 아니다.

벌리에 따르면 산업혁명 이전에는 이 세 기능이 통합된 경우가 일반적이었는데 19세기에 많은 사업체들에서 소유자가 ⑴과 ⑵를 수행하고 고용된 경영자들이 ⑶을 수행하는 방식으로 분리가 일어났다. 20세기 회사체제에서는 많은 사업체들에서 ⑵가 ⑴에서 분리되었다. 이제 ⑴은 사업체의 소유권을 나타내는 증표인 주식을 소유하는 것, 즉 비활동적 재산의 점유가 되었고, ⑵는 물적 자산과 사람들로 조직된 살아 움직이는 사업체를 어떻게 사용할지를 결정하는 것, 즉 활동적 재산의 점유가 되었다. 주식 소유가 다수에게 분산된 회사에서 ⑵는 창업자나 그 후손, 대주주, 경영자, 혹은 모회사나 지주회사의 지배자 등 이사를 선출할 힘을 가진 다양한 주체에 의해 수행될 수 있다. 사기업에서는 통합되어 있던 위험 부담 기능과 회사 지배 기능이 분리되어 주주와 지배자에게 각각 배치됨으로써 회사라는 생산 도구는 전통적인 사유재산으로서의 의미를 잃게 되었다. 이런 의미에서 벌리는 소유와 지배가 분리된 현대 회사를 준공공회사라고 불렀다.

소유와 지배가 분리된 회사는 누구를 위해 운영되어야 하는가? 벌리는 이 질문에 대해 가능한 세 가지 답을 검토한다. 첫째, 재산권을 불가침의 권리로 간주하는 전통적인 법학의 논리에 입각한다면 회사가 오로지 주주의 이익을 위해서만 운영되어야 한다는 견해가 도출될 수밖에 없다. 그러나 자신의 재산에 대한 지배를 수행하는 소유자가 그 재산으로부터 나오는 이익을 전적으로 수취하는 것이 보호되어야 한다고 해서, 자신의 재산에 대한 지배를 포기한 소유자도 마찬가지로 이익의 유일한 청구권자가 되어야 한다는 결론을 도출하는 것은 잘못이다.

둘째, 전통적인 경제학의 논리에 입각하면 회사는 지배자를 위해 운영되어야 한다는 견해가 도출될 수밖에 없다. 왜냐하면 경제학은 전통적인 법학과 달리 재산권의 보호 자체를 목적으로 보는 것이 아니라 재산권의 보호를 사회적으로 바람직한 목적을 위한 수단으로 보기 때문이다. 재산권을 보호하는 이유가 재산의 보장 자체가 아니라 부를 얻으려는 노력을 유발하는 사회적 기능 때문이라면, 회사가 유용하게 사용되도록 하기 위해서는 회사를 어떻게 사용할지를 결정하는 지배자의 이익을 위해 회사가 운영되어야 한다. 그러나 위험을 부담하지 않는 지배자를 위해 회사가 운영되는 것은 최악의 결과를 낳는다.

셋째, 이처럼 법학과 경제학의 전통적인 논리를 소유와 지배가 분리된 회사체제에 그대로 적용했을 때 서로 다른 그릇된 결론들이 도출된다는 것은 두 학문의 전통적인 논리들이 전제하고 있는 19세기의 자유방임 질서가 회사체제에 더 이상 타당하지 않음을 보여준다. 자유방임 질서가 기초하고 있던 사회가 회사체제 사회로 변화된 상황에서는, 회사가 '지배자를 위해 운영되어야 한다'는 견해는 최악의 대안이고 '주주를 위해 운영되어야 한다'는 견해는 차악의 현실적인 대안일 뿐이다. 결국 회사체제에서 회사는 공동체의 이익을 위해 운영되어야 한다는 것이 벌리의 결론이다.

하지만 이를 뒷받침할 법적 근거가 마련되지 않거나, 이를 실현할 합리적인 계획들을 공동체가 받아들일 준비가 안 된 상황에서는, 회사법 영역에서 경영자의 신인의무의 대상, 즉 회사를 자신에게 믿고 맡긴 사람의 이익을 자신의 이익보다 우선해야 하는 의무의 대상을 주주가 아닌 다른 이해 관계자들로 확장해서는 안 된다고 벌리는 주장했다. 이 때문에 그는 회사가 주주를 위해 운영되어야 한다는 견해를 지지했던 것으로 흔히 오해된다. 그러나 회사법에서 주주 이외에 주인을 인정하지 않아야 한다고 그가 주장한 이유는 주인이 여럿이면 경영자들이 누구도 섬기지 않게 되고 회사가 경제적 내전에 빠지게 될 것이며 견제력이 집준된 회사 지배자들이 사회적 권력을 키워주는 결과를 낳을 것이라고 보았기 때문이다. 그는 회사법 영역에서 주주에 대한 신인의무를 경영자뿐 아니라 지배자에게도 부과하여 지배에 의한 회사의 약탈로부터 비활동적 재산권을 보호하는 것이 회사가 공동체의 이익을 위해 운영되도록 하기 위한 출발점이라고 보았다. 그리고 소득세법이나 노동법, 소비자보호법, 환경법 등과 같은 회사법 바깥의 영역에서 공동체에 대한 회사의 의무를 이행하도록 하는 현실적인 시스템을 마련하고 정착시킴으로써 사회의 이익에 비활동적 재산권이 자리를 양보하도록 만들 수 있다고 보았다.

19.

윗글의 내용에 비추어 볼 때 적절하지 <u>않은</u> 것은?

① 소유와 지배의 분리에 대한 오늘날 교과서적 견해는 전통적인 법학 논리에 입각한 견해를 받아들이고 있다.
② 벌리는 회사법에서 회사의 사회적 책임을 강조할 경우 회사 지배자들의 권력을 키워 주는 결과를 낳는다고 보았다.
③ 전통적인 경제학의 논리에 따르면 사회적으로 가장 좋은 결과를 낳을 수 있도록 재산권이 인정되는 것이 바람직하다.
④ 벌리에 따르면 주주가 회사 이윤에 대한 유일한 청구권자가 아니기 때문에 경영자의 신인의무 대상을 주주로 한정해서는 안 된다.
⑤ 벌리와 달리 오늘날 교과서적 견해에 따르면 대주주의 영향력이 강해지는 것이 소유와 지배의 분리에 따른 문제를 해결하는 데 도움이 될 수 있다.

문항 성격 문항유형 : 정보의 추론과 해석
내용영역 : 사회

평가 목표 이 문항은 회사의 재산권과 관련한 다양한 입장들을 이해하고 있는지 확인하는 문항이다.

문제 풀이 정답 : ④

소유와 지배가 분리된 현대 회사가 누구를 위해 운영되어야 하는지에 대한 벌리의 견해와 오늘날 교과서적 견해를 이해하고, 이 견해들이 전통적인 법학 논리 및 경제학 논리와 어떤 관계를 갖는지 정확히 파악하도록 한다.

정답 해설 ④ 제시문 세 번째 단락 "… 자신의 재산에 대한 지배를 포기한 소유자도 마찬가지로 이익의 유일한 청구권자가 되어야 한다는 결론을 도출하는 것은 잘못이다."

로부터 벌리는 주주가 회사 이윤에 대한 유일한 청구권자가 아니라고 보았음을 알 수 있다. 그러나 여섯 번째 단락 "… 회사법 영역에서 경영자의 신인의무의 대상, 즉 회사를 자신에게 믿고 맡긴 사람의 이익을 자신의 이익보다 우선해야 하는 의무의 대상을 주주가 아닌 다른 이해 관계자들로 확장해서는 안 된다고 벌리는 주장했다."로부터 벌리가 경영자의 신인의무 대상을 주주로 한정해야 한다고 주장했음을 알 수 있다.

 ① 제시문 첫 번째 단락 "오늘날 교과서적 견해에서 '소유와 지배의 분리'라는 개념은 전문 경영인 체제의 확립을 가리키지만 그로 인한 주주와 경영자 사이의 이해 상충을 내포한다. 다시 말해 주식 소유의 분산으로 인해 창업자 가족이나 대주주의 영향력이 약해져 경영자들이 회사 이윤에 대한 유일한 청구권자인 주주의 이익보다 자신들의 이익을 앞세우는 문제의 심각성을 강조하는 개념이다."로부터 오늘날 교과서적 견해는 경영자들이 회사 이윤에 대한 유일한 청구권자인 주주의 이익을 우선해야 한다는 것임을 알 수 있다. 그리고 세 번째 단락 "… 재산권을 불가침의 권리로 간주하는 전통적인 법학의 논리에 입각한다면 회사가 오로지 주주의 이익을 위해서만 운영되어야 한다는 견해가 도출될 수밖에 없다."로부터 전통적인 법학 논리는 회사 이윤에 대한 유일한 청구권자인 주주의 이익을 위해 회사가 운영되어야 한다는 결론을 함의한다는 것을 알 수 있다. 따라서 소유와 지배의 분리에 대한 오늘날 교과서적 견해는 전통적인 법학 논리에 입각한 견해를 받아들이고 있다.

② 제시문 다섯 번째 단락 "결국 회사체제에서 회사는 공동체의 이익을 위해 운영되어야 한다는 것이 벌리의 결론이다."와 여섯 번째 단락 "그러나 회사법에서 주주 이외에 주인을 인정하지 않아야 한다고 그가 주장한 이유는 주인이 여럿이면 경영자들이 누구도 섬기지 않게 되고 회사가 경제적 내전에 빠지게 될 것이며 경제력이 집중된 회사 지배자들의 사회적 권력을 키워주는 결과를 낳을 것이라고 보았기 때문이다."로부터 벌리는 회사의 사회적 책임을 인정했지만 회사법에서 이를 강조할 경우 회사 지배자들의 권력을 키워 주는 결과를 낳는다고 보았음을 알 수 있다.

③ 제시문 네 번째 단락 "… 전통적인 경제학의 논리에 입각하면 회사는 지배자를 위해 운영되어야 한다는 견해가 도출될 수밖에 없다. 왜냐하면 경제학은 전통적인 법학과 달리 재산권의 보호 자체를 목적으로 보는 것이 아니라 재산권의 보호를 사회적으로 바람직한 목적을 위한 수단으로 보기 때문이다."로부터 이 선택지는 적절하다는 것을 바로 알 수 있다.

⑤ 제시문 첫 번째 단락 "오늘날 교과서적 견해에서 '소유와 지배의 분리'라는 개념은 전문 경영인 체제의 확립을 가리키지만 그로 인한 주주와 경영자 사이의 이해 상충을 내포한다. 다시 말해 주식 소유의 분산으로 인해 창업자 가족이나 대주주의 영향력이 약해져 경영자들이 회사 이윤에 대한 유일한 청구권자인 주주의 이익보다 자신들의 이익을 앞세우는 문제의 심각성을 강조하는 개념이다."로부터 오늘날 교과서적 견해에 따르면 대주주의 영향력이 강해지는 것이 소유와 지배의 분리에 따른 주주와 경영자 사이의 이해 상충 문제를 해결하는 데 도움이 될 수 있다는 것을 알 수 있다. 그리고 두 번째 단락 내용으로부터 벌리에 따르면 대주주가 지배의 기능을 담당하는 주체일 수 있음을 알 수 있는데, 네 번째 단락 "그러나 위험을 부담하지 않는 지배자를 위해 회사가 운영되는 것은 최악의 결과를 낳는다."로부터 벌리가 대주주의 영향력이 강해지는 것이 소유와 지배의 분리에 따른 위험 부담 기능과 회사 지배 기능의 분리를 해결하는 데 도움이 된다고 생각하지 않았을 것임을 알 수 있다. 따라서 "벌리와 달리 오늘날 교과서적 견해에 따르면 대주주의 영향력이 강해지는 것이 소유와 지배의 분리에 따른 문제를 해결하는 데 도움이 될 수 있다."는 진술은 적절하다.

20.

지배 에 대한 ㉠의 생각으로 적절하지 <u>않은</u> 것은?

① 준공공회사에서는 공동체의 이익을 위해 수행되는 기능이다.
② 전통적인 의미의 사유재산에서는 소유자가 수행하는 기능이다.
③ 회사체제의 회사에서 이 기능의 담당자는 위험을 부담하지 않는다.
④ 회사체제의 회사에서는 활동적 재산을 점유한 자가 수행하는 기능이다.
⑤ '경영'의 담당자에 의해 수행될 수도 있다고 인정하지만 '경영'과 동일시하지 않는다.

문항 성격	문항유형 : 주제, 구조, 관점 파악
	내용영역 : 사회
평가 목표	이 문항은 제시문의 주요 개념인 '지배'에 대한 벌리의 생각을 제시문의 독해와 제시문으로부터의 추론을 통해 정확하게 파악할 수 있는지 확인하는 문항이다.

이 문항에서 요구하는 바는 지배에 대한 설명으로 적절하지 않은 것을 고르라는 것이 아니라 지배에 대한 '벌리의 생각'으로 적절하지 않은 것을 고르라는 것이다. 벌리에 따르면, 회사체제의 회사에서는 위험 부담 기능과 회사 지배 기능이 분리되어 주주와 지배자에게 각각 배치되었다고 하였다.

정답 해설

① 제시문 두 번째 단락 "사기업에서는 통합되어 있던 위험 부담 기능과 회사 지배 기능이 분리되어 주주와 지배자에게 각각 배치됨으로써 회사라는 생산 도구는 전통적인 사유재산으로서의 의미를 잃게 되었다. 벌리는 소유와 지배가 분리된 현대 회사를 준공공회사라고 불렀다."로부터 벌리는 준공공회사에서 지배는 지배자가 담당하게 되었다고 생각했음을 알 수 있다. 회사가 공동체의 이익을 위해 수행되어야 한다는 것은 소유와 지배가 분리된 현대 회사가 그렇게 되도록 해야 한다는 벌리의 주장이지 소유와 지배가 분리된 현대 회사가 그렇다는 벌리의 생각은 아니다.

오답 해설

② 제시문 두 번째 단락 "20세기 회사체제에서는 많은 사업체들에서 (2)가 (1)에서 분리되었다."와 "사기업에서는 통합되어 있던 위험 부담 기능과 회사 지배 기능이 분리되어 주주와 지배자에게 각각 배치됨으로써 회사라는 생산 도구는 전통적인 사유재산으로서의 의미를 잃게 되었다."로부터 벌리는 전통적인 의미의 사유재산에서는 소유와 지배가 통합되어 있었고 둘 다 소유자에 의해 수행되는 기능이었다고 생각했음을 알 수 있다.

③ 제시문 두 번째 단락 "사기업에서 통합되어 있던 위험 부담 기능과 회사 지배 기능이 분리되어 주주와 지배자에게 각각 배치됨으로써 회사라는 생산 도구는 전통적인 사유재산으로서의 의미를 잃게 되었다."와 네 번째 단락 "위험을 부담하지 않는 지배자를 위해 회사가 운영되는 것은 최악의 결과를 낳는다.", 그리고 다섯 번째 단락 "… 사회가 회사체제 사회로 변화된 상황에서는, 회사가 '지배자를 위해 운영되어야 한다'는 견해는 최악의 대안이고 …"로부터 벌리는 소유와 지배가 분리된 회사체제의 회사에서 지배자가 위험을 부담하지 않는다고 생각했기 때문에 지배자를 위해 회사가 운영되어서는 안 된다고 주장했음을 알 수 있다. 따라서 이 선택지는 '벌리의 생각'으로 적절하다.

④ 제시문 두 번째 단락 "… (2)는 물적 자산과 사람들로 조직된 살아 움직이는 사업체를 어떻게 사용할지를 결정하는 것, 즉 활동적 재산의 점유가 되었다."로부터 벌리가 회사체제의 회사에서는 활동적 재산을 점유한 자가 지배 기능을 수행한다고 생각했음을 알 수 있다.

⑤ 제시문 두 번째 단락 "주식 소유가 다수에게 분산된 회사에서 ⑵는 창업자나 그 후손, 대주주, 경영자, 혹은 모회사나 지주회사의 지배자 등 이사를 선출할 힘을 가진 다양한 주체에 의해 수행될 수 있다."로부터 지배가 경영자에 의해 수행될 수도 있다고 인정했음을 알 수 있다. 그리고 첫 번째 단락과 두 번째 단락의 내용으로부터 벌리가 '지배'를 '경영'과 구분하여 동일시하지 않았음을 알 수 있다.

> **참고**
>
> **지배자의 위험 부담에 대한 벌리의 견해**
>
> 회사 주식의 1%도 안 되는 지분을 소유한 지배자가 존재하는 경우는 흔하며 대기업의 경우에는 대주주의 지분율도 매우 낮은 것이 일반적이다. 예컨대 회사 주식의 1% 지분을 소유한 지배자가 회사에는 100억 원의 손실을 초래하지만 자신에게는 50억 원의 이득을 가져다주는 의사결정을 한다고 하자. 주주가 회사 이윤의 유일한 청구권자라고 할 때 이 지배자가 주주로서 잃게 되는 손실은 1억 원이고 지배자로서 얻게 되는 이득은 50억 원이다. 이 상황에서 지배자가 위험을 부담한다고 할 수 있는가? 위험 부담 기능과 회사 지배 기능이 분리되어 주주와 지배자에게 각각 배치된다는 것은 이런 상황을 가리키는 것이고 이 경우에 지배자는 위험을 부담하지 않는다고 벌리는 생각한 것이다.

21.

〈보기〉의 '뉴딜'에 대해 ㉠이 보일 반응으로 적절하지 <u>않은</u> 것은?

> **보기**
>
> 금융개혁에 초점을 맞춘 1차 뉴딜은 경영자들과 지배자들에게 주주에 대한 신인의무를 부과함으로써 주주의 재산권을 엄격하게 보호하는 원칙을 확립했다. 노사관계와 사회보장 등의 분야로 개혁을 확장했던 2차 뉴딜은 노동조합을 통한 노동자들의 제반 권리를 합법화했고 실업수당의 보장 수준과 기간을 강화했으며 사회보장제도를 확립했다. 이러한 1차 뉴딜과 2차 뉴딜의 차이점 때문에 뉴딜은 흔히 체계적인 청사진 없이 임기응변식으로 마련된 일관성 없는 정책들의 연속이었다고 평가받는다.

① 1차 뉴딜은 지배에 의해 회사가 약탈되는 것을 막기 위한 회사법 영역의 개혁이라고 볼 수 있다.

② 1차 뉴딜은 주주의 이익을 위해 회사가 운영되도록 하는 원칙을 확립한 개혁이라고 볼 수 있다.

③ 2차 뉴딜은 주주의 재산권이 사회의 이익에 자리를 양보하도록 만드는 개혁이라고 볼 수 있다.

④ 2차 뉴딜은 회사가 공동체의 이익을 위해 운영되도록 하기 위한 회사법 바깥 영역의 개혁이라고 볼 수 있다.

⑤ 1차 뉴딜과 2차 뉴딜은 준공공회사로의 변화를 추구한다는 점에서 일관성이 있다고 볼 수 있다.

<table>
<tr><td>문항 성격</td><td>문항유형 : 정보의 평가와 적용
내용영역 : 사회</td></tr>
<tr><td>평가 목표</td><td>이 문항은 '소유와 지배가 분리된 회사는 누구를 위해 운영되어야 하는가?'에 대한 벌리의 주장과 이를 위해 어떤 노력이 필요한지에 대한 벌리의 생각을 정확하게 이해하고 있는지를 〈보기〉에 대한 적용을 통해 평가하는 문항이다.</td></tr>
<tr><td>문제 풀이</td><td>정답 : ⑤</td></tr>
</table>

제시문을 통해 '소유와 지배의 분리'라는 현상의 재산권적 의미와 '소유와 지배가 분리된 회사는 누구를 위해 운영되어야 하는가?'에 대한 답, 그리고 그 답이 실현되도록 하기 위해 어떤 노력이 필요한지에 대한 벌리의 생각을 파악한다. 이를 바탕으로 〈보기〉에서 주어진 뉴딜에 대한 설명에 대해 벌리가 어떤 반응을 보일지 합리적으로 추론하도록 한다.

정답 해설 ⑤ 제시문 여섯 번째 단락 "그는 회사법 영역에서 주주에 대한 신인의무를 경영자뿐 아니라 지배자에게도 부과하여 지배에 의한 회사의 약탈로부터 비활동적 재산권을 보호하는 것이 회사가 공동체의 이익을 위해 운영되도록 하기 위한 출발점이라고 보았다."로부터 벌리에 따르면, 1차 뉴딜과 2차 뉴딜은 회사가 공동체의 이익을 위해 운영되도록 하기 위한 회사법 영역과 회사법 바깥 영역의 노력이라는 점에서 일관성이 있다고 볼 수 있다. 그런데 제시문 두 번째 단락 "벌리는 소유와 지배가 분리된 현대 회사를 준공공회사라고 불렀다."로부터 벌리에 따르면 준공공회사란 곧 소유와 지배가 분리된 현대 회사임을 알 수 있다. 따라서 이 선택지에서 "준공공회사로의 변화를 추구한다는 점에서"라는 표현이 적절하지 않다.

오답 해설 ① 〈보기〉 "… 1차 뉴딜은 경영자들과 지배자들에게 주주에 대한 신인의무를 부과함으로써 주주의 재산권을 엄격하게 보호하는 원칙을 확립했다."와 제시문 여섯 번째 단락 "그는 회사법 영역에서 주주에 대한 신인의무를 경영자뿐 아니라 지배자에게도 부과하여 지배에 의한 회사의 약탈로부터 비활동적 재산권을 보호하는 것이 회사가 공동체의 이익을 위해 운영되도록 하기 위한 출발점이라고 보았다."로부터 벌리에 따르면 1차 뉴딜은 지배에 의해 회사가 약탈되는 것을 막기 위한 회사법 영역의 개혁이라고 볼 수 있다는 것을 알 수 있다.

② 〈보기〉 "… 1차 뉴딜은 경영자들과 지배자들에게 주주에 대한 신인의무를 부과함으로써 주주의 재산권을 엄격하게 보호하는 원칙을 확립했다."와 제시문 여섯 번째 단락 "하지만 이를 뒷받침할 법적 근거가 마련되지 않거나, 이를 실현할 합리적인 계획들을 공동체가 받아들일 준비가 안 된 상황에서는, 회사법 영역에서 경영자의 신인의무의 대상. 즉 회사를 자신에게 믿고 맡긴 사람의 이익을 자신의 이익보다 우선해야 하는 의무의 대상을 주주가 아닌 다른 이해 관계자들로 확장해서는 안 된다고 벌리는 주장했다. 이 때문에 그는 회사가 주주를 위해 운영되어야 한다는 견해를 지지했던 것으로 흔히 오해된다."로부터 벌리에 따르면 1차 뉴딜은 주주의 이익을 위해 회사가 운영되도록 하는 원칙을 확립한 개혁이라고 볼 수 있다는 것을 알 수 있다. 다만 벌리는 이것이 최종 목표가 아니라 공동체의 이익을 위해 운영되도록 하는 최종 목표를 위한 출발점이라고 보았을 것이다.

③ 〈보기〉 "노사관계와 사회보장 등의 분야로 개혁을 확장했던 2차 뉴딜은 노동조합을 통한 노동자들의 제반 권리를 합법화했고 실업수당의 보장 수준과 기간을 강화했으며 사회보장제도를 확립했다."와 제시문 여섯 번째 단락 "그리고 소득세법이나 노동법, 소비자보호법, 환경법 등과 같은 회사법 바깥의 영역에서 공동체에 대한 회사의 의무를 이행하도록 하는 현실적인 시스템을 마련하고 정착시킴으로써 사회의 이익에 비활동적 재산권이 자리를 양보하도록 만들 수 있다고 보았다."로부터 벌리에 따르면 2차 뉴딜은 주주의 재산권이 사회의 이익에 자리를 양보하도록 만드는 개혁이라고 볼 수 있다는 것을 알 수 있다.

④ 〈보기〉 "노사관계와 사회보장 등의 분야로 개혁을 확장했던 2차 뉴딜은 노동조합을 통한 노동자들의 제반 권리를 합법화했고 실업수당의 보장 수준과 기간을 강화했으며 사회보장제도를 확립했다."와 제시문 여섯 번째 단락 "그리고 소득세법이나 노동법, 소비자보호법, 환경법 등과 같은 회사법 바깥의 영역에서 공동체에 대한 회사의 의무를 이행하도록 하는 현실적인 시스템을 마련하고 정착시킴으로써 사회의 이익에 비활동적 재산권이 자리를 양보하도록 만들 수 있다고 보았다."로부터 벌리에 따르면 2차 뉴딜은 회사가 공동체의 이익을 위해 운영되도록 하기 위한 회사법 바깥 영역의 개혁이라고 볼 수 있다는 것을 알 수 있다.

[22~24] 다음 글을 읽고 물음에 답하시오.

　　미국 헌법은 권력 기관 간 견제와 균형의 원리에 기초한 대통령제를 규정하고 있다. 이는 특정 정치인이나 집단이 권력을 독식하거나 남용하지 못하도록 하여 민주주의를 지키도록 설계된 것이다. 이러한 제도 설계는 미국 역사에서 상당 기간 성공적으로 기능했다. 그러나 헌법이라는 보호 장치는 그 자체로 민주주의 정치 체제를 지키기에 충분치 않다. 여기에는 헌법이나 법률에 명문화되지 않은 민주주의 규범도 중요한 역할을 해왔다.

　　민주주의 규범이 무너지면 민주주의도 위태로워진다. 민주주의 유지에 핵심적 역할을 하는 규범은 민주주의보다 오랜 전통을 가진 ‘상호 관용’과 ‘제도적 자제’이다. 상호 관용은 경쟁자가 권력을 차지할 권리를 나와 동등하게 가진다는 사실을 인정하는 것이다. 반면 상대를 위협적인 적으로 인식할 때는 모든 수단을 동원해 이기려 한다. 제도적 자제는 제도적으로 허용된 권력을 신중하게 행사하는 태도이다. 합법적 권력 행사라도 자제되지 않을 경우 기존 체제를 위태롭게 할 수 있다. 제도적 자제의 반대 개념은 ‘헌법적 권력의 공격적 활용’이다. 이는 규칙을 벗어나지 않으면서도 그것을 최대한 활용하여 경쟁자를 경쟁의 장 자체에서 제거하려는 태도를 의미한다.

　　이 두 가지 규범은 상호 연관되어 있다. 상대를 경쟁자로 받아들일 때, 제도적 자제도 기꺼이 실천한다. 제도적 자제의 실천은 관용적인 집단이라는 이미지를 갖게 함으로써 선순환이 이뤄진다. 반면 서로를 적으로 간주할 때 상호 관용의 규범은 무너진다. 이러한 상황에서 정치인은 제도가 부여한 법적 권력을 최대한 활용하려 하며, 이는 상호 관용의 규범을 잠식해 경쟁자가 적이라는 인식을 심화하는 악순환을 가져온다.

　　민주주의 규범이 붕괴하면 견제와 균형에 기초한 민주주의는 두 가지 상황에서 위기를 맞게 된다. 첫 번째 상황은 야당이 입법부를 장악하면서 행정부 권력과 입법부 권력이 분열되었을 때이다. 이 경우 야당은 대통령을 공격하기 위해 헌법에서 부여한 권력을 최대한 휘두른다. 두 번째는 여당이 입법부를 장악함으로써 권력이 집중되는 상황이다. 여당은 민주주의 규범을 무시하고 대통령의 권력 강화를 위해 노력하며, 야당을 제거하기 위한 대통령의 탄압적 행위를 묵인하기도 한다.

　　미국 민주주의는 건국 이후 두 번의 큰 위기를 겪는다. ㉠첫 번째 위기는 남북 전쟁으로 초래되었다. 노예제를 찬성한 남부의 백인 농장주들, 그리고 그들과 입장을 같이 한 민주당은 당시 노예제 폐지를 주장한 공화당을 심각한 위협으로 인식했다. 남부는 미국 연방에서 탈퇴했고 결국 내전이 일어났다. 민주주의 규범이 다시 형성되기 시작한 것은 북부의 공화당과 남부의 민주당이 인종 문제를 전후 협상 대상에서 제외하면서부터이다. 전쟁에서 승리한 북부는 연방의 유지 등 정치적 필요에 의해 남부에서 군대를 철수하고 흑인의 인권 보장 노력도 중단한다. 민주당은 남부에서 흑인 인권을 억누르면서 그 지역에서 일당 지배의 기반을 구축한다. 이러한 일련의 사건으로 공화당에 대한 민주당의 적대감은 완화되었고, 그 결과 상호 관용의 규범도 회복된다. 역설적이게도 남북 전쟁 이후의 민주주의 규범은 인종 차별을 묵인한 비민주적인 타협의 산물이었다. 그리고 오랜 기간 백인 중심으로 작동했던 민주주의를 유지하는 데 기여했다.

ⓛ두 번째 위기는 1960년대 이후 민주주의의 확대와 함께 일어났다. 흑인의 참정권이 제도적으로 보장되었고, 대규모 이민으로 다양한 민족과 인종이 정치 체제로 유입되었다. 공화당과 민주당은 각기 다른 집단의 이익과 가치를 대변하게 되었다. 이후 양당 간 경쟁은 '당파적 양극화'로 치달았다. 보수와 진보 간 정책적 차이뿐만 아니라 인종과 종교, 삶의 방식을 기준으로 첨예하게 나뉘어 정당 간 경쟁이 적대적 갈등으로까지 확대되었다. 이러한 상황에서 인종 차별에 의존한 기존의 민주주의 규범은 한계를 보이면서 붕괴했다. 따라서 미국 민주주의가 건강하게 작동하기 위해서는 새로운 민주주의 규범을 확립할 필요가 있다.

22.

윗글의 내용과 일치하는 것은?

① 상호 관용이 강화되면 제도적 자제는 약화되고 상호 관용이 약화되면 제도적 자제는 강화된다.
② 대통령과 입법부의 권력 행사가 합법적인 한, 민주주의 정치 체제 보호에 긍정적으로 작용한다.
③ 민주주의 규범은 민주주의 이념으로부터 탄생한 것으로 민주주의 제도의 확립을 통해 발전된다.
④ 민주주의 규범은 헌법이나 법률로 성문화될 때 민주주의 정치 체제를 보호하는 효과가 극대화된다.
⑤ 견제와 균형의 원리를 통해 민주주의를 보호하고자 한 헌법의 목적을 실현 가능하게 한 것은 민주주의 규범이다.

| 문항 성격 | 문항유형 : 주제, 구조, 관점 파악 |

문항 성격 | 문항유형 : 주제, 구조, 관점 파악
내용영역 : 규범
평가 목표 | 이 문항은 제시문의 주제인 민주주의 규범이 미국 역사에서 기여한 역할과 그 의의를 이해하고 있는지 확인하는 문항이다.
문제 풀이 | 정답 : ⑤

미국 헌법에서 규정된 견제와 균형의 원리에 기초한 대통령제 민주주의가 미국 역사를 통해 유지된 것은 '상호 관용'과 '제도적 자제'라는 민주주의 규범 때문이라는 것을 파악하고, 이 둘의 상호 관계에 대해 이해하도록 한다. 세부적인 내용의 확인도 필요하지만, 그에 앞서 제시문 전체의 주제를 정리해 볼 필요가 있다.

정답 해설 ⑤ 제시문 첫 번째 단락으로부터 견제와 균형의 원리에 기초한 대통령제를 통해 민주주의를 보호하고자 한 헌법의 목적을 실현 가능하게 한 것은 민주주의 규범이라는 것을 알 수 있다. 이 선택지는 제시문 전체 내용을 아우르는 주제문이다.

오답 해설 ① 제시문 세 번째 단락으로부터 상호 관용이 강화되면 제도적 자제도 강화되고, 상호 관용이 약화되면 제도적 자제도 약화된다는 것을 알 수 있다.

② 제시문 두 번째 단락 "합법적 권력 행사라도 자제되지 않을 경우 기존 체제를 위태롭게 할 수 있다."로부터 대통령과 입법부의 권력 행사가 비록 합법적이라고 해도 자제되지 않을 경우 민주주의 정치 체제를 위태롭게 할 수 있다는 것을 알 수 있다.

③ 제시문 두 번째 단락 "민주주의 규범이 무너지면 민주주의도 위태로워진다. 민주주의 유지에 핵심적 역할을 하는 규범은 민주주의보다 오랜 전통을 가진 '상호 관용'과 '제도적 자제'이다."로부터 민주주의 규범이 민주주의 이념으로부터 탄생한 것이 아니라 그 이전부터 존재했던 규범이라는 것을 알 수 있다. 그리고 민주주의 규범이 민주주의 제도의 확립을 통해 발전되는 것이 아니라, 민주주의 제도의 확립에 영향을 준다는 것 또한 알 수 있다.

④ 제시문 첫 번째 단락 "이러한 제도 설계는 미국 역사에서 상당 기간 성공적으로 기능했다. 그러나 헌법이라는 보호 장치는 그 자체로 민주주의 정치 체제를 지키기에 충분치 않다. 여기에는 헌법이나 법률에 명문화되지 않은 민주주의 규범도 중요한 역할을 해왔다."로부터 헌법이나 법률로 성문화되지 않은 민주주의 규범이 민주주의 정치 체제를 보호하는 역할을 하고 있음을 알 수 있다. 헌법과 같은 제도 자체만으로는 민주주의 정치 체제를 충분히 보호할 수 없으므로 민주주의 규범이 요구되는 것이다.

23.

㉠, ㉡에 대한 설명으로 가장 적절한 것은?

① ㉠을 거치면서 상호 관용과 제도적 자제의 규범이 건국 이후 처음으로 형성되었다.
② ㉠ 이후 형성된 민주주의 규범은 인종 차별적 특성으로 인해 정치 체제를 안정시키는 역할을 하지 못했다.
③ ㉡은 민주주의의 확대로 촉발된 당파적 양극화가 기존의 민주주의 규범을 붕괴시켰다는 데 그 원인이 있다.
④ ㉡은 다양한 집단의 정치 참여를 제도적으로 보장하는 방향으로 민주주의가 확대되면서 점차 완화되었다.
⑤ ㉠에서는 ㉡에서와는 달리 정당별 지지 집단이 뚜렷이 구분되는 현상이 나타났다.

문항 성격	문항유형 : 정보의 확인과 재구성
	내용영역 : 규범
평가 목표	이 문항은 제시문 후반부에서 설명된, 미국 민주주의가 겪은 두 번의 위기를 정확히 파악하고 있는지 확인하는 문항이다.
문제 풀이	정답 : ③

건국 이후 미국 민주주의가 겪은 첫 번째 위기는 남북 전쟁으로 인해 초래된 것으로, 이전에 확립되어 있던 민주주의 규범이 무너진 사건이다. 전후 남북 간 협상을 통해 민주주의 규범이 회복되었지만 이는 비민주적 타협의 산물이었다. 두 번째 위기는 1960년대 이후 민주주의 확대와 함께 발생하게 된 것으로, 정당 간 경쟁이 '당파적 양극화'로 치닫고 이로 인해 민주주의 규범이 붕괴된 것을 그 내용으로 한다.

정답 해설　③ 제시문 여섯 번째 단락 "이후 양당 간 경쟁은 '당파적 양극화'로 치달았다. 보수와 진보 간 정책적 차이뿐만 아니라 인종과 종교, 삶의 방식을 기준으로 첨예하게 나뉘어 정당 간 경쟁이 적대적 갈등으로까지 확대되었다. 이러한 상황에서 인종 차별에 의존한 기존의 민주주의 규범은 한계를 보이면서 붕괴했다."로부터 1960년대 이후 민주주의의 확대로 양당 간 적대적 갈등이 일어남으로써 기존의 민주주의 규범이 붕괴되었다는 것을 알 수 있다.

① 제시문 다섯 번째 단락 "민주주의 규범이 다시 형성되기 시작한 것은 북부의 공화당과 남부의 민주당이 인종 문제를 전후 협상 대상에서 제외하면서부터이다. … 이러한 일련의 사건으로 공화당에 대한 민주당의 적대감은 완화되었고, 그 결과 상호 관용의 규범도 회복된다."로부터 민주주의 규범이 첫 번째 위기를 거치면서 건국 이후 처음으로 형성된 것은 아님을 알 수 있다. 민주주의 규범은 오랜 전통을 가진 것으로 남북 전쟁 이전부터 이미 형성되어 있었다.

② 제시문 다섯 번째 단락 "역설적이게도 남북 전쟁 이후의 민주주의 규범은 인종 차별을 묵인한 비민주적인 타협의 산물이었다. 그리고 오랜 기간 백인 중심으로 작동했던 민주주의를 유지하는 데 기여했다."로부터 첫 번째 위기 이후 형성된 민주주의 규범은 인종 차별적 특성을 갖고 있음에도 불구하고 백인 중심의 민주주의 정치 체제를 안정적으로 유지하는 역할을 했다는 것을 알 수 있다.

④ 제시문 여섯 번째 단락 "두 번째 위기는 1960년대 이후 민주주의의 확대와 함께 일어났다. … 이러한 상황에서 인종 차별에 의존한 기존의 민주주의 규범은 한계를 보이면서 붕괴했다. 따라서 미국 민주주의가 건강하게 작동하기 위해서는 새로운 민주주의 규범을 확립할 필요가 있다."로부터 1960년대 이후 민주주의의 확대와 함께 정당 간 적대적 갈등이 심화되면서 기존의 민주주의 규범은 붕괴되었고 이로 인해 새로운 민주주의 규범의 확립이 요구된다는 것을 알 수 있다. 따라서 미국 민주주의의 두 번째 위기가 점차 완화되었던 것은 아니다.

⑤ 제시문 다섯 번째 단락 "노예제를 찬성한 남부의 백인 농장주들, 그들과 입장을 같이 한 민주당은 당시 노예제 폐지를 주장한 공화당을 심각한 위협으로 인식했다. … 민주당은 남부에서 흑인 인권을 억누르면서 그 지역에서 일당 지배의 기반을 구축한다."와 여섯 번째 단락 "공화당과 민주당은 각기 다른 집단의 이익과 가치를 대변하게 되었다. 이후 양당 간 경쟁은 '당파적 양극화'로 치달았다. 보수와 진보 간 정책적 차이뿐만 아니라 인종과 종교, 삶의 방식을 기준으로 첨예하게 나뉘어 정당 간 경쟁이 적대적 갈등으로까지 확대되었다."로부터 첫 번째 위기와 두 번째 위기 모두에서 정당별 지지 집단이 뚜렷이 구분되는 현상이 나타났다는 것을 알 수 있다.

24.

윗글을 바탕으로 〈보기〉에 대해 반응한 것으로 적절하지 <u>않은</u> 것은?

　칠레는 성공적인 대통령제 민주주의 국가였다. 좌파에서 우파에 이르기까지 다양한 정당이 있었지만, 20세기 초 이후 민주주의 규범이 자리 잡고 있었기 때문이다. 그러나 1960년대에 이념적 대립에 따른 ⓐ당파적 양극화가 심화되었다. ⓑ좌파와 우파 정당은 서로를 위협적인 적으로 인식했다. 대통령으로 선출된 좌파 정당의 아옌데는 사회주의 정책 추진을 위해 의회의 협조가 필요했으나 여당은 의회 과반 의석을 확보하지 못한 상태였다. ⓒ그는 의회를 우회하여 국민투표를 실시하고자 했다. 이에 ⓓ좌파 야당은 과반 의석을 바탕으로 불신임 결의안을 잇달아 통과시켜 장관들을 해임했다. 칠레 헌법은 의회가 불신임 결의를 극히 예외적인 상황에서만 사용하도록 규정하고 있었고, ⓔ1970년 이전까지 그것이 사용된 적은 거의 없었다. 결국 1973년 8월 칠레 의회는 아옌데 행정부가 헌법을 위반했다는 결의안을 통과시켰고, 곧이어 군부 쿠데타가 발생함으로써 칠레 민주주의는 붕괴했다.

① ⓐ는 좌·우 이념을 중심으로 심화되었다는 점에서 1960년대 이후 미국에서 심화된 당파적 양극화와 성격이 다르군.

② ⓑ로 인해 1960년대 이후 칠레에서는 상호 관용의 규범이 붕괴되는 과정이 일어났겠군.

③ ⓒ로 볼 때, 아옌데 대통령은 권력을 법의 테두리 내에서 행사함으로써 제도적 자제 규범을 실천하고자 했었군.

④ ⓓ로 볼 때, 민주주의 규범이 붕괴된 상황에서 대통령 소속 정당이 의회 소수당인 경우 야당이 헌법적 권력을 공격적으로 활용할 가능성이 높군.

⑤ ⓔ로 볼 때, 1970년 이전의 칠레 정치인들은 민주주의 규범을 존중함으로써 민주주의 정착에 기여했겠군.

문항 성격	문항유형 : 정보의 평가와 적용
	내용영역 : 규범
평가 목표	이 문항은 민주주의 규범에 관한 제시문 내용을 이해하여 이를 미국이 아닌 다른 나라의 역사에도 적절하게 적용할 수 있는지 평가하는 문항이다.
문제 풀이	정답 : ③

〈보기〉는 칠레에서 민주주의 규범이 붕괴하면서 이전에는 성공적으로 유지되던 대통령제 민주주

의 정치 체제가 무너지는 과정을 설명하고 있다. 제시문 내용을 정확히 이해한 상태에서 칠레와 미국 사례의 공통점과 차이점에 주목한다면 문제 해결은 크게 어렵지 않다.

정답 해설 ③ 제시문 두 번째 단락 "제도적 자제는 제도적으로 허용된 권력을 신중하게 행사하는 태도이다. 합법적 권력 행사라도 자제되지 않을 경우 기존 체제를 위태롭게 할 수 있다. 제도적 자제의 반대 개념은 '헌법적 권력의 공격적 활용'이다. 이는 규칙을 벗어나지 않으면서도 그것을 최대한 활용하여 경쟁자를 경쟁의 장 자체에서 제거하려는 태도를 의미한다."로부터 아옌데가 의회를 우회하여 국민투표를 실시하고자 한 것은 권력을 법의 테두리 내에서 행사한 것이기는 하나, 제도적 자제 규범을 실천한 것이 아니라 헌법적 권력을 공격적으로 활용한 것이라고 할 수 있다.

오답 해설 ① 〈보기〉에 따르면 1960년대 칠레에서의 당파적 양극화는 이념 중심으로 형성되었다. 반면 1960년대 이후 미국에서 형성된 당파적 양극화는 이념(보수와 진보)뿐 아니라 인종, 종교, 삶의 방식 등 다양한 기준을 중심으로 심화되었다.

② 제시문 두 번째 단락에 따르면 "상호 관용은 경쟁자가 권력을 차지할 권리를 나와 동등하게 가진다는 사실을 인정하는 것이"고, "반면 상대를 위협적인 적으로 인식할 때는 모든 수단을 동원해 이기려 한다."는 것이다. 1960년대에 칠레에서 좌파와 우파가 서로를 위협적인 적으로 인식했다는 사실로부터 이후 상호 관용의 규범이 붕괴되는 과정이 일어날 것으로 충분히 추측할 수 있다. 〈보기〉에서 제시된 칠레 정치사를 보면 실제로도 상호 관용의 규범이 붕괴되는 과정이 일어났음을 알 수 있다.

④ 칠레 입법부를 장악한 좌파 야당이 불신임 결의안 통과를 통해 장관들을 해임했다는 사례를 볼 때, 민주주의 규범이 붕괴된 상황에서 야당이 입법부를 장악하면서 행정부 권력과 입법부 권력이 분열되었을 경우 야당은 대통령을 공격하기 위해 헌법에서 부여한 권력을 최대한으로 휘두를 가능성, 즉 헌법적 권력을 공격적으로 활용할 가능성이 높다는 것을 알 수 있다. 이는 제시문 네 번째 단락에서 설명된 바 있는 내용이다.

⑤ 칠레 헌법은 의회가 불신임 결의를 극히 예외적인 상황에서만 사용하도록 규정하고 있었고, 1970년 이전까지 의회가 헌법이 부여한 이러한 권한을 거의 행사한 적이 없었다는 사실로부터 1970년 이전의 칠레 정치인들은 민주주의 규범을 존중하고 있었음을 알 수 있다. 민주주의 유지에 핵심적 역할을 하는 두 가지 규범 중 하나가 제도적 자제로 이것은 "제도적으로 허용된 권력을 신중하게 행사하는 태도"이기 때문이다.

[25~27] 다음 글을 읽고 물음에 답하시오.

알파고가 인간 바둑 최고수를 꺾은 사건은 자연 세계에서 인간의 특권적 지위를 문제 삼고, 윤리학의 인간 중심적 전통에 도전한다. 우리는 이제 인간과 같은 또는 더 뛰어난 지능을 지닌 인공 지능도 도덕적 고려의 대상으로 인정해야 하느냐는 물음에 직면하는 것이다. 이 물음에 선뜻 동의하지 못하는 사람들은 인간성의 핵심을 지적인 능력이 아니라 기쁨과 슬픔, 공포와 동정심 등의 감정적인 부분에서 찾으려 한다. 예컨대 알파고는 경쟁에서 이겨도 승리를 기뻐하지 못하며, 우리도 알파고를 축하하며 함께 축배를 들 수 없다. 인간의 특정 작업이 인공 지능을 갖춘 로봇에 의해 대체되더라도 인간의 감정을 읽고 인간과 상호작용하는 작업은 대체되지 못하리라는 것이다.

하지만 최근에는 감정을 가진 로봇, 곧 인공 감정을 제작하려는 열망이 뜨겁다. 인간의 돌봄과 치료 과정을 돕는 로봇은 사용자의 세밀한 필요에 더 잘 부응할 것이다. 사람들은 인간과 정서적 교감을 하는 로봇을 점점 가족 구성원처럼 여기게 될지도 모른다. 그러면 로봇은 인간과 같은 감정을 가지고 인간과 상호작용하는 존재가 될 것인가? 로봇을 도덕 공동체에 받아들여야 하는가? 이 물음에 답하려면 인간에게 감정의 핵심적인 역할은 무엇인지 생각해 보아야 한다. 인공 지능의 연구도 그렇지만, 인공 감정의 연구도 인간의 감정을 닮은 기계를 만들려는 시도이면서 동시에 감정 과정에 대한 계산 모형을 통해 인간의 감정을 더 깊이 이해하는 과정이기도 하다.

감정은 인지 과정과는 달리 적은 양의 정보로도 개체의 생존과 항상성 유지를 가능하게 해 주는 역할을 한다. 또 무엇을 추구하고 회피할지 판단하도록 하는 동기의 역할을 한다. 한편 우리는 사회적 상호작용에서 서로의 신체 반응이나 표정을 통해 미묘한 감정을 읽어내고 그에 적절히 반응하며, 그런 정서적 교감을 통해 공동체를 유지한다.

그러나 로봇이 정말로 이러한 감정 경험을 하는지 판단하기는 쉽지 않다. 철학자들은 인공 지능이 인간과 똑같은 인지적 과제를 수행했다고 하더라도 그것은 의미를 이해하지 못하기 때문에 진정한 지능이 아니라고 주장했다. 인공 감정에 대해서도 마찬가지로, 감정을 입력 자극에 대한 적절한 출력을 내놓는 행동들의 패턴이 아니라 내적인 감정 경험으로 이해한다면 인공 감정이 곧 인간의 감정이라고 말할 수 없다. 인간만 보더라도 행동의 동등성은 심성 상태의 동등성을 함축하지 않기 때문에, 동일한 행동을 하는 두 사람이 서로 다른 감정을 느낄 수 있고 그 역도 가능하다. 로봇의 경우에는 행동의 동등성이 곧 심성 상태의 존재성조차도 함축하지 않는다.

로봇이 감정을 가지기 위해서는 감정을 인식하고 표현하는 데 그쳐서는 안 되고 내적인 감정을 생성할 수 있어야 한다. 그러나 거기에는 현실적으로 상당히 어려운 전제 조건이 만족되어야 한다. 첫째, 감정을 가진 개체는 기본적인 충동이나 욕구를 가진다고 전제된다. 목마름, 배고픔, 피로감 등의 본능이나 성취욕, 탐구욕 등이 없다면 감정도 없다. 둘째, 인간과 사회적으로 상호작용

376

하기 위해 인간이 가지는 것과 같은 감정을 가지려면, 로봇은 최소한 고등 동물 이상의 일반 지능을 가지고, 생명체들처럼 복잡하고 예측 불가능한 환경에 적응할 수 있어야 한다. 그런데 복잡한 환경에 적응하여 행위할 수 있는 일반 지능을 가진 인공 지능에 도달하는 길은 아직 멀다. 현재 인공 지능이 제한적인 영역에서 주어진 과제를 얼마나 효율적으로 산출하는지 이외의 문제들은 부차적인 것으로 치부되고 있기 때문이다. 그렇다면 ⓘ 진정한 감정이 없는 로봇을 도덕 공동체에 받아들일 이유는 없다.

25.

윗글에 대한 이해로 적절하지 <u>않은</u> 것은?

① 인공 지능과 인공 감정을 연구하면 인간의 지능과 감정까지 더 잘 알게 된다.
② 인공 지능에서 행동이 하는 역할은 인공 감정에서 내적인 감정 경험이 맡는다.
③ 인공 지능에 회의적인 철학자는 의미의 이해가 지능의 본질적 요소라고 생각한다.
④ 인간성의 핵심이 로봇에게도 있다면 로봇을 도덕적 고려의 대상으로 인정해야 한다.
⑤ 인공 감정은 현실적으로 만들기가 어렵고 만들어도 인간과 같은지 판단하기가 어렵다.

문항 성격	문항유형 : 정보의 확인과 재구성 내용영역 : 인문
평가 목표	이 문항은 제시문에 등장하는 인공 지능 및 인공 감정과 관련한 다양한 주장들을 이해하고 있는지 확인하는 문항이다.
문제 풀이	정답 : ②

인공 지능과 인공 감정의 연구는 인간을 닮은 기계를 만들려는 시도이면서 동시에 인간을 더 깊이 이해하려는 연구이기도 하다. 인공 지능과 인공 감정에 대한 제시문 내용을 파악하여 각 선택지의 적절성 여부를 판단하도록 한다.

정답 해설 ② 제시문 네 번째 단락 "철학자들은 인공 지능이 인간과 똑같은 인지적 과제를 수행했다고 하더라도 그것은 의미를 이해하지 못하기 때문에 진정한 지능이 아니라고 주장했다. 인공 감정에 대해서도 마찬가지로, 감정을 입력 자극에 대한 적절한 출력을 내놓는 행동들의 패턴이 아니라 내적인 감정 경험으로 이해한다면 인공 감정이 곧 인간의 감정이라고 말할 수 없다."로부터 인공 지능에 꼭 필요한 것이 '의미 이해'인 것처럼 인공 감정에 꼭 필요한 것은 '내적인 감정 경험'임을 알 수 있다. 따라서 인공 지능에서 '행동'이 아니라 '의미 이해'가 하는 역할을 인공 감정에서 내적인 감정 경험이 맡는다.

오답 해설 ① 제시문 두 번째 단락 "인공 지능의 연구도 그렇지만, 인공 감정의 연구도 인간의 감정을 닮은 기계를 만들려는 시도이면서 동시에 감정 과정에 대한 계산 모형을 통해 인간의 감정을 더 깊이 이해하는 과정이기도 하다."로부터 인공 지능과 인공 감정을 연구하면 인간의 지능과 감정까지 더 잘 알게 된다는 것은 윗글에 대한 이해로 적절하다.

③ 제시문 네 번째 단락 "철학자들은 인공 지능이 인간과 똑같은 인지적 과제를 수행했다고 하더라도 그것은 의미를 이해하지 못하기 때문에 진정한 지능이 아니라고 주장했다."로부터 인공 지능에 회의적인 철학자는 의미의 이해가 지능의 본질적 요소라고 생각한다는 것은 윗글에 대한 이해로 적절하다.

④ 제시문 첫 번째 단락 "우리는 이제 인간과 같은 또는 더 뛰어난 지능을 지닌 인공 지능도 도덕적 고려의 대상으로 인정해야 하느냐는 물음에 직면하는 것이다. 이 물음에 선뜻 동의하지 못하는 사람들은 인간성의 핵심을 지적인 능력이 아니라 기쁨과 슬픔, 공포와 동정심 등의 감정적인 부분에서 찾으려 한다."로부터 인간성의 핵심이 로봇에게도 있다면 로봇을 도덕적 고려의 대상으로 인정해야 한다는 것은 윗글에 대한 이해로 적절하다.

⑤ 제시문 다섯 번째 단락에서 "로봇이 감정을 가지기 위해서는 … 현실적으로 상당히 어려운 전제 조건이 만족되어야" 하는데 그것이 어려운 두 가지 이유가 제시되고 있다. 그리고 네 번째 단락에서는 "로봇이 정말로 이러한 감정 경험을 하는지 판단하기는 쉽지 않다."라고 기술되어 있다. 따라서 인공 감정은 현실적으로 만들기가 어렵고 만들어도 인간과 같은지 판단하기가 어렵다는 것은 윗글에 대한 이해로 적절하다.

26.

윗글을 바탕으로 〈보기〉의 상황에 대해 추론한 것으로 적절하지 <u>않은</u> 것은?

　로봇 A가 바둑에서 최고수를 꺾고 우승한 뒤 기뻐하는 모습을 보고 인간 B가 함께 기쁨을 표현했다.

① A에게 누군가를 이기려는 본능이 있다면 A의 기쁨이 진정한 감정일 가능성이 있겠군.
② A의 기쁨이 적절한 입력 자극과 출력에 의한 것이라면 A의 기쁨은 진정한 감정이라고 말할 수 있겠군.
③ A가 바둑 이외의 다양한 영역에서도 인간처럼 업무를 잘 수행한다면 A의 기쁨이 진정한 감정일 가능성이 있겠군.
④ A나 B 모두 기쁘지 않으면서도 겉으로는 기뻐하는 행동을 보일 수 있겠군.
⑤ B가 A의 기쁨을 알게 된 것은 A의 신체 반응이나 표정 때문이겠군.

문항 성격	문항유형 : 정보의 추론과 해석
	내용영역 : 인문
평가 목표	이 문항은 제시문의 내용을 이해하고 이를 바탕으로 현재 혹은 미래에 있을 수 있는 사례에 대해 적절히 추론할 수 있는지 묻는 문항이다.
문제 풀이	정답 : ②

로봇이 감정을 갖는다고 하더라도 그것이 진정한 감정이 아니라는 비판이 제기될 수 있다. 감정을 갖는다고 아무도 의심하지 않는 인간의 경우조차 겉으로 드러난 감정이 진정한 감정을 드러내는 것인지 아니면 거짓 감정을 드러낸 것인지 의심할 수 있다. 로봇의 경우에는 이보다 더 나아가, 감정이 없는 데도 감정이 있는 척하는 것 아니냐는 의심도 받을 수 있다. 제시문 후반부의 이러한 내용을 〈보기〉의 상황에 적용하여 각 선택지의 적절성 여부를 판단하도록 한다.

정답 해설　② 제시문 네 번째 단락 "감정을 입력 자극에 대한 적절한 출력을 내놓는 행동들의 패턴이 아니라 내적인 감정 경험으로 이해한다면 인공 감정이 곧 인간의 감정이라고 말할 수 없다."로부터 적절한 입력 자극과 출력에 의한 감정은 진정한 감정이라고 말할 수 없음을 알 수 있다.

 ① 제시문 다섯 번째 단락 "목마름, 배고픔, 피로감 등의 본능이나 성취욕, 탐구욕 등이 없다면 감정도 없다."로부터 거꾸로 로봇에게 이기려는 본능이 있으면 진정한 감정이 있을 가능성이 있음을 알 수 있다.

③ 제시문 다섯 번째 단락 "그런데 복잡한 환경에 적응하여 행위할 수 있는 일반 지능을 가진 인공 지능에 도달하는 길은 아직 멀다. 현재 인공 지능은 제한적인 영역에서 주어진 과제를 얼마나 효율적으로 산출하는지 이외의 문제들은 부차적인 것으로 치부되고 있기 때문이다."로부터 거꾸로 로봇이 바둑 이외의 다양한 영역에서도 인간처럼 업무를 잘 수행한다면 진정한 감정이 있을 가능성이 있음을 알 수 있다.

④ 제시문 네 번째 단락 "인간만 보더라도 행동의 동등성은 심성 상태의 동등성을 함축하지 않기 때문에, 동일한 상황에 직면한 두 사람이 서로 다른 감정을 느낄 수 있고 그 역도 가능하다. 로봇의 경우에는 행동의 동등성이 곧 심성 상태의 존재성조차도 함축하지 않는다."로부터 인간이나 로봇이나 자신의 진짜 감정과 겉으로 드러난 감정이 다를 수 있음을 알 수 있다.

⑤ 제시문 세 번째 단락 "우리는 사회적 상호작용에서 서로의 신체 반응이나 표정을 통해 미묘한 감정을 읽어내고 그에 적절히 반응하며, 그런 정서적 교감을 통해 공동체를 유지한다."로부터 인간은 다른 인간의 신체 반응이나 표정을 보고 그가 감정을 가짐을 알 수 있다는 것을 알 수 있다. 로봇의 경우에도 똑같이 신체 반응이나 표정(〈보기〉에서는 A가 기뻐하는 모습)을 보고 감정을 갖는다는 것을 알 수밖에 없을 것이다.

27.

㉠에 대해 문제를 제기한 것으로 가장 적절한 것은?

① 로봇이 감정에 휩싸인다면 복잡하고 예측 불가능한 환경에 잘 적응할 수 없지 않을까?
② 인간처럼 감정을 인식하고 표현하는 인공 감정 연구는 이미 상당한 수준에 올라 있지 않을까?
③ 인공 지능도 인간의 감정을 이해하고 배려한다면 인공 지능이 도덕적 고려를 할 수 있지 않을까?
④ 도덕 공동체에 있으면 내적 감정을 갖겠지만, 내적 감정을 갖는다고 해서 꼭 도덕 공동체에 포함해야 할까?

⑤ 비행기와 새의 비행 방식이 다르듯, 로봇은 인간과 다른 방식으로 감정의 핵심 역할을
수행할 수 있지 않을까?

<table>
<tr><td>문항 성격</td><td>문항유형 : 정보의 평가와 적용
내용영역 : 인문</td></tr>
<tr><td>평가 목표</td><td>이 문항은 로봇이 내적인 감정 경험을 할 수 없다는 주장에 대해 적절한 비판을 제기
할 수 있는지 묻는 문항이다.</td></tr>
<tr><td>문제 풀이</td><td>정답 : ⑤</td></tr>
</table>

제시문에 따르면 인공 감정은 현실적으로 만들기가 어려울뿐더러 설사 만들 수 있다 해도 그것이
인간의 감정과 같은지 판단하기가 어렵다. 즉 인공 감정은 진정한 감정이라고 볼 수 없다는 것이
다. 이런 주장에서 나오는 귀결 중 하나인 ㉠에 대해 논리적이고 설득력 있는 비판을 제시해 보도
록 한다.

정답 해설 ⑤ 제시문 다섯 번째 단락에서는 "로봇이 감정을 가지기 위해서는 감정을 인식하고
표현하는 데 그쳐서는 안 되고 내적인 감정을 생성할 수 있어야" 하는데, "거기
에는 현실적으로 상당히 어려운 전제 조건이 만족되어야 한다."라고 말하고 있
다. 여기서 꼭 내적인 감정만이 감정의 핵심적인 역할을 수행할 수 있느냐는 근
본적인 문제 제기를 할 수 있다. 인공물인 비행기가 비록 새와 방식은 다르더라
도 비행이라는 기능을 수행하는 한 비행기가 '진정한 비행'을 하는 것이 아니라
고 할 이유가 없다면, 이는 감정의 경우에도 마찬가지이기 때문이다. 즉 어떤 방
식으로든 감정의 핵심 역할을 수행하는 한, 로봇의 감정 또한 '진정한 감정'인 것
이다. 따라서 이 선택지는 적절한 문제 제기이다.

오답 해설 ① 이 선택지는 감정이 있는 로봇이라 해도 도덕 공동체에 받아들이기 주저되는 경
우를 제시하는 것으로 볼 수 있다. 그러나 이것은 '진정한 감정'이 없는 로봇에
대한 주장인 ㉠과는 무관하다. 더군다나 로봇이 감정에 휩싸여 복잡하고 예측
불가능한 환경에 잘 적응할 수 없다면, 사실 그 로봇은 제시문 필자의 견해에 따
를 때 '진정한 감정'을 갖고 있는 존재가 아니다. 감정을 갖기 위한 전제 조건을
만족하지 못하고 있기 때문이다. 따라서 제시문의 필자는 그러한 로봇은 당연히
도덕 공동체에 받아들일 이유가 없다는 원래의 주장을 견지할 것이다.

② 제시문 다섯 번째 단락에 따르면 "로봇이 감정을 가지기 위해서는 감정을 인식
하고 표현하는 데 그쳐서는 안 되고 내적인 감정을 생성할 수 있어야 한다." 따
라서 인간처럼 감정을 인식하고 표현하는 인공 감정 연구가 상당한 수준에 올라

있다는 것 자체만으로는 ㉠에 대한 적절한 문제 제기가 될 수 없다. 그러한 감정
이 내적인 감정임을 보여야 그 감정을 소유하고 있는 로봇을 도덕 공동체에 받
아들여야 한다고 비로소 주장할 수 있다.

③ ㉠은 만약 로봇이 진정한 감정을 갖는다면 도덕 공동체에 받아들이는 것을 고려
해야 한다는 것을 함의한다. 따라서 ③은 제시문의 필자도 충분히 받아들일 만
한 주장이다.

④ ㉠은 만약 로봇이 진정한 감정을 갖는다면 도덕 공동체에 받아들이는 것을 고려
해야 한다는 것을 함의한다. 이에 반해 선택지는 로봇이 설사 내적 감정을 갖는
다고 해도 반드시 도덕 공동체에 포함되어야 할 이유는 없다는 주장이다. 그런
데 내적 감정, 즉 진정한 감정을 가진 존재를 단지 로봇이라는 이유만으로 도덕
공동체에 받아들일 수 없다는 주장이 설득력을 갖기 위해서는 그 근거를 추가적
으로 제시할 필요가 있다. 왜냐하면 내적 감정을 가진 로봇이라면 "인간의 감정
을 읽고 인간과 상호작용하는" 것이 가능할 것이기 때문이다.

[28~30] 다음 글을 읽고 물음에 답하시오.

윤리규범과 법규범은 인간에게 요구되는 행위가 무엇인지를 단순히 기술하는 것이 아니라 그
러한 행위로 나아갈 것을 지시하는 규정적 성격을 지닌다는 점에서 유사하다. 하지만 보다 구체
적인 측면에서는 양자가 서로 명확하게 구별되는 특징을 지니고 있는 것도 사실이다. 칸트는 이
점을 매우 분명한 형태로 지적하고 있다. 그의 설명에 따르면 법규범은 윤리규범과 달리 행위의
외적인 측면에 대해서만 관여할 뿐, 행위자가 어떤 심정에서 그러한 행위로 나아간 것인지에 대
해서는 상관하지 않는다. 법은 결국 모든 사람이 공존하는 가운데 각자의 의지가 자유로이 표출
될 수 있게 보장하기 위한 외적인 형식에 관심이 있을 뿐이다.

㉠칸트의 설명 체계에 의하면 법규범에 대하여 다음과 같은 세부 명제가 성립하게 된다. 첫
째, 법규범은 사람들에게 무엇을 해야 하고 무엇을 하지 말아야 하는지를 지시해 주는 처방을
담고 있다는 규정성 명제, 둘째, 법규범은 사람들에게 오로지 외적으로 그것에 부합하게끔 행
동할 것을 요구할 뿐, 그것을 따르는 것 자체가 행위의 이유가 될 것까지 요구하지는 않는다는
외면성 명제, 셋째, 법규범은 특정한 목적을 공유하는 사람만이 아니라 그 관할 아래 놓여 있는
모든 사람을 구속한다는 무조건성 명제가 바로 그것이다.

하지만 칸트의 설명 체계에서 외면성 명제는 심각한 역설을 유발하는 것으로 보인다는 지적이

382

있다. 이 점은 법규범이 어떤 종류의 명령으로 표현될 수 있을 것인지를 생각하는 과정에서 드러난다. 우선 법규범은 그것을 따르는 사람들의 실질적 목적이나 필요를 전제로 하지 않으며, 오로지 외적인 자유만을 전제로 한다는 점에서 무조건적이며 단적으로 효력을 지닌다. 따라서 일견 정언 명령만이 법규범을 표현할 수 있을 듯하다.

그런데 정언 명령에 복종하는 유일한 방식은 그것이 명령하고 있다는 이유에서 그것에 따르는 것이다. 명령이기 때문에 하는 행위와 그저 명령에 부합하는 행위는 구별되어야 한다. 가령 형벌의 두려움 때문에 어쩔 수 없이 정언 명령이 요구하는 행위로 나아갔다면, 이를 정언 명령에 복종한 것이라고 말할 수는 없다. 따라서 외면성 명제가 성립하는 한, 법규범이 정언 명령으로 표현된다는 것은 불가능할 것이다. 법규범은 그것을 따르는 내면의 동기까지 요구하지는 않는다는 점에서 윤리규범과 달라야 하기 때문이다.

그렇다면 법규범은 가언 명령으로 발하여질 것인가? 그렇지 않을 것이다. 가언 명령이란 "만일 당신이 강제와 형벌의 위험을 피하고자 한다면, 법이 지시하는 바를 행하라."와 같은 구조를 취하게 될 텐데, 이 경우 사실상 법규범은 강제와 형벌의 위험을 피하고자 하는 사람들에 대해서만 그것이 지시하는 바를 행하게 할 뿐이어서, 앞에서 살펴본 무조건성 명제에 반하게 되기 때문이다.

결국 윤리규범과 법규범에 대해 일견 통용되는 것으로 보이는 규정성 명제와 무조건성 명제 외에 법규범에 특유한 외면성 명제를 도입하는 순간, 법규범은 정언 명령으로도 가언 명령으로도 표현될 수 없게 됨으로써 종국적으로는 법규범에 한하여 규정성 명제를 인정할 수 없게 되는 역설적인 결과를 낳는다. 다시 말해서 법규범이 어떤 행위가 요구되고 어떤 행위가 금지되는지를 단순히 기술하는 수준에 머물지는 않는다 하더라도, 역설적이게도 그에 따라 행하도록 지시·명령·요구할 수는 없게 된다는 것이다.

하지만 윤리규범과 법규범의 차이를 오로지 법칙 수립 형식 내지 의무 강제 방식에서의 자율성과 타율성에서 찾는 칸트의 설명 체계에서 외면성 명제의 도입을 포기하기도 쉽지 않다. 그는 법칙 수립의 개념 자체를 규범과 동기라는 두 요소를 통해 정의하고 있기 때문에, 법규범에 관해서도 모종의 동기 자체는 제시될 수 있어야 한다. 그리고 그가 말하는 법규범에 어울리는 동기란 바로 타율적 강제라는 외적인 동기이다. 따라서 법규범은 윤리규범과 달리 누가 스스로 그것을 지키지 않을 때 그것을 지키도록 다른 사람이 강제할 수 있게 되는 것이다. 이렇듯 외면성이 법규범의 핵심적 징표를 이루고 있는 한, 칸트의 설명 체계에서 이를 무시하기는 어려울 것이며, 결국 외면성 명제의 도입에 따른 법적 명령의 역설도 쉽사리 해소될 수는 없을 것이다.

28.

외면성 명제에 관한 내용으로 적절하지 <u>않은</u> 것은?

① 외면성 명제는 윤리규범과 법규범의 차이를 나타내는 것이다.
② 외면성 명제가 법규범을 기술적 명제로 환원시키는 것은 아니다.
③ 외면성 명제와 규정성 명제를 유지하는 한 무조건성 명제를 유지하기 어렵다.
④ 외면성 명제와 무조건성 명제를 유지하는 한 규정성 명제를 유지하기 어렵다.
⑤ 외면성 명제에 따르면 법칙 수립 과정에서 윤리규범은 의무 강제와 결합하지 않게 된다.

문항 성격　문항유형 : 정보의 확인과 재구성

내용영역 : 규범

평가 목표　이 문항은 외면성 명제의 의의와 그것이 도입됨으로써 발생하는 이론상의 문제점을 이해하고 있는지 확인하는 문항이다.

문제 풀이　정답 : ⑤

칸트는 윤리규범과 법규범의 차이를 기술하는 과정에서 외면성 명제를 도입하였다. 그러한 칸트의 시도가 자신의 설명 체계에서 발생시키는 이론적 문제점을 정확히 파악하도록 한다.

정답 해설　⑤ 제시문 일곱 번째 단락으로부터 윤리규범의 법칙 수립 과정에는 자율적 의무 강제가, 법규범의 수립 과정에는 타율적 의무 강제가 규범과 결합하는 동기 요소가 됨을 알 수 있다.

오답 해설　① 제시문 첫 번째 단락 "그의 설명에 따르면 법규범은 윤리규범과 달리 행위의 외적인 측면에 대해서만 관여할 뿐, 행위자가 어떤 심정에서 그러한 행위로 나아간 것인지에 대해서는 상관하지 않는다."와 두 번째 단락 "법규범은 사람들에게 오로지 외적으로 그것에 부합하게끔 행동할 것을 요구할 뿐, 그것을 따르는 것 자체가 행위의 이유가 될 것까지 요구하지는 않는다는 외면성 명제", 그리고 일곱 번째 단락 내용으로부터 외면성 명제는 윤리규범과 법규범의 차이를 나타내는 것이라 할 수 있다.

　② 제시문 첫 번째 단락에 따르면, "법규범은 인간에게 요구되는 행위가 무엇인지를 단순히 기술하는 것이 아니라 그러한 행위로 나아갈 것을 지시하는 규정적 성격을 지닌다."와 여섯 번째 단락 "다시 말해서 법규범이 어떤 행위가 요구되고 어떤 행위가 금지되는지를 단순히 기술하는 수준에 머물지는 않는다 하더라

384

도, 역설적이게도 그에 따라 행하도록 지시·명령·요구할 수는 없게 된다는 것이
다."로부터 외면성 명제가 역설적인 결과를 불러일으키긴 하나 그렇다고 법규범
이 기술적 명제화하는 것은 아님을 알 수 있다.

③ 제시문 네 번째 단락 "외면성 명제가 성립하는 한, 법규범이 정언 명령으로 표현
된다는 것은 불가능할 것이다. 법규범은 그것을 따르는 내면의 동기까지 요구하
지는 않는다는 점에서 윤리규범과 달라야 하기 때문이다."와 다섯 번째 단락 "그
렇다면 법규범은 가언 명령으로 발하여질 것인가? 그렇지 않을 것이다. 가언 명
령이란 "만일 당신이 강제와 형벌의 위험을 피하고자 한다면, 법이 지시하는 바
를 행하라."와 같은 구조를 취하게 될 텐데, 이 경우 사실상 법규범은 강제와 형
벌의 위험을 피하고자 하는 사람들에 대해서만 그것이 지시하는 바를 행하게 할
뿐이어서, 앞에서 살펴본 무조건성 명제에 반하게 되기 때문이다."로부터 외면
성 명제와 함께 규정성 명제를 고수하게 될 경우 무조건성 명제에 반하게 됨을
알 수 있다.

④ 제시문 여섯 번째 단락으로부터 외면성 명제와 함께 무조건성 명제를 고수하게
될 경우 규정성 명제에 반하게 됨을 알 수 있다.

29.

㉠에 대해 추론한 것으로 적절하지 <u>않은</u> 것은?

① 윤리규범과 법규범의 내용은 서로 동일할 수 있을 것이다.
② 규범의 규정적 성격은 명령의 형태로 표현되어야 할 것이다.
③ 정언 명령에 부합하는 행위를 아무 이유 없이 할 수는 없을 것이다.
④ 윤리적 이유가 아닌 다른 이유에서 법규범을 준수할 수 있어야 할 것이다.
⑤ 윤리규범과 법규범은 공동체의 모든 구성원에 대하여 효력을 지닐 것이다.

문항 성격	문항유형 : 정보의 추론과 해석
	내용영역 : 규범
평가 목표	이 문항은 칸트의 설명 체계 전반에 대해 적절하게 추론할 수 있는지 묻는 문항이다.

 정답 : ③

칸트의 설명 체계는 윤리규범과 법규범의 유사성과 차이를 기초하는 칸트의 이론적 구성을 말한다. 제시문에서 주어진 칸트의 설명 체계에 관한 직접적 정보에 기초하여 제시문에서 직접적으로 주어지지는 않은 내용을 합리적으로 추론해 낼 수 있어야 한다.

정답 해설 ③ 제시문 네 번째 단락 "그런데 정언 명령에 복종하는 유일한 방식은 그것이 명령하고 있다는 이유에서 그것에 따르는 것이다. 명령이기 때문에 하는 행위와 그저 명령에 부합하는 행위는 구별되어야 한다. 가령 형벌의 두려움 때문에 어쩔 수 없이 정언 명령이 요구하는 행위로 나아갔다면, 이를 정언 명령에 복종한 것이라고 말할 수는 없다."로부터 정언 명령에 단순히 부합하는 행위이기 위해서는 특별한 이유를 요하지 않음을 알 수 있다.

오답 해설 ① 제시문 일곱 번째 단락 "윤리규범과 법규범의 차이를 오로지 법칙 수립 형식 내지 의무 강제 방식에서의 자율성과 타율성에서 찾는 칸트의 설명 체계"라는 기술을 보면 윤리규범과 법규범의 차이는 규범의 내용에 있는 것이 아니라, 일정한 내용의 규범을 어떠한 형식으로 입법하는가에 있다고 보는 것이 칸트의 설명 체계상 중요한 요소임을 알 수 있다.

② 제시문 첫 번째 단락 "윤리규범과 법규범은 인간에게 요구되는 행위가 무엇인지를 단순히 기술하는 것이 아니라 그러한 행위로 나아갈 것을 지시하는 규정적 성격을 지닌다는 점에서 유사하다."와 세 번째 단락 "이 점은 법규범이 어떤 종류의 명령으로 표현될 수 있을 것인지를 생각하는 과정에서 드러난다."로부터 규범의 규정적 성격은 명령의 형태로 표현되어야 할 것임을 알 수 있다.

④ 제시문 네 번째 단락 "정언 명령에 복종하는 유일한 방식은 그것이 명령하고 있다는 이유에서 그것에 따르는 것이다. 명령이기 때문에 하는 행위와 그저 명령에 부합하는 행위는 구별되어야 한다. … 법규범은 그것을 따르는 내면의 동기까지 요구하지는 않는다는 점에서 윤리규범과 달라야 하기 때문이다."로부터 법규범에서는 윤리적 이유가 아닌 다른 이유를 가질 수 있도록 하는 것이 필요함을 알 수 있다.

⑤ 제시문 두 번째 단락 "셋째, 법규범은 특정한 목적을 공유하는 사람만이 아니라 그 관할 아래 놓여 있는 모든 사람을 구속한다는 무조건성 명제"와 여섯 번째 단락 "결국 윤리규범과 법규범에 대해 일견 통용되는 것으로 보이는 규정성 명제와 무조건성 명제"라는 기술을 보면 윤리규범과 법규범 모두에서 무조건성 명제가 통용됨으로써 공동체의 모든 구성원에 대하여 효력을 지님을 알 수 있다.

30.

윗글을 바탕으로 〈보기〉를 설명한 것으로 가장 적절한 것은?

보 기

 칸트는 외면성 명제를 현실 세계의 법규범에 관한 실용적 지식이 아니라 법규범의 개념에 내재한 필연성을 밝히는 분석적 진리로서 의도한 것이었지만, 이후의 전체주의 체제에 대한 역사적 경험에 비추어 볼 때, 그것은 정당한 국가 권력이 갖춰야 할 실질적 조건을 의미하는 것으로 드러났다.

① 칸트의 외면성 명제는 법적 명령의 역설을 초래함으로써 국가 권력의 정당성 기반을 약화시켰다.
② 칸트의 외면성 명제는 국가 권력이 사람들의 내면의 자유에 개입하려 해서는 안 된다는 것을 함의한다.
③ 칸트는 법규범의 독자성을 인정하고 이를 국가 권력의 정당성을 확보하기 위한 정치적 지도 원리로 삼고자 했다.
④ 칸트에 의거할 때 사람들이 법에 대한 심정적 지지 없이 단지 법에 부합하는 행위만을 할 때 전체주의 체제가 도래할 위험이 있다.
⑤ 칸트에 의거할 때 국가 권력의 행사는 사람들이 실제로 어떠한 이유에서 법을 준수하거나 위반하는지를 정확히 파악한 토대 위에서 이루어질 필요가 있다.

문항 성격	문항유형 : 정보의 평가와 적용
	내용영역 : 규범
평가 목표	이 문항은 칸트의 외면성 명제가 가지는 실천적 의의를 역사적으로 확인하는 문맥에 대해 파악할 수 있는지 확인하는 문항이다.
문제 풀이	정답 : ②

칸트의 외면성 명제가 가지는 의의를 분석적 차원과 실천적 차원으로 나누어 볼 수 있다. 주로 분석적 차원의 의의가 설명된 제시문과는 달리 〈보기〉는 전체주의에 대한 인류의 역사 경험을 통해 외면성 명제가 실천적 차원에서도 의의가 있음을 보여주고 있다.

정답 해설　② 〈보기〉는 칸트의 외면성 명제가 전체주의 체제의 경험 이후 국가 권력의 정당성 요건이기도 하다는 실천적 의의를 지님을 추가로 보이고 있다. 이는 제시문 두 번째 단락에서 주어진 외면성 명제의 정의에 비추어 볼 때, 칸트의 외면성 명제는 국가 권력이 사람들의 내면의 자유에 개입하려 해서는 안 된다는 것을 의미한다는 것을 알 수 있다.

① 〈보기〉는 외면성 명제의 분석적 차원이 실천적 차원에서 부정적인 영향을 미친 것이 아니라 긍정적인 잣대가 되었던 점을 말하고 있으므로, 국가 권력의 정당성 기반을 약화한 것으로 볼 수 없다.

③ 〈보기〉는 칸트의 원래 의도가 실천적인 부분이라기보다는 분석적인 이론의 정립에 있었음을 말하고 있어서, 칸트가 외면성 명제를 정치적 지도 원리로 삼고자 했다는 선택지 내용은 적절하지 않다는 것을 알 수 있다.

④ 〈보기〉는 칸트의 외면성 명제가 전체주의 체제의 경험 이후 국가 권력의 정당성 요건이기도 하다는 실천적 의의를 지님을 추가로 보이고 있다. 이를 제시문 두 번째 단락에서 주어진 외면성 명제의 정의와 결합해서 이해할 때, 칸트의 외면성 명제가 말하는 내면에 대한 불간섭이나 개인의 법규범 준수 행위의 내면적 차원의 다양성 등이 전체주의 도래에 책임이 있는 것으로 말하는 것은 적절하지 않다는 것을 알 수 있다.

⑤ 〈보기〉는 칸트의 외면성 명제가 전체주의 체제의 경험 이후 국가 권력의 정당성 요건이기도 하다는 실천적 의의를 지님을 추가로 보이고 있다. 이를 제시문 두 번째 단락에서 주어진 외면성 명제의 정의와 결합해서 이해할 때, 법규범 준수의 이유와 관련한 개인의 내면에 대한 사전 파악이 국가 권력의 행사에 있어 필요하다는 논의로는 이어질 수 없음을 알 수 있다. 오히려 이러한 내면에 대한 주시는 그에 대한 개입으로 이어질 수 있다는 점에서 전체주의적 경향과 더 가까울 것이다.

388

2012~2026

1. 출제의 기본 방향

2026학년도 법학적성시험 논술 영역은 공지된 출제 방향에 따라 다음과 같이 출제하였다. 첫째, 2개 문항 모두 사례형으로 출제하였다. 둘째, 제시된 사례를 적절하게 분석하고 쟁점을 정확하게 도출하는 능력을 평가하려고 하였다. 셋째, 쟁점에 관해 자신의 견해를 제시하고 그 근거를 논증 형식으로 서술하는 글쓰기 능력을 평가하려고 하였다.

2. 출제 범위

논술 영역에서는 법률가에게 기본적으로 필요한 사안 분석, 쟁점 도출, 해결 방안 제시 및 논증 등의 능력을 평가할 수 있는 문제를 출제하였다. 두 문항은 주어진 조건 및 의견을 활용하여 사례를 해결하도록 요구하고 있어 분석력과 판단력 및 논증 능력을 갖춘 수험생이라면 전공에 상관없이 일반적으로 풀 수 있도록 문항을 구성하였다.

3. 문항 구성

1번 문항은 1개의 사례와 10개의 의견으로 구성된다. 사례는 성형수술이 유발하는 문제에 대처하기 위한 3가지 입법안을 제시하면서 가장 시급하게 제정되어야 하는 안이 무엇인지 묻는다. 10개의 의견은 3가지 법안을 지지하거나 반박하는 내용으로 구성된다. 이 문항에서는 다음과 같은 과제를 수행해야 한다. 첫째, 사례의 문제점을 파악하여 요약해야 한다. 둘째, 제안된 입법안 중에서 하나를 선택한 후 의견을 활용하여 자신이 선택한 입법안을 지지하는 이유를 기술하고 자신이 선택하지 않은 입법안을 반박해야 한다.

2번 문항은 1개의 사례와 8개의 의견으로 구성된다. 사례는 생성형 인공지능이 유발하는 과의존 문제나 악용 문제에 대처하기 위해 정책A와 정책B 가운데 어떤 정책을 선택해야 하는지 묻는다. 8개의 의견은 각 정책을 지지하거나 반박하는 내용으로 구성된다. 이 문항에서는 다음과 같은 과제를 수행해야 한다. 첫째, 정책A와 정책B 가운데 어느 하나를 선택해 이를 지지하고 선택하지 않은 정책을 비판해야 한다. 둘째, 이때 정책A와 정책B의 장단점을 비교해야 한다. 셋째, 주어진 의견을 활용하거나 새로운 논거를 추가하여 자신이 선택한 정책을 강화하고 지지하지 않는 정책을 반박해야 한다.

4. 난이도

논술 영역은 제시문에 대한 분석과 쟁점 파악을 기반으로 하여 수험생이 논증적 글쓰기를 할 수 있는지를 측정하려고 한다. 이 목적을 달성하기 위해 간결하고 함축적인 사례, 의견 등을 제시하였다. 난이도는 예년과 유사하게 구성되었다.

5. 출제 시 유의점 및 강조점

- 1, 2번 문항의 배점을 동일하게 50점으로 배분하였다.
- 수험생은 문제의 취지를 정확하게 파악한 후 쟁점에 대한 본인의 견해를 제시할 수 있어야 한다. 단순히 주어진 의견을 기계적으로 활용하는 것은 피해야 한다.

01.

〈사례〉를 읽고 〈의견〉을 활용하여 〈조건〉에 따라 논술하시오.

(900~1200자, 50점)

〈조건〉

(1) K국의 입법자로서 우선 제정되어야 한다고 생각되는 1개의 입법안을 선택하고 〈의견〉을 활용하여 자신의 주장을 작성할 것

(2) 시기상조론이나 절충론은 배제할 것

(3) 다른 2개의 입법안에 대한 평가를 포함할 것

(4) 입법안을 활용할 때는 1안, 2안, 3안과 같은 방식으로 표시할 것

(5) 〈의견〉을 활용할 때는 의견①, 의견⑩과 같은 방식으로 표시할 것

〈사례〉

K국에서는 성형수술과 성형시술(이하 성형수술로 함)에 대한 사회적 관심이 증가하고 있다. 성형수술은 의료 목적 이외에 외모를 바꿔 사회적으로 유리하게 평가받기 위한 도구로 사용되기도 한다.

하지만 최근 청소년에 대한 무분별한 성형수술, 범죄나 혐오 표현과 관련된 성형수술, 신분 관련 서류의 부정 제시나 발급과 관련된 성형수술로 다양한 피해가 발생하는 사건이 뉴스에 보도되면서 크게 문제가 되고 있다.

K국은 이러한 성형수술을 규율하기 위하여 「성형수술 규제 및 피해방지법」을 제정하고자 하였다. 그러나 여러 논의만 계속되고 있어 가장 시급하게 금지되어야 할 부분을 먼저 입법하기로 하였다.

이에 K국은 3가지 입법안을 제시하였다.

1안 : 차별이나 혐오 표현 등에 해당하여 사회에서 통용되는 기본 가치에 중대한 영향을 주는 성형수술은 금지한다.

2안 : 얼굴이나 신체의 외관 등 생체 정보를 전면적으로 변경하여 타인으로 오인하게 하는 성형수술은 금지한다.

3안 : 심신이 성장 단계에 있는 미성년자에 대한 미용 목적의 성형수술은 부모의 동의 여부를 묻지 않고 금지한다.

〈의견〉

① 특정한 인종이나 사회적 약자를 차별하는 문안을 담은 성형수술을 해서 사회 갈등을 조장하기도 한대.

② 은행에서 신분증이나 외관 또는 지문 인식 등으로 본인을 확인하는데 과도한 성형수술을 허용하면 그 피해는 결국 누구에게 돌아갈까?

③ 자기 자신의 몸과 마음에 대해 개인은 주권을 가지기에 타인에게 해를 가하지 않는 한 어떤 행동도 개인의 자유로 인정되어야 해.

④ 청소년들이 요즘 인기 절정인 연예인을 닮도록 성형수술을 하고 싶어 하는데 건강에 문제가 생기지 않으면 허용해도 되는 것 아닐까?

⑤ 최근 중범죄자의 모습대로 성형수술을 하고 이를 이용해 다른 사람을 위협하는 사건이 발생하기도 한대.

⑥ 오늘날은 정보보안기술이 발달해서 디지털 신분 확인 방법이 대세라 전통적인 얼굴 확인이나 지문 식별 방법이 아니더라도 사람의 신분을 파악할 수 있대.

⑦ 성형수술은 자신을 위한 것이므로 자기 책임 원칙에 따라 개인의 자율에 맡겨야 해.

⑧ 청소년은 즉흥적으로 판단하는 경우가 많은데 성형수술을 결정할 때도 그렇지 않을까?

⑨ 외모가 사회생활에 영향을 미치는 경우가 많아서 성형수술에 돈을 너무 많이 들인다고 해.

⑩ 범죄자가 얼굴이나 지문 성형수술을 악용해서 경찰의 추적을 따돌리거나 체포를 면하는 경우가 있대.

02.

〈사례〉를 읽고 〈의견〉을 활용하여 〈조건〉에 따라 논술하시오.

(900~1200자, 50점)

〈조건〉

(1) 〈의견〉을 활용하여 K국의 결정을 지지하거나 반박하시오.

(2) 정책A와 정책B의 장점과 단점을 비교하시오.

(3) 〈의견〉을 활용할 때는 의견①, 의견⑧과 같은 방식으로 표시하시오.

〈사례〉

K국 인공지능정책연구원이 전국 중고등학생 약 5,000명을 대상으로 실시한 조사에 따르면 응답자의 68%가 생성형 인공지능을 사용한 경험이 있다고 한다. 사용 이유로는 관심과 호기심이 가장 많았고 수업이나 과제 활용, SNS 게시물 제작 등이 뒤를 이었다. 한편 K국에서는 청소년들이 생성형 인공지능을 이용해 딥페이크 음란물을 생성하거나 각종 범죄 방법에 관한 정보를 얻고 있어 강력한 규제가 필요하다는 언론 보도가 발표되었다. 또한 해당 언론 보도에서는 생성형 인공지능에 의존하는 사례가 늘어나면서 청소년들의 문해력과 사고력이 저하되고 있다고 지적했다.

현재 K국에서는 생성형 인공지능 사업자가 13세 미만 청소년의 서비스 이용을 제한하고 18세 미만 청소년의 경우 부모의 동의가 있으면 서비스 이용을 허용하는 자율적인 규제를 시행하고 있다(정책A). K국은 현재의 규제만으로는 청소년의 신체적·정신적 건강 보호와 역량 개발에 미흡하다고 판단하여 16세 미만 청소년의 생성형 인공지능 이용을 전면 금지하고 이를 위반한 사업자에게 연 매출의 5% 범위에서 징벌적 의미의 과징금을 부과하는 규제를 입안했다(정책B).

K국은 정책B에 관한 찬반 여론 조사를 실시했다. 그 결과 정책B에 대한 반대 여론이 우세한 것으로 나타났다. 정책B를 찬성하는 그룹에는 학부모와 교사 등이, 정책B를 반대하는 그룹에는 청년층과 과학기술자 등이 주로 포함되었다.

K국은 정책A의 대안으로 제시한 정책B에 대한 반대 여론이 예상외로 높게 나온 것을 당혹스럽게 받아들였다. 그렇지만 K국은 생성형 인공지능이 청소년에게 미치는 역기능을 방지하는 것이 시급하다고 판단하고 청소년 정신건강의학자·교육학자·범죄심리학자 등으로 구성된 전문가 자문위원회의 자문 결과에 근거하여 정책B를 원안대로 시행하기로 결정하였다.

─── 〈의견〉 ───

① 어떤 규제가 의도한 효과를 실제로 발휘하는지는 사후적으로 확인될 수밖에 없으므로 정부가 새로운 규제를 도입하려면 시범 실시를 통해 그 효과를 검증할 필요가 있다.

② 규제는 인간의 행위를 일정한 방향으로 유도하는 데 목적이 있으므로 반드시 행위 유도에 효과적이고 필요한 만큼의 강제적 수단을 활용해야 한다.

③ 다수의 의견이 항상 정의와 일치하는 것은 아니며 여론에 의존하는 정책 결정은 소수의 권리를 억압하고 사회적으로 바람직하지 않은 결과를 초래하기도 한다.

④ 기업의 사회적 책임이라는 이름 아래 자율 규제가 강조되지만 이 역시 시장의 실패를 방지하지 못하고 있다.

⑤ 규제는 전문적이고 과학적인 근거에 기초해야 정당화될 수 있으므로 정부는 정책 결정 과정에서 전문가 집단의 의견을 존중해야 한다.

⑥ 어떤 지식이 이로운지 또는 해로운지는 그 수용자들의 자율적인 판단에 맡겨야 하므로 현실적인 해악이 발생하기도 전에 특정 지식의 이용을 사전에 금지해서는 안 된다.

⑦ 국가는 가정의 문제에 원칙적으로 개입해서는 안 되고 자녀 교육 영역에서 부모의 결정을 국가의 판단으로 대체하는 것도 허용해서는 안 된다.

⑧ 규제는 그 대상자가 수용할 때에 실효성을 발휘할 수 있으므로 정부는 정책에 다수 국민의 의식을 반영해야 한다.

1. 출제의 기본 방향

2025학년도 법학적성시험 논술 영역은 공지된 출제 방향에 따라 다음과 같이 출제하였다. 첫째, 2개 문항 모두 사례형으로 출제하였다. 둘째, 제시된 사례를 적절하게 분석하고 쟁점을 정확하게 도출하는 능력을 평가하려고 하였다. 셋째, 쟁점에 대한 자신의 견해를 제시하고 그 근거를 논증 형식으로 서술하는 글쓰기 능력을 평가하려고 하였다.

2. 출제 범위

논술 영역에서는 법조인에게 기본적으로 필요한 사안 분석, 쟁점 도출, 해결 방안 제시 및 논증 등의 능력을 평가할 수 있는 문제를 출제하였다. 두 문항은 주어진 자료 및 관점을 활용하여 사례를 해결하도록 요구하고 있어, 분석력과 판단력을 갖춘 수험생이라면 전공에 상관없이 일반적으로 풀 수 있도록 문항을 구성하였다.

3. 문항 구성

1번 문항은 2개 사례와 5개의 논거로 구성되어 있다. 사례는 비영리사업을 목적으로 하는 법인에 대한 규제에 관하여 자율적으로 잘 운용되는 공익법인과 설립 목적을 제대로 실현하고 있지 않은 공익법인을 대비하여 구성하고 있으며, 5개의 논거는 법인에 대한 다양한 의견들로 구성하였다. 이 문항에서는 다음과 같은 과제를 수행해야 한다. 첫째, 사례의 문제점을 파악하여 요약해야 한다. 둘째, 제시된 입법정책안 중 하나를 선택하고 논거를 활용하여 자신이 선택한 안을 지지하는 이유를 기술하고, 자신이 선택하지 않은 입법정책에 대해 반박해야 한다.

2번 문항은 하나의 사례와 7개의 의견으로 구성된다. 사례는 우리나라의 출생률에 관한 데이터를 소개하고, 이 문제를 해결하기 위한 보조금 정책을 다루는 세미나에서 갑과 을이 발표한 내용이 소개되어 있다. 7개의 의견은 보조금 제도 및 생산가능인구를 늘리기 위한 방안 등에 관한 다양한 내용을 소개하고 있다. 이 문항에서는 다음과 같은 과제를 수행해야 한다. 첫째, 갑과 을의 발표에 대한 토론 내용을 작성해야 한다. 둘째, 이때 갑과 을의 발표 중 지지하는 견해를 선택하고 그 이유를 기술해야 한다. 셋째, 주어진 의견을 활용하거나 새로운 논거를 추가하여 자신이 선택한 견해를 강화하고, 지지하지 않는 견해를 반박해야 한다.

4. 난이도

논술 영역은 제시문에 대한 분석과 쟁점 파악을 기반으로 수험생이 논증적 글쓰기를 할 수 있는지를 측정하려고 한다. 이 목적을 달성하기 위해 간결하고 함축적인 사례, 논거, 의견 등을 제시하였다. 난이도는 예년과 거의 유사하게 구성되었다.

5. 출제 시 유의점 및 강조점

- 1, 2번 문항의 배점을 동일하게 50점으로 배분하였다.
- 수험생은 문제의 취지를 정확하게 파악한 후 쟁점에 대한 본인의 견해를 제시할 수 있어야 하며, 단순히 주어진 자료나 관점을 기계적으로 활용하는 것은 지양하여야 한다.

01.

〈입법정책〉과 〈사례〉를 읽고 〈논거〉를 활용하여 〈조건〉에 따라 논술하시오.
(900~1200자, 50점)

〈조건〉

1. 각 〈사례〉의 문제점을 요약하고, 자신이 선택한 〈입법정책〉을 지지하는 이유를 기술하고 다른 정책을 반박할 것
2. 지지 또는 반박하는 경우 관련된 〈논거〉를 활용할 것
3. 〈논거〉를 활용할 때는 논거①, 논거②와 같은 방식으로 명시할 것

〈입법정책〉

1안 : 비영리사업을 목적으로 하는 법인의 설립을 위해서는 행정관청의 허가를 받아야 하며, 설립 이후에도 행정관청의 관리·감독을 받도록 하는 방안

2안 : 비영리사업을 목적으로 하는 법인의 설립은 행정관청의 허가를 받을 필요 없이 일정한 요건만 갖추면 가능하며, 설립 이후에도 행정관청이 법인의 활동에 특별히 개입하지 않는 방안

※ 법인이란 사람 외에 법률에 의해 권리와 의무의 주체가 될 수 있는 단체를 말한다.

〈사례〉

〈사례 1〉

　X국의 A법인은 다문화가정을 지원하기 위해 설립되었고, 운영비는 주로 회원들의 회비 및 후원 기관의 후원금으로 충당되고 있다. A법인은 설립 목적에 맞게 다문화가정 자녀의 교육, 취업 알선, 인권 보호 등 다양한 프로그램을 운용하고 있으며 수입·지출 내역 등을 인터넷에 투명하게 공개하고 있다. 최근 최부자 씨도 부를 대물림하기보다는 사회에 환원하려고 한다. 이를 위해 공익법인의 설립을 구상 중이지만, 법인의 설립과 운영에 대한 행정관청의 각종 규제로 인해 주

저하고 있다. X국에는 최부자 씨와 같은 생각을 가진 사람들이 많지만 실제로 설립된 공익법인은 별로 없다.

〈사례 2〉

Y국의 B법인은 저소득층 아동을 지원하기 위해 설립되었다. 이 단체의 대표자는 전국 20개 지점의 전화 상담사를 통해 여러 사람에게 비영리사업을 목적으로 하는 공익단체라고 소개하면서 '지역에 있는 소외 계층 아동들의 나눔 교육에 동참해 달라'고 요청하였다. 전화를 받은 사람들의 대다수는 자신의 계좌에서 월 1만 원씩 자동 출금하게 하여, 그 금액이 총 100억 원 정도에 이르렀다. 이렇게 모인 후원금은 임직원들의 급여와 업무용 차량 구입 및 해외 연수 경비 등으로 사용되었으며, 전체 20% 정도가 학생들의 장학금 명목으로 지급되었다.

〈논거〉

① 고대에는 노예가 단지 물건으로 취급되어 거래의 대상이었다. 근대에는 개인을 중시하고, 개인을 인격적이고 이성적인 존재로 이해하며, 이성에 의한 인격의 자유로운 실현을 보장하려는 자유주의의 영향으로 모든 사람을 권리를 가질 수 있는 주체로 본다. 현대에는 법인 설립과 운영도 인격의 자유로운 실현으로 보아 법인을 권리를 가질 수 있는 주체로 인정하고 있다.

② 사람과 달리, 법인은 보이지 않는 실체에 대해 법률이 인위적·기술적으로 권리를 가질 수 있는 주체로 인정한 것이다. 법인의 설립요건을 엄격하게 규정하지 않으면, 일반인은 어떤 단체가 법인으로 인정되는지 알 수 없고 법인이 마구 설립될 우려가 있다. 어떤 단체가 법인으로 설립되면 그 목적으로 삼은 사업을 성실히 수행할 수 있도록 내·외부적인 견제 장치가 필요하다.

③ 미래경영학자 드러커(Drucker)는 앞으로의 사회에서는 정부(제1섹터)나 기업(제2섹터)의 역할보다 비영리조직(NPO)을 중심으로 한 제3섹터의 역할이 더욱 커질 것으로 예측한 바 있다. 정부는 국가의 재정에 부담을 주는 비영리사업을 마냥 늘릴 수 없고 기업은 영리를 추구해야 하는 근원적 한계 때문에, 우리 사회에서도 비영리사업을 목적으로 하는 민간 단체의 자유로운 설립이 더욱 활성화되어야 한다.

④ 로마법학자 사비니(Savigny)는 권리를 인간의 의사 지배로 보면서, "모든 권리는 개개인에 내재하는 도덕적인 자유를 위하여 존재한다."라고 하였다. 그는 권리를 가질 수 있는 주체는 원래 사람의 개념과 일치하지만, 인간의 집단적인 자유의 실현도 가능하도록 법인이라는 개념을 인정할 필요가 있다고 주장하였다. 그에 따르면 법인이란 사람의 자유와 결부된 것이지 사람을 벗어난 새로운 주체는 아니다.

⑤ 법인은 그 구성원과는 별개로 권리를 취득하고 의무를 부담한다. 하지만 어떤 단체가 외형상
으로는 법인의 형식을 갖추었으나, 실제로는 배후에 있는 사람의 개인 사업체에 불과하거나
그 사람에 대한 법적 책임을 회피하기 위한 수단으로 이용될 수 있다. 이런 경우에는 외형상
법인의 행위임을 이유로 법인만이 법적 책임을 진다고 주장하면서 배후에 있는 사람의 책임
을 부정하는 것은 정의와 형평에 어긋난다.

02.

〈사례〉와 〈의견〉을 읽고 〈조건〉에 따라 토론할 내용을 작성하시오.

(900~1200자, 50점)

〈조건〉

1. 〈사례〉의 갑과 을의 발표 중 지지하는 견해를 선택하고 그 이유를 기술할 것
2. 〈의견〉을 활용하거나 새로운 논거를 제시하여 자신이 선택한 견해를 강화하고, 지
   지하지 않는 견해를 반박할 것
3. 〈의견〉을 활용할 때는 의견①, 의견②와 같은 방식으로 명시할 것

〈사례〉

  여성 한 명이 가임 기간(15~49세)에 낳을 것으로 기대되는 평균 출생아 수를 합계출생률이라
고 한다. 통계청 발표에 따르면 2022년 0.78명이었던 합계출생률은 작년 0.72명으로 역대 최저
수준을 기록하였다. 올해는 0.7명 선이 무너질 것으로 예상된다. 대한상공회의소 연구보고서는
내년에 합계출생률이 인구 규모를 유지하기 위한 2.1명을 회복하더라도 생산가능인구가 2025년
3,591만 명에서 2040년 2,910만 명이 되어 약 81% 수준으로 감소할 것이라고 분석했다.

  미래인구정책학회에서는 이 문제를 해결하기 위한 보조금 정책에 대해 세미나를 개최하였다.
갑과 을이 발표자로 나서서 다음과 같은 견해를 제시하였다. 여러분은 이 세미나에서 갑과 을의
발표에 대해 토론하여야 한다.

갑 : 생산가능인구의 회복을 위해서는 결혼과 출생을 장려하기 위한 보조금 제도의 도입이 절실
   하다. 결혼하지 않거나 출생률이 떨어져 생산가능인구가 계속 줄어든다면 결국 결혼과 출생

을 장려하기 위한 보조금보다 더 많은 사회적 비용을 기업과 국가가 부담하게 된다. 이러한 보조금 제도는 비혼자의 인공 수정이나 해외 입양 등으로 아이를 갖는 사람에게도 확대되어야 한다.

을 : 결혼과 출생을 장려하기 위해 보조금을 지급하는 것은 일부 인구과밀 국가에서 산아 제한을 위해 2명 이상의 자녀를 낳은 부모에게 벌금을 매기는 것과 마찬가지로 정당하지 않다. 결혼과 임신은 스스로 결정해야 하며, 국민의 세금으로 보조금을 지급하는 것은 결혼과 임신을 원하지 않거나 혹은 하고 싶어도 할 수 없는 사람들에게는 불공정한 세금의 배분이 된다.

〈의견〉

① 보조금 제도는 결혼과 출생을 일시적으로 증가시킬 수 있지만, 결혼한 부부는 늘어난 가족으로 인해 더 많은 생활비, 주거비, 교육비 등이 필요하게 된다. 그러나 보조금으로는 이를 모두 충족시키는 데 한계가 있어 저소득층은 더 큰 생활고를 겪을 수도 있다.

② 보조금 제도는 저임금이나 내 집 마련의 어려움 등으로 인하여 결혼을 주저하는 2~30대의 교제와 결혼을 장려하고, 이미 결혼한 사람들에게는 비싼 교육비와 양육비 등에 대한 부담을 덜어 주어 자녀를 낳으려는 동기를 부여할 수 있다.

③ 일부 국가는 자국의 생산가능인구를 늘리기 위해 고용 연장 및 여성 취업 장려를 통해 국내 노동인구를 적절히 재배치하고, 취업비자 확대나 이민 수용 등 외국인력 도입 방안을 강구하고 있다.

④ 보조금 제도는 사람들에게 결혼과 출생에는 당연히 금전적인 보상이 따른다는 기대를 갖게 하여 경제 논리에 의해 결혼과 출생이 좌우되는 결과를 초래한다. 이로 인해 보조금을 받기 위한 왜곡된 가족이 형성되는 경우도 생길 수 있다.

⑤ 아이를 가지는 것은 단순히 생물학적 문제가 아니다. 이것은 그 아이에게 물질적인 것을 포함한 충분한 관심과 사랑을 주며 체계적인 교육을 제공하기 위해 많은 시간과 비용을 투여하겠다는 결심의 실천이다. 따라서 결혼과 출생에 경제적인 고려가 뒤따르는 것은 불가피하다.

⑥ 보조금 제도는 자녀 수에 따른 세금 감면이나 공공요금의 지원과 아울러 기업이 임신이나 육아를 위한 휴직제도 및 돌봄 시설을 제대로 운영하고 있으면 정부 지원금을 주고 그렇지 않으면 제재를 부과하는 제도와 병행한다면 더욱 효과적일 것이다.

⑦ 보조금 제도와 상관없이 결혼과 임신을 계획했던 사람도 국내외 경제 사정의 변화로 인해 기대했던 보조금 지급이 줄거나 중단된다면 결혼과 임신을 주저하게 되어 더 큰 인구 급감 현상이 나타날 수 있다.

1. 출제의 기본 방향

2024학년도 법학적성시험 논술 영역은 공지된 출제 방향에 따라 다음과 같이 출제하였다. 첫째, 2개 문항 모두 사례형으로 출제하였다. 둘째, 제시된 사례를 적절하게 분석하고 쟁점을 정확하게 도출하는 능력을 평가하려고 하였다. 셋째, 쟁점에 관해 자신의 견해를 제시하고 그 근거를 논증적으로 서술하는 글쓰기 능력을 평가하려고 하였다.

2. 출제 범위

논술 영역에서는 법적 분쟁을 해결하는 데 법조인에게 기본적으로 필요한 사례 분석, 쟁점 도출, 쟁점 평가 및 논증과 같은 능력을 평가할 수 있는 문제를 출제하였다. 두 문항은 주어진 입장이나 의견 등을 활용하여 사례를 해결하도록 요구한다. 따라서 분석력과 판단력 및 논증 능력을 갖춘 수험생이라면 전공에 상관없이 일반적으로 풀 수 있도록 문항을 구성하였다.

3. 문항 구성

1번 문항은 복합적인 1개의 사례와 2개의 아직 완성되지 않은 주장, 그리고 2개의 입장으로 구성된다. 1번 문항은 이번에 새롭게 시도되는 문제 형식이다. 사례에서는 공공장소에 전시된 미술품을 소유하는 국가기관이 작가의 사전 협의나 동의를 구하지 않은 채 철거 및 제거하는 행위가 작품에 관한 작가의 인격권을 침해하는지, 이에 따라 정신적 손해에 대한 배상을 청구할 수 있는지가 문제된다. 〈입장〉은 이 사례에 관해 서로 다른 2개의 입장을 제시한다. 〈주장〉은 이 사례에 관해 서로 다른 2개의 아직 완성되지 않은 주장을 보여준다. 이 문항에서는 다음과 같은 과제를 수행해야 한다. 첫째, 사례에서 갑과 을 사이에 무엇이 문제가 되는지 파악해야 한다. 특히 미술 작품의 소유권이 작가로부터 매수인에게 양도된 이후에도 작가가 작품에 관여할 수 있는지가 쟁점이 된다. 둘째, 아직 완성되지 않은 병과 정의 주장 가운데 어느 하나를 선택하여 〈입장〉을 참고해 그리고 독창적인 논거를 활용하여 주장을 논증적으로 완성해야 한다.

2번 문항은 2개의 사례와 8개의 의견으로 구성된다. 2개의 사례 가운데 첫 번째 사례는 전 세계적으로 유행한 신종 독감 문제를 선제적으로 해결하기 위해 전면적 행위 제한 조치를 취한 A국 정부 정책의 타당성이 문제가 된다. 두 번째 사례는 신종 독감 문제를 성공적으로 해결한 A국 정부가 이후 새롭게 이슈로 떠오른 사이버 보안 침해 상황에 선제적·예방적으로 대응하기 위해 전면적 행위 제한 조치와 유사한 조치를 보안 영역에 적용하는 게 타당한지가 문제된다. 이 문항에서는 다음과 같은 과제를 수행해야 한다. 첫째, 두 사례의 유사점과 차이점을 밝혀야 한다. 둘째, 두 사례에서 문제가 된 A국 정부의 정책을 논평하고 이에 자신의 견해를 밝혀야 한다. 셋째, 자신의 견해를 밝힐 때 〈의견〉을 4개 이상 적절하게 활용해야 한다.

4. 난이도

논술 영역은 수험생이 제시문에 대한 분석과 쟁점 파악을 기반으로 하여 논증적 글쓰기를 할 수 있는지를 측정하려고 한다. 이 목적을 달성하기 위해 간결하고 함축적인 사례, 입장, 의견 등을 제시하였다. 난이도는 예년과 유사하게 설정하였다.

5. 출제 시 유의점

- 1, 2번 문항의 배점을 동일하게 50점으로 배분하였다.
- 수험생은 문제의 취지를 정확하게 파악한 후 〈조건〉에 따라 문제를 풀 수 있어야 한다. 이때 주어진 입장이나 의견을 단순히 기계적으로 나열하는 것은 지양해야 한다.

01.

〈사례〉를 읽고 병이나 정의 주장 중 하나를 택하여 〈조건〉에 따라 주장을 완성하시오. (900~1200자, 50점)

〈조건〉

1. 병의 주장을 택할 경우
   가. 제시되어 있는 병의 주장을 먼저 요약할 것
   나. 을의 입장을 반박하고 갑의 입장을 강화하는 새로운 논거를 제시할 것
2. 정의 주장을 택할 경우
   가. 제시되어 있는 정의 주장을 먼저 요약할 것
   나. 갑의 입장을 반박하고 을의 입장을 강화하는 새로운 논거를 제시할 것

〈사례〉

　30년 이상 대학 교수 등으로 활동하여 온 저명한 미술가 갑은 특히 대중에게 개방된 장소에 전시하는 벽화 제작에 특별한 관심을 가지고 작품 활동을 해 왔다. 국가 기관인 을은 대중들이 많이 왕래하는 도심 한가운데에 시민들을 위한 가족 공원을 조성하면서 갑에게 공공장소의 이미지에 맞는 벽화 제작을 의뢰하였다. 갑과 을은 남자아이가 아버지, 할아버지와 함께 뛰어가는 모습을 표현한 미술품을 제작하여 설치하는 내용의 계약을 체결하였고, 이 계약은 을이 실시한 외부 인사를 통한 사전 검사를 통과하였다. 이에 따라 갑은 가족 공원의 담벼락과 기둥에 폭 2.8m, 길이 20m가량의 벽화를 제작하여 설치하였다. 갑은 가족 공원이 완성됨에 따라 제작 대금을 모두 받았으며 벽화의 소유권은 을에 넘어갔다. 그런데 1년 후 을은 벽화의 등장인물이 모두 남자라서 가족 공원의 이미지에 맞지 않는다는 이유로 철거하기로 결정하였다. 을은 갑에게 사전 협의나 동의를 구하지 않은 채 임의로 벽화에 물을 분사하여 원래의 규격보다 작게 절단한 후 벽체

에서 분리하는 방법으로 철거를 완료하였으며, 그 과정에서 벽화를 크게 손상시켰다. 그 후 을은 벽화를 가족 공원의 어느 공간에 방치하다가 인근 공터에서 소각하였다.

　문학이나 음악 등 보통의 작품은 책이나 음반 등 복제물의 형태로 유통되므로, 그러한 복제본을 파손 또는 폐기하더라도 그것은 소유하는 자의 권리에 해당할 뿐 특별히 창작자의 이익을 해치지 않는다. 그러나 원본을 특정 장소에 전시하는 것 자체가 큰 의미가 있는 미술 작품의 경우에는 소유자가 창작자의 동의 없이 이를 훼손, 철거 또는 폐기할 수 있는가에 관해 의견이 대립한다.

〈입장〉

갑 : 작가는 예술 작품의 종류와 성격 등에 따라 자기의 예술 작품이 공공장소에 전시·보존될 것이라는 점에 관해 창작자로서의 정당한 이익을 가질 수 있다. 이 사안에서는 작품의 종류와 성격, 이용의 목적 및 형태, 작품 설치 장소의 개방성과 공공성의 정도, 국가가 이를 선정하여 설치하게 된 경위, 폐기의 이유와 폐기 결정에 이른 과정 및 폐기 방법 등을 종합적으로 고려하여 볼 때 국가 기관인 을이 해당 작품을 폐기한 행위는 현저하게 불합리하고 작가로서의 명예 감정 및 사회적 신용과 명성 등을 침해하는 방식으로 이루어졌다. 따라서 을의 벽화 파괴 행위는 헌법이 보장하는 예술의 자유 또는 인격권을 침해하는 행위로서 커다란 정신적 고통을 겪게 하였으므로, 정신적 손해에 대한 배상을 청구할 수 있다.

을 : 소유권의 내용에는 자기가 소유하는 예술 작품을 파괴할 권리도 포함되며, 벽화의 철거, 절단 등은 폐기 과정의 일부일 뿐이다. 또한 갑의 작품 창작 활동에 간섭하거나 작품의 표현 자체를 금지한 적이 없기에 갑의 예술의 자유를 침해하지 않았다. 단순히 갑의 주관적 명예 감정을 침해한 것만으로는 인격권 침해가 되지 않는다. 소유자가 예술 작품을 완전히 파괴하는 경우라면, 일반적으로 그 파괴 행위가 예술가의 이익을 침해한다고 볼 수는 없다. 왜냐하면 통상 자신이 창작한 작품에 대한 소유권을 양도하고 대가를 받은 예술가라면 이후 자기 작품의 운명을 소유자의 손에 맡겼다고 보는 게 타당하기 때문이다. 따라서 취향 변화 등 어떠한 이유로든 미술 작품에 싫증이 났다면 소유자가 해당 작품을 양도·교환·증여하거나, 자신이 거주하는 공간에서 제거하여 자신 또는 다른 사람이 감상하지 못하도록 하는 것이 소유권의 부당한 행사라고 볼 수 없다.

〈수장〉

병 : 예술가는 자기 작품의 동일성 유지와 온전한 보존에 관한 이익이 있다. 왜냐하면 작품에 대한 외부적 평가는 예술가 자신의 사상, 노력, 명성, 명예 등 인격적 이익과 밀접하게 연관되

어 있기 때문이다. 또한 문학이나 음악 작품과 달리 미술 작품은 원본이 파괴되면 더 이상 이 세상에 존재하지 않게 되므로 작가는 작품 원본의 소유권을 넘긴 후에도 계속해서 자신의 이익을 보유할 수 있다(…)

정 : 작품의 동일성을 유지한 채 부분적으로 바꾸는 것이 아니라 작품을 완전히 파괴하는 경우에는 해당 작품에 대한 외부적 평가 자체가 사라지기에 병이 주장하는 예술가의 이익이 침해되었다고 보기 힘들다. 또한 원본 작품의 작가가 소유권을 넘긴 후에도 계속 자신의 이익을 주장한다면, 해당 작품의 소유자는 그 보유로 인해 예측할 수 없는 과도한 부담을 갖게 되어 오히려 예술 작품의 원활한 유통이 저해된다. 그 결과 작가의 이익도 침해될 수 있다(…)

02.

〈사례〉를 읽고 〈조건〉에 따라 논술하시오. (900~1200자, 50점)

─────── 〈조건〉 ───────

1. 〈사례 1〉과 〈사례 2〉의 유사점과 차이점을 제시하시오.
2. 〈의견〉을 활용하여 〈사례 1〉과 〈사례 2〉를 논평하고 이에 대한 자신의 견해를 밝히시오.
3. 〈의견〉은 4개 이상 활용하시오.
4. 〈의견〉을 활용할 때는 의견①, 의견④와 같은 방식으로 명시하시오.

─────── 〈사례〉 ───────

〈사례 1〉

　바이러스를 통해 공기 중으로 감염이 되는 신종 독감이 A국을 비롯한 전 세계에 유행하였다. 이 신종 독감은 전파 및 감염이 잘 될뿐더러 치명률도 높았다. 이에 전 세계적으로 팬데믹(pandemic)이 선언되었고, A국 역시 이에 발맞추어 대응해야 했다. A국 정부는 신종 독감에 선제적으로 대응하기 위해 법률에 따라 전면적 행위 제한 조치(lock-down)를 시행하였다. 이의 일환으로 모든 국민에게 외출 금지 명령을 내리고, 불가피하게 외출하는 경우에는 반드시 마스크를 착용하도록 하였다. 이를 위반할 때는 법으로 제재하였다. 동시에 전면적 행위 제한에 필요한 생필품과 손실 보상금도 충분히 지급하였다. 다행히 A국 국민은 기본적으로 정부의 전면적 행위 제한 조치에 적극적으로 호응하였다. 국민 대부분이 외출 금지 및 마스크 착용에 협조하였다. 그 덕분에 A국은 다른 나라보다 먼저 신종 독감 유행 문제를 해결할 수 있었다.

　　사회의 거의 모든 영역이 인터넷으로 연결되는 초연결 사회가 도래하면서 사회 전체적으로 여러 편익이 증대하였다. 동시에 사이버 공격으로 인한 사이버 보안 침해도 늘어났다. 특히 A국의 경우 전면적 행위 제한 조치의 일환으로 온라인 재택근무가 시행되면서 사이버 보안 문제가 중요한 이슈로 떠올랐다. 재택근무를 하기 위해 자신이 보유한 개인 기기로 회사의 내부 인터넷에 접속하는 경우가 늘어났는데, 기기의 보안 조치가 취약해 이를 통한 사이버 보안 침해가 급증하였다. 메타버스를 활용해 회사 업무를 진행하는 경우에도 유사한 문제가 발생하였다. 이 과정에서 회사가 보유한 최첨단 기술의 데이터가 적대국이나 경쟁 기업으로 유출되거나, 인터넷 이용자의 개인 정보가 침해되는 사고가 빈번하게 발생하였다. 사회의 초연결로 사고의 피해는 손쉽게 사회 전체로 확산되었다. A국 정부는 이 문제에 대응하기 위해 새로운 사이버 보안 모델을 제시하였다. 전면적 행위 제한 조치와 유사한 원칙을 법률에 따라 사이버 보안에 적용하는 것이다. 이에 따르면 인터넷과 같은 사이버 공간에 접속하고자 하는 사람은 그가 누구든 상관없이 정부가 요구하는 보안 조치를 취해야 한다. 보안 조치의 핵심은 보안 프로그램의 강제적 업그레이드와 철저한 본인 확인 제도이다. 그리고 이를 위반한 경우에는 법으로 제재하기로 하였다. 반면 재정적 지원은 고려하지 않았다.

〈의견〉

---

① 안전은 공익이자 생명, 자유, 재산처럼 매우 중요한 권리이다. 안전이 보장되어야 비로소 인간은 생명과 자유, 재산을 온전하게 보호받을 수 있다.

② 인간은 자유롭게 태어났다. 자유는 인간에게 가장 중요한 권리로 생명이나 재산, 안전보다 우선한다. 최대한의 자유는 그 어떤 공간에서도 보장되어야 한다.

③ 사이버 보안 침해는 독감 유행보다 사회 전체에 더 치명적인 결과를 낳을 수 있다. 예를 들어 B국에서는 핵심 송유관 회사가 사이버 공격을 받아 원유 공급이 한동안 중단되어 큰 경제적 손실이 발생하였고, 상수도 관리 회사가 사이버 침해로 상수원에 독극물이 유출될 위험에 처하기도 하였다.

④ 새로운 사이버 보안 정책은 신종 독감 상황에서 성공을 거둔 전면적 행위 제한 조치를 보안 영역에 적용한 것이다. 사이버 보안도 신종 독감 예방처럼 국민의 권익과 안전에 직결되기에 필요하다.

⑤ 인터넷은 그 어떤 공간보다 자유로운 공간이다. 인터넷 공간의 자유를 누리기 위해서는 인터넷에 자유롭고 평등하게 접근할 수 있는 권리가 최대한 보장되어야 한다. 이에 대한 제약은 최소한에 그쳐야 한다.

⑥ 현대 초연결 사회에서는 내부자와 외부자, 사업자와 이용자를 구별하는 경계 중심적 보안 모델은 더 이상 유효하지 않다. 이에 대응하려면 인터넷에서는 그 누구도 신뢰해서는 안 된다는 제로 트러스트(zero trust) 모델을 수용해야 한다.

⑦ 정부가 요구하는 보안 조치를 그대로 따르기 위해서는 이에 상응한 기기를 갖추어야 한다. 그러나 이는 경제적 약자에게 큰 부담이 될 수 있다. 국가는 디지털 포용(digital inclusion)이라는 견지에서 모든 국민이 평등하게 인터넷에 접속할 권리를 보장해야 한다.

⑧ 사이버 보안은 보안 기술을 발전시킴으로써만 완전하게 구현할 수 있다. 이는 국가 주도로 이루어지는 게 아니다. 민간이 주도해야만 보안 기술 향상도, 사이버 보안 구현도 달성할 수 있다.

1. 출제의 기본 방향

　2023학년도 논술 영역은 공지된 출제 방향에 따라 다음과 같이 출제하였다. 첫째, 2개 문항 모두 사례형으로 출제하였다. 둘째, 제시된 사례를 적절하게 분석하고 쟁점을 정확하게 도출하는 능력을 평가하려고 하였다. 셋째, 쟁점에 대한 자신의 견해를 제시하고 그 근거를 논증 형식으로 서술하는 글쓰기 능력을 평가하려고 하였다.

2. 출제 범위

　논술 영역에서는 법조인에게 기본적으로 필요한 사안 분석, 쟁점 도출, 쟁점 평가 등의 능력을 평가할 수 있는 문제를 출제하였다. 두 문항은 주어진 자료 및 관점을 활용하여 사례를 해결하도록 요구하고 있어, 분석력과 판단력을 갖춘 수험생이라면 전공에 상관없이 일반적으로 풀 수 있도록 문항을 구성하였다.

3. 문항 구성

　1번 문항은 복합적인 하나의 사례와 10개의 여론으로 구성되어 있다. 사례는 환경 보호를 위해 사람의 배설물을 에너지원으로 바꾸는 신기술 장치에 관한 내용과 변환된 에너지원을 활용한 가상화폐에 관한 내용, 그리고 이로 인해 발생한 사회문제에 대한 당국의 규제 정책에 관한 내용 등을 담고 있으며, 10개의 여론은 당국의 규제 정책에 대한 다양한 의견들로 구성하였다. 이 문항에서는 다음과 같은 과제를 수행해야 한다. 첫째, 사례의 함의를 파악하고 규제의 타당성에 관한 주요 쟁점을 도출하여야 한다. 둘째, 규제의 타당성에 대한 본인의 견해를 명확하게 주장하고 여론을 활용하여 그 이유를 제시하여야 한다.

　2번 문항은 2개의 사례와 4개의 관점으로 구성된다. 2개의 사례는 서로 비슷하지만 차이점도 있어서, 주어진 상황에서 개인의 권리 행사가 적절한지를 평가할 수 있는 내용으로 구성되어 있다. 4개의 관점은 개인의 권리와 공익의 관계에 대한 입장 및 개인의 권리 행사에 대한 입장을 반영하고 있다. 이 문항에서는 다음과 같은 과제를 수행해야 한다. 첫째, 두 사례의 유사점과 차이점을 밝혀야 한다. 둘째, 사례에 나타난 공통되는 논점을 제시하고, 자신의 견해를 밝혀야 한다. 셋째, 자신의 견해를 밝힐 때 관점을 적절히 활용하여야 한다.

4. 난이도

논술 영역은 제시문에 대한 분석과 쟁점 파악을 기반으로 수험생이 논증적 글쓰기를 할 수 있는지를 측정하려고 한다. 이 목적을 달성하기 위해 간결하고 함축적인 사례, 자료, 관점 등을 제시하였다. 난이도는 예년과 거의 유사하게 구성되었다.

5. 출제 시 유의점

- 1, 2번 문항의 배점을 동일하게 50점으로 배분하였다.
- 수험생은 문제의 취지를 정확하게 파악한 후 쟁점에 대한 본인의 견해를 제시할 수 있어야 하며, 단순히 주어진 자료나 관점을 기계적으로 활용하는 것은 지양하여야 한다.

01.

〈사례〉를 읽고 〈조건〉에 따라 논술하시오. (900~1200자, 50점)

───── 〈조건〉 ─────

(1) 〈여론〉을 활용하여 A국 당국의 '리오' 규제에 대한 자신의 견해를 밝히시오.

(2) 자신의 견해를 밝힐 때 5개 이상의 〈여론〉을 지지하거나 반박하시오.

(3) 〈여론〉을 활용할 때는 여론①, 여론⑩과 같은 방식으로 명시하시오.

───── 〈사례〉 ─────

  A국에서는 환경보호를 위해 사람의 배설물을 에너지원으로 바꾸는 획기적인 신기술 장치를 개발하였다. A국에서는 이 신기술 장치를 공공화장실은 물론 개인 주거에도 무상으로 설치해 주었다. 처음에는 신기술 장치를 반신반의하던 A국 시민들은 자신의 배설물이 에너지원으로 변환되는 것을 직접 확인하면서 신기술 장치를 적극적으로 이용하기 시작하였다. 이에 더하여 A국 유명 컴퓨터 공학자는 신기술 장치를 통해 변환된 에너지원을 가상화폐로 전환하는 공개 프로그램을 만들어 인터넷에 무료로 배포하였다. A국 시민들은 신기술 장치와 공개 프로그램을 이용해 자신의 배설물을 에너지원으로, 그리고 가상화폐로 전환하여 물건을 사고팔거나 교환하기 시작하였다. 이렇게 만들어진 가상화폐를 A국 시민들은 기존 법정화폐 '오(O)'와 구분하여 '리오(ReO)'라고 불렀다.

  이렇게 '리오'가 널리 사용되자 A국에서는 새로운 사회문제가 발생하였다. 배설물을 통해 에너지를 절약한다는 본래 취지와 달리 '리오'를 더 많이 확보하려는 욕심에 시민들은 식사 시간을 과도하게 늘리면서 과식을 하였고 그로 인해 비만 인구가 늘어났다. 또한 '리오'의 보유와 이를 통한 거래에 대해서는 당국의 감독이나 과세가 없다는 점이 알려지면서 시민들은 '오'보다 '리오'의 사용을 선호하였다. 그에 따라 '오'와 동일하던 '리오'의 가치가 상승하였고 '오'의 법정화폐로서 지위가 흔들리기 시작하였다.

이에 A국 당국은 '리오'에 대해 규제를 시행하기로 하였다. 주요 내용은 시민 1인당 발행할 수 있는 '리오'의 총량을 제한하고, '리오'에 세금을 부과하는 것이었다. 이러한 규제 발표가 있자, '리오'를 둘러싼 사회문제가 어느 정도 해결될 것을 기대한 A국 당국의 예상과는 달리 오히려 여론이 들끓었다.

〈여론〉

① 누구든지 행복을 추구할 자유가 있어. 조금 과식하더라도 더 많은 '리오'를 얻어서 풍족하게 살고 싶다는 시민들의 의견도 존중해야 해. 조금 더 일하고 성과급을 더 받는 것과 차이가 없다고 생각해.

② 신기술 장치를 개발해서 보급한 것은 시민들을 위한 것이었지만, 지금은 다른 사회문제를 낳고 있잖아. 완벽한 정책은 없다고 봐. 이럴 때 당국이 아무것도 하지 않는다면 정책 실패를 감추려고 하는 것으로밖에 안 보여.

③ '리오'를 사용해서 물건을 사고팔고 있기는 하지만, 규제 발표 이후 '리오'는 가치 등락이 너무 심해. 그래서 최근에는 '오'로 '리오'를 사고팔면서 큰 차익을 남기기도 하잖아. 그런 점에서 '리오'는 화폐보다 자산으로 보는 것이 맞아.

④ 당국이 신기술 장치를 무상으로 설치해 주었잖아. 그런데 환경보호를 지속하기 위해서는 신기술 장치를 관리하고 개선할 필요가 있어. 그런 점에서 '리오'에 세금을 부과하는 것이 맞다고 생각해.

⑤ '리오'의 1인당 발행 총량을 제한한다고 하지만 효과가 있을까? 사람마다 배설물 양에도 차이가 있을 거고, 자신의 배설물을 다른 가족에게 주어도 잘 알 수가 없잖아. 자신의 배설물을 아예 다른 사람에게 파는 경우도 생길 거야.

⑥ '리오'를 많이 가지고 있다는 것만으로 세금을 부과하는 것은 부당해. 새로운 소득이 없는데 '리오'의 가치가 올라간다는 사실만으로 세금을 부과하는 것은 더욱 그래. '리오'의 가치가 폭락하면 당국이 손실을 보전해 주는 것도 아니잖아.

⑦ 애초에 신기술 장치는 환경보호를 위한 것이었어. 그런데 비만이라는 사회문제가 발생한 것도 사실이잖아. 그런 예상치 못한 사회문제를 해결하려면 세금을 부과해서 비용을 마련하는 것이 필요해.

⑧ 사람들은 유혹에 약해. 이럴 때는 윤리나 종교가 큰 역할을 하지. 그런데 때로는 윤리나 종교로도 해결하지 못하는 문제가 발생할 수 있어. 이때 당국이 적절히 개입하지 않으면 스스로 역할을 포기하는 것이야.

412

⑨ 화폐의 기본 기능은 지불 수단이야. 이 기능을 갖추었다면 화폐로 보아야 한다고 생각해. '리오'의 가치가 등락이 있지만, '오'의 가치도 외환시장에서는 등락을 거듭하잖아. 그런 점에서 '리오'도 똑같은 화폐로 봐야 해.

⑩ 신기술 장치를 통해 변환된 에너지원에는 세금을 부과하지 않았잖아. '리오'는 그 에너지원이 전환된 것뿐인데 과세한다는 것은 앞뒤가 맞지 않아. '리오' 때문에 신기술 장치 이용이 활성화되면서 환경이 더 보호되었는데도 말이야.

02.

〈사례〉를 읽고 〈조건〉에 따라 논술하시오. (900~1200자, 50점)

─────── 〈조건〉 ───────

(1) 〈사례1〉과 〈사례2〉의 유사점과 차이점을 제시하시오.

(2) 〈사례1〉과 〈사례2〉에서 공통되는 논점을 제시하고, 〈관점〉을 활용하여 B와 C의 주장에 대한 자신의 견해를 밝히시오.

(3) 〈관점〉을 활용할 때는 관점①, 관점④와 같은 방식으로 명시하시오.

─────── 〈사례〉 ───────

〈사례1〉

　A가스회사는 가스 공급을 원활하게 하기 위하여 법률이 정하는 보상 절차를 통해 B가 소유하는 개발제한구역 내의 토지 위에 가스 공급기지를 건설하였다. 그런데 그 과정에서 A가스회사의 실수로 B에게 보상금을 제대로 지급하지 않은 사실이 밝혀졌다. 그러자 B는 보상 절차에 흠이 있었고, 그 토지는 자신의 소유이므로 공급기지는 철거되어야 한다고 주장하였다. 이에 대해 A가스회사는 공급기지를 철거하면 가스 공급 중단으로 10만 가구의 인근 주민에게 큰 불편이 초래되며, 대체 부지를 확보한다고 하더라도 공급기지를 신축하는 데는 상당한 기간과 큰 비용이 소요된다며 철거에 난색을 표하였다. 그러면서 A가스회사는 시세의 2배 가격으로 토지를 매수하겠다고 제안했지만, B는 그 제안을 거절하고 공급기지의 철거만을 요구하고 있다.

〈사례2〉

　C는 10년 전에 농지를 구입하여 농사를 짓고 있는데, 구입 당시부터 설치되어 있던 D통신회사의 중계탑 때문에 불편을 겪고 있었다. 예를 들어 중계탑에 모여든 새 떼가 농작물을 훼손하거나, 중계탑에

서 소음이 발생하는 등의 문제가 있었다. 그런데 D통신회사는 처음 중계탑을 설치할 때 농지에 대한 적법한 사용권을 취득하거나 손실을 보상하지 않았다. 한편, C의 농지가 포함된 지역을 주택단지로 개발한다는 지방자치단체의 계획이 발표되었는데, C는 이 계획이 확정되면 그 땅에 집을 지으려고 생각하고 있다. 이런 이유로 C는 D통신회사를 상대로 중계탑을 철거하라고 요구하였다. 이에 대해 D통신회사는 C가 애초에 농지를 구입할 때 이미 중계탑이 설치된 것을 알았는데 지금에 와서 이를 철거하라고 하는 것은 부당하며, C가 겪고 있는 불편도 중계탑을 철거할 만큼 심각한 깃이 아니라고 반박하였다.

〈관점〉

① 개인도 사회의 구성원인 이상 자신의 이해만을 따져서는 안 되고, 사회 전체에 이익이 크다면 개인의 불이익은 감수하는 것이 바람직하다. 사회적으로 최선의 결과를 산출하는 행위를 한다면 개인 자신도 궁극적으로 이익을 보게 될 것이다. 개인의 권리를 인정해 줄 때도 사회 전체의 이해관계와 조화를 고려해야 한다.

② 자유는 인격의 본질적인 부분이고 권리는 자유를 실현하는 수단이다. 그러므로 소유권은 최대한 존중되어야 하고 공익을 위해 제한하더라도 극히 예외적인 경우로 한정하여야 한다. 또한 소유권 침해 여부가 재산 가치의 경중에 따라 달라질 수는 없으므로, 아무리 사소한 침해라도 소유자가 받아들이지 않는 한 정당하다고 할 수 없다.

③ 권리를 행사할 때는 상대방을 고려해야 한다. 만일 권리를 행사하여 얻게 되는 이익은 매우 작지만, 상대방에게 끼치게 되는 불이익이나 피해가 막대하다면 그러한 권리 행사는 제한될 수 있다. 그리고 권리 행사의 목적이 오직 상대방에게 고통을 주고 손해를 입히려는 데 있을 뿐인 경우에도 그러한 권리 행사는 허용될 수 없다.

④ 어떠한 내용을 권리로 인정할 것인지 여부는 여러 상황을 종합해서 판단해야 한다. 권리를 행사하여 달성하고자 하는 내용은 확정할 수 있어야 하며, 실현 가능하지 않은 경우에는 권리로 인정할 수 없다. 또한 권리의 목적이 사회의 일반적 가치에 어긋나거나 법질서에 위반되는 것을 내용으로 하는 경우에도 권리로 인정할 수 없다.

1. 출제의 기본 방향

2022학년도 법학적성시험 논술 영역은 공지된 출제 방향에 따라 다음과 같이 출제하였다. 첫째, 2개 문항 모두 사례형으로 출제하였다. 둘째, 제시된 사례를 적절히 분석하고 쟁점을 도출하는 능력을 평가하려고 하였다. 셋째, 분석된 쟁점을 평가하고 이를 논증 형식으로 서술하는 글쓰기 능력을 평가하려고 하였다.

2. 출제 범위

논술 영역에서는 법조인에게 기본적으로 필요한 사안 분석, 쟁점 도출, 쟁점 평가 등의 능력을 평가할 수 있는 문제를 출제하였다. 두 문항은 주어진 자료 및 관점을 활용하여 사례를 해결하도록 요구하고 있어, 분석력과 판단력을 갖춘 수험생이라면 전공에 상관없이 일반적으로 풀 수 있도록 문항을 구성하였다.

3. 문항 구성

1번 문항은 2개의 사례와 8개의 자료로 구성된다. 사례는 데이터 불평등을 해소하기 위한 두 가지 정책 대안에 관한 것이며, 8개의 자료는 각 정책 대안을 지지할 수 있는 내용을 담고 있다. 이 문항에서는 다음과 같은 과제를 수행해야 한다. 첫째, 두 가지 정책의 함의를 파악하고 쟁점을 도출하여야 한다. 둘째, 본인이 타당하다고 생각하는 정책을 선택하고 그 이유를 제시하여야 한다. 셋째, 자료의 내용을 파악하고 이유를 제시할 때 적절하게 활용하여야 한다.

2번 문항은 2개의 사례와 3개의 관점으로 구성된다. 사례는 법을 문구대로 엄격하게 적용한 결과 부적절한 결과가 발생하는 상황을 제시하고 있다. 관점은 이 경우 어떻게 대처하는 것이 올바른 것인가에 대한 다양한 입장을 제시하고 있다. 이 문항에서는 다음과 같은 과제를 수행해야 한다. 첫쌔, 두 사례의 유사점과 차이점을 밝혀야 한다. 둘째, 사례에 나타난 수문장 및 배심원들의 판단을 평가하고 그 이유를 밝히되, 유사점 및 차이점과 주어진 관점을 활용해 근거를 제시하여야 한다.

4. 난이도 및 출제 시 유의점

논술 영역은 제시문에 대한 분석과 쟁점 파악을 기반으로 수험생이 논증적 글쓰기를 할 수 있는지를 측정하려고 한다. 이 목적을 달성하기 위해 간결하고 함축적인 사례, 자료, 관점 등을 제시하였다. 난이도는 예년과 거의 유사하게 구성되었다.

이번 시험에서 문항 출제 시 유의점은 다음과 같다.

- 1, 2번 문항의 배점을 동일하게 50점으로 배분하였다.
- 수험생은 문제의 취지를 정확하게 파악한 후 본인의 주장을 제시할 수 있어야 하며, 단순히 주어진 자료나 관점을 기계적으로 활용하는 것은 지양하여야 한다.

01.

〈사례〉를 읽고 〈조건〉에 따라 논술하시오. (900~1200자, 50점)

─── 〈조건〉 ───

(1) 〈A국 정책〉과 〈B국 정책〉 가운데 어느 쪽이 타당한지 주장하고 이유를 제시하시오.

(2) 이유를 제시할 때 지지 또는 반박의 근거로 〈자료〉를 활용하시오.

(3) 최소 3개 이상의 자료를 활용하시오.

(4) 자료의 출처를 표시할 때는 ①, ②와 같은 방식으로 명시하시오.

─── 〈사례〉 ───

세계가 인터넷으로 연결되고 사회의 거의 모든 영역에 디지털 전환(digital transformation)이 진행되면서 다양하고 엄청난 양의 데이터(data)가 형성 및 축적된다. 더불어 플랫폼(platform) 기업처럼 데이터를 활용하여 막대한 이익을 창출하는 경우가 늘어나면서 데이터가 혁신 성장을 위한 중요한 자원으로 취급된다. 이에 많은 기업들이 양질의 데이터를 가능한 한 많이 확보하기 위해 노력한다. 데이터를 둘러싼 경쟁 및 불평등 문제도 심화된다. 예를 들어 데이터 생산 및 보유에 관해 대기업과 중소기업, 기존 플랫폼 기업과 신생 스타트업(start-up) 기업 사이의 격차가 심화된다. 이러한 문제를 해결하기 위해 다양한 방안이 검토된다.

〈A국 정책〉

A국은 두 가지 방안을 도입하기로 하였다. 첫째는 '데이터 강제 매수'이다. 특정한 기업이 중요한 데이터를 독점하는 경우, 국가가 데이터를 강제로 매수하여 이를 데이터가 필요한 중소기업이나 스타트업 기업에 무상으로 제공하는 것이다. 둘째는 '데이터 세(稅)'를 신설하고 데이터를 보유하는 양에 비례하여 누진적으로 세금을 부과하는 것이다. 다만 이에 대한 반발을 최소화하

기 위해 데이터를 보유한 기업이 데이터를 다른 기업들과 공유하는 경우에는 그만큼 세금을 감
면하기로 하였다.

〈B국 정책〉

　B국은 두 가지 방안을 도입하기로 하였다. 첫째는 '데이터 시장 활성화'이다. 데이터 거래를 촉
진하여 자율적인 시장 질서에 의해 데이터 보유를 둘러싼 불평등을 해소하는 것이다. 둘째는 '공
공 데이터 풀(pool)' 조성이다. 공공 단체가 데이터를 보유한 기업이나 개인들로부터 데이터를 기
부 받아 자율적으로 공공 데이터 풀을 조성하도록 하는 것이다. 공공 데이터 풀을 조성한 후 데
이터를 필요로 하는 모든 기업에게 무상으로 제공하여 데이터 공유를 장려하고자 한다.

〈자료〉

① 어떤 이들은 다른 이들보다 본래부터 탁월한 능력을 가진다. 이런 경우에는 탁월한 능력으로
획득한 결과에 세금을 부과하여 사회적 약자에게 도움이 되도록 사용하는 것이 정의에 합치
한다.

② 물건과 데이터는 엄연히 구별된다. 데이터는 환경과 비슷한 측면이 있다. 환경이 우리 모두를
위한, 모든 세대를 위한 자산이 되는 것처럼 데이터 역시 공공재로서 어느 일방이 독점할 수
없다.

③ 시장은 합리적인 체계이다. 단기적으로 시장이 무질서하고 때로는 혼란스럽게 보일지라도 장
기적으로 시장은 가장 합리적인 판단을 한다.

④ 자신의 의지와 노동으로 획득한 결과물은 자기 생명처럼 자신의 소유물이 된다. 이러한 소유
물에 세금을 매기는 것은 강제 노동을 부과하는 것과 같다.

⑤ 인간이 존엄한 이유는 자율성을 갖춘 존재이기 때문이다. 모든 면에서 자율성이 최대한 보장
될 때 인간은 존엄해질 수 있다. 공동체의 목적을 달성하기 위해 자율성을 억압하면 인간은
단순한 수단으로 전락하고 말 것이다.

⑥ 혁신이 이루어지려면 자연계의 진화처럼 다양성이 전제되어야 한다. 독점으로 다양한 신생
기업들이 시장에 진출하지 못하면 혁신은 실현될 수 없다.

⑦ 오늘날 데이터는 물건처럼 소유, 이용, 거래의 대상이 될 수 있다. 따라서 소유권 존중 원칙은
데이터에도 적용되어야 한다.

⑧ 시장에 참여하는 주체는 인간이다. 인간은 이성적인 존재이지만 동시에 감정을 지닌 존재이
다. 때로 감정은 인간의 눈을 멀게 하고 극단적인 경우에는 시장을 광기의 늪으로 몰아넣는다.

02.

〈사례〉를 읽고 〈조건〉에 따라 논술하시오. (900~1200자, 50점)

─── 〈조건〉 ───

(1) 〈사례 1〉과 〈사례 2〉의 유사점과 차이점을 밝히시오.

(2) 〈사례 1〉의 수문장 및 〈사례 2〉의 배심원들의 판단을 평가하고 그 이유를 밝히시오. 이때 (1)의 유사점과 차이점 및 〈관점〉을 활용하여 근거를 제시하시오.

(3) 관점의 출처를 표시할 때는 ㉮, ㉯, ㉰와 같은 방식으로 명시하시오.

─── 〈사례〉 ───

〈사례 1〉

도적 떼가 들끓는 무법천지의 시대에 한 도시가 큰 고통을 받고 있다. 도시는 도적들의 살육과 약탈, 방화 등을 피하기 위해 새 법을 만들었다. 도적들이 가까이 접근하고 있다는 소식이 전해지면 성문을 지키는 수문장은 도적들이 도시에 진입할 수 없도록 즉시 성문을 닫아야 하고, 도적들이 물러간 것이 확인될 때까지 계속 닫아 두어야 한다는 것이다. 도시의 일부 시민들이 성 밖에 나갔다가 도적들이 접근하고 있다는 소식을 듣고 급히 도시로 돌아왔다. 하지만 이미 소식이 성 안에 전달된 후였고, 성문은 굳게 닫혀 있었다. 도적들에게 희생될 것을 두려워한 시민들이 수문장에게 성문을 열라고 소리쳤다. 하지만 도적들이 도시 부근까지 가까이 접근한 것을 육안으로 확인한 수문장은 새 법을 그대로 따라야 한다며 시민들의 요구를 거부한다.

〈사례 2〉

경제 활동이 융성해진 상공업 시대를 맞아 한 도시가 재산 범죄를 특히 무겁게 처벌하는 법을 새로 만들었다. 새 법은 높아진 개인의 소유권 존중 의식을 반영하여 피해액이 10만 원을 초과하는 절도 범죄를 저지른 자는 사형에 처하도록 했다. 도시의 마을 주변에는 미개척 토지들이 방치되어 있었는데, 마을 사람들은 오래전부터 그곳에서 땔감과 열매, 야생동물 등 생활에 필요한 자원을 얻었다. 그 토지를 소유한 도시의 몇몇 시민들이 토지를 개발하려고 마을 사람들의 출입과 이용을 막았다. 그러자 가난한 사람들이 새 법에 따라 기소되는 일이 자주 일어났다. 재판에 참여한 배심원들은 이들을 불쌍히 여겨 재판 과정에서 토지 소유자에게 발생한 피해액이 사실은 10만 원을 초과하는 경우에도 그에 못 미치게 낮추어 인정하는 방법으로 이들이 사형을 선고받는 것을 모면하게 했다.

㉮ 입법자는 일반적으로 일어나는 사태를 염두에 두고 법을 만든다. 입법자라도 미래에 일어날 일을 모두 예견하고 법을 만들 수는 없기 때문에 법을 그대로 적용해서는 적절한 결과를 도출하지 못하는 경우도 생길 수 있다. 법이 그대로 적용된 결과가 불합리한 때는 이를 바로잡는 것이 마땅하다. 이때는 입법자가 간과하거나 지나친 부분을 알았다면 어떻게 입법했을지 생각해보고 법이 추구하려고 했던 궁극적인 정의를 이루도록 법의 문구를 바로잡아야 한다.

㉯ 입법 단계에서는 여러 법들을 놓고 비평할 수 있어도, 일단 법이 만들어진 후에는 법을 교정한다는 명목으로 법의 문구에 이의를 제기하는 것은 옳지 않다. 이 세상에서 진정한 정의를 구현하는 것은 불가능한 이상에 불과하다. 더 중요한 것은 질서와 평화를 확보하는 것이다. 시민의 품성을 고양할 목적으로 법을 만드는 것보다 무질서와 폭력을 방지하는 법을 만드는 것이 훨씬 가치 있다. 전자의 경우 법의 불완전함은 곧바로 드러날 것이지만, 후자의 경우 법의 엄격한 집행만으로도 세상에 평화를 가져올 것이다.

㉰ 법의 궁극적인 목적은 공동체 전체의 유익이다. 입법에서는 물론 법의 해석 및 집행에서도 공동선이 최고의 가치로 작용한다. 법은 그 자체가 목적이 아니라 도구에 불과하므로 법의 협소한 시각으로 사람을 수단으로 보아서는 안 된다. 한 사람이라도 부당하게 취급되지 않도록 대우하는 것이 정의이다. 그러나 누구든 자기 판단에 따라 법의 문구에 반하여 행위하는 것은 허용될 수 없다. 이러한 행위가 허용되려면 두 가지 요건을 충족해야 한다. 첫째, 법을 문구대로 적용하는 것이 명백하게 공동선에 큰 해악이 되어야 한다. 둘째, 긴급한 필요가 있거나 현저한 부정의를 피하기 위한 행위이어야 한다.